මහමෙව්නාවේ බෝධිඥාන ත්‍රිපිටක ග්‍රන්ථ මාලා 02

සූත්‍ර පිටකයට අයත්

ආශ්චර්යවත් ශ්‍රී සද්ධර්මය

දීඝ නිකායේ
(දෙවෙනි කොටස)

මහා වර්ගය

පරිවර්තනය
පූජ්‍ය කිරිබත්ගොඩ ඤාණානන්ද ස්වාමීන් වහන්සේ

ප්‍රකාශනය

මහාමේඝ ප්‍රකාශකයෝ
වඩුවාව, යටිගල්ඔළුව, පොල්ගහවෙල.
දුර : 037 2053300, 076 8255703
ඊ-මේල් : mahameghapublishers@gmail.com

ශ්‍රී. බු.ව. 2558   ව්‍යවහාර වර්ෂ : 2014

මහමෙව්නාවේ බෝධිඥාන ත්‍රිපිටක ග්‍රන්ථ මාලා 02

සූත්‍ර පිටකයට අයත් ආශ්චර්යවත් ශ්‍රී සද්ධර්මය

දීඝ නිකාය - දෙවෙනි කොටස

මහා වර්ගය

පරිවර්තනය : පූජ්‍ය කිරිබත්ගොඩ ඤාණානන්ද ස්වාමීන් වහන්සේ

ISBN : 978-955-687-042-8

ප්‍රථම මුද්‍රණය : ශ්‍රී බුද්ධ වර්ෂ 2558/ ව්‍යවහාරික වර්ෂ 2014

- පරිගණක අකුරු සැකසුම සහ ප්‍රකාශනය -
මහාමේඝ ප්‍රකාශකයෝ
වඩුවාව, යටිගල්ඔළුව, පොල්ගහවෙල.
දුර : (+94) 37 20 53 300, (+94) 76 82 55 703
ඊ-මේල් : mahameghapublishers@gmail.com

Mahamevnawa Bodhiñāna Tripitaka Series, Volume 02

The Wonderful Dhamma in the SuttntaPitaka

DĪGHA NIKĀYA
(THE LONG DISCOURSES OF THE TATHAGATA SAMMASAMBUDDHA)

Part-2
Mahā Vagga

Translated
By
VEN. KIRIBATHGODA ÑĀNĀNANDA BHIKKHU

PUBLISHED BY:

Mahamegha Publishers
Waduwawa, Yatigal-oluwa, Polgahawela, Sri Lanka.
Tel : (+94) 37 20 53 300, (+94) 76 82 55 703
e-mail : mahameghapublishers@gmail.com

B. E. 2558   C.E. 2014

"ධම්මෝ හි වාසෙට්ඨා, සෙට්ඨෝ ජනේතස්මිං
දිට්ඨේ චේව ධම්මේ, අභිසම්පරායේච."

වාසෙට්ඨයෙනි, මෙලොවෙහි ත්, පරලොවෙහි ත් සත්වයන් අතර
ධර්මය ම ශ්‍රේෂ්ඨ වෙයි !

- අපගේ ශාස්තෘන් වහන්සේ

පටුන

දීඝ නිකාය - දෙවෙනි කොටස

1. මහා වර්ගය

පායාසි රාජන්‍යයා හට වදාළ දෙසුම

දීඝ නිකායෙහි දෙවෙනි කොටස වන මහා වර්ගය මෙතෙකින් සමාප්ත වේ.

දසබලසේලප්පභවා නිබ්බානමහාසමුද්දපරියන්තා
අට්ඨංග මග්ගසලිලා ජිනවචනනදී චිරං වහතූති

දසබලයන් වහන්සේ නමැති ශෛලමය පර්වතයෙන් පැන නැගී
අමා මහ නිවන නම් වූ මහා සාගරය අවසන් කොට ඇති
ආර්ය අෂ්ටාංගික මාර්ගය නම් වූ සිහිල් දිය දහරින් හෙබි
උතුම් ශ්‍රී මුඛ බුද්ධ වචන ගංගාව (ලෝ සතුන්ගේ සසර දුක් නිවාලමින්)
බොහෝ කල් ගලාබස්නා සේක්වා !

(සළායතන සංයුත්තය - උද්දාන ගාථා)

සූත්‍ර පිටකයට අයත්

දීඝ නිකාය

දෙවෙනි කොටස

මහා වර්ගය

නමෝ තස්ස භගවතෝ අරහතෝ සම්මාසම්බුද්ධස්ස
ඒ භාග්‍යවත් අරහත් සම්මා සම්බුදුරජාණන් වහන්සේට නමස්කාර වේවා!

සූත්‍ර පිටකයට අයත්

දීඝ නිකාය

2. මහා වර්ගය

2.1.
මහාපදාන සූත්‍රය

බුදුවරුන්ගේ ශ්‍රේෂ්ඨ චරිතාපදාන ගැන වදාළ දෙසුම

මා විසින් මෙසේ අසන ලදී. එක් කලෙක භාග්‍යවතුන් වහන්සේ සැවැත් නුවර අනේපිඬු සිටුහු විසින් කරවන ලද ජේතවනයෙහි ලුණුවරණ රැක් සෙවණෙහි කළ කුටියෙහි වැඩවසන සේක. එකල්හී පිණ්ඩපාතයෙන් වැළකුණු පසුබත් කාලයෙහි ජේතවන භූමියෙහි ලුණුවරණ රැක් සෙවණෙහි වූ ශාලාවෙහි රැස් ව හුන් බොහෝ භික්ෂූන් අතර 'පෙර ආත්මයන්හි ගත කළ අයුරු මෙබඳු වෙයි, පෙර ආත්මයන්හි ගත කළ අයුරු මෙබඳු වෙයි' වශයෙන් පෙර විසූ කඳ පිළිවෙල ගැන ධර්ම කථාවෙක් හටගත්තේ ය.

එකල්හී භාග්‍යවතුන් වහන්සේ සාමාන්‍ය මිනිසුන්ගේ ඇසීම ඉක්මවා ගිය පිරිසිදු වූ දිව්‍ය ශ්‍රවණයෙන් ඒ භික්ෂූන්ගේ මෙම දහම් කථා සල්ලාපය ඇසූ සේක. ඉක්බිති භාග්‍යවතුන් වහන්සේ හුනස්නෙන් නැගිට ලුණුවරණ

රුක් සෙවණෙහි වූ ඒ ශාලාවට වැඩම කළ සේක. වැඩම කොට පණවන ලද අසුනෙහි වැඩහුන් සේක. එසේ වැඩහුන් භාග්‍යවතුන් වහන්සේ භික්ෂූන් ඇමතූ සේක.

"මහණෙනි, මෙකල්හී ඔබ කවර කථාවක් කරමින් මෙහි රැස් ව හුන්නාහු ද? දැන් අඩාල වී ගියේ ඔබගේ කවර කථාවක් ද?"

මෙසේ වදාළ කල්හී ඒ භික්ෂූහු භාග්‍යවතුන් වහන්සේට මෙය පැවසූහ.

"ස්වාමීනී, පිණ්ඩපාතයෙන් වැළකී සිටි පසුබත් කාලයෙහි මෙහි ලුණුවරණ රුක් සෙවණෙහි වූ ශාලාවෙහි රැස් ව හුන් අප අතර 'පෙර ආත්මයන්හි ගත කළ අයුරු මෙබඳු වෙයි, පෙර ආත්මයන්හි ගත කළ අයුරු මෙබඳු වෙයි' වශයෙන් පෙර විසූ කඳ පිළිවෙල ගැන ධර්ම කථාවක් ඇතිවූයේ ය. ස්වාමීනී, මේ කරමින් හුන් අපගේ කථාව අඩාල වූයේ ය. එවිට භාග්‍යවතුන් වහන්සේ වැඩම කළ සේක."

"මහණෙනි, පෙර ආත්මභාවයන්හි ගත කළ අයුරු පිළිබඳ ව දහම් කථාවක් අසන්නට ඔබ කැමැත්තහු ද?"

"ස්වාමීනී, යම් හෙයකින් භාග්‍යවතුන් වහන්සේ පෙර ආත්ම භාවයන්හි ගත කළ අයුරු පිළිබඳ ව දහම් කථාවක් වදාරණ සේක් නම්, භාග්‍යවතුන් වහන්ස, මේ එයට කාලය යි! සුගතයන් වහන්ස, මේ එයට කාලය යි! භාග්‍යවතුන් වහන්සේගෙන් අසා භික්ෂූහු මතකයේ රඳවා ගන්නාහු ය."

"එසේ වී නම් මහණෙනි, සවන් යොමා අසව්. මැනැවින් මෙනෙහි කරව්. පවසන්නෙමි."

"එසේ ය, ස්වාමීනී"යි ඒ භික්ෂූහු භාග්‍යවතුන් වහන්සේට පිළිවදන් දුන්නාහුය. භාග්‍යවතුන් වහන්සේ මෙය වදාළ සේක.

"මහණෙනි, යම් කලෙක අරහත් සම්මා සම්බුදු වූ විපස්සී භගවතාණෝ ලෝකයෙහි උපන්නාහු ද, ඒ මෙයින් අනූ එක් කල්පයකට පෙර ය. මහණෙනි, යම් කලෙක අරහත් සම්මා සම්බුදු වූ සිඛී භගවතාණෝ ලෝකයෙහි උපන්නාහු ද, ඒ මෙයින් තිස් එක් කල්පයකට පෙර ය. මහණෙනි, ඒ තිස්එක් වෙනි කල්පයෙහි ම අරහත් සම්මා සම්බුදු වූ වෙස්සභූ භගවතාණෝ ලෝකයෙහි උපන්නාහුය.

මහණෙනි, මේ භද්‍ර කල්පයෙහි ම අරහත් සම්මා සම්බුදු වූ කකුසඳ භාග්‍යවතාණෝ ලෝකයෙහි උපන්නාහු ය. මහණෙනි, මේ භද්‍ර කල්පයෙහි ම

අරහත් සම්මා සම්බුදු වූ කෝණාගමන භාග්‍යවතාණෝ ලෝකයෙහි උපන්නාහු ය. මහණෙනි, මේ භද්‍ර කල්පයෙහි ම අරහත් සම්මා සම්බුදු වූ කාශ්‍යප භාග්‍යවතාණෝ ලෝකයෙහි උපන්නාහු ය. මහණෙනි, මේ මහා භද්‍ර කල්පයෙහි ම මෙකල්හී ලෝකයෙහි උපන් අරහත් සම්මා සම්බුදුහු මම ය.

මහණෙනි, අරහත් සම්මා සම්බුදු විපස්සී භාග්‍යවතාණෝ උපතින් ක්ෂත්‍රියයෙක් වූහ. ක්ෂත්‍රිය රජ පවුලෙහි උපන්නාහු ය. මහණෙනි, අරහත් සම්මා සම්බුදු සිඛී භාග්‍යවතාණෝ උපතින් ක්ෂත්‍රියයෙක් වූහ. ක්ෂත්‍රිය රජ පවුලෙහි උපන්නාහු ය. මහණෙනි, අරහත් සම්මා සම්බුදු වෙස්සභූ භාග්‍යවතාණෝ උපතින් ක්ෂත්‍රියයෙක් වූහ. ක්ෂත්‍රිය රජ පවුලෙහි උපන්නාහු ය. මහණෙනි, අරහත් සම්මා සම්බුදු කකුසඳ භාග්‍යවතාණෝ උපතින් බ්‍රාහ්මණයෙක් වූහ. බ්‍රාහ්මණ පවුලෙහි උපන්නාහු ය. මහණෙනි, අරහත් සම්මා සම්බුදු කෝණාගමන භාග්‍යවතාණෝ උපතින් බ්‍රාහ්මණයෙක් වූහ. බ්‍රාහ්මණ පවුලෙහි උපන්නාහු ය. මහණෙනි, අරහත් සම්මා සම්බුදු කාශ්‍යප භාග්‍යවතාණෝ උපතින් බ්‍රාහ්මණයෙක් වූහ. බ්‍රාහ්මණ පවුලෙහි උපන්නාහු ය. මහණෙනි, මෙකල්හී අරහත් සම්මා සම්බුදු වූ මම උපතින් ක්ෂත්‍රියයෙක් වූයෙමි. ක්ෂත්‍රිය රජ පවුලෙහි උපන්නෙමි.

මහණෙනි, අරහත් සම්මා සම්බුදු විපස්සී භාග්‍යවතාණෝ ගෝත්‍රයෙන් කොණ්ඩඤ්ඤ වූහ. මහණෙනි, අරහත් සම්මා සම්බුදු සිඛී භාග්‍යවතාණෝ ගෝත්‍රයෙන් කොණ්ඩඤ්ඤ වූහ. මහණෙනි, අරහත් සම්මා සම්බුදු වෙස්සභූ භාග්‍යවතාණෝ ගෝත්‍රයෙන් කොණ්ඩඤ්ඤ වූහ. මහණෙනි, අරහත් සම්මා සම්බුදු කකුසඳ භාග්‍යවතාණෝ ගෝත්‍රයෙන් කාශ්‍යප වූහ. මහණෙනි, අරහත් සම්මා සම්බුදු කෝණාගමන භාග්‍යවතාණෝ ගෝත්‍රයෙන් කාශ්‍යප වූහ. මහණෙනි, අරහත් සම්මා සම්බුදු කාශ්‍යප භාග්‍යවතාණෝ ගෝත්‍රයෙන් කාශ්‍යප වූහ. මහණෙනි, මෙකල්හී අරහත් සම්මා සම්බුදු වූ මම ගෝත්‍රයෙන් ගෞතම වෙමි.

මහණෙනි, අරහත් සම්මා සම්බුදු විපස්සී භාග්‍යවතුන්ගේ ආයු කාලය වසර අසූ දහසක් වූයේ ය. මහණෙනි, අරහත් සම්මා සම්බුදු සිඛී භාග්‍යවතුන්ගේ ආයු කාලය වසර සැත්තෑ දහසක් වූයේ ය. මහණෙනි, අරහත් සම්මා සම්බුදු වෙස්සභූ භාග්‍යවතුන්ගේ ආයු කාලය වසර සැට දහසක් වූයේ ය. මහණෙනි, අරහත් සම්මා සම්බුදු කකුසඳ භාග්‍යවතුන්ගේ ආයු කාලය වසර සතළිස් දහසක් වූයේ ය. මහණෙනි, අරහත් සම්මා සම්බුදු කෝණාගමන භාග්‍යවතුන්ගේ ආයු කාලය වසර තිස් දහසක් වූයේ ය. මහණෙනි, අරහත් සම්මා සම්බුදු කාශ්‍යප භාග්‍යවතුන්ගේ ආයු කාලය වසර විසි දහසක් වූයේ ය. මහණෙනි, මෙකල්හි

මාගේ ආයු කාලය අල්ප ය. ස්වල්ප ය. කෙටි ය. යමෙක් චිරාත්කාලයක් ජීවත් වෙයි නම්, ඔහු සිය වසරක් හෝ ඊට ටිකක් වැඩියෙන් ජීවත් වෙයි.

මහණෙනි, අරහත් සම්මා සම්බුදු විපස්සී භාග්‍යවතාණෝ පළොල් රුක් සෙවණකදී අභිසම්බෝධියට පත්වූහ. මහණෙනි, අරහත් සම්මා සම්බුදු සිඛී භාග්‍යවතාණෝ හෙළඹ රුක් සෙවණකදී අභිසම්බෝධියට පත්වූහ. මහණෙනි, අරහත් සම්මා සම්බුදු වෙස්සභූ භාග්‍යවතාණෝ සල් රුක් සෙවණකදී අභිසම්බෝධියට පත්වූහ. මහණෙනි, අරහත් සම්මා සම්බුදු කකුසඳ භාග්‍යවතාණෝ මහරි රුක් සෙවණකදී අභිසම්බෝධියට පත්වූහ. මහණෙනි, අරහත් සම්මා සම්බුදු කෝණාගමන භාග්‍යවතාණෝ දිඹුල් රුක් සෙවණකදී අභිසම්බෝධියට පත්වූහ. මහණෙනි, අරහත් සම්මා සම්බුදු කාශ්‍යප භාග්‍යවතාණෝ නුග රුක් සෙවණකදී අභිසම්බෝධියට පත්වූහ. මහණෙනි, මෙකල්හී අරහත් සම්මා සම්බුදු වූ මම ඇසතු රුක් සෙවණකදී අභිසම්බෝධියට පත්වූයෙමි.

මහණෙනි, අරහත් සම්මා සම්බුදු විපස්සී භාග්‍යවතුන් හට ඛණ්ඩ සහ තිස්ස නමින් සොඳුරු ශ්‍රාවක යුගලක්, අග්‍රශ්‍රාවක යුගලක් සිටියාහු ය. මහණෙනි, අරහත් සම්මා සම්බුදු සිඛී භාග්‍යවතුන් හට අභිභූ සහ සම්භව නමින් සොඳුරු ශ්‍රාවක යුගලක්, අග්‍රශ්‍රාවක යුගලක් සිටියාහු ය. මහණෙනි, අරහත් සම්මා සම්බුදු වෙස්සභූ භාග්‍යවතුන් හට සෝණ සහ උත්තර නමින් සොඳුරු ශ්‍රාවක යුගලක්, අග්‍රශ්‍රාවක යුගලක් සිටියාහු ය. මහණෙනි, අරහත් සම්මා සම්බුදු කකුසඳ භාග්‍යවතුන් හට විධුර සහ සංජීව නමින් සොඳුරු ශ්‍රාවක යුගලක්, අග්‍රශ්‍රාවක යුගලක් සිටියාහු ය. මහණෙනි, අරහත් සම්මා සම්බුදු කෝණාගමන භාග්‍යවතුන් හට භියෝස සහ උත්තර නමින් සොඳුරු ශ්‍රාවක යුගලක්, අග්‍රශ්‍රාවක යුගලක් සිටියාහු ය. මහණෙනි, අරහත් සම්මා සම්බුදු කාශ්‍යප භාග්‍යවතුන් හට තිස්ස සහ භාරද්වාජ නමින් සොඳුරු ශ්‍රාවක යුගලක්, අග්‍රශ්‍රාවක යුගලක් සිටියාහු ය. මහණෙනි, මෙකල්හී අරහත් සම්මා සම්බුදු මා හට සාරිපුත්ත සහ මොග්ගල්ලාන නමින් සොඳුරු ශ්‍රාවක යුගලක්, අග්‍රශ්‍රාවක යුගලක් සිටිති.

මහණෙනි, අරහත් සම්මා සම්බුදු විපස්සී භාග්‍යවතුන්ගේ ප්‍රධාන ශ්‍රාවක රැස්වීම් තුනක් තිබුණේ ය. ශ්‍රාවක භික්ෂූන් එක්ලක්ෂ හැටඅටදහසකගේ එක් රැස්වීමක් තිබුණේ ය. ශ්‍රාවක භික්ෂූන් ලක්ෂයකගේ එක් රැස්වීමක් තිබුණේ ය. ශ්‍රාවක භික්ෂූන් අසූ දහසකගේ එක් රැස්වීමක් තිබුණේ ය. මහණෙනි, අරහත් සම්මා සම්බුදු විපස්සී භාග්‍යවතුන්ගේ ශ්‍රාවක වූ සියළු දෙනා ම ක්ෂීණාශ්‍රව වූ රහතුන්ගේ මේ ප්‍රධාන රැස්වීම් තුන තිබුණේ ය.

මහණෙනි, අරහත් සම්මා සම්බුදු සිඛී භාග්‍යවතුන්ගේ ප්‍රධාන ශ්‍රාවක රැස්වීම් තුනක් තිබුණේ ය. ශ්‍රාවක භික්ෂූන් ලක්ෂයකගේ එක් රැස්වීමක් තිබුණේ ය. ශ්‍රාවක භික්ෂූන් අසූ දහසකගේ එක් රැස්වීමක් තිබුණේ ය. ශ්‍රාවක භික්ෂූන් සැත්තෑ දහසකගේ එක් රැස්වීමක් තිබුණේ ය. මහණෙනි, අරහත් සම්මා සම්බුදු සිඛී භාග්‍යවතුන්ගේ ශ්‍රාවක වූ සියළු දෙනා ම ක්ෂීණාශ්‍රව වූ රහතුන්ගේ මේ ප්‍රධාන රැස්වීම් තුන තිබුණේ ය.

මහණෙනි, අරහත් සම්මා සම්බුදු වෙස්සභූ භාග්‍යවතුන්ගේ ප්‍රධාන ශ්‍රාවක රැස්වීම් තුනක් තිබුණේ ය. ශ්‍රාවක භික්ෂූන් අසූ දහසකගේ එක් රැස්වීමක් තිබුණේ ය. ශ්‍රාවක භික්ෂූන් සැත්තෑ දහසකගේ එක් රැස්වීමක් තිබුණේ ය. ශ්‍රාවක භික්ෂූන් සැට දහසකගේ එක් රැස්වීමක් තිබුණේ ය. මහණෙනි, අරහත් සම්මා සම්බුදු වෙස්සභූ භාග්‍යවතුන්ගේ ශ්‍රාවක වූ සියළු දෙනා ම ක්ෂීණාශ්‍රව වූ රහතුන්ගේ මේ ප්‍රධාන රැස්වීම් තුන තිබුණේ ය.

මහණෙනි, අරහත් සම්මා සම්බුදු කකුසඳ භාග්‍යවතුන්ගේ ශ්‍රාවක භික්ෂූන් සතළිස් දහසකගේ එක් ප්‍රධාන රැස්වීමක් තිබුණේ ය. මහණෙනි, අරහත් සම්මා සම්බුදු කකුසඳ භාග්‍යවතුන්ගේ ශ්‍රාවක වූ සියළු දෙනා ම ක්ෂීණාශ්‍රව වූ රහත් භික්ෂූන්ගේ මේ එක් ප්‍රධාන රැස්වීම තිබුණේ ය.

මහණෙනි, අරහත් සම්මා සම්බුදු කෝණාගමන භාග්‍යවතුන්ගේ ශ්‍රාවක භික්ෂූන් තිස් දහසකගේ එක් ප්‍රධාන රැස්වීමක් තිබුණේ ය. මහණෙනි, අරහත් සම්මා සම්බුදු කෝණාගමන භාග්‍යවතුන්ගේ ශ්‍රාවක වූ සියළු දෙනා ම ක්ෂීණාශ්‍රව වූ රහත් භික්ෂූන්ගේ මේ එක් ප්‍රධාන රැස්වීම තිබුණේ ය.

මහණෙනි, අරහත් සම්මා සම්බුදු කාශ්‍යප භාග්‍යවතුන්ගේ ශ්‍රාවක භික්ෂූන් විසි දහසකගේ එක් ප්‍රධාන රැස්වීමක් තිබුණේ ය. මහණෙනි, අරහත් සම්මා සම්බුදු කාශ්‍යප භාග්‍යවතුන්ගේ ශ්‍රාවක වූ සියළු දෙනා ම ක්ෂීණාශ්‍රව වූ රහත් භික්ෂූන්ගේ මේ එක් ප්‍රධාන රැස්වීම තිබුණේ ය.

මහණෙනි, මෙකල අරහත් සම්මා සම්බුදු වූ මා හට භික්ෂූන් එක්දහස් දෙසිය පණහකගේ එක් ප්‍රධාන රැස්වීමක් තිබුණේ ය. මහණෙනි, මාගේ ශ්‍රාවක වූ සියළු දෙනා ම ක්ෂීණාශ්‍රව වූ රහත් භික්ෂූන්ගේ මේ එක් ප්‍රධාන රැස්වීම තිබුණේ ය.

මහණෙනි, අරහත් සම්මා සම්බුදු විපස්සී භාග්‍යවතුන් හට අශෝක නමින් සිටි උපස්ථායක භික්ෂුව අග්‍ර උපස්ථායක වූයේ ය. මහණෙනි, අරහත් සම්මා සම්බුදු සිඛී භාග්‍යවතුන් හට ඛේමංකර නමින් සිටි උපස්ථායක භික්ෂුව අග්‍ර

උපස්ථායක වූයේ ය. මහණෙනි, අරහත් සම්මා සම්බුදු වෙස්සභූ භාග්‍යවතුන් හට උපසන්ත නමින් සිටි උපස්ථායක භික්ෂුව අග්‍ර උපස්ථායක වූයේ ය. මහණෙනි, අරහත් සම්මා සම්බුදු කකුසඳ භාග්‍යවතුන් හට බුද්ධිජ නමින් සිටි උපස්ථායක භික්ෂුව අග්‍ර උපස්ථායක වූයේ ය. මහණෙනි, අරහත් සම්මා සම්බුදු කෝණාගමන භාග්‍යවතුන් හට සොත්ථිජ නමින් සිටි උපස්ථායක භික්ෂුව අග්‍ර උපස්ථායක වූයේ ය. මහණෙනි, අරහත් සම්මා සම්බුදු කාශ්‍යප භාග්‍යවතුන් හට සබ්බමිත්ත නමින් සිටි උපස්ථායක භික්ෂුව අග්‍ර උපස්ථායක වූයේ ය. මහණෙනි, මෙකල්හී අරහත් සම්මා සම්බුදු මා හට සිටින ආනන්ද නම් උපස්ථායක භික්ෂුව අග්‍ර උපස්ථායක වෙයි.

මහණෙනි, අරහත් සම්මා සම්බුදු විපස්සී භාග්‍යවතුන් හට බන්ධුමා නම් රජු පියා වූයේ ය. බන්ධුමතී නම් දේවිය බිහි කළ මව වූවා ය. බන්ධුමා රජුගේ බන්ධුමතී නම් නගරය රාජධානිය වූයේ ය.

මහණෙනි, අරහත් සම්මා සම්බුදු සිඛී භාග්‍යවතුන් හට අරුණ නම් රජු පියා වූයේ ය. පභාවතී නම් දේවිය බිහි කළ මව වූවා ය. අරුණ රජුගේ අරුණවතී නම් නගරය රාජධානිය වූයේ ය.

මහණෙනි, අරහත් සම්මා සම්බුදු වෙස්සභූ භාග්‍යවතුන් හට සුප්පතීත නම් රජු පියා වූයේ ය. යසවතී නම් දේවිය බිහි කළ මව වූවා ය. සුප්පතීත රජුගේ අනෝම නම් නගරය රාජධානිය වූයේ ය.

මහණෙනි, අරහත් සම්මා සම්බුදු කකුසඳ භාග්‍යවතුන් හට අග්ගිදත්ත නම් බ්‍රාහ්මණයා පියා වූයේ ය. විශාඛා නම් බ්‍රාහ්මණිය බිහි කළ මව වූවා ය. මහණෙනි, එසමයෙහි ඛේම නමින් රජෙක් සිටියේ ය. ඛේම රජුගේ ඛේමවතී නම් නගරය රාජධානිය වූයේ ය.

මහණෙනි, අරහත් සම්මා සම්බුදු කෝණාගමන භාග්‍යවතුන් හට යඤ්ඤදත්ත නම් බ්‍රාහ්මණයා පියා වූයේ ය. උත්තරා නම් බ්‍රාහ්මණිය බිහි කළ මව වූවා ය. මහණෙනි, එසමයෙහි සෝභ නමින් රජෙක් සිටියේ ය. සෝභ රජුගේ සෝභාවතී නම් නගරය රාජධානිය වූයේ ය.

මහණෙනි, අරහත් සම්මා සම්බුදු කාශ්‍යප භාග්‍යවතුන් හට බ්‍රහ්මදත්ත නම් බ්‍රාහ්මණයා පියා වූයේ ය. ධනවතී නම් බ්‍රාහ්මණිය බිහි කළ මව වූවා ය. මහණෙනි, එසමයෙහි කිකී නම් රජෙක් සිටියේ ය. කිකී රජුගේ බාරාණසී නම් නගරය රාජධානිය වූයේ ය.

මහණෙනි, මෙකල්හී අරහත් සම්මා සම්බුදු මා හට සුද්ධෝදන නම් රජු පියා වූයේ ය. මායාදේවිය බිහි කළ මව වූවා ය. කපිලවස්තු නම් නගරය රාජධානිය වෙයි."

භාග්‍යවතුන් වහන්සේ මෙය වදාළ සේක. මෙය වදාළ සුගතයන් වහන්සේ හුනස්නෙන් නැගිට වෙහෙරට පිවිසි සේක.

ඉක්බිති භාග්‍යවතුන් වහන්සේ නික්ම වැඩි නොබෝ වේලාවකින් ඒ භික්ෂූන් අතර මේ කථාව හටගත්තේ ය.

"ආයුෂ්මත්නි, තථාගතයන් වහන්සේගේ මහා ඉර්ධිමත් බව, මහා ආනුභාව ඇති බව ආශ්චර්යය ය. අද්භූත ය. කෙලෙස් හැදෙන ස්වභාවය සිඳින ලද, භව ගමන් සිඳින ලද, භව චක්‍රය වනසන ලද, සියළු දුක් ඉක්මවා ගිය පිරිනිවන්පා වදාළ අතීත බුදුවරයන් වහන්සේලා පිළිබඳ ව අප තථාගතයන් වහන්සේ ජාති වශයෙනුත් සිහි කරන සේක. නම් වශයෙනුත් සිහි කරන සේක. ගෝත්‍ර වශයෙනුත් සිහි කරන සේක. ආයු කාලය වශයෙනුත් සිහි කරන සේක. ශ්‍රාවක යුගල වශයෙනුත් සිහි කරන සේක. ශ්‍රාවක රැස්වීම් වශයෙනුත් සිහි කරන සේක. 'මෙසේ ත් ඒ භාග්‍යවත්වරු මෙබඳු ජාතියෙහි උපන්නාහු ය. මෙබඳු නම් ඇති ව, මෙබඳු ගෝත්‍ර ඇති ව, මෙබඳු සිල් ඇති ව, මෙබඳු ධර්මයන් ඇති ව, මෙබඳු ප්‍රඥා ඇති ව, මෙබඳු හැසිරීම් ඇති ව, මෙබඳු විමුක්ති ඇති ව සිටියාහු ය' වශයෙනි.

කිම? ආයුෂ්මත්නි, තථාගතයන් වහන්සේ යම් ධර්ම ධාතුවක් පිළිබඳ ව ඉතා මැනැවින් ලත් අවබෝධයක් නිසාවෙන්, කෙලෙස් හැදෙන ස්වභාවය සිඳින ලද, භව ගමන් සිඳින ලද, භව චක්‍රය වනසන ලද, සියළු දුක් ඉක්මවා ගිය පිරිනිවන්පා වදාළ අතීත බුදුවරයන් වහන්සේලා පිළිබඳ ව අප තථාගතයන් වහන්සේ ජාති වශයෙනුත් සිහි කරන සේක් නම්, නම් වශයෙනුත් සිහි කරන සේක් නම්, ගෝත්‍ර වශයෙනුත් සිහි කරන සේක් නම්, ආයු කාලය වශයෙනුත් සිහි කරන සේක් නම්, ශ්‍රාවක යුගල වශයෙනුත් සිහි කරන සේක් නම්, ශ්‍රාවක රැස්වීම් වශයෙනුත් සිහි කරන සේක් නම්, 'මෙසේ ත් ඒ භාග්‍යවත්වරු මෙබඳු ජාතියෙහි උපන්නාහු ය. මෙබඳු නම් ඇති ව, මෙබඳු ගෝත්‍ර ඇති ව, මෙබඳු සිල් ඇති ව, මෙබඳු ධර්මයන් ඇති ව, මෙබඳු ප්‍රඥා ඇති ව, මෙබඳු හැසිරීම් ඇති ව, මෙබඳු විමුක්ති ඇති ව සිටියාහු ය' වශයෙන් වදාරත් නම්, අප තථාගතයන් වහන්සේට ම ඒ ධර්ම ධාතුව ඉතා මනාකොට අවබෝධ වී තිබෙයි ද?

එසේ ත් නැත්නම් යම් කරුණකින් තථාගතයන් වහන්සේ කෙලෙස් හැදෙන ස්වභාවය සිඳින ලද, භව ගමන් සිඳින ලද, භව චක්‍රය වනසන ලද,

සියළු දුක් ඉක්මවා ගිය පිරිනිවන්පා වදාළ අතීත බුදුවරයන් වහන්සේලා පිළිබඳ ව අප තථාගතයන් වහන්සේ ජාති වශයෙනුත් සිහි කරන සේක් නම්, නම් වශයෙනුත් සිහි කරන සේක් නම්, ගෝත්‍ර වශයෙනුත් සිහි කරන සේක් නම්, ආයු කාලය වශයෙනුත් සිහි කරන සේක් නම්, ශ්‍රාවක යුගල වශයෙනුත් සිහි කරන සේක් නම්, ශ්‍රාවක රැස්වීම් වශයෙනුත් සිහි කරන සේක් නම්, 'මෙසේ ත් ඒ භාග්‍යවත්වරු මෙබඳු ජාතියෙහි උපන්නාහු ය. මෙබඳු නම් ඇති ව, මෙබඳු ගෝත්‍ර ඇති ව, මෙබඳු සිල් ඇති ව, මෙබඳු ධර්මයන් ඇති ව, මෙබඳු ප්‍රඥා ඇති ව, මෙබඳු හැසිරීම් ඇති ව, මෙබඳු විමුක්ති ඇති ව සිටියාහු ය' වශයෙන් වදාරත් නම් අප තථාගතයන් වහන්සේට දේවතාවෝ මේ කරුණු පිළිබඳ ව දැනුම් දුන්නාහු ද?" යනුවෙන් ඒ භික්ෂූන් අතර වූ මේ කථාව අඩාල වූයේ ය.

එකල්හී භාග්‍යවතුන් වහන්සේ සවස් වරුවෙහි භාවනාවෙන් නැගිට ලුණුවරණ රුක් සෙවණෙහි වූ ශාලාව යම් තැනක තිබුණේ ද, එහි වැඩි සේක. වැඩම කොට පණවන ලද අසුනෙහි වැඩහුන් සේක. එසේ වැඩහුන් භාග්‍යවතුන් වහන්සේ භික්ෂූන් ඇමතූ සේක.

"මහණෙනි, මෙකල්හී ඔබ කවර කථාවක් කරමින් මෙහි රැස් ව හුන්නාහු ද? දැන් අඩාල වී ගියේ ඔබගේ කවර කථාවක් ද?"

මෙසේ වදාළ කල්හී ඒ භික්ෂූහු භාග්‍යවතුන් වහන්සේට මෙය පැවසූහ.

"ස්වාමීනී, භාග්‍යවතුන් වහන්සේ නික්ම වැඩි නොබෝ වේලාවකින් මෙහි අප අතර මේ කථාව හටගත්තේ ය. 'ආයුෂ්මත්නි, තථාගතයන් වහන්සේගේ මහා ඉර්ධිමත් බව, මහා ආනුභාව ඇති බව ආශ්චර්යය ය. අද්භූත ය. කෙලෙස් හැදෙන ස්වභාවය සිඳින ලද, භව ගමන් සිඳින ලද, භව චක්‍රය වනසන ලද, සියළු දුක් ඉක්මවා ගිය පිරිනිවන්පා වදාළ අතීත බුදුවරයන් වහන්සේලා පිළිබඳ ව අප තථාගතයන් වහන්සේ ජාති වශයෙනුත් සිහි කරන සේක. නම් වශයෙනුත් සිහි කරන සේක. ගෝත්‍ර වශයෙනුත් සිහි කරන සේක. ආයු කාලය වශයෙනුත් සිහි කරන සේක. ශ්‍රාවක යුගල වශයෙනුත් සිහි කරන සේක. ශ්‍රාවක රැස්වීම් වශයෙනුත් සිහි කරන සේක. 'මෙසේ ත් ඒ භාග්‍යවත්වරු මෙබඳු ජාතියෙහි උපන්නාහු ය. මෙබඳු නම් ඇති ව, මෙබඳු ගෝත්‍ර ඇති ව, මෙබඳු සිල් ඇති ව, මෙබඳු ධර්මයන් ඇති ව, මෙබඳු ප්‍රඥා ඇති ව, මෙබඳු හැසිරීම් ඇති ව, ඒ භාග්‍යවත්වරු මෙබඳු විමුක්ති ඇති ව සිටියාහු ය' වශයෙනි.

කිම? ආයුෂ්මත්නි, තථාගතයන් වහන්සේ යම් ධර්ම ධාතුවක් පිළිබඳ ව ඉතා මැනැවින් ලත් අවබෝධයක් නිසාවෙන්, කෙලෙස් හැදෙන ස්වභාවය සිඳින ලද, භව ගමන් සිඳින ලද, භව චක්‍රය වනසන ලද, සියළු දුක් ඉක්මවා

ගිය පිරිනිවන්පා වදාළ අතීත බුදුවරයන් වහන්සේලා පිළිබඳ ව අප තථාගතයන් වහන්සේ ජාති වශයෙනුත් සිහි කරන සේක් නම්, නම් වශයෙනුත් සිහි කරන සේක් නම්, ගෝත්‍ර වශයෙනුත් සිහි කරන සේක් නම්, ආයු කාලය වශයෙනුත් සිහි කරන සේක් නම්, ශ්‍රාවක යුගල වශයෙනුත් සිහි කරන සේක් නම්, ශ්‍රාවක රැස්වීම් වශයෙනුත් සිහි කරන සේක් නම්, 'මෙසේ ත් ඒ භාග්‍යවත්වරු මෙබඳු ජාතියෙහි උපන්නාහු ය. මෙබඳු නම් ඇති ව, මෙබඳු ගෝත්‍ර ඇති ව, මෙබඳු සිල් ඇති ව, මෙබඳු ධර්මයන් ඇති ව, මෙබඳු ප්‍රඥා ඇති ව, මෙබඳු හැසිරීම් ඇති ව, මෙබඳු විමුක්ති ඇති ව සිටියාහු ය' වශයෙන් වදාරත් නම්, අප තථාගතයන් වහන්සේට ම ඒ ධර්ම ධාතුව ඉතා මනාකොට අවබෝධ වී තිබෙයි ද?

එසේ ත් නැත්නම් යම් කරුණකින් තථාගතයන් වහන්සේ කෙලෙස් හැදෙන ස්වභාවය සිඳින ලද, භව ගමන් සිඳින ලද, භව චක්‍රය වනසන ලද, සියළු දුක් ඉක්මවා ගිය පිරිනිවන්පා වදාළ අතීත බුදුවරයන් වහන්සේලා පිළිබඳ ව අප තථාගතයන් වහන්සේ ජාති වශයෙනුත් සිහි කරන සේක් නම්, නම් වශයෙනුත් සිහි කරන සේක් නම්, ගෝත්‍ර වශයෙනුත් සිහි කරන සේක් නම්, ආයු කාලය වශයෙනුත් සිහි කරන සේක් නම්, ශ්‍රාවක යුගල වශයෙනුත් සිහි කරන සේක් නම්, ශ්‍රාවක රැස්වීම් වශයෙනුත් සිහි කරන සේක් නම්, 'මෙසේ ත් ඒ භාග්‍යවත්වරු මෙබඳු ජාතියෙහි උපන්නාහු ය. මෙබඳු නම් ඇති ව, මෙබඳු ගෝත්‍ර ඇති ව, මෙබඳු සිල් ඇති ව, මෙබඳු ධර්මයන් ඇති ව, මෙබඳු ප්‍රඥා ඇති ව, මෙබඳු හැසිරීම් ඇති ව, ඒ භාග්‍යවත්වරු මෙබඳු විමුක්ති ඇති ව සිටියාහු ය' වශයෙන් වදාරත් නම් අප තථාගතයන් වහන්සේට දේවතාවෝ මේ කරුණු පිළිබඳ ව දැනුම් දුන්නාහු ද?' යනුවෙනි.

ස්වාමීනී, අප අතර වූ මේ කථාව අඩාල වූයේ ය. එකල්හී භාග්‍යවතුන් වහන්සේ මෙහි වැඩි සේක."

"මහණෙනි, තථාගතයෝ යම් ධර්ම ධාතුවක් පිළිබඳ ව ඉතා මැනැවින් ලත් අවබෝධයක් තුළින් කෙලෙස් හැදෙන ස්වභාවය සිඳින ලද, භව ගමන් සිඳින ලද, භව චක්‍රය වනසන ලද, සියළු දුක් ඉක්මවා ගිය පිරිනිවන්පා වදාළ අතීත බුදුවරයන් වහන්සේලා පිළිබඳ ව අප තථාගතයන් වහන්සේ ජාති වශයෙනුත් සිහි කරන සේක් නම්, නම් වශයෙනුත් සිහි කරන සේක් නම්, ගෝත්‍ර වශයෙනුත් සිහි කරන සේක් නම්, ආයු කාලය වශයෙනුත් සිහි කරන සේක් නම්, ශ්‍රාවක යුගල වශයෙනුත් සිහි කරන සේක් නම්, ශ්‍රාවක රැස්වීම් වශයෙනුත් සිහි කරන සේක් නම්, 'මෙසේ ත් ඒ භාග්‍යවත්වරු මෙබඳු ජාතියෙහි උපන්නාහු ය. මෙබඳු නම් ඇති ව, මෙබඳු ගෝත්‍ර ඇති ව, මෙබඳු සිල් ඇති ව, මෙබඳු ධර්මයන් ඇති ව, මෙබඳු ප්‍රඥා ඇති ව, මෙබඳු හැසිරීම් ඇති ව, ඒ

භාග්‍යවත්වරු මෙබඳු විමුක්ති ඇති ව සිටියාහු ය' වශයෙන් වදාරත් නම්, ඒ ධර්ම ධාතුව තථාගතයන්හට ම ඉතා මනාකොට අවබෝධ වී ඇත්තේ ය.

දේවතාවෝ ත් තථාගතයන් හට මෙකරුණ දැනුම් දුන්නාහු ය. 'ඒ භාග්‍යවත්වරු මෙබඳු ජාතියෙහි උපන්නාහු ය. මෙබඳු නම් ඇති ව, මෙබඳු ගෝත්‍ර ඇති ව, මෙබඳු සිල් ඇති ව, මෙබඳු ධර්මයන් ඇති ව, මෙබඳු ප්‍රඥා ඇති ව, මෙබඳු හැසිරීම් ඇති ව, ඒ භාග්‍යවත්වරු මෙබඳු විමුක්ති ඇති ව සිටියාහු ය' වශයෙනි.

මහණෙනි, පෙර ආත්මභාවයන්හි ගත කළ අයුරු පිළිබඳ ව තවත් බොහෝ විස්තරාත්මක ධර්ම කථාවක් අසන්නට ඔබ කැමැත්තහු ද?"

"ස්වාමීනි, භාග්‍යවතුන් වහන්සේ පෙර ආත්මභාවයන්හි ගත කළ අයුරු පිළිබඳ ව තවත් බොහෝ විස්තරාත්මක ධර්ම කථාවක් වදාරණ සේක් නම්, භාග්‍යවතුන් වහන්ස, මේ එයට කාලය යි! සුගතයන් වහන්ස, මේ එයට කාලය යි! භාග්‍යවතුන් වහන්සේගෙන් අසා භික්ෂූහු මතකයෙහි රඳවා ගන්නාහු ය."

"එසේ වී නම් මහණෙනි, සවන් යොමා අසව්. මැනැවින් මෙනෙහි කරව්. පවසන්නෙමි."

"එසේ ය ස්වාමීනී" යි ඒ භික්ෂූහු භාග්‍යවතුන් වහන්සේට පිළිවදන් දුන්හ. භාග්‍යවතුන් වහන්සේ මෙය වදාළ සේක.

"මහණෙනි, අරහත් සම්මා සම්බුදු විපස්සී භාග්‍යවතාණෝ යම් කලෙක ලෝකයෙහි උපන්නාහු ද, ඒ මෙයින් අනූ එක් වෙනි කල්පය යි. මහණෙනි, අරහත් සම්මා සම්බුදු විපස්සී භාග්‍යවතාණෝ උපතින් ක්ෂත්‍රියයෙක් වූහ. ක්ෂත්‍රිය රජ පවුලෙහි උපන්නාහු ය. මහණෙනි, අරහත් සම්මා සම්බුදු විපස්සී භාග්‍යවතාණෝ ගෝත්‍රයෙන් කොණ්ඩඤ්ඤ වූහ. මහණෙනි, අරහත් සම්මා සම්බුදු විපස්සී භාග්‍යවතුන්ගේ ආයු කාලය වසර අසූ දහසක් වූයේ ය. මහණෙනි, අරහත් සම්මා සම්බුදු විපස්සී භාග්‍යවතාණෝ පළොල් රුක් සෙවණකදී අභිසම්බෝධියට පත්වූහ. මහණෙනි, අරහත් සම්මා සම්බුදු විපස්සී භාග්‍යවතුන් හට ඛණ්ඩ සහ තිස්ස නමින් සොඳුරු ශ්‍රාවක යුගලක්, අග්‍රශ්‍රාවක යුගලක් වූහ. මහණෙනි, අරහත් සම්මා සම්බුදු විපස්සී භාග්‍යවතුන්ගේ ප්‍රධාන ශ්‍රාවක රැස්වීම් තුනක් තිබුණේ ය. ශ්‍රාවක භික්ෂූන් එක් ලක්ෂ හැට අට දහසකගේ එක් රැස්වීමක් තිබුණේ ය. ශ්‍රාවක භික්ෂූන් ලක්ෂයකගේ එක් රැස්වීමක් තිබුණේ ය. ශ්‍රාවක භික්ෂූන් අසූ දහසකගේ එක් රැස්වීමක් තිබුණේ ය. මහණෙනි, අරහත් සම්මා සම්බුදු විපස්සී භාග්‍යවතුන්ගේ ශ්‍රාවක වූ සියළු දෙනා ම ක්ෂීණාශ්‍රව වූ

රහතුන්ගේ මේ ප්‍රධාන රැස්වීම් තුන තිබුණේ ය. මහණෙනි, අරහත් සම්මා සම්බුදු විපස්සී භාග්‍යවතුන් හට අශෝක නම් උපස්ථායක භික්ෂුව අග්‍ර උපස්ථායක වූයේ ය. මහණෙනි, අරහත් සම්මා සම්බුදු විපස්සී භාග්‍යවතුන් හට බන්ධුමා නම් රජු පියා වූයේ ය. බන්ධුමතී නම් දේවිය බිහි කළ මව වූවා ය. බන්ධුමා රජුගේ බන්ධුමතී නම් නගරය රාජධානිය වූයේ ය.

1. මහණෙනි, එකල්හී විපස්සී බෝසත් තෙමේ තුසිත දෙව්ලොවින් චුත ව සිහිනුවණින් යුතුව මව් කුසෙහි පිළිසිඳ ගත්තේ ය. මෙය මෙහි ධර්මතාවකි. (බුදුවන ආත්මයෙහි සියළු බෝසත්වරුන්ට අයත් ස්වභාවයකි.)

2. මහණෙනි, මෙය ධර්මතාවයකි. යම් විටෙක බෝසත් තෙමේ තුසිත දෙව්ලොවින් චුත ව මව්කුස පිළිසිඳ ගනියි ද, එකල්හී දෙවියන් සහිත, මරුන් සහිත, බඹුන් සහිත, මහණ බමුණන් සහිත දෙව් මිනිස් ප්‍රජාවෙන් යුතු ලෝකයෙහි දෙවියන්ගේ දේවානුභාවය ඉක්මවා ගිය අප්‍රමාණ වූ මහත් වූ ආලෝකයක් පහළ වෙයි. යම් ඒ දුක්ඛිත වූ, හැම කල විවෘත වූ, ආවරණය නොවූ, අඳුර ඇති, ඝන අඳුර ඇති ලෝකාන්තරික නිරයෝ වෙත් ද, යම් තැනක මේ සා මහාඉර්ධි ඇති, මේ සා මහානුභාව ඇති හිරු සඳුගේ එළිය නොවැටෙත් ද, එහි පවා ඒ දෙවියන්ගේ දේවානුභාවය ඉක්මවා ගිය පමණ නොකළ හැකි මහත් වූ ආලෝකයක් පහළ වෙයි. එහි උපන් යම් සත්වයෝ වෙත් ද, ඔවුනුත් ඒ එළියෙන් එකිනෙකාව හඳුනාගනිති. 'භවත්නි, මෙහි අන්‍ය වූ සත්වයෝ ත් ඉපදී සිටිත් නොවැ'යි. මේ දස සහස්සී ලෝකධාතුව ද කම්පා වෙයි. හාත්පසින් කම්පා වෙයි. අතිශයින් ම කම්පා ව යයි. දෙවියන්ගේ දේවානුභාවය ඉක්මවා ගිය පමණ නොකළ හැකි මහත් වූ ආලෝකයක් ලෝකයෙහි පහළ වෙයි. මෙය මෙහි ධර්මතාව යි.

3. මහණෙනි, මෙය ධර්මතාවයකි. යම් විටෙක බෝසත් තෙමේ මව්කුසෙහි පිළිසිඳ ගන්නේ වෙයි ද, එවිට සතර වරම් දෙව්රජවරු සිව් දිශාවෙන් ආරක්ෂාවට පැමිණෙති. එනම් 'බෝසතුන්ට ද, බෝසත් මාතාවට ද කිසි මිනිසෙක් හෝ අමනුෂ්‍යයෙක් හෝ පීඩාවක් නොකෙරේවා'යි. මෙය මෙහි ධර්මතාව යි.

4. මහණෙනි, මෙය ධර්මතාවයකි. යම් විටෙක බෝසත් තෙමේ මව්කුසෙහි පිළිසිඳ ගන්නේ වෙයි ද, එතැන් සිට බෝසත් මාතාව ස්වභාවයෙන් ම සිල්වතියක් වෙයි. සත්ව ඝාතනයෙන් වැළකී සිටින්නී වෙයි. සොරකමින් වැළකී සිටින්නී වෙයි. වැරදි කාමසේවනයෙන් වැළකී සිටින්නී වෙයි. බොරු කීමෙන් වැළකී සිටින්නී වෙයි. මත්පැන්, මත්ද්‍රව්‍ය භාවිතයෙන් වැළකී සිටින්නී වෙයි. මෙය මෙහි ධර්මතාව යි.

5. මහණෙනි, මෙය ධර්මතාවයකි. යම් විටෙක බෝසත් තෙමේ මව්කුසෙහි පිළිසිඳ ගන්නේ වෙයි ද, එතැන් සිට බෝසත් මාතාව තුළ පුරුෂයින් පිළිබඳ ව පංච කාම ගුණයන් ඇසුරු කළ සිතක් පහළ නොවෙයි. රාගයෙන් ඇලුණු සිතින් යුතු කිසි පුරුෂයෙකුට බෝසත් මාතාව ඉක්මවා යා නොහැක්කේ ය. මෙය මෙහි ධර්මතාව යි.

6. මහණෙනි, මෙය ධර්මතාවයකි. යම් විටෙක බෝසත් තෙමේ මව්කුසෙහි පිළිසිඳ ගන්නේ වෙයි ද, බෝසත් මාතාව පංච කාම ගුණයෙන් සැප ලබන්නී ය. ඕ තොමෝ පස්කම් ගුණයෙන් පිනායමින්, ඒවා හා එක්වෙමින්, ඒ පස්කම් ගුණ පිරිවරා වාසය කරන්නී ය. මෙය මෙහි ධර්මතාව යි.

7. මහණෙනි, මෙය ධර්මතාවයකි. යම් විටෙක බෝසත් තෙමේ මව්කුසෙහි පිළිසිඳ ගන්නේ වෙයි ද, එතැන් සිට බෝසත් මාතාව තුළ කිසිදු රෝගාබාධයෙක් හට නොගනියි. බෝසත් මාතාව සුවැත්තී ය. ක්ලාන්ත නොවූ කය ඇත්තී ය. බෝසත් මාතාව තම කුසෙහි සිටින සියළු අඟපසඟින් යුතු නොපිරිහී ගිය ඉඳුරන් ඇති බෝසතුන් දකින්නී වෙයි. මහණෙනි, එය මෙබඳු දෙයකි. යම් සේ සුන්දර, ඉතා වටිනා වර්ගයේ, අටපට්ටම් වූ, හොඳින් ඔප දැමූ, පිරිසුදු, ඉතා ප්‍රසන්න, සියළු අයුරින් පිරිපුන් වෛරෝඩි මාණික්‍යයක් වෙයි ද, එහි නිල් හෝ කහ හෝ රතු හෝ සුදු හෝ පඬු හෝ පැහැයෙන් යුතු යම් නූලක් අමුණන ලද්දේ වෙයි ද, එවිට ඇස් ඇති පුරුෂයෙක් එය අතට ගෙන හොඳින් පිරික්සා බලයි. 'මේ වෛරෝඩි මැණික වනාහී සොඳුරු ය. ඉතා වටියි. අටපට්ටම් ය. හොඳින් ඔප දමා ඇත්තේ ය. පිරිසිදු ය. පහන් ය. සියළු අයුරින් පිරිපුන් ය.' එහි මේ නිල් හෝ කහ හෝ රතු හෝ සුදු හෝ පඬු වූ පැහැයෙන් යුතු නූලක් අමුණන ලද්දේ වෙයි. එසෙයින් ම මහණෙනි, යම් විටෙක බෝසත් තෙමේ මව්කුසෙහි පිළිසිඳ ගන්නේ වෙයි ද, එතැන් සිට බෝසත් මාතාව තුළ කිසි රෝගාබාධයෙක් හට නොගන්නේ ය. බෝසත් මාතාව සුවැත්තී ය. ක්ලාන්ත නොවූ කය ඇත්තී ය. බෝසත් මාතාව තම කුසෙහි සිටින සියළු අඟපසඟින් නොපිරිහී ගිය ඉඳුරන් ඇති බෝසතුන් දකින්නී වෙයි. මෙය මෙහි ධර්මතාව යි.

8. මහණෙනි, මෙය ධර්මතාවයකි. යම් විටෙක බෝධිසත්වයන් ඉපිද සත් වෙනි දිනයෙහි බෝසත් මාතාව කළුරිය කරයි. තුසිත දෙව්ලොව උපදියි. මෙය මෙහි ධර්මතාව යි.

9. මහණෙනි, මෙය ධර්මතාවයකි. යම් විටෙක අන්‍ය ස්ත්‍රීහු නව මසකින් හෝ දස මසකින් හෝ කුසින් දරු ගැබ රැක යම් අයුරින් බිහි කරත් ද, බෝසත්

මාතාව ඒ අයුරින් බෝසතුන් බිහි නොකරයි. බෝසත් මාතාව දස මසක් පුරා ම බෝසතුන් මව්කුසෙහි දරා සිට දරු වදන්නී ය. මෙය මෙහි ධර්මතාව යි.

10. මහණෙනි, මෙය ධර්මතාවයකි. යම් විටෙක අන්‍ය ස්ත්‍රීහු හිඳින්නී හෝ සැතපෙන්නී හෝ දරුවන් වදත් ද, එනමුදු බෝසත් මාතාව එසේ බෝසතුන් නොවදයි. බෝසත් මාතාව සිටගත්තී ම බෝසතුන් වදන්නී ය. මෙය මෙහි ධර්මතාව යි.

11. මහණෙනි, මෙය ධර්මතාවයකි. යම් විටෙක බෝසත් තෙමේ මව්කුසින් නික්මෙයි ද, පළමු ව බෝසතුන් පිළිගන්නාහු දෙවියෝ ය. මිනිස්සු පසු ව ය. මෙය මෙහි ධර්මතාව යි.

12. මහණෙනි, මෙය ධර්මතාවයකි. යම් විටෙක බෝසත් තෙමේ මව්කුසින් නික්මෙයි ද, එකල්හී බෝසත් තෙමේ පොළොවෙහි පිහිටන්නට පෙර සතර වරම් දෙව්රජවරු බෝසතුන් පිළිගෙන මෑණියන් ඉදිරියෙහි තබති. 'දේවීනි, සිත සතුටු කරගත මැනැව. ඔබට මහේශාක්‍ය වූ දරු සිඟිත්තෙක් උපන්නේ ය' යි. මෙය මෙහි ධර්මතාව යි.

13. මහණෙනි, මෙය ධර්මතාවයකි. යම් විටෙක බෝසත් තෙමේ මව්කුසින් බිහිවෙයි ද, පිරිසිදු ව ම බිහිවෙයි. දියෙන් නොතැවරුණේ ය. සෙමෙන් නොතැවරුණේ ය. රුධිරයෙන් නොතැවරුණේ ය. කිසි අසුචියකින් නොතැවරුණේ ය. ශුද්ධ ය. පිරිසිදු ය.

මහණෙනි, එය මෙබඳු දෙයකි. කසී සළුවක් මත තබන ලද මාණික්‍ය රත්නයක් වේ නම්, ඒ මාණික්‍යරත්නය කසී සළුවෙහි නොතැවරෙයි. ඒ කසී සළුව මාණික්‍යරත්නයෙහි නොතැවරෙයි. එයට හේතුව කිම? ඒ දෙක ම පිරිසිදු බැවිනි. එසෙයින් ම මහණෙනි, යම් විටෙක බෝසත් තෙමේ මව්කුසින් බිහිවෙයි ද, පිරිසිදු ව ම බිහිවෙයි. දියෙන් නොතැවරුණේ ය. සෙමෙන් නොතැවරුණේ ය. රුධිරයෙන් නොතැවරුණේ ය. කිසි අසුචියකින් නොතැවරුණේ ය. ශුද්ධ ය. පිරිසිදු ය. මෙය මෙහි ධර්මතාව යි.

14. මහණෙනි, මෙය ධර්මතාවයකි. යම් විටෙක බෝසත් තෙමේ මව්කුසින් බිහිවෙයි ද, දිය දහරා දෙකක් අහසින් පහළ වෙයි. එකක් සිහිල් ය. අනික උණුසුම් ය. එයින් බෝසතුන්ගේ ද, බෝසත් මාතාවගේ ද දිය කිස කෙරෙයි. මෙය මෙහි ධර්මතාව යි.

15. මහණෙනි, මෙය ධර්මතාවයකි. යම් විටෙක බෝසත් තෙමේ උපන් මොහොතෙහි දී ම දෙව්සේසත් දරා සිටිද්දී, සමකොට තබන පාදයන්ගෙන්

පොළොවෙහි පිහිටා උතුරු දෙසට මුහුණලා සත් පියවරක් ගමන් කරයි. සියළු හාත්පස දිශා ත් බලයි. ශ්‍රේෂ්ඨ වූ වචනය පවසයි. 'මම ලොවට අග්‍ර වෙමි. මම ලොවට ජ්‍යෙෂ්ඨ වෙමි. මම ලොවට ශ්‍රේෂ්ඨ වෙමි. මෙය අවසාන ඉපදීම යි. දැන් නැවත භවයක් නැත්තේ ය' යනුවෙනි. මෙය මෙහි ධර්මතාව යි.

16. මහණෙනි, මෙය ධර්මතාවයකි. යම් විටෙක බෝසත් තෙමේ මව්කුසින් නික්මෙයි ද, එකල්හී දෙවියන් සහිත, මරුන් සහිත, බඹුන් සහිත, මහණ බමුණන් සහිත දෙව් මිනිස් ප්‍රජාවෙන් යුතු ලෝකයෙහි දෙවියන්ගේ දේවානුභාවය ඉක්මවා ගිය අප්‍රමාණ වූ මහත් වූ ආලෝකයක් පහළ වෙයි. යම් ඒ දුක්ඛිත වූ, හැම කල විවෘත වූ, ආවරණය නොවූ, අඳුර ඇති, ඝන අඳුර ඇති ලෝකාන්තරික නිරයෝ වෙත් ද, යම් තැනක මේ සා මහාඉර්ධි ඇති, මේ සා මහානුභාව ඇති හිරු සඳුගේ එළිය නොවැටෙත් ද, එහි පවා ඒ දෙවියන්ගේ දේවානුභාවය ඉක්මවා ගිය පමණ නොකළ හැකි මහත් වූ ආලෝකයක් පහළ වෙයි. එහි උපන් යම් සත්වයෝ වෙත් ද, ඔවුනුත් ඒ එළියෙන් එකිනෙකාව හඳුනාගනිති. 'භවත්නි, මෙහි අන්‍ය වූ සත්වයෝ ත් ඉපදී සිටිත් නොවැ'යි. මේ දස සහස්සී ලෝකධාතුව ද කම්පා වෙයි. හාත්පසින් කම්පා වෙයි. අතිශයින් ම කම්පා ව යයි. දෙවියන්ගේ දේවානුභාවය ඉක්මවා ගිය පමණ නොකළ හැකි මහත් වූ ආලෝකයක් ලෝකයෙහි පහළ වෙයි. මෙය මෙහි ධර්මතාව යි.

මහණෙනි, විපස්සී කුමරුන් උපන් කල්හී බන්ධුමා රජු හට දැනුම් දුන්නාහු ය. "දේවයිනි, ඔබට පුත්‍ර රත්නයක් උපන්නේ ය. දේවයන් වහන්සේ ඒ කුමරු දකිත්වා" යි. මහණෙනි, බන්ධුමා රජු විපස්සී කුමරු දැක්කේ ය. දැක නිමිති කියන බ්‍රාහ්මණයන් කැඳවා මෙය පැවසූවේ ය. "භවත් නිමිති පවසන බ්‍රාහ්මණවරුනි, කුමාරයා ව දකිත්වා" යි. මහණෙනි, ඒ නිමිති කියන බ්‍රාහ්මණවරු විපස්සී කුමරු දැක්කාහු ය. දැක බන්ධුමා රජුට මෙය පැවසූහ. "දේවයිනි, සතුටු වුව මැනැව. ඔබවහන්සේට මහේශාක්‍ය වූ පුත්‍ර රත්නයක් උපන්නේ ය. යම්බඳු ඔබගේ රජ පවුලට මෙබඳු වූ දරුසම්පතක් උපන්නේ ද, මහාරාජයෙනි, එය ඔබට ලාභයකි. මහාරාජයෙනි, එය ඔබට මනා වූ ලාභයකි.

දේවයිනි, මේ කුමාර තෙමේ මහාපුරුෂ ලක්ෂණ දෙතිසකින් සමන්විත වූයේ වෙයි. ඒවායින් සමන්විත මහා පුරුෂයෙකුට ඉරණම් දෙකක් ම ඇත්තේ ය. අනෙකක් නැත්තේ ය. ඉදින් ගිහි ගෙයි වසන්නේ නම් දැහැමි වූ, දැහැමින් රජකරන, සිව් සමුදුර සීමා කොට ඇති පොළොවෙහි අධිපති ව, ජනපදයන්හි ස්ථිර බවට පත් ව, සත්රුවනෙකින් යුත් සක්විති රජෙකු වන්නේ ය. ඒ රජුට මේ සත්රුවන් ඇත්තේ ය. එනම්; චක්‍ර රත්නය, හස්ති රත්නය, අශ්ව රත්නය, මාණික්‍ය රත්නය, ස්ත්‍රී රත්නය, ගෘහපති රත්නය සහ සත්වෙනි පුත්‍ර රත්නය

යි. ඒ රජුට ශූර වීර පරාක්‍රමයෙන් යුතු සතුරු සෙන් මැඬලන දහසකට වැඩි පුත්‍රයෝ වෙති. හෙතෙමේ සයුර සීමා කොට ඇති මේ පෘථිවිය දඬුවමින් තොර ව, අවිආයුධයෙන් තොර ව, දැහැමින් දිනා අධිපති ව වෙසෙයි. ඉදින් හේ ගෘහවාසය අත්හැර අනගාරික ව පැවිදි වෙයි නම් ලොව වැසී ඇති මෝහය ඉවත් කොට අරහත් සම්මා සම්බුදුවරයෙක් වන්නේ ය.

දේවයිනි, යම් ලක්ෂණ වලින් සමන්විත මහා පුරුෂයෙකුට ඉරණම් දෙකක් ම ඇත්තේ ද, අනෙකක් නැත්තේ ද, ඉදින් ගිහි ගෙයි වසන්නේ නම් දැහැමි වූ, දැහැමින් රජකරන, සිව් සමුදුර සීමා කොට ඇති පොළොවෙහි අධිපති ව, ජනපදයන්හි ස්ථිර බවට පත් ව, සත්රුවනෙකින් යුත් සක්විති රජෙකු වන්නේ ද, ඒ රජුට මේ සත්රුවන ඇත්තේ ද, එනම්; චක්‍ර රත්නය, හස්ති රත්නය, අශ්ව රත්නය, මාණික්‍ය රත්නය, ස්ත්‍රී රත්නය, ගෘහපති රත්නය සහ සත්වෙනි පුත්‍ර රත්නය යි. ඒ රජුට ශූර වීර පරාක්‍රමයෙන් යුතු සතුරු සෙන් මැඬලන දහසකට වැඩි පුත්‍රයෝ වෙත් ද, හෙතෙමේ සයුර සීමා කොට ඇති මේ පෘථිවිය දඬුවමින් තොර ව, අවිආයුධයෙන් තොර ව, දැහැමින් දිනා අධිපති ව වෙසෙයි ද, ඉදින් හේ ගෘහවාසය අත්හැර අනගාරික ව පැවිදි වෙයි නම් ලොව වැසී ඇති මෝහය ඉවත් කොට අරහත් සම්මා සම්බුදුවරයෙක් වන්නේ ද, දේවයිනි, මේ කුමාර තෙමේ කවර වූ මහා පුරුෂ ලක්ෂණ දෙතිසකින් යුක්ත වෙයි ද යත්;

1. දේවයිනි, මේ කුමාර තෙමේ සම ව පිහිටි යටිපතුලින් යුතු පා ඇත්තේ ය. දේවයිනි, යම් හෙයකින් මේ කුමාර තෙමේ සම ව පිහිටි යටිපතුලින් යුතු පා ඇත්තේ ද, මෙය ත් මේ මහා පුරුෂයා කෙරෙහි ඇති මහා පුරුෂ ලක්ෂණයකි.

2. දේවයිනි, මේ කුමරහුගේ යටිපතුල්හි දහසක් අර ඇති, නිම්වළලු ඇති, නැබ ඇති, හැම අයුරින් පිරිපුන් චක්‍ර ලකුණු ඇත්තේ ය. දේවයිනි, යම් හෙයකින් මේ කුමරහුගේ යටිපතුල්හි දහසක් අර ඇති, නිම්වළලු ඇති, නැබ ඇති, හැම අයුරින් පිරිපුන් චක්‍ර ලකුණු ඇත්තේ ද, මෙය ත් මේ මහා පුරුෂයා කෙරෙහි ඇති මහා පුරුෂ ලක්ෂණයකි.

3. දේවයිනි, මේ කුමාර තෙමේ දික් විලුඹ ඇත්තේ ය. දේවයිනි, යම් හෙයකින් මේ කුමාර තෙමේ දික් විලුඹින් යුක්ත වූයේ ද, මෙය ත් මේ මහා පුරුෂයා කෙරෙහි ඇති මහා පුරුෂ ලක්ෂණයකි.

4. දේවයිනි, මේ කුමාර තෙමේ දික් වූ ඇඟිලි ඇත්තේ ය. ....(පෙ)....

5. දේවයිනි, මේ කුමාර තෙමේ මෘදු මොළොක් යොවුන් අත් පා ඇත්තේ ය. ....(පෙ)....

6. දේවයිනි, මේ කුමාර තෙමේ ඉතා නම්‍යශීලී අත් පා ඇත්තේ ය. ....(පෙ)....

7. දේවයිනි, මේ කුමාර තෙමේ උස් ව පිහිටි ගොප් ඇට සහිත පා ඇත්තේ ය. ....(පෙ)....

8. දේවයිනි, මේ කුමාර තෙමේ ඒණි මුවන්ගේ බඳු සිහින් කෙණ්ඩා ඇත්තේ ය. ....(පෙ)....

9. දේවයිනි, මේ කුමාර තෙමේ සිටගෙන සිටිය දී ම නොනැමී දෙඅත්ලෙන් දෙදණ ස්පර්ශ කරයි. පිරිමදියි. ....(පෙ)....

10. දේවයිනි, මේ කුමාර තෙමේ කොපුවක බහාලූ පරිද්දෙන් අංගජාතයක් ඇත්තේ ය. ....(පෙ)....

11. දේවයිනි, මේ කුමාර තෙමේ රන්වන් ය, රන් කඳක් සේ දිලෙන සිවි පැහැ ඇත්තේ ය. ....(පෙ)....

12. දේවයිනි, මේ කුමාර තෙමේ සිනිඳු සිවියකින් යුක්ත ය. සිවිය සිනිඳු බැවින් දූහුවිලි, දූලි ආදිය කයෙහි නොතැවරෙයි. ....(පෙ)....

13. දේවයිනි, මේ කුමාර තෙමේ එක් එක් ලොමින් යුක්ත ය. ඒ ලෝම කූපයන්හි එක බැගින් ලොම් හටගත්තේ ය. ....(පෙ)....

14. දේවයිනි, මේ කුමාර තෙමේ උඩට කැරකුණු ලොම් ඇත්තේ ය. නිල් පැහැයෙන් යුතු, අඳුන් පැහැයෙන් යුතු දකුණට රවුම් ව කැරකී ගිය ලොම් ඇත්තේ ය. ....(පෙ)....

15. දේවයිනි, මේ කුමාර තෙමේ මහබඹුට සෙයින් ඍජු සිරුරක් ඇත්තේ ය. ....(පෙ)....

16. දේවයිනි, මේ කුමාර තෙමේ දෙඅත් පිට, දෙපා පිට, දෙවුර සහ කඳ යන සත් තැන උස් ව වැඩුණු මස් ඇත්තේ ය. ....(පෙ)....

17. දේවයිනි, මේ කුමාර තෙමේ සිංහයෙකුගේ බඳු උඩුකය ඇත්තේ ය. ....(පෙ)....

18. දේවයිනි, මේ කුමාර තෙමේ උරහිස් අතර පිරුණු මස් ඇත්තේ ය. ....(පෙ)....

19. දේවයිනි, මේ කුමාර තෙමේ කඳින් අතුවෙන් සම වූ නුග රුකක් සේ පිරිපුන් වූ කය ඇත්තේ ය. මේ කුමරුගේ කය යම් පමණ වැඩෙයි ද, බඹය

ත් එපමණ වෙයි. බඹය යම් පමණ ද එපමණ උසට කුමරු වැඩෙනු ඇත. ....(පෙ)....

20. දේවයිනි, මේ කුමාර තෙමේ සම වූ වටකඳ ඇත්තේ ය. ....(පෙ)....

21. දේවයිනි, මේ කුමාර තෙමේ මැනැවින් උරා ගන්නා රස නහර ඇත්තේ ය. ....(පෙ)....

22. දේවයිනි, මේ කුමාර තෙමේ සිංහයෙකුට බඳු සව්මත් හනු ඇත්තේ ය. ....(පෙ)....

23. දේවයිනි, මේ කුමාර තෙමේ සතළිස් දත් ඇත්තේ ය. ....(පෙ)....

24 දේවයිනි, මේ කුමාර තෙමේ සම වූ දත් ඇත්තේ ය. ....(පෙ)....

25. දේවයිනි, මේ කුමාර තෙමේ අතර හිඩැස් නැති දත් ඇත්තේ ය. ....(පෙ)....

26. දේවයිනි, මේ කුමාර තෙමේ ඉතා සුදු දත් ඇත්තේ ය. ....(පෙ)....

27. දේවයිනි, මේ කුමාර තෙමේ මොළොක් වූ දිගු පුළුල් දිව ඇත්තේ ය. ....(පෙ)....

28. දේවයිනි, මේ කුමාර තෙමේ කරවීක කුරුල්ලන්ගේ හඬ බඳු නින්නාද වන ස්වරයක් ඇති බ්‍රහ්මස්වර ඇත්තේ ය. ....(පෙ)....

29. දේවයිනි, මේ කුමාර තෙමේ අභිනීල නෙත් ඇත්තේ ය. ....(පෙ)....

30. දේවයිනි, මේ කුමාර තෙමේ එකෙණෙහි උපන් වසු පැටවෙකුගේ බඳු සුවිශාල නිල්වන් නෙත් ඇත්තේ ය. ....(පෙ)....

31. දේවයිනි, මේ කුමරුගේ දෙබැම අතර සුදු වූ මොළොක් පුළුන් රොදක් බඳු ඌර්ණ රෝමය ඇත්තේ ය. දේවයිනි, යම් කරුණකින් මේ කුමරුගේ දෙබැම අතර සුදු වූ මොළොක් පුළුන් රොදක් බඳු ඌර්ණ රෝම ධාතුව ඇත්තේ ද, මෙය ත් මේ මහා පුරුෂයා කෙරෙහි ඇති මහා පුරුෂ ලක්ෂණයකි.

32. දේවයිනි, මේ කුමාර තෙමේ පිරිපුන් නළල් පටක් බඳු උණ්හීස සීස ඇත්තේ ය. දේවයිනි, යම් කරුණකින් මේ කුමාර තෙමේ පිරිපුන් නළල් පටක් බඳු උණ්හීස සීස ඇත්තේ ද, මෙය ත් මේ මහා පුරුෂයා කෙරෙහි ඇති මහා පුරුෂ ලක්ෂණයකි.

දේවයිනි, මේ කුමාර තෙමේ මේ මහාපුරුෂ ලක්ෂණ දෙතිසෙන් සමන්විත වූයේ වෙයි. ඒවායින් සමන්විත මහා පුරුෂයෙකුට ඉරණම් දෙකක්

ම ඇත්තේ ය. අනෙකක් නැත්තේ ය. ඉදින් ගිහි ගෙයි වසන්නේ නම් දැහැමි වූ, දැහැමින් රජකරන, සිව් සමුදුර සීමා කොට ඇති පොළොවෙහි අධිපති ව, ජනපදයන්හි ස්ථිර බවට පත් ව, සත්රුවනෙකින් යුත් සක්විති රජෙකු වන්නේ ය. ඒ රජුට මේ සත්රුවන් ඇත්තේ ය. එනම්; චක්‍ර රත්නය, හස්ති රත්නය, අශ්ව රත්නය, මාණික්‍ය රත්නය, ස්ත්‍රී රත්නය, ගෘහපති රත්නය සහ සත්වෙනි පුත්‍ර රත්නය යි. ඒ රජුට ශූර වීර පරාක්‍රමයෙන් යුතු සතුරු සෙන් මැඬලන දහසකට වැඩි පුත්‍රයෝ වෙති. හෙතෙමේ සයුර සීමා කොට ඇති මේ පෘථිවිය දඬුවමින් තොර ව, අවිආයුධයෙන් තොර ව, දැහැමින් දිනා අධිපති ව වෙසෙයි. ඉදින් හේ ගෘහවාසය අත්හැර අනගාරික ව පැවිදි වෙයි නම් ලොව වැසී ඇති මෝහය ඉවත් කොට අරහත් සම්මා සම්බුදුවරයෙක් වන්නේ ය.”

මහණෙනි, එකල්හී බන්ධුමා රජු නිමිති පවසන බ්‍රාහ්මණයන් අළුත් වස්ත්‍රයෙන් පුදා, ඔවුන් කැමති සියළු දැයින් සතුටු කළේ ය. ඉක්බිති මහණෙනි, බන්ධුමා රජු විපස්සී කුමරු හට කිරි මවුන් තැබ්බවී ය. ඔවුන් අතුරින් ඇතැම් මව්වරු කිරි පොවති. ඇතැම්හු නහවති. ඇතැම්හු වඩාගනිති. ඇතැම්හු ඇකයෙහි රඳවා ගනිති. මහණෙනි, ඒ විපස්සී කුමරු හට උපන් මොහොතේ සිට 'සීතලකින් හෝ උණුසුමකින් හෝ තෘණ ධූලි ආදියකින් හෝ නොපෙළාවා' යි දිවා රාත්‍රී දෙකෙහි ම සේසත් දරණ ලද්දේ ය. මහණෙනි, විපස්සී කුමරු බොහෝ ජනයාට ප්‍රිය වූයේ ය. මනාප වූයේ ය. මහණෙනි, එය මෙබඳු දෙයකි. මහනෙල් මලක් හෝ රතු නෙළුමක් හෝ සුදු නෙළුමක් හෝ බොහෝ ජනයාට ප්‍රිය මනාප වන්නේ යම් සේ ද, එසෙයින් ම මහණෙනි, විපස්සී කුමරු උපන්නේ බොහෝ ජනයාට ප්‍රිය වූයේ ය. මනාප වූයේ ය. ඒ කුමර තෙමේ එක් කිරිමවකගේ ඇකයෙන් වෙනත් කිරි මවකගේ ඇකයට පමුණුවයි.

මහණෙනි, ඒ විපස්සී කුමාර තෙමේ උපන්නේ මිහිරි ස්වරයෙන් ද, සිත්කළු ස්වරයෙන් ද, මධුර ස්වරයෙන් ද, ආලවඩන ස්වරයෙන් ද යුතු වූයේ ය. මහණෙනි, එය මෙබඳු දෙයකි. හිමවත් පව්වෙහි ඉතා මධුර වූ ත්, සිත්කළු වූ ත්, මියුරු වූ ත්, ඇල්ම ඇති කරවන්නා වූ ත් හඬනගන කරවීක නම් ලිහිණි කුරුල්ලෝ ඇද්ද, මහණෙනි, එසෙයින් ම ඒ විපස්සී කුමාර තෙමේ මිහිරි ස්වරයෙන් ද, සිත්කළු ස්වරයෙන් ද, මධුර ස්වරයෙන් ද, ආලවඩන ස්වරයෙන් ද යුතු වූයේ ය.

මහණෙනි, යම් දිවැසකින් රෑ ත්, දහවල ත් හාත්පස යොදුනක් දැකිය හැක්කේ ද, එබඳු වූ දිවැසක් උපන් විපස්සී කුමරු හට කර්ම විපාකයෙන් පහළ වූයේ ය. මහණෙනි, උපන් විපස්සී කුමරු ඇසිපිය නොහෙළා බලා සිටියි. තව්තිසාවැසි දෙවියන් සේ ය. මහණෙනි, 'මේ කුමර තෙමේ ඇසිපිය නොහෙළා

බලනවා නොවැ' යි විපස්සී කුමරු හට 'විපස්සී, විපස්සී' යන නාමය ලැබුණේ ය.

මහණෙනි, එකල්හී බන්ධුමා රජු විනිශ්චය සභාවෙහි හිඳින විට විපස්සී කුමරු ඇකයෙහි හිඳුවාගෙන කරුණු කාරණා පවසයි. මහණෙනි, එකල්හී පියාගේ ඇකයෙහි හුන් විපස්සී කුමරු නුවණින් විමස විමසා න්‍යායෙන් යුක්ති සහගත ලෙස අරුත් පවසයි. 'කුමර තෙමේ නුවණින් විමස විමසා න්‍යායෙන් යුක්ති සහගත ලෙස අරුත් පවසනවා නොවැ'යි බොහෝ සෙයින් ම විපස්සී කුමරු හට 'විපස්සී, විපස්සී' යන නම උපන්නේ ය.

මහණෙනි, ඉක්බිති බන්ධුමා රජු විපස්සී කුමරු හට මාළිගා තුනක් කරවීය. එයින් එකක් වැසි කාලයට ය. අනික සීත කාලයට ය. අනික ගිම්හාන කාලයට ය. මනා වූ පංච කාම සැපය ද සළසා දුන්නේ ය. එකල්හී මහණෙනි, විපස්සී කුමාර තෙමේ වැසි කලට සිටින ප්‍රාසාදයෙහි වස්සාන සමයෙහි සාර මස පුරා පුරුෂයන් රහිත වූ ස්ත්‍රීන් විසින් පවත්වනු ලබන පංච තූර්ය නාදයෙන් උපස්ථාන ලබමින් යටි මහලට නොබසියි.

එකල්හී මහණෙනි, විපස්සී කුමරු බොහෝ වසර ගණනක්, බොහෝ වසර සියගණනක්, බොහෝ වසර දහස් ගණනක් ඇවෑමෙන් රියැදුරු ඇමතුවේ ය. "මිත්‍ර රියැදුර, සොඳුරු සොඳුරු යානයන් පිළියෙල කරව. සිත්කළු බිම් දකින්නට උයන් බිමට යන්නෙමු" යි. එවිට මහණෙනි, "එසේ ය, දේවයිනි"යි රියැදුරු තෙමේ විපස්සී කුමරුට පිළිවදන් දී සොඳුරු සොඳුරු යානයන් සකසා "දේවයිනි, සොඳුරු සොඳුරු යානයෝ සකසන ලද්දාහු ය. යම් ගමනකට කාලය යැයි හඟිත් ද, දැන් ඒ සඳහා කාලය යි" යි විපස්සී කුමරුට පැවසී ය.

එකල්හී මහණෙනි, විපස්සී කුමාර තෙමේ සොඳුරු යානයක නැග, සොඳුරු සොඳුරු යානයන් පිරිවරා උයන්බිම බලා නික්ම ගියේ ය. එවිට මහණෙනි, විපස්සී කුමාර තෙමේ උයන් බිම බලා යන්නේ ජරා ජීර්ණ වූ, වක් ව ගිය යටලීයක් සේ කුදු ගැසුණු, සැරයටියක් ගත්, වෙව්ලමින් යන, මහළු බවින් ආතුර වූ, යොවුන් බව ඉක්මවා ගිය, පුරුෂයෙකු දැක්කේ ය. දැක රියැදුරු ඇමතුවේ ය. "මිත්‍ර රියැදුර, මේ පුරුෂයා කුමක් කරගන්නා ලද්දේ ද? මොහුගේ කෙස් ද අන්‍යයන්ගේ කෙස් බඳු නොවෙයි. මොහුගේ කය ද අන්‍යයන්ගේ කය බඳු නොවෙයි" යි. "දේවයිනි, මොහු ජරා ජීර්ණ වූවෙක් නම් වෙයි." "මිත්‍ර රියැදුර, මේ ජරාජීර්ණයා නම් කවරෙක් ද?" "දේවයිනි, ජරා ජීර්ණයා නම් මෙය යි. එනම් එකරුණ හේතුවෙන් දැන් මොහු වැඩි කල් ජීවත් නොවන්නේ ය." "කිම? මිත්‍ර රියැදුර, මම ත් ජරාවට පත්වෙන ස්වභාවයෙන් යුතු වෙම් ද?

ජරාව නොඉක්මවූවෙක් වෙම් ද?" "දේවයිනි, ඔබ ත්, අපි ත් සියලු දෙනාත් ජරාවට පත්වෙන ස්වභාවයෙන් යුක්ත වෙමු. එය ඉක්මවා නොගියෙමු." "එසේ වී නම් මිත්‍ර රියැදුර, අද උයන් භූමියට යාමෙන් කම් නැත. මෙතැනින් ම හැරී ඇතුළු නුවරට නික්ම යව" යි. මහණෙනි, "එසේ ය, දේවයිනි" යි ඒ රියදුරා විපස්සී කුමරුට පිළිවදන් දී එතැනින් ම පෙරළා හැරී ඇතුළු නුවරට නික්ම ගියේ ය. මහණෙනි, එහි ඇතුළු නුවරට ගිය විපස්සී කුමරු දුකට පත් වූයේ ය. දොම්නසින් කල්පනා කරන්නට වූයේ ය. 'භවත්නි, මේ ඉපදීමට නම් නින්දා වේවා! යම් තැනක උපන්නහුට නම්, ජරාවට පත්වීම පැණෙවෙන්නේ ය' යි.

මහණෙනි, එවිට බන්ධුමා රජු රියැදුරු කැඳවා මෙය ඇසුවේ ය. "කිම? මිත්‍ර රියැදුර, කුමාරයා උද්‍යාන භූමියට ඇලී ගියේ ද? කිම? මිත්‍ර රියැදුර, කුමාරයා උද්‍යාන භූමියෙහි සතුටු වූයේ ද?" "දේවයිනි, කුමාරයා උද්‍යාන භූමියට නොඇලුණේ ය. දේවයිනි, කුමාරයා උද්‍යාන භූමියෙහි නොසතුටු වූයේ ය." "කිම? මිත්‍ර රියැදුර, කුමාරයා උද්‍යාන භූමියට යද්දී කිසිවක් දුක්කේ ද?"

"දේවයිනි, කුමාරයා උයන් බිම බලා යන්නේ ජරා ජීර්ණ වූ, වක් ව ගිය යටලීයක් සේ කුදු ගැසුණු, සැරයටියක් ගත්, වෙව්ලමින් යන, මහළු බවින් ආතුර වූ, යොවුන් බව ඉක්මවා ගිය, පුරුෂයෙකු දුක්කේ ය. දුක මා ඇමතුවේ ය. 'මිත්‍ර රියැදුර, මේ පුරුෂයා කුමක් කරගන්නා ලද්දේ ද? මොහුගේ කෙස් ද අන්‍යයන්ගේ කෙස් බඳු නොවෙයි. මොහුගේ කය ද අන්‍යයන්ගේ කය බඳු නොවෙයි' යි. 'දේවයිනි, මොහු ජරා ජීර්ණ වූවෙක් නම් වෙයි.' 'මිත්‍ර රියැදුර, මේ ජරාජීර්ණයා නම් කවරෙක් ද?' 'දේවයිනි, ජරා ජීර්ණයා නම් මෙය යි. එනම් එකරුණ හේතුවෙන් දැන් මොහු වැඩි කල් ජීවත් නොවන්නේ ය.' 'කිම? මිත්‍ර රියැදුර, මම ත් ජරාවට පත්වෙන ස්වභාවයෙන් යුතු වෙම් ද? ජරාව නොඉක්මවූවෙක් වෙම් ද?' 'දේවයිනි, ඔබ ත්, අපි ත් සියලු දෙනාත් ජරාවට පත්වෙන ස්වභාවයෙන් යුක්ත වෙමු. එය ඉක්මවා නොගියෙමු.' 'එසේ වී නම් මිත්‍ර රියැදුර, අද උයන් භූමියට යාමෙන් කම් නැත. මෙතැනින් ම හැරී ඇතුළු නුවරට නික්ම යව' යි. 'එසේ ය, දේවයිනි' යි මම විපස්සී කුමරුට පිළිවදන් දී එතැනින් ම පෙරළා හැරී ඇතුළු නුවරට නික්ම ගියෙමි. දේවයිනි, එහි ඇතුළු නුවරට ගිය විපස්සී කුමරු දුකට පත් වූයේ ය. දොම්නසින් කල්පනා කරන්නට වූයේ ය. 'භවත්නි, මේ ඉපදීමට නම් නින්දා වේවා! යම් තැනක උපන්නහුට නම්, ජරාවට පත්වීම පැණෙවෙන්නේ ය' යි."

එවිට මහණෙනි, බන්ධුමා රජුට මේ අදහස ඇතිවිය. 'විපස්සී කුමාරයා රාජ්‍යය නොකරන්නෙක් නොවේවා! විපස්සී කුමාරයා ගිහි ගෙයින් නික්ම අනගාරික පැවිද්දට නොයාවා! නිමිති පැවසූ බමුණන්ගේ වචනය සත්‍යය

නොවේවා!' යි. ඉක්බිති මහණෙනි, බන්ධුමා රජු විපස්සී කුමාරයා යම් සේ රාජ්‍යය කරවන්නේ ද, විපස්සී කුමාරයා යම් සේ ගිහිගෙයින් නික්ම අනගාරික පැවිද්දට නොයන්නේ ද, යම් සේ නිමිති පැවසූ බමුණන්ගේ වචන බොරු වන්නේ ද, ඒ අයුරින් බොහෝ සෙයින් විපස්සී කුමරුට පස් කම් සැප සළසා දුන්නේ ය. එවිට මහණෙනි, විපස්සී කුමරු ඒ පස්කම් ගුණයෙන් සතුටු වෙමින් ඒවා පිරිවරා වාසය කරයි.

එකල්හී මහණෙනි, විපස්සී කුමරු බොහෝ වසර ගණනක්, බොහෝ වසර සියගණනක්, බොහෝ වසර දහස් ගණනක් ඇවෑමෙන් රියැදුරු ඇමතුවේ ය. "මිත්‍ර රියැදුර, සොඳුරු සොඳුරු යානයන් පිළියෙල කරව. සිත්කළු බිම් දකින්නට උයන් බිමට යන්නෙමු" යි. එවිට මහණෙනි, "එසේය දේවයිනි"යි රියැදුරු තෙමේ විපස්සී කුමරුට පිළිවදන් දී සොඳුරු සොඳුරු යානයන් සකසා "දේවයිනි, සොඳුරු සොඳුරු යානයෝ සකසන ලද්දාහු ය. යම් ගමනකට කාලය යැයි හඟිත් ද, දැන් ඒ සඳහා කාලය යි" යි විපස්සී කුමරුට පැවසී ය.

එකල්හී මහණෙනි, විපස්සී කුමාර තෙමේ සොඳුරු යානයක නැග, සොඳුරු සොඳුරු යානයන් පිරිවරා උයන්බිම බලා නික්ම ගියේ ය. එවිට මහණෙනි, විපස්සී කුමාර තෙමේ උයන් බිම බලා යන්නේ දැඩි සේ රෝගී වූ, ඉතා දුකට පත් වූ, බලවත් ව රෝගී වූ, තම මළ මුත්‍රයෙහි ගැලී සිටි, අනුන් විසින් ඔසොවනු ලබන, අනුන් විසින් සතපනු ලබන රෝගී පුරුෂයෙකු දැක්කේ ය. දැක රියැදුරු ඇමතුවේ ය. "මිත්‍ර රියැදුර, මේ පුරුෂයා කුමක් කරගන්නා ලද්දේ ද? මොහුගේ ඇස් ද අන්‍යයන්ගේ ඇස් බඳු නොවෙයි. මොහුගේ හඬ ද අන්‍යයන්ගේ හඬ බඳු නොවෙයි" යි. "දේවයිනි, මොහු රෝගාතුරයා නම් වෙයි." "මිත්‍ර රියැදුර, මේ රෝගාතුරයා නම් කුමක්ද?" "දේවයිනි, රෝගාතුර වීම නම් මෙය යි. එනම් ඒ රෝගයෙන් ඉක්මනින් ගොඩ එන්නේ නම් මැනැවැයි පැතුම වන්නේ ය." "කිම? මිත්‍ර රියැදුර, මම ත් රෝගී වන ස්වභාවයෙන් යුතු වෙම් ද? රෝගී වීම නොඉක්මවූවෙක් වෙම් ද?" "දේවයිනි, ඔබ ත්, අපි ත් හැමෝ ම රෝගී බවට පත්වෙන ස්වභාවයෙන් යුක්ත වෙමු. එය ඉක්මවා නොගියෙමු." "එසේ වී නම් මිත්‍ර රියැදුර, අද උයන් භූමියට යාමෙන් කම් නැත. මෙතැනින් ම හැරී ඇතුළු නුවරට නික්ම යව" යි. මහණෙනි, "එසේ ය දේවයිනි" යි ඒ රියැදුරා විපස්සී කුමරුට පිළිවදන් දී එතැනින් ම පෙරලා ඇතුළු නුවරට නික්ම ගියේ ය. මහණෙනි, එහි ඇතුළු නුවරට ගිය විපස්සී කුමරු දුකට පත් වූයේ ය. දොම්නසින් කල්පනා කරන්නට වූයේ ය. 'භවත්නි, මේ ඉපදීමට නම් නින්දා වේවා! යම් තැනක උපන්නහුට නම්, ජරාවට පත්වීම පැණවෙන්නේ ය. රෝගී බවට පත්වීම පැණවෙන්නේ ය' යි.

මහණෙනි, එවිට බන්ධුමා රජු රියැදුරු කැඳවා මෙය ඇසුවේ ය. "කිම? මිත්‍ර රියැදුර, කුමාරයා උද්‍යාන භූමියෙහි ඇලී ගියේ ද? කිම? මිත්‍ර රියැදුර, කුමාරයා උද්‍යාන භූමියෙහි සතුටු වූයේ ද?" "දේවයිනි, කුමාරයා උද්‍යාන භූමියෙහි නොඇලුණේ ය. දේවයිනි, කුමාරයා උද්‍යාන භූමියෙහි නොසතුටු වූයේ ය." "කිම? මිත්‍ර රියැදුර, කුමාරයා උද්‍යාන භූමියට යද්දී කිසිවක් දුක්කේ ද?" "දේවයිනි, කුමාරයා උයන් බිමට යන්නේ, දැඩි සේ රෝගී වූ, ඉතා දුකට පත් වූ, බලවත් ව රෝගී වූ, තම මළ මූත්‍රයෙහි ගැලී සිටි අනුන් විසින් ඔසොවනු ලබන, අනුන් විසින් සතපනු ලබන පුරුෂයෙකු දුක්කේ ය. දැක මා ඇමතුවේ ය. "මිත්‍ර රියැදුර, මේ පුරුෂයා කුමක් කරන ලද්දේ ද? මොහුගේ ඇස් ද අන්‍යයන්ගේ ඇස් බඳු නොවෙයි. මොහුගේ හඬ ද අන්‍යයන්ගේ හඬ බඳු නොවෙයි" යි. "දේවයිනි, මොහු රෝගාතුරයා නම් වෙයි." "මිත්‍ර රියැදුර, මේ රෝගාතුරයා නම් කුමක් ද?" "දේවයිනි, රෝගාතුර වීම නම් මෙය යි. එනම් ඒ රෝගයෙන් ඉක්මනින් ගොඩ එන්නේ නම් මැනැවැයි පැතුම වන්නේ ය." "කිම? මිත්‍ර රියැදුර, මම ත් රෝගී වන ස්වභාවයෙන් යුතු වෙම් ද? රෝගී වීම නොඉක්මවූවෙක් වෙම් ද?" "දේවයිනි, ඔබ ත්, අපි ත් හැමෝ ම රෝගී බවට පත්වෙන ස්වභාවයෙන් යුක්ත වෙමු. එය ඉක්මවා නොගියෙමු." "එසේ වී නම් මිත්‍ර රියැදුර, අද උයන් භූමියට යාමෙන් කම් නැත. මෙතැනින් ම හැරී ඇතුළු නුවරට නික්ම යව" යි. "එසේ ය දේවයිනි" යි මම විපස්සී කුමරුට පිළිවදන් දී එතැනින් ම පෙරලා ඇතුළු නුවරට නික්ම ආවෙමි. දේවයිනි, ඇතුළු නුවරට පැමිණි ඒ විපස්සී කුමරු දුකට පත් වූයේ ය. දොම්නසින් කල්පනා කරන්නට වූයේ ය. 'භවත්නි, මේ ඉපදීමට නම් නින්දා වේවා! යම් තැනක උපන්නහුට නම්, ජරාවට පත්වීම පැණෙවෙන්නේ ය. රෝගී බවට පත්වීම පැණෙවෙන්නේ ය' යි."

එවිට මහණෙනි, බන්ධුමා රජුට මේ අදහස ඇතිවිය. 'විපස්සී කුමාරයා රාජ්‍යය නොකරන්නෙක් නොවේවා! විපස්සී කුමාරයා ගිහි ගෙයින් නික්ම අනගාරික පැවිද්දට නොයාවා! නිමිති පැවසූ බමුණන්ගේ වචනය සත්‍යය නොවේවා!' යි. ඉක්බිති මහණෙනි, බන්ධුමා රජු විපස්සී කුමාරයා යම් සේ රාජ්‍යය කරවන්නේ ද, විපස්සී කුමාරයා යම් සේ ගිහිගෙයින් නික්ම අනගාරික පැවිද්දට නොයන්නේ ද, යම් සේ නිමිති පැවසූ බමුණන්ගේ වචන බොරු වන්නේ ද, ඒ අයුරින් බොහෝ සෙයින් විපස්සී කුමරුට පස් කම් සැප සළසා දුන්නේ ය. එවිට මහණෙනි, විපස්සී කුමරු ඒ පස්කම් ගුණයෙන් සතුටු වෙමින් ඒවා පිරිවරා වාසය කරයි.

එකල්හී මහණෙනි, විපස්සී කුමරු බොහෝ වසර ගණනක්, බොහෝ වසර සියගණනක්, බොහෝ වසර දහස් ගණනක් ඇවෑමෙන් රියැදුරු ඇමතුවේ

ය. "මිත්‍ර රියැදුර, සොඳුරු සොඳුරු යානයන් පිළියෙල කරව. සිත්කළු බිම් දකින්නට උයන් බිමට යන්නෙමු" යි. එවිට මහණෙනි, "එසේය දේවයිනි"යි රියැදුරු තෙමේ විපස්සී කුමරුට පිළිවදන් දී සොඳුරු සොඳුරු යානයන් සකසා "දේවයිනි, සොඳුරු සොඳුරු යානයෝ සකසන ලද්දාහු ය. යම් ගමනකට කාලය යැයි හඟිත් ද, දැන් ඒ සඳහා කාලය යි" යි විපස්සී කුමරුට පැවසී ය.

එකල්හී මහණෙනි, විපස්සී කුමාර තෙමේ සොඳුරු යානයක නැග, සොඳුරු සොඳුරු යානයන් පිරිවරා උයන්බිම බලා නික්ම ගියේ ය. එවිට මහණෙනි, විපස්සී කුමාර තෙමේ උයන් බිම බලා යන්නේ බොහෝ ජනයා රැස් ව නන් වැදෑරුම් රතු පැහැ ගත් වස්ත්‍රයන්ගෙන් සිවි ගෙයක් කරනු දැක්කේ ය. දැක රියැදුරු ඇමතුවේ ය. "මිත්‍ර රියැදුර, මේ මහජනයා රැස් ව නා නා රතු පැහැයෙන් යුතු වස්ත්‍ර ගෙන සිවි ගෙයක් කරන්නේ ඇයි?" යි. "දේවයිනි, මෙය මිනිසෙක් මැරුණේ නම් වේ." "එසේ වී නම් මිත්‍ර රියැදුර, මේ මරණයට පත් වූ තැනැත්තා යම් තැනක ද, එතැනට රථය පදවාගෙන යව." "එසේ ය, දේවයිනි" යි මහණෙනි, ඒ රියැදුරු තෙමේ විපස්සී කුමරුට පිළිවදන් දී කළුරිය කළ තැනැත්තා වෙත රථය පැදවී ය. මහණෙනි, විපස්සී කුමරු මිය ගිය තැනැත්තා දැක රියැදුරු ඇමතුවේ ය. "මිත්‍ර රියැදුර, මේ මරණයට පත්වූයේ ය නම් කුමක් ද?" "දේවයිනි, මරණයට පත්වූයේ ය යනු මෙය යි. දැන් මව හෝ පියා හෝ අන්‍ය ලේ ඥාතීහු හෝ මේ තැනැත්තා ව නොදකිති. මොහු ද මව හෝ පියා හෝ අන්‍ය ලේ ඥාතීන් හෝ නොදකින්නේ ය." "කිම? මිත්‍ර රියැදුර, මම ත් මරණයට පත් වන ස්වභාවයෙන් යුතු වෙම් ද? මරණය නොඉක්මවූවෙක් වෙම් ද? පිය රජු හෝ මව් දේවිය හෝ අන්‍ය ලේ ඥාතීහු හෝ මා නොදකිත් ද? මම ත් පිය රජු හෝ මව් දේවිය හෝ අන්‍ය ලේ ඥාතීන් හෝ නොදකින්නෙම් ද?" "දේවයිනි, ඔබ ත්, අපි හැමෝ ම ත් මරණයට පත්වෙන ස්වභාවයෙන් යුක්ත වෙමු. එය ඉක්මවා නොගියෙමු. පිය රජු හෝ මව් දේවිය හෝ අන්‍ය ලේ ඥාතීහු හෝ ඔබව නොදකිති. ඔබ ත් පිය රජු හෝ මව් දේවිය හෝ අන්‍ය ලේ ඥාතීන් නොදකින්නෙහි ය."

"එසේ වී නම් මිත්‍ර රියැදුර, අද උයන් භූමියට යාමෙන් කම් නැත. මෙතැනින් ම හැරී ඇතුළු නුවරට නික්ම යව" යි. මහණෙනි, "එසේ ය, දේවයිනි" යි ඒ රියැදුරා විපස්සී කුමරුට පිළිවදන් දී එතැනින් ම පෙරලා ඇතුළු නුවරට නික් ම ගියේ ය. මහණෙනි, එහිදී ඇතුළු නුවරට ගිය විපස්සී කුමරු දුකට පත් වූයේ ය. දොම්නසින් කල්පනා කරන්නට වූයේ ය. 'භවත්නි, මේ ඉපදීමට නම් නින්දා වේවා! යම් තැනක උපන්නහුට නම්, ජරාවට පත්වීම පැණවෙන්නේ ය. රෝගී බවට පත්වීම පැණවෙන්නේ ය. මරණය පැණවෙන්නේ ය' යි.

මහණෙනි, එවිට බන්ධුමා රජු රියැදුරු කැඳවා මෙය ඇසුවේ ය. "කිම? මිත්‍ර රියැදුර, කුමාරයා උද්‍යාන භූමියෙහි ඇලී ගියේ ද? කිම? මිත්‍ර රියැදුර, කුමාරයා උද්‍යාන භූමියෙහි සතුටු වූයේ ද?" "දේවයිනි, කුමාරයා උද්‍යාන භූමියෙහි නොඇලුණේ ය. දේවයිනි, කුමාරයා උද්‍යාන භූමියෙහි නොසතුටු වූයේ ය." "කිම? මිත්‍ර රියැදුර, කුමාරයා උද්‍යාන භූමියට යද්දී කිසිවක් දුටුවේ ද?" දේවයිනි, කුමාරයා උයන් බිමට යන්නේ බොහෝ ජනයා රැස් ව නන් වැදෑරුම් රතු පැහැ ගත් වස්ත්‍රයන්ගෙන් සිවි ගෙයක් කරනු දුටුවේ ය. දැක මා ඇමතුවේ ය. "මිත්‍ර රියැදුර, මේ මහජනයා රැස් ව නා නා රතු පැහැයෙන් යුතු වස්ත්‍ර ගෙන සිවි ගෙයක් කරන්නේ ඇයි?" යි. "දේවයිනි, මේ තැනැත්තා මැරුණේ නම් වේ." "එසේ වී නම් මිත්‍ර රියැදුර, ඒ මරණයට පත් වූ තැනැත්තා වෙතට රථය පදවා ගෙන යව." "එසේ ය, දේවයිනි" යි මම විපස්සී කුමරුට පිළිවදන් දී කළුරිය කළ තැනැත්තා වෙත රථය පැදවීමි. දේවයිනි, විපස්සී කුමරු මිය ගිය තැනැත්තා දැක මා ඇමතුවේ ය. "මිත්‍ර රියැදුර, මේ මරණයට පත් වීම නම් කුමක් ද?" "දේවයිනි, මරණයට පත්වීම යනු මෙය යි. දැන් මව හෝ පියා හෝ අන්‍ය ලේ ඥාතියෙකු හෝ මේ තැනැත්තා ව නොදකිති. මොහු ද මව හෝ පියා හෝ අන්‍ය ලේ ඥාතියෙකු හෝ නොදකින්නේ ය."

"කිම? මිත්‍ර රියැදුර, මම ත් මරණයට පත් වන ස්වභාවයෙන් යුතු වෙම් ද? මරණය නොඉක්මවූවෙක් වෙම් ද? පිය රජු හෝ මව් දේවිය හෝ අන්‍ය ලේ ඥාතීහු හෝ මා නොදකිත් ද? මම ත් පිය රජු හෝ මව් දේවිය හෝ අන්‍ය ලේ ඥාතීන් හෝ නොදකින්නෙම් ද?" "දේවයිනි, ඔබ ත්, අපි හැමෝ ම ත් මරණයට පත්වෙන ස්වභාවයෙන් යුක්ත වෙමු. එය ඉක්මවා නොගියෙමු. පිය රජු හෝ මව් දේවිය හෝ අන්‍ය ලේ ඥාතීහු හෝ ඔබව නොදකිති. ඔබ ත් පිය රජු හෝ මව් දේවිය හෝ අන්‍ය ලේ ඥාතීන් හෝ නොදකින්නෙහි ය."

"එසේ වී නම් මිත්‍ර රියැදුර, අද උයන් භූමියට යාමෙන් කම් නැත. මෙතැනින් ම හැරී ඇතුළු නුවරට යව" යි. "එසේ ය, දේවයිනි" යි මම විපස්සී කුමරුට පිළිවදන් දී එතැනින් ම පෙරලා ඇතුළු නුවරට නික්ම ආවෙමි. දේවයිනි, ඇතුළු නුවරට පැමිණි ඒ කුමරු දුකට පත් වූයේ ය. දොම්නසින් කල්පනා කරන්නට වූයේ ය. 'භවත්නි, මේ ඉපදීමට නම් නින්දා වේවා! යම් තැනක උපන්නහුට නම්, ජරාවට පත්වීම පැණවෙන්නේ ය. රෝගී බවට පත්වීම පැණවෙන්නේ ය. මරණය පැණවෙන්නේ ය' යි."

එවිට මහණෙනි, බන්ධුමා රජුට මේ අදහස ඇතිවිය. 'විපස්සී කුමාරයා රාජ්‍යය නොකරන්නෙක් නොවේවා! විපස්සී කුමාරයා ගිහි ගෙයින් නික්ම අනගාරික පැවිද්දට නොයාවා! නිමිති පැවසූ බමුණන්ගේ වචනය සත්‍යය

නොවේවා!' යි. ඉක්බිති මහණෙනි, බන්ධුමා රජු විපස්සී කුමාරයා යම් සේ රාජ්‍ය කරවන්නේ ද, විපස්සී කුමාරයා යම් සේ ගිහිගෙයින් නික්ම අනගාරික පැවිද්දට නොයන්නේ ද, යම් සේ නිමිති පැවසූ බමුණන්ගේ වචන බොරු වන්නේ ද, ඒ අයුරින් බොහෝ සෙයින් විපස්සී කුමරුට පස් කම් සැප සළසා දුන්නේ ය. එවිට මහණෙනි, විපස්සී කුමරු ඒ පස්කම් ගුණයෙන් සතුටු වෙමින් ඒවා පිරිවරා වාසය කරයි.

එකල්හී මහණෙනි, විපස්සී කුමරු බොහෝ වසර ගණනක්, බොහෝ වසර සියගණනක්, බොහෝ වසර දහස් ගණනක් ඇවෑමෙන් රියැදුරු ඇමතුවේ ය. "මිත්‍ර රියැදුර, සොඳුරු සොඳුරු යානයන් පිළියෙල කරව. සිත්කළු බිම් දකින්නට උයන් බිමට යන්නෙමු" යි. එවිට මහණෙනි, "එසේය දේවයිනි"යි රියැදුරු තෙමේ විපස්සී කුමරුට පිළිවදන් දී සොඳුරු සොඳුරු යානයන් සකසා "දේවයිනි, සොඳුරු සොඳුරු යානයෝ සකසන ලද්දාහු ය. යම් ගමනකට කාලය යැයි හඟිත් ද, දැන් ඒ සඳහා කාලය යි" යි විපස්සී කුමරුට පැවසී ය.

එකල්හී මහණෙනි, විපස්සී කුමාර තෙමේ සොඳුරු යානයක නැග, සොඳුරු සොඳුරු යානයන් පිරිවරා උයන්බිම බලා නික්ම ගියේ ය. එවිට මහණෙනි, විපස්සී කුමාර තෙමේ උයන් බිම බලා යන්නේ හිස මුඩු කර කසාවත් පෙර වූ පැවිදි පුරුෂයෙකු දැක්කේ ය. දැක රියැදුරු ඇමතුවේ ය. "මිත්‍ර රියැදුර, මේ පුරුෂයා කුමක් කරගන්නා ලද්දේ ද? මොහු ගේ හිස ද අන් අයගේ මෙන් නොවේ. මොහුගේ වස්ත්‍ර ද අන් අයගේ මෙන් නොවෙයි" යි. "දේවයිනි, මොහු පැවිද්දා නම් වේ." "මිත්‍ර රියැදුර, මේ පැවිද්දා නම් කුමක්ද?" "දේවයිනි මේ පැවිද්දා නම් මෙයයි. ධර්මයෙහි හැසිරීම මැනැවි. සමචරියාව මැනැවි. කුසල ක්‍රියාව මැනැවි. පින් කිරීම මැනැවි. අහිංසාව මැනැවි. සත්වයන් හට අනුකම්පා කිරීම මැනැවි" යි. "මිත්‍ර රියැදුර, ඒ පැවිද්දා නම් ඉතා හොඳ ය. මිත්‍ර රියැදුර, දහමේ හැසිරීම හොඳ ය. සම හැසිරීම හොඳ ය. කුසල ක්‍රියාව හොඳ ය. පුණ්‍ය ක්‍රියාව හොඳ ය. අහිංසාව හොඳ ය. සත්වයන් කෙරෙහි අනුකම්පාව ත් හොඳ ය. එසේ වී නම් මිත්‍ර රියැදුර, ඒ පැවිද්දා කරා රථය පදවව."

මහණෙනි, "එසේ ය, දේවයිනි" යි රියැදුරු තෙමේ විපස්සී කුමරුට පිළිවදන් දී ඒ පැවිද්දා කරා රථය පැදවී ය. එවිට මහණෙනි, විපස්සී කුමරු ඒ පැවිද්දාගෙන් මෙය ඇසුවේ ය. "මිත්‍රය, ඔබ කුමක් කරනු ලැබුවේ ද? ඔබගේ හිස ත් අන් අයගේ බඳු නොවෙයි. ඔබගේ වස්ත්‍ර ත් අන් අයගේ බඳු නොවෙයි." "දේවයිනි, මම් වනාහී පැවිද්දා නම් වෙමි." "මිත්‍රය, ඔබ කවර හෙයින් පැවිද්දා නම් වෙයි ද?" "දේවයිනි, මම් වනාහී පැවිද්දා නම් වූයේ ධම්ම චරියාව මැනැවි. සම චරියාව මැනැවි. කුසලක්‍රියාව මැනැවි. පුණ්‍යක්‍රියාව මැනැවි. අහිංසාව

මැනැවි. සත්වයන් කෙරෙහි අනුකම්පාව මැනැවි යන අදහසිනි.” “මිත්‍රය, ඔබ පැවිද්දා නම් වූයේ මැනැවි. ධම්ම චරියාව මැනැවි. සම චරියාව මැනැවි. කුසලක්‍රියාව මැනැවි. පුණ්‍යක්‍රියාව මැනැවි. අහිංසාව මැනැවි. සත්වයන් කෙරෙහි අනුකම්පාව මැනැවි”යි.

මහණෙනි, ඉක්බිති විපස්සී කුමරු රියැදුරු ඇමතුවේ ය. “එසේ වී නම් මිත්‍ර රියැදුර, ඔබ රථය ගෙන මෙතැනින් ම ඇතුළු නුවරට පෙරළා යව. මම මෙහි දී ම කෙස් රැවුල් බහා, කසාවත් පොරොවා, ගිහි ගෙයින් නික්ම අනගාරික ව පැවිදි වන්නෙමි” යි. මහණෙනි, “එසේ ය, දේවයිනි” යි විපස්සී කුමරුට පිළිතුරු දුන් රියැදුරු තෙමේ රථය ගෙන එතැනින් ම හැරී ඇතුළු නුවරට නික්ම ගියේ ය.

මහණෙනි, විපස්සී කුමරු එහි ම කෙස් රැවුල් බහා, කසාවත් පොරොවා, ගිහි ගෙයින් නික්ම අනගාරික ව පැවිදි වූයේ ය. එකල්හී මහණෙනි, බන්ධුමතී රාජධානියෙහි අසූ හාරදහසක් මහා ජනකාය ‘විපස්සී කුමරු කෙස් රැවුල් බහා කසාවත් හැඳ ගිහිගෙයින් නික්ම පැවිදි වූයේ යැ’යි ඇසුවේ ය. එය ඇසූ ඔවුන්ට මේ අදහස ඇතිවිය. ‘විපස්සී කුමරු කෙස් රැවුල් බහා කසාවත් පොරොවා ගිහි ගෙයින් නික්ම යම් තැනක පැවිදි වූයේ ද, ඒ ධර්ම විනය ළාමක දෙයක් නොවන්නේ ම ය. ඒ පැවිද්ද ළාමක දෙයක් නොවන්නේ ම ය. විපස්සී කුමාරයා වැනි කෙනෙකුත් කෙස් රැවුල් බහා කසාවත් පොරොවා ගිහි ගෙයින් නික්ම පැවිදි වූයේ නම් අප වැනි අය කුමක් කළ යුතුද?’ යි.

මහණෙනි, ඉක්බිති ඒ අසූහාර දහසක් මහාජනකාය ද කෙස් රැවුල් බහා කසාවත් පොරොවා, විපස්සී බෝසතුන් ගිහි ගෙයින් නික්ම පැවිදි වූ අයුරින් ම පැවිදි වූහ. මහණෙනි, විපස්සී බෝධිසත්ව තෙමේ ඒ පිරිස පිරිවරා ගම් නියම්ගම් ජනපද රාජධානිවල චාරිකාවෙහි සැරිසරා යයි.

එකල්හී මහණෙනි, හුදෙකලාවෙහි චිත්ත විවේකයෙන් හුන් විපස්සී බෝසතුන් හට මේ අදහස ඇතිවිය. ‘පිරිස් පිරිවරාගෙන වාසය කිරීම යන මෙය මට නුසුදුසු දෙයකි. එහෙයින් මම් හුදෙකලා ව පිරිස් කෙරෙන් වෙන් ව තනි ව වාසය කරන්නේ නම් මැනැවි’ යි. එවිට මහණෙනි, විපස්සී බෝධිසත්ව තෙමේ පසුකලෙක හුදෙකලාව පිරිසෙන් වෙන් ව තනි ව වාසය කළේ ය. අසූහාර දහසක් පැවිදි පිරිස අන් දෙසකට ගියහ. විපස්සී බෝධිසත්ව තෙමේ අන් දෙසකට ගියේ ය.

මහණෙනි, එකල්හී (ඒ පළොල් රුක් සෙවණෙහි) හුදෙකලාවෙහි භාවනාවෙන් හුන් විපස්සී බෝසතුන්ගේ සිතෙහි මෙවැනි කල්පනාවක්

හටගත්තේ ය. 'අහෝ! මේ ලෝක සත්වයා දුකට පත් වූයේ ය. උපදින්නේ ද වේ. ජරාවට පත්වන්නේ ද වේ. මැරෙන්නේ ද වේ. එසේ චුත ව යළි උපදින්නේ ද වේ. එනමුදු මේ ජරා මරණයෙන් යුතු දුකෙන් නිදහස් වීමක් නොදන්නේ ය. කවරදාක නම් ජරා මරණයෙන් යුතු මේ දුකෙන් නිදහස් වීමක් දකින්නට ලැබේවි ද?'

ඉක්බිති මහණෙනි, විපස්සී බෝසතුන් හට මේ අදහස ඇතිවිය. 'කුමක් තිබුණොත් ද ජරා මරණ ඇතිවෙන්නේ? කුමක් හේතුවෙන් ද ජරාමරණ ඇතිවන්නේ?' එවිට මහණෙනි, නුවණ යොදා මෙනෙහි කරමින් සිටි විපස්සී බෝසතුන් තුළ 'ඉපදීම තිබුණොත් ජරා මරණ ඇති වෙයි. ඉපදීම නිසා ය ජරා මරණ ඇතිවෙන්නේ' යනුවෙන් ප්‍රඥාවෙන් අවබෝධය ඇති විය.

ඉක්බිති මහණෙනි, විපස්සී බෝසතුන් හට මේ අදහස ඇතිවිය. 'කුමක් තිබුණොත් ද ඉපදීම ඇතිවෙන්නේ? කුමක් හේතුවෙන් ද ඉපදීම ඇතිවන්නේ?' එවිට මහණෙනි, නුවණ යොදා මෙනෙහි කරමින් සිටි විපස්සී බෝසතුන් තුළ 'විපාක පිණිස කර්ම සකස් වීම තිබුණොත් ඉපදීම ඇති වෙයි. විපාක පිණිස කර්ම සකස් වීම නිසා ය ඉපදීම ඇතිවෙන්නේ' යනුවෙන් ප්‍රඥාවෙන් අවබෝධය ඇති විය.

ඉක්බිති මහණෙනි, විපස්සී බෝසතුන් හට මේ අදහස ඇතිවිය. 'කුමක් තිබුණොත් ද විපාක පිණිස කර්ම සකස් වීම ඇතිවෙන්නේ? කුමක් හේතුවෙන් ද විපාක පිණිස කර්ම සකස් වීම ඇතිවන්නේ?' එවිට මහණෙනි, නුවණ යොදා මෙනෙහි කරමින් සිටි විපස්සී බෝසතුන් තුළ 'ග්‍රහණයට හසු වී තිබුණොත් විපාක පිණිස කර්ම සකස් වීම ඇති වෙයි. ග්‍රහණයට හසු වීම නිසා ය විපාක පිණිස කර්ම සකස් වීම ඇතිවෙන්නේ' යනුවෙන් ප්‍රඥාවෙන් අවබෝධය ඇති විය.

ඉක්බිති මහණෙනි, විපස්සී බෝසතුන් හට මේ අදහස ඇතිවිය. 'කුමක් තිබුණොත් ද ග්‍රහණයට හසුවීම ඇතිවෙන්නේ? කුමක් හේතුවෙන් ද ග්‍රහණයට හසුවීම ඇතිවන්නේ?' එවිට මහණෙනි, නුවණ යොදා මෙනෙහි කරමින් සිටි විපස්සී බෝසතුන් තුළ 'ආශාවෙන් ඇදී යාම තිබුණොත් ග්‍රහණයට හසුවීම ඇති වෙයි. ආශාවෙන් ඇදී යාම නිසා ය ග්‍රහණයට හසුවීම ඇතිවෙන්නේ' යනුවෙන් ප්‍රඥාවෙන් අවබෝධය ඇති විය.

ඉක්බිති මහණෙනි, විපස්සී බෝසතුන් හට මේ අදහස ඇතිවිය. 'කුමක් තිබුණොත් ද ආශාවෙන් ඇදී යාම ඇතිවෙන්නේ? කුමක් හේතුවෙන් ද ආශාවෙන් ඇදී යාම ඇතිවන්නේ?' එවිට මහණෙනි, නුවණ යොදා මෙනෙහි

කරමින් සිටි විපස්සී බෝසතුන් තුළ 'විඳීම තිබුණොත් ආශාවෙන් ඇදී යාම ඇති වෙයි. විඳීම නිසා ය ආශාවෙන් ඇදී යන්නේ' යනුවෙන් ප්‍රඥාවෙන් අවබෝධය ඇති විය.

ඉක්බිති මහණෙනි, විපස්සී බෝසතුන් හට මේ අදහස ඇතිවිය. 'කුමක් තිබුණොත් ද විඳීම ඇතිවෙන්නේ? කුමක් හේතුවෙන් ද විඳීම ඇතිවන්නේ?' එවිට මහණෙනි, නුවණ යොදා මෙනෙහි කරමින් සිටි විපස්සී බෝසතුන් තුළ ආධ්‍යාත්ම ආයතනයත්, බාහිර ආයතනයත්, විඤ්ඤාණයත් එකට එක් වී තිබුණොත් විඳීම ඇති වෙයි. ආධ්‍යාත්ම ආයතනයත්, බාහිර ආයතනයත්, විඤ්ඤාණයත් එකට එක් වීම නිසා ය විඳීම ඇති වන්නේ' යනුවෙන් ප්‍රඥාවෙන් අවබෝධය ඇති විය.

ඉක්බිති මහණෙනි, විපස්සී බෝසතුන් හට මේ අදහස ඇතිවිය. 'කුමක් තිබුණොත් ද ආධ්‍යාත්ම ආයතනයත්, බාහිර ආයතනයත්, විඤ්ඤාණයත් එකට එක් වන්නේ? කුමක් හේතුවෙන් ද ආධ්‍යාත්ම ආයතනයත්, බාහිර ආයතනයත්, විඤ්ඤාණයත් එකට එක් වන්නේ?' එවිට මහණෙනි, නුවණ යොදා මෙනෙහි කරමින් සිටි විපස්සී බෝසතුන් තුළ 'ආයතන හය තිබුණොත් ආධ්‍යාත්ම ආයතනයත්, බාහිර ආයතනයත්, විඤ්ඤාණයත් එකට එක් වෙයි. ආයතන හය නිසා ය ආධ්‍යාත්ම ආයතනයත්, බාහිර ආයතනයත්, විඤ්ඤාණයත් එකට එක් වන්නේ' යනුවෙන් ප්‍රඥාවෙන් අවබෝධය ඇති විය.

ඉක්බිති මහණෙනි, විපස්සී බෝසතුන් හට මේ අදහස ඇතිවිය. 'කුමක් තිබුණොත් ද ආයතන හය ඇති වන්නේ? කුමක් හේතුවෙන් ද ආයතන හය ඇතිවන්නේ?' එවිට මහණෙනි, නුවණ යොදා මෙනෙහි කරමින් සිටි විපස්සී බෝසතුන් තුළ 'නාමරූප තිබුණොත් ආයතන හය ඇති වෙයි. නාමරූප නිසා ය ආයතන හය ඇති වන්නේ' යනුවෙන් ප්‍රඥාවෙන් අවබෝධය ඇති විය.

ඉක්බිති මහණෙනි, විපස්සී බෝසතුන් හට මේ අදහස ඇතිවිය. 'කුමක් තිබුණොත් ද නාමරූප ඇති වන්නේ? කුමක් හේතුවෙන් ද නාමරූප ඇතිවන්නේ?' එවිට මහණෙනි, නුවණ යොදා මෙනෙහි කරමින් සිටි විපස්සී බෝසතුන් තුළ 'විඤ්ඤාණය තිබුණොත් නාමරූප ඇති වෙයි. විඤ්ඤාණය නිසා ය නාමරූප ඇති වන්නේ' යනුවෙන් ප්‍රඥාවෙන් අවබෝධය ඇති විය.

ඉක්බිති මහණෙනි, විපස්සී බෝසතුන් හට මේ අදහස ඇතිවිය. 'කුමක් තිබුණොත් ද විඤ්ඤාණය ඇති වන්නේ? කුමක් හේතුවෙන් ද විඤ්ඤාණය ඇතිවන්නේ?' එවිට මහණෙනි, නුවණ යොදා මෙනෙහි කරමින් සිටි විපස්සී බෝසතුන් තුළ නාමරූප තිබුණොත් විඤ්ඤාණය ඇති වෙයි. නාමරූප නිසා ය විඤ්ඤාණය ඇති වන්නේ' යනුවෙන් ප්‍රඥාවෙන් අවබෝධය ඇති විය.

මහණෙනි, එකල්හී විපස්සී බෝසතුන් හට මේ අදහස ඇතිවිය. 'මෙම විඤ්ඤාණය වනාහී ආපසු කැරකී නවතියි. නාමරූපයෙන් බැහැරට නොයයි. මෙතෙකින් ම උපදින්නේ හෝ වෙයි. දිරන්නේ හෝ වෙයි. මිය යන්නේ හෝ වෙයි. චුත වෙන්නේ හෝ වෙයි. යළි උපදින්නේ හෝ වෙයි. එනම් නාමරූප නිසා විඤ්ඤාණය ඇතිවෙයි. විඤ්ඤාණය නිසා නාමරූප ඇතිවෙයි. නාමරූප නිසා ආයතන හය ඇතිවෙයි. ආයතන හය නිසා ආධ්‍යාත්මික ආයතනය ත්, බාහිර ආයතනය ත්, විඤ්ඤාණය ත් එකතු වෙයි. ආධ්‍යාත්මික ආයතනය ත්, බාහිර ආයතනය ත්, විඤ්ඤාණයත් එකට එකතු වීම නිසා විඳීම ඇතිවෙයි. විඳීම නිසා ආශාවෙන් ඇඳී යයි. ආශාවෙන් ඇඳී යන නිසා ග්‍රහණයට හසු වෙයි. ග්‍රහණයට හසුවන නිසා විපාක පිණිස කර්ම සකස් වෙයි. විපාක පිණිස කර්ම සකස් වන නිසා උපදියි. උපදින නිසා ජරා මරණ ශෝක වැළපීම් කායික දුක් මානසික දුක් සුසුම් හෙළීම් යනාදී දුක් ඇතිවෙයි. මේ අයුරින් මුළු මහත් දුක්ඛස්කන්ධයාගේ ම හටගැනීම වෙයි.

මහණෙනි, 'හටගන්නේ ය, හටගන්නේ ය' යි විපස්සී බෝසතුන් හට පෙර නොඇසූ විරූ ධර්මයන් පිළිබඳ ව දහම් ඇස පහළ වූයේ ය. ඥානය පහළ වූයේ ය. ප්‍රඥාව පහළ වූයේ ය. විද්‍යාව පහළ වූයේ ය. ආලෝකය පහළ වූයේ ය.

ඉක්බිති මහණෙනි, විපස්සී බෝසතුන් හට මේ අදහස ඇතිවිය. 'කුමක් නොතිබුණොත් ද ජරා මරණ ඇති නොවෙන්නේ? කුමක් නිරෝධයෙන් ද ජරාමරණ නිරුද්ධවන්නේ?' එවිට මහණෙනි, නුවණ යොදා මෙනෙහි කරමින් සිටි විපස්සී බෝසතුන් තුළ 'ඉපදීම නොතිබුණොත් ජරා මරණ ඇති නොවෙයි. ඉපදීම නිරුද්ධ වීමෙන් ය ජරා මරණ නිරුද්ධ වන්නේ' යනුවෙන් ප්‍රඥාවෙන් අවබෝධය ඇති විය.

ඉක්බිති මහණෙනි, විපස්සී බෝසතුන් හට මේ අදහස ඇතිවිය. 'කුමක් නොතිබුණොත් ද ඉපදීම ඇති නොවෙන්නේ? කුමක් නිරෝධයෙන් ද ඉපදීම නිරුද්ධවන්නේ?' එවිට මහණෙනි, නුවණ යොදා මෙනෙහි කරමින් සිටි විපස්සී බෝසතුන් තුළ 'විපාක පිණිස කර්ම සකස් වීම නොතිබුණොත් ඉපදීම ඇති නොවෙයි. විපාක පිණිස කර්ම සකස් වීම නිරුද්ධ වීමෙන් ය ඉපදීම නිරුද්ධ වන්නේ' යනුවෙන් ප්‍රඥාවෙන් අවබෝධය ඇති විය.

ඉක්බිති මහණෙනි, විපස්සී බෝසතුන් හට මේ අදහස ඇතිවිය. 'කුමක් නොතිබුණොත් ද විපාක පිණිස කර්ම සකස් වීම ඇති නොවෙන්නේ? කුමක් නිරෝධයෙන් ද විපාක පිණිස කර්ම සකස් වීම නිරුද්ධ වන්නේ?' එවිට

මහණෙනි, නුවණ යොදා මෙනෙහි කරමින් සිටි විපස්සී බෝසතුන් තුළ 'ග්‍රහණයට හසු වීම නොතිබුණොත් විපාක පිණිස කර්ම සකස් වීම ඇති නොවෙයි. ග්‍රහණයට හසු වීම නිරුද්ධ වීමෙන් ය විපාක පිණිස කර්ම සකස් වීම නිරුද්ධ වන්නේ' යනුවෙන් ප්‍රඥාවෙන් අවබෝධය ඇති විය.

ඉක්බිති මහණෙනි, විපස්සී බෝසතුන් හට මේ අදහස ඇතිවිය. 'කුමක් නොතිබුණොත් ද ග්‍රහණයට හසුවීම ඇති නොවෙන්නේ? කුමක් නිරෝධයෙන් ද ග්‍රහණයට හසුවීම නිරුද්ධවන්නේ?' එවිට මහණෙනි, නුවණ යොදා මෙනෙහි කරමින් සිටි විපස්සී බෝසතුන් තුළ 'ආශාවෙන් ඇදී යාම නොතිබුණොත් ග්‍රහණයට හසුවීම ඇති නොවෙයි. ආශාවෙන් ඇදී යාම නිරුද්ධ වීමෙන් ය ග්‍රහණයට හසුවීම නිරුද්ධ වන්නේ' යනුවෙන් ප්‍රඥාවෙන් අවබෝධය ඇති විය.

ඉක්බිති මහණෙනි, විපස්සී බෝසතුන් හට මේ අදහස ඇතිවිය. 'කුමක් නොතිබුණොත් ද ආශාවෙන් ඇදී යාම ඇති නොවෙන්නේ? කුමක් නිරෝධයෙන් ද ආශාවෙන් ඇදී යාම නිරුද්ධ වන්නේ?' එවිට මහණෙනි, නුවණ යොදා මෙනෙහි කරමින් සිටි විපස්සී බෝසතුන් තුළ 'විඳීම නොතිබුණොත් ආශාවෙන් ඇදී යාම ඇති නොවෙයි. විඳීම නිරුද්ධ වීමෙන් ය ආශාවෙන් ඇදී යාම නිරුද්ධ වන්නේ' යනුවෙන් ප්‍රඥාවෙන් අවබෝධය ඇති විය.

ඉක්බිති මහණෙනි, විපස්සී බෝසතුන් හට මේ අදහස ඇතිවිය. 'කුමක් නොතිබුණොත් ද විඳීම ඇති නොවෙන්නේ? කුමක් නිරෝධයෙන් ද විඳීම නිරුද්ධ වන්නේ?' එවිට මහණෙනි, නුවණ යොදා මෙනෙහි කරමින් සිටි විපස්සී බෝසතුන් තුළ 'ආධ්‍යාත්ම ආයතනයත්, බාහිර ආයතනයත්, විඤ්ඤාණයත් එකට එක් වීම නොතිබුණොත් විඳීම ඇති නොවෙයි. ආධ්‍යාත්ම ආයතනයත්, බාහිර ආයතනයත්, විඤ්ඤාණයත් එකට එක් වීම නිරුද්ධ වීමෙන් ය විඳීම නිරුද්ධ වන්නේ' යනුවෙන් ප්‍රඥාවෙන් අවබෝධය ඇති විය.

ඉක්බිති මහණෙනි, විපස්සී බෝසතුන් හට මේ අදහස ඇතිවිය. 'කුමක් නොතිබුණොත් ද ආධ්‍යාත්ම ආයතනයත්, බාහිර ආයතනයත්, විඤ්ඤාණයත් එකට එක් නොවන්නේ? කුමක් නිරුද්ධ වීමෙන් ද ආධ්‍යාත්ම ආයතනයත්, බාහිර ආයතනයත්, විඤ්ඤාණයත් එකට එක් වීම නිරුද්ධ වන්නේ?' එවිට මහණෙනි, නුවණ යොදා මෙනෙහි කරමින් සිටි විපස්සී බෝසතුන් තුළ ආයතන හය නොතිබුණොත් ආධ්‍යාත්ම ආයතනයත්, බාහිර ආයතනයත්, විඤ්ඤාණයත් එකට එක් නොවෙයි. ආයතන හය නිරුද්ධ වීමෙන් ය ආධ්‍යාත්ම ආයතනයත්, බාහිර ආයතනයත්, විඤ්ඤාණයත් එකට එක් වීම නිරුද්ධ වන්නේ' යනුවෙන් ප්‍රඥාවෙන් අවබෝධය ඇති විය.

ඉක්බිති මහණෙනි, විපස්සී බෝසතුන් හට මේ අදහස ඇතිවිය. 'කුමක් නොතිබුණොත් ද ආයතන හය ඇති නොවන්නේ? කුමක් නිරෝධයෙන් ද ආයතන හය නිරුද්ධ වන්නේ?' එවිට මහණෙනි, නුවණ යොදා මෙනෙහි කරමින් සිටි විපස්සී බෝසතුන් තුළ නාමරූප නොතිබුණොත් ආයතන හය ඇති නොවෙයි. නාමරූප නිරුද්ධ වීමෙන් ය ආයතන හය නිරුද්ධ වන්නේ' යනුවෙන් ප්‍රඥාවෙන් අවබෝධය ඇති විය.

ඉක්බිති මහණෙනි, විපස්සී බෝසතුන් හට මේ අදහස ඇතිවිය. 'කුමක් නොතිබුණොත් ද නාමරූප ඇති නොවන්නේ? කුමක් නිරුද්ධ වීමෙන් ද නාමරූප නිරුද්ධ වන්නේ?' එවිට මහණෙනි, නුවණ යොදා මෙනෙහි කරමින් සිටි විපස්සී බෝසතුන් තුළ 'විඥ්ඥාණය නොතිබුණොත් නාමරූප ඇති නොවෙයි. විඥ්ඥාණය නිරුද්ධ වීමෙන් ය නාමරූප නිරුද්ධ වන්නේ' යනුවෙන් ප්‍රඥාවෙන් අවබෝධය ඇති විය.

ඉක්බිති මහණෙනි, විපස්සී බෝසතුන් හට මේ අදහස ඇතිවිය. 'කුමක් නොතිබුණොත් ද විඥ්ඥාණය ඇති නොවන්නේ? කුමක් නිරෝධයෙන් ද විඥ්ඥාණය නිරුද්ධ වන්නේ?' එවිට මහණෙනි, නුවණ යොදා මෙනෙහි කරමින් සිටි විපස්සී බෝසතුන් තුළ 'නාමරූප නොතිබුණොත් විඥ්ඥාණය ඇති නොවෙයි. නාමරූප නිරුද්ධ වීමෙන් ය විඥ්ඥාණය නිරුද්ධ වන්නේ' යනුවෙන් ප්‍රඥාවෙන් අවබෝධය ඇති විය.

මහණෙනි, එකල්හී විපස්සී බෝසතුන් හට මේ අදහස ඇතිවිය. 'මා විසින් සම්බෝධිය පිණිස වූ මාර්ගය අවබෝධ කරන ලද්දේ ය. එනම් නාමරූප නිරෝධයෙන් විඥ්ඥාණය නිරුද්ධ වෙයි. විඥ්ඥාණයේ නිරෝධයෙන් නාමරූප නිරුද්ධ වෙයි. නාමරූපයේ නිරෝධයෙන් ආයතන හය නිරුද්ධ වෙයි. ආයතනය හයෙහි නිරෝධයෙන් ආධ්‍යාත්මික ආයතනයේ ත්, බාහිර ආයතනයේ ත්, විඥ්ඥාණයේ ත් එකට එක් වීම නිරුද්ධ වෙයි. ආධ්‍යාත්මික ආයතනයේ ත්, බාහිර ආයතනයේ ත්, විඥ්ඥාණයේ ත් එකට එක් වීම නිරුද්ධ වීමෙන් විඳීම නිරුද්ධ වෙයි. විඳීම නිරුද්ධ වීමෙන් ආශාවෙන් ඇඳී යාම නිරුද්ධ වෙයි. ආශාවෙන් ඇඳී යාම නිරුද්ධ වීමෙන් ග්‍රහණයට හසුවීම නිරුද්ධ වෙයි. ග්‍රහණයට හසු වීම නිරුද්ධ වීමෙන් විපාක පිණිස කර්ම සකස් වීම නිරුද්ධ වෙයි. විපාක පිණිස කර්ම සකස් වීම නිරුද්ධ වීමෙන් ඉපදීම නිරුද්ධ වෙයි. ඉපදීම නිරුද්ධ වීමෙන් ජරා, මරණ, සෝක, වැළපීම්, කායික දුක්, මානසික දුක්, සුසුම් හෙළීම් ආදී දුක් නිරුද්ධ වෙයි. මේ අයුරින් මුළු මහත් දුක්ඛස්කන්ධයේ ම නිරෝධය වෙයි.'

මහණෙනි, 'නිරුද්ධ වන්නේ ය, නිරුද්ධ වන්නේ ය' යි විපස්සී බෝසතුන් හට පෙර නොඇසූ විරූ ධර්මයන් පිළිබඳ ව දහම් ඇස පහළ වූයේ ය. ඥානය පහළ වූයේ ය. ප්‍රඥාව පහළ වූයේ ය. විද්‍යාව පහළ වූයේ ය. ආලෝකය පහළ වූයේ ය.

ඉක්බිති මහණෙනි, විපස්සී බෝසත් තෙමේ පසුකලෙක පංච උපාදානස්කන්ධයන් පිළිබඳ හටගන්නා අයුරු ත්, නැසෙන අයුරු ත් නුවණින් විමසමින් වාසය කළේ ය. එනම් 'රූපය මෙය යි, රූපයේ හටගැනීම මෙසේ ය, රූපයෙහි නැතිවීම මෙසේ ය. විඳීම මෙය යි, විඳීමෙහි හටගැනීම මෙසේ ය, විඳීමෙහි නැතිවීම මෙසේ ය. හඳුනාගැනීම මෙය යි, හඳුනාගැනීමෙහි හටගැනීම මෙසේ ය, හඳුනාගැනීම නැතිවීම මෙසේ ය. චේතනා මෙය යි, චේතනාවන්ගේ හටගැනීම මෙසේ ය, චේතනාවන්ගේ නැතිවීම මෙසේ ය. විඤ්ඤාණය මෙයයි, විඤ්ඤාණයෙහි හටගැනීම මෙසේ ය, විඤ්ඤාණයෙහි නැතිවීම මෙසේ ය' වශයෙන් පංච උපාදානස්කන්ධයන් හටගන්නා අයුරු ත්, නැසෙනා අයුරු ත් නුවණින් දකිමින් සිටිය දී නොබෝ කලකින් ම ආශ්‍රවයන්ගේ ග්‍රහණයට හසු නොවී සිත නිදහස් ව ගියේ ය.

එකල්හී මහණෙනි, අරහත් වූ සම්මා සම්බුදු වූ විපස්සී භාග්‍යවතුන් වහන්සේට මේ අදහස ඇතිවිය. 'මම් ධර්මය දේශනා කරන්නේ නම් මැනැවැ' යි. යළි මහණෙනි, අරහත් වූ සම්මා සම්බුදු වූ විපස්සී භාග්‍යවතුන් වහන්සේට මේ අදහස ඇතිවිය. 'මා විසින් අවබෝධ කරගන්නා ලද මේ ධර්මය ගැඹුරු ය. දුක සේ දැක්ක යුතු ය. දුක සේ අවබෝධ කළ යුතු ය. ශාන්ත ය. ඉතා උසස් ය. තර්කයෙන් දැක්ක නොහැකි ය. සියුම් ය. නුවණැත්තන් විසින් ම දැනගත යුත්තේ ය. එනමුදු මේ සත්ව ප්‍රජාවෝ වනාහී ආශාවෙහි ඇළුණෝ ය. ආශාවේ බැඳුණෝ ය. ආශාවෙන් සතුටු වන්නෝ ය. ආශාවෙහි ඇළුණු, ආශාවෙහි බැඳුණු, ආශාවෙන් සතුටු වෙන සත්ව ප්‍රජාව හට මේ මේ හේතු ප්‍රත්‍යයන්ගෙන් හටගන්නේ ය යන පටිච්ච සමුප්පාද ධර්මය යනු දුක සේ දැක්ක යුතු කරුණකි. එමෙන් ම සියළු සංස්කාරයන් සංසිඳීමෙන්, සියළු උපධීන් බැහැර කිරීමෙන්, තණ්හාව ක්ෂය කිරීමෙන්, විරාගී බවට පත්වීමෙන්, තෘෂ්ණා නිරෝධයෙන් ලබන යම් නිවනක් ඇද්ද, මෙය ද ඔවුන්ට දුක සේ දැක්ක යුතු කරුණකි. ඉදින් මම් දහම් දෙසන්නෙම් නම් අන්‍යයෝ ත් මා පවසන ධර්මය අවබෝධ නොකරත් නම් එය මා හට මහන්සියක් වනු ඇත. එය මා හට වෙහෙසක් වනු ඇතැ'යි.

එකල්හී මහණෙනි, අරහත් වූ සම්මා සම්බුදු වූ විපස්සී භාග්‍යවතුන් වහන්සේට මේ පෙර නොඇසූ විරූ අසිරිමත් ගාථාවෝ වැටහී ගියහ.

'කිච්ඡේන මේ අධිගතං - හලං'දානි පකාසිතුං
රාගදෝස පරේතේහි - නායං ධම්මෝ සුසම්බුධෝ'

'මා විසින් ඉතා දුක සේ ධර්මය අවබෝධ කරන ලද්දේ ය. එය අන්‍යයන්ට ප්‍රකාශ කිරීමෙන් පලෙක් නැත. රාග ද්වේෂ ආදී කෙලෙසුන්ට යට වී සිටින උදවියට මේ ධර්මය ලෙහෙසියෙන් අවබෝධ කළ නොහැක්කේ ය.'

'පටිසෝතගාමිං නිපුණං - ගම්භීරං දුද්දසං අණුං
රාග රත්තා න දක්ඛින්ති - තමොක්ඛන්ධේන ආවුතා'ති

'මේ ධර්මය උඩුගම් බලා යන්නකි. සියුම් ය. ගැඹුරු ය. දැකීමට දුෂ්කර ය. ඉතා සියුම් ය. රාගයේ ඇළුණු සත්වයෝ අවිද්‍යා අඳුරෙන් සිත් වැසුණු සත්වයෝ මෙය නොදකිති'යි.

මෙසේ මහණෙනි, අරහත් වූ සම්මා සම්බුදු වූ විපස්සී භාග්‍යවතුන් වහන්සේට නුවණින් මෙනෙහි කරද්දී සිත මන්දෝත්සාහී වූයේ ය. ධර්ම දේශනාවට නොනැමුණේ ය. එවිට මහණෙනි, එක්තරා මහා බ්‍රහ්මයෙක් ඒ අරහත් වූ සම්මා සම්බුදු වූ විපස්සී භාග්‍යවතුන් වහන්සේගේ සිත තම සිතින් පිරිසිඳ දැන මෙසේ සිතුවේ ය. 'භවත්නි, ඒකාන්තයෙන් ම ලොව නැසෙනු ඇත! භවත්නි, ඒකාන්තයෙන් ම ලොව වැනසෙනු ඇත!' යම්හෙයකින් අරහත් වූ සම්මා සම්බුදු වූ විපස්සී භාග්‍යවතුන් වහන්සේගේ සිත මන්දෝත්සාහී වන්නේ ද, ධර්ම දේශනාවට නොනැමෙන්නේ ද එහෙයිනි යි. ඉක්බිති මහණෙනි, ඒ මහා බ්‍රහ්මරාජයා බලවත් පුරුෂයෙක් හැකිලූ අතක් දිග හරින්නේ යම් සේ ද, දික් කළ අතක් හකුලන්නේ යම් සේ ද එසෙයින් ම බඹලොවින් නොපෙනී ගොස් ඒ අරහත් වූ සම්මා සම්බුද්ධ වූ විපස්සී භාග්‍යවතුන් වහන්සේ ඉදිරියෙහි පහළ වූයේ ය. එකල්හී මහණෙනි, ඒ මහා බ්‍රහ්මරාජයා උතුරු සළුව ඒකාංශ කොට දකුණු දණ මඬල පොළොවෙහි තබා ඒ අරහත් වූ සම්මා සම්බුදු වූ විපස්සී භාග්‍යවතුන් වහන්සේ වෙත ඇඳිලි බැඳ මෙසේ පැවසූයේ ය. 'ස්වාමීනී, භාග්‍යවතුන් වහන්ස, ධර්මය දෙසන සේක්වා! සුගතයන් වහන්ස, ධර්මය දෙසන සේක්වා! කෙලෙස් අඩු සත්වයෝ සිටිත් ම ය. ධර්මය අසන්නට නොලැබුණොත් ඔවුහු ද පිරිහී යති. ධර්මය අසන්නට ලැබුණොත් අවබෝධ කරන්නාහු ය.'

එකල්හී මහණෙනි, අරහත් වූ සම්මා සම්බුදු වූ විපස්සී භාග්‍යවතුන් වහන්සේ ඒ මහා බ්‍රහ්මරාජයාට මෙය පැවසූහ. 'බ්‍රහ්මරාජය, මා තුළත් මේ අදහස ඇතිවූයේ ය. එනම් 'මම් දහම් දෙසන්නේ නම් මැනැවි'යි. එකල්හී බ්‍රහ්මරාජය, මට මේ අදහස ඇතිවූයේ ය.

'මා විසින් අවබෝධ කරගන්නා ලද මේ ධර්මය ගැඹුරු ය. දුක සේ දැක්ක යුතු ය. දුක සේ අවබෝධ කළ යුතු ය. ශාන්ත ය. ඉතා උසස් ය. තර්කයෙන් දැක්ක නොහැකි ය. සියුම් ය. නුවණැත්තන් විසින් ම දැනගත යුත්තේ ය. එනමුදු මේ සත්ව ප්‍රජාවෝ වනාහී ආශාවෙහි ඇළුණෝ ය. ආශාවේ බැඳුණෝ ය. ආශාවෙන් සතුටු වන්නෝ ය. ආශාවෙන් ඇළුණු, ආශාවෙන් බැඳුණු, ආශාවෙන් සතුටු වන සත්ව ප්‍රජාව හට මේ මේ හේතු ප්‍රත්‍යයන්ගෙන් හටගන්නේ ය යන පටිච්ච සමුප්පාද ධර්මය යනු දුක සේ දැක්ක යුතු කරුණකි. එමෙන් ම සියළු සංස්කාරයන් සංසිඳීමෙන්, සියළු උපධීන් බැහැර කිරීමෙන්, තණ්හාව ක්ෂය කිරීමෙන්, විරාගී බවට පත්වීමෙන්, තෘෂ්ණා නිරෝධයෙන් ලබන යම් නිවනක් ඇද්ද, මෙය ද ඔවුන්ට දුක සේ දැක්ක යුතු කරුණකි. ඉදින් මම් දහම් දෙසන්නෙම් නම් අන්‍යයෝ ත් මා පවසන ධර්මය අවබෝධ නොකරත් නම් එය මා හට මහන්සියක් වනු ඇත. එය මා හට වෙහෙසක් වනු ඇතැ'යි.

එකල්හී බ්‍රහ්මරාජය, මා හට මේ පෙර නොඇසූ විරූ අසිරිමත් ගාථාවෝ වැටහී ගියහ.

'කිච්ඡේන මේ අධිගතං - හලං'දානි පකාසිතුං
රාගදෝස පරේතේහි - නායං ධම්මෝ සුසම්බුධෝ'

'මා විසින් ඉතා දුක සේ ධර්මය අවබෝධ කරන ලද්දේ ය. එය අන්‍යයන්ට ප්‍රකාශ කිරීමෙන් පලෙක් නැත. රාග ද්වේෂ ආදී කෙලෙසුන්ට යට වී සිටින උදවියට මේ ධර්මය ලෙහෙසියෙන් අවබෝධ කළ නොහැක්කේ ය. '

'පටිසෝතගාමිං නිපුණං - ගම්භීරං දුද්දසං අණුං
රාග රත්තා න දක්ඛින්ති - තමොක්ඛන්ධේන ආවුතා'ති

'මේ ධර්මය උඩුගම් බලා යන්නකි. සියුම් ය. ගැඹුරු ය. දැකීමට දුෂ්කර ය. ඉතා සියුම් ය. රාගයේ ඇළුණු සත්වයෝ අවිද්‍යා අඳුරෙන් සිත් වැසුණු සත්වයෝ මෙය නොදකිති'යි.

මෙසේ බ්‍රහ්මරාජය, මා විසින් මෙනෙහි කරද්දී සිත මන්දෝත්සාහී වූයේ ය. ධර්ම දේශනාවට නොනැමුණේ ය."

මහණෙනි, දෙවෙනි වතාවට ත් ඒ මහාබ්‍රහ්මරාජයා ....(පෙ).... මහණෙනි, තුන්වෙනි වතාවට ත් ඒ මහා බ්‍රහ්මරාජයා ඒ අරහත් වූ සම්මා සම්බුදු වූ විපස්සී භාග්‍යවතුන් වහන්සේට මෙසේ පැවසූයේ ය. 'ස්වාමීනී, භාග්‍යවතුන් වහන්ස, ධර්මය දෙසන සේක්වා! සුගතයන් වහන්ස, ධර්මය දෙසන සේක්වා! කෙලෙස්

අඩු සත්වයෝ සිටිත් ම ය. ධර්මය අසන්නට නොලැබුණොත් ඔවුහු ද පිරිහී යති. ධර්මය අසන්නට ලැබුණොත් අවබෝධ කරන්නාහු ය.'

එවිට මහණෙනි, ඒ අරහත් වූ සම්මා සම්බුදු වූ විපස්සී භාග්‍යවතුන් වහන්සේ බ්‍රහ්මරාජයාගේ ඇරයුම ත් ලැබ සත්වයන් කෙරෙහි කරුණාවෙන් යුක්ත ව බුදු ඇසින් ලොව දෙස බැලූහ. "මහණෙනි, ඒ අරහත් වූ සම්මා සම්බුද්ධ වූ විපස්සී භාග්‍යවතුන් වහන්සේ බුදු ඇසින් ලොව බලද්දී කෙලෙස් අඩු සත්වයනුත්, කෙලෙස් බහුල සතුනුත් තියුණු ඉඳුරන් ඇති සතුනුත්, මෘදු ඉඳුරන් ඇති සතුනුත්, පහසුවෙන් වටහා දිය හැකි සතුනුත්, වටහා දීමට දුෂ්කර සතුනුත්, පහසුවෙන් දැනගන්නා සතුනුත්, දැනගැනීමට අපහසු සතුනුත්, පරලොවෙහි වරදෙහි භය දක්නා ඇතැම් පුද්ගලයනුත්, පරලොවෙහි ත් වරදෙහි ත් බියක් නොදක්නා ඇතැම් පුද්ගලයනුත් යනාදී සත්වයන් දුටහ. මහණෙනි, එය මෙබඳු දෙයකි. මහනෙල් විලක් හෝ රතු නෙළුම් විලක් හෝ සුදු නෙළුම් විලක් හෝ තිබෙයි. මෙහි ඇතැම් මහනෙල් හෝ රතු නෙළුම් හෝ සුදු නෙළුම් හෝ දියෙහි හටගෙන, දියෙහි වැඩී දියෙන් උඩට නොනැගී දිය තුළ ම ගිලී තිබෙයි. ඇතැම් මහනෙල් හෝ රතු නෙළුම් හෝ සුදු නෙළුම් හෝ දියෙහි හටගෙන, දියෙහි වැඩී දියෙන් උඩට නොනැගී දිය මත සම ව තිබෙයි. ඇතැම් මහනෙල් හෝ රතු නෙළුම් හෝ සුදු නෙළුම් හෝ දියෙහි හටගෙන, දියෙහි වැඩී දියෙන් උඩට නැගී දියෙහි නොතැවරී තිබෙයි. මේ අයුරින් ම මහණෙනි, ඒ අරහත් වූ සම්මා සම්බුද්ධ වූ විපස්සී භාග්‍යවතුන් වහන්සේ බුදු ඇසින් ලොව බලද්දී කෙලෙස් අඩු සත්වයනුත්, කෙලෙස් බහුල සතුනුත් තියුණු ඉඳුරන් ඇති සතුනුත්, මෘදු ඉඳුරන් ඇති සතුනුත්, පහසුවෙන් වටහා දිය හැකි සතුනුත්, වටහා දීමට දුෂ්කර සතුනුත්, පහසුවෙන් දැනගන්නා සතුනුත්, දැනගැනීමට අපහසු සතුනුත්, පරලොවෙහි වරදෙහි භය දක්නා ඇතැම් පුද්ගලයනුත්, පරලොවෙහි ත් වරදෙහි ත් බියක් නොදක්නා ඇතැම් පුද්ගලයනුත් යනාදී සත්වයන් දුටහ. එකල්හී මහණෙනි, ඒ අරහත් වූ සම්මා සම්බුදු වූ විපස්සී භාග්‍යවතුන් වහන්සේ සිතෙහි හටගත් කල්පනාව තම සිතින් දැනගත් ඒ මහා බ්‍රහ්මරාජයා අරහත් වූ සම්මා සම්බුදු වූ විපස්සී සම්මා සම්බුදුරජාණන් වහන්සේට ගාථාවලින් මෙසේ පැවසුවේ ය.

සේලේ යථා පබ්බතමුද්ධනිට්ඨිතෝ - යථාපි පස්සේ ජනතං සමන්තතෝ
තථූපමං ධම්මමයං සුමේධ - පාසාදමාරුය්හ සමන්ත චක්ඛූ

සෝකාවතිණ්ණං ජනතමපේතසෝකෝ - අවෙක්ඛස්සු ජාති ජරාභිභූතං
උට්ඨේහි වීර! විජිත සංගාම! සත්ථවාහ! අණන! විචර ලෝකේ
දේසස්සු භගවා ධම්මං - අඤ්ඤාතාරෝ භවිස්සන්තී'ති

ශෛලමය පර්වත මුදුනක සිටින කෙනෙකුට පහළ හාත්පස සිටින ජනයා පෙනෙන්නේ යම් සේ ද, එසෙයින් ම සදහම් ඇස් ඇති මහා නුවණැතියාණෙනි, ශෝක රහිත සිත් ඇතියාණෙනි, ධර්මයෙන් කරන ලද ප්‍රාසාදයට නැගී ශෝකය වැළඳ සිටින ජනයා දෙස ජාති ජරා මරණයෙන් දුක් විඳින ජනයා දෙස දෑක වදාළ මැනැව. මාර සංග්‍රාමය දිනූ තැනැත්තාණෙනි, නිසි මග පෙන්වන ගැල් කරුවාණෙනි, ණය නැතියාණෙනි, වීරයාණෙනි, නැගී සිටිය මැනැව. ලොවෙහි හැසිරෙනු මැනැව. භාග්‍යවතුන් වහන්ස, දහම් දෙසනු මැනැව. අවබෝධ කරන්නෝ පහළ වෙත් ම ය.”

එකල්හී මහණෙනි, අරහත් වූ සම්මා සම්බුදු වූ විපස්සී භාග්‍යවතුන් වහන්සේ ඒ මහා බ්‍රහ්මරාජයා හට ගාථාවෙන් පැවසූහ.

අපාරුතා තේසං අමතස්ස ද්වාරා
- යේ සෝතවන්තෝ පමුඤ්චන්තු සද්ධං
විහිංස සඤ්ඤී පගුණං න භාසිං
- ධම්මං පණීතං මනුජේසු බ්‍රහ්මේ’ති

යම් කෙනෙක් සවන් යොමා අසනු කැමැත්තහු ද, ඔවුහු ශ්‍රද්ධාව මුදත්වා! ඔවුන් හට අමා දොර හරින ලද්දේ ය. බ්‍රහ්ම රාජය, මේ මැනැවින් ප්‍රගුණ වූ ප්‍රණීත වූ ධර්මය මිනිසුන් විසින් අවබෝධ නොකරගන්නේ නම් වෙහෙසක් ය යන හැඟීමෙන් ය, මෙතෙක් ධර්මය නොපැවසූයේ.”

එකල්හී මහණෙනි, ඒ මහා බ්‍රහ්මයා ‘අරහත් වූ සම්මා සම්බුදු වූ විපස්සී භාග්‍යවතුන් වහන්සේ විසින් ධර්ම දේශනාව පිණිස අවකාශ කරන ලද්දේ වෙමි’ යි අරහත් වූ සම්මා සම්බුදු වූ විපස්සී භාග්‍යවතුන් වහන්සේට සකසා වන්දනා කොට, පැදකුණු කොට එහි ම නොපෙනී ගියේ ය.

එකල්හී මහණෙනි, ඒ අරහත් වූ සම්මා සම්බුදු වූ විපස්සී භාග්‍යවතුන් වහන්සේට මේ අදහස ඇතිවිය. ‘මම් කවරෙකු හට පළමු ව ධර්මය දේශනා කරන්නෙම් ද? කවරෙක් නම් මේ ධර්මය සැණෙකින් අවබෝධ කරන්නේ ද?’යි. එවිට මහණෙනි, ඒ විපස්සී අරහත් සම්මා සම්බුදු වූ භාග්‍යවතුන් වහන්සේට මේ අදහස ඇතිවිය. ‘මේ රාජ පුත්‍ර ඛණ්ඩ තෙමේ ද, පුරෝහිත පුත්‍ර තිස්ස තෙමේ ද බන්ධුමතී රාජධානියෙහි වසන නුවණැති වූ ත්, ව්‍යක්ත වූ ත්, ප්‍රඥා සම්පන්න වූ ත් බොහෝ කලක් අල්ප කෙලෙස් ඇතිව සිටින්නා වූ දෙදෙනෙකි. යම්

හෙයකින් මම ඒ ඛණ්ඩ රාජ පුත්‍රයාට ත්, තිස්ස පුරෝහිත පුත්‍රයාට ත් පළමුව දහම් දෙසන්නේ නම් මැනැවි. ඔවුහු මේ ධර්මය සැණෙකින් දැනගන්නාහු ය' යි.

එවිට මහණෙනි, අරහත් සම්මා සම්බුදු වූ විපස්සී භාග්‍යවතුන් වහන්සේ බලවත් පුරුෂයෙක් හැකිලූ අතක් දිගහරින්නේ යම් සේ ද, දික් කළ අතක් හකුලන්නේ යම් සේ ද, එසෙයින් ම බෝ සෙවණින් නොපෙනී ගොස් බන්ධුමතී රාජධානියෙහි ක්ෂේම නම් මිගදායෙහි පහළ වූහ. ඉක්බිති මහණෙනි, ඒ අරහත් සම්මා සම්බුදු විපස්සී භාග්‍යවතුන් වහන්සේ උයන්පල්ලා ඇමතූහ. 'මිත්‍ර, උද්‍යානපාලකය, මෙහි එව. ඔබ බන්ධුමතී රාජධානියට ගොස් ඛණ්ඩ රාජපුත්‍රයාට ත්, තිස්ස පුරෝහිත පුත්‍රයාට ත් මෙසේ පවසව. 'හිමියනි, ඒ අරහත් සම්මා සම්බුදු විපස්සී භාග්‍යවතුන් වහ්න්සේ බන්ධුමතී රාජධානියට වැඩම කොට ක්ෂේම මිගදායෙහි වැඩවසති. උන්වහන්සේ ඔබ දෙදෙනා දකින්නට කැමති සේක' යි. 'එසේ ය ස්වාමීනී' යි මහණෙනි, ඒ උද්‍යාන පාලකයා අරහත් සම්මා සම්බුදු විපස්සී භාග්‍යවතුන් වහ්නසේට පිළිවදන් දී බන්ධුමතී රාජධානියට ගොස් ඛණ්ඩ රාජපුත්‍රයාට ත්, තිස්ස පුරෝහිත පුත්‍රයාට ත් මෙය පැවසුවේ ය. 'හිමියනි, ඒ අරහත් සම්මා සම්බුදු විපස්සී භාග්‍යවතුන් වහන්සේ බන්ධුමතී රාජධානියට වැඩම කොට ක්ෂේම මිගදායෙහි වැඩවසති. උන්වහන්සේ ඔබ දෙදෙනා දකින්නට කැමති සේක' යි.

එකල්හී මහණෙනි, ඛණ්ඩ රාජපුත්‍රයා ද, තිස්ස පුරෝහිත පුත්‍රයා ද සොඳුරු සොඳුරු යානාවන් යොදවා සොඳුරු යානයක නැගී සොඳුරු සොඳුරු යානයන් පිරිවරා බන්ධුමතී රාජධානියෙන් නික්ම ගියහ. ක්ෂේම මිගදාය කරා ගියහ. යානයෙන් යා හැකි බිම යම්තාක් ගොස් යානයෙන් බැස පා ගමනින් ම ඒ අරහත් සම්මා සම්බුදු විපස්සී භාග්‍යවතුන් වහන්සේ වෙත එළැඹියහ. එළැඹ ඒ අරහත් සම්මා සම්බුදු විපස්සී භාග්‍යවතුන් වහන්සේට සකසා වන්දනා කොට එකත්පස් ව හිඳගත්හ. ඔවුන්ට අරහත් සම්මා සම්බුදු විපස්සී භාග්‍යවතුන් වහන්සේ අනුපිළිවෙල කථාව වදාළහ. එනම් දාන කථා ය, සීල කථා ය, ස්වර්ග කථා ය, කාමයන්ගේ පීඩා ගැන කථා ය, කෙලෙසුන්ගෙන් කිළුටු වීම ගැන කථා ය, අබිනික්මන් කිරීමෙහි අනුසස් ගැන ද වදාළහ. යම් විටෙක ඔවුන්ගේ සිත් නීරෝග ව, මොලොක් ව, නීවරණ රහිත ව ඔද වැඩී පහන් ව ගිය බව භාග්‍යවතුන් වහන්සේ දැනගත්තාහු ද, එකල්හී බුදුවරයන්ගේ සාමුක්කංසික ධර්ම දේශනාව පවසන ලද්දේ ය. එනම්, දුක ත්, සමුදය ත්, නිරෝධය ත්, මාර්ගය ත් ය. පහ වූ පැල්ලම් ඇති පිරිසිදු වස්ත්‍රයක් පාට ගන්වන විට මැනැවින් පාට උරාගන්නේ යම් සේ ද, එසෙයින් ම ඛණ්ඩ රාජ පුත්‍රයාට ත්, තිස්ස පුරෝහිත

පුත්‍රයාට ත් ඒ අසුනෙහි සිටිය දී ම කෙලෙස් රහිත වූ, මළ රහිත වූ දහම් ඇස පහළ වූයේ ය. එනම් 'හේතූන් නිසා හටගන්නා ස්වභාව ඇති යම් දෙයක් ඇද්ද, ඒ සියල්ල නිරුද්ධ වන ස්වභාවයෙන් යුක්ත ය' වශයෙනි.

මෙසේ ධර්මය දකින ලද, ධර්මයට පැමිණි, ධර්මය අවබෝධ කළ, ධර්මයෙහි බැසගත් සැක රහිත වූ 'කෙසේද, කෙසේද' යන්න බැහැර කළ විශාරද බවට පත් ශාස්තෘ ශාසනයෙහි අනුන්ගෙන් ලැබිය යුතු උපදෙස් මත නොසිටින ඔවුහු ඒ අරහත් සම්මා සම්බුදු විපස්සී භාග්‍යවතුන් වහන්සේට මෙය පැවසූහ. "ස්වාමීනී, ඉතා මනහර ය. ස්වාමීනී, ඉතා මනහර ය. ස්වාමීනී, යටිකුරු වූ දෙයක් උඩුකුරු කළාක් බඳු ය. වැසුණු දෙයක් විවෘත කිරීම බඳු ය. මංමුලා වූවහුට මග කියන්නක් බඳු ය. අඳුරෙහි සිටින්නවුන්ට 'ඇස් ඇත්තෝ රූප දකිත්වා යි තෙල් පහනක් දැරීම බඳු ය. මේ අයුරින් ම භාග්‍යවතුන් වහන්සේ විසින් අනේකප්‍රකාරයෙන් ධර්මය දෙසන ලද්දේ ය. ස්වාමීනී, ඒ අපි භාග්‍යවතුන් වහන්සේ සරණ යමු. ධර්මය ත් සරණ යමු. ස්වාමීනී, අපි භාග්‍යවතුන් වහන්සේ වෙතින් පැවිද්ද ලබන්නමෝවා! උපසම්පදාව ලබන්නමෝවා!"යි.

ඉක්බිති මහණෙනි, ඛණ්ඩරාජ පුත්‍රයා ත්, තිස්ස පුරෝහිත පුත්‍රයා ත්, අරහත් සම්මා සම්බුදු වූ විපස්සී භාග්‍යවතුන් වහන්සේ සමීපයෙහි පැවිද්ද ලදහ. උපසම්පදාව ලදහ. ඒ අරහත් සම්මා සම්බුදු විපස්සී භාග්‍යවතුන් වහන්සේ ඔවුන්ට දැහැමි කථාවෙන් කරුණු දැක්වූහ. සමාදන් කරවූහ. උත්සාහවත් කළහ. සතුටට පත් කළහ. සංස්කාරයන්ගේ ආදීනව ත්, කෙලෙසුන්ගේ ලාමක බව ත්, නිවනෙහි ආනිශංස ත් පැවසූහ. අරහත් සම්මා සම්බුදු විපස්සී භාග්‍යවතුන් වහන්සේ විසින් දැහැමි කථාවෙන් කරුණු දක්වන, සමාදන් කරවන, උත්සාහවත් කරවන, සතුටු කරවනු ලැබූ ඔවුන්ගේ සිත් නොබෝ කලකින් ආශ්‍රවයන්ට ග්‍රහණය නොවී නිදහස් ව ගියේ ය.

මහණෙනි, බන්ධුමතී රාජධානියෙහි අසූ හාරදහසක් මහා ජනකාය මෙකරුණ ඇසූහ. එනම් අරහත් සම්මා සම්බුදු විපස්සී භාග්‍යවතුන් වහන්සේ බන්ධුමතී රාජධානියට වැඩම කොට ක්ෂේම නම් මිගදායෙහි වැඩවෙසෙති. ඛණ්ඩ රාජ පුත්‍රයා ත්, තිස්ස පුරෝහිත පුත්‍රයා ත් ඒ අරහත් සම්මා සම්බුදු විපස්සී භාග්‍යවතුන් වහන්සේ සමීපයෙහි කෙස් රැවුල් බහා කසාවත් පොරොවා ගිහි ගෙයින් නික්ම පැවිදි වූහ' යි. මෙසේ ඇසූ ඔවුන්ට ද මේ අදහස ඇතිවිය. ' යම් තැනක ඛණ්ඩ රාජ පුත්‍රයා ත්, තිස්ස පුරෝහිත පුත්‍රයා ත් කෙස් රැවුල් බහා, කසාවත් පොරොවා ගිහි ගෙයින් නික්ම පැවිදි වූවාහු වෙත් ද, ඒ ධර්ම විනය නම් ලාමක වූ දෙයක් නොවෙයි. ඒ පැවිද්ද ද ලාමක වූ දෙයක් නොවෙයි. ඛණ්ඩ රාජ පුත්‍රයා ත්, තිස්ස පුරෝහිත පුත්‍රයා ත් කෙස් රැවුල් බහා, කසාවත්

පොරොවා ගිහි ගෙයි අත්හැර ඒ අරහත් සම්මා සම්බුදු විපස්සී භාග්‍යවතුන් වහන්සේ සමීපයෙහි පැවිදි වූවාහු නම්, අපි පැවිදි වීම ගැන අරුමයක් නැත්තේ ය' යි.

ඉක්බිති මහණෙනි, ඒ අසූ හාර දහසක් මහාජනකාය බන්ධුමතී රාජධානියෙන් නික්ම ක්ෂේම නම් මිගදායට ගියහ. ඒ අරහත් සම්මා සම්බුදු විපස්සී භාග්‍යවතුන් වහන්සේ වෙත ගොස් ඒ අරහත් සම්මා සම්බුදු විපස්සී භාග්‍යවතුන් වහන්සේට සකසා වන්දනා කොට එකත්පස් ව හුන්හ. ඔවුන්ට අරහත් සම්මා සම්බුදු විපස්සී භාග්‍යවතුන් වහන්සේ අනුපිළිවෙල කථාව වදාළහ. එනම් දාන කථා ය, සීල කථා ය, ස්වර්ග කථා ය, කාමයන්ගේ පීඩා ගැන කථා ය, කෙලෙසුන්ගෙන් කිළුටු වීම ගැන කථා ය, අබිනික්මන් කිරීමෙහි අනුසස් ගැන ද වදාළහ. යම් විටෙක ඔවුන්ගේ සිත් නීරෝග ව, මොලොක් ව, නීවරණ රහිත ව ඔද වැඩී පහන් ව ගිය බව භාග්‍යවතුන් වහන්සේ දැනගත්තාහු ද, එකල්හී බුදුවරයන්ගේ සාමුක්කංසික ධර්ම දේශනාව පවසන ලද්දේ ය. එනම්, දුක ත්, සමුදය ත්, නිරෝධය ත්, මාර්ගය ත් ය. පහ වූ පැල්ලම් ඇති පිරිසිදු වස්ත්‍රයක් පාට ගන්වන විට මැනැවින් පාට උරාගන්නේ යම් සේ ද, එසෙයින් ම ඒ අසූ හාර දහසක මහාජනයාට ඒ අසුනෙහි සිටිය දී ම කෙලෙස් රහිත වූ, මළ රහිත වූ දහම් ඇස පහළ වූයේ ය. එනම් 'හේතූන් නිසා හටගන්නා ස්වභාව ඇති යම් දෙයක් ඇද්ද, ඒ සියල්ල නිරුද්ධ වන ස්වභාවයෙන් යුක්ත ය' වශයෙනි.

මෙසේ ධර්මය දකින ලද, ධර්මයට පැමිණි, ධර්මය අවබෝධ කළ, ධර්මයෙහි බැසගත් සැක රහිත වූ 'කෙසේද, කෙසේද' යන්න බැහැර කළ විශාරද බවට පත් ශාස්තෘ ශාසනයෙහි අනුන්ගෙන් ලැබිය යුතු උපදෙස් මත නොසිටින ඔවුහු ඒ අරහත් සම්මා සම්බුදු විපස්සී භාග්‍යවතුන් වහන්සේට මෙය පැවසූහ. "ස්වාමීනී, ඉතා මනහර ය. ස්වාමීනී, ඉතා මනහර ය. ස්වාමීනී, යටිකුරු වූ දෙයක් උඩුකුරු කළාක් බඳු ය. වැසුණු දෙයක් විවෘත කිරීම බඳු ය. මංමුලා වූවහුට මග කියන්නක් බඳු ය. අඳුරෙහි සිටින්නවුන්ට 'ඇස් ඇත්තෝ රූප දකිත්වා යි තෙල් පහනක් දැරීම බඳු ය. මේ අයුරින් ම භාග්‍යවතුන් වහන්සේ විසින් අනේකප්‍රකාරයෙන් ධර්මය දෙසන ලද්දේ ය. ස්වාමීනී, ඒ අපි භාග්‍යවතුන් වහන්සේ සරණ යමු. ධර්මය ත්, භික්ෂු සංඝයා ත් සරණ යමු. ස්වාමීනී, අපි භාග්‍යවතුන් වහන්සේ වෙතින් පැවිද්ද ලබන්නමෝවා! උපසම්පදාව ලබන්නමෝවා!"යි.

ඉක්බිති මහණෙනි, ඒ අසූ හාර දහසක් දෙනා අරහත් සම්මා සම්බුදු වූ විපස්සී භාග්‍යවතුන් වහන්සේ සමීපයෙහි පැවිද්ද ලදහ. උපසම්පදාව ලදහ. ඒ

අරහත් සම්මා සම්බුදු විපස්සී භාග්‍යවතුන් වහන්සේ ඔවුන්ට දැහැමි කථාවෙන් කරුණු දැක්වූහ. සමාදන් කරවූහ. උත්සාහවත් කළහ. සතුටට පත් කළහ. සංස්කාරයන්ගේ ආදීනව ත්, කෙලෙසුන්ගේ ළාමක බව ත්, නිවනෙහි ආනිශංස ත් පැවසූහ. අරහත් සම්මා සම්බුදු විපස්සී භාග්‍යවතුන් වහන්සේ විසින් දැහැමි කථාවෙන් කරුණු දක්වන, සමාදන් කරවන, උත්සාහවත් කරවන, සතුටු කරවනු ලැබූ ඔවුන්ගේ සිත් නොබෝ කලකින් ආශ්‍රවයන්ට ග්‍රහණය නොවී නිදහස් ව ගියේ ය.

මහණෙනි, බන්ධුමතී රාජධානියෙහි කලින් පැවිදි වූ අසූ හාරදහසක් මහා ජනකාය මෙකරුණ ඇසූහ. එනම් 'අරහත් සම්මා සම්බුදු විපස්සී භාග්‍යවතුන් වහන්සේ බන්ධුමතී රාජධානියට වැඩම කොට ක්ෂේම නම් මිගදායෙහි වැඩවෙසෙති. ධර්මය ද දේශනා කරති' යි.

ඉක්බිති මහණෙනි, ඒ අසූ හාර දහසක් පැවිද්දෝ බන්ධුමතී රාජධානියෙහි ක්ෂේම නම් මිගදායට ගියහ. ඒ අරහත් සම්මා සම්බුදු විපස්සී භාග්‍යවතුන් වහන්සේ වෙත ගොස් ඒ අරහත් සම්මා සම්බුදු විපස්සී භාග්‍යවතුන් වහන්සේට සකසා වන්දනා කොට එකත්පස් ව හුන්හ. ඔවුනට අරහත් සම්මා සම්බුදු විපස්සී භාග්‍යවතුන් වහන්සේ අනුපිළිවෙල කථාව වදාළහ. එනම් දාන කථා ය, සීල කථා ය, ස්වර්ග කථා ය, කාමයන්ගේ පීඩා ගැන කථා ය, කෙලෙසුන්ගෙන් කිළුටු වීම ගැන කථා ය, අබිනික්මන් කිරීමෙහි අනුසස් ගැන වදාළහ. යම් විටෙක ඔවුන්ගේ සිත් නීරෝග ව, මොලොක් ව, නීවරණ රහිත ව ඔද වැඩී පහන් ව ගිය බව භාග්‍යවතුන් වහන්සේ දැනගත්තාහු ද, එකල්හී බුදුවරයන්ගේ සාමුක්කංසික ධර්ම දේශනාව පවසන ලද්දේ ය. එනම්, දුක ත්, සමුදය ත්, නිරෝධය ත්, මාර්ගය ත් ය. පහ වූ පැල්ලම් ඇති පිරිසිදු වස්ත්‍රයක් පාට ගන්වන විට මැනැවින් පාට උරාගන්නේ යම් සේ ද, එසෙයින් ම ඒ අසූ හාර දහසක් පැවිද්දන්ට ඒ අසුනෙහි සිටිය දී ම කෙලෙස් රහිත වූ, මළ රහිත වූ දහම් ඇස පහළ වූයේ ය. එනම් 'හේතුන් නිසා හටගන්නා ස්වභාව ඇති යම් දෙයක් ඇද්ද, ඒ සියල්ල නිරුද්ධ වන ස්වභාවයෙන් යුක්ත ය' වශයෙනි.

මෙසේ ධර්මය දකින ලද, ධර්මයට පැමිණි, ධර්මය අවබෝධ කළ, ධර්මයෙහි බැසගත් සැක රහිත වූ 'කෙසේද, කෙසේද' යන්න බැහැර කළ විශාරද බවට පත් ශාස්තෘ ශාසනයෙහි අනුන්ගෙන් ලැබිය යුතු උපදෙස් මත නොසිටින ඔවුහු ඒ අරහත් සම්මා සම්බුදු විපස්සී භාග්‍යවතුන් වහන්සේට මෙය පැවසූහ. "ස්වාමීනී, ඉතා මනහර ය. ස්වාමීනී, ඉතා මනහර ය. ස්වාමීනී, යටිකුරු වූ දෙයක් උඩුකුරු කළාක් බඳු ය. වැසුණු දෙයක් විවෘත කිරීම බඳු ය. මංමුළා වූවහුට මග කියන්නක් බඳු ය. අඳුරෙහි සිටින්නවුන්ට 'ඇස් ඇත්තෝ

රූප දකිත්වා' යි තෙල් පහනක් දැරීම බඳු ය. මේ අයුරින් ම භාග්‍යවතුන් වහන්සේ විසින් අනේකප්‍රකාරයෙන් ධර්මය දෙසන ලද්දේ ය. ස්වාමීනී, ඒ අපි භාග්‍යවතුන් වහන්සේ සරණ යමු. ධර්මය ත්, භික්ෂු සංඝයා ත් සරණ යමු. ස්වාමීනී, අපි භාග්‍යවතුන් වහන්සේ වෙතින් පැවිද්ද ලබන්නමෝවා! උපසම්පදාව ලබන්නමෝවා!"යි.

ඉක්බිති මහණෙනි, ඒ අසූ හාර දහසක් පැවිද්දෝ අරහත් සම්මා සම්බුදු වූ විපස්සී භාග්‍යවතුන් වහන්සේ සමීපයෙහි ආර්ය පැවිද්ද ලදහ. උපසම්පදාව ලදහ. ඒ අරහත් සම්මා සම්බුදු විපස්සී භාග්‍යවතුන් වහන්සේ ඔවුන්ට දහැමි කථාවෙන් කරුණු දැක්වූහ. සමාදන් කරවූහ. උත්සාහවත් කළහ. සතුටට පත් කළහ. සංස්කාරයන්ගේ ආදීනව ත්, කෙලෙසුන්ගේ ළාමක බව ත්, නිවනෙහි ආනිශංස ත් පැවසූහ. අරහත් සම්මා සම්බුදු විපස්සී භාග්‍යවතුන් වහන්සේ විසින් දහැමි කථාවෙන් කරුණු දක්වන, සමාදන් කරවන, උත්සාහවත් කරවන, සතුටු කරවනු ලැබූ ඔවුන්ගේ සිත් නොබෝ කලකින් ආශ්‍රවයන්ට ග්‍රහණය නොවී නිදහස් ව ගියේ ය.

මහණෙනි, එසමයෙහි බන්ධුමතී රාජධානියෙහි එක්ලක්ෂ හැටඅට දහසක් වූ මහත් භික්ෂු සංඝ සමූහයක් වාසය කරති. ඉක්බිති මහණෙනි, හුදෙකලාවේ භාවනාවෙන් සිටි ඒ අරහත් සම්මා සම්බුදු විපස්සී භාග්‍යවතුන් වහන්සේට මේ අදහස ඇතිවූයේ ය. 'මෙකල බන්ධුමතී රාජධානියෙහි එක්ලක්ෂ හැටඅට දහසක මහා භික්ෂු සංඝයා වැඩවෙසෙති. මම් ඒ භික්ෂූන්ට චාරිකාව පිණිස අනුදත්තෙම් නම් මැනැව' යි.

එනම්, "මහණෙනි, චාරිකායෙහි සැරිසරා යව්. ඒ බොහෝ ජනයාට සැප පිණිස ය. ඒ බොහෝ ජනයට සැප පිණිස ය. ලෝකානුකම්පාව පිණිස ය. දෙව් මිනිසුන් හට හිත සුව පිණිස ය. යහපත පිණිස ය. එක මගින් දෙදෙනෙක් නොයව්. මුල මැද අග කල්‍යාණ වූ, අර්ථ සහිත වූ, පැහැදිලි ප්‍රකාශනයෙන් යුතු වූ, මුළුමනින් ම පිරිපුන් පිරිසිදු නිවන් මග පවසව්. කෙලෙස් අඩු සත්වයෝ සිටිති. ඔවුහු ධර්ම ශ්‍රවණය නොලැබීම හේතුවෙන් පිරිහී යති. ධර්මය පැවසූ විට අවබෝධ කරන්නෝ පහළ වෙති. වැලිඳු සයක් සයක් අවුරුදු ඇවෑමෙන් බන්ධුමතී රාජධානියට පාමොක් උදෙසනු පිණිස පැමිණිය යුත්තේ ය" යනුවෙනි.

එකල්හී මහණෙනි, එක්තරා මහා බ්‍රහ්මයෙක් ඒ අරහත් සම්මා සම්බුදු විපස්සී භාග්‍යවතුන් වහන්සේගේ චිත්ත පරිවිතර්කය තම සිතින් දැනගත්තේ ය. එවිට බලවත් පුරුෂයෙක් හැකිලූ අතක් දිගහරින වේගයෙන්, දික් කළ අතක්

හකුලන වේගයෙන් බඹලොවින් නොපෙනී ගියේ ය. ඒ අරහත් සම්මා සම්බුදු විපස්සී භාග්‍යවතුන් වහන්සේ ඉදිරියෙහි පහළ වූයේ ය. ඉක්බිති මහණෙනි, ඒ මහා බ්‍රහ්ම රාජයා උතුරු සළුව ඒකාංශ කොට, ඒ අරහත් සම්මා සම්බුදු විපස්සී භාග්‍යවතුන් වහන්සේ වෙත ඇඳිලි බැඳ වන්දනා කොට ඒ අරහත් සම්මා සම්බුදු විපස්සී භාග්‍යවතුන් වහන්සේට මෙසේ පැවසුවේ ය. "භාග්‍යවතුන් වහන්ස, එය එසේ ම ය. සුගතයන් වහන්ස, එය එසේ ම ය. ස්වාමීනී, මෙකල බන්ධුමතී රාජධානියෙහි එක්ලක්ෂ හැටඅට දහසක මහා භික්ෂු සංඝයා වැඩවෙසෙති. ස්වාමීනී, භාග්‍යවතුන් වහන්සේ ඒ භික්ෂූන්ට චාරිකාව පිණිස අනුදන්නා සේක්වා! එනම්, 'මහණෙනි, චාරිකායෙහි සැරිසරා යව්. ඒ බොහෝ ජනයාට හිත පිණිස ය. බොහෝ ජනයාට සැප පිණිස ය. ලෝකානුකම්පාව පිණිස ය. දෙව් මිනිසුන් හට හිත සුව පිණිස ය. යහපත පිණිස ය. එක මගින් දෙදෙනෙක් නොයව්. මුල මැද අග කල්‍යාණ වූ, අර්ථ සහිත වූ, පැහැදිලි ප්‍රකාශනයෙන් යුතු වූ, මුළුමනින් ම පිරිපුන් පිරිසිදු නිවන් මග පවසව්. කෙලෙස් අඩු සත්වයෝ සිටිති. ඔවුහු ධර්ම ශ්‍රවණය නොලැබීම හේතුවෙන් පිරිහී යති. ධර්මය පැවසූ විට අවබෝධ කරන්නෝ පහළ වෙති' යනුවෙනි.

වැලිදු ස්වාමීනී, භික්ෂු සංඝයා සයක් සයක් වර්ෂයක් ඇවෑමෙන් පාමොක් උදෙසීම පිණිස බන්ධුමතී රාජධානියට යම් සේ පැමිණෙන්නාහු නම්, ඒ පිළිබඳ කටයුතු අපි කරන්නෙමු" යි. මෙසේ මහණෙනි, ඒ බ්‍රහ්ම රාජයා ඔය කරුණ පවසා ඒ අරහත් සම්මා සම්බුදු විපස්සී භාග්‍යවතුන් වහන්සේට සකසා වන්දනා කොට පැදකුණු කොට එහි ම නොපෙනී ගියේ ය.

ඉක්බිති මහණෙනි, ඒ අරහත් සම්මා සම්බුදු විපස්සී භාග්‍යවතුන් වහන්සේ සවස් වරුවෙහි භාවනාවෙන් නැගිට භික්ෂු සංඝයා අමතා වදාළහ.

"මහණෙනි, මෙහි හුදෙකලාවේ භාවනාවෙන් සිටි මා හට මේ අදහස ඇතිවූයේ ය. 'මෙකල බන්ධුමතී රාජධානියෙහි එක්ලක්ෂ හැටඅට දහසක මහා භික්ෂු සංඝයා වැඩවෙසෙති. මම් ඒ භික්ෂූන්ට චාරිකාව පිණිස අනුදත්තෙම් නම් මැනැව' යි.

එනම් 'මහණෙනි, චාරිකායෙහි සැරිසරා යව්. ඒ බොහෝ ජනයාට හිත පිණිස ය. බොහෝ ජනයාට සැප පිණිස ය. ලෝකානුකම්පාව පිණිස ය. දෙව් මිනිසුන් හට හිත සුව පිණිස ය. යහපත පිණිස ය. එක මගින් දෙදෙනෙක් නොයව්. මුල මැද අග කල්‍යාණ වූ, අර්ථ සහිත වූ, පැහැදිලි ප්‍රකාශනයෙන් යුතු වූ, මුළුමනින් ම පිරිපුන් පිරිසිදු නිවන් මග පවසව්. කෙලෙස් අඩු සත්වයෝ සිටිති. ඔවුහු ධර්ම ශ්‍රවණය නොලැබීම හේතුවෙන් පිරිහී යති. ධර්මය පැවසූ

විට අවබෝධ කරන්නෝ පහළ වෙති. වැලිදු සයක් සයක් අවුරුදු ඇවෑමෙන් බන්ධුමතී රාජධානියට පාමොක් උදෙසනු පිණිස පැමිණිය යුත්තේ ය' යනුවෙනි.

එකල්හී මහණෙනි, එක්තරා මහා බ්‍රහ්මයෙක් මාගේ චිත්ත පරිවිතර්කය තම සිතින් දැනගත්තේ ය. එවිට බලවත් පුරුෂයෙක් හැකිලූ අතක් දිගහරින වේගයෙන්, දික් කළ අතක් හකුලන වේගයෙන් බඹලොවින් නොපෙනී ගියේ ය. ඉක්බිති මා ඉදිරියෙහි පහළ වූයේ ය. ඉක්බිති මහණෙනි, ඒ මහා බ්‍රහ්ම රාජයා උතුරු සළුව ඒකාංශ කොට මා වෙත ඇඳිලි බැඳ වන්දනා කොට මා හට මෙසේ පැවසුවේ ය. 'භාග්‍යවතුන් වහන්ස, එය එසේ ම ය. සුගතයන් වහන්ස, එය එසේ ම ය. ස්වාමීනී, මෙකල බන්ධුමතී රාජධානියෙහි එක්ලක්ෂ හැටඅට දහසක මහා භික්ෂු සංඝයා වැඩවෙසෙති. ස්වාමීනී, භාග්‍යවතුන් වහන්සේ ඒ භික්ෂූන්ට චාරිකාව පිණිස අනුදන්නා සේක්වා! එනම්, 'මහණෙනි, චාරිකායෙහි සැරිසරා යව්. ඒ බොහෝ ජනයාට හිත පිණිස ය. බොහෝ ජනයාට සැප පිණිස ය. ලෝකානුකම්පාව පිණිස ය. දෙව් මිනිසුන් හට හිත සුව පිණිස ය. යහපත පිණිස ය. එක මගින් දෙදෙනෙක් නොයව්. මුල මැද අග කල්‍යාණ වූ, අර්ථ සහිත වූ, පැහැදිලි ප්‍රකාශනයෙන් යුතු වූ, මුළුමනින් ම පිරිපුන් පිරිසිදු නිවන් මග පවසව්. කෙලෙස් අඩු සත්වයෝ සිටිති. ඔවුහු ධර්ම ශ්‍රවණය නොලැබීම හේතුවෙන් පිරිහී යති. ධර්මය පැවසූ විට අවබෝධ කරන්නෝ පහළ වෙති' යනුවෙනි.

වැලිදු ස්වාමීනී, භික්ෂු සංඝයා සයක් සයක් වර්ෂයක් ඇවෑමෙන් පාමොක් උදෙසීම පිණිස බන්ධුමතී රාජධානියට යම් සේ පැමිණෙන්නාහු නම්, ඒ පිළිබඳ කටයුතු අපි කරන්නෙමු' යි. මෙසේ මහණෙනි, ඒ බ්‍රහ්ම රාජයා ඔය කරුණ පවසා මා හට සකසා වන්දනා කොට පැදකුණු කොට එහි ම නොපෙනී ගියේ ය.

"මහණෙනි, මම මෙය අනුදනිමි. චාරිකායෙහි සැරිසරා යව්. ඒ බොහෝ ජනයාට හිත පිණිස ය. බොහෝ ජනයාට සැප පිණිස ය. ලෝකානුකම්පාව පිණිස ය. දෙව් මිනිසුන් හට හිත සුව පිණිස ය. යහපත පිණිස ය. එක මගින් දෙදෙනෙක් නොයව්. මුල මැද අග කල්‍යාණ වූ, අර්ථ සහිත වූ, පැහැදිලි ප්‍රකාශනයෙන් යුතු වූ, මුළුමනින් ම පිරිපුන් පිරිසිදු නිවන් මග පවසව්. කෙලෙස් අඩු සත්වයෝ සිටිති. ඔවුහු ධර්ම ශ්‍රවණය නොලැබීම හේතුවෙන් පිරිහී යති. ධර්මය පැවසූ විට අවබෝධ කරන්නෝ පහළ වෙති. වැලිදු මහණෙනි, සයක් සයක් අවුරුදු ඇවෑමෙන් බන්ධුමතී රාජධානියට පාමොක් උදෙසනු පිණිස පැමිණිය යුත්තේ ය."

එකල්හී මහණෙනි, භික්ෂූහු බොහෝ සෙයින් එක් දිනයකින් ම ජනපද චාරිකායෙහි පිටත් වූහ. මහණෙනි, එසමයෙහි ජම්බුද්වීපයෙහි අසූ හාර දහසක් ආවාසයෝ තිබුණහ. එක් වසරක් නික්ම ගිය කල්හී දෙවියෝ ඝෝෂා පැවැත්වූහ. 'නිදුකාණෙනි, එක් වර්ෂයක් නික්ම ගියේ ය. තව පස් වසරක් ඉතිරි ව ඇත. ඒ පස් වසර ඇවෑමෙන් පාමොක් උදෙසනු පිණිස බන්ධුමතී රාජධානියට පැමිණිය යුත්තාහු ය' යි. දෙ වසරක් නික්ම ගිය කල්හී දෙවියෝ ඝෝෂා පැවැත්වූහ. 'නිදුකාණෙනි, දෙ වර්ෂයක් නික්ම ගියේ ය. තව සිව් වසරක් ඉතිරි ව ඇත. ඒ සිව් වසර ඇවෑමෙන් පාමොක් උදෙසනු පිණිස බන්ධුමතී රාජධානියට පැමිණිය යුත්තාහු ය' යි. තුන් වසරක් නික්ම ගිය කල්හී දෙවියෝ ඝෝෂා පැවැත්වූහ. 'නිදුකාණෙනි, තුන් වර්ෂයක් නික්ම ගියේ ය. තව තුන් වසරක් ඉතිරි ව ඇත. ඒ තුන් වසර ඇවෑමෙන් පාමොක් උදෙසනු පිණිස බන්ධුමතී රාජධානියට පැමිණිය යුත්තාහු ය' යි. සිව් වසරක් නික්ම ගිය කල්හී දෙවියෝ ඝෝෂා පැවැත්වූහ. 'නිදුකාණෙනි, සිව් වර්ෂයක් නික්ම ගියේ ය. තව දෙ වසරක් ඉතිරි ව ඇත. ඒ දෙ වසර ඇවෑමෙන් පාමොක් උදෙසනු පිණිස බන්ධුමතී රාජධානියට පැමිණිය යුත්තාහු ය' යි. පස් වසරක් නික්ම ගිය කල්හී දෙවියෝ ඝෝෂා පැවැත්වූහ. 'නිදුකාණෙනි, පස් වර්ෂයක් නික්ම ගියේ ය. තව එක් වසරක් ඉතිරි ව ඇත. ඒ එක් වසර ඇවෑමෙන් පාමොක් උදෙසනු පිණිස බන්ධුමතී රාජධානියට පැමිණිය යුත්තාහු ය' යි. සය වසරක් නික්ම ගිය කල්හී දෙවියෝ ඝෝෂා පැවැත්වූහ. 'නිදුකාණෙනි, සය වර්ෂයක් නික්ම ගියේ ය. පාමොක් උදෙසනු පිණිස බන්ධුමතී රාජධානියට පැමිණෙන්නට දැන් කාලය' යි.

එවිට මහණෙනි, ඒ භික්ෂූන් අතුරින් ඇතැම් කෙනෙක් ස්වකීය ඉර්ධි බලයෙන් ද, ඇතැම් භික්ෂුවක් දෙවියන්ගේ ඉර්ධි බලයෙන් ද එක් දිනයෙන් ම පාමොක් උදෙසීම පිණිස බන්ධුමතී රාජධානියට පැමිණියහ. එකල්හී මහණෙනි, අරහත් සම්මා සම්බුදු විපස්සී භාග්‍යවතුන් වහන්සේ ඒ භික්ෂු සංඝයා මැද මේ අයුරින් පාමොක් උදෙසති.

"ඛන්තී පරමං තපෝ තිතික්ඛා - නිබ්බානං පරමං වදන්ති බුද්ධා
න හි පබ්බජිතෝ පරූපඝාතී - සමණෝ හෝති පරං විහේඨයන්තෝ

අනුන්ගෙන් ලැබෙන නින්දා අපහාස ගැරහුම් ආදිය ඉවසීම උතුම් තපස වෙයි. ඉතා උත්තම දෙය නම් නිවන ය යනුවෙන් බුදුවරු පවසත්. අනුන් පෙළන්නා පැවිද්දෙක් නොවෙයි. අනුන් වෙහෙස වන්නා ශ්‍රමණයෙක් නොවෙයි.

සබ්බ පාපස්ස අකරණං - කුසලස්ස උපසම්පදා
සචිත්ත පරියෝදපනං - ඒතං බුද්ධානසාසනං

සියළු පව් නොකිරීම ද, කුසල් ඉපදවීම ද, තම සිත පිරිසිදු කිරීම ද යන මෙය බුදුවරයන්ගේ අනුශාසනාව යි.

අනූපවාදෝ අනූපඝාතෝ - පාතිමොක්ඛේ ච සංවරෝ
මත්තඤ්ඤුතා ච භත්තස්මිං - පන්තංච සයනාසනං
අධිචිත්තේ ච ආයෝගෝ - ඒතං බුද්ධානසාසනං'ති

අනුන් හට උපවාද නොකළ යුත්තේ ය. අනුන්ට හිංසා නොකළ යුත්තේ ය. ප්‍රාතිමෝක්ෂ සංවර සීලයෙන් සංවර විය යුත්තේ ය. වළඳන ආහාරය නුවණින් සළකා ගත යුත්තේ ය. දුර ඈත සෙනසුන්හි වාසය කළ යුත්තේ ය. අධිචිත්ත සංඛ්‍යාත ධ්‍යාන සමවත් ආදියෙහි යෙදිය යුත්තේ ය යන මෙය බුදුවරයන්ගේ අනුශාසනාව යි"

මහණෙනි, එක් කලෙක මම උක්කට්ඨා නුවර සුභග වනයෙහි සාල රාජ මූලයෙහි සිටියෙමි. එකල්හී මහණෙනි, හුදෙකලාවෙහි භාවනාවෙන් සිටි මා හට මේ චිත්ත කල්පනාව ඇතිවිය. එනම් 'මේ සා දීර්ඝ සසරෙහි සුද්ධාවාස දෙවියන් අතර හැර මා විසින් පෙර වාසය නොකළ සතුන් උපදින යම් තැනක් ඇද්ද, එය සුලභ නොවෙයි. එහෙයින් ම මම් සුද්ධාවාස දෙවියන් කරා එළඹෙම් නම් මැනැවැ'යි. එකල්හී මහණෙනි, බලවත් පුරුෂයෙක් හැකිලූ අතක් දික්කළ වේගයෙන්, දික්කළ අතක් හැකිලූ වේගයෙන් මම් උක්කට්ඨායෙහි සුභග වනයෙහි සාල රාජමූලයෙන් නොපෙනී ගියෙමි. අවිහ දෙවියන් අතර පහළ වූණෙමි.

එකල්හී මහණෙනි, ඒ දෙව්ලොව නොයෙක් දහස් ගණන් දෙවිවරු, නොයෙක් සිය දහස් ගණන් දෙවිවරු මා කරා පැමිණියහ. පැමිණ මා හට සකසා වන්දනා කොට එකත්පස්ව සිටගත්හ. එකත්පස් ව සිටි ඒ දෙවිවරු මට මෙය පැවසූහ. 'නිදුකාණන් වහන්ස, ඒ මෙයින් අනූ එක්වෙනි කල්පය යි. එකල අරහත් සම්මා සම්බුදු වූ විපස්සී භාග්‍යවතුන් වහන්සේ ලොව පහළ වූහ. නිදුකාණෙනි, ඒ අරහත් සම්මා සම්බුදු වූ විපස්සී භාග්‍යවතුන් වහන්සේ උපතින් ක්ෂත්‍රියයෙක් වූහ. ක්ෂත්‍රිය කුලයෙහි උපන්හ. නිදුකාණෙනි, ඒ අරහත් සම්මා සම්බුදු වූ විපස්සී භාග්‍යවතුන් වහන්සේ කොණ්ඩඤ්ඤ ගෝත්‍රයෙහි උපන්හ. නිදුකාණෙනි, ඒ අරහත් සම්මා සම්බුදු වූ විපස්සී භාග්‍යවතුන් වහන්සේගේ ආයු ප්‍රමාණය අවුරුදු අසූ දහසක් වූයේ ය. නිදුකාණෙනි, ඒ අරහත් සම්මා සම්බුදු වූ විපස්සී භාග්‍යවතුන් වහන්සේ පළොල් රුක් සෙවණේ

දී සම්බුද්ධත්වයට පත්වූහ. නිදුකාණෙනි, ඒ අරහත් සම්මා සම්බුදු වූ විපස්සී භාග්‍යවතුන් වහන්සේට ඛණ්ඩ නමිනුත්, තිස්ස නමිනුත් සොඳුරු ශ්‍රාවක යුගලක්, අගසව් යුගලක් සිටියේ ය. නිදුකාණෙනි, ඒ අරහත් සම්මා සම්බුදු වූ විපස්සී භාග්‍යවතුන් වහන්සේගේ ශ්‍රාවක රැස්වීම් තුනක් තිබුණි. එයින් එක් ශ්‍රාවක රැස්වීමකට එක්ලක්ෂ හැටඅට දහසක් භික්ෂු සංඝයා සහභාගී වූහ. එක් ශ්‍රාවක රැස්වීමකට ලක්ෂයක් භික්ෂු සංඝයා සහභාගී වූහ. එක් ශ්‍රාවක රැස්වීමකට අසූ දහසක් භික්ෂු සංඝයා සහභාගී වූහ. නිදුකාණෙනි, විපස්සී අරහත් සම්මා සම්බුදු භාග්‍යවතුන් වහන්සේට සියලු ශ්‍රාවකයන් ම ක්ෂීණාශ්‍රව වූ අරහත්වයට පත් වූ ශ්‍රාවක සංඝයාගෙන් යුතු මේ ශ්‍රාවක රැස්වීම් තුන තිබුණේ ය. නිදුකාණෙනි, ඒ අරහත් සම්මා සම්බුදු වූ විපස්සී භාග්‍යවතුන් වහන්සේට උපස්ථායක වූ, අග්‍ර උපස්ථායක වූ අශෝක නම් භික්ෂුවක් සිටියේ ය. නිදුකාණෙනි, ඒ අරහත් සම්මා සම්බුදු වූ විපස්සී භාග්‍යවතුන් වහන්සේගේ පියාණන් වූයේ බන්ධුමා නම් රජු ය. වැදූ මව් බන්ධුමතී නම් රාජ දේවිය වූවා ය. බන්ධුමා රජුගේ රාජධානිය වූයේ බන්ධුමතී නම් නගරය යි. නිදුකාණෙනි, ඒ අරහත් සම්මා සම්බුදු වූ විපස්සී භාග්‍යවතුන් වහන්සේගේ අබිනික්මන මේ අයුරින් වූයේ ය. පැවිද්ද මේ අයුරින් වූයේ ය. ප්‍රධන් වීර්යය මේ අයුරින් වූයේ ය. සම්බුද්ධත්වය මේ අයුරින් වූයේ ය. ධර්ම චක්‍ර ප්‍රවර්තනය මේ අයුරින් වූයේ ය. නිදුකාණෙනි, ඒ අපි ඒ අරහත් සම්මා සම්බුදු වූ විපස්සී භාග්‍යවතුන් වහන්සේගේ සසුනෙහි බඹසරෙහි හැසිර, කාමයන්හි ඇල්ම දුරුකොට මෙහි උපන්නෙමු' යි. ....(පෙ).... මහණෙනි, එම දෙව්ලොව ම නොයෙක් දහස් ගණන් දෙවිවරු, නොයෙක් සිය දහස් ගණන් දෙවිවරු මා වෙත පැමිණියහ. පැමිණ මට සකසා වන්දනා කොට එකත්පස්ව සිටගත්හ. මහණෙනි, එකත්පස් ව සිටි දෙවිවරු මට මෙය පැවසූහ.

"නිදුකාණන් වහන්ස, මේ මහා භද්‍ර කල්පයෙහි ම මෙකල අරහත් සම්මා සම්බුදු භාග්‍යවතුන් වහන්සේ ලොව පහළ වී සිටිති. නිදුකාණන් වහන්ස, භාග්‍යවතුන් වහන්සේ උපතින් ක්ෂත්‍රිය වන සේක. ක්ෂත්‍රිය කුලයෙහි උපන් සේක. නිදුක් වූ භාග්‍යවතුන් වහන්ස, ගෝත්‍රයෙන් ගෞතම වන සේක. නිදුකාණෙනි, භාග්‍යවතුන් වහන්සේගේ ආයුෂ ප්‍රමාණය ස්වල්පයකි. ටිකකි. මෙකල යමෙක් වැඩිකල් ජීවත් වෙයි නම් වසර සියයක් හෝ ඊට ස්වල්පයක් වැඩියෙනි. නිදුකාණෙනි, භාග්‍යවතුන් වහන්සේ ඇසතු බෝ රුක් සෙවණෙහි සම්බුද්ධත්වයට පත් වූ සේක. නිදුකාණෙනි, භාග්‍යවතුන් වහන්සේට සාරිපුත්ත, මොග්ගල්ලාන නමින් සොඳුරු යුගලයක් වූ අග්‍රශ්‍රාවක යුගලයක් සිටියි. නිදුකාණෙනි, භාග්‍යවතුන් වහන්සේගේ ශ්‍රාවක රැස්වීම් එකක් ම වූයේ ය. ඒ සියළු දෙනා ම අරහත් වූ එක්දහස් දෙසිය පණහක් වූ භික්ෂු සංඝයාගේ රැ

ස්වීමකි. නිදුකාණෙනි, භාග්‍යවතුන් වහන්සේට උපස්ථායක වූ අග්‍ර උපස්ථායක වූ ආනන්ද නම් භික්ෂුවක් සිටියි. නිදුකාණෙනි, භාග්‍යවතුන් වහන්සේගේ පියාණන් වූයේ සුද්ධෝදන නම් රජු ය. වැදූ මව් මායා නම් දේවිය වූවා ය. රාජධානිය වූයේ කපිලවස්තු නම් නගරය යි. නිදුකාණෙනි, භාග්‍යවතුන් වහන්සේගේ අබිනික්මන මෙසේ වූයේ ය. පැවිද්ද මෙසේ වූයේ ය. ප්‍රධන් වීර්යය මෙසේ වූයේ ය. සම්බුද්ධත්වය මෙසේ වූයේ ය. ධර්මචක්‍ර ප්‍රවර්තනය මෙසේ වූයේ ය. නිදුකාණෙනි, ඒ අපි භාග්‍යවතුන් වහන්සේගේ සසුනෙහි බඹසර හැසිර කාමයන්හි ආශාව දුරු කොට මෙහි උපන්නෙමු."

ඉක්බිති මහණෙනි, මම අවිහ දෙවියන් සමඟ අතප්ප දෙව්ලොවට ද ගියෙමි. ....(පෙ).... ඉක්බිති මහණෙනි, මම අවිහ දෙවියන් ද, අතප්ප දෙවියන් ද සමඟ සුදස්ස දෙව්ලොවට ගියෙමි. ....(පෙ).... ඉක්බිති මහණෙනි, මම අවිහ දෙවියන් ද, අතප්ප දෙවියන් ද, සුදස්ස දෙවියන් ද සමඟ සුදස්සී දෙව්ලොවට ගියෙමි. ....(පෙ).... ඉක්බිති මහණෙනි, මම අවිහ දෙවියන් ද, අතප්ප දෙවියන් ද, සුදස්ස දෙවියන් ද, සුදස්සී දෙවියන් ද සමඟ අකණිටා දෙව්ලොවට ගියෙමි.

එකල්හී මහණෙනි, ඒ දෙව්ලොව නොයෙක් දහස් ගණන් දෙව්වරු, නොයෙක් සිය දහස් ගණන් දෙව්වරු මා කරා පැමිණියහ. පැමිණ මා හට සකසා වන්දනා කොට එකත්පස්ව සිටියහ. එකත්පස් ව සිටි ඒ දෙව්වරු මට මෙය පැවසූහ. 'නිදුකාණන් වහන්ස, ඒ මෙයින් අනූ එක්වෙනි කල්පය යි. එකල අරහත් සම්මා සම්බුදු වූ විපස්සී භාග්‍යවතුන් වහන්සේ ලොව පහළ වූහ. ....(පෙ).... මහණෙනි, එම දෙව්ලොව ම නොයෙක් දහස් ගණන් දෙව්වරු, නොයෙක් සිය දහස් ගණන් දෙව්වරු මා වෙත පැමිණියහ. පැමිණ මට සකසා වන්දනා කොට එකත්පස්ව සිටියහ. මහණෙනි, එකත්පස් ව සිටි ඒ දෙව්වරු මට මෙය පැවසූහ.

"නිදුකාණන් වහන්ස, ඒ මෙයින් තිස් එක් වෙනි කල්පය යි. ඒ කල්පයෙහි සිඛී භාග්‍යවතුන් වහන්සේ ලොවෙහි පහළ වූහ. ....(පෙ).... නිදුකාණෙනි, ඒ අපි සිඛී භාග්‍යවතුන් වහන්සේගේ සසුනෙහි බඹසර රැක මෙහි උපන්නෙමු. ....(පෙ).... නිදුකාණන් වහන්ස, ඒ මෙයින් තිස් එක් වෙනි කල්පය ම යි. ඒ කල්පයෙහි වෙස්සභූ භාග්‍යවතුන් වහන්සේ ලොවෙහි පහළ වූහ. ....(පෙ).... නිදුකාණෙනි, ඒ අපි වෙස්සභූ භාග්‍යවතුන් වහන්සේගේ සසුනෙහි බඹසර රැක මෙහි උපන්නෙමු. ....(පෙ).... නිදුකාණන් වහන්ස, මේ භද්‍ර කල්පයෙහි ම කකුසඳ භාග්‍යවතුන් වහන්සේ ලොවෙහි පහළ වූහ. ....(පෙ).... නිදුකාණෙනි, ඒ අපි කකුසඳ භාග්‍යවතුන් වහන්සේගේ සසුනෙහි බඹසර රැක මෙහි උපන්නෙමු. ...(පෙ).... නිදුකාණන් වහන්ස, මේ භද්‍ර කල්පයෙහි ම කෝණාගමන භාග්‍යවතුන්

වහන්සේ ලොවෙහි පහළ වූහ. ....(පෙ).... නිදුකාණෙනි, ඒ අපි කෝණාගමන භාග්‍යවතුන් වහන්සේගේ සසුනෙහි බඹසර රැක මෙහි උපන්නෙමු. ...(පෙ).... නිදුකාණන් වහන්ස, මේ භද්‍ර කල්පයෙහි ම කාශ්‍යප භාග්‍යවතුන් වහන්සේ ලොවෙහි පහළ වූහ. ....(පෙ).... නිදුකාණෙනි, ඒ අපි කාශ්‍යප භාග්‍යවතුන් වහන්සේගේ සසුනෙහි බඹසර රැක, කාමයන්හි ආශාව දුරු කොට මෙහි උපන්නෙමු. එකල්හී මහණෙනි, ඒ දෙව්ලොවෙහි ම නොයෙක් දහස් ගණන් දෙවිවරු, නොයෙක් සිය දහස් ගණන් දෙවිවරු මා කරා පැමිණියහ. පැමිණ මා හට සකසා වන්දනා කොට එකත්පස්ව සිටගත්හ. එකත්පස් ව සිටි ඒ දෙවියෝ මට මෙය පැවසූහ. 'නිදුකාණන් වහන්ස, මේ මහා භද්‍ර කල්පයෙහි ම මෙකල අරහත් සම්මා සම්බුදු භාග්‍යවතුන් වහන්සේ ලොව පහළ වී සිටිති. ....(පෙ).... නිදුකාණෙනි, ඒ අපි භාග්‍යවතුන් වහන්සේගේ සසුනෙහි බඹසර හැසිර කාමයන්හි ආශාව දුරු කොට මෙහි උපන්නෙමු" යි.

මෙසේ මහණෙනි, තථාගතයන් විසින් යම් ධර්ම ධාතුවක් මැනැවින් අවබෝධ කරන ලද්දේ ද, ඒ මැනැවින් අවබෝධ කරන ලද ධර්ම ධාතුවෙන් තථාගතයෝ 'යම්බඳු කෙලෙස් ප්‍රපංච සිඳින ලද, සසර ගමන් සිඳින ලද, සසර පැවතුම් සිඳින ලද, සියලු දුක් ඉක්මවන ලද, පිරිනිවන්පා වදාළ ඒ පූර්වයෙහි වැඩසිටි බුදුවරයන් වහන්සේලා පිළිබඳ ව උපත් වශයෙනුත් සිහි කරත් ම ය. නම් වශයෙනුත් සිහි කරත් ම ය. ගෝත්‍ර වශයෙනුත් සිහි කරත් ම ය. ආයුප්‍රමාණ වශයෙනුත් සිහි කරත් ම ය. ශ්‍රාවක යුගල වශයෙනුත් සිහි කරත් ම ය. ශ්‍රාවක රැස්වීම් වශයෙනුත් සිහි කරත් ම ය. එනම්, 'ඒ භාග්‍යවත්හු මෙබඳු වූ ජාතීන්හි උපන්හ. මෙබඳු වූ නම් ඇති ව සිටියහ. මෙබඳු ගෝත්‍ර නාමයෙන් සිටියහ. මෙබඳු සිල් ඇති ව සිටියහ. මෙබඳු දහමින් සිටියහ. මෙබඳු ප්‍රඥාවෙන් සිටියහ. මෙබඳු විහරණයෙන් සිටියහ. මෙබඳු විමුක්තියෙන් සිටියහ. මෙබඳු මෙබඳු අයුරින් සිටියහ' වශයෙනි. මහණෙනි, දෙවියෝ ද තථාගතයන්ට මෙකරුණ සැළ කළහ. 'ඒ භාග්‍යවත්හු මෙබඳු වූ ජාතීන්හි උපන්හ. මෙබඳු වූ නම් ඇති ව සිටියහ. මෙබඳු ගෝත්‍ර නාමයෙන් සිටියහ. මෙබඳු සිල් ඇති ව සිටියහ. මෙබඳු දහමින් සිටියහ. මෙබඳු ප්‍රඥාවෙන් සිටියහ. මෙබඳු විහරණයෙන් සිටියහ. මෙබඳු විමුක්තියෙන් සිටියහ. මෙබඳු මෙබඳු අයුරින් සිටියහ' වශයෙනි.

භාග්‍යවතුන් වහන්සේ මෙය වදාළ සේක. සතුටු සිත් ඇති ඒ භික්ෂූහු භාග්‍යවතුන් වහන්සේගේ ඒ භාෂිතය සතුටින් පිළිගත්තාහු ය.

සාදු! සාදු!! සාදු!!!

මහාපදාන සූත්‍රය නිමා විය.

2.2.
මහා නිදාන සූත්‍රය
පසුබිමෙහි ඇති දේ ගැන වදාළ දීර්ඝ දෙසුම

මා විසින් මෙසේ අසන ලදී. එක් කලෙක භාග්‍යවතුන් වහන්සේ කුරු ජනපදයෙහි කම්මාස්සදම්ම නම් වූ කුරු ජනපදවාසීන්ගේ නියම් ගමෙහි වැඩවෙසෙන සේක. එකල්හී ආයුෂ්මත් ආනන්දයන් වහන්සේ භාග්‍යවතුන් වහන්සේ යම් තැනක වැඩසිටි සේක් ද, එතැනට පැමිණියහ. පැමිණ භාග්‍යවතුන් වහන්සේට සකසා වන්දනා කොට එකත්පස් ව හිඳගත්හ. එකත්පස් ව හුන් ආයුෂ්මත් ආනන්දයන් වහන්සේ භාග්‍යවතුන් වහන්සේට මෙය පැවසූහ.

"ස්වාමීනී, ආශ්චර්යය ය. ස්වාමීනී, අද්භූත ය. ස්වාමීනී, මේ පටිච්ච සමුප්පාද ධර්මය මොනතරම් ගාම්භීර ද? මොනතරම් ගැඹුරු ව පෙනෙන දෙයක් ද? එහෙත් මා හට එය නොගැඹුරු දෙයක් මෙන්, පැහැදිලි ව පෙනෙන දෙයක් මෙන් වැටහෙයි."

"ආනන්දයෙනි, එසේ කියන්නට එපා. ආනන්දය, එසේ කියන්නට එපා! ආනන්දය, මේ පටිච්ච සමුප්පාද ධර්මය ගැඹුරු දෙයක් ම ය. ගැඹුරින් පෙනෙන දෙයක් ම ය. ආනන්දයෙනි, මේ පටිච්ච සමුප්පාද ධර්මය අවබෝධ නොවීම හේතුවෙන්, නුවණින් ප්‍රත්‍යක්ෂ නොකිරීම හේතුවෙන් මෙසේ මේ සත්ව ප්‍රජාව අවුල් ව ගිය නූල් කැටියක් සේ, කැඳ දමා ගුලි ගැසී අවුල් වූ නූල් කැටියක් සේ, අවුල් වී ගිය මුඤ්ජතණ, සැවැන්දරා මුල් සේ අපාය දුර්ගති විනිපාතයෙන් යුතු සසර ඉක්මවා ගත නොහැකි ව සිටිති.

'ජරා මරණ මේ හේතුවෙන් වෙයි කියා පැණවිය හැකි හේතුවක් තිබේද'යි ආනන්දයෙනි, ඔබෙන් ඇසූ කල්හී ඔහුට 'තිබේ' ය කියා කිව යුත්තේ ය. 'ජරා මරණය කුමක හේතුවෙන් වෙයි ද' යි මෙසේ අසයි නම් ඔහුට කිව යුත්තේ 'ඉපදීම හේතුවෙන් ජරා මරණ ඇතිවෙන බව' යි.

'ඉපදීම මේ හේතුවෙන් වෙයි කියා පැණවිය හැකි හේතුවක් තිබේද'යි ආනන්දයෙනි, ඔබෙන් ඇසූ කල්හී ඔහුට 'තිබේ' ය කියා කිව යුත්තේ ය. 'ඉපදීම කුමක හේතුවෙන් වෙයි ද' යි මෙසේ අසයි නම් ඔහුට කිව යුත්තේ 'විපාක පිණිස කර්ම සකස් වීම හේතුවෙන් ඉපදීම ඇතිවෙන බව' යි.

'විපාක පිණිස කර්ම සකස් වීම මේ හේතුවෙන් වෙයි කියා පැණවිය හැකි හේතුවක් තිබේද'යි ආනන්දයෙනි, ඔබෙන් ඇසූ කල්හී ඔහුට 'තිබේ' ය කියා කිව යුත්තේ ය. 'විපාක පිණිස කර්ම සකස් වීම කුමක හේතුවෙන් වෙයි ද' යි මෙසේ අසයි නම් ඔහුට කිව යුත්තේ 'ග්‍රහණය වීම හේතුවෙන් විපාක පිණිස කර්ම සකස් වෙන බව' යි.

'ග්‍රහණය වීම මේ හේතුවෙන් වෙයි කියා පැණවිය හැකි හේතුවක් තිබේද'යි ආනන්දයෙනි, ඔබෙන් ඇසූ කල්හී ඔහුට 'තිබේ' ය කියා කිව යුත්තේ ය. 'ග්‍රහණය වීම කුමක හේතුවෙන් වෙයි ද' යි මෙසේ අසයි නම් ඔහුට කිව යුත්තේ 'තෘෂ්ණාව හේතුවෙන් ග්‍රහණය වීම සිදුවන බව' යි.

'තෘෂ්ණාව මේ හේතුවෙන් වෙයි කියා පැණවිය හැකි හේතුවක් තිබේද'යි ආනන්දයෙනි, ඔබෙන් ඇසූ කල්හී ඔහුට 'තිබේ' ය කියා කිව යුත්තේ ය. 'තෘෂ්ණාව කුමක හේතුවෙන් වෙයි ද' යි මෙසේ අසයි නම් ඔහුට කිව යුත්තේ 'විඳීම හේතුවෙන් තෘෂ්ණාව හටගන්නා බව' යි.

'විඳීම මේ හේතුවෙන් වෙයි කියා පැණවිය හැකි හේතුවක් තිබේද'යි ආනන්දයෙනි, ඔබෙන් ඇසූ කල්හී ඔහුට 'තිබේ' ය කියා කිව යුත්තේ ය. 'විඳීම කුමක හේතුවෙන් වෙයි ද' යි මෙසේ අසයි නම් ඔහුට කිව යුත්තේ 'ස්පර්ශය හේතුවෙන් විඳීම හටගන්නා බව' යි.

'ස්පර්ශය මේ හේතුවෙන් වෙයි කියා පැණවිය හැකි හේතුවක් තිබේද'යි ආනන්දයෙනි, ඔබෙන් ඇසූ කල්හී ඔහුට 'තිබේ' ය කියා කිව යුත්තේ ය. 'ස්පර්ශය කුමක හේතුවෙන් වෙයි ද' යි මෙසේ අසයි නම් ඔහුට කිව යුත්තේ 'නාමරූප හේතුවෙන් ස්පර්ශය හටගන්නා බව' යි.

'නාමරූප මේ හේතුවෙන් වෙයි කියා පැණවිය හැකි හේතුවක් තිබේද'යි ආනන්දයෙනි, ඔබෙන් ඇසූ කල්හී ඔහුට 'තිබේ' ය කියා කිව යුත්තේ ය. 'නාමරූප කුමක හේතුවෙන් වෙයි ද' යි මෙසේ අසයි නම් ඔහුට කිව යුත්තේ 'විඤ්ඤාණය හේතුවෙන් නාමරූප හටගන්නා බව' යි.

'විඤ්ඤාණය මේ හේතුවෙන් වෙයි කියා පැණවිය හැකි හේතුවක් තිබේද'යි ආනන්දයෙනි, ඔබෙන් ඇසූ කල්හී ඔහුට 'තිබේ' ය කියා කිව යුත්තේ

ය. 'විඤ්ඤාණය කුමක හේතුවෙන් වෙයි ද' යි මෙසේ අසයි නම් ඔහුට කිව යුත්තේ 'නාමරූප හේතුවෙන් විඤ්ඤාණය හටගන්නා බව' යි.

මෙසේ ආනන්දයෙනි, නාමරූප හේතුවෙන් විඤ්ඤාණය හටගනියි. විඤ්ඤාණය හේතුවෙන් නාමරූප හටගනියි. නාමරූප හේතුවෙන් ස්පර්ශය හටගනියි. ස්පර්ශය හේතුවෙන් විඳීම හටගනියි. විඳීම හේතුවෙන් තෘෂ්ණාව හටගනියි. තෘෂ්ණාව හේතුවෙන් ග්‍රහණයට හසුවෙයි. ග්‍රහණයට හසු වීම හේතුවෙන් විපාක පිණිස කර්ම සකස් වෙයි. විපාක පිණිස කර්ම සකස් වීම හේතුවෙන් ඉපදීම සිදුවෙයි. ඉපදීම හේතුවෙන් ජරා, මරණ, ශෝක, වැළපීම්, කායික දුක්, මානසික දුක්, සුසුම් හෙළීම් ආදිය හටගනියි. මේ අයුරින් මුළු මහත් දුක්ඛස්කන්ධයාගේ ම හටගැනීම වෙයි.

'ඉපදීම හේතුවෙන් ජරා මරණ සිදුවෙයි' යනුවෙන් මෙසේ මේ කරුණ කියන ලදී. ආනන්දයෙනි, ඉපදීම හේතුවෙන් ජරා මරණ සිදුවන්නේ යම් අයුරකින් ද එය මේ ක්‍රමයෙන් දත යුත්තේ ය. ආනන්දයෙනි, සියළු දෙනාට ම සියළු විදියෙන් ම, සියළු දෙනාට ම සියළු තන්හි ම, කා හට වත්, කවර තැනක වත් ඉපදීමක් ඇත්තේ ම නැත්නම්, එනම්; දෙවියන් අතර දෙවියෙකු වීම පිණිස හෝ වේවා, ගාන්ධර්වයන් අතර ගාන්ධර්වයෙකු වීම පිණිස හෝ වේවා, යක්ෂයින් අතර යක්ෂයෙකු වීම පිණිස හෝ වේවා, සත්වයන් අතර සත්වයෙකු වීම පිණිස හෝ වේවා, මිනිසුන් අතර මිනිසෙකු වීම පිණිස හෝ වේවා, සිව්පාවුන් අතර සිව්පාවෙකු වීම පිණිස හෝ වේවා, පක්ෂීන් අතර පක්ෂියෙකු වීම පිණිස හෝ වේවා, සර්පයින් අතර සර්පයෙකු වීම පිණිස හෝ වේවා, ආනන්දයෙනි, ඒ ඒ සත්වයින් අතර ඒ ඒ අයුරින් වීම පිණිස ඉපදීමක් ඇති නොවෙයි නම් සර්වප්‍රකාරයෙන් ම ඉපදීමක් නැති කල්හී ඉපදීම නම් වූ හේතුව නිරුද්ධ වීමෙන් ජරා මරණය දකින්නට ලැබේවි ද?"

"ස්වාමීනී, මෙය නැත්තේ ය."

"එහෙයින් ආනන්දයෙනි, ජරා මරණයට හේතු වූයේ මෙය ම ය. පසුබිම මෙය ම ය. හටගැනීම මෙය ම ය. ප්‍රත්‍යය මෙය ම ය. එනම් මේ ඉපදීම යි.

"විපාක පිණිස කර්ම සකස් වීම හේතුවෙන් ඉපදීම සිදුවෙයි' යනුවෙන් මෙසේ මේ කරුණ කියන ලදී. ආනන්දයෙනි, විපාක පිණිස කර්ම සකස් වීම හේතුවෙන් ඉපදීම සිදුවන්නේ යම් අයුරකින් ද එය මේ ක්‍රමයෙන් දත යුත්තේ ය. ආනන්දයෙනි, සියළු දෙනාට ම සියළු විදියෙන් ම, සියළු දෙනාට ම සියළු තන්හි ම, කා හට වත්, කවර තැනක වත් විපාක පිණිස කර්ම සකස් වීම ඇත්තේ ම නැත්නම්, එනම්; කාම ධාතුවෙහි විපාක පිණිස වූ කර්ම සකස් වීම, රූප

ධාතුවෙහි විපාක පිණිස වූ කර්ම සකස් වීම, අරූප ධාතුවෙහි විපාක පිණිස වූ කර්ම සකස් වීම ත් ය. සර්වප්‍රකාරයෙන් විපාක පිණිස වූ කර්ම සකස් වීමක් නැත්නම්, විපාක පිණිස කර්ම සකස් වීම නිරුද්ධ වීමෙන් ඉපදීමක් දකින්නට ලැබේවි ද?"

"ස්වාමීනී, මෙය නොවේ ම ය"

"එහෙයින් ආනන්දයෙනි, ඉපදීමට හේතුව වූයේ මෙය ම ය. පසුබිම මෙය ම ය. හටගැනීම මෙය ම ය. ප්‍රත්‍යය මෙය ම ය. එනම් මේ විපාක පිණිස කර්ම සකස් වීම යි.

"'ග්‍රහණයට හසු වීම හේතුවෙන් විපාක පිණිස වූ කර්ම සකස් වන්නේ ය' යැයි මෙසේ මේ කරුණ කියන ලදී. ආනන්දයෙනි, ග්‍රහණයට හසු වීම හේතුවෙන් විපාක පිණිස වූ කර්ම සකස් වන්නේ යම් අයුරකින් ද එය මේ ක්‍රමයෙන් දත යුත්තේ ය. ආනන්දයෙනි, සියළු දෙනාට ම සියළු විදියෙන් ම, සියළු දෙනාට ම සියළු තන්හි ම, කා හට වත්, කවර තැනක වත් ග්‍රහණයට හසුවීම ඇත්තේ ම නැත්නම්, එනම්; පංච කාමයන්ගේ ග්‍රහණයට හසු වීම හෝ, දෘෂ්ටීන්ගේ ග්‍රහණයට හසු වීම හෝ, සීල-ව්‍රත ආදියෙහි ග්‍රහණයට හසු වීම හෝ, ආත්මයක් තිබේ ය යන හැඟීමේ ග්‍රහණයට හසු වීම හෝ ය. සර්වප්‍රකාරයෙන් ම ග්‍රහණයට හසු වීමක් නැති කල්හී ග්‍රහණයට හසු වීම නිරුද්ධ වීමෙන් විපාක පිණිස වූ කර්ම සැකසෙන්නේ ය යන්න දකින්නට ලැබේවි ද?"

"ස්වාමීනී, මෙය නොවේ ම ය"

"එහෙයින් ආනන්දයෙනි, විපාක පිණිස කර්ම සකස් වීමට හේතු වූයේ මෙය ම ය. පසුබිම මෙය ම ය. හටගැනීම මෙය ම ය. ප්‍රත්‍යය මෙය ම ය. එනම් මේ ග්‍රහණයට හසු වීම යි.

"'තෘෂ්ණාව හේතුවෙන් ග්‍රහණයට හසු වෙයි' යැයි මෙසේ මේ කරුණ කියන ලදී. ආනන්දයෙනි, තෘෂ්ණාව හේතුවෙන් ග්‍රහණයට හසු වන්නේ යම් අයුරකින් ද, එය මේ ක්‍රමයෙන් දත යුත්තේ ය. ආනන්දයෙනි, සියළු දෙනාට ම සියළු විදියෙන් ම, සියළු දෙනාට ම සියළු තන්හි ම, කා හට වත්, කවර තැනක වත් තෘෂ්ණාවක් ඇත්තේ ම නැත්නම්, එනම්; රූප කෙරෙහි තෘෂ්ණාව, ශබ්ද කෙරෙහි තෘෂ්ණාව, ගඳ සුවඳ කෙරෙහි තෘෂ්ණාව, රස කෙරෙහි තෘෂ්ණාව, පහස කෙරෙහි තෘෂ්ණාව, අරමුණු කෙරෙහි තෘෂ්ණාව ය. සර්වප්‍රකාරයෙන් ම තෘෂ්ණාව නැති කල්හී තෘෂ්ණාව නිරුද්ධ වීමෙන් ග්‍රහණයට හසු වීමක් දකින්නට ලැබේවි ද?"

"ස්වාමීනී, මෙය නැත්තේ ය."

"එහෙයින් ආනන්දයෙනි, ග්‍රහණයට හසුවීමට හේතු වූයේ මෙය ම ය. පසුබිම මෙය ම ය. හටගැනීම මෙය ම ය. ප්‍රත්‍යය මෙය ම ය. එනම් මේ තෘෂ්ණාව යි.

"විඳීම හේතුවෙන් තණ්හාව හටගන්නේ ය' යි මෙසේ මේ කරුණ කියන ලදී. ආනන්දයෙනි, විඳීම හේතුවෙන් තෘෂ්ණාව හටගන්නේ යම් අයුරකින් ද එය මේ ක්‍රමයෙන් දත යුත්තේ ය. ආනන්දයෙනි, සියළු දෙනාට ම සියළු විදියෙන් ම, සියළු දෙනාට ම සියළු තන්හි ම, කා හට වත්, කවර තැනක වත් විඳීම ඇත්තේ ම නැත්නම්, එනම්, ඇසේ ස්පර්ශයෙන් හටගත් විඳීම, කනේ ස්පර්ශයෙන් හටගත් විඳීම, නාසයේ ස්පර්ශයෙන් හටගත් විඳීම, දිවේ ස්පර්ශයෙන් හටගත් විඳීම, කයේ ස්පර්ශයෙන් හටගත් විඳීම, මනසේ ස්පර්ශයෙන් හටගත් විඳීම ය. සර්වප්‍රකාරයෙන් ම විඳීම නැති කල්හී, විඳීම නිරුද්ධ වීමෙන් තෘෂ්ණාවක් හටගන්නේ ද?"

"ස්වාමීනී, මෙය නැත්තේ ය."

"එහෙයින් ආනන්දයෙනි, තෘෂ්ණාවට හේතු වූයේ මෙය ම ය. පසුබිම මෙය ම ය. හටගැනීම මෙය ම ය. ප්‍රත්‍යය මෙය ම ය. එනම් මේ විඳීම යි."

මෙසේ ආනන්දයෙනි, විඳීම හේතුවෙන් තෘෂ්ණාව හටගනියි. තෘෂ්ණාව හේතුවෙන් සොයයි. සෙවීම හේතුවෙන් ලැබෙයි. ලැබීම හේතුවෙන් ලැබුණු දේ ගැන විනිශ්චයකට යයි. විනිශ්චය කිරීම හේතුවෙන් ආශාවෙන් ඇලෙයි. ආශාවෙන් ඇලීම හේතුවෙන් තමන්ගේ ය කියා එහි සිත බැස ගනියි. තමන්ගේ ය කියා එහි සිත බැස ගැනීම හේතුවෙන් එය සිතෙන් අයත් කරගනියි. එය සිතෙන් අයත් කරගැනීම හේතුවෙන් මසුරු බව ඇතිවෙයි. මසුරු බව හේතුවෙන් එය රකියි. එය රැකීමට ගන්නා අරගලය හේතුවෙන් දඬු මුගුරු ගැනීම්, අවි ආයුධ ගැනීම්, කලකෝලාහල, විරෝධ, වාද විවාද, 'නුඹ තමයි නුඹ තමයි' වශයෙන් බැණගැනීම්, කේලාම් කීම්, බොරු කීම් ආදී අනේක වූ පාපී අකුසල් දහම් හටගනියි.

"'එය රැකීමට ගන්නා අරගලය හේතුවෙන් දඬු මුගුරු ගැනීම්, අවි ආයුධ ගැනීම්, කලකෝලාහල, විරෝධ, වාද විවාද, 'නුඹ තමයි නුඹ තමයි' වශයෙන් බැණ ගැනීම්, කේලාම් කීම්, බොරු කීම් ආදී අනේක වූ පාපී අකුසල් දහම් හටගනියි' යැයි මෙසේ මේ කරුණ කියන ලදී. ආනන්දයෙනි, එය රැකීමට ගන්නා අරගලය හේතුවෙන් දඬු මුගුරු ගැනීම්, අවි ආයුධ ගැනීම්,

කලකෝළාහල, විරෝධ, වාද විවාද, 'නුඹ තමයි නුඹ තමයි' වශයෙන් බැණගැනීම්, කේලාම් කීම්, බොරු කීම් ආදී අනේක වූ පාපී අකුසල් දහම් හටගන්නේ යම් අයුරකින් ද, එය මේ ක්‍රමයෙන් දත යුත්තේ ය.

ආනන්දයෙනි, සියළු දෙනාට ම සියළු විදියෙන් ම, සියළු දෙනාට ම සියළු තන්හි ම, කා හට වත්, කවර තැනක වත් රැක ගැනීමක් ඇත්තේ ම නැත්නම්, සර්වප්‍රකාරයෙන් ම රැකගැනීමක් නැති කල්හී රැකගැනීම නිරුද්ධ වීමෙන් දඬු මුගුරු ගැනීම්, අවි ආයුධ ගැනීම්, කලකෝළාහල, විරෝධ, වාද විවාද, 'නුඹ තමයි නුඹ තමයි' වශයෙන් බැණගැනීම්, කේලාම් කීම්, බොරු කීම් ආදී අනේක වූ පාපී අකුසල් දහම් හටගන්නාහු ද?"

"ස්වාමීනී, මෙය නොවේ ම ය"

"එහෙයින් ආනන්දයෙනි, දඬු මුගුරු ගැනීම්, අවි ආයුධ ගැනීම්, කලකෝළාහල, විරෝධ, වාද විවාද, 'නුඹ තමයි නුඹ තමයි' වශයෙන් බැණ ගැනීම්, කේලාම් කීම්, බොරු කීම් ආදී අනේක වූ පාපී අකුසල් දහම් හට ගැනීමට හේතුව මෙය ම ය. පසුබිම මෙය ම ය. හටගැනීම මෙය ම ය. ප්‍රත්‍යය මෙය ම ය. එනම් මේ රැක ගැනීම යි."

"'මසුරුකම හේතුවෙන් රැකගැනීමේ ආශාව ඇතිවෙයි' යැයි මෙසේ මේ කරුණ කියන ලදී. ආනන්දයෙනි, මසුරුකම හේතුවෙන් රැකගැනීමේ ආශාව හටගන්නේ යම් අයුරකින් නම් එය මේ ක්‍රමයෙන් දත යුත්තේ ය. ආනන්දයෙනි, සියළු දෙනාට ම සියළු විදියෙන් ම, සියළු දෙනාට ම සියළු තන්හි ම, කා හට වත්, කවර තැනක වත් මසුරුකමක් ඇත්තේ ම නැත්නම්, සර්වප්‍රකාරයෙන් ම මසුරුකම නැති කල්හී මසුරුකම නිරුද්ධ වීමෙන් රැක ගැනීමේ ආශාවක් දකින්නට ලැබේවි ද?"

"ස්වාමීනී, මෙය නැත්තේ ය."

"එහෙයින් ආනන්දයෙනි, රැකගැනීමේ ආශාවට හේතු වූයේ මෙය ම ය. පසුබිම මෙය ම ය. හටගැනීම මෙය ම ය. ප්‍රත්‍යය මෙය ම ය. එනම් මේ මසුරුකම යි."

"'තමාට අයත් කොට සිතීම හේතුවෙන් මසුරුකම ඇතිවෙයි' යැයි මෙසේ මේ කරුණ කියන ලදී. ආනන්දයෙනි, තමාට අයත් කොට සිතීම හේතුවෙන් මසුරුකම ඇතිවන්නේ යම් අයුරකින් නම්, එය මේ ක්‍රමයෙනුත් දත යුත්තේ ය. ආනන්දයෙනි, සියළු දෙනාට ම සියළු විදියෙන් ම, සියළු දෙනාට ම සියළු තන්හි ම, කා හට වත්, කවර තැනක වත් තමාට අයත් කොට සිතීමක්

ඇත්තේ ම නැත්නම්, සර්වප්‍රකාරයෙන් ම තමාට අයත් කොට සිතීමක් නැති කල්හී, තමාට අයත් කොට සිතීම නිරුද්ධ වීමෙන් මසුරුකමක් දකින්නට ලැබේවි ද?"

"ස්වාමීනී, මෙය නැත්තේ ය."

"එහෙයින් ආනන්දයෙනි, මසුරුකමට හේතු වූයේ මෙය ම ය. පසුබිම මෙය ම ය. හටගැනීම මෙය ම ය. ප්‍රත්‍යය මෙය ම ය. එනම් මේ තමාට අයත් කොට සිතීම යි."

"'තමන්ගේ ය කියා එහි සිත බැස ගැනීම හේතුවෙන් එය තමාට අයත් කොට සිතයි' යැයි මෙසේ මේ කරුණක් කියන ලදී. ආනන්දයෙනි, තමන්ගේ ය කියා එහි සිත බැසගැනීම හේතුවෙන් තමාට අයත් කොට සිතීම ඇතිවන්නේ යම් අයුරකින් නම් එය මේ ක්‍රමයෙනුත් දත යුත්තේ ය. ආනන්දයෙනි, සියළු දෙනාට ම සියළු විදියෙන් ම, සියළු දෙනාට ම සියළු තන්හි ම, කා හට වත්, කවර තැනක වත් තමාගේ ය කියා යමක සිත බැසගැනීමක් ඇත්තේ ම නැත්නම්, සර්වප්‍රකාරයෙන් ම තමාගේ ය කියා සිතෙහි බැසගැනීමක් නැති කල්හී තමාගේ ය කියා සිතෙහි බැසගැනීම නිරුද්ධ වීමෙන් තමාට අයත් කොට සිතීමක් දකින්නට ලැබේවි ද?"

"ස්වාමීනී, එය නැත්තේ ය."

"එහෙයින් ආනන්දයෙනි, තමාට අයත් කොට සිතීමට හේතු වූයේ මෙය ම ය. පසුබිම මෙය ම ය. හටගැනීම මෙය ම ය. ප්‍රත්‍යය මෙය ම ය. එනම් මේ තමාගේ ය කියා සිතෙන් බැසගැනීම යි."

"'ආශාවෙන් ඇලීම හේතුවෙන් තමන්ගේ ය කියා සිතෙන් බැස ගනියි' යැයි මෙසේ මේ කරුණ කියන ලදී. ආනන්දයෙනි, ආශාවෙන් ඇලීම හේතුවෙන් තමාගේ ය කියා සිතෙන් බැසගන්නේ යම් අයුරකින් නම් එය මේ ක්‍රමයෙනුත් දත යුත්තේ ය. ආනන්දයෙනි, සියල්ලන්ට සියළු අයුරින්, සියල්ලන්ට සියළු තන්හි, කාටවත්, කවර තැනකවත්, ආශාවෙන් ඇලීමක් ඇත්තේ ම නැත්නම්, සර්වප්‍රකාරයෙන් ම ඡන්දරාගය නැති කල්හී ඡන්දරාගය නිරුද්ධ වීමෙන් තමාගේ ය කියා සිතෙන් බැසගැනීමක් දකින්නට ලැබේවි ද?"

"ස්වාමීනී, මෙය නැත්තේ ය."

"එහෙයින් ආනන්දයෙනි, තමාගේ ය කියා සිතෙන් බැසගැනීමට හේතු වූයේ මෙය ම ය. පසුබිම මෙය ම ය. හටගැනීම මෙය ම ය. ප්‍රත්‍යය මෙය ම ය. එනම් මේ ආශාවෙන් ඇලීම යි."

"'ලද දෙය ගැන විනිශ්චය කිරීම හේතුවෙන් ඡන්දරාගය හටගනියි' යැයි මෙසේ මේ කරුණ කියන ලදී. ආනන්දයෙනි, ලද දෙය ගැන විනිශ්චය කිරීම හේතුවෙන් ඡන්දරාගය හටගන්නේ යම් අයුරකින් ද එය මේ ක්‍රමයෙනුත් දත යුත්තේ ය. ආනන්දයෙනි, සියල්ලන්ට සියළු අයුරින්, සියල්ලන්ට සියළු තන්හි ම, කාටවත්, කවර තැනකවත්, ලද දෙයක් ගැන විනිශ්චයක් ඇත්තේ ම නැත්නම්, සර්වප්‍රකාරයෙන් ම ලද දෙය ගැන විනිශ්චය නැති කල්හී විනිශ්චය නිරුද්ධ වීමෙන් ඡන්දරාගයක් දකින්නට ලැබේවි ද?"

"ස්වාමීනී, මෙය නැත්තේ ය."

"එහෙයින් ආනන්දයෙනි, ඡන්දරාගයට හේතු වූයේ මෙය ම ය. පසුබිම මෙය ම ය. හටගැනීම මෙය ම ය. ප්‍රත්‍යය මෙය ම ය. එනම් මේ විනිශ්චය යි."

"'ලැබීම හේතුවෙන් ලැබුණු දේ ගැන විනිශ්චයකට යන්නේය' යැයි මෙසේ මේ කරුණ කියන ලදී. ආනන්දයෙනි, ලැබීම හේතුවෙන් ලද දෙය ගැන විනිශ්චයකට යන්නේ යම් අයුරකින් නම්, එය මේ ක්‍රමයෙනුත් දත යුත්තේ ය. ආනන්දයෙනි, සියල්ලන්ට සියළු අයුරින්, සියල්ලන්ට සියළු තන්හි ම, කාටවත්, කවර තැනකවත්, ලැබීමක් ඇත්තේ ම නැත්නම්, සර්වප්‍රකාරයෙන් ම ලැබීම නැති කල්හී, ලැබීම නිරුද්ධ වීමෙන්, විනිශ්චයක් දකින්නට ලැබේවි ද?"

"ස්වාමීනී, මෙය නැත්තේ ය."

"එහෙයින් ආනන්දයෙනි, විනිශ්චයකට යෑම පිණිස හේතු වූයේ මෙය ම ය. පසුබිම මෙය ම ය. හටගැනීම මෙය ම ය. ප්‍රත්‍යය මෙය ම ය. එනම් මේ ලැබීම යි."

"'සෙවීම හේතුවෙන් ලැබෙයි' යැයි මෙසේ මේ කරුණ කියන ලදී. ආනන්දයෙනි, සෙවීම හේතුවෙන් ලැබෙන්නේ යම් අයුරකින් නම්, එය මේ ක්‍රමයෙනුත් දත යුත්තේ ය. ආනන්දයෙනි, සියල්ලන්ට සියළු අයුරින්, සියල්ලන්ට සියළු තන්හි ම, කාටවත්, කවර තැනකවත්, සෙවීමක් ඇත්තේ ම නැත්නම්, සර්වප්‍රකාරයෙන් ම සෙවීම නැති කල්හී, සෙවීම නිරුද්ධ වීමෙන් ලැබීමක් දකින්නට ලැබේවි ද?"

"ස්වාමීනී, මෙය නැත්තේ ය."

"එහෙයින් ආනන්දයෙනි, ලැබීමකට හේතු වූයේ මෙය ම ය. පසුබිම මෙය ම ය. හටගැනීම මෙය ම ය. ප්‍රත්‍යය මෙය ම ය. එනම් මේ සෙවීම යි."

"'තෘෂ්ණාව හේතුවෙන් සොයයි' යැයි මෙසේ මේ කරුණ කියන ලදී. ආනන්දයෙනි, තෘෂ්ණාව හේතුවෙන් සොයන්නේ යම් අයුරකින් නම්, එය මේ ක්‍රමයෙනුත් දත යුත්තේ ය. ආනන්දයෙනි, සියල්ලන්ට සියළු අයුරින්, සියල්ලන්ට සියළු තන්හි ම, කාටවත්, කවර තැනකවත්, තෘෂ්ණාවක් ඇත්තේ ම නැත්නම්, එනම්; කාම තෘෂ්ණාව, භව තෘෂ්ණාව, විභව තෘෂ්ණාව ය. සර්වප්‍රකාරයෙන් ම තෘෂ්ණාව නැති කල්හී, තෘෂ්ණාව නිරුද්ධ වීමෙන් සොයා යාමක් දකින්නට ලැබෙයි ද?"

"ස්වාමීනී, මෙය නැත්තේ ය."

"එහෙයින් ආනන්දයෙනි, සෙවීමකට හේතු වූයේ මෙය ම ය. පසුබිම මෙය ම ය. හටගැනීම මෙය ම ය. ප්‍රත්‍යය මෙය ම ය. එනම් මේ තෘෂ්ණාව යි.

මෙසේ ආනන්දයෙනි, සසරගත දුකට හේතුවන තණ්හාව ත්, සමාජගත අර්බුදවලට හේතුවන තණ්හාව ත් යන මේ දහම් දෙක එකම විදීමට දෙආකාරයකින් එක් වී තිබෙයි.

'ස්පර්ශය හේතුවෙන් විඳින්නේ' යැයි මෙසේ මේ කරුණ කියන ලදී. ආනන්දයෙනි, ස්පර්ශය හේතුවෙන් විඳින්නේ යම් අයුරකින් නම් එය මේ ක්‍රමයෙනුත් දත යුත්තේ ය. ආනන්දයෙනි, සියල්ලන්ට සියළු අයුරින්, සියල්ලන්ට සියළු තන්හි ම, කාටවත්, කවර තැනකවත්, ස්පර්ශයක් ඇත්තේ ම නැත්නම්, එනම්; ඇසේ ස්පර්ශය, කනේ ස්පර්ශය, නාසයේ ස්පර්ශය, දිවේ ස්පර්ශය, කයේ ස්පර්ශය, මනසේ ස්පර්ශය ය. සර්වප්‍රකාරයෙන් ම ස්පර්ශය නැති කල්හී ස්පර්ශය නිරුද්ධ වීමෙන් විදීමක් දකින්නට ලැබෙයි ද?"

"ස්වාමීනී, මෙය නැත්තේ ය."

"එහෙයින් ආනන්දයෙනි, විදීමකට හේතු වූයේ මෙය ම ය. පසුබිම මෙය ම ය. හටගැනීම මෙය ම ය. ප්‍රත්‍යය මෙය ම ය. එනම් මේ ස්පර්ශය යි."

'නාමරූප හේතුවෙන් ස්පර්ශය හටගන්නේ' යැයි මෙසේ මේ කරුණ කියන ලදී. ආනන්දයෙනි, නාමරූප හේතුවෙන් ස්පර්ශය හටගන්නේ යම් අයුරකින් නම්, එය මේ ක්‍රමයෙනුත් දත යුත්තේ ය. ආනන්දයෙනි, යම් ආකාර වලින්, යම් සටහන් වලින්, යම් සළකුණු වලින්, යම් විස්තර වලින් නාමකයෙහි පැණවීමක් ඇද්ද, ඒ ආකාර, ඒ සටහන්, ඒ සළකුණු, ඒ විස්තර නැති කල්හී රූප කය පිළිබඳ ව නාමයන්ගේ එකතුවක් දකින්නට ලැබෙයි ද?"

"ස්වාමීනී, මෙය නැත්තේ ය."

"ආනන්දයෙනි, යම් ආකාර වලින්, යම් සටහන් වලින්, යම් සළකුණු වලින්, යම් විස්තර වලින්, රූප කයෙහි පැණවීමක් ඇද්ද, ඒ ආකාර, ඒ සටහන්, ඒ සළකුණු, ඒ විස්තර නැති කල්හී, නාම කය පිළිබඳ ව රූපයන්ගේ හැපීමෙන් එක් වීමක් පැණවේවි ද?"

"ස්වාමීනී, මෙය නැත්තේ ය."

"ආනන්දයෙනි, යම් ආකාර වලින්, යම් සටහන් වලින්, යම් සළකුණු වලින්, යම් විස්තර වලින්, නාම කයෙහිත් - රූප කයෙහි ත් පැණවීමක් ඇද්ද, ඒ ආකාර, ඒ සටහන්, ඒ සළකුණු, ඒ විස්තර නැති කල්හී නාමයන්ගේ එකතුවක් හෝ රූපයන්ගේ හැපීමෙන් එකතුවක් හෝ පැණවේවි ද?"

"ස්වාමීනී, මෙය නැත්තේ ය."

"ආනන්දයෙනි, යම් ආකාර වලින්, යම් සටහන් වලින්, යම් සළකුණු වලින්, යම් විස්තර වලින්, නාමරූපයෙහි පැණවීමක් ඇද්ද, ඒ ආකාර, ඒ සටහන්, ඒ සළකුණු, ඒ විස්තර නැති කල්හී ස්පර්ශයක් පැණවේවි ද?"

"ස්වාමීනී, මෙය නැත්තේ ය."

"එහෙයින් ආනන්දයෙනි, ස්පර්ශයකට හේතු වූයේ මෙය ම ය. පසුබිම මෙය ම ය. හටගැනීම මෙය ම ය. ප්‍රත්‍යය මෙය ම ය. එනම් මේ නාමරූප යි.

'විඤ්ඤාණය හේතුවෙන් නාමරූප හටගන්නේ ය' යි මෙසේ මේ කරුණක් කියන ලදී. ආනන්දයෙනි, විඤ්ඤාණය හේතුවෙන් නාමරූප හටගන්නේ යම් අයුරකින් නම්, එය මේ ක්‍රමයෙනුත් දත යුත්තේ ය.

ආනන්දයෙනි, විඤ්ඤාණයක් මව්කුසෙහි නොබැස ගන්නේ නම්, එකල්හී මව්කුසෙහි නාමරූපය එකට ගොනු වී යයි ද?"

"ස්වාමීනී, මෙය නැත්තේ ය."

"ආනන්දයෙනි, විඤ්ඤාණයක් මව්කුසකට බැසගෙන තිබී, නැවත බැහැරට ඉවත් වෙයි නම්, එකල්හී නාමරූපය මෙබඳු ජීවිතයක් උපදවා දේවි ද?"

"ස්වාමීනී, මෙය නැත්තේ ය."

"ආනන්දයෙනි, දරුවෙකුගේ හෝ දූරියකගේ හෝ විඤ්ඤාණය ළදරු

අවදියෙහි ම එහි පැවැත්ම කැඩෙන්නේ නම්, එවිට නාමරූප වැඩීමකට, දියුණුවකට, විපුල බවකට පත්වේවි ද?"

"ස්වාමීනී, මෙය නැත්තේ ය."

"එහෙයින් ආනන්දයෙනි, නාමරූපයට හේතු වූයේ මෙය ම ය. පසුබිම මෙය ම ය. හටගැනීම මෙය ම ය. ප්‍රත්‍යය මෙය ම ය. එනම් මේ විඤ්ඤාණය යි.

'නාමරූප හේතුවෙන් විඤ්ඤාණය හටගන්නේ' යැයි මෙසේ මේ කරුණ කියන ලදී. ආනන්දයෙනි, නාමරූප හේතුවෙන් විඤ්ඤාණය හටගන්නේ යම් අයුරකින් නම්, එය මේ ක්‍රමයෙනුත් දත යුත්තේ ය.

ආනන්දයෙනි, විඤ්ඤාණයත් නාමරූපයෙහි පිහිටක් නොලබයි නම්, මතු ඉදිරියට ඉපදීම, ජරා මරණ, කායික දුක් ආදියෙහි හටගැනීමක් පැණවේවිද?"

"ස්වාමීනී, මෙය නැත්තේ ය."

"එහෙයින් ආනන්දයෙනි, විඤ්ඤාණයට හේතු වූයේ මෙය ම ය. පසුබිම මෙය ම ය. හටගැනීම මෙය ම ය. ප්‍රත්‍යය මෙය ම ය. එනම් මේ නාමරූපය යි.

ආනන්දයෙනි, මෙපමණකින් ම උපත හෝ වෙයි. ජරාව හෝ වෙයි. මරණය හෝ වෙයි. චුතවීම හෝ වෙයි. යළි ඉපදීම හෝ වෙයි. මෙපමණකින් ම නම්ගොත් භාවිතය වෙයි. මෙපමණකින් ම භාෂා ව්‍යවහාරය වෙයි. මෙපමණකින් ම ඉරියව්වලින් හැඟවීම වෙයි. මෙපමණකින් ම ප්‍රඥාව හැසිරවීම වෙයි. මෙපමණකින් ම සසර සැරිසරා යාම වෙයි. මෙපමණකින් ම මෙබඳු ජීවිතයකගේ පැණවීම වෙයි. එනම් මේ නාමරූපය විඤ්ඤාණය සමඟ ඔවුනොවුන්ට උපකාර වීමෙන් පැවතීම යි.

ආනන්දයෙනි, ආත්මය තිබේ යැයි කියන්නා එය පණවන්නේ කවර කරුණු මත ද? ආනන්දයෙනි, රූපවත් වූ හෝ කුඩා ආත්මයක් තිබේ යැයි කියන්නා 'මාගේ කුඩා වූ ආත්මය රූපවත්' ය කියා පණවන්නේ ය. ආනන්දයෙනි, රූපවත් වූ හෝ අනන්ත ආත්මයක් තිබේ යැයි කියන්නා 'මාගේ අනන්ත වූ ආත්මය රූපවත්' ය කියා පණවන්නේ ය. ආනන්දයෙනි, අරූපවත් වූ හෝ කුඩා ආත්මයක් තිබේ යැයි කියන්නා 'මාගේ කුඩා වූ ආත්මය අරූපවත්' ය කියා පණවන්නේ ය. ආනන්දයෙනි, අරූපවත් වූ හෝ අනන්ත ආත්මයක් තිබේ යැයි කියන්නා 'මාගේ අනන්ත වූ ආත්මය අරූපවත්' ය කියා පණවන්නේ ය.

ආනන්දයෙනි, එහිලා ඔවුන් අතුරෙන් යමෙක් රූපවත් වූ කුඩා ආත්මය තිබේ යැයි කියා පණවයි ද, හෙතෙම රූපවත් වූ කුඩා ආත්මය මේ ජීවිතය තුළ පමණක් තිබේ ය කියා හෝ පණවයි. හෙතෙම රූපවත් වූ කුඩා ආත්මය අනාගත ජීවිතය තුළ වන්නේ ය කියා හෝ පණවයි. එමෙන් ම අනුන් අස්ථිර යැයි කියන්නා වූ දෙයක් ස්ථිර ව පැවතීම පිණිස කරුණු පවසන්නෙමි යි කියා හෝ ඔහුට සිතෙන්නේ වෙයි. ආනන්දයෙනි, මෙසේ ඇති කල්හී රූපවත් වූ කුඩා වූ ආත්මය ඇත්තේ යැයි දෘෂ්ටිගතිකයා හට එය සිතෙහි පවතින්නේ ය යන්න කීම සුදුසු ය.

ආනන්දයෙනි, එහිලා ඔවුන් අතුරෙන් යමෙක් රූපවත් වූ අනන්ත ආත්මය තිබේ යැයි කියා පණවයි ද, හෙතෙම රූපවත් වූ අනන්ත ආත්මය මේ ජීවිතය තුළ පමණක් තිබේ ය කියා හෝ පණවයි. හෙතෙම රූපවත් වූ අනන්ත ආත්මය අනාගත ජීවිතය තුළ වන්නේ ය කියා හෝ පණවයි. එමෙන් ම අනුන් අස්ථිර යැයි කියන්නා වූ දෙයක් ස්ථිර ව පැවතීම පිණිස කරුණු පවසන්නෙමි යි කියා හෝ ඔහුට සිතෙන්නේ වෙයි. ආනන්දයෙනි, මෙසේ ඇති කල්හී රූපවත් වූ අනන්ත වූ ආත්මය ඇත්තේ යැයි දෘෂ්ටිගතිකයා හට එය සිතෙහි පවතින්නේ ය යන්න කීම සුදුසු ය.

ආනන්දයෙනි, එහිලා ඔවුන් අතුරෙන් යමෙක් අරූපවත් වූ කුඩා ආත්මය තිබේ යැයි කියා පණවයි ද, හෙතෙම අරූපවත් වූ කුඩා ආත්මය මේ ජීවිතය තුළ පමණක් තිබේ ය කියා හෝ පණවයි. හෙතෙම අරූපවත් වූ කුඩා ආත්මය අනාගත ජීවිතය තුළ වන්නේ ය කියා හෝ පණවයි. එමෙන් ම අනුන් අස්ථිර යැයි කියන්නා වූ දෙයක් ස්ථිර ව පැවතීම පිණිස කරුණු පවසන්නෙමි යි කියා හෝ ඔහුට සිතෙන්නේ වෙයි. ආනන්දයෙනි, මෙසේ ඇති කල්හී අරූපවත් වූ කුඩා වූ ආත්මය ඇත්තේ යැයි දෘෂ්ටිගතිකයා හට එය සිතෙහි පවතින්නේ ය යන්න කීම සුදුසු ය.

ආනන්දයෙනි, එහිලා ඔවුන් අතුරෙන් යමෙක් අරූපවත් වූ අනන්ත ආත්මය තිබේ යැයි කියා පණවයි ද, හෙතෙම අරූපවත් වූ අනන්ත ආත්මය මේ ජීවිතය තුළ පමණක් තිබේ ය කියා හෝ පණවයි. හෙතෙම අරූපවත් වූ අනන්ත ආත්මය අනාගත ජීවිතය තුළ වන්නේ ය කියා හෝ පණවයි. එමෙන් ම අනුන් අස්ථිර යැයි කියන්නා වූ දෙයක් ස්ථිර ව පැවතීම පිණිස කරුණු පවසන්නෙමි යි කියා හෝ ඔහුට සිතෙන්නේ වෙයි. ආනන්දයෙනි, මෙසේ ඇති කල්හී අරූපවත් වූ අනන්ත වූ ආත්මය ඇත්තේ යැයි දෘෂ්ටිගතිකයා හට එය සිතෙහි පවතින්නේ ය යන්න කීම සුදුසු ය. ආනන්දයෙනි, ආත්මය තිබේ යැයි කියන්නා එය පණවන්නේ මෙම කරුණු මත යි.

ආනන්දයෙනි, ආත්මය තිබේ යැයි නොකියන්නා එය නොපණවන්නේ කවර කරුණු මත ද? ආනන්දයෙනි, රූපවත් වූ හෝ කුඩා ආත්මයක් තිබේ යැයි නොකියන්නා 'මාගේ කුඩා වූ ආත්මය රූපවත්' ය කියා නොපණවන්නේ ය. ආනන්දයෙනි, රූපවත් වූ හෝ අනන්ත ආත්මයක් තිබේ යැයි නොකියන්නා 'මාගේ අනන්ත වූ ආත්මය රූපවත්' ය කියා නොපණවන්නේ ය. ආනන්දයෙනි, අරූපවත් වූ හෝ කුඩා ආත්මයක් තිබේ යැයි නොකියන්නා 'මාගේ කුඩා වූ ආත්මය අරූපවත්' ය කියා නොපණවන්නේ ය. ආනන්දයෙනි, අරූපවත් වූ හෝ අනන්ත ආත්මයක් තිබේ යැයි නොකියන්නා 'මාගේ අනන්ත වූ ආත්මය අරූපවත්' ය කියා නොපණවන්නේ ය.

ආනන්දයෙනි, එහිලා ඔවුන් අතුරෙන් යමෙක් රූපවත් වූ කුඩා ආත්මය තිබේ යැයි නොකියන්නේ නොපණවයි ද, හෙතෙම රූපවත් වූ කුඩා ආත්මය මේ ජීවිතය තුළ පමණක් තිබේ ය කියා හෝ නොකියන්නේ නොපණවයි. හෙතෙම රූපවත් වූ කුඩා ආත්මය අනාගත ජීවිතය තුළ වන්නේ ය කියා හෝ නොකියන්නේ නොපණවයි. එමෙන් ම අනුන් අස්ථිර යැයි කියන්නා වූ දෙයක් ස්ථිර ව පැවතීම පිණිස කරුණු පවසන්නෙමි යි කියා හෝ ඔහුට නොසිතෙන්නේ වෙයි. ආනන්දයෙනි, මෙසේ ඇති කල්හී රූපවත් වූ කුඩා වූ ආත්මය ඇත්තේ යැයි දෘෂ්ටිගතිකයා හට එය සිතෙහි නොපවතින්නේ ය යන්න කීම සුදුසු ය.

ආනන්දයෙනි, එහිලා ඔවුන් අතුරෙන් යමෙක් රූපවත් වූ අනන්ත ආත්මය තිබේ යැයි නොකියන්නේ නොපණවයි ද, හෙතෙම රූපවත් වූ අනන්ත ආත්මය මේ ජීවිතය තුළ පමණක් තිබේ ය කියා හෝ නොකියන්නේ නොපණවයි. හෙතෙම රූපවත් වූ අනන්ත ආත්මය අනාගත ජීවිතය තුළ වන්නේ ය කියා හෝ නොකියන්නේ නොපණවයි. එමෙන් ම අනුන් අස්ථිර යැයි කියන්නා වූ දෙයක් ස්ථිර ව පැවතීම පිණිස කරුණු පවසන්නෙමි යි කියා හෝ ඔහුට නොසිතෙන්නේ වෙයි. ආනන්දයෙනි, මෙසේ ඇති කල්හී රූපවත් වූ අනන්ත වූ ආත්මය ඇත්තේ යැයි දෘෂ්ටිගතිකයා හට එය සිතෙහි නොපවතින්නේ ය යන්න කීම සුදුසු ය.

ආනන්දයෙනි, එහිලා ඔවුන් අතුරෙන් යමෙක් අරූපවත් වූ කුඩා ආත්මය තිබේ යැයි නොකියන්නේ නොපණවයි ද, හෙතෙම අරූපවත් වූ කුඩා ආත්මය මේ ජීවිතය තුළ පමණක් තිබේ ය කියා හෝ නොකියන්නේ නොපණවයි. හෙතෙම අරූපවත් වූ කුඩා ආත්මය අනාගත ජීවිතය තුළ වන්නේ ය කියා හෝ නොකියන්නේ නොපණවයි. එමෙන් ම අනුන් අස්ථිර යැයි කියන්නා වූ දෙයක් ස්ථිර ව පැවතීම පිණිස කරුණු පවසන්නෙමි යි කියා හෝ ඔහුට

නොසිතෙන්නේ වෙයි. ආනන්දයෙනි, මෙසේ ඇති කල්හී අරූපවත් වූ කුඩා වූ ආත්මය ඇත්තේ යැයි දෘෂ්ටිගතිකයා හට එය සිතෙහි නොපවතින්නේ ය යන්න කීම සුදුසු ය.

ආනන්දයෙනි, එහිලා ඔවුන් අතුරෙන් යමෙක් අරූපවත් වූ අනන්ත ආත්මය තිබේ යැයි නොකියන්නේ නොපණවයි ද, හෙතෙම අරූපවත් වූ අනන්ත ආත්මය මේ ජීවිතය තුළ පමණක් තිබේ ය කියා හෝ නොකියන්නේ නොපණවයි. හෙතෙම අරූපවත් වූ අනන්ත ආත්මය අනාගත ජීවිතය තුළ වන්නේ ය කියා හෝ නොකියන්නේ නොපණවයි. එමෙන් ම අනුන් අස්ථිර යැයි කියන්නා වූ දෙයක් ස්ථිර ව පැවතීම පිණිස කරුණු පවසන්නෙමි යි කියා හෝ ඔහුට නොසිතෙන්නේ වෙයි. ආනන්දයෙනි, මෙසේ ඇති කල්හී අරූපවත් වූ අනන්ත වූ ආත්මය ඇත්තේ යැයි දෘෂ්ටිගතිකයා හට එය සිතෙහි නොපවතින්නේ ය යන්න කීම සුදුසු ය. ආනන්දයෙනි, ආත්මය තිබේ යැයි නොකියන්නා එය නොපණවන්නේ මෙම කරුණු මත ය.

ආනන්දයෙනි, ආත්මයක් ඇතැයි දකින්නා දකින්නේ කවර කරුණු මත ද? ආනන්දයෙනි, වේදනාව ආත්මය යැයි දකින්නා 'මාගේ ආත්මය විඳීම' යැයි කියා හෝ දකින්නේ වෙයි. 'වේදනාව මාගේ ආත්මය නොවේ. මාගේ ආත්මය විඳීම් රහිත' යැයි ආනන්දයෙනි, මෙසේ හෝ ආත්මය දකින්නා දකින්නේ වෙයි. 'මාගේ ආත්මය වේදනාව නොවෙයි. මාගේ ආත්මය විඳීම් රහිත ද නොවෙයි. මාගේ ආත්මය විඳියි. මාගේ ආත්මය විඳින ස්වභාවයෙන් යුක්ත යි.' මෙසේ හෝ ආනන්දයෙනි, ආත්මය දකින්නා දකින්නේ වෙයි.

ආනන්දයෙනි, එහිලා ඔවුන් අතුරෙන් යමෙක් 'වේදනාව මාගේ ආත්මය' යැයි කිය යි ද, ඔහුට මෙසේ කිව යුත්තේ ය. ආයුෂ්මත, මේ තුන් අයුරු වූ විඳීමක් ඇත්තේ ය. සැප වේදනාව, දුක් වේදනාව සහ දුක් සැප රහිත වේදනාව යි. මේ තුන් වේදනාවන්ගෙන් ඔබ ආත්මය වශයෙන් දකින්නේ කවර විඳීමක් ද?

ආනන්දයෙනි, යම් වෙලාවක සැප විඳීමක් විඳියි නම් එසමයෙහි දුක් විඳීමක් ද නොවිඳියි. දුක් සැප රහිත විඳිමක් ද නොවිඳියි. එසමයෙහි සැප වූ විඳීමක් ම විඳින්නේ වෙයි.

ආනන්දයෙනි, යම් වෙලාවක දුක් විඳීමක් විඳියි නම් එසමයෙහි සැප විඳීමක් ද නොවිඳියි. දුක් සැප රහිත විඳීමක් ද නොවිඳියි. එසමයෙහි දුක් වූ විඳීමක් ම විඳින්නේ වෙයි.

ආනන්දයෙනි, යම් වෙලාවක දුක් සැප රහිත විඳීමක් විඳියි නම් එසමයෙහි දුක් විඳීමක් ද නොවිඳියි. සැප විඳිමක් ද නොවිඳියි. එසමයෙහි දුක්සැප රහිත වූ විඳීමක් ම විඳින්නේ වෙයි.

ආනන්දයෙනි, සැප වේදනාව ත් අනිත්‍යය ය. හේතූන් නිසා සකස් වී ඇත්තේ ය. හේතූන් නිසා හටගත්තේ ය. ක්ෂය වී යන ස්වභාව ඇත්තේ ය. නැසෙන ස්වභාව ඇත්තේ ය. නොඇලිය යුතු ස්වභාව ඇත්තේ ය. ඇල්ම නිරුද්ධ කළ යුතු ස්වභාව ඇත්තේ ය.

ආනන්දයෙනි, දුක් වේදනාව ත් අනිත්‍යය ය. හේතූන් නිසා සකස් වී ඇත්තේ ය. හේතූන් නිසා හටගත්තේ ය. ක්ෂය වී යන ස්වභාව ඇත්තේ ය. නැසෙන ස්වභාව ඇත්තේ ය. නොඇලිය යුතු ස්වභාව ඇත්තේ ය. ඇල්ම නිරුද්ධ කළ යුතු ස්වභාව ඇත්තේ ය.

ආනන්දයෙනි, දුක්සැප රහිත වේදනාව ත් අනිත්‍යය ය. හේතූන් නිසා සකස් වී ඇත්තේ ය. හේතූන් නිසා හටගත්තේ ය. ක්ෂය වී යන ස්වභාව ඇත්තේ ය. නැසෙන ස්වභාව ඇත්තේ ය. නොඇලිය යුතු ස්වභාව ඇත්තේ ය. ඇල්ම නිරුද්ධ කළ යුතු ස්වභාව ඇත්තේ ය.

සැප විඳීමක් විඳින්නෙකුට 'මෙය මාගේ ආත්මය' යැයි සිතක් ඇති වෙයි ද, ඔහුගේ ඒ සැප වේදනාව නිරුද්ධ වීමෙන් 'මාගේ ආත්මය පහව ගියේ' යැයි සිතෙයි.

දුක් විඳීමක් විඳින්නෙකුට 'මෙය මාගේ ආත්මය' යැයි සිතක් ඇති වෙයි ද, ඔහුගේ ඒ දුක් වේදනාව නිරුද්ධ වීමෙන් 'මාගේ ආත්මය පහව ගියේ' යැයි සිතෙයි.

දුක් සැප රහිත විඳීමක් විඳින්නෙකුට 'මෙය මාගේ ආත්මය' යැයි සිතක් ඇති වෙයි ද, ඔහුගේ ඒ දුක් සැප රහිත වේදනාව නිරුද්ධ වීමෙන් 'මාගේ ආත්මය පහව ගියේ' යැයි සිතෙයි.

මෙසේ හේ මෙලොව දී ම අනිත්‍ය වූ සැප දුක් දෙකින් මිශ්‍ර වූ උපදින්නා වූ නැසෙන්නා වූ ස්වභාව ඇති ආත්මයක් දකින්නේ නම් දකියි. යමෙක් 'විඳීම මාගේ ආත්මය' යැයි මෙසේ පැවසුවෙහි ද, ආනන්දයෙනි, එහෙයින් ඔවුන්ට 'වේදනාව මාගේ ආත්මය' යැයි දකින්නට නොරිසි වෙයි.

ආනන්දයෙනි, එහිලා යමෙක් මෙසේ පැවසුවේ ද, 'මාගේ ආත්මය වේදනාව නොවේ. මාගේ ආත්මය වේදනා රහිත වූවකි' කියා. ඔහුට මෙසේ කිව යුත්තේ ය.

'ආයුෂ්මත, යම් තැනක සියළු ආකාරයෙන් විඳීමක් නැත්නම්, එතැන මේ මම වෙමි' යි කියා කිසිවක් තිබෙන්නේ ද?" "ස්වාමීනී, එය නොවේ ම ය."

"එහෙයින් ආනන්දයෙනි, 'මාගේ ආත්මය වේදනාව නොවේ. මාගේ ආත්මය වේදනා රහිත වූවකි' යන කරුණ දකින්නට නොකැමති වෙයි.

ආනන්දයෙනි, ඔවුන් අතුරින් යමෙක් මෙසේ කීවේ ද, 'වේදනාව මාගේ ආත්මය නොවේ ම ය. මාගේ ආත්මය වේදනාව රහිත වූ දෙයකුත් නොවෙයි. මාගේ ආත්මය විඳියි. මාගේ ආත්මය විඳින ස්වභාව ඇත්තේ ය' කියා. ඔහුට මෙසේ කිව යුත්තේ ය.

ඉදින් ආයුෂ්මත, වේදනාව සියළු දෙනාට ම සියළු විදියෙන් ම, සියළු දෙනාට ම සියළු අයුරින් ම, ඉතිරි නැති ව නිරුද්ධ වන්නාහු නම්, සියළු අයුරින් ම වේදනාව නැති කල්හී වේදනාව නිරුද්ධ වීමෙන් එහි 'මේ මම වෙමි'යි කියා යමක් ඇත්තේ ද?"

"ස්වාමීනී, එය නැත්තේ ය."

"එහෙයින් ආනන්දයෙනි, 'වේදනාව මාගේ ආත්මය නොවේ ම ය. මාගේ ආත්මය වේදනාව රහිත වූ දෙයකුත් නොවෙයි. මාගේ ආත්මය විඳියි. මාගේ ආත්මය විඳින ස්වභාව ඇත්තේ ය' යන කරුණ දකින්නට නොකැමති වෙයි."

ආනන්දයෙනි, යම් කලක භික්ෂුව වේදනාව ආත්මය වශයෙන් නොදකියි ද, වේදනා රහිත වූ ආත්මයකුත් නොදකියි ද, මාගේ ආත්මය විඳියි. මාගේ ආත්මය විඳින ස්වභාවයෙන් ඇත්තේ යැයි කියා නොදකියි ද, ඔහු මෙසේ නොදකින්නේ ලෝකයේ කිසිවකට ග්‍රහණය නොවෙයි. ග්‍රහණය නොවන කල්හී තැති නොගනී. තැති නොගන්නේ තමා තුළ ම පිරිනිවීමට පත් වෙයි. ඉපදීම ක්ෂය වූයේ ය. බඹසර වාසය නිම කරන ලදී. කළ යුත්ත කරන ලදී. නිවන පිණිස කළ යුතු අනෙකක් නැතැයි දැන ගනියි.

ආනන්දයෙනි, මෙසේ මිදුණු සිත් ඇති ඒ නිකෙලෙස් භික්ෂුව අරහයා යමෙක් මෙසේ කිය යි නම්, 'තථාගත තෙමේ මරණින් මතු සිටින්නේ ය යන්න මොහුගේ දෘෂ්ටියකි' යි යන්න කීම අයුතුය. 'තථාගත තෙමේ මරණින් මතු නොසිටින්නේ ය යනුවෙන් මොහුගේ දෘෂ්ටියකි' යි යන්න කීම අයුතුය. 'තථාගත තෙමේ මරණින් මතු සිටින්නේ ය, නොසිටින්නේ ය යනුවෙන් මොහුගේ දෘෂ්ටියකි' යි යනුවෙන් කීම අයුතුය. 'තථාගත තෙමේ මරණින් මතු නොසිටින්නේ ය, නොම නොසිටින්නේ ය යන්න මොහුගේ දෘෂ්ටියකි'

යි යනුවෙන් කීම අයුතුය. එයට හේතුව කුමක් ද? ආනන්දයෙනි, යම්තාක් භාෂාවක් ඇද්ද, යම්තාක් භාෂා ව්‍යවහාරය ඇද්ද, යම්තාක් නිර්වචන ඇද්ද, යම්තාක් නිර්වචන මාර්ග ඇද්ද, යම්තාක් පැණවීම් ඇද්ද, යම්තාක් පණවන මාර්ග ඇද්ද, යම්තාක් ප්‍රඥාව ඇද්ද, යම්තාක් ප්‍රඥාවේ හැසිරීම ඇද්ද, යම් තාක් සසර පැවැත්ම තිබෙන්නේ ද, එය විශිෂ්ට ඥානයෙන් අවබෝධ කොට එයින් නිදහස් වී ගිය භික්ෂුව පිළිබඳ ව 'ඒ විශිෂ්ට ඥානයෙන් අවබෝධ කොට එයින් නිදහස් වී ගිය භික්ෂුව නොදනියි, නොදකියි. එබැවින් ඔහුගේ දෘෂ්ටිය මෙසේ යැ'යි කීම අයුතුය.

ආනන්දයෙනි, මේ විඤ්ඤාණය පිහිටන තැන් සතක් ඇත්තේ ය. එමෙන් ම ආයතන දෙකක් ඇත්තේ ය.

විඤ්ඤාණය පිහිටන තැන් සත මොනවා ද?

1. ආනන්දයෙනි, කාය නානාත්වය ඇති, සංඥා නානත්වය ඇති සත්වයෝ සිටිති. මිනිසුන් සේ ය. ඇතැම් දෙවියන් සේ ය. ඇතැම් විනිපාතිකයන් සේ ය. මේ විඤ්ඤාණය පිහිටන පළමුවෙනි තැන යි.

2. ආනන්දයෙනි, කාය නානාත්වය ඇති, සංඥා ඒකත්වය ඇති සත්වයෝ සිටිති. ප්‍රථම ධ්‍යානයෙන් උපන් බ්‍රහ්මකායික දෙවියන් සේ ය. මේ විඤ්ඤාණය පිහිටන දෙවෙනි තැන යි.

3. ආනන්දයෙනි, කාය ඒකත්වය ඇති, සංඥා නානාත්වය ඇති සත්වයෝ සිටිති. ආභස්සර දෙවියන් සේ ය. මේ විඤ්ඤාණය පිහිටන තුන්වෙනි තැන යි.

4. ආනන්දයෙනි, කාය ඒකත්වය ඇති, සංඥා ඒකත්වය ඇති සත්වයෝ සිටිති. සුභකිණ්හ දෙවියන් සේ ය. මේ විඤ්ඤාණය පිහිටන සිව්වෙනි තැන යි.

5. ආනන්දයෙනි, සියළු අයුරින් රූප සංඥා ඉක්මවීමෙන්, ගොරෝසු සංඥාවන් නැතිවීමෙන්, නා නා සංඥාවන් නොමෙනෙහි කිරීමෙන්, 'ආකාශය අනන්තය' ය වශයෙන් සමවත් වඩා ආකාසානඤ්චායතනයෙහි උපන් සත්වයෝ සිටිති. මේ විඤ්ඤාණය පිහිටන පස්වෙනි තැන යි.

6. ආනන්දයෙනි, සියළු අයුරින් ආකාසානඤ්චායතනය ඉක්මවීමෙන්, 'විඤ්ඤාණය අනන්තය' ය වශයෙන් සමවත් වඩා විඤ්ඤාණඤ්චායතනයෙහි උපන් සත්වයෝ සිටිති. මේ විඤ්ඤාණය පිහිටන සයවෙනි තැන යි.

7. ආනන්දයෙනි, සියළු අයුරින් විඤ්ඤාණඤ්චායතනය ඉක්මවීමෙන්, 'කිසිවක් නැතැ' යි සමවත් වඩා ආකිඤ්චඤ්ඤායතනයෙහි උපන් සත්වයෝ සිටිති. මේ විඤ්ඤාණය පිහිටන සත්වෙනි තැන යි.

අසංඥසත්ව ලෝකය යන ආයතනය පළමුවැන්නයි. නේවසඤ්ඤා-නාසඤ්ඤායතනය ම දෙවැන්න යි.

ආනන්දයෙනි, එහිලා මිනිසුන් සේ, ඇතැම් දෙවියන් සේ, ඇතැම් විනිපාතිකයන් සේ කාය නානාත්වය ඇති, සංඥා නානත්වය ඇති සත්වයන් සිටින්නා වූ යම් මේ විඤ්ඤාණය පිහිටන පළමු තැනක් ඇත්තේ ද, ආනන්දයෙනි, යමෙක් එය ත් දනියි නම්, එහි හටගැනීම ත් දනියි නම්, එහි නැතිවීම ත් දනියි නම්, එහි ආශ්වාදය ත් දනියි නම්, එහි ආදීනවය ත් දනියි නම්, එහි නිස්සරණය ත් දනියි නම්, ඔහු විසින් එය උපතක් සඳහා සතුටින් පිළිගන්නට සුදුසු වෙයි ද?"

"ස්වාමීනී, මෙය නුසුදුසු ය."

"ආනන්දයෙනි, එහිලා යම් මේ විඤ්ඤාණය පිහිටන දෙවෙනි තැනක් ඇද්ද ....(පෙ).... යම් මේ විඤ්ඤාණය පිහිටන තෙවෙනි තැනක් ඇද්ද ....(පෙ).... යම් මේ විඤ්ඤාණය පිහිටන සිව්වෙනි තැනක් ඇද්ද ....(පෙ).... යම් මේ විඤ්ඤාණය පිහිටන පස්වෙනි තැනක් ඇද්ද ....(පෙ).... යම් මේ විඤ්ඤාණය පිහිටන සයවෙනි තැනක් ඇද්ද ....(පෙ).... ආනන්දයෙනි, එහිලා මේ විඤ්ඤාණය පිහිටන සත්වෙනි තැනක් ඇද්ද, සියළු අයුරින් ම විඤ්ඤාණඤ්චායතනය ඉක්මවීමෙන් 'කිසිවක් නැතැ'යි සමවත් වඩා ආකිඤ්චඤ්ඤායතනයෙහි උපන් සත්වයෝ වෙත් නම්, ආනන්දයෙනි, යමෙක් එය ත් දනියි නම්, එහි හටගැනීම ත් දනියි නම්, එහි නැතිවීම ත් දනියි නම්, එහි ආශ්වාදය ත් දනියි නම්, එහි ආදීනවය ත් දනියි නම්, එහි නිස්සරණය ත් දනියි නම්, ඔහු විසින් එය උපතක් සඳහා සතුටින් පිළිගන්නට සුදුසු වෙයි ද?"

"ස්වාමීනී, මෙය නුසුදුසු ය."

"ආනන්දයෙනි, එහිලා යම් මේ අසංඥසත්ව ලෝකය නම් වූ ආයතනයක් ඇද්ද, ආනන්දයෙනි, යමෙක් එය ත් දනියි නම්, එහි හටගැනීම ත් දනියි නම්, එහි නැතිවීම ත් දනියි නම්, එහි ආශ්වාදය ත් දනියි නම්, එහි ආදීනවය ත් දනියි නම්, එහි නිස්සරණය ත් දනියි නම්, ඔහු විසින් එය උපතක් සඳහා සතුටින් පිළිගන්නට සුදුසු වෙයි ද?"

"ස්වාමීනී, මෙය නුසුදුසු ය."

"ආනන්දයෙනි, එහිලා යම් මේ නේවසංඥානාසංඥායතනය ඇද්ද, ආනන්දයෙනි, යමෙක් එය ත් දනියි නම්, එහි හටගැනීම ත් දනියි නම්, එහි නැතිවීම ත් දනියි නම්, එහි ආශ්වාදය ත් දනියි නම්, එහි ආදීනවය ත් දනියි නම්, එහි නිස්සරණය ත් දනියි නම්, ඔහු විසින් එය උපතක් සඳහා සතුටින් පිළිගන්නට සුදුසු වෙයි ද?"

"ස්වාමීනී, මෙය නුසුදුසු ය."

"ආනන්දයෙනි, යම් කලෙක භික්ෂුව මේ විඤ්ඤාණය පිහිටන සත් තැන පිළිබඳ ව ත්, මේ ආයතන දෙක පිළිබඳ ව ත්, එහි හටගැනීම ත්, එහි නැතිවීම ත්, එහි ආශ්වාදය ත්, එහි ආදීනවය ත්, එහි නිස්සරණය ත් ඒ වූ සැටියෙන් ම අවබෝධ කොට කිසිවකට ග්‍රහණය නොවී නිදහස් වූයේ වෙයි ද, ආනන්දයෙනි, මේ භික්ෂුව 'පඤ්ඤාවිමුත්ත' යැයි කියනු ලැබේ.

ආනන්දයෙනි, මේ විමෝක්ෂයෝ අටකි. ඒ කවර අටක් ද යත්;

1. රූපවත් වූයේ රූපයන් දකියි. මෙය පළමු විමෝක්ෂය යි.

2. ආධ්‍යාත්මයෙහි අරූප සංඥී ව බාහිර රූපයන් දකියි. මෙය දෙවෙනි විමෝක්ෂය යි.

3. ඒ සමාධි අරමුණ සුභ වශයෙන් ම ගෙන එහි බලවත් ව බැස ගත්තේ වෙයි. මෙය තුන්වෙනි විමෝක්ෂය යි.

4. සියළු අයුරින් රූප සංඥා ඉක්මවීමෙන්, ගොරෝසු සංඥාවන් නැතිවීමෙන්, නා නා සංඥාවන් නොමෙනෙහි කිරීමෙන්, 'ආකාශය අනන්තය' ය වශයෙන් සමවත් වඩා ආකාසානඤ්චායතනයට පැමිණ වාසය කරයි. මෙය සිව්වෙනි විමෝක්ෂය යි.

5. සියළු අයුරින් ආකාසානඤ්චායතනය ඉක්මවීමෙන්, 'විඤ්ඤාණය අනන්තය' ය වශයෙන් සමවත් වඩා විඤ්ඤාණඤ්චායතනයට පැමිණ වාසය කරයි. මෙය පස්වෙනි විමෝක්ෂය යි.

6. සියළු අයුරින් විඤ්ඤාණඤ්චායතනය ඉක්මවීමෙන්, 'කිසිවක් නැත' යි සමවත් වඩා ආකිඤ්චඤ්ඤායතනයට පැමිණ වාසය කරයි. මෙය සය වෙනි විමෝක්ෂය යි.

7. සියළු අයුරින් ආකිඤ්චඤ්ඤායතනය ඉක්මවීමෙන්, නේවසංඥානාසංඥායතනයට පැමිණ වාසය කරයි. මෙය සත්වෙනි විමෝක්ෂය යි.

8. සියළු අයුරින් නේවසංඥානාසංඥායතනය ඉක්මවීමෙන් සංඥා වේදයිත නිරෝධයට පැමිණ වාසය කරයි. මෙය අටවෙනි විමෝක්ෂය යි. ආනන්දයෙනි, මේවා අෂ්ට විමෝක්ෂයෝ ය.

ආනන්දයෙනි, යම් කලෙක භික්ෂුව, මේ අෂ්ට විමෝක්ෂයන්ට අනුලෝම වශයෙනුත් සමවදියි ද, ප්‍රතිලෝම වශයෙනුත් සමවදියි ද, කැමති තැනක, කැමති අයුරින්, කැමති තාක් සමවදියි ද, එයින් නැගිටියි ද, ආශ්‍රවයන් ද ක්ෂය කිරීමෙන් අනාශ්‍රව වූ චිත්ත විමුක්තිය ත්, ප්‍රඥා විමුක්තිය ත් මේ ජීවිතයේ දී ම තම විශිෂ්ට ඥානයෙන් සාක්ෂාත් කොට එයට පැමිණ වාසය කරයි ද, ආනන්දයෙනි, මේ භික්ෂුව 'උභතෝභාග විමුත්ත' යැයි කියනු ලැබේ. ආනන්දයෙනි, මේ උභතෝභාග විමුක්තියට වඩා උත්තරීතර වූ හෝ ප්‍රණීතතර වූ හෝ අන්‍ය උභතෝභාග විමුක්තියක් නැත්තේ ය."

භාග්‍යවතුන් වහන්සේ මෙය වදාළ සේක. සතුටු සිත් ඇති ආයුෂ්මත් ආනන්දයන් වහන්සේ භාග්‍යවතුන් වහන්සේගේ භාෂිතය සතුටින් පිළිගත්තාහුය.

සාදු! සාදු!! සාදු!!!

මහා නිදාන සූත්‍රය නිමා විය.

2.3.

මහා පරිනිබ්බාන සූත්‍රය

භාග්‍යවතුන් වහන්සේගේ මහා පරිනිර්වාණය ගැන වදාළ දෙසුම

මා විසින් මෙසේ අසන ලදී. එක් කලෙක භාග්‍යවතුන් වහන්සේ රජගහ නුවර ගිජ්ඣකූට පර්වතයෙහි වැඩවසන සේක. එසමයෙහි වේදේහීපුත්‍ර අජාසත් මගධ රජතුමා වජ්ජි රජවරු යටත් කරනු කැමති වෙයි. ඔහු මෙසේ කියයි.

'මම් වනාහී මේ සා මහත් ඉර්ධි ඇති, මේ සා මහා ආනුභාව ඇති වජ්ජීන් මුලින් ම සිඳලන්නෙමි. වජ්ජීන් නසා ලන්නෙමි. වජ්ජීන් විපතකට පමුණුවන්නෙමි' යි.

ඉක්බිති වේදේහීපුත්‍ර අජාසත් මගධ රජ තෙමේ මගධයෙහි මහඇමති වස්සකාර බ්‍රාහ්මණයා ඇමතුවේ ය.

"බ්‍රාහ්මණය, මෙහි එව. ඔබ භාග්‍යවතුන් වහන්සේ යම් තැනක වැඩසිටින සේක් ද, එතැනට එළැඹෙව. එළැඹ මාගේ වචනයෙන් භාග්‍යවතුන් වහන්සේගේ පාදයන් සිරසින් වන්දනා කරව. 'ස්වාමීනී, වේදේහීපුත්‍ර අජාසත් මගධ රජු භාග්‍යවතුන් වහන්සේගේ පාදයන් සිරසින් වන්දනා කරයි. ආබාධ අඩු බව ත්, රෝග අඩු බව ත්, සැහැල්ලු බව ත්, කාය බලය ත්, පහසු විහරණය ත් අසයි' යනුවෙන් භාග්‍යවතුන් වහන්සේගේ අල්ප ආබාධ බව, අල්ප රෝගී බව, සැහැල්ලු බව, කාය බලය, පහසු විහරණය විමසව.

යළි මෙසේ ත් පවසව. 'ස්වාමීනී, වේදේහීපුත්‍ර අජාසත් මගධ රජු වජ්ජීන් යටත් කරනු කැමති වෙයි. ඔහු මෙසේ කිය යි. 'මම් වනාහී මේ සා මහත් ඉර්ධි ඇති, මේ සා මහා ආනුභාව ඇති වජ්ජීන් මුලින් ම සිඳලන්නෙමි. වජ්ජීන් නසා ලන්නෙමි. වජ්ජීන් විපතකට පමුණුවන්නෙමි' යි.

එවිට බ්‍රාහ්මණය, භාග්‍යවතුන් වහන්සේ ඔබට යමක් පවසන සේක් ද, එය ඉතා මනාකොට ඉගෙන, මා හට සැළකරව. තථාගතවරු අසත්‍යය නොපවසන සේක" යි.

"එසේ ය, භවත" යි මගධ මහඇමති වස්සකාර බ්‍රාහ්මණයා වේදේහීපුත්‍ර අජාසත් මගධ රජුට පිළිවදන් දී සොඳුරු සොඳුරු යානයන් පිළියෙල කොට, සොඳුරු යානයක නැගී, සොඳුරු සොඳුරු යානයන් පිරිවරාගෙන රජගහ නුවරින් පිටත් ව ගියේ ය. ගිජ්ඣකූට පර්වතය වෙත පැමිණියේ ය. යානයෙන් යා හැකි භූමිය යම්තාක් ද, ඒ තාක් ගොස් යානයෙන් බැස පා ගමනින් ම භාග්‍යවතුන් වහන්සේ යම් තැනක වැඩසිටි සේක් ද, එතැනට එළැඹියේ ය. එළැඹ භාග්‍යවතුන් වහන්සේ සමඟ සතුටු වූයේ ය. සතුටු විය යුතු පිළිසඳර කතා බහ නිමවා එකත්පස් ව හිඳගත්තේ ය. එකත්පස් ව හුන් මගධ මහඇමති වස්සකාර බ්‍රාහ්මණයා භාග්‍යවතුන් වහන්සේට මෙය පැවසුවේ ය.

"භවත් ගෞතමයන් වහන්ස, වේදේහීපුත්‍ර අජාසත් මගධ රජු භවත් ගෞතමයන්ගේ පාදයන් සිරසින් වන්දනා කරයි. ආබාධ අඩු බව ත්, රෝග අඩු බව ත්, සැහැල්ලු බව ත්, කාය බලය ත්, පහසු විහරණය ත් අසයි. භවත් ගෞතමයන් වහන්ස, වේදේහීපුත්‍ර අජාසත් මගධ රජු වජ්ජීන් යටත් කරනු කැමති වෙයි. ඔහු මෙසේ කිය යි. 'මම් වනාහී මේ සා මහත් ඉර්ධි ඇති, මේ සා මහා ආනුභාව ඇති වජ්ජීන් මුලින් ම සිඳලන්නෙමි. වජ්ජීන් නසා ලන්නෙමි. වජ්ජීන් විපතකට පමුණුවන්නෙමි' යි."

එසමයෙහි ආයුෂ්මත් ආනන්දයන් වහන්සේ භාග්‍යවතුන් වහන්සේට පිටුපසින් පවන් සලමින් සිටියේ වෙයි. ඉක්බිති භාග්‍යවතුන් වහන්සේ ආයුෂ්මත් ආනන්දයන් වහන්සේ ඇමතූ සේක.

1. "කිම? ආනන්දයෙනි, 'වජ්ජිවරු නිරතුරු ව රැස්වෙමින්, රැස්වීම බහුල කොට සිටිති' යි යන කරුණ ඔබ විසින් අසන ලද්දේ ද?"

"ස්වාමීනී, 'වජ්ජිවරු නිරතුරු ව රැස්වෙමින්, රැස්වීම බහුල කොට සිටිති' යි යන කරුණ මා විසින් අසන ලද්දේ ය."

"ආනන්දයෙනි, වජ්ජිවරු යම්තාක් කල් නිරතුරු ව රැස්වෙමින්, රැස්වීම් බහුල කොට සිටිත් ද, ආනන්දයෙනි, ඒ තාක් කල් වජ්ජීන්ගේ දියුණුව ම කැමති විය යුත්තේ ය. පරිහානිය නොවෙයි.

2. කිම? ආනන්දයෙනි, 'වජ්ජිවරු සමගි ව රැස්වෙති. සමගි ව විසිර යති. වජ්ජීන් කළ යුතු කටයුතු සමගි ව කරති' යි යන කරුණ ඔබ විසින් අසන ලද්දේ ද?"

"ස්වාමීනී, 'වජ්ජිවරු සමගි ව රැස්වෙති. සමගි ව විසිර යති. වජ්ජීන් කළ යුතු කටයුතු සමගි ව කරති' යි යන කරුණ මා විසින් අසන ලද්දේ ය."

"ආනන්දයෙනි, යම්තාක් කල් වජ්ජීවරු සමගි ව රැස්වෙත් ද, සමගි ව විසිර යත් ද, වජ්ජීන් කළ යුතු කටයුතු සමගි ව කරත් ද, ආනන්දයෙනි, ඒ තාක් කල් වජ්ජීන්ගේ දියුණුව ම කැමති විය යුත්තේ ය. පරිහානිය නොවෙයි.

3. කිම? ආනන්දයෙනි, 'වජ්ජීවරු නොපණවන ලද දෙය නොපණවති. පණවන ලද දෙය නොසිඳිති. යම් අයුරකින් පැරණි වජ්ජී ධර්මයන් පණවන ලද්දේ ද, ඒවා සමාදන් ව පවතිත්' යි යන කරුණ ඔබ විසින් අසන ලද්දේ ද?"

"ස්වාමීනී, 'වජ්ජීවරු නොපණවන ලද දෙය නොපණවති. පණවන ලද දෙය නොසිඳිති. යම් අයුරකින් පැරණි වජ්ජී ධර්මයන් පණවන ලද්දේ ද, ඒවා සමාදන් ව පවතිත්' යි යන කරුණ මා විසින් අසන ලද්දේ ය."

"ආනන්දයෙනි, යම්තාක් කල් වජ්ජීවරු නොපණවන ලද දෙය නොපණවත් ද, පණවන ලද දෙය නොසිඳිත් ද, යම් අයුරකින් පැරණි වජ්ජී ධර්මයන් පණවන ලද්දේ ද, ඒවා සමාදන් ව පවතිත් ද, ආනන්දයෙනි, ඒ තාක් කල් වජ්ජීන්ගේ දියුණුව ම කැමති විය යුත්තේ ය. පරිහානිය නොවෙයි.

4. කිම? ආනන්දයෙනි, 'වජ්ජීවරු යම් ඒ වජ්ජීන්ගේ වයෝවෘද්ධ වජ්ජීන් සිටිත් ද, ඔවුන්ට සත්කාර කරති, ගෞරව කරති, බුහුමන් දක්වති, පුදති, ඔවුන්ට සවන් දිය යුතු යැයි සිතති' යි යන කරුණ ඔබ විසින් අසන ලද්දේ ද?"

"ස්වාමීනී, 'වජ්ජීවරු යම් ඒ වජ්ජීන්ගේ වයෝවෘද්ධ වජ්ජීන් සිටිත් ද, ඔවුන්ට සත්කාර කරති, ගෞරව කරති, බුහුමන් දක්වති, පුදති, ඔවුන්ට සවන් දිය යුතු යැයි සිතති' යි යන කරුණ මා විසින් අසන ලද්දේ ය."

"ආනන්දයෙනි, යම්තාක් කල් වජ්ජීවරු යම් ඒ වජ්ජීන්ගේ වයෝවෘද්ධ වජ්ජීන් සිටිත් ද, ඔවුන්ට සත්කාර කරත් නම්, ගෞරව කරත් නම්, බුහුමන් දක්වත් නම්, පුදත් නම්, ඔවුන්ට සවන් දිය යුතු යැයි සිතත් නම්, ආනන්දයෙනි, ඒ තාක් කල් වජ්ජීන්ගේ දියුණුව ම කැමති විය යුත්තේ ය. පරිහානිය නොවෙයි.

5. කිම? ආනන්දයෙනි, 'යම් ඒ කුල කුමාරිකාවෝ, කුල ස්ත්‍රීහු සිටිත් ද, වජ්ජීවරු ඔවුන් ව බලහත්කාරයෙන් ඇදගෙන ගොස් තමන්ගේ වාසයෙහි තබා ගෙන නොවසති' යි යන කරුණ ඔබ විසින් අසන ලද්දේ ද?"

"ස්වාමීනී, 'යම් ඒ කුල කුමාරිකාවෝ, කුල ස්ත්‍රීහු සිටිත් ද, වජ්ජීවරු ඔවුන් ව බලහත්කාරයෙන් ඇදගෙන ගොස් තමන්ගේ වාසයෙහි තබා ගෙන නොවසති' යි යන කරුණ මා විසින් අසන ලද්දේ ය."

"ආනන්දයෙනි, යම්තාක් කල් යම් ඒ කුල කුමාරිකාවෝ, කුල ස්ත්‍රීහු සිටිත්

ද, වජ්ජීවරු ඔවුන් ව බලහත්කාරයෙන් ඇදගෙන ගොස් තමන්ගේ වාසයෙහි තබා ගෙන නොවසත් නම්, ආනන්දයෙනි, ඒ තාක් කල් වජ්ජීන්ගේ දියුණුව ම කැමති විය යුත්තේ ය. පරිහානිය නොවෙයි.

6. කිම? ආනන්දයෙනි, 'වජ්ජීන්ගේ ඇතුළු නගරයේ ත්, පිට නගරයේ ත්, යම් ඒ වජ්ජී චෛත්‍යයෝ වෙත් ද, වජ්ජීවරු ඒවාට සත්කාර කරති. ගෞරව කරති. බුහුමන් දක්වති. පුද පූජා පවත්වති. ඒවාට පෙර පටන් දෙන ලද, පෙර පටන් කරන ලද, දැහැමි පුද පිදවිලි නොපිරිහෙලති' යි යන කරුණ ඔබ විසින් අසන ලද්දේ ද?"

"ස්වාමීනී, වජ්ජීන්ගේ ඇතුළු නගරයේ ත්, පිට නගරයේ ත්, යම් ඒ වජ්ජී චෛත්‍යයෝ වෙත් ද, වජ්ජීවරු ඒවාට සත්කාර කරති. ගෞරව කරති. බුහුමන් දක්වති. පුද පූජා පවත්වති. ඒවාට පෙර පටන් දෙන ලද, පෙර පටන් කරන ලද, දැහැමි පුද පිදවිලි නොපිරිහෙලති' යි යන කරුණ මා විසින් අසන ලද්දේ ය."

"ආනන්දයෙනි, යම්තාක් කල් වජ්ජීන්ගේ ඇතුළු නගරයේ ත්, පිට නගරයේ ත්, යම් ඒ වජ්ජී චෛත්‍යයෝ වෙත් ද, වජ්ජීවරු ඒවාට සත්කාර කරත් නම්, ගෞරව කරත් නම්, බුහුමන් දක්වත් නම්, පුද පූජා පවත්වත් නම්, ඒවාට පෙර පටන් දෙන ලද, පෙර පටන් කරන ලද, දැහැමි පුද පිදවිලි නොපිරිහෙලත් නම්, ආනන්දයෙනි, ඒ තාක් කල් වජ්ජීන්ගේ දියුණුව ම කැමති විය යුත්තේ ය. පරිහානිය නොවෙයි.

7. කිම? ආනන්දයෙනි, 'කිම, අපගේ විජිතයට නොවැඩි රහත්හු වඩිත් ද, වැඩි රහත්හු අපගේ විජිතයෙහි පහසුවෙන් වාසය කරත් ද යනුවෙන් වජ්ජීන්ගේ ධාර්මික ආරක්ෂා රැකවරණය රහතුන් කෙරෙහි මැනැවින් පිහිටුවන ලද්දේ ය' යි යන කරුණ ඔබ විසින් අසන ලද්දේ ද?"

"ස්වාමීනී, 'කිම, අපගේ විජිතයට නොවැඩි රහත්හු වඩිත් ද, වැඩි රහත්හු අපගේ විජිතයෙහි පහසුවෙන් වාසය කරත් ද යනුවෙන් වජ්ජීන්ගේ ධාර්මික ආරක්ෂා රැකවරණය රහතුන් කෙරෙහි මැනැවින් පිහිටුවන ලද්දේ ය' යි යන කරුණ මා විසින් අසන ලද්දේ ය."

"ආනන්දයෙනි, යම්තාක් කල් 'කිම, අපගේ විජිතයට නොවැඩි රහත්හු වඩිත් ද, වැඩි රහත්හු අපගේ විජිතයෙහි පහසුවෙන් වාසය කරත් ද' යනුවෙන් වජ්ජීන්ගේ ධාර්මික ආරක්ෂා රැකවරණය රහතුන් කෙරෙහි මැනැවින් පිහිටුවන ලද්දේ නම්, ආනන්දයෙනි, ඒ තාක් කල් වජ්ජීන්ගේ දියුණුව ම කැමති විය යුත්තේ ය. පරිහානිය නොවෙයි."

ඉක්බිති භාග්‍යවතුන් වහන්සේ මගධ මහඇමති වස්සකාර බ්‍රාහ්මණයා ඇමතූ සේක.

"බ්‍රාහ්මණය, එක් අවදියක මම විශාලා මහනුවර සාරන්දද සෑයෙහි වාසය කළෙමි. එහිදී මම වජ්ජිවරුන්ට නොපිරිහීම පිණිස පවතින මේ සප්ත ධර්මයන් දේශනා කළෙමි. බ්‍රාහ්මණය, යම්තාක් කල් වජ්ජිවරුන් තුළ නොපිරිහීම පිණිස පවතින මේ සප්ත ධර්මයෝ තිබෙත් ද, නොපිරිහීම පිණිස පවතින මේ සප්ත ධර්මයන් තුළ වජ්ජිවරු දිස්වෙත් ද, ඒ තාක් කල් බ්‍රාහ්මණය, වජ්ජීන්ගේ දියුණුව ම කැමති විය යුත්තේ ය. පරිහානිය නොවෙයි."

මෙසේ වදාළ කල්හී මගධ මහඇමති වස්සකාර බ්‍රාහ්මණයා භාග්‍යවතුන් වහන්සේට මෙය පැවසුවේ ය.

"භවත් ගෞතමයන් වහන්ස, නොපිරිහීම පිණිස පවතින මේ එක ම එක් ධර්මයකින් පවා යුක්ත වන වජ්ජිවරුන්ගේ දියුණුව ම කැමති විය යුත්තේ ය. පරිහානිය නොවෙයි. නොපිරිහීම පිණිස පවතින සප්ත ධර්මයන්ගෙන් යුක්ත වී සිටින විට කවර කථාවක් ද?

භවත් ගෞතමයන් වහන්ස, වේදේහීපුත්‍ර අජාසත් මගධ රජු විසින් කරනු ලබන යම් මේ යුද්ධයක් ඇද්ද, එය චාටු බසින් පොළොඹවාලීමකින් තොර ව, ඔවුන් බිඳවා අසමගි කිරීමකින් තොර ව කළ නොහැක්කේ ය.

එසේ නම් භවත් ගෞතමයන් වහන්ස, අපි දැන් යම්හ. අපි බොහෝ කටයුතු ඇති කළයුතු බොහෝ දේ ඇති උදවිය වෙමු."

"බ්‍රාහ්මණය, දූන් යමකට කාලය නම්, ඔබ එය දනුව."

ඉක්බිති මගධ මහඇමති වස්සකාර බ්‍රාහ්මණයා භාග්‍යවතුන් වහන්සේගේ භාෂිතය සතුටින් පිළිගෙන අනුමෝදන් ව හුනස්නෙන් නැගිට නික්ම ගියේ ය.

එකල්හී මගධ මහඇමති වස්සකාර බ්‍රාහ්මණයා නික්ම ගිය නොබෝ වේලාවකින් භාග්‍යවතුන් වහන්සේ ආයුෂ්මත් ආනන්දයන් ඇමතූ සේක.

"යන්න ඔබ ආනන්දයෙනි, රජගහනුවර ඇසුරු කොට යම්තාක් භික්ෂූහු වෙසෙත් ද, ඒ හැම උපස්ථාන ශාලාවට රැස් කරවන්න."

"එසේ ය, ස්වාමීනී" යි භාග්‍යවතුන් වහන්සේට පිළිතුරු දුන් ආයුෂ්මත් ආනන්දයන් වහන්සේ යම්තාක් භික්ෂූහු රජගහනුවර ඇසුරු කොට වාසය කරත් ද, ඒ හැම උපස්ථාන ශාලාවෙහි රැස් කරවා භාග්‍යවතුන් වහන්සේ වෙත

එළඹියහ. එළැඹ භාග්‍යවතුන් වහන්සේට සකසා වන්දනා කොට එකත්පස් ව සිටියහ. එකත්පස් ව සිටි ආයුෂ්මත් ආනන්දයන් වහන්සේ භාග්‍යවතුන් වහන්සේට මෙය සැළ කළහ.

"ස්වාමීනී, භික්ෂු සංඝයා රැස් කරන ලද්දේ ය. ස්වාමීනී, දැන් යමකට කාලය වෙයි නම්, එය භාග්‍යවතුන් වහන්සේ දන්නා සේක."

ඉක්බිති භාග්‍යවතුන් වහන්සේ උපස්ථාන ශාලාවට වැඩම කළ සේක. වැඩම කොට පණවන ලද අසුනෙහි වැඩහුන් සේක. වැඩහුන් භාග්‍යවතුන් වහන්සේ භික්ෂූන් ඇමතූ සේක.

"මහණෙනි, ඔබට නොපිරිහීම පිණිස පවතින සප්ත ධර්මයන් දේශනා කරන්නෙමි. එය අසව්. මැනැවින් මෙනෙහි කරව්. පවසන්නෙමි."

"එසේ ය, ස්වාමීනී" යි ඒ භික්ෂූහු භාග්‍යවතුන් වහන්සේට පිළිතුරු දුන්නාහු ය. භාග්‍යවතුන් වහන්සේ මෙය වදාළ සේක.

1. "යම්තාක් කල් මහණෙනි, භික්ෂූහු නිතර රැස් වෙත් ද, රැස්වීම් බහුල කොට සිටිත් ද, ඒ තාක් කල් මහණෙනි, භික්ෂූන්ගේ අභිවෘද්ධිය ම කැමති විය යුත්තේ ය. පරිහානිය නොවෙයි.

2. යම්තාක් කල් මහණෙනි, භික්ෂූහු සමගි ව රැස් වෙන්නාහු ද, සමගි ව විසිර යන්නාහු ද, සංඝයා විසින් කළ යුතු දෑ සමගි ව කරන්නාහු ද, ඒ තාක් කල් මහණෙනි, භික්ෂූන්ගේ අභිවෘද්ධිය ම කැමති විය යුත්තේ ය. පරිහානිය නොවෙයි.

3. යම්තාක් කල් මහණෙනි, භික්ෂූහු නොපණවන ලද දෙය ත්, නොපණවන්නාහු ද, පණවන ලද දෙය නොසිඳින්නාහු ද, යම් අයුරකින් පණවන ලද ශික්ෂාපදයන්හි සමාදන් ව පවතින්නාහු ද, ඒ තාක් කල් මහණෙනි, භික්ෂූන්ගේ අභිවෘද්ධිය ම කැමති විය යුත්තේ ය. පරිහානිය නොවෙයි.

4. යම්තාක් කල් මහණෙනි, භික්ෂූහු යම් ඒ පැවිදි ව බොහෝ කල් ගත කළ, සංඝපිතෘ වූ, සංඝ නායක වූ, වැඩිහිටි ස්ථවිර භික්ෂූහු වෙත් ද, ඔවුන්ට සත්කාර කරන්නාහු ද, ගෞරව කරන්නාහු ද, බුහුමන් දක්වන්නාහු ද, පුදන්නාහු ද, ඔවුන්ගේ වචනයට සවන් දිය යුතු යැයි සිතන්නාහු ද, ඒ තාක් කල් මහණෙනි, භික්ෂූන්ගේ අභිවෘද්ධිය ම කැමති විය යුත්තේ ය. පරිහානිය නොවෙයි.

5. යම්තාක් කල් මහණෙනි, භික්ෂූහු නැවත භවෝත්පත්තියක් පිණිස හේතුවන තෘෂ්ණාව තමන් තුළ හටගන්නා කල්හී එහි වසඟයට නොයත් ද,

ඒ තාක් කල් මහණෙනි, භික්ෂූන්ගේ අභිවෘද්ධිය ම කැමති විය යුත්තේ ය. පරිහානිය නොවෙයි.

6. යම්තාක් කල් මහණෙනි, භික්ෂූහු අරණ්‍ය සේනාසනයන්හි වාසය පිණිස අපේක්ෂාවෙන් සිටින්නාහු ද, ඒ තාක් කල් මහණෙනි, භික්ෂූන්ගේ අභිවෘද්ධිය ම කැමති විය යුත්තේ ය. පරිහානිය නොවෙයි.

7. යම්තාක් කල් මහණෙනි, භික්ෂූහු තම තමන් තුළ ම සිහිය පිහිටුවාගෙන වාසය කරත් ද, එනම්; 'කිම? මෙහි නොවැඩි සුපේශල සබ්‍රහ්මචාරීන් වහන්සේලා වැඩම කරත් නම්, වැඩම කළ සුපේශල සබ්‍රහ්මචාරීන් වහන්සේලා සුව සේ වැඩසිටිත් නම් මැනැවැ' යි හඟිත් ද, ඒ තාක් කල් මහණෙනි, භික්ෂූන්ගේ අභිවෘද්ධිය ම කැමති විය යුත්තේ ය. පරිහානිය නොවෙයි.

යම්තාක් කල් මහණෙනි, නොපිරිහීම පිණිස පවතින මේ සප්ත ධර්මයෝ භික්ෂූන් තුළ පිහිටා පවතිත් ද, නොපිරිහීම පිණිස පවතින මේ සප්ත ධර්මයන් තුළ භික්ෂූහු දිස්වෙත් ද, ඒ තාක් කල් මහණෙනි, භික්ෂූන්ගේ අභිවෘද්ධිය ම කැමති විය යුත්තේ ය. පරිහානිය නොවෙයි.

මහණෙනි, නොපිරිහීම පිණිස පවතින අන්‍ය වූ ධර්මයන් සතකුත් ඔබට දේශනා කරන්නෙමි. එය අසව්. මැනැවින් මෙනෙහි කරව්. පවසන්නෙමි."

"එසේ ය, ස්වාමීනී" යි ඒ භික්ෂූහු භාග්‍යවතුන් වහන්සේට පිළිවදන් දුන්නාහු ය. භාග්‍යවතුන් වහන්සේ මෙය වදාළ සේක.

1. යම්තාක් කල් මහණෙනි, භික්ෂූහු වැඩ කටයුතුවල පමණක් යෙදී නොසිටිත් ද, වැඩ කටයුතුවල ම ඇලී නොසිටිත් ද, වැඩ කටයුත්තෙහි ම යෙදුණු බවින් නොසිටිත් ද, ඒ තාක් කල් මහණෙනි, භික්ෂූන්ගේ අභිවෘද්ධිය ම කැමති විය යුත්තේ ය. පරිහානිය නොවෙයි.

2. යම්තාක් කල් මහණෙනි, භික්ෂූහු නිසරු කතා බහේ යෙදී නොසිටිත් ද, නිසරු කතාවෙහි ඇලී නොසිටිත් ද, නිසරු කතාවෙහි ම යෙදුණු බවින් නොසිටිත් ද, ඒ තාක් කල් මහණෙනි, භික්ෂූන්ගේ අභිවෘද්ධිය ම කැමති විය යුත්තේ ය. පරිහානිය නොවෙයි.

3. යම්තාක් කල් මහණෙනි, භික්ෂූහු නින්දෙහි යෙදී නොසිටිත් ද, නින්දෙහි ඇලී නොසිටිත් ද, නින්දෙහි ම යෙදුණු බවින් නොසිටිත් ද, ඒ තාක් කල් මහණෙනි, භික්ෂූන්ගේ අභිවෘද්ධිය ම කැමති විය යුත්තේ ය. පරිහානිය නොවෙයි.

4. යම්තාක් කල් මහණෙනි, භික්ෂූහු ගිහි පැවිදි පිරිස් සමඟ එක් ව නොසිටිත් ද, ගිහි පැවිදි පිරිස හා එක් වීමට ඇලී නොසිටිත් ද, ගිහි පැවිදි පිරිස හා එක් වීමෙන් යුක්තව නොසිටිත් ද, ඒ තාක් කල් මහණෙනි, භික්ෂූන්ගේ අභිවෘද්ධිය ම කැමති විය යුත්තේ ය. පරිහානිය නොවෙයි.

5. යම්තාක් කල් මහණෙනි, භික්ෂූහු පවිටු ආශාවෙන් යුක්ත ව නොසිටිත් ද, පවිටු ආශාවන්ගේ වසඟයට නොගියාහු ද, ඒ තාක් කල් මහණෙනි, භික්ෂූන්ගේ අභිවෘද්ධිය ම කැමති විය යුත්තේ ය. පරිහානිය නොවෙයි.

6. යම්තාක් කල් මහණෙනි, භික්ෂූහු පාප මිත්‍රයන් ඇතුව, පාපී යහළුවන් ඇතුව, පාපී යහළුවන්ගේ ඇසුරට නැඹුරු වී නොසිටිත් ද, ඒ තාක් කල් මහණෙනි, භික්ෂූන්ගේ අභිවෘද්ධිය ම කැමති විය යුත්තේ ය. පරිහානිය නොවෙයි.

7. යම්තාක් කල් මහණෙනි, භික්ෂූහු ස්වල්පමාත්‍ර වූ විශේෂ අධිගමයක් ලබා ධර්ම මාර්ගයෙහි දියුණු කිරීමට බොහෝ දේ තිබිය දී එයින් සෑහීමකට පත් නොවන්නාහු ද, ඒ තාක් කල් මහණෙනි, භික්ෂූන්ගේ අභිවෘද්ධිය ම කැමති විය යුත්තේ ය. පරිහානිය නොවෙයි.

යම්තාක් කල් මහණෙනි, නොපිරිහීම පිණිස පවතින මේ සප්ත ධර්මයෝ භික්ෂූන් තුළ පිහිටා පවතිත් ද, නොපිරිහීම පිණිස පවතින මේ සප්ත ධර්මයන් තුළ භික්ෂූහු දිස්වෙත් ද, ඒ තාක් කල් මහණෙනි, භික්ෂූන්ගේ අභිවෘද්ධිය ම කැමති විය යුත්තේ ය. පරිහානිය නොවෙයි.

මහණෙනි, නොපිරිහීම පිණිස පවතින අන්‍ය වූ ධර්මයන් සතකුත් ඔබට දේශනා කරන්නෙමි. එය අසව්. මැනැවින් මෙනෙහි කරව්. පවසන්නෙමි."

"එසේ ය, ස්වාමීනී" යි ඒ භික්ෂූහු භාග්‍යවතුන් වහන්සේට පිළිවදන් දුන්නාහු ය. භාග්‍යවතුන් වහන්සේ මෙය වදාළ සේක.

යම්තාක් කල් මහණෙනි, භික්ෂූහු සැදැහැවත් වන්නාහු ද, ඒ තාක් කල් මහණෙනි, භික්ෂූන්ගේ අභිවෘද්ධිය ම කැමති විය යුත්තේ ය. පරිහානිය නොවෙයි. යම්තාක් කල් මහණෙනි, භික්ෂූහු පවට ලැජ්ජා ඇති සිතින් යුක්ත වන්නාහු ද ....(පෙ).... පවට භයෙන් යුක්ත වන්නාහු ද ....(පෙ).... බහුශ්‍රැත වන්නාහු ද ....(පෙ).... පටන් ගත් වීරියෙන් යුක්ත වන්නාහු ද ....(පෙ).... පිහිටුවාගත් සිහියෙන් යුක්ත වන්නාහු ද, ...(පෙ).... යම්තාක් කල් මහණෙනි, භික්ෂූහු ප්‍රඥාවන්තයෝ වන්නාහු ද, ඒ තාක් කල් මහණෙනි, භික්ෂූන්ගේ අභිවෘද්ධිය ම කැමති විය යුත්තේ ය. පරිහානිය නොවෙයි.

යම්තාක් කල් මහණෙනි, නොපිරිහීම පිණිස පවතින මේ සප්ත ධර්මයෝ භික්ෂූන් තුළ පිහිටා පවතිත් ද, නොපිරිහීම පිණිස පවතින මේ සප්ත ධර්මයන් තුළ භික්ෂූහු දිස්වෙත් ද, ඒ තාක් කල් මහණෙනි, භික්ෂූන්ගේ අභිවෘද්ධිය ම කැමති විය යුත්තේ ය. පරිහානිය නොවෙයි.

මහණෙනි, නොපිරිහීම පිණිස පවතින අන්‍ය වූ ධර්මයන් සතකුත් ඔබට දේශනා කරන්නෙමි. එය අසව්. මැනැවින් මෙනෙහි කරව්. පවසන්නෙමි."

"එසේ ය, ස්වාමීනී" යි ඒ භික්ෂූහු භාග්‍යවතුන් වහන්සේට පිළිවදන් දුන්නාහු ය. භාග්‍යවතුන් වහන්සේ මෙය වදාළ සේක.

යම්තාක් කල් මහණෙනි, භික්ෂූහු සති සම්බොජ්ඣංගය වඩන්නාහු ද, ...(පෙ).... ධම්මවිචය සම්බොජ්ඣංගය වඩන්නාහු ද, ...(පෙ).... විරිය සම්බොජ්ඣංගය වඩන්නාහු ද, ...(පෙ).... ප්‍රීති සම්බොජ්ඣංගය වඩන්නාහු ද, ...(පෙ).... පස්සද්ධි සම්බොජ්ඣංගය වඩන්නාහු ද, ...(පෙ).... සමාධි සම්බොජ්ඣංගය වඩන්නාහු ද, ...(පෙ).... උපේක්ෂා සම්බොජ්ඣංගය වඩන්නාහු ද, ඒ තාක් කල් මහණෙනි, භික්ෂූන්ගේ අභිවෘද්ධිය ම කැමති විය යුත්තේ ය. පරිහානිය නොවෙයි.

යම්තාක් කල් මහණෙනි, නොපිරිහීම පිණිස පවතින මේ සප්ත ධර්මයෝ භික්ෂූන් තුළ පිහිටා පවතිත් ද, නොපිරිහීම පිණිස පවතින මේ සප්ත ධර්මයන් තුළ භික්ෂූහු දිස්වෙත් ද, ඒ තාක් කල් මහණෙනි, භික්ෂූන්ගේ අභිවෘද්ධිය ම කැමති විය යුත්තේ ය. පරිහානිය නොවෙයි.

මහණෙනි, නොපිරිහීම පිණිස පවතින අන්‍ය වූ ධර්මයන් සතකුත් ඔබට දේශනා කරන්නෙමි. එය අසව්. මැනැවින් මෙනෙහි කරව්. පවසන්නෙමි."

"එසේ ය, ස්වාමීනී" යි ඒ භික්ෂූහු භාග්‍යවතුන් වහන්සේට පිළිවදන් දුන්නාහු ය. භාග්‍යවතුන් වහන්සේ මෙය වදාළ සේක.

යම්තාක් කල් මහණෙනි, භික්ෂූහු අනිත්‍ය සංඥාව වඩන්නාහු ද, ...(පෙ).... අනාත්ම සංඥාව වඩන්නාහු ද, ...(පෙ).... අසුභ සංඥාව වඩන්නාහු ද, ...(පෙ).... ආදීනව සංඥාව වඩන්නාහු ද, ...(පෙ).... ප්‍රහාණ සංඥාව වඩන්නාහු ද, ...(පෙ).... විරාග සංඥාව වඩන්නාහු ද, ...(පෙ).... නිරෝධ සංඥාව වඩන්නාහු ද, ඒ තාක් කල් මහණෙනි, භික්ෂූන්ගේ අභිවෘද්ධිය ම කැමති විය යුත්තේ ය. පරිහානිය නොවෙයි.

යම්තාක් කල් මහණෙනි, නොපිරිහීම පිණිස පවතින මේ සප්ත ධර්මයෝ භික්ෂූන් තුළ පිහිටා පවතිත් ද, නොපිරිහීම පිණිස පවතින මේ සප්ත ධර්මයන්

තුළ භික්ෂූහු දිස්වෙත් ද, ඒ තාක් කල් මහණෙනි, භික්ෂූන්ගේ අභිවෘද්ධිය ම කැමති විය යුත්තේ ය. පරිහානිය නොවෙයි.

මහණෙනි, නොපිරිහීම පිණිස පවතින අන්‍ය වූ ධර්මයන් සයකුත් ඔබට දේශනා කරන්නෙමි. එය අසව්. මැනැවින් මෙනෙහි කරව්. පවසන්නෙමි."

"එසේ ය, ස්වාමීනී" යි ඒ භික්ෂූහු භාග්‍යවතුන් වහන්සේට පිළිවදන් දුන්නාහු ය. භාග්‍යවතුන් වහන්සේ මෙය වදාළ සේක.

1. යම්තාක් කල් මහණෙනි, භික්ෂූහු සබ්‍රහ්මචාරීන් වහන්සේලා කෙරෙහි ඉදිරියෙහි දී ත්, නැති විට ත්, මෛත්‍රියෙන් යුක්ත ව කායික ක්‍රියාවන් පවත්වන්නාහු ද, ඒ තාක් කල් මහණෙනි, භික්ෂූන්ගේ අභිවෘද්ධිය ම කැමති විය යුත්තේ ය. පරිහානිය නොවෙයි.

2. යම්තාක් කල් මහණෙනි, භික්ෂූහු සබ්‍රහ්මචාරීන් වහන්සේලා කෙරෙහි ඉදිරියෙහි දී ත්, නැති විට ත්, මෛත්‍රියෙන් යුක්ත ව වාචසික ක්‍රියාවන් පවත්වන්නාහු ද, ඒ තාක් කල් මහණෙනි, භික්ෂූන්ගේ අභිවෘද්ධිය ම කැමති විය යුත්තේ ය. පරිහානිය නොවෙයි.

3. යම්තාක් කල් මහණෙනි, භික්ෂූහු සබ්‍රහ්මචාරීන් වහන්සේලා කෙරෙහි ඉදිරියෙහි දී ත්, නැති විට ත්, මෛත්‍රියෙන් යුක්ත ව සිතෙන් කරන ක්‍රියාවන් පවත්වන්නාහු ද, ඒ තාක් කල් මහණෙනි, භික්ෂූන්ගේ අභිවෘද්ධිය ම කැමති විය යුත්තේ ය. පරිහානිය නොවෙයි.

4. යම්තාක් කල් මහණෙනි, භික්ෂූහු ධාර්මික වූ, දැහැමි ව ලැබෙන, යම් ඒ ලාභ ඇද්ද, යටත් පිරිසෙයින් පාත්‍රයට ලැබෙන ආහාර මාත්‍රයක් පවා ඇද්ද, එබඳු වූ ලාභයන් නොබෙදා නොවළඳන්නාහු ද, සිල්වත් සබ්‍රහ්මචාරීන් වහන්සේලා හා සාධාරණ ව බෙදා වළඳන්නාහු ද, ඒ තාක් කල් මහණෙනි, භික්ෂූන්ගේ අභිවෘද්ධිය ම කැමති විය යුත්තේ ය. පරිහානිය නොවෙයි.

5. යම්තාක් කල් මහණෙනි, භික්ෂූහු යම් ඒ නොකැඩුණු, සිදුරු නොවුණු, කැලැල් නොවුණු, තෘෂ්ණා දාස බවින් මිදුණු, පැල්ලම් නැති, නැණවතුන්ගේ පැසසීමට ලක්වුණු, තෘෂ්ණා දෘෂ්ටියක් හා නොබැඳුණු, සමාධිය පිණිස පවතින සිල්පද වෙත් ද, එබඳු වූ සීලයන්හි සබ්‍රහ්මචාරීන් වහන්සේලා ඉදිරිපිට ත්, නැති විට ත්, සීලයෙන් සමාන ව වාසය කරන්නාහු ද, ඒ තාක් කල් මහණෙනි, භික්ෂූන්ගේ අභිවෘද්ධිය ම කැමති විය යුත්තේ ය. පරිහානිය නොවෙයි.

6. යම්තාක් කල් මහණෙනි, භික්ෂූහු ආර්ය වූ, නිවනට පමුණුවන, මැනැවින්

යෙදෙන්නහුගේ දුක් මැනැවින් කෙළවර කරන, යම් මේ දෘෂ්ටියක් ඇද්ද, එබඳු වූ දෘෂ්ටියකින් යුක්ත ව සබ්‍රහ්මචාරීන් වහන්සේලා ඉදිරිපිට ත්, නැති විට ත්, දෘෂ්ටියෙන් සමාන ව වාසය කරන්නාහු ද, ඒ තාක් කල් මහණෙනි, භික්ෂූන්ගේ අභිවෘද්ධිය ම කැමති විය යුත්තේ ය. පරිහානිය නොවෙයි.

යම්තාක් කල් මහණෙනි, නොපිරිහීම පිණිස පවතින මේ සය ධර්මයෝ භික්ෂූන් තුළ පිහිටා පවතිත් ද, නොපිරිහීම පිණිස පවතින මේ සය ධර්මයන් තුළ භික්ෂූහු දිස්වෙත් ද, ඒ තාක් කල් මහණෙනි, භික්ෂූන්ගේ අභිවෘද්ධිය ම කැමති විය යුත්තේ ය. පරිහානිය නොවෙයි.

එහිදී භාග්‍යතුන් වහන්සේ රජගහ නුවර ගිජුකුළු පව්වෙහි වැඩවසන සේක්, භික්ෂූන් හට මෙබඳු වූ ම ධර්ම කථාව බහුල ව කරන සේක. 'සීලය මේ අයුරු ය. සමාධිය මේ අයුරු ය. ප්‍රඥාව මේ අයුරු ය. සීලය තුළින් වඩන ලද සමාධිය මහත්ඵල මහානිශංස ඇත්තේ ය. සමාධිය තුළින් වඩන ලද ප්‍රඥාව මහත්ඵල මහානිශංස ඇත්තේ ය. ප්‍රඥාව තුළින් වඩන ලද සිත මැනැවින් ම ආශ්‍රවයන්ගෙන් නිදහස් වෙයි. ඒ කවර ආශ්‍රවයන්ගෙන් ද යත්; කාම ආශ්‍රවයෙන් ය, භව ආශ්‍රවයෙන් ය, අවිද්‍යා ආශ්‍රවයෙන් ය.'

ඉක්බිති භාග්‍යවතුන් වහන්සේ කැමති තාක් කල් රජගහනුවර වැඩවාසය කොට ආයුෂ්මත් ආනන්දයන් වහන්සේ ඇමතූ සේක.

"එන්න ආනන්දයෙනි, අම්බලට්ඨිකාව යම් තැනක ඇද්ද, එහි යන්නෙමු."

"එසේ ය, ස්වාමීනී" යි ආයුෂ්මත් ආනන්දයන් වහන්සේ භාග්‍යවතුන් වහන්සේට පිළිවදන් දුන්නාහු ය. එවිට භාග්‍යවතුන් වහන්සේ මහත් වූ භික්ෂු සංඝයා සමඟ අම්බලට්ඨිකාව යම් තැනක ද, එහි වැඩි සේක. එහිදී භාග්‍යවතුන් වහන්සේ අම්බලට්ඨිකාවෙහි රාජාගාරයෙහි වැඩවසන සේක. එහිදී ද භාග්‍යවතුන් වහන්සේ අම්බලට්ඨිකාවෙහි රාජාගාරයෙහි වැඩවාසය කරන සේක්, භික්ෂූන් හට මෙබඳු වූ ම ධර්ම කථාව බහුල ව කරන සේක. 'සීලය මේ අයුරු ය. සමාධිය මේ අයුරු ය. ප්‍රඥාව මේ අයුරු ය. සීලය තුළින් වඩන ලද සමාධිය මහත්ඵල මහානිශංස ඇත්තේ ය. සමාධිය තුළින් වඩන ලද ප්‍රඥාව මහත්ඵල මහානිශංස ඇත්තේ ය. ප්‍රඥාව තුළින් වඩන ලද සිත මැනැවින් ම ආශ්‍රවයන්ගෙන් නිදහස් වෙයි. ඒ කවර ආශ්‍රවයන්ගෙන් ද යත්; කාම ආශ්‍රවයෙන් ය, භව ආශ්‍රවයෙන් ය, අවිද්‍යා ආශ්‍රවයෙන් ය.'

ඉක්බිති භාග්‍යවතුන් වහන්සේ කැමති තාක් කල් අම්බලට්ඨිකාවෙහි වැඩවාසය කොට ආයුෂ්මත් ආනන්දයන් වහන්සේ ඇමතූ සේක.

"එන්න ආනන්දයෙනි, නාලන්දාව යම් තැනක ද, එහි යන්නෙමු" යි.

"එසේ ය, ස්වාමීනී" යි ආයුෂ්මත් ආනන්දයන් වහන්සේ භාග්‍යවතුන් වහන්සේට පිළිවදන් දුන්නාහු ය. එවිට භාග්‍යවතුන් වහන්සේ භික්ෂු සංඝයා ත් සමඟ නාලන්දාව යම් තැනක ද, එහි වැඩි සේක. එහිදී භාග්‍යවතුන් වහන්සේ නාලන්දාවෙහි පාවාරික අඹ වනයෙහි වැඩවසන සේක.

එකල්හී ආයුෂ්මත් සාරිපුත්තයන් වහන්සේ භාග්‍යවතුන් වහන්සේ වෙත එළැඹියහ. එළැඹ භාග්‍යවතුන් වහන්සේට සකසා වන්දනා කොට එකත්පස් ව වැඩහුන්හ. එකත්පස් ව වැඩහුන් ආයුෂ්මත් සාරිපුත්තයන් වහන්සේ භාග්‍යවතුන් වහන්සේට මෙය පැවසූහ.

"ස්වාමීනී, භාග්‍යවතුන් වහන්සේ කෙරෙහි මම මෙබඳු වූ පැහැදීමකින් යුතු වෙමි. එනම්, භාග්‍යවතුන් වහන්සේගේ යම් මේ සම්බෝධියක් ඇද්ද, එයට වඩා වැඩිතර වූ අවබෝධයක් ඇති අන්‍ය වූ ශ්‍රමණයෙක් හෝ බ්‍රාහ්මණයෙක් හෝ අතීතයෙහි ද නොසිටියේ ය. අනාගතයෙහි ද නොවන්නේ ය. මෙකල්හි ද දකින්නට නැත්තේ ය" යනුවෙනි.

"සාරිපුත්තයෙනි, ඔබ විසින් පවසන ලද මෙම ශ්‍රේෂ්ඨ වචනය අතිමහත් වූවකි. ඒකාන්ත කොට ගන්නා ලද්දකි. නද දුන් සිංහනාදයකි. එනම්, 'ස්වාමීනී, භාග්‍යවතුන් වහන්සේ කෙරෙහි මම මෙබඳු වූ පැහැදීමකින් යුතු වෙමි. එනම්, භාග්‍යවතුන් වහන්සේගේ යම් මේ සම්බෝධියක් ඇද්ද, එයට වඩා වැඩිතර වූ අවබෝධයක් ඇති අන්‍ය වූ ශ්‍රමණයෙක් හෝ බ්‍රාහ්මණයෙක් හෝ අතීතයෙහි ද නොසිටියේ ය. අනාගතයෙහි ද නොවන්නේ ය. මෙකල්හි ද දකින්නට නැත්තේ ය' යන කරුණ යි.

කිම? සාරිපුත්තයෙනි, යම් ඒ අරහත් සම්මා සම්බුදුවරු අතීතයෙහි වැඩසිටියාහු ද, ඒ සියළු භාග්‍යවත්වරුන්ගේ සිත් ඔබ විසින් 'මෙසේ ත් ඒ භාග්‍යවත්වරු මෙබඳු සිල් ඇත්තාහු ය. මෙබඳු ධර්මයන් ....(පෙ).... මෙබඳු ප්‍රඥාවෙන් ....(පෙ).... මෙබඳු විහරණයෙන් ....(පෙ).... ඒ භාග්‍යවත්වරු මෙසේ ත් මෙබඳු විමුක්තියෙන් යුක්ත වූවාහු ය' යි සිය සිතින් පිරිසිඳ දන්නා ලද්දාහු ද?"

"ස්වාමීනී, එය නැත්තේ ය."

"කිම? සාරිපුත්තයෙනි, යම් ඒ අරහත් සම්මා සම්බුදුවරු අනාගතයෙහි වැඩසිටින්නාහු ද, ඒ සියළු භාග්‍යවත්වරුන්ගේ සිත් ඔබ විසින් 'මෙසේ ත් ඒ භාග්‍යවත්වරු මෙබඳු සිල් ඇතිවන්නාහු ය. මෙබඳු ධර්මයන් ....(පෙ).... මෙබඳු

ප්‍රඥාවෙන් ....(පෙ).... මෙබඳු විහරණයෙන් ....(පෙ).... ඒ භාග්‍යවත්වරු මෙසේ ත් මෙබඳු විමුක්තියෙන් යුක්ත වන්නාහු ය' යි සිය සිතින් පිරිසිඳ දන්නා ලද්දාහු ද?"

"ස්වාමීනී, එය නැත්තේ ය."

"කිම? සාරිපුත්තයෙනි, මෙකල්හී අරහත් සම්මා සම්බුදු වූ මම ඔබ විසින් 'භාග්‍යවත් තෙමේ මෙසේ ත් මෙබඳු සිල් ඇත්තේ ය. මෙබඳු ධර්මය ....(පෙ).... මෙබඳු ප්‍රඥාව ....(පෙ).... මෙබඳු විහරණය ....(පෙ).... මෙසේ ත් භාග්‍යවත් තෙමේ මෙබඳු විමුක්තියෙන් යුක්ත වූයේ ය' යි මාගේ සිත සිය සිතින් පිරිසිඳ දන්නා ලද්දාහු ද?"

"ස්වාමීනී, එය නැත්තේ ය."

"සාරිපුත්තයෙනි, මෙකරුණ පිළිබඳ ව අතීත, අනාගත, වර්තමාන අරහත් සම්මා සම්බුදුවරයන් විෂයෙහි චේතෝපරිය ඥානයක් ඔබට නැත්තේ ය. එසේ තිබිය දී ත් කෙසේ නම් සාරිපුත්තයෙනි, ඔබ විසින් මෙම අතිමහත් ශ්‍රේෂ්ඨ වචනය පවසන ලද්දේ ද? ඒකාන්ත කොට ගන්නා ලද්දේ ද? සිහනදක් නද දෙන ලද්දේ ද? එනම්, 'ස්වාමීනී, භාග්‍යවතුන් වහන්සේ කෙරෙහි මම මෙබඳු වූ පැහැදීමකින් යුතු වෙමි. එනම්, භාග්‍යවතුන් වහන්සේගේ යම් මේ සම්බෝධියක් ඇද්ද, එයට වඩා වැඩිතර වූ අවබෝධයක් ඇති අන්‍ය වූ ශ්‍රමණයෙක් හෝ බ්‍රාහ්මණයෙක් හෝ අතීතයෙහි ද නොසිටියේ ය. අනාගතයෙහි ද නොවන්නේ ය. මෙකල්හි ද දකින්නට නැත්තේ ය' යන කරුණ යි."

"ස්වාමීනී, අතීත, අනාගත, වර්තමාන අරහත් සම්මා සම්බුදුවරයන් විෂයෙහි චේතෝපරිය ඥානයක් මට නැත්තේ ය. එසේ නමුත් ස්වාමීනී, මා විසින් ධර්ම න්‍යායට අනුව නිගමනයකට පැමිණිය හැකි බව දන්නා ලද්දේ ය.

ස්වාමීනී, එය මෙබඳු දෙයකි. රජෙකු හට පිටතින් බඳින ලද ශක්තිමත් බැම් ඇති දැඩි ප්‍රාකාර තොරණක් සහිත වූ ඈත පිහිටි නගරයක් තිබෙයි. එය එක් දොරටුවකින් යුක්ත ය. ඒ දොරටුව ළඟ නුවණැති, ව්‍යක්ත, යහපත් නුවණ ඇති, නොදන්නවුන් ඇතුළුවීම වළක්වන, දන්නවුන් ඇතුල් කරන දොරටුපාලයෙක් සිටියි. ඔහු ඒ නගර ප්‍රාකාර මාර්ගය වටා ඇවිදගෙන යන්නේ යටත් පිරිසෙයින් බළලෙකුට වත් නික්ම යා හැකි ප්‍රාකාර සන්ධියක් හෝ ප්‍රාකාර සිදුරක් හෝ නොදකින්නේ ය. එවිට ඔහුට මෙසේ සිතෙයි. 'යම්කිසි ගොරෝසු ප්‍රාණීහු මේ නගරයට පිවිසෙත් ද, නික්ම යත් ද, ඒ සියල්ලෝ මේ දොරටුවෙන් පමණක් ම පිවිසෙති. නික්මෙති' යනුවෙනි.

එසෙයින් ම ස්වාමීනී, මා විසින් ධර්ම න්‍යායට අනුව නිගමනයකට පැමිණිය හැකි බව දන්නා ලද්දේ ය. ස්වාමීනී, යම් ඒ අරහත් සම්මා සම්බුදුවරු අතීතයෙහි වැඩසිටියාහු ද, ඒ සියළු භාග්‍යවතුන් වහන්සේලා සිතට උපක්ලේශ වූ, ප්‍රඥාව දුර්වල කරන, පංච නීවරණ ප්‍රහාණය කොට සතර සතිපට්ඨානය තුළ මැනැවින් පිහිටුවා ගත් සිතින් යුතුව, සප්ත බොජ්ඣංගයන් ඒ වූ සැටියෙන් ම දියුණු කොට අනුත්තර වූ සම්මා සම්බෝධිය අවබෝධ කළ සේක.

ස්වාමීනී, යම් ඒ අරහත් සම්මා සම්බුදුවරු අනාගතයෙහි පහළ වන සේක් ද, ඒ සියළු භාග්‍යවතුන් වහන්සේලා සිතට උපක්ලේශ වූ, ප්‍රඥාව දුර්වල කරන, පංච නීවරණ ප්‍රහාණය කොට සතර සතිපට්ඨානය තුළ මැනැවින් පිහිටුවා ගත් සිතින් යුතුව, සප්ත බොජ්ඣංගයන් ඒ වූ සැටියෙන් ම දියුණු කොට අනුත්තර වූ සම්මා සම්බෝධිය අවබෝධ කරන සේක.

ස්වාමීනී, මෙකල්හී අරහත් සම්මා සම්බුදු භාග්‍යවතුන් වහන්සේ පවා සිතට උපක්ලේශ වූ, ප්‍රඥාව දුර්වල කරන, පංච නීවරණ ප්‍රහාණය කොට සතර සතිපට්ඨානය තුළ මැනැවින් පිහිටුවා ගත් සිතින් යුතුව, සප්ත බොජ්ඣංගයන් ඒ වූ සැටියෙන් ම දියුණු කොට අනුත්තර වූ සම්මා සම්බෝධිය අවබෝධ කළ සේක."

එහිදී ද භාග්‍යවතුන් වහන්සේ නාලන්දාවෙහි පාවාරික අඹවනයෙහි වැඩවසන සේක්, භික්ෂූන් හට මෙබඳු වූ ම ධර්ම කථාව බහුල ව කරන සේක. 'සීලය මේ අයුරු ය. සමාධිය මේ අයුරු ය. ප්‍රඥාව මේ අයුරු ය. සීලය තුළින් වඩන ලද සමාධිය මහත්ඵල මහානිශංස ඇත්තේ ය. සමාධිය තුළින් වඩන ලද ප්‍රඥාව මහත්ඵල මහානිශංස ඇත්තේ ය. ප්‍රඥාව තුළින් වඩන ලද සිත මැනැවින් ම ආශ්‍රවයන්ගෙන් නිදහස් වෙයි. ඒ කවර ආශ්‍රවයන්ගෙන් ද යත්; කාම ආශ්‍රවයෙන් ය, භව ආශ්‍රවයෙන් ය, අවිද්‍යා ආශ්‍රවයෙන් ය.'

ඉක්බිති භාග්‍යවතුන් වහන්සේ කැමති තාක් කල් නාලන්දාවෙහි වැඩවාසය කොට ආයුෂ්මත් ආනන්දයන් වහන්සේ ඇමතූ සේක.

"එන්න ආනන්දයෙනි, පාටලීගම යම් තැනක ඇද්ද, එහි යන්නෙමු."

"එසේ ය, ස්වාමීනී" යි ආයුෂ්මත් ආනන්දයන් වහන්සේ භාග්‍යවතුන් වහන්සේට පිළිවදන් දුන්නාහු ය. එවිට භාග්‍යවතුන් වහන්සේ මහත් වූ භික්ෂු සංඝයා සමඟ පාටලීගම යම් තැනක ද, එහි වැඩි සේක.

පාටලීගමෙහි උපාසකවරු 'භාග්‍යවතුන් වහන්සේ පාටලීගමට වැඩිසේක් ලු' යි ඇසුවාහු ය. එවිට පාටලීගමෙහි උපාසකවරු භාග්‍යවතුන් වහන්සේ

යම් තැනක වැඩසිටි සේක් ද, එතනට පැමිණියාහු ය. පැමිණ භාග්‍යවතුන් වහන්සේට සකසා වන්දනා කොට එකත්පස් ව හුන්නාහු ය. එකත්පස් ව හුන් පාටලීගමෙහි උපාසකවරු භාග්‍යවතුන් වහන්සේට මෙය පැවසූහ.

"ස්වාමීනී, භාග්‍යවතුන් වහන්සේ අපගේ තානායම් නිවස පිළිගන්නා සේක්වා!"

භාග්‍යවතුන් වහන්සේ නිහඬ ව වැඩසිටීමෙන් ඒ ඇරයුම පිළිගත් සේක. ඉක්බිති පාටලීගමෙහි උපාසකවරු භාග්‍යවතුන් වහන්සේ ඒ ඇරයුම පිළිගත් බව දැන හුනස්නෙන් නැගිට භාග්‍යවතුන් වහන්සේට සකසා වන්දනා කොට, පැදකුණු කොට, තානායම් ගෘහය යම් තැනක ද, එතැනට ගියාහු ය. ගොස් තානායම් ගෘහයෙහි සියළු ඇතිරිලි අතුරා, අසුන් පණවා, පා සේදීම පිණිස මහත් දිය සැළියක් තබා, තෙල් පහනක් දල්වා ඔසොවා, භාග්‍යවතුන් වහන්සේ යම් තැනක වැඩසිටි සේක් ද, එතැනට එළැඹියාහු ය. එළඹ භාග්‍යවතුන් වහන්සේට සකසා වන්දනා කොට එකත්පස් ව සිටගත්තාහු ය. එකත්පස් ව සිටගත් පාටලී ගමෙහි උපාසකවරු භාග්‍යවතුන් වහන්සේට මෙය පැවසූහ.

"ස්වාමීනී, තානායම් නිවස සියළු ඇතිරිල්ලෙන් අතුරන ලද්දේ ය. අසුන් පණවන ලද්දේ ය. පා සේදීම පිණිස මහත් දිය සැළියක් තබන ලද්දේ ය. තෙල් පහණක් දල්වා ඔසොවන ලද්දේ ය. ස්වාමීනී, දැන් යමකට කාලය වෙයි නම් භාග්‍යවතුන් වහන්සේ එය දන්නා සේක"

ඉක්බිති සවස්වරුවෙහි භාග්‍යවතුන් වහන්සේ සිවුරු හැඳ පොරොවා ගෙන, පාත්‍රය හා සිවුර ගෙන භික්ෂු සංඝයා සමඟ තානායම් නිවස යම් තැනක ද, එහි වැඩි සේක. වැඩම කොට, පා සෝදා, තානායම් නිවසට පිවිස, එහි මැද මහ කණුවට පිටුපා, පෙරදිගට මුහුණලා වැඩහුන් සේක. භික්ෂු සංඝයා වහන්සේ ත් පා සෝදා, තානායම් නිවසට පිවිස, බටහිර පෙදෙසෙහි වූ බිත්තියට පිටුපා භාග්‍යවතුන් වහන්සේ ව ම පෙරටු කොට පෙරදිගට මුහුණලා වැඩහුන්නාහු ය. පාටලීගමෙහි උපාසකවරුත් පා සෝදා, තානායම් නිවසට පිවිස, පෙරදිග පෙදෙසෙහි වූ බිත්තියට පිටුපා භාග්‍යවතුන් වහන්සේ ව ම පෙරටු කොට බටහිර දෙසට මුහුණ ලා හිඳගත්තාහු ය.

එකල්හී භාග්‍යවතුන් වහන්සේ පාටලීගමෙහි උපාසකවරුන් ඇමතූ සේක.

"ගෘහපතිවරුනි, දුස්සීල තැනැත්තා හට සීලයට අනතුරු කරගැනීම හේතුවෙන් මේ නපුරු ප්‍රතිවිපාක පහ ලැබෙයි. ඒ කවර ආදීනව පසක් ද යත්;

1. ගෘහපතිවරුනි, මෙහි සීලයට අනතුරු කරගත්, දුස්සීල තැනැත්තා

ප්‍රමාදවීම හේතුවෙන් මහත් වූ භෝග සම්පත් හානියකට පත්වෙයි. දුස්සීල තැනැත්තාට සීලයට අනතුරු කරගැනීම හේතුවෙන් ලැබෙන පළමු නපුරු ප්‍රතිවිපාකය මෙය යි.

2. තව ද ගෘහපතිවරුනි, සීලයට අනතුරු කරගත්, දුස්සීල තැනැත්තාගේ පවිටු අපකීර්ති ශබ්දය පැතිර යයි. දුස්සීල තැනැත්තාට සීලයට අනතුරු කරගැනීම හේතුවෙන් ලැබෙන දෙවෙනි නපුරු ප්‍රතිවිපාකය මෙය යි.

3. තව ද ගෘහපතිවරුනි, සීලයට අනතුරු කරගත්, දුස්සීල තැනැත්තා ක්ෂත්‍රිය පිරිසක් වේවා, බ්‍රාහ්මණ පිරිසක් වේවා, ගෘහපති පිරිසක් වේවා, ශ්‍රමණ පිරිසක් වේවා, යම් ම පිරිසක් වෙත එළැඹෙයි නම්, විශාරද බවින් තොර ව, සඟවා ගත් මුහුණින් යුතුව එළඹෙයි. දුස්සීල තැනැත්තාට සීලයට අනතුරු කරගැනීම හේතුවෙන් ලැබෙන තුන්වෙනි නපුරු ප්‍රතිවිපාකය මෙය යි.

4. තව ද ගෘහපතිවරුනි, සීලයට අනතුරු කරගත්, දුස්සීල තැනැත්තා මුලා වූ සිහි ඇති ව මරණයට පත්වෙයි. දුස්සීල තැනැත්තාට සීලයට අනතුරු කරගැනීම හේතුවෙන් ලැබෙන සිව්වෙනි නපුරු ප්‍රතිවිපාකය මෙය යි.

5. තව ද ගෘහපතිවරුනි, සීලයට අනතුරු කරගත්, දුස්සීල තැනැත්තා කය බිඳී මරණින් මතු අපාය, දුගතිය, විනිපාතය නම් වූ නිරයෙහි උපදියි. දුස්සීල තැනැත්තාට සීලයට අනතුරු කරගැනීම හේතුවෙන් ලැබෙන පස්වෙනි නපුරු ප්‍රතිවිපාකය මෙය යි.

ගෘහපතිවරුනි, මේ වනාහී සීලයට අනතුරු කරගත්, දුස්සීල බවෙහි ඇති නපුරු ප්‍රතිවිපාක පස යි.

ගෘහපතිවරුනි, සීල සම්පත් ඇති සිල්වතාගේ මේ අනුසස් පසකි. ඒ කවර පසක් ද යත්;

1. ගෘහපතිවරුනි, මෙහි සීලයෙන් යුක්ත වූ සිල්වතා අප්‍රමාදී ව කටයුතු කිරීම නිසා මහත් වූ භෝග සම්පත් අත්පත් කරගනියි. සීලයෙන් යුතු සිල්වතාට ලැබෙන පළමු ආනිශංසය මෙය යි.

2. තව ද ගෘහපතිවරුනි, සීලයෙන් යුක්ත වූ සිල්වතාගේ කල්‍යාණ කීර්ති ඝෝෂාවක් පැතිර යයි. සීලයෙන් යුතු සිල්වතාට ලැබෙන දෙවෙනි ආනිශංසය මෙය යි.

3. තව ද ගෘහපතිවරුනි, සීලයෙන් යුක්ත වූ සිල්වතා ක්ෂත්‍රිය පිරිසක් වේවා, බ්‍රාහ්මණ පිරිසක් වේවා, ගෘහපති පිරිසක් වේවා, ශ්‍රමණ පිරිසක් වේවා,

යම් ම පිරිසක් වෙත එළැඹෙයි නම්, විශාරද ව, සඟවා නොගත් මුහුණින් යුතුව එළඹෙයි. සීලයෙන් යුතු සිල්වතාට ලැබෙන තුන්වෙනි ආනිශංසය මෙය යි.

4. තව ද ගෘහපතිවරුනි, සීලයෙන් යුක්ත වූ සිල්වතා සිහි මුළා නොවී මරණයට පත්වෙයි. සීලයෙන් යුතු සිල්වතාට ලැබෙන සිව්වෙනි ආනිශංසය මෙය යි.

5. තව ද ගෘහපතිවරුනි, සීලයෙන් යුක්ත වූ සිල්වතා කය බිඳී මරණින් මතු සුගත සංඛ්‍යාත ස්වර්ග ලෝකයෙහි උපදියි. සීලයෙන් යුතු සිල්වතාට ලැබෙන පස්වෙනි ආනිශංසය මෙය යි.

ගෘහපතිවරුනි, මේ වනාහී සීලයෙන් යුතු සිල්වතාගේ අනුසස් පස ය.

එකල්හී පාටලීගමෙහි උපාසකවරුන්ට රාත්‍රී බොහෝ වේලා ගතවන තුරු ධර්ම කථාවෙන් කරුණු දක්වා, සමාදන් කොට, උනන්දු කොට, සතුටු කරවා වදාළ භාග්‍යවතුන් වහන්සේ "ගෘහපතිවරුනි, බොහෝ රෑ බෝ වූයේ ය. දැන් යමකට කාලය නම් ඔබ එය දනිව්" යි ඔවුන් පිටත් වීමට යොමු කරවූ සේක.

"එසේ ය, ස්වාමීනී" යි පාටලීගමෙහි උපාසකවරු භාග්‍යවතුන් වහන්සේට පිළිවදන් දී හුනස්නෙන් නැගිට භාග්‍යවතුන් වහන්සේට සකසා වන්දනා කොට, පැදකුණු කොට නික්ම ගියහ.

ඉක්බිති භාග්‍යවතුන් වහන්සේ පාටලීගමෙහි උපාසකවරු නික්ම ගොස් නොබෝ වේලාවකින් හිස් කුටියකට පිවිසි සේක. එසමයෙහි සුනීධ, වස්සකාර මගධ මහඇමතිවරු වජ්ජීන් ව යටත් කිරීම පිණිස පාටලීගමෙහි නගරයක් ඉදි කරත්. එසමයෙහි දහස් දහස් ගණන් බොහෝ දේවතාවෝ පාටලී ගමෙහි ගෙවතුවලට අරක්ගනිති. මහේශාක්‍ය දේවතාවෝ යම් පෙදෙසක ගෙවතුවලට අරක්ගනිත් ද, ඒ පෙදෙසෙහි නිවෙස් තනන්නට රජුගේ මහේශාක්‍ය රාජමහාමාත්‍යවරුන්ගේ ත් සිත නැමෙයි. මධ්‍යමශාක්‍ය දේවතාවෝ යම් පෙදෙසක ගෙවතුවලට අරක්ගනිත් ද, ඒ පෙදෙසෙහි නිවෙස් තනන්නට රජුගේ මධ්‍යමශාක්‍ය රාජමහාමාත්‍යවරුන්ගේ ත් සිත නැමෙයි. අල්පේශාක්‍ය දේවතාවෝ යම් පෙදෙසක ගෙවතුවලට අරක්ගනිත් ද, ඒ පෙදෙසෙහි නිවෙස් තනන්නට රජුගේ අල්පේශාක්‍ය රාජමහාමාත්‍යවරුන්ගේ ත් සිත නැමෙයි.

භාග්‍යවතුන් වහන්සේ සාමාන්‍ය මිනිස් ඇස ඉක්මගිය සුවිශුද්ධ වූ දිවැසින් පාටලී ගමෙහි ගෙවතුවල අරක්ගන්නා දහස් දහස් ගණනින් ම යුතු දේවතාවන් ව දුටු සේක. ඉක්බිති භාග්‍යවතුන් වහන්සේ ඒ රාත්‍රියෙහි පශ්චිම යාමයෙහි අවදි ව ආයුෂ්මත් ආනන්දයන් වහන්සේ ඇමතූ සේක.

"ආනන්දයෙනි, පාටලීගමෙහි කවුරු හෝ නගරයක් ඉදිකරත් ද?"

"ස්වාමීනී, සුනීධ, වස්සකාර මගධ මහාමාත්‍යවරු වජ්ජීන් යටත් කරනු පිණිස පාටලීගමෙහි නගරයක් ඉදිකරති."

"ආනන්දයෙනි, තව්තිසාවැසි දෙවියන් හා සාකච්ඡා කොට කරන්නේ යම් සේ ද, ආනන්දයෙනි, සුනීධ වස්සකාර මගධ මහාමාත්‍යවරු වජ්ජීන් යටත් කරනු පිණිස පාටලී ගමෙහි නුවරක් එසෙයින් ම ඉදි කරත් නොවැ. ආනන්දයෙනි, මෙහිලා මම සාමාන්‍ය මිනිස් ඇස ඉක්මගිය සුවිශුද්ධ වූ දිවැසින් පාටලී ගමෙහි ගෙවතුවල අරක්ගන්නා දහස් දහස් ගණනින් ම යුතු බොහෝ දේවතාවන් දුටුවෙමි.

ආනන්දයෙනි, මහේශාක්‍ය දේවතාවෝ යම් පෙදෙසක ගෙවතුවලට අරක්ගනිත් ද, ඒ පෙදෙසෙහි නිවෙස් තනන්නට රජුගේ මහේශාක්‍ය රාජමහාමාත්‍යවරුන්ගේ ත් සිත නැමෙයි. මධ්‍යමශාක්‍ය දේවතාවෝ යම් පෙදෙසක ගෙවතුවලට අරක්ගනිත් ද, ඒ පෙදෙසෙහි නිවෙස් තනන්නට රජුගේ මධ්‍යමශාක්‍ය රාජමහාමාත්‍යවරුන්ගේ ත් සිත නැමෙයි. අල්පේශාක්‍ය දේවතාවෝ යම් පෙදෙසක ගෙවතුවලට අරක්ගනිත් ද, ඒ පෙදෙසෙහි නිවෙස් තනන්නට රජුගේ අල්පේශාක්‍ය රාජමහාමාත්‍යවරුන්ගේ ත් සිත නැමෙයි.

ආනන්දයෙනි, ආර්යයන්ගේ වාසස්ථානය යම්තාක් ඇද්ද, වෙළඳ වීථි යම්තාක් ඇද්ද, මේ පාටලීපුත්‍ර නගරය වෙළඳ බඩුභාණ්ඩ ලිහා බෙදා හරින අගනගරය වන්නේ ය. ආනන්දයෙනි, පාටලීපුත්‍ර නගරයට අනතුරු තුනක් සිදුවන්නේ ය. ගින්නෙන් හෝ ජලගැල්මෙන් හෝ එකිනෙකා අසමගි ව බිඳී යාමෙන් හෝ ය."

එකල්හී භාග්‍යවතුන් වහන්සේ යම් තැනක වැඩසිටි සේක් ද, සුනීධ වස්සකාර මගධ මහඇමතිවරු එතැනට එළැඹියහ. එළැඹ භාග්‍යවතුන් වහන්සේ සමඟ පිළිසඳර කතාබහේ යෙදුණාහ. සතුටු විය යුතු පිළිසඳර කතාබහ නිමකොට එකත්පස් ව සිටගත්හ. එකත්පස් ව සිටගත් සුනීධ වස්සකාර මගධ මහඇමතිවරු භාග්‍යවතුන් වහන්සේට මෙය පැවසූහ.

"භවත් ගෞතමයන් වහන්ස, අද දවසේ අපගේ දානය භික්ෂු සංඝයා සමඟ පිළිගන්නා සේක්වා!"

භාග්‍යවතුන් වහන්සේ නිහඬ ව වැඩසිටීමෙන් ඒ ඇරයුම පිළිගත් සේක.

ඉක්බිති සුනීධ වස්සකාර මගධ මහඇමතිවරු භාග්‍යවතුන් වහන්සේ විසින් ඒ ඇරයුම පිළිගත් බව දැන තමන්ගේ නිවස යම් තැනක ද, එතැනට

ගියාහු ය. ගොස් තම නිවසෙහි ප්‍රණීත වූ ඛාද්‍ය භෝජ්‍යය පිළියෙල කොට භාග්‍යවතුන් වහන්සේට කල් දැනුම් දුන්හ.

"භවත් ගෞතමයන් වහන්ස, කාලය යි. දානය සකසා නිමවන ලද්දේ ය."

එකල්හී භාග්‍යවතුන් වහන්සේ පෙරවරුවෙහි සිවුරු හැඳ පොරොවාගෙන පාත්‍රය හා සිවුර ගෙන භික්ෂු සංඝයා සමඟ සුනීධ වස්සකාර මහඇමතිවරුන්ගේ නිවස යම් තැනක ද, එහි වැඩි සේක. වැඩම කොට පණවන ලද අසුන්හි වැඩහුන් සේක. එවිට සුනීධ වස්සකාර මගධ මහඇමතිවරු බුදු රජුන් ප්‍රමුඛ භික්ෂු සංඝයාට සිය අතින් ම ප්‍රණීත වූ ඛාද්‍ය භෝජ්‍යයන් මනාකොට පිළිග ැන්වූහ. මනාකොට පැවරූහ.

ඉක්බිති සුනීධ වස්සකාර මගධ මහඇමතිවරු දන් වළඳා පාත්‍රයෙන් ඉවතට ගත් ශ්‍රී හස්තය ඇති භාග්‍යවතුන් වහන්සේ එකත්පස් කොට එක්තරා මිටි අසුනක් ගෙන හිඳගත්හ. භාග්‍යවතුන් වහන්සේ එකත්පස් ව හුන් සුනීධ වස්සකාර මගධ මහඇමතිවරුන්ට මේ ගාථාවලින් අනුමෝදනා කළ සේක.

යස්මිං පදේසේ කප්පේති - වාසං පණ්ඩිත ජාතියෝ
සීලවන්තෙත්ථ භෝජෙත්වා - සඤ්ඤතේ බ්‍රහ්මචාරයෝ

නුවණැති අදහස් ඇති යමෙක් යම් පෙදෙසක වසයි ද, සංසුන් ඉඳුරන් ඇති, බඹසරෙහි පිහිටි සිල්වතුන් වහන්සේලා මෙහි වැඩමවා වළඳවා,

යා තත්ථ දේවතා ආසුං - තාසං දක්ඛිණමාදිසේ
තා පූජිතා පූජයන්ති - මානිතා මානයන්ති නං

එම පෙදෙසෙහි යම් දේවතාවෝ සිටිත් ද, ඔවුන්ට ඒ දානමය පින දෙන්නේ ය. මෙසේ පිනෙන් පිදුම් ලද ඒ දේවතාවෝ ඒ පින් දුන් අයට පෙරළා පුදති. බුහුමන් ලද ඒ දේවතාවෝ තමන්ට බුහුමන් කළ අයට පෙරළා බුහුමන් කරති.

තතෝ නං අනුකම්පන්ති - මාතා පුත්තං'ව ඕරසං
දේවතානුකම්පිතෝ පෝසෝ - සදා භද්‍රානි පස්සතී' ති

ඒ හේතුවෙන් දේවතාවෝ ඔවුන්ට අනුකම්පා කරති. මවක් තමන් බිහිකළ පුත්‍රයාට අනුකම්පාව දක්වන ලෙසිනි. දෙවියන්ගේ අනුකම්පාව ලබන පුරුෂ තෙමේ හැමකල්හී යහපත දකියි."

ඉක්බිති භාග්‍යවතුන් වහන්සේ සුනීධ වස්සකාර මගධ මහඇමතිවරුන්ට මේ ගාථාවලින් අනුමෝදනා වදාරා හුනස්නෙන් නැගිට නික්ම වැඩි සේක. එකල්හී සුනීධ වස්සකාර මගධ මහඇමතිවරු භාග්‍යවතුන් වහන්සේ පසුපසින් ඒ අනුව ගියාහු ය. 'ශ්‍රමණ ගෞතමයන් වහන්සේ අද යම් දොරටුවකින් නික්ම වඩින්නාහු ද, එය 'ගෞතම ද්වාරය' නම් වන්නේ ය. යම් තොටුපලකින් ගංගා නදියෙන් එතෙරට වඩින්නාහු ද, එය 'ගෞතම තොටුපල' වන්නේ ය' කියා ඒ සඳහා ය.

ඉක්බිති භාග්‍යවතුන් වහන්සේ යම් දොරටුවකින් නික්ම වැඩි සේක් ද, එය 'ගෞතම ද්වාරය' නම් වූයේ ය. එකල්හී භාග්‍යවතුන් වහන්සේ ගංගා නදිය යම් තැනක ද, එතැනට වැඩි සේක. එසමයෙහි ගංගා නදී තොමෝ කපුටන්ට ද සුව සේ පානය කළ හැකි සේ ජලයෙන් ඉවුරු දක්වා පිරී ගියා වෙයි. ඇතැම් මිනිස්සු එතෙර යනු කැමති ව නැව් සොයත්. ඇතැම්හු පහුරු සොයත්. ඇතැම්හු පහුරු බඳිත්.

එකල්හී භාග්‍යවතුන් වහන්සේ බලවත් පුරුෂයෙක් හැකිලූ අතක් දිග හරින්නේ, දික් කළ අතක් හකුලන්නේ යම් සේ ද, එසෙයින් ම භික්ෂු සංඝයා සමඟ මෙතෙරින් නොපෙනී ගොස් එතෙරෙහි පහළ වූ සේක.

භාග්‍යවතුන් වහන්සේ මෙතෙරින් එතෙරට යනු කැමති ව නැව් සොයන ඇතැම් මිනිසුන්, පහුරු සොයන ඇතැමුන්, පහුරු බඳින ඇතැමුන් දුටු සේක. එකල්හී භාග්‍යවතුන් වහන්සේ මෙකරුණ දැන එවේලෙහි මෙම උදානය පහළ කළ සේක.

"යේ තරන්ති අණ්ණවං සරං
සේතුං කත්වාන විසජ්ජ පල්ලලානි
කුල්ලංහි ජනෝ පබන්ධති
තිණ්ණා මේධාවිනෝ ජනා'ති

යම් කෙනෙක් අති මහත් තෘෂ්ණා ජලකඳින් එතෙර යත් ද, ඔවුහු ආර්ය අෂ්ටාංගික මාර්ගය නැමැති පාලම සකසා ගෙන මඩ වගුරු නොපාගා එතෙර යති. එහෙත් මේ කුඩා නදියකින් එතෙර වන්නට ජන තෙමේ පහුරු බඳියි. සොඳුරු නුවණැති ජනයෝ මේ නදියෙන් ද සුව සේ එතෙරට ගියාහු ය."

ඉක්බිති භාග්‍යවතුන් වහන්සේ ආයුෂ්මත් ආනන්දයන් වහන්සේ ඇමතූ සේක.

"එන්න ආනන්දයෙනි, කෝටිගම යම් තැනක ද, එහි යන්නෙමු."

"එසේ ය, ස්වාමීනී" යි ආයුෂ්මත් ආනන්දයන් වහන්සේ භාග්‍යවතුන් වහන්සේට පිළිවදන් දුන්හ.

ඉක්බිති භාග්‍යවතුන් වහන්සේ මහත් වූ භික්ෂු සංඝයා සමඟ කෝටිගමට වැඩි සේක. එහිදී භාග්‍යවතුන් වහන්සේ කෝටිගමෙහි වැඩවසන සේක. ඉක්බිති භාග්‍යවතුන් වහන්සේ භික්ෂූන් ඇමතූ සේක.

"මහණෙනි, සතරක් වූ ආර්ය සත්‍යයන් අවබෝධ නොකිරීම හේතුවෙන්, නුවණින් ප්‍රත්‍යක්ෂ නොකිරීම හේතුවෙන්, මා හට ත්, ඔබ හට ත් මේ සා අතිදීර්ඝ වූ කාලයෙහි සසරෙහි ඇවිදින්නට සිදුවූයේ ය. සැරිසරා යන්නට සිදුවූයේ ය. ඒ කවර ආර්ය සත්‍යය සතරක් ද?

මහණෙනි, දුක නම් වූ ආර්ය සත්‍යය අවබෝධ නොකිරීම හේතුවෙන්, නුවණින් ප්‍රත්‍යක්ෂ නොකිරීම හේතුවෙන්, මා හට ත්, ඔබ හට ත් මේ සා අතිදීර්ඝ වූ කාලයෙහි සසරෙහි ඇවිදින්නට සිදුවූයේ ය. සැරිසරා යන්නට සිදුවූයේ ය.

මහණෙනි, දුක හටගැනීම නම් වූ ආර්ය සත්‍යය අවබෝධ නොකිරීම හේතුවෙන්, නුවණින් ප්‍රත්‍යක්ෂ නොකිරීම හේතුවෙන්, මා හට ත්, ඔබ හට ත් මේ සා අතිදීර්ඝ වූ කාලයෙහි සසරෙහි ඇවිදින්නට සිදුවූයේ ය. සැරිසරා යන්නට සිදුවූයේ ය.

මහණෙනි, දුක නිරුද්ධ වීම නම් වූ ආර්ය සත්‍යය අවබෝධ නොකිරීම හේතුවෙන්, නුවණින් ප්‍රත්‍යක්ෂ නොකිරීම හේතුවෙන්, මා හට ත්, ඔබ හට ත් මේ සා අතිදීර්ඝ වූ කාලයෙහි සසරෙහි ඇවිදින්නට සිදුවූයේ ය. සැරිසරා යන්නට සිදුවූයේ ය.

මහණෙනි, දුක නිරුද්ධ වීම පිණිස පවතින ප්‍රතිපදාව නම් වූ ආර්ය සත්‍යය අවබෝධ නොකිරීම හේතුවෙන්, නුවණින් ප්‍රත්‍යක්ෂ නොකිරීම හේතුවෙන්, මා හට ත්, ඔබ හට ත් මේ සා අතිදීර්ඝ වූ කාලයෙහි සසරෙහි ඇවිදින්නට සිදුවූයේ ය. සැරිසරා යන්නට සිදුවූයේ ය.

මහණෙනි, මේ දුක නම් වූ ආර්ය සත්‍යය අවබෝධ කරන ලද්දේ ය. නුවණින් ප්‍රත්‍යක්ෂ කරන ලද්දේ ය. දුකෙහි හටගැනීම නම් වූ ආර්ය සත්‍යය අවබෝධ කරන ලද්දේ ය. නුවණින් ප්‍රත්‍යක්ෂ කරන ලද්දේ ය. දුකෙහි නිරුද්ධ වීම නම් වූ ආර්ය සත්‍යය අවබෝධ කරන ලද්දේ ය. නුවණින් ප්‍රත්‍යක්ෂ කරන ලද්දේ ය. දුක නිරුද්ධ වන ප්‍රතිපදාව නම් වූ ආර්ය සත්‍යය අවබෝධ කරන

ලද්දේ ය. නුවණින් ප්‍රත්‍යක්ෂ කරන ලද්දේ ය. භව තෘෂ්ණාව මුලින් ම සිඳින ලද්දේ ය. භව රැහැන් ක්ෂය කරන ලද්දේ ය. දැන් නැවත භවයක් නැත්තේ ය."

භාග්‍යවතුන් වහන්සේ මෙය වදාළ සේක. මෙය වදාළ සුගත වූ ශාස්තෘන් වහන්සේ යළි මෙය ද වදාළ සේක.

"චතුන්නං අරියසච්චානං - යථාභූතං අදස්සනා
සංසිතං දීඝමද්ධානං - තාසු තාස්වේව ජාතිසු
තානි ඒතානි දිට්ඨානි - භවනෙත්ති සමූහතා
උච්ඡින්නං මූලං දුක්ඛස්ස - නත්ථිදානි පුනබ්භවෝ' ති

සතරක් වූ ආර්ය සත්‍ය ධර්මය ඒ වූ සැටියෙන් ම නොදැකීම හේතුවෙන් ඒ ඒ සත්වෝත්පත්තීන්හි අති දීර්ඝ කාලයක් සැරිසරන්නට සිදුවූයේ ය. ඒ ආර්ය සත්‍යයෝ දැන් දක්නා ලදහ. භව රැහැන් මුලින් ම සිඳින ලද්දේ ය. දුකෙහි මූලය සිඳින ලද්දේ ය. දැන් නැවත භවයක් නැත්තේ ය"

එහිදී ද භාග්‍යවතුන් වහන්සේ කෝටිගමෙහි වැඩවසන සේක්, භික්ෂූන් හට මෙබඳු වූ ම ධර්ම කථාව බහුල ව කරන සේක. 'සීලය මේ අයුරු ය. සමාධිය මේ අයුරු ය. ප්‍රඥාව මේ අයුරු ය. සීලය තුළින් වඩන ලද සමාධිය මහත්ඵල මහානිශංස ඇත්තේ ය. සමාධිය තුළින් වඩන ලද ප්‍රඥාව මහත්ඵල මහානිශංස ඇත්තේ ය. ප්‍රඥාව තුළින් වඩන ලද සිත මැනැවින් ම ආශ්‍රවයන්ගෙන් නිදහස් වෙයි. ඒ කවර ආශ්‍රවයන්ගෙන් ද යත්; කාම ආශ්‍රවයෙන් ය, භව ආශ්‍රවයෙන් ය, අවිද්‍යා ආශ්‍රවයෙන් ය.'

ඉක්බිති භාග්‍යවතුන් වහන්සේ කැමති තාක් කල් කෝටිගමෙහි වැඩවාසය කොට ආයුෂ්මත් ආනන්දයන් වහන්සේ ඇමතූ සේක.

"එන්න ආනන්දයෙනි, නාදිකාව යම් තැනක ද, එහි යන්නෙමු" යි.

"එසේ ය, ස්වාමීනී" යි ආයුෂ්මත් ආනන්දයන් වහන්සේ භාග්‍යවතුන් වහන්සේට පිළිවදන් දුන්නාහු ය. එවිට භාග්‍යවතුන් වහන්සේ මහත් වූ භික්ෂු සංඝයා ත් සමඟ නාදිකාව යම් තැනක ද, එහි වැඩි සේක. එහිදී භාග්‍යවතුන් වහන්සේ නාදිකාවෙහි තනි ගඩොලින් කළ ගෘහයෙහි වැඩවසන සේක.

ඉක්බිති ආයුෂ්මත් ආනන්දයන් වහන්සේ භාග්‍යවතුන් වහන්සේ වෙත එළැඹියහ. එළැඹ භාග්‍යවතුන් වහන්සේට සාදරයෙන් වන්දනා කොට එකත්පස් ව හිඳගත්හ. එකත්පස් ව හුන් ආයුෂ්මත් ආනන්දයන් වහන්සේ භාග්‍යවතුන් වහන්සේට මෙය සැළ කළහ.

"ස්වාමීනී, නාදිකාවෙහි සිටි සාළ්හ නම් භික්ෂුව කළුරිය කළේ ය. ඔහු කොතැනක ඉපදුණේ ද? පරලොව කුමක් ද? ස්වාමීනී, නාදිකාවෙහි සිටි නන්දා නම් භික්ෂුණිය කළුරිය කළා ය. ඇයගේ උපත කුමක් ද? පරලොව කුමක් ද? ස්වාමීනී, නාදිකාවෙහි සිටි සුදත්ත නම් උපාසක කළුරිය කළේ ය. ඔහුගේ උපත කුමක් ද? පරලොව කුමක් ද? ස්වාමීනී, නාදිකාවෙහි සිටි සුජාතා නම් උපාසිකාව කළුරිය කළා ය. ඇයගේ උපත කුමක් ද? පරලොව කුමක් ද? ස්වාමීනී, නාදිකාවෙහි සිටි කකුධ නම් උපාසක කළුරිය කළේ ය. ඔහුගේ උපත කුමක් ද? පරලොව කුමක් ද? ස්වාමීනී, කාලිංග නම් උපාසක ....(පෙ).... ස්වාමීනී, නිකට නම් උපාසක ....(පෙ).... ස්වාමීනී, කටිස්සභ නම් උපාසක ....(පෙ).... ස්වාමීනී, තුට්ඨ නම් උපාසක ....(පෙ).... ස්වාමීනී, සන්තුට්ඨ නම් උපාසක ....(පෙ).... ස්වාමීනී, භද්‍ර නම් උපාසක ....(පෙ).... ස්වාමීනී, නාදිකාවෙහි සිටි සුභද්‍ර නම් උපාසක කළුරිය කළේ ය. ඔහුගේ උපත කුමක් ද? පරලොව කුමක් ද?"

"ආනන්දයෙනි, සාළ්හ භික්ෂුව ආශ්‍රවයන් ක්ෂය කොට අනාශ්‍රව වූ චිත්ත විමුක්තිය ත්, ප්‍රඥා විමුක්තිය ත් මෙලොව දී ම තම විශිෂ්ට නුවණින් සාක්ෂාත් කොට එයට පැමිණ වාසය කළේ ය. ආනන්දයෙනි, නන්දා භික්ෂුණිය ඕරම්භාගිය සංයෝජන පස ගෙවා දැමීමෙන් ඕපපාතික ව සුද්ධාවාස බඹලොව ඉපිද එයින් නැවත මෙහි හැරී නොඑන සුළු ව එහි පිරිනිවෙන්නී ය. ආනන්දයෙනි, සුදත්ත උපාසක සංයෝජන තුනක් ගෙවා දැමීමෙන්, රාග - ද්වේෂ - මෝහ තුනී කිරීමෙන් සකදාගාමී වූයේ එක් වරක් ම මෙලොවට අවුත් දුක් කෙළවර කරන්නේ ය. ආනන්දයෙනි, සුජාතා උපාසිකාව සංයෝජන තුනක් ගෙවා දැමීමෙන් සෝවාන් ව, අපායට නොවැටෙන සුළු ව, නියත වශයෙන් ම නිවන පිහිට කොට සිටියා ය. ආනන්දයෙනි, කකුධ නම් උපාසක ඕරම්භාගිය සංයෝජන පස ගෙවා දැමීමෙන් ඕපපාතික ව සුද්ධාවාස බඹලොව ඉපිද එයින් නැවත මෙහි හැරී නොඑන සුළු ව එහි පිරිනිවෙන්නේ ය. ආනන්දයෙනි, කාලිංග උපාසක ....(පෙ).... ආනන්දයෙනි, නිකට උපාසක ....(පෙ).... ආනන්දයෙනි, කටිස්සභ උපාසක ....(පෙ).... ආනන්දයෙනි, තුට්ඨ උපාසක ....(පෙ).... ආනන්දයෙනි, සන්තුට්ඨ උපාසක ....(පෙ).... ආනන්දයෙනි, භද්‍ර උපාසක ....(පෙ).... ආනන්දයෙනි, සුභද්‍ර උපාසක ඕරම්භාගිය සංයෝජන පස ගෙවා දැමීමෙන් ඕපපාතික ව සුද්ධාවාස බඹලොව ඉපිද එයින් නැවත මෙහි හැරී නොඑන සුළු ව එහි පිරිනිවෙන්නේ ය.

ආනන්දයෙනි, ඕරම්භාගිය සංයෝජන පස ගෙවා දැමීමෙන් ඕපපාතික ව සුද්ධාවාස බඹලොව ඉපිද එයින් නැවත මෙහි හැරී නොඑන සුළු ව එහි පිරිනිවන්පාන්නා වූ පනසකට වැඩි උපාසකවරු නාදිකාවෙහි කළුරිය කළාහුය.

ආනන්දයෙනි, සංයෝජන තුනක් ගෙවා දැමීමෙන්, රාග - ද්වේෂ - මෝහ තුනී කිරීමෙන් සකදාගාමී වූවාහු එක් වරක් ම මෙලොවට අවුත් දුක් කෙළවර කරන අනූවකට වැඩි උපාසකවරු නාදිකාවෙහි කළුරිය කළාහු ය.

ආනන්දයෙනි, සංයෝජන තුනක් ගෙවා දැමීමෙන් සෝවාන් ව, අපායට නොවැටෙන සුළු ව, නියත වශයෙන් ම නිවන පිහිට කොට ගත් පන්සියයකට වැඩි උපාසකවරු නාදිකාවෙහි කළුරිය කළාහු ය.

ආනන්දයෙනි, මනුෂ්‍ය ව උපන්නෙක් කළුරිය කරන්නේ ය යන යමක් ඇද්ද, මෙය ආශ්චර්යයක් නොවෙයි. ඉදින් ඒ ඒ මිනිසා කළුරිය කළ කල්හී තථාගතයන් වෙත එළැඹ එහි අරුත් විමසන්නහු නම්, ආනන්දයෙනි, එය තථාගතයන් හට වෙහෙසක් ම ය. එහෙයින් ආනන්දයෙනි, යම් ධර්මයකින් යුක්ත වූ ආර්ය ශ්‍රාවකයා කැමති නම් 'නිරයෙහි උපත ක්ෂය කළ කෙනෙක්මි. තිරිසන් ලොව උපත ක්ෂය කළ කෙනෙක්මි. ප්‍රේත ලොව උපත ක්ෂය කළ කෙනෙක්මි. අපාය දුගතියෙහි උපත ක්ෂය කළ කෙනෙක්මි. සෝවාන් වූවෙක්මි. අපායට නොවැටෙනසුළු වෙමි. නියතයෙන් ම නිවන පිහිට කොට ඇත්තෙමි' යි තමා ම තමා ගැන කියයි ද, එබඳු වූ 'දහම් කැඩපත' නැමැති ධර්ම ක්‍රමයක් දේශනා කරන්නෙමි.

ආනන්දයෙනි, යම් ධර්මයකින් යුක්ත වූ ආර්ය ශ්‍රාවකයා කැමති නම් 'නිරයෙහි උපත ක්ෂය කළ කෙනෙක්මි. තිරිසන් ලොව උපත ක්ෂය කළ කෙනෙක්මි. ප්‍රේත ලොව උපත ක්ෂය කළ කෙනෙක්මි. අපාය දුගතියෙහි උපත ක්ෂය කළ කෙනෙක්මි. සෝවාන් වූවෙක්මි. අපායට නොවැටෙනසුළු වෙමි. නියතයෙන් ම නිවන පිහිට කොට ඇත්තෙමි' යි තමා ම තමා ගැන කියයි ද, එබඳු වූ 'දහම් කැඩපත' නැමැති ධර්ම ක්‍රමය කුමක් ද?

ආනන්දයෙනි, මෙහිලා ආර්ය ශ්‍රාවකයා බුදුරජුන් කෙරෙහි නොසෙල්වෙන ප්‍රසාදයෙන් යුක්ත වූයේ වෙයි. 'මෙසේ ත් ඒ භාග්‍යවතුන් වහන්සේ අරහං වන සේක. සම්මා සම්බුද්ධ වන සේක. විජ්ජාචරණ සම්පන්න වන සේක. සුගත වන සේක. ලෝකවිදූ වන සේක. අනුත්තරෝ පුරිසදම්ම සාරථී වන සේක. සත්ථා දේවමනුස්සානං වන සේක. බුද්ධ වන සේක. භගවා වන සේක' යනුවෙනි.

ධර්මය කෙරෙහි නොසෙල්වෙන ප්‍රසාදයෙන් යුක්ත වූයේ වෙයි. 'භාග්‍යවතුන් වහන්සේ විසින් මනාකොට දේශනා කරන ලද බැවින් ධර්මය ස්වාක්ඛාත වෙයි. සන්දිට්ඨික වෙයි. අකාලික වෙයි. ඒහිපස්සික වෙයි. ඕපනයික වෙයි. පච්චත්තං වේදිතබ්බෝ විඤ්ඤූහී වෙයි' යනුවෙනි.

සංඝයා කෙරෙහි නොසෙල්වෙන ප්‍රසාදයෙන් යුක්ත වූයේ වෙයි. 'භාග්‍යවතුන් වහන්සේගේ ශ්‍රාවක සංඝ තෙමේ සුපටිපන්න වෙයි. භාග්‍යවතුන් වහන්සේගේ ශ්‍රාවක සංඝ තෙමේ උජුපටිපන්න වෙයි. භාග්‍යවතුන් වහන්සේගේ ශ්‍රාවක සංඝ තෙමේ ඤායපටිපන්න වෙයි. භාග්‍යවතුන් වහන්සේගේ ශ්‍රාවක සංඝ තෙමේ සාමීචිපටිපන්න වෙයි. යම් මේ පුරුෂ යුගල සතරක් ද, පුරුෂ පුද්ගල අටක් ද වෙයි. ඒ භාග්‍යවතුන් වහන්සේගේ ශ්‍රාවක සංඝ තෙමේ ආහුනෙය්‍ය වෙයි. පාහුනෙය්‍ය වෙයි. දක්ඛිණෙය්‍ය වෙයි. අංජලිකරණීය වෙයි. අනුත්තරං පුඤ්ඤක්ඛෙත්තං ලෝකස්ස වෙයි' යනුවෙනි.

නොකැඩුණු සිල්පද ඇති, සිදුරු නොවුණු, පැල්ලම් නොගැසුණු, කබර නොගැසුණු, තෘෂ්ණා දෘෂ්ටියකට දාස නොවූ, නුවණැත්තන් පසසන ලද, දෘෂ්ටියකට බැඳීමෙන් යුක්ත නොවූ, සමාධිය පිණිස පවතින, ආර්යකාන්ත සීලයෙන් යුක්ත වූයේ වෙයි.

ආනන්දයෙනි, යම් ධර්මයකින් යුක්ත වූ ආර්ය ශ්‍රාවකයා කැමති නම් 'නිරයෙහි උපත ක්ෂය කළ කෙනෙක්මි. තිරිසන් ලොව උපත ක්ෂය කළ කෙනෙක්මි. ප්‍රේත ලොව උපත ක්ෂය කළ කෙනෙක්මි. අපාය දුගතියෙහි උපත ක්ෂය කළ කෙනෙක්මි. සෝවාන් වූවෙක්මි. අපායට නොවැටෙනසුළු වෙමි. නියතයෙන් ම නිවන පිහිට කොට ඇත්තෙමි' යි තමා ම තමා ගැන කියයි ද, එබඳු වූ 'දහම් කැඩපත' නැමැති ඒ ධර්ම ක්‍රමය මෙය යි."

එහිදී ද භාග්‍යවතුන් වහන්සේ නාදිකාවෙහි ගඩොලින් කළ ගෘහයෙහි වැඩවසන සේක්, භික්ෂූන් හට මෙබඳු වූ ම ධර්ම කථාව බහුල ව කරන සේක. 'සීලය මේ අයුරු ය. සමාධිය මේ අයුරු ය. ප්‍රඥාව මේ අයුරු ය. සීලය තුළින් වඩන ලද සමාධිය මහත්ඵල මහානිශංස ඇත්තේ ය. සමාධිය තුළින් වඩන ලද ප්‍රඥාව මහත්ඵල මහානිශංස ඇත්තේ ය. ප්‍රඥාව තුළින් වඩන ලද සිත මැනැවින් ම ආශ්‍රවයන්ගෙන් නිදහස් වෙයි. ඒ කවර ආශ්‍රවයන්ගෙන් ද යත්; කාම ආශ්‍රවයෙන් ය, භව ආශ්‍රවයෙන් ය, අවිද්‍යා ආශ්‍රවයෙන් ය.'

ඉක්බිති භාග්‍යවතුන් වහන්සේ කැමති තාක් කල් නාදිකාවෙහි වැඩවාසය කොට ආයුෂ්මත් ආනන්දයන් වහන්සේ ඇමතූ සේක.

"එන්න ආනන්දයෙනි, විශාලා මහනුවර යම් තැනක ද, එහි යන්නෙමු" යි.

"එසේ ය, ස්වාමීනී" යි ආයුෂ්මත් ආනන්දයන් වහන්සේ භාග්‍යවතුන් වහන්සේට පිළිවදන් දුන්නාහු ය. එවිට භාග්‍යවතුන් වහන්සේ මහත් වූ භික්ෂු

සංඝයා ත් සමඟ විශාලා මහනුවර යම් තැනක ද, එහි වැඩි සේක. එහිදී භාග්‍යවතුන් වහන්සේ විශාලා මහනුවර අම්බපාලි වනයෙහි වැඩවසන සේක. ඉක්බිති භාග්‍යවතුන් වහන්සේ භික්ෂූන් ඇමතූ සේක.

"මහණෙනි, භික්ෂුවක් සිහියෙන් හා නුවණින් යුක්ත ව වසන්නේ ය. මෙය ඔබට ලැබෙන අපගේ අනුශාසනය යි!

මහණෙනි, භික්ෂුව සිහි ඇතිව ඉන්නේ කෙසේ ද? මහණෙනි, මෙහිලා භික්ෂුව කෙලෙස් තවන වීර්යයෙන් යුතුව, මනා නුවණින් යුතුව, සිහියෙන් යුතුව, ලෝකයෙහි ඇලීම් ගැටීම් දුරුකොට කය පිළිබඳ ව කායානුපස්සනාවෙන් වාසය කරයි. කෙලෙස් තවන වීර්යයෙන් යුතුව, මනා නුවණින් යුතුව, සිහියෙන් යුතුව, ලෝකයෙහි ඇලීම් ගැටීම් දුරුකොට විඳීම් පිළිබඳ ව වේදනානුපස්සනාවෙන් වාසය කරයි. කෙලෙස් තවන වීර්යයෙන් යුතුව, මනා නුවණින් යුතුව, සිහියෙන් යුතුව, ලෝකයෙහි ඇලීම් ගැටීම් දුරුකොට සිත පිළිබඳ ව චිත්තානුපස්සනාවෙන් වාසය කරයි. කෙලෙස් තවන වීර්යයෙන් යුතුව, මනා නුවණින් යුතුව, සිහියෙන් යුතුව, ලෝකයෙහි ඇලීම් ගැටීම් දුරුකොට ධර්මයන් පිළිබඳ ව ධම්මානුපස්සනාවෙන් වාසය කරයි. මහණෙනි, මේ අයුරින් භික්ෂුව සිහියෙන් ඉන්නේ වෙයි.

මහණෙනි, භික්ෂුව මනා නුවණින් යුතුව ඉන්නේ කෙසේ ද? මහණෙනි, මෙහිලා භික්ෂුව පෙරට යන විට ත්, ආපසු හැරී එන විට ත් නුවණ යොදවා එය කරන්නේ වෙයි. ඉදිරිය බලන විට ත්, වටපිට බලන විට ත් නුවණ යොදවා එය කරන්නේ වෙයි. අත් පා හකුලන විට, දිගහරින විට නුවණ යොදවා එය කරන්නේ වෙයි. සඟල සිවුරු - පාත්‍ර - සිවුරු දරන විට නුවණ යොදවා එය කරන්නේ වෙයි. වළඳන විට, පානය කරන විට, අනුභව කරන විට, රස විඳින විට නුවණ යොදවා එය කරන්නේ වෙයි. වැසිකිළි - කැසිකිළි කරන විට නුවණ යොදවා එය කරන්නේ වෙයි. යන විට, සිටින විට, හිඳින විට, සැතපෙන විට, නිදිවරණ විට, කතා කරන විට, නිහඬ ව සිටින විට නුවණ යොදවා එය කරන්නේ වෙයි. මහණෙනි, මේ අයුරින් භික්ෂුව මනා නුවණින් යුතුව ඉන්නේ වෙයි.

මහණෙනි, භික්ෂුවක් සිහියෙන් හා නුවණින් යුතුව වාසය කරන්නේ ය. මෙය ඔබට ලැබෙන අපගේ අනුශාසනය යි!"

එකල්හී අම්බපාලී ගණිකා තොමෝ 'භාග්‍යවතුන් වහන්සේ විශාලා මහනුවරට වැඩම කළ සේක්, විශාලාවෙහි මාගේ අඹවනයෙහි වැඩවසන සේක්ලු' යි ඇසුවා ය. ඉක්බිති අම්බපාලි ගණිකාව සොඳුරු සොඳුරු යානාවන්

යොදොවා, සොඳුරු යානයක නැගී, සොඳුරු සොඳුරු යානාවන් පිරිවරා විශාලා මහනුවරින් පිටත් ව ගියා ය. තමන්ගේ ආරාමය යම් තැනක ද, එතැනට එළැඹියා ය. යානයෙන් යා හැකි යම්තාක් බිම ඇද්ද, ඒ තාක් යානයෙන් ගොස් යානයෙන් බැස භාග්‍යවතුන් වහන්සේ යම් තැනක වැඩසිටි සේක් ද, එතැනට පා ගමනින් ම එළැඹියා ය. එළැඹ භාග්‍යවතුන් වහන්සේට සකසා වන්දනා කොට එකත්පස් ව හිඳගත්තා ය. එකත්පස් ව හුන් අම්බපාලී ගණිකාවට භාග්‍යවතුන් වහන්සේ ධර්ම කථාවෙන් කරුණු දැක්වූ සේක. සමාදන් කරවූ සේක. උනන්දු කරවූ සේක. සතුටු කරවූ සේක.

එකල්හී භාග්‍යවතුන් වහන්සේ විසින් ධර්ම කථාවෙන් කරුණු දක්වන ලද, සමාදන් කරවන ලද, උනන්දු කරවන ලද, සතුටු කරවන ලද අම්බපාලී ගණිකාව භාග්‍යවතුන් වහන්සේට මෙය පැවසුවා ය.

"ස්වාමීනී, භික්ෂු සංඝයා සමඟ භාග්‍යවතුන් වහන්සේ මාගේ දානය හෙට දිනය උදෙසා පිළිගන්නා සේක්වා!"

භාග්‍යවතුන් වහන්සේ නිහඬ ව වැඩ සිටීමෙන් එම ඇරයුම පිළිගත් සේක. ඉක්බිති අම්බපාලි ගණිකාව භාග්‍යවතුන් වහන්සේ තම ඇරයුම පිළිගත් බව දැන, හුනස්නෙන් නැගිට භාග්‍යවතුන් වහන්සේට සකසා වන්දනා කොට, පැදකුණු කොට පිටත් ව ගියා ය.

විශාලා මහනුවර ලිච්ඡවි කුමාරවරු 'භාග්‍යවතුන් වහන්සේ විශාලා මහනුවරට වැඩම කොට විශාලාවෙහි අම්බපාලි වනයෙහි වැඩසිටින සේක් ලු' යි ඇසූහ. එවිට ඒ ලිච්ඡවි කුමාරවරු සොඳුරු සොඳුරු යානාවන් පිළියෙල කොට, සොඳුරු සොඳුරු යානාවන්ට නැගී, සොඳුරු සොඳුරු යානාවලින් යුතුව විසල්පුරයෙන් පිටත් ව ගියාහු ය.

එහිදී ඇතැම් ලිච්ඡවීහු නීල වර්ණ ව, නිල්වන් වස්ත්‍ර ඇති ව, නිල් වන් අලංකාර ඇති ව, නිල් පැහැයෙන් සිටියාහු ය. ඇතැම් ලිච්ඡවීහු කහ වර්ණ ව, කහවන් වස්ත්‍ර ඇති ව, කහවන් අලංකාර ඇති ව, කහ පැහැයෙන් සිටියාහු ය. ඇතැම් ලිච්ඡවීහු රතු වර්ණ ව, රතුවන් වස්ත්‍ර ඇති ව, රතුවන් අලංකාර ඇති ව, රතු පැහැයෙන් සිටියාහු ය. ඇතැම් ලිච්ඡවීහු සුදු වර්ණ ව, සුදුවන් වස්ත්‍ර ඇති ව, සුදුවන් අලංකාර ඇති ව, සුදු පැහැයෙන් සිටියාහු ය.

එකල්හී අම්බපාලි ගණිකාව යොවුන් යොවුන් ලිච්ඡවි කුමාරවරුන්ගේ රථ රෝදයන්හි කඩඇණයට තම රථයෙහි කඩඇණයෙනුත්, ඔවුන්ගේ රථ රෝදයන්ට තම රථ රෝදයෙනුත්, ඔවුන්ගේ රථයෙහි වියගසට තම රථයෙහි වියගසෙනුත් සටා මාවතෙන් පසෙකට දමා ගියා ය.

එවිට ඒ ලිච්ඡවි කුමාරවරු අම්බපාලි ගණිකාවට මෙය පැවසූහ.

"හේයි! එම්බා අම්බපාලි, තී කුමක් නිසා නම් යොවුන් යොවුන් ලිච්ඡවි කුමාරවරුන්ගේ රථ රෝදයන්හි කඩඇණයට කඩඇණයෙනුත්, රථ රෝදයන්ට රථ රෝදයෙනුත්, වියගසට වියගසෙනුත් සටා පසෙකට දමා යන්නී ද?"

"එය එසේ ම ය, ආර්ය පුත්‍රවරුනි, හෙට දිනයෙහි දානය සඳහා මා විසින් භික්ෂු සංඝයා සහිත වූ භාග්‍යවතුන් වහන්සේ ආරාධනා කරන ලද සේක."

"එම්බල අම්බපාලිය, කහවණු ලක්ෂයක් ගෙන ඒ දානය අපට දිය."

"ආර්ය පුත්‍රවරුනි, ඉදින් ජනපද සහිත ව මුළු විශාලා මහනුවර ම මට දුන්නත් මෙබඳු වූ ඒ දානය මම ඔබට නොදෙන්නෙමි."

එවිට ඒ ලිච්ඡවී කුමාරවරු "භවත්නි, ඒකාන්තයෙන් අපි ලාමක ස්ත්‍රියක විසින් දිනන ලද්දෙමු. භවත්නි, ඒකාන්තයෙන් අපි ලාමක ස්ත්‍රියක විසින් දිනන ලද්දෙමු" යි ඇඟිලි තුඩු වලින් අසුරු ගැසූහ.

ඉක්බිති ඒ ලිච්ඡවී කුමාරවරු අම්බපාලි වනය යම් තැනක ද, එහි ගියාහු ය. භාග්‍යවතුන් වහන්සේ දුරින් ම පැමිණෙන ඒ ලිච්ඡවී කුමාරවරුන් දුටු සේක. දැක භික්ෂූන් ඇමතූ සේක.

"මහණෙනි, යම් භික්ෂූන් විසින් තව්තිසා දෙව්වරු නොදකින ලද්දාහු ද, ලිච්ඡවී පිරිස දෙස බලව් මහණෙනි. ලිච්ඡවී පිරිස දෙස මැනැවින් බලව් මහණෙනි. ලිච්ඡවි පිරිස තව්තිසා පිරිස සමකොට සලකව් මහණෙනි."

ඉක්බිති ඒ ලිච්ඡවි කුමාරවරු යානයෙන් යා හැකි භූමිය යම්තාක් ද, ඒ තාක් යානයෙන් ගොස්, යානයෙන් බැස, භාග්‍යවතුන් වහන්සේ යම් තැනක වැඩහුන් සේක් ද, එතැනට පා ගමනින් ම පැමිණියාහු ය. පැමිණ භාග්‍යවතුන් වහන්සේට සකසා වන්දනා කොට එකත්පස් ව හුන්නාහු ය. එකත්පස් ව හුන් ඒ ලිච්ඡවීන් හට භාග්‍යවතුන් වහන්සේ ධර්ම කථාවෙන් කරුණු දැක්වූ සේක. සමාදන් කරවූ සේක. උනන්දු කරවූ සේක. සතුටු කරවූ සේක.

එකල්හී භාග්‍යවතුන් වහන්සේ විසින් ධර්ම කථාවෙන් කරුණු දක්වන ලද, සමාදන් කරවන ලද, උනන්දු කරවන ලද, සතුටු කරවන ලද ලිච්ඡවි කුමාරවරු භාග්‍යවතුන් වහන්සේට මෙය පැවසූහ.

"ස්වාමීනී, භික්ෂු සංඝයා සමඟ භාග්‍යවතුන් වහන්සේ අපගේ දානය හෙට දිනය උදෙසා පිළිගන්නා සේක්වා!"

එවිට භාග්‍යවතුන් වහන්සේ ඒ ලිච්ඡවීන් හට මෙය වදාළ සේක.

"ලිච්ඡවිවරුනි, හෙට දවසේ අම්බපාලි ගණිකාවගේ දානය මවිසින් පිළිග න්නා ලද්දේ ය."

එවිට ඒ ලිච්ඡවී කුමාරවරු "භවත්නි, ඒකාන්තයෙන් අපි ලාමක ස්ත්‍රියක විසින් දිනන ලද්දෙමු. භවත්නි, ඒකාන්තයෙන් අපි ලාමක ස්ත්‍රියක විසින් දිනන ලද්දෙමු" යි ඇඟිලි තුඩු වලින් අසුරු ගැසූහ. ඉක්බිති ඒ ලිච්ඡවි කුමාරවරු භාග්‍යවතුන් වහන්සේගේ භාෂිතය සතුටින් පිළිගෙන, අනුමෝදන් වී, හුනස්නෙන් නැගිට භාග්‍යවතුන් වහන්සේට සකසා වන්දනා කොට, පැදකුණු කොට පිටත් ව ගියහ.

ඉක්බිති ඒ රාත්‍රිය ඇවෑමෙන් අම්බපාලි ගණිකාව ස්වකීය ආරාමයෙහි ප්‍රණීත ලෙස ඛාද්‍ය භෝජ්‍ය පිළියෙල කරවා භාග්‍යවතුන් වහන්සේට කල් දැනුම් දුන්නා ය.

"ස්වාමීනී, කාලය යි. දානය සකසා නිමවන ලද්දේ ය."

එකල්හී භාග්‍යවතුන් වහන්සේ පෙරවරුවෙහි සිවුරු හැඳ පොරොවාගෙන පාත්‍රය හා සිවුර ගෙන භික්ෂු සංඝයා සමඟ අම්බපාලි ගණිකාවගේ නිවස යම් තැනක ද, එහි වැඩි සේක. වැඩම කොට පණවන ලද අසුනෙහි වැඩහුන් සේක. ඉක්බිති අම්බපාලි ගණිකාව බුදුරජුන් ප්‍රමුඛ භික්ෂු සංඝයා හට ප්‍රණීත වූ ඛාද්‍ය භෝජ්‍යයෙන් සිය අතින් මැනැවින් පිළිගැන්නුවා ය. මැනැවින් පැවරුවා ය. ඉක්බිති අම්බපාලි ගණිකාව භාග්‍යවතුන් වහන්සේ දන් වළඳා පාත්‍රයෙන් ඉවතට ගත් ශ්‍රී හස්තය ඇති බව දැන එක්තරා මිටි අසුනක් ගෙන එකත්පස් ව හිඳගත්තා ය. එකත්පස් ව හුන් අම්බපාලි ගණිකාව භාග්‍යවතුන් වහන්සේට මෙය පැවසුවා ය.

"ස්වාමීනී, මේ ආරාමය බුදුරජුන් ප්‍රමුඛ භික්ෂු සංඝයා වහන්සේ උදෙසා පූජා කරමි" යි.

භාග්‍යවතුන් වහන්සේ ආරාමය පිළිගත් සේක. ඉක්බිති භාග්‍යවතුන් වහන්සේ අම්බපාලි ගණිකාවට ධර්ම කථාවෙන් කරුණු දක්වා, සමාදන් කරවා, උනන්දු කරවා, සතුටට පත් කරවා, හුනස්නෙන් නැගී වැඩි සේක.

එහිදී ද භාග්‍යවතුන් වහන්සේ විසල්පුරයෙහි අම්බපාලි වනයෙහි වැඩවසන සේක්, භික්ෂූන් හට මෙබඳු වූ ම ධර්ම කථාව බහුල ව කරන සේක. 'සීලය මේ අයුරු ය. සමාධිය මේ අයුරු ය. ප්‍රඥාව මේ අයුරු ය. සීලය තුළින්

වඩන ලද සමාධිය මහත්ඵල මහානිශංසස ඇත්තේ ය. සමාධිය තුළින් වඩන ලද ප්‍රඥාව මහත්ඵල මහානිශංසස ඇත්තේ ය. ප්‍රඥාව තුළින් වඩන ලද සිත මැනැවින් ම ආශ්‍රවයන්ගෙන් නිදහස් වෙයි. ඒ කවර ආශ්‍රවයන්ගෙන් ද යත්; කාම ආශ්‍රවයෙන් ය, භව ආශ්‍රවයෙන් ය, අවිද්‍යා ආශ්‍රවයෙන් ය.'

ඉක්බිති භාග්‍යවතුන් වහන්සේ කැමති තාක් කල් අම්බපාලි වනයෙහි වැඩවාසය කොට ආයුෂ්මත් ආනන්දයන් වහන්සේ ඇමතූ සේක.

"එන්න ආනන්දයෙනි, බේලුව ගම යම් තැනක ද, එහි යන්නෙමු."

"එසේ ය, ස්වාමීනී" යි ආයුෂ්මත් ආනන්දයන් වහන්සේ භාග්‍යවතුන් වහන්සේට පිළිවදන් දුන්හ. ඉක්බිති භාග්‍යවතුන් වහන්සේ මහත් වූ භික්ෂු සංඝයා සමඟ බේලුව ගම යම් තැනක ද, එහි වැඩි සේක. එහිදී භාග්‍යවතුන් වහන්සේ බේලුව ගමෙහි වැඩවසන සේක. ඉක්බිති භාග්‍යවතුන් වහන්සේ භික්ෂූන් ඇමතූ සේක.

"එව්, මහණෙනි. ඔබ විශාලා මහනුවර අවට යම් මිත්‍ර භික්ෂූහු සිටිත් ද, දැක හඳුනන භික්ෂූහු සිටිත් ද, බොහෝ හිතවත් භික්ෂූහු සිටිත් ද, එහි වස් වසව්. මම් වනාහී මේ බේලුව ගමෙහි ම වස් එළඹෙන්නෙමි." "එසේ ය, ස්වාමීනී" යි ඒ භික්ෂූහු භාග්‍යවතුන් වහන්සේට පිළිවදන් දී විශාලා මහනුවර අවට යම් මිත්‍ර භික්ෂූහු සිටිත් ද, දැක හඳුනන භික්ෂූහු සිටිත් ද, බොහෝ හිතවත් භික්ෂූහු සිටිත් ද, එහි වස් එළැඹියාහු ය.

භාග්‍යවතුන් වහන්සේ ඒ බේලුව ගමෙහි ම වස් එළඹුණු සේක. එකල්හී වස් එළඹ සිටි භාග්‍යවතුන් වහන්සේ හට දරුණු රෝගාබාධයක් උපන්නේ ය. මාරාන්තික වූ, බලවත් වේදනාවෝ පැවතුණාහු ය. භාග්‍යවතුන් වහන්සේ සිහියෙන් හා නුවණින් යුක්ත ව, සිතෙන් පීඩාවකට පත් නොවෙමින් එය ඉවසන සේක. එකල්හී භාග්‍යවතුන් වහන්සේට මේ අදහස ඇතිවූයේ ය.

'යම් බඳු මම උපස්ථායකයන් නොඅමතා, භික්ෂු සංඝයාට නොදන්වා පිරිනිවන්පාන්නෙම් නම්, එය මට සුදුසු නොවෙයි. එහෙයින් මම මේ ආබාධය වීර්යයෙන් මැඩ පවත්වා ජීවිත සංස්කාරය අධිෂ්ඨාන කොට වාසය කරන්නෙම් නම් මැනැවි' යි.

ඉක්බිති භාග්‍යවතුන් වහන්සේ වීර්යයෙන් යුක්ත ව, ඒ රෝගාබාධය මැඩපවත්වා ජීවිත සංස්කාරය අධිෂ්ඨාන කොට වැඩ විසූ සේක. එකල්හී භාග්‍යවතුන් වහන්සේගේ ඒ රෝගාබාධය සංසිඳී ගියේ ය.

ඉක්බිති ගිලන් බවින් නැගී සිටි, ගිලන් බවින් නැගිට නොබෝ කල් ඇති භාග්‍යවතුන් වහන්සේ විහාරයෙන් නික්ම, විහාර සෙවණැල්ලෙහි පණවන ලද අසුනෙහි වැඩහුන් සේක.

එකල්හී ආයුෂ්මත් ආනන්දයන් වහන්සේ භාග්‍යවතුන් වහන්සේ යම් තැනක වැඩහුන් සේක් ද, එතැනට එළැඹියහ. එළඹ භාග්‍යවතුන් වහන්සේට සකසා වන්දනා කොට එකත්පස් ව හිඳගත්හ. එකත්පස් ව හුන් ආයුෂ්මත් ආනන්දයන් වහන්සේ භාග්‍යවතුන් වහන්සේට මෙය පැවසූහ.

"ස්වාමීනී, මා විසින් භාග්‍යවතුන් වහන්සේගේ පහසු බවක් දකින ලද්දේ ය. ස්වාමීනී, මා විසින් භාග්‍යවතුන් වහන්සේට ඉවසිය හැකි බවක් දකින ලද්දේ ය. එහෙත් ස්වාමීනී, භාග්‍යවතුන් වහන්සේගේ ගිලන් බව හේතුවෙන් මාගේ ශරීරය දැඩි ව තද වූවාක් මෙන් තිබෙයි. මා හට ධර්මය මෙනෙහි කරමින් දැක්ක යුතු දිශාව පවා නොපෙනෙයි. මා හට ධර්මයන් පවා නොවැටහෙයි. එනමුදු ස්වාමීනී, මා හට කිසියම් අස්වැසිලි මාත්‍රයක් ඇත්තේ ය. 'යම්තාක් කල් භාග්‍යවතුන් වහන්සේ භික්ෂු සංඝයා අරභයා කිසියම් අවවාදයක් නොවදාරණ සේක් ද, ඒ තාක් කල් භාග්‍යවතුන් වහන්සේ පිරිනිවන් නොපානා සේක' යන කරුණ යි."

"ආනන්දයෙනි, භික්ෂු සංඝයා මාගෙන් කුමක් නම් අපේක්ෂා කරන්නේ ද? ආනන්දයෙනි, මා විසින් අභ්‍යන්තර බාහිර වශයෙන් නොකොට ධර්මය දෙසන ලද්දේ ය. ආනන්දයෙනි, තථාගතයන්ගේ ධර්මය තුළ සඟවා ගත් ගුරු මුෂ්ටියක් නැත්තේ ය. ආනන්දයෙනි, 'මම භික්ෂු සංඝයා පරිහරණය කරන්නෙමි' යි කියා හෝ 'භික්ෂු සංඝයා මා උදෙසා සිටියි' කියා හෝ අදහසක් යමෙකු තුළ තිබෙන්නේ නම්, ආනන්දයෙනි, ඔහු නම් භික්ෂු සංඝයා අරභයා කිසිවක් ම ගෙනහැර පාන්නේ ය. ආනන්දයෙනි, 'මම භික්ෂු සංඝයා පරිහරණය කරන්නෙමි' යි කියා හෝ 'භික්ෂු සංඝයා මා උදෙසා සිටියි' කියා හෝ මෙබඳු අදහසක් තථාගතයන් තුළ නැත්තේ ය. එහෙයින් ආනන්දයෙනි, කුමක් නිසා නම් තථාගත තෙමේ භික්ෂු සංඝයා අරභයා අවසාන වශයෙන් කිසිවක් ගෙනහැර පාන්නේ ද?

ආනන්දයෙනි, මෙකල්හී මම ජරා ජීර්ණ වූයෙමි. වයෝවෘද්ධ ව, මහළු ව, අවසන් වියට පැමිණ වයස්ගත ව සිටිමි. මාගේ වයස අසූවක් වෙයි. ආනන්දයෙනි, දිරා ගිය ගැලක් පිළිසකරයන්ගෙන් පවත්වන්නේ යම් සේ ද, එසෙයින් ම ආනන්දයෙනි, තථාගතයන්ගේ කය ධර්මයෙන් ලත් පිළිසකර කිරීමෙන් පවතියි. ආනන්දයෙනි, යම් කලෙක තථාගත තෙමේ සියළු නිමිති

නොමෙනෙහි කිරීමෙන් ඇතැම් වේදනාවන්ගේ නිරෝධයෙන් අනිමිත්ත චිත්ත සමාධියට පැමිණ වාසය කරයි ද, එසමයෙහි ආනන්දයෙනි, තථාගතයන්ගේ කයට වඩා ත් පහසුව දනෙයි. එහෙයින් ආනන්දයෙනි, තමා ව දූපතක් කොට, තමා ව සරණ කොට, බාහිර කෙනෙකු සරණ නොකොට, ධර්මය දූපතක් කොට, ධර්මය සරණ කොට, බාහිර දෙයක් සරණ නොකොට වසව්.

ආනන්දයෙනි, භික්ෂුවක් තමා ව දූපතක් කොට, තමා ව සරණ කොට, බාහිර කෙනෙකු සරණ නොකොට, ධර්මය දූපතක් කොට, ධර්මය සරණ කොට, බාහිර දෙයක් සරණ නොකොට වසන්නේ කෙසේ ද?

මෙහිලා ආනන්දයෙනි, භික්ෂුව කෙලෙස් තවන වීර්යයෙන් යුතුව, මනා නුවණින් යුතුව, සිහියෙන් යුතුව, ලෝකයෙහි ඇලීම් ගැටීම් දුරු කොට, කය පිළිබඳ ව කායානුපස්සනාවෙන් වාසය කරයි. වේදනාවන් පිළිබඳ ව ....(පෙ).... සිත පිළිබඳ ව ....(පෙ).... කෙලෙස් තවන වීර්යයෙන් යුතුව, මනා නුවණින් යුතුව, සිහියෙන් යුතුව, ලෝකයෙහි ඇලීම් ගැටීම් දුරු කොට, ධර්මයන් පිළිබඳ ව ධම්මානුපස්සනාවෙන් වාසය කරයි.

මෙසේ ආනන්දයෙනි, භික්ෂුව තමා ව දූපතක් කොට, තමා ව සරණ කොට, බාහිර කෙනෙකු සරණ නොකොට, ධර්මය දූපතක් කොට, ධර්මය සරණ කොට, බාහිර දෙයක් සරණ නොකොට වාසය කරයි.

ආනන්දයෙනි, යම්කිසි භික්ෂූහු මෙකල්හී හෝ මාගේ ඇවෑමෙන් හෝ තමා ව දූපතක් කොට, තමා ව සරණ කොට, බාහිර කෙනෙකු සරණ නොකොට, ධර්මය දූපතක් කොට, ධර්මය සරණ කොට, බාහිර දෙයක් සරණ නොකොට වාසය කරන්නාහු ද, ආනන්දයෙනි, මාගේ ශ්‍රාවක වූ යම්කිසි ශික්ෂාකාමී භික්ෂූහු වෙත් ද, ඔවුහු ඒ අමෘතාග්‍රයෙහි සිටින්නාහු ය."

ඉක්බිති භාග්‍යවතුන් වහන්සේ පෙරවරුවෙහි සිවුරු හැඳ පොරොවාගෙන, පාත්‍රය හා සිවුර ගෙන විසල්පුරයට පිඬු පිණිස පිවිසි සේක. විසල්පුර පිඬු පිණිස හැසිර, පිණ්ඩපාතයෙන් වැළකුණු පසුබත් කාලයෙහි ආයුෂ්මත් ආනන්දයන් වහන්සේ ඇමතූ සේක.

"ගන්න ආනන්දයෙනි, හිඳගන්නා ඇතිරිල්ල. චාපාල චෛත්‍යය යම් තැනක ද, දිවා කාලය ගත කරනු පිණිස එහි යන්නෙමු."

"එසේ ය, ස්වාමීනී" යි ආයුෂ්මත් ආනන්දයන් වහන්සේ භාග්‍යවතුන් වහන්සේට පිළිවදන් දී නිසීදනය ගෙන භාග්‍යවතුන් වහන්සේ පසුපසින් ඒ අනුව ගියහ.

ඉක්බිති භාග්‍යවතුන් වහන්සේ චාපාල චෛත්‍යය යම් තැනක ද, එතැනට වැඩි සේක. වැඩමකොට පණවන ලද අසුනෙහි වැඩහුන් සේක. ආයුෂ්මත් ආනන්දයන් වහන්සේ ත් භාග්‍යවතුන් වහන්සේට සකසා වන්දනා කොට එකත්පස් ව හිඳගත්හ. එකත්පස් ව හුන් ආයුෂ්මත් ආනන්දයන් වහන්සේට භාග්‍යවතුන් වහන්සේ මෙය වදාළ සේක.

"රමණීය ය ආනන්දයෙනි, විසල්පුර. රමණීය ය උදේන චේතිය. රමණීය ය ගෝතමක චේතිය. රමණීය ය සත්තම්බ චේතිය. රමණීය ය බහුපුත්තක චේතිය. රමණීය ය සාරන්දද චේතිය. රමණීය ය චාපාල චේතිය. ආනන්දයෙනි, යම් කිසිවෙකු තුළ දියුණු කරන ලද, බහුල කරන ලද, යානාවක් සේ කරන ලද, සිටිය හැකි තැනක් සේ කරන ලද, හොඳින් පිහිටුවාගන්නා ලද, පුරුදු කරන ලද, හොඳින් අරඹන ලද, සතර ඉර්ධිපාදයෝ තිබෙත් ද, ඔහු කැමති වන්නේ නම්, ආයුෂ්කල්පයක් හෝ ඊට ටිකක් වැඩියෙනුත් හෝ සිටිය හැක්කේ ය. ආනන්දයෙනි, තථාගතයන් තුළ දියුණු කරන ලද, බහුල කරන ලද, යානාවක් සේ කරන ලද, සිටිය හැකි තැනක් සේ කරන ලද, හොඳින් පිහිටුවාගන්නා ලද, පුරුදු කරන ලද, හොඳින් අරඹන ලද, සතර ඉර්ධිපාදයෝ තිබෙත්. ආනන්දයෙනි, ඒ තථාගත තෙමේ කැමති වන්නේ නම්, ආයුෂ්කල්පයක් හෝ ඊට ටිකක් වැඩියෙනුත් හෝ සිටිය හැක්කේ ය."

භාග්‍යවතුන් වහන්සේ විසින් මෙබඳු වූ ගොරෝසු නිමිති කරන කල්හි, ගොරෝසු එළි මතු කරන කල්හි, ආයුෂ්මත් ආනන්දයන් වහන්සේ එය වටහා ගන්නට අසමර්ථ වූහ. 'ස්වාමීනී, භාග්‍යවතුන් වහන්ස, ආයුෂ්කල්පයක් වැඩසිටින සේක්වා! සුගතයන් වහන්ස, බොහෝ ජනයාට හිත පිණිස, බොහෝ ජනයාට සුව පිණිස, ලෝකානුකම්පාව පිණිස, දෙවි මිනිසුන්ගේ යහපත පිණිස, හිත පිණිස, සැප පිණිස, කල්පයක් වැඩසිටින සේක්වා!' යි භාග්‍යවතුන් වහන්සේ ගෙන් ඉල්ලා නොසිටියහ. මාරයා විසින් වසා ගත් සිත් ඇත්තෙක් යම් බඳු ද, එබඳු ය.

දෙවෙනි වරටත් භාග්‍යවතුන් වහන්සේ ....(පෙ).... තෙවෙනි වරටත් භාග්‍යවතුන් වහන්සේ ආයුෂ්මත් ආනන්දයන් වහන්සේ ඇමතූ සේක.

"රමණීය ය ආනන්දයෙනි, විසල්පුර. රමණීය ය උදේන චේතිය. රමණීය ය ගෝතමක චේතිය. රමණීය ය සත්තම්බ චේතිය. රමණීය ය බහුපුත්ත චේතිය. රමණීය ය සාරන්දද චේතිය. රමණීය ය චාපාල චේතිය. ආනන්දයෙනි, යම් කිසිවෙකු තුළ දියුණු කරන ලද, බහුල කරන ලද, යානාවක් සේ කරන ලද, සිටිය හැකි තැනක් සේ කරන ලද, හොඳින් පිහිටුවාගන්නා ලද, පුරුදු කරන

ලද, හොඳින් අරඹන ලද, සතර ඉර්ධිපාදයෝ තිබෙත් ද, ඔහු කැමති වන්නේ නම්, ආයුෂ්කල්පයක් හෝ ඊට ටිකක් වැඩියෙනුත් හෝ සිටිය හැක්කේ ය. ආනන්දයෙනි, තථාගතයන් තුළ දියුණු කරන ලද, බහුල කරන ලද, යානාවක් සේ කරන ලද, සිටිය හැකි තැනක් සේ කරන ලද, හොඳින් පිහිටුවාගන්නා ලද, පුරුදු කරන ලද, හොඳින් අරඹන ලද, සතර ඉර්ධිපාදයෝ තිබෙත්. ආනන්දයෙනි, ඒ තථාගත තෙමේ කැමති වන්නේ නම්, ආයුෂ්කල්පයක් හෝ ඊට ටිකක් වැඩියෙනුත් හෝ සිටිය හැක්කේ ය."

භාග්‍යවතුන් වහන්සේ විසින් මෙබඳු වූ ගොරෝසු නිමිති කරන කල්හි, ගොරෝසු එළි මතු කරන කල්හි, ආයුෂ්මත් ආනන්දයන් වහන්සේ එය වටහා ගන්නට අසමර්ථ වූහ. 'ස්වාමීනී, භාග්‍යවතුන් වහන්ස, ආයුෂ්කල්පයක් වැඩසිටින සේක්වා! සුගතයන් වහන්ස, බොහෝ ජනයාට හිත පිණිස, බොහෝ ජනයාට සුව පිණිස, ලෝකානුකම්පාව පිණිස, දෙවි මිනිසුන්ගේ යහපත පිණිස, හිත පිණිස, සැප පිණිස, කල්පයක් වැඩසිටින සේක්වා!' යි භාග්‍යවතුන් වහන්සේ ගෙන් ඉල්ලා නොසිටියහ. මාරයා විසින් වසා ගත් සිත් ඇත්තෙක් යම් බඳු ද, එබඳු ය.

එකල්හී භාග්‍යවතුන් වහන්සේ ආයුෂ්මත් ආනන්දයන් වහන්සේ ඇමතූ සේක.

"යන්න, ඔබ ආනන්දයෙනි, දැන් යමකට කාලය නම්, එය දැනගන්න."

"එසේ ය, ස්වාමීනී" යි ආයුෂ්මත් ආනන්දයන් වහන්සේ භාග්‍යවතුන් වහන්සේට පිළිවදන් දී හුනස්නෙන් නැගිට භාග්‍යවතුන් වහන්සේට සකසා වන්දනා කොට, පැදකුණු කොට, නොදුරෙහි වූ එක්තරා රුක් සෙවණක හිඳ ගත්හ.

ඉක්බිති පවිටු මාර තෙමේ ආයුෂ්මත් ආනන්දයන් වහන්සේ නික්ම ගිය නොබෝ වේලාවකින් භාග්‍යවතුන් වහන්සේ යම් තැනක වැඩහුන් සේක් ද, එතැනට පැමිණියේ ය. පැමිණ එකත්පස් ව සිටගත්තේ ය. එකත්පස් ව සිටගත් පවිටු මාර තෙමේ භාග්‍යවතුන් වහන්සේට මෙය සැළ කළේ ය.

"ස්වාමීනී, භාග්‍යවතුන් වහන්ස, දැන් පිරිනිවන් පානා සේක්වා! සුගතයන් වහන්සේ පිරිනිවන් පානා සේක්වා! ස්වාමීනී, දැන් භාග්‍යවතුන් වහන්සේට පිරිනිවන් පෑමට කාලය යි.

ස්වාමීනී, භාග්‍යවතුන් වහන්සේ විසින් පවසන ලද මේ වචනයක් තිබෙයි. 'පවිටු මාරය, යම්තාක් කල් මාගේ ශ්‍රාවක භික්ෂූහු ව්‍යක්ත ව, විනීත

ව, විශාරද ව, බහුශ්‍රැත ව, ධර්මධර ව, ධර්මානුධර්ම ප්‍රතිපදාවෙන් යුක්ත ව, සාමීචි ප්‍රතිපදාවෙන් යුක්ත ව, අනුධර්මචාරී නොවන්නාහු ද, තම ආචාර්යවාදය ඉගෙන නොපවසන්නාහු ද, නොදෙසන්නාහු ද, නොපණවන්නාහු ද, නොපිහිටුවන්නාහු ද, විවෘත නොකරන්නාහු ද, නොබෙදා දක්වන්නාහු ද, ඉස්මතු නොකරන්නාහු ද, උපන් පරාපවාදයන් කරුණු සහිත ව මැඩ පවත්වා අනුශාසනා ප්‍රාතිහාර්යයෙන් යුක්ත ව ධර්මය නොදෙසන්නාහු ද, ඒ තාක් කල් මම පිරිනිවන් නොපාන්නෙමි' යි යන වචනය යි.

ස්වාමීනී, මෙකල්හී වනාහී භාග්‍යවතුන් වහන්සේගේ ශ්‍රාවක භික්ෂූහු ව්‍යක්ත ව, විනීත ව, විශාරද ව, බහුශ්‍රැත ව, ධර්මධර ව, ධර්මානුධර්ම ප්‍රතිපදාවෙන් යුක්ත ව, සාමීචි ප්‍රතිපදාවෙන් යුක්ත ව, අනුධර්මචාරී ව සිටිති. තම ආචාර්යවාදය ඉගෙන පවසති. දෙසති. පණවති. පිහිටුවති. විවෘත කරති. බෙදා දක්වති. ඉස්මතු කරති. උපන් පරාපවාදයන් කරුණු සහිත ව මැඩ පවත්වා අනුශාසනා ප්‍රාතිහාර්යයෙන් යුක්ත ව ධර්මය දෙසති.

ස්වාමීනී, භාග්‍යවතුන් වහන්ස, දැන් පිරිනිවන් පානා සේක්වා! සුගතයන් වහන්සේ පිරිනිවන් පානා සේක්වා! ස්වාමීනී, දැන් භාග්‍යවතුන් වහන්සේට පිරිනිවන් පෑමට කාලය යි.

ස්වාමීනී, භාග්‍යවතුන් වහන්සේ විසින් පවසන ලද මේ වචනයක් තිබෙයි. 'පවිටු මාරය, යම්තාක් කල් මාගේ ශ්‍රාවිකා භික්ෂුණීහු ව්‍යක්ත ව, විශාරද ව, විනීත ව බහුශ්‍රැත ව, ධර්මධර ව, ධර්මානුධර්ම ප්‍රතිපදාවෙන් යුක්ත ව, සාමීචි ප්‍රතිපදාවෙන් යුක්ත ව, අනුධර්මචාරී නොවන්නාහු ද, තම ආචාර්යවාදය ඉගෙන නොපවසන්නාහු ද, නොදෙසන්නාහු ද, නොපණවන්නාහු ද, නොපිහිටුවන්නාහු ද, විවෘත නොකරන්නාහු ද, නොබෙදා දක්වන්නාහු ද, ඉස්මතු නොකරන්නාහු ද, උපන් පරාපවාදයන් කරුණු සහිත ව මැඩ පවත්වා අනුශාසනා ප්‍රාතිහාර්යයෙන් යුක්ත ව ධර්මය නොදෙසන්නාහු ද, ඒ තාක් කල් මම පිරිනිවන් නොපාන්නෙමි' යි යන වචනය යි.

ස්වාමීනී, මෙකල්හී වනාහී භාග්‍යවතුන් වහන්සේගේ ශ්‍රාවිකා භික්ෂුණීහු ව්‍යක්ත ව, විනීත ව, විශාරද ව, බහුශ්‍රැත ව, ධර්මධර ව, ධර්මානුධර්ම ප්‍රතිපදාවෙන් යුක්ත ව, සාමීචි ප්‍රතිපදාවෙන් යුක්ත ව, අනුධර්මචාරී ව සිටිති. තම ආචාර්යවාදය ඉගෙන පවසති. දෙසති. පණවති. පිහිටුවති. විවෘත කරති. බෙදා දක්වති. ඉස්මතු කරති. උපන් පරාපවාදයන් කරුණු සහිත ව මැඩ පවත්වා අනුශාසනා ප්‍රාතිහාර්යයෙන් යුක්ත ව ධර්මය දෙසති.

ස්වාමීනී, භාග්‍යවතුන් වහන්ස, දැන් පිරිනිවන් පානා සේක්වා! සුගතයන් වහන්සේ පිරිනිවන් පානා සේක්වා! ස්වාමීනී, දැන් භාග්‍යවතුන් වහන්සේට පිරිනිවන් පෑමට කාලය යි.

ස්වාමීනී, භාග්‍යවතුන් වහන්සේ විසින් පවසන ලද මේ වචනයක් තිබෙයි. 'පවිටු මාරය, යම්තාක් කල් මාගේ ශ්‍රාවක උපාසකවරු ව්‍යක්ත ව, විනීත ව විශාරද ව, බහුශ්‍රැත ව, ධර්මධර ව, ධර්මානුධර්ම ප්‍රතිපදාවෙන් යුක්ත ව, සාමීචි ප්‍රතිපදාවෙන් යුක්ත ව, අනුධර්මචාරී නොවන්නාහු ද, තම ආචාර්යවාදය ඉගෙන නොපවසන්නාහු ද, නොදෙසන්නාහු ද, නොපණවන්නාහු ද, නොපිහිටුවන්නාහු ද, විවෘත නොකරන්නාහු ද, නොබෙදා දක්වන්නාහු ද, ඉස්මතු නොකරන්නාහු ද, උපන් පරාපවාදයන් කරුණු සහිත ව මැඩ පවත්වා අනුශාසනා ප්‍රාතිහාර්යයෙන් යුක්ත ව ධර්මය නොදෙසන්නාහු ද, ඒ තාක් කල් මම පිරිනිවන් නොපාන්නෙමි' යි යන වචනය යි.

ස්වාමීනී, මෙකල්හී වනාහී භාග්‍යවතුන් වහන්සේගේ ශ්‍රාවක උපාසකවරු ව්‍යක්ත ව, විනීත ව, විශාරද ව, බහුශ්‍රැත ව, ධර්මධර ව, ධර්මානුධර්ම ප්‍රතිපදාවෙන් යුක්ත ව, සාමීචි ප්‍රතිපදාවෙන් යුක්ත ව, අනුධර්මචාරී ව සිටිති. තම ආචාර්යවාදය ඉගෙන පවසති. දෙසති. පණවති. පිහිටුවති. විවෘත කරති. බෙදා දක්වති. ඉස්මතු කරති. උපන් පරාපවාදයන් කරුණු සහිත ව මැඩ පවත්වා අනුශාසනා ප්‍රාතිහාර්යයෙන් යුක්ත ව ධර්මය දෙසති.

ස්වාමීනී, භාග්‍යවතුන් වහන්ස, දැන් පිරිනිවන් පානා සේක්වා! සුගතයන් වහන්සේ පිරිනිවන් පානා සේක්වා! ස්වාමීනී, දැන් භාග්‍යවතුන් වහන්සේට පිරිනිවන් පෑමට කාලය යි.

ස්වාමීනී, භාග්‍යවතුන් වහන්සේ විසින් පවසන ලද මේ වචනයක් තිබෙයි. 'පවිටු මාරය, යම්තාක් කල් මාගේ ශ්‍රාවිකා උපාසිකාවෝ ව්‍යක්ත ව, විනීත ව, විශාරද ව, බහුශ්‍රැත ව, ධර්මධර ව, ධර්මානුධර්ම ප්‍රතිපදාවෙන් යුක්ත ව, සාමීචි ප්‍රතිපදාවෙන් යුක්ත ව, අනුධර්මචාරී නොවන්නාහු ද, තම ආචාර්යවාදය ඉගෙන නොපවසන්නාහු ද, නොදෙසන්නාහු ද, නොපණවන්නාහු ද, නොපිහිටුවන්නාහු ද, විවෘත නොකරන්නාහු ද, නොබෙදා දක්වන්නාහු ද, ඉස්මතු නොකරන්නාහු ද, උපන් පරාපවාදයන් කරුණු සහිත ව මැඩ පවත්වා අනුශාසනා ප්‍රාතිහාර්යයෙන් යුක්ත ව ධර්මය නොදෙසන්නාහු ද, ඒ තාක් කල් මම පිරිනිවන් නොපාන්නෙමි' යි යන වචනය යි.

ස්වාමීනී, මෙකල්හී වනාහී භාග්‍යවතුන් වහන්සේගේ ශ්‍රාවිකා උපාසිකාවෝ ව්‍යක්ත ව, විනීත ව, විශාරද ව, බහුශ්‍රැත ව, ධර්මධර ව, ධර්මානුධර්ම

ප්‍රතිපදාවෙන් යුක්ත ව, සාමීචි ප්‍රතිපදාවෙන් යුක්ත ව, අනුධර්මචාරී ව සිටිති. තම ආචාර්යවාදය ඉගෙන පවසති. දෙසති. පණවති. පිහිටුවති. විවෘත කරති. බෙදා දක්වති. ඉස්මතු කරති. උපන් පරාපවාදයන් කරුණු සහිත ව මැඩ පවත්වා අනුශාසනා ප්‍රාතිහාර්යයෙන් යුක්ත ව ධර්මය දෙසති.

ස්වාමීනී, භාග්‍යවතුන් වහන්ස, දැන් පිරිනිවන් පානා සේක්වා! සුගතයන් වහන්සේ පිරිනිවන් පානා සේක්වා! ස්වාමීනී, දැන් භාග්‍යවතුන් වහන්සේට පිරිනිවන් පෑමට කාලය යි.

ස්වාමීනී, භාග්‍යවතුන් වහන්සේ විසින් පවසන ලද මේ වචනයක් තිබෙයි. 'පවිටු මාරය, යම්තාක් කල් මාගේ මේ සසුන් බඹසර ඉතා දියුණුවට පත් නොවෙයි ද, සමෘද්ධිමත් නොවෙයි ද, බොහෝ ජනයා විසින් දන්නා ලද්දේ නොවෙයි ද, පුළුල් ව පැතිරුණේ නොවෙයි ද, යම්තාක් දෙව් මිනිසුන් විසින් මැනැවින් ප්‍රකාශ කරන ලද්දේ නොවෙයි ද, ඒ තාක් කල් මම පිරිනිවන් නොපාන්නෙමි' යි යන වචනය යි.

ස්වාමීනී, මෙකල්හි භාග්‍යවතුන් වහන්සේගේ සසුන් බඹසර ඉතා දියුණු වූයේ ත්, සමෘද්ධිමත් වූයේ ත්, බොහෝ ජනයා විසින් දන්නා ලද්දේ ත්, පුළුල් ව පැතිරුණේ ත්, යම්තාක් දෙව් මිනිසුන් විසින් මැනැවින් ප්‍රකාශ කරන ලද්දේ ත් වෙයි.

ස්වාමීනී, භාග්‍යවතුන් වහන්ස, දැන් පිරිනිවන් පානා සේක්වා! සුගතයන් වහන්සේ පිරිනිවන් පානා සේක්වා! ස්වාමීනී, දැන් භාග්‍යවතුන් වහන්සේට පිරිනිවන් පෑමට කාලය යි."

මෙසේ පැවසූ කල්හී භාග්‍යවතුන් වහන්සේ පවිටු මාරයා හට මෙය වදාළ සේක.

"පවිටු මාරය, ඔබ අල්ප උත්සාහයෙන් වසව. වැඩිකල් නොයා තථාගතයන්ගේ පිරිනිවන් පෑම වන්නේ ය. මෙයින් තුන් මසක් ඇවෑමෙන් තථාගත තෙමේ පිරිනිවන් පාන්නේ ය."

ඉක්බිති භාග්‍යවතුන් වහන්සේ චාපාල චෛත්‍යස්ථානයෙහි දී සිහියෙන් හා නුවණින් යුතුව ආයු සංස්කාරය අත්හළ සේක. භාග්‍යවතුන් වහන්සේ විසින් ආයු සංස්කාරය අත්හළ සැණින් බිහිසුණු වූ ලොමුදහගැනීම් ඇති වන මහා පොළොව සැළීමක් වූයේ ය. දිව්‍ය දුන්දුභීහු හෙවත් දෙව්බෙර පැලී ගියාහු ය. (අකල් වැස්සක් ඇද හැලුණේ ය.)

ඉක්බිති භාග්‍යවතුන් වහන්සේ මේ අරුත දැන එවේලෙහි මේ උදානය පහළ කළ සේක.

> **"තුලමතුලඤ්ච සම්භවං - භව සංඛාරමවස්සජී මුනි**
> **අජ්ඣත්තරතෝ සමාහිතෝ - අභින්දිකවචමිවත්තසම්භවන්ති**
>
> අප මහා මුනිරජාණන් වහන්සේ හටගත්තා වූ තුලනය කළ හැකි - තුලනය කළ නොහැකි සියල්ල ද, භව සංස්කාර ද අත්හළ සේක. ආධ්‍යාත්මය තුළ නිවනෙහි ඇලුණු සිත් ඇති ව, සමාහිත සිත් ඇති ව, මේ හටගත් ජීවිත සංස්කාර යුද ඇඳුමක් සිඳින සෙයින් සිඳ දැමූ සේක."

එකල්හී ආයුෂ්මත් ආනන්දයන් වහන්සේට මේ අදහස ඇතිවූයේ ය. 'භවත්නි, ඒකාන්තයෙන් ම ආශ්චර්ය ය. භවත්නි, ඒකාන්තයෙන් ම අද්භූත ය. ඒකාන්තයෙන් ම මේ පොළොව සැලීම මහත් ය. ඒකාන්තයෙන් ම මේ පොළොව සැලීම අතිමහත් ය. බිහිසුණු ය. ලොමුදහගන්වයි. දෙව්බෙරහු පැලුණහ. මහත් වූ පොළොව සැලීමක් ඇතිවීමට හේතු වූයේ කුමක් ද? ප්‍රත්‍යය කුමක් ද?'

ඉක්බිති ආයුෂ්මත් ආනන්දයන් වහන්සේ භාග්‍යවතුන් වහන්සේ වෙත පැමිණියහ. පැමිණ භාග්‍යවතුන් වහන්සේට සකසා වන්දනා කොට එකත්පස් ව හිඳගත්හ. එකත්පස් ව හුන් ආයුෂ්මත් ආනන්දයන් වහන්සේ භාග්‍යවතුන් වහන්සේට මෙය සැළකළහ.

"ස්වාමීනී, ආශ්චර්ය ය. ස්වාමීනී, අද්භූත ය. ස්වාමීනී, ඒකාන්තයෙන් ම මේ පොළොව සැලීම මහත් ය. ස්වාමීනී, ඒකාන්තයෙන් ම මේ පොළොව සැලීම අතිමහත් ය. බිහිසුණු ය. ලොමුදහගන්වයි. දෙව්බෙරහු ද පැලුණහ. ස්වාමීනී, මහත් වූ පොළොව සැලීමක් ඇතිවීමට හේතු වූයේ කුමක් ද? ප්‍රත්‍යය කුමක් ද?"

"ආනන්දයෙනි, මහත් වූ පොළොව සැලීමක් ඇතිවීමට මේ හේතු අටකි. ප්‍රත්‍යය අටකි. ඒ කවර අටක් ද යත්;

1. ආනන්දයෙනි, මේ මහා පෘථිවි තොමෝ ජලයෙහි පිහිටියා ය. ජලය වාතයෙහි පිහිටියේ ය. වාතය අහසෙහි පිහිටියේ වෙයි. ආනන්දයෙනි, යම් හෙයකින් මහා සුළං හමයි ද, මහා සුළං හැමීමෙන් ජලය කම්පා වෙයි ද, ජලය කම්පා වීමෙන් පෘථිවිය කම්පා වෙයි ද, එබඳු වූ කාලයක් ඇත්තේ ය. මහත් වූ පොළොව සැලීමක් ඇතිවීමට මෙය පළමු හේතුව වෙයි. පළමු ප්‍රත්‍යය වෙයි.

2. තව ද ආනන්දයෙනි, ඉර්ධිමත් චේතෝවශීප්‍රාප්ත ශ්‍රමණයෙක් හෝ බ්‍රාහ්මණයෙක් හෝ වෙයි ද, මහා ඉර්ධිමත් මහානුභාව ඇති දෙවියෙක් හෝ වෙයි ද, ඔහු විසින් පොළොව සංඥාව ස්වල්පයක් කොට වඩන ලද්දේ, ජල සංඥාව අප්‍රමාණ කොට වඩන ලද්දේ වෙයි ද, ඔහු මේ පෘථිවිය කම්පා කරවයි. හාත්පසින් කම්පා කරවයි. බලවත් ව කම්පා කරවයි. බලවත් ව වෙව්ලුවා දමයි. මහත් වූ පොළොව සැලීමක් ඇතිවීමට මෙය දෙවෙනි හේතුව වෙයි. දෙවෙනි ප්‍රත්‍යය වෙයි.

3. තව ද ආනන්දයෙනි, යම් කලෙක බෝසත් තෙමේ තුසිත දෙව්ලොවින් චුත ව, සිහියෙන් හා නුවණින් යුක්ත ව මව්කුසෙහි පිළිසිඳ ගනියි ද, එකල්හී මේ පෘථිවිය කම්පා වෙයි. හාත්පසින් කම්පා වෙයි. බලවත් ව කම්පා වෙයි. බලවත් ව වෙව්ලයි. මහත් වූ පොළොව සැලීමක් ඇතිවීමට මෙය තුන්වෙනි හේතුව වෙයි. තුන්වෙනි ප්‍රත්‍යය වෙයි.

4. තව ද ආනන්දයෙනි, යම් කලෙක බෝසත් තෙමේ සිහියෙන් හා නුවණින් යුක්ත ව මව්කුසින් නික්මෙයි ද, එකල්හී මේ පෘථිවිය කම්පා වෙයි. හාත්පසින් කම්පා වෙයි. බලවත් ව කම්පා වෙයි. බලවත් ව වෙව්ලයි. මහත් වූ පොළොව සැලීමක් ඇතිවීමට මෙය සිව්වෙනි හේතුව වෙයි. සිව්වෙනි ප්‍රත්‍යය වෙයි.

5. තව ද ආනන්දයෙනි, යම් කලෙක තථාගත තෙමේ අනුත්තර වූ සම්මා සම්බෝධිය විශිෂ්ට නුවණින් අවබෝධ කරයි ද, එකල්හී මේ පෘථිවිය කම්පා වෙයි. හාත්පසින් කම්පා වෙයි. බලවත් ව කම්පා වෙයි. බලවත් ව වෙව්ලයි. මහත් වූ පොළොව සැලීමක් ඇතිවීමට මෙය පස්වෙනි හේතුව වෙයි. පස්වෙනි ප්‍රත්‍යය වෙයි.

6. තව ද ආනන්දයෙනි, යම් කලෙක තථාගත තෙමේ අනුත්තර වූ ධර්ම චක්‍රය ප්‍රවර්තනය කරයි ද, එකල්හී මේ පෘථිවිය කම්පා වෙයි. හාත්පසින් කම්පා වෙයි. බලවත් ව කම්පා වෙයි. බලවත් ව වෙව්ලයි. මහත් වූ පොළොව සැලීමක් ඇතිවීමට මෙය සයවෙනි හේතුව වෙයි. සයවෙනි ප්‍රත්‍යය වෙයි.

7. තව ද ආනන්දයෙනි, යම් කලෙක තථාගත තෙමේ සිහියෙන් හා නුවණින් යුක්ත ව ආයු සංස්කාරය අත්හරියි ද, එකල්හී මේ පෘථිවිය කම්පා වෙයි. හාත්පසින් කම්පා වෙයි. බලවත් ව කම්පා වෙයි. බලවත් ව වෙව්ලයි. මහත් වූ පොළොව සැලීමක් ඇතිවීමට මෙය සත්වෙනි හේතුව වෙයි. සත්වෙනි ප්‍රත්‍යය වෙයි.

8. තව ද ආනන්දයෙනි, යම් කලෙක තථාගත තෙමේ අනුපාදිශේෂ නිර්වාණ ධාතුවෙන් පිරිනිවන් පායි ද, එකල්හී මේ පෘථිවිය කම්පා වෙයි. හාත්පසින්

කම්පා වෙයි. බලවත් ව කම්පා වෙයි. බලවත් ව වෙව්ලයි. මහත් වූ පොළොව සැලීමක් ඇතිවීමට මෙය අටවෙනි හේතුව වෙයි. අටවෙනි ප්‍රත්‍යය වෙයි.

ආනන්දයෙනි, මේ වනාහී මහත් වූ පොළොව සැලීමක් ඇතිවීමට හේතු වන කරුණු අට ය. ප්‍රත්‍යය අට ය.

ආනන්දයෙනි, මේ අට පිරිසක් ඇත්තේ ය. ඒ කවර අට පිරිසක් ද යත්, ක්ෂත්‍රිය පිරිස, බ්‍රාහ්මණ පිරිස, ගෘහපති පිරිස, ශ්‍රමණ පිරිස, චාතුම්මහාරාජික පිරිස, තව්තිසා පිරිස, මාර පිරිස හා බ්‍රහ්ම පිරිස ය.

ආනන්දයෙනි, මම් වනාහී නොයෙක් සිය ගණන් ක්ෂත්‍රිය පිරිස වෙත එළඹුණු වග විශේෂයෙන් දනිමි. එහිදී ත් මා විසින් වාඩි වී හුන් බවකුත්, කතා බස් කළ බවකුත්, ඔවුන් වෙත පිවිස සාකච්ඡා කළ බවකුත් තිබුණි. එහිදී ඔවුන්ගේ වර්ණය යම් බඳු ද, මාගේ වර්ණය ද, එබඳු වෙයි. ඔවුන්ගේ කටහඬ යම් බඳු ද, මාගේ කටහඬ ද එබඳු වෙයි. ධර්ම කථාවෙන් ද කරුණු දක්වමි. සමාදන් කරවමි. උනන්දු කරවමි. සතුටට පත් කරවමි. ඔවුන් සමඟ කතා කරමින් සිටින මා පිළිබඳ ව 'මේ කතා කරන්නේ කවරෙක් ද? දෙවියෙක් ද? මනුෂ්‍යයෙක් ද?' යි ඔවුහු නොදනිති. ධර්ම කථාවෙන් කරුණු දක්වා, සමාදන් කරවා, උනන්දු කරවා, සතුටට පත් කරවා නොපෙනී යමි. නොපෙනී ගිය මා පිළිබඳ ව 'මේ නොපෙනී ගියේ කවරෙක් ද? දෙවියෙක් ද? මනුෂ්‍යයෙක් ද?' යි ඔවුහු නොදනිති.

ආනන්දයෙනි, මම් වනාහී නොයෙක් සිය ගණන් බ්‍රාහ්මණ පිරිස වෙත එළඹුණු වග විශේෂයෙන් දනිමි. ....(පෙ).... ගෘහපති පිරිස ....(පෙ).... ශ්‍රමණ පිරිස ....(පෙ).... චාතුම්මහාරාජික පිරිස ....(පෙ).... තාවතිංස පිරිස ....(පෙ).... මාර පිරිස ....(පෙ).... බ්‍රහ්ම පිරිස වෙත එළඹුණු වග විශේෂයෙන් දනිමි. එහිදී ත් මා විසින් වාඩි වී හුන් බවකුත්, කතා බස් කළ බවකුත්, ඔවුන් වෙත පිවිස සාකච්ඡා කළ බවකුත් තිබුණි. එහිදී ඔවුන්ගේ වර්ණය යම් බඳු ද, මාගේ වර්ණය ද, එබඳු වෙයි. ඔවුන්ගේ කටහඬ යම් බඳු ද, මාගේ කටහඬ ද එබඳු වෙයි. ධර්ම කථාවෙන් ද කරුණු දක්වමි. සමාදන් කරවමි. උනන්දු කරවමි. සතුටට පත් කරවමි. ඔවුන් සමඟ කතා කරමින් සිටින මා පිළිබඳ ව 'මේ කතා කරන්නේ කවරෙක් ද? දෙවියෙක් ද? මනුෂ්‍යයෙක් ද?' යි ඔවුහු නොදනිති. ධර්ම කථාවෙන් කරුණු දක්වා, සමාදන් කරවා, උනන්දු කරවා, සතුටට පත් කරවා නොපෙනී යමි. නොපෙනී ගිය මා පිළිබඳ ව 'මේ නොපෙනී ගියේ කවරෙක් ද? දෙවියෙක් ද? මනුෂ්‍යයෙක් ද?' යි ඔවුහු නොදනිති.

ආනන්දයෙනි, මේ වනාහී අට පිරිස යි.

ආනන්දයෙනි, මේ වනාහී අටක් වූ අභිභූ ආයතනයෝ ය. ඒ කවර අටක් ද යත්;

1. ආධ්‍යාත්මයෙහි රූප සංඥා ඇත්තේ කෙනෙක් බාහිර ස්වල්ප වූ වර්ණවත්, දුර්වර්ණ රූප දකියි. ඒවා මැඩගෙන දනිමි යි දකිමි යි යන මෙබඳු සංඥාව ඇත්තේ වෙයි. මෙය පළමු අභිභූ ආයතනය යි.

2. ආධ්‍යාත්මයෙහි රූප සංඥා ඇත්තේ කෙනෙක් බාහිර අප්‍රමාණ වූ වර්ණවත්, දුර්වර්ණ රූප දකියි. ඒවා මැඩගෙන දනිමි යි දකිමි යි යන මෙබඳු සංඥාව ඇත්තේ වෙයි. මෙය දෙවෙනි අභිභූ ආයතනය යි.

3. ආධ්‍යාත්මයෙහි අරූප සංඥා ඇත්තේ කෙනෙක් බාහිර ස්වල්ප වූ වර්ණවත්, දුර්වර්ණ රූප දකියි. ඒවා මැඩගෙන දනිමි යි දකිමි යි යන මෙබඳු සංඥාව ඇත්තේ වෙයි. මෙය තුන්වෙනි අභිභූ ආයතනය යි.

4. ආධ්‍යාත්මයෙහි අරූප සංඥා ඇත්තේ කෙනෙක් බාහිර අප්‍රමාණ වූ වර්ණවත්, දුර්වර්ණ රූප දකියි. ඒවා මැඩගෙන දනිමි යි දකිමි යි යන මෙබඳු සංඥාව ඇත්තේ වෙයි. මෙය සිව්වෙනි අභිභූ ආයතනය යි.

5. ආධ්‍යාත්මයෙහි අරූප සංඥා ඇත්තේ කෙනෙක් බාහිර නිල් වූ, නිල් පැහැ ඇති, නීල නිදර්ශන ඇති, නිල් ආලෝක ඇති රූප දකියි. නිල්වන්, නිල්වන් දැකුම් ඇති, නිල්වන් ආලෝක ඇති, නිල් දියබෙරලිය මල යම් සේ ද, නිල්වන්, නිල්වන් දැකුම් ඇති, නිල්වන් ආලෝක ඇති, දෙපැත්තට ම මටසිලිටි වූ බරණැස නීල කසීසළුව යම් සේ ද, එසෙයින් ම ආධ්‍යාත්මයෙහි අරූප සංඥා ඇත්තේ කෙනෙක් බාහිර නිල් වූ, නිල් පැහැ ඇති, නීල නිදර්ශන ඇති, නිල් ආලෝක ඇති රූප දකියි. ඒවා මැඩගෙන දනිමි යි දකිමි යි යන මෙබඳු සංඥාව ඇත්තේ වෙයි. මෙය පස්වෙනි අභිභූ ආයතනය යි.

6. ආධ්‍යාත්මයෙහි අරූප සංඥා ඇත්තේ කෙනෙක් බාහිර කහ වූ, කහ පැහැ ඇති, කහ නිදර්ශන ඇති, කහ ආලෝක ඇති රූප දකියි. කහවන්, කහවන් දැකුම් ඇති, කහවන් ආලෝක ඇති, කහ කිණිහිරි මල යම් සේ ද, කහවන්, කහවන් දැකුම් ඇති, කහවන් ආලෝක ඇති, දෙපැත්ත ම මටසිලිටි වූ බරණැස කසීසළුව යම් සේ ද, එසෙයින් ම ආධ්‍යාත්මයෙහි අරූප සංඥා ඇත්තේ කෙනෙක් බාහිර කහ වූ, කහ පැහැ ඇති, කහ නිදර්ශන ඇති, කහ ආලෝක ඇති රූප දකියි. ඒවා මැඩගෙන දනිමි යි දකිමි යි යන මෙබඳු සංඥාව ඇත්තේ වෙයි. මෙය සයවෙනි අභිභූ ආයතනය යි.

7. ආධ්‍යාත්මයෙහි අරූප සංඥා ඇත්තේ කෙනෙක් බාහිර රතු වූ, රතු පැහැ ඇති, රතු නිදර්ශන ඇති, රතු ආලෝක ඇති රූප දකියි. රතුවන්, රතුවන්

දැකුම් ඇති, රතුවන් ආලෝක ඇති, රතු බඳුවද මල යම් සේ ද, රතුවන්, රතුවන් දැකුම් ඇති, රතුවන් ආලෝක ඇති, දෙපැත්ත ම මටසිලිටි වූ බරණැස රතුවන් කසීසළුව යම් සේ ද, එසෙයින් ම ආධ්‍යාත්මයෙහි අරූප සංඥා ඇත්තේ කෙනෙක් බාහිර රතු වූ, රතු පැහැ ඇති, රතු නිදර්ශන ඇති, රතු ආලෝක ඇති රූප දකියි. ඒවා මැඩගෙන දනිමි යි දකිමි යි යන මෙබඳු සංඥාව ඇත්තේ වෙයි. මෙය සත්වෙනි අභිභූ ආයතනය යි.

8. ආධ්‍යාත්මයෙහි අරූප සංඥා ඇත්තේ කෙනෙක් බාහිර සුදු වූ, සුදු පැහැ ඇති, සුදු නිදර්ශන ඇති, සුදු ආලෝක ඇති රූප දකියි. සුදුවන්, සුදුවන් දැකුම් ඇති, සුදුවන් ආලෝක ඇති, ඕෂධී තාරුකාව යම් සේ ද, සුදුවන්, සුදුවන් දැකුම් ඇති, සුදුවන් ආලෝක ඇති, දෙපැත්ත ම මටසිලිටි වූ බරණැස සුදුවන් කසීසළුව යම් සේ ද, එසෙයින් ම ආධ්‍යාත්මයෙහි අරූප සංඥා ඇත්තේ කෙනෙක් බාහිර සුදු වූ, සුදු පැහැ ඇති, සුදු නිදර්ශන ඇති, සුදු ආලෝක ඇති රූප දකියි. ඒවා මැඩගෙන දනිමි යි දකිමි යි යන මෙබඳු සංඥාව ඇත්තේ වෙයි. මෙය අටවෙනි අභිභූ ආයතනය යි.

ආනන්දයෙනි, මේ වනාහී අටක් වූ අභිභූ ආයතනයෝ ය.

ආනන්දයෙනි, මේ අටක් වූ විමෝක්ෂයෝ ය. ඒ කවර අටක් ද යත්;

1. රූප ධ්‍යානයෙන් යුක්ත වූයේ බාහිර රූපයන් දකියි. මෙය පළමු විමෝක්ෂය යි.

2. ආධ්‍යාත්මයෙහි අරූප සංඥා ඇත්තේ බාහිර රූප දකියි. මෙය දෙවෙනි විමෝක්ෂය යි.

3. සුභ දෙයක් ම යැයි සළකා ධ්‍යානයට ඇළුණේ වෙයි. මෙය තුන්වෙනි විමෝක්ෂය යි.

4. සියළු ආකාරයෙන් ම රූප සංඥාවන් ඉක්මවීමෙන්, ගොරෝසු සංඥාවන් නැති වීමෙන් නා නා සංඥා මෙනෙහි නොකිරීමෙන් 'අනන්ත වූ ආකාසය' යැයි ආකාසානඤ්චායතනයට පැමිණ වාසය කරයි. මෙය සිව්වෙනි විමෝක්ෂය යි.

5. සියළු ආකාරයෙන් ම ආකාසානඤ්චාතනය ඉක්මවීමෙන්, 'අනන්ත වූ විඤ්ඤාණය' යැයි විඤ්ඤාණඤ්චායතනයට පැමිණ වාසය කරයි. මෙය පස්වෙනි විමෝක්ෂය යි.

6. සියළු ආකාරයෙන් ම විඤ්ඤාණඤ්චායතනය ඉක්මවීමෙන් 'කිසිවක්

නැතැ' යි ආකිඤ්චඤ්ඤායතනයට පැමිණ වාසය කරයි. මෙය සයවෙනි විමෝක්ෂය යි.

7. සියළු ආකාරයෙන් ම ආකිඤ්චඤ්ඤායතනය ඉක්මවීමෙන් නේවසංඥානාසංඥායතනයට පැමිණ වාසය කරයි. මෙය සත්වෙනි විමෝක්ෂය යි.

8. සියළු ආකාරයෙන් ම නේවසංඥානාසංඥායතනය ඉක්මවීමෙන් සංඥාවේදයිත නිරෝධයට පැමිණ වාසය කරයි. මෙය අටවෙනි විමෝක්ෂය යි.

ආනන්දයෙනි, මේ වනාහී අටක් වූ විමෝක්ෂයෝ ය.

ආනන්දයෙනි, එක් සමයෙක්හි මම අභිසම්බෝධිය ලත් මුල් අවදියෙහි උරුවෙල් දනව්වෙහි නේරංජරා නදිය අසබඩ අජපාල නුගරුක් සෙවණෙහි වාසය කළෙමි. එකල්හී ආනන්දයෙනි, මම යම්තැනක සිටියෙම් ද, පවිටු මාර තෙමේ එතැනට පැමිණියේ ය. පැමිණ එකත්පස් ව සිටියේ ය. ආනන්දයෙනි, එකත්පස් ව සිටි පවිටු මාරයා මා හට මෙය සැළ කළේ ය.

'ස්වාමීනී, භාග්‍යවතුන් වහන්ස, දැන් පිරිනිවන් පානා සේක්වා! සුගතයන් වහන්සේ පිරිනිවන් පානා සේක්වා! ස්වාමීනී, දැන් භාග්‍යවතුන් වහන්සේට පිරිනිවන් පෑමට කාලය යි.'

මෙසේ කී කල්හී ආනන්දයෙනි. පවිටු මාරයා හට මම මෙය පැවසූයෙමි.

'පවිටු මාරය, යම්තාක් කල් මාගේ ශ්‍රාවක භික්ෂූහු ව්‍යක්ත ව, විශාරද ව, විනීත ව, බහුශ්‍රැත ව, ධර්මධර ව, ධර්මානුධර්ම ප්‍රතිපදාවෙන් යුක්ත ව, සාමීචි ප්‍රතිපදාවෙන් යුක්ත ව, අනුධර්මචාරී නොවන්නාහු ද, තම ආචාර්යවාදය ඉගෙන නොපවසන්නාහු ද, නොදෙසන්නාහු ද, නොපණවන්නාහු ද, නොපිහිටුවන්නාහු ද, විවෘත නොකරන්නාහු ද, නොබෙදා දක්වන්නාහු ද, ඉස්මතු නොකරන්නාහු ද, උපන් පරාපවාදයන් කරුණු සහිත ව මැඩ පවත්වා අනුශාසනා ප්‍රාතිහාර්යයෙන් යුක්ත ව ධර්මය නොදෙසන්නාහු ද, ඒ තාක් කල් මම පිරිනිවන් නොපාන්නෙමි.

පවිටු මාරය, යම්තාක් කල් මාගේ ශ්‍රාවිකා භික්ෂුණීහු ව්‍යක්ත ව, විශාරද ව, විනීත ව, බහුශ්‍රැත ව, ධර්මධර ව, ධර්මානුධර්ම ප්‍රතිපදාවෙන් යුක්ත ව, සාමීචි ප්‍රතිපදාවෙන් යුක්ත ව, අනුධර්මචාරී නොවන්නාහු ද, තම ආචාර්යවාදය ඉගෙන නොපවසන්නාහු ද, නොදෙසන්නාහු ද, නොපණවන්නාහු ද,

නොපිහිටුවන්නාහු ද, විවෘත නොකරන්නාහු ද, නොබෙදා දක්වන්නාහු ද, ඉස්මතු නොකරන්නාහු ද, උපන් පරාපවාදයන් කරුණු සහිත ව මැඩ පවත්වා අනුශාසනා ප්‍රාතිහාර්යයෙන් යුක්ත ව ධර්මය නොදෙසන්නාහු ද, ඒ තාක් කල් මම පිරිනිවන් නොපාන්නෙමි

පවිටු මාරය, යම්තාක් කල් මාගේ ශ්‍රාවක උපාසකවරු ව්‍යක්ත ව, විනීත ව, විශාරද ව, බහුශ්‍රැත ව, ධර්මධර ව, ධර්මානුධර්ම ප්‍රතිපදාවෙන් යුක්ත ව, සාමීචි ප්‍රතිපදාවෙන් යුක්ත ව, අනුධර්මචාරී නොවන්නාහු ද, තම ආචාර්යවාදය ඉගෙන නොපවසන්නාහු ද, නොදෙසන්නාහු ද, නොපණවන්නාහු ද, නොපිහිටුවන්නාහු ද, විවෘත නොකරන්නාහු ද, නොබෙදා දක්වන්නාහු ද, ඉස්මතු නොකරන්නාහු ද, උපන් පරාපවාදයන් කරුණු සහිත ව මැඩ පවත්වා අනුශාසනා ප්‍රාතිහාර්යයෙන් යුක්ත ව ධර්මය නොදෙසන්නාහු ද, ඒ තාක් කල් මම පිරිනිවන් නොපාන්නෙමි

පවිටු මාරය, යම්තාක් කල් මාගේ ශ්‍රාවිකා උපාසිකාවෝ ව්‍යක්ත ව, විනීත ව, විශාරද ව, බහුශ්‍රැත ව, ධර්මධර ව, ධර්මානුධර්ම ප්‍රතිපදාවෙන් යුක්ත ව, සාමීචි ප්‍රතිපදාවෙන් යුක්ත ව, අනුධර්මචාරී නොවන්නාහු ද, තම ආචාර්යවාදය ඉගෙන නොපවසන්නාහු ද, නොදෙසන්නාහු ද, නොපණවන්නාහු ද, නොපිහිටුවන්නාහු ද, විවෘත නොකරන්නාහු ද, නොබෙදා දක්වන්නාහු ද, ඉස්මතු නොකරන්නාහු ද, උපන් පරාපවාදයන් කරුණු සහිත ව මැඩ පවත්වා අනුශාසනා ප්‍රාතිහාර්යයෙන් යුක්ත ව ධර්මය නොදෙසන්නාහු ද, ඒ තාක් කල් මම පිරිනිවන් නොපාන්නෙමි.

පවිටු මාරය, යම්තාක් කල් මාගේ මේ සසුන් බඹසර ඉතා දියුණුවට පත් නොවෙයි ද, සමෘද්ධිමත් නොවෙයි ද, බොහෝ ජනයා විසින් දන්නා ලද්දේ නොවෙයි ද, පුළුල් ව පැතිරුණේ නොවෙයි ද, යම්තාක් දෙවි මිනිසුන් විසින් මැනැවින් ප්‍රකාශ කරන ලද්දේ නොවෙයි ද, ඒ තාක් කල් මම පිරිනිවන් නොපාන්නෙමි' යි පැවසූවෙමි.

ආනන්දයෙනි, අද දූනුත් චාපාල චෛත්‍යස්ථානයෙහි දී මම යම් තැනක සිටියෙම් ද, පවිටු මාර තෙමේ එතැනට පැමිණියේ ය. පැමිණ එකත්පස් ව සිටියේ ය. ආනන්දයෙනි, එකත්පස් ව සිටගත් පවිටු මාරයා මා හට මෙය පැවසුවේ ය.

'ස්වාමීනී, භාග්‍යවතුන් වහන්ස, දැන් පිරිනිවන් පානා සේක්වා! සුගතයන් වහන්සේ පිරිනිවන් පානා සේක්වා! ස්වාමීනී, දැන් භාග්‍යවතුන් වහන්සේට පිරිනිවන් පෑමට කාලය යි.

ස්වාමීනී, භාග්‍යවතුන් වහන්සේ විසින් පවසන ලද මේ වචනයක් තිබෙයි. 'පවිටු මාරය, යම්තාක් කල් මාගේ ශ්‍රාවක භික්ෂූහු ....(පෙ).... යම්තාක් කල් මාගේ ශ්‍රාවිකා භික්ෂුණීහු ....(පෙ).... යම්තාක් කල් මාගේ ශ්‍රාවක උපාසකවරු ....(පෙ).... යම්තාක් කල් මාගේ ශ්‍රාවිකා උපාසිකාවෝ ....(පෙ)....

පවිටු මාරය, යම්තාක් කල් මාගේ මේ සසුන් බඹසර ඉතා දියුණුවට පත් නොවෙයි ද, සමෘද්ධිමත් නොවෙයි ද, බොහෝ ජනයා විසින් දන්නා ලද්දේ නොවෙයි ද, පුළුල් ව පැතිරුණේ නොවෙයි ද, යම්තාක් දෙව් මිනිසුන් විසින් මැනැවින් ප්‍රකාශ කරන ලද්දේ නොවෙයි ද, ඒ තාක් කල් මම පිරිනිවන් නොපාන්නෙමි' යන වචනය යි.

ස්වාමීනී, මෙකල්හි භාග්‍යවතුන් වහන්සේගේ සසුන් බඹසර ඉතා දියුණු වූයේ ත්, සමෘද්ධිමත් වූයේ ත්, බොහෝ ජනයා විසින් දන්නා ලද්දේ ත්, පුළුල් ව පැතිරුණේ ත්, යම්තාක් දෙව් මිනිසුන් විසින් මැනැවින් ප්‍රකාශ කරන ලද්දේ ත් වෙයි.

ස්වාමීනී, භාග්‍යවතුන් වහන්ස, දැන් පිරිනිවන් පානා සේක්වා! සුගතයන් වහන්සේ පිරිනිවන් පානා සේක්වා! ස්වාමීනී, දැන් භාග්‍යවතුන් වහන්සේට පිරිනිවන් පෑමට කාලය යි."

මෙසේ පැවසූ කල්හී මම ආනන්දයෙනි, පවිටු මාරයා හට මෙය පැවසූවෙමි.

'පවිටු මාරය, ඔබ අල්ප උත්සාහයෙන් වසව. වැඩිකල් නොයා තථාගතයන්ගේ පිරිනිවන් පෑම වන්නේ ය. මෙයින් තුන් මසක් ඇවෑමෙන් තථාගත තෙමේ පිරිනිවන් පාන්නේ ය' යි.

ආනන්දයෙනි, අද මේ දැන් චාපාල චෛත්‍යස්ථානයෙහි දී තථාගතයන් විසින් සිහියෙන් හා නුවණින් යුතුව ආයු සංස්කාරය අත්හරින ලද්දේ ය."

මෙසේ වදාළ කල්හී ආයුෂ්මත් ආනන්දයන් වහන්සේ භාග්‍යවතුන් වහන්සේට මෙය පැවසූහ.

"ස්වාමීනී, භාග්‍යවතුන් වහන්ස, ආයුෂ්කල්පයක් වැඩසිටින සේක්වා! සුගතයන් වහන්ස, බොහෝ ජනයාට හිත පිණිස, බොහෝ ජනයාට සුව පිණිස, ලෝකානුකම්පාව පිණිස, දෙව් මිනිසුන්ගේ යහපත පිණිස, හිත පිණිස, සැප පිණිස, කල්පයක් වැඩසිටින සේක්වා!" යි.

"පලක් නැත ආනන්දයෙනි. තථාගතයන් හට ආයාචනා නොකරව. දැන් ආනන්දයෙනි, තථාගතයන් හට ආයාචනා කිරීමට කාලය නොවෙයි."

දෙවෙනි වතාවටත් ආයුෂ්මත් ආනන්දයන් වහන්සේ ....(පෙ).... තෙවෙනි වතාවටත් ආයුෂ්මත් ආනන්දයන් වහන්සේ භාග්‍යවතුන් වහන්සේට මෙය පැවසූහ.

"ස්වාමීනී, භාග්‍යවතුන් වහන්ස, ආයුෂ්කල්පයක් වැඩසිටින සේක්වා! සුගතයන් වහන්ස, බොහෝ ජනයාට හිත පිණිස, බොහෝ ජනයාට සුව පිණිස, ලෝකානුකම්පාව පිණිස, දෙවි මිනිසුන්ගේ යහපත පිණිස, හිත පිණිස, සැප පිණිස, කල්පයක් වැඩසිටින සේක්වා!" යි.

"ආනන්දයෙනි, ඔබ තථාගතයන්ගේ බෝධිය අදහන්නෙහි ද?"

"එසේ ය, ස්වාමීනී."

"එසේ නම් ආනන්දයෙනි, ඔබ තෙවෙනි වතාව දක්වා ආයාචනා කරමින් කවර හෙයින් තථාගතයන් හට බලවත් ව පීඩා කරන්නෙහි ද?"

"ස්වාමීනී, මෙකරුණ මා විසින් භාග්‍යවතුන් වහන්සේ හමුවෙහි අසන ලද්දේ ය. හමුවෙහි පිළිගන්නා ලද්දේ ය.

'ආනන්දයෙනි, යම් කිසිවෙකු තුළ දියුණු කරන ලද, බහුල කරන ලද, යානාවක් සේ කරන ලද, සිටිය හැකි තැනක් සේ කරන ලද, හොඳින් පිහිටුවාගන්නා ලද, පුරුදු කරන ලද, හොඳින් අරඹන ලද, සතර ඉර්ධිපාදයෝ තිබෙත් ද, ඔහු කැමති වන්නේ නම්, ආයුෂ්කල්පයක් හෝ ඊට ටිකක් වැඩියෙනුත් හෝ සිටිය හැක්කේ ය. ආනන්දයෙනි, තථාගතයන් තුළ දියුණු කරන ලද, බහුල කරන ලද, යානාවක් සේ කරන ලද, සිටිය හැකි තැනක් සේ කරන ලද, හොඳින් පිහිටුවාගන්නා ලද, පුරුදු කරන ලද, හොඳින් අරඹන ලද, සතර ඉර්ධිපාදයෝ තිබෙත්. ආනන්දයෙනි, ඒ තථාගත තෙමේ කැමති වන්නේ නම්, ආයුෂ්කල්පයක් හෝ ඊට ටිකක් වැඩියෙනුත් හෝ සිටිය හැක්කේ ය' යනුවෙනි."

"ආනන්දයෙනි, ඔබ අදහන්නෙහි ද?"

"එසේ ය, ස්වාමීනී."

"එහෙයින් ආනන්දයෙනි, මෙය ඔබට ම වැරදුණු ක්‍රියාවකි. මෙය ඔබගේ ම දෝෂයකි. යම් හෙයකින් ඔබ තථාගතයන් විසින් මෙබඳු වූ ගොරෝසු නිමිති කරන කල්හී, ගොරෝසු එළි දක්වන කල්හී, තේරුම් ගන්නට අසමර්ථ වූයේ ය. 'ස්වාමීනී, භාග්‍යවතුන් වහන්ස, ආයුෂ්කල්පයක් වැඩසිටින සේක්වා! සුගතයන් වහන්ස, බොහෝ ජනයාට හිත පිණිස, බොහෝ ජනයාට සුව පිණිස, ලෝකානුකම්පාව පිණිස, දෙවි මිනිසුන්ගේ යහපත පිණිස, හිත පිණිස, සැප

පිණිස, කල්පයක් වැඩසිටින සේක්වා!' යි තථාගතයන්ට ආයාචනා නොකළේ ය. ඉදින් ආනන්දයෙනි, ඔබ තථාගතයන්ට ආයාචනා කළෙහි නම්, දෙවරක් ම ඒ ආයාචනා වචනය තථාගත තෙමේ නොපිළිගන්නේ ය. නමුත් තුන්වන ඇරයුම් වචනය පිළිගන්නේ ය. එසේ හෙයින් ආනන්දයෙනි, මෙය ඔබට ම වැරදුණු ක්‍රියාවකි. මෙය ඔබගේ ම දෝෂයකි.

ආනන්දයෙනි, මම එක් අවදියක රජගහ නුවර ගිජ්ඣකූළ පව්වෙහි වාසය කළෙමි. එහිදී ද ආනන්දයෙනි, මම ඔබ ඇමතුවෙමි. 'රමණීය ය, ආනන්දයෙනි, රාජගෘහ ය. රමණීය ය, ගිජ්ඣකූළපව්ව. ආනන්දයෙනි, යම් කිසිවෙකු තුළ දියුණු කරන ලද, බහුල කරන ලද, යානාවක් සේ කරන ලද, සිටිය හැකි තැනක් සේ කරන ලද, හොඳින් පිහිටුවාගන්නා ලද, පුරුදු කරන ලද, හොඳින් අරඹන ලද, සතර ඉර්ධිපාදයෝ තිබෙත් ද, ඔහු කැමති වන්නේ නම්, ආයුෂ්කල්පයක් හෝ ඊට ටිකක් වැඩියෙනුත් හෝ සිටිය හැක්කේ ය. ආනන්දයෙනි, තථාගතයන් තුළ දියුණු කරන ලද, බහුල කරන ලද, යානාවක් සේ කරන ලද, සිටිය හැකි තැනක් සේ කරන ලද, හොඳින් පිහිටුවාගන්නා ලද, පුරුදු කරන ලද, හොඳින් අරඹන ලද, සතර ඉර්ධිපාදයෝ තිබෙත්. ආනන්දයෙනි, ඒ තථාගත තෙමේ කැමති වන්නේ නම්, ආයුෂ්කල්පයක් හෝ ඊට ටිකක් වැඩියෙනුත් හෝ සිටිය හැක්කේ ය' යනුවෙනි.

මෙසේ ත් ඔබ ආනන්දයෙනි, තථාගතයන් විසින් මෙබඳු වූ ගොරෝසු නිමිති කරන කල්හී, ගොරෝසු එළි දක්වන කල්හී, තේරුම් ගන්නට අසමර්ථ වූයේ ය. 'ස්වාමීනී, භාග්‍යවතුන් වහන්ස, ආයුෂ්කල්පයක් වැඩසිටින සේක්වා! සුගතයන් වහන්ස, බොහෝ ජනයාට හිත පිණිස, බොහෝ ජනයාට සුව පිණිස, ලෝකානුකම්පාව පිණිස, දෙව් මිනිසුන්ගේ යහපත පිණිස, හිත පිණිස, සැප පිණිස, කල්පයක් වැඩසිටින සේක්වා!' යි තථාගතයන්ට ආයාචනා නොකළේ ය. ඉදින් ආනන්දයෙනි, ඔබ තථාගතයන්ට ආයාචනා කළෙහි නම්, දෙවරක් ම ඒ ආයාචනා වචනය තථාගත තෙමේ නොපිළිගන්නේ ය. නමුත් තුන්වන ඇරයුම් වචනය පිළිගන්නේ ය. එසේ හෙයින් ආනන්දයෙනි, මෙය ඔබට ම වැරදුණු ක්‍රියාවකි. මෙය ඔබගේ ම දෝෂයකි.

ආනන්දයෙනි, මම එක් අවදියක ඒ රජගහ නුවර ම ගෞතම නුගරුක් සෙවණෙහි වාසය කළෙමි. ....(පෙ).... ඒ රජගහ නුවර ම චෝර ප්‍රපාතයෙහි වාසය කළෙමි. ....(පෙ).... ඒ රජගහ නුවර ම වේභාර පර්වත බෑවුමෙහි සප්තපර්ණී ගුහාවෙහි වාසය කළෙමි. ....(පෙ).... ඒ රජගහ නුවර ම ඉසිගිලි පර්වත බෑවුමෙහි කාලසිලා ගල් තලාවෙහි වාසය කළෙමි. ....(පෙ).... ඒ රජගහ නුවර ම සීත වනයෙහි සප්ප සොණ්ඩික කඳු ගුහාවෙහි වාසය කළෙමි. ....(පෙ)....

ඒ රජගහ නුවර ම තපෝදාරාමයෙහි වාසය කළෙමි. ....(පෙ).... ඒ රජගහ නුවර ම ලේනුන්ගේ අභයභූමිය වූ වේළුවනයෙහි වාසය කළෙමි. ....(පෙ).... ඒ රජගහ නුවර ම ජීවක අඹ වනයෙහි වාසය කළෙමි. ....(පෙ).... ඒ රජගහ නුවර ම මද්දකුච්ඡි මිගදායෙහි වාසය කළෙමි.

එහිදී ද ආනන්දයෙනි, මම ඔබ ඇමතුවෙමි. 'රමණීය ය, ආනන්දයෙනි, රාජගෘහ ය. රමණීය ය, ගෞතම නුගරුක. ....(පෙ).... රමණීය ය, චෝර ප්‍රපාතය. ....(පෙ).... රමණීය ය, වේභාර පර්වත බෑවුමෙහි සප්තපර්ණී ගුහාව. ....(පෙ).... රමණීය ය, ඉසිගිලි පර්වත බෑවුමෙහි කාලසිලා ගල්තලාව. ....(පෙ).... රමණීය ය, සීත වනයෙහි සප්පසොණ්ඩික කඳු ගුහාව ....(පෙ).... රමණීය ය, තපෝදාරාමය ....(පෙ).... රමණීය ය, ලෙහෙනුන්ගේ අභයභූමිය වූ වේළුවනය ....(පෙ).... රමණීය ය, ජීවක අඹවනය. ....(පෙ).... රමණීය ය, මද්දකුච්ඡි මිගදාය. ආනන්දයෙනි, යම් කිසිවෙකු තුළ දියුණු කරන ලද, බහුල කරන ලද, යානාවක් සේ කරන ලද, සිටිය හැකි තැනක් සේ කරන ලද, හොඳින් පිහිටුවාගන්නා ලද, පුරුදු කරන ලද, හොඳින් අරඹන ලද සතර ඉර්ධිපාදයෝ තිබෙත් ද, ඔහු කැමති වන්නේ නම්, ආයුෂ්කල්පයක් හෝ ඊට ටිකක් වැඩියෙනුත් හෝ සිටිය හැක්කේ ය. ආනන්දයෙනි, තථාගතයන් තුළ දියුණු කරන ලද, බහුල කරන ලද, යානාවක් සේ කරන ලද, සිටිය හැකි තැනක් සේ කරන ලද, හොඳින් පිහිටුවාග න්නා ලද, පුරුදු කරන ලද, හොඳින් අරඹන ලද, සතර ඉර්ධිපාදයෝ තිබෙත්. ආනන්දයෙනි, ඒ තථාගත තෙමේ කැමති වන්නේ නම්, ආයුෂ්කල්පයක් හෝ ඊට ටිකක් වැඩියෙනුත් හෝ සිටිය හැක්කේ ය' යනුවෙනි.

මෙසේ ත් ඔබ ආනන්දයෙනි, තථාගතයන් විසින් මෙබඳු වූ ගොරෝසු නිමිති කරන කල්හී, ගොරෝසු එළි දක්වන කල්හී, තේරුම් ගන්නට අසමර්ථ වූයේ ය. 'ස්වාමීනී, භාග්‍යවතුන් වහන්ස, ආයුෂ්කල්පයක් වැඩසිටින සේක්වා! සුගතයන් වහන්ස, බොහෝ ජනයාට හිත පිණිස, බොහෝ ජනයාට සුව පිණිස, ලෝකානුකම්පාව පිණිස, දෙවි මිනිසුන්ගේ යහපත පිණිස, හිත පිණිස, සැප පිණිස, කල්පයක් වැඩසිටින සේක්වා!' යි තථාගතයන්ට ආයාචනා නොකළේ ය. ඉදින් ආනන්දයෙනි, ඔබ තථාගතයන්ට ආයාචනා කළෙහි නම්, දෙවරක් ම ඒ ආයාචනා වචනය තථාගත තෙමේ නොපිළිගන්නේ ය. නමුත් තුන්වන ඇරයුම් වචනය පිළිගන්නේ ය. එසේ හෙයින් ආනන්දයෙනි, මෙය ඔබට ම වැරදුණු ක්‍රියාවකි. මෙය ඔබගේ ම දෝෂයකි.

ආනන්දයෙනි, මම එක් අවදියක මෙහි ම විශාලා මහනුවර උදේන චෛත්‍යයෙහි වාසය කළෙමි. එහිදී ද ආනන්දයෙනි, මම ඔබ ඇමතුවෙමි. 'රමණීය ය, ආනන්දයෙනි, විසල්පුර. රමණීය ය, උදේන සෑය. ආනන්දයෙනි,

යම් කිසිවෙකු තුළ දියුණු කරන ලද, ...(පෙ).... හොඳින් පිහිටුවාගන්නා ලද, පුරුදු කරන ලද, හොඳින් අරඹන ලද, සතර ඉර්ධිපාදයෝ තිබෙත් ද, ඔහු කැමති වන්නේ නම්, ආයුෂ්කල්පයක් හෝ ඊට ටිකක් වැඩියෙනුත් හෝ සිටිය හැක්කේ ය. ආනන්දයෙනි, තථාගතයන් තුළ දියුණු කරන ලද, ...(පෙ).... හොඳින් පිහිටුවා ගන්නා ලද, පුරුදු කරන ලද, හොඳින් අරඹන ලද, සතර ඉර්ධිපාදයෝ තිබෙත්. ආනන්දයෙනි, ඒ තථාගත තෙමේ කැමති වන්නේ නම්, ආයුෂ්කල්පයක් හෝ ඊට ටිකක් වැඩියෙනුත් හෝ සිටිය හැක්කේ ය' යනුවෙනි.

මෙසේ ත් ඔබ ආනන්දයෙනි, තථාගතයන් විසින් මෙබඳු වූ ගොරෝසු නිමිති කරන කල්හී, ...(පෙ).... තේරුම් ගන්නට අසමර්ථ වූයේ ය. ....(පෙ).... එසේ හෙයින් ආනන්දයෙනි, මෙය ඔබට ම වැරදුණු ක්‍රියාවකි. මෙය ඔබගේ ම දෝෂයකි.

ආනන්දයෙනි, මම එක් අවදියක මෙහි ම විසල්පුර ගෝතමක චෛත්‍යයෙහි වාසය කළෙමි. ....(පෙ).... මේ විසල් පුරයෙහි ම සත්තම්බක සෑයෙහි වාසය කළෙමි. ....(පෙ).... මේ විසල් පුරයෙහි ම බහුපුත්තක සෑයෙහි වාසය කළෙමි. ....(පෙ).... මේ විසල් පුරයෙහි ම සාරන්දද සෑයෙහි වාසය කළෙමි. ....(පෙ).... මේ විසල් පුරයෙහි ම ආනන්දයෙනි, අද චාපාල සෑයෙහි දී දැනුත් මම ඔබ ඇමතුවෙමි. 'රමණීය ය, ආනන්දයෙනි, විසල්පුර. රමණීය ය, චාපාල සෑය. ආනන්දයෙනි, යම් කිසිවෙකු තුළ දියුණු කරන ලද, බහුල කරන ලද, යානාවක් සේ කරන ලද, සිටිය හැකි තැනක් සේ කරන ලද, හොඳින් පිහිටුවාගන්නා ලද, පුරුදු කරන ලද, හොඳින් අරඹන ලද, සතර ඉර්ධිපාදයෝ තිබෙත් ද, ඔහු කැමති වන්නේ නම්, ආයුෂ්කල්පයක් හෝ ඊට ටිකක් වැඩියෙනුත් හෝ සිටිය හැක්කේ ය. ආනන්දයෙනි, තථාගතයන් තුළ දියුණු කරන ලද, බහුල කරන ලද, යානාවක් සේ කරන ලද, සිටිය හැකි තැනක් සේ කරන ලද, හොඳින් පිහිටුවාගන්නා ලද, පුරුදු කරන ලද, හොඳින් අරඹන ලද, සතර ඉර්ධිපාදයෝ තිබෙත්. ආනන්දයෙනි, ඒ තථාගත තෙමේ කැමති වන්නේ නම්, ආයුෂ්කල්පයක් හෝ ඊට ටිකක් වැඩියෙනුත් හෝ සිටිය හැක්කේ ය' යනුවෙනි.

මෙසේ ත් ඔබ ආනන්දයෙනි, තථාගතයන් විසින් මෙබඳු වූ ගොරෝසු නිමිති කරන කල්හී, ගොරෝසු එළි දක්වන කල්හී, තේරුම් ගන්නට අසමර්ථ වූයේ ය. 'ස්වාමීනී, භාග්‍යවතුන් වහන්ස, ආයුෂ්කල්පයක් වැඩසිටින සේක්වා! සුගතයන් වහන්ස, බොහෝ ජනයාට හිත පිණිස, බොහෝ ජනයාට සුව පිණිස, ලෝකානුකම්පාව පිණිස, දෙව් මිනිසුන්ගේ යහපත පිණිස, හිත පිණිස, සැප පිණිස, කල්පයක් වැඩසිටින සේක්වා!' යි තථාගතයන්ට ආයාචනා නොකළේ ය. ඉදින් ආනන්දයෙනි, ඔබ තථාගතයන්ට ආයාචනා කළෙහි නම්, දෙවරක්

ම ඒ ආයාචනා වචනය තථාගත තෙමේ නොපිළිගන්නේ ය. නමුත් තුන්වන ඇරයුම් වචනය පිළිගන්නේ ය. එසේ හෙයින් ආනන්දයෙනි, මෙය ඔබට ම වැරදුණු ක්‍රියාවකි. මෙය ඔබගේ ම දෝෂයකි.

ආනන්දයෙනි, කලින් ම මා විසින් මෙය නොකියන ලද්දේ ද? 'ප්‍රිය වූ, මනාප වූ, සියල්ලෙන් ම ඈත් වන්නට සිදුවෙයි. වෙනස් වීම ඇත්තේ ය. අන්‍ය ස්වභාවයකට පත්වන බව ඇත්තේ ය' යි ආනන්දයෙනි, හටගත්, උපන්, හේතුඵලයෙන් සකස් වූ, බිඳෙන ස්වභාවයෙන් යුතු යමක් ඇද්ද, ඒකාන්තයෙන් ඒ තථාගතයන්ගේ ශරීරය පවා නොනැසේවා යි යන කරුණ කොහෙන් නම් ලබන්නට ද? එය දකින්නට නොලැබෙන දෙයකි.

ආනන්දයෙනි, 'වැඩිකල් නොයා තථාගතයන්ගේ පිරිනිවීම වන්නේ ය. මෙයින් තුන් මසක් ඇවෑමෙන් තථාගත තෙමේ පිරිනිවන් පාන්නේ ය' යන ඒකාන්ත වචනය පවසා තථාගතයන් විසින් යම් ආයු සංස්කාරයක් අත්හරින ලද්දේ ය. තථාගතයන් විසින් යමක් අත්හරින ලද්දේ ද, වමාරන ලද්දේ ද, මුදන ලද්දේ ද, ප්‍රහීන කරන ලද්දේ ද, දුරලන ලද්දේ ද, තථාගත තෙමේ ජීවිතය නිසා වත් එම වචනය ආපසු මුව තුළට ගන්නේ ය යන මෙය කිසිදා සිදු නොවන්නකි.

එන්න, ආනන්දයෙනි, මහාවනයෙහි කූටාගාර ශාලාව යම් තැනක ද, එහි යන්නෙමු."

"එසේ ය, ස්වාමීනී" යි ආයුෂ්මත් ආනන්දයන් වහන්සේ භාග්‍යවතුන් වහන්සේට පිළිවදන් දුන්හ.

ඉක්බිති භාග්‍යවතුන් වහන්සේ ආයුෂ්මත් ආනන්දයන් සමඟ මහාවනයෙහි කූටාගාර ශාලාව යම් තැනක ද, එහි වැඩම කළ සේක. වැඩම කොට ආයුෂ්මත් ආනන්දයන් ඇමතූ සේක.

"යන්න ඔබ ආනන්දයෙනි, යම් තාක් භික්ෂූහු විශාලා මහනුවර ඇසුරු කොට වාසය කරත් ද, ඒ සියළු භික්ෂූන් උපස්ථාන ශාලාවට රැස් කරවන්න."

"එසේ ය, ස්වාමීනී" යි ආයුෂ්මත් ආනන්දයන් වහන්සේ භාග්‍යවතුන් වහන්සේට පිළිවදන් දී විසල්පුර ඇසුරු කොට යම්තාක් භික්ෂූහු සිටියාහු ද, ඒ හැම උපස්ථාන ශාලාවට රැස් කරවා, භාග්‍යවතුන් වහන්සේ යම් තැනක වැඩහුන් සේක් ද, එතැනට පැමිණි සේක. පැමිණ භාග්‍යවතුන් වහන්සේට සකසා වන්දනා කොට එකත්පස් ව සිටගත්හ. එකත්පස් ව සිටගත් ආයුෂ්මත් ආනන්දයන් වහන්සේ භාග්‍යවතුන් වහන්සේට මෙය පැවසූහ.

"ස්වාමීනී, භික්ෂු සංඝයා රැස් කරන ලද්දේ ය. ස්වාමීනී, දැන් යමකට කාලය නම් එය භාග්‍යවතුන් වහන්සේ දන්නා සේක."

එකල්හී භාග්‍යවතුන් වහන්සේ උපස්ථාන ශාලාවට වැඩි සේක. වැඩම කොට පණවන ලද අසුනෙහි වැඩහුන් සේක. එසේ වැඩහුන් භාග්‍යවතුන් වහන්සේ භික්ෂූන් ඇමතූ සේක.

"එහෙයින් මහණෙනි, මා විසින් විශිෂ්ට ඥානයෙන් යුතුව දෙසන ලද යම් ඒ ධර්මයෝ වෙත් ද, ඔබ විසින් ඒ ධර්මයන් මනාකොට ඉගෙන ගෙන සේවනය කළ යුත්තේ ය. භාවිත කළ යුත්තේ ය. බහුල ව ප්‍රගුණ කළ යුත්තේ ය. යම් හෙයකින් මේ සසුන් මග බඹසර චිරාත් කාලයක් නොසිඳ පවත්වනු පිණිස ය. එය බොහෝ ජනයාට හිත පිණිස, බොහෝ ජනයාට සැප පිණිස, ලෝකානුකම්පාව පිණිස, දෙව් මිනිසුන්ගේ යහපත හිත සැප පිණිස පවතින්නේ ය.

මහණෙනි, යම් ධර්මයක් ඔබ විසින් මනාකොට ඉගෙන සේවනය කළ යුතු නම්, භාවිත කළ යුතු නම්, බහුල ව ප්‍රගුණ කළ යුතු නම්, යම් හෙයකින් මේ සසුන් මග බඹසර චිරාත් කාලයක් නොසිඳ පවත්වනු පිණිස පවතියි නම්, එය බොහෝ ජනයාට හිත පිණිස, බොහෝ ජනයාට සැප පිණිස, ලෝකානුකම්පාව පිණිස, දෙව් මිනිසුන්ගේ යහපත හිත සැප පිණිස පවතියි නම්, මා විසින් විශිෂ්ට ඥානයෙන් යුතුව දේශනා කරන ලද ඒ ධර්මයෝ මොනවා ද?

එනම්, සතර සතිපට්ඨානයෝ ය. සතර සම්‍යක්ප්‍රධානයෝ ය. සතර ඉර්ධිපාදයෝ ය. පංච ඉන්ද්‍රියයෝ ය. පංච බලයෝ ය. සප්ත බොජ්ඣංගයෝ ය. ආර්ය අෂ්ටාංගික මාර්ගය ය.

මහණෙනි, මේ ධර්මයෝ වනාහී මා විසින් විශිෂ්ට ඥානයෙන් යුතුව දෙසන ලද්දාහු ය. ඔබ විසින් ඒ ධර්මයන් මනාකොට ඉගෙන ගෙන සේවනය කළ යුත්තේ ය. භාවිත කළ යුත්තේ ය. බහුල ව ප්‍රගුණ කළ යුත්තේ ය. යම් හෙයකින් මේ සසුන් මග බඹසර චිරාත් කාලයක් නොසිඳ පවත්වනු පිණිස ය. එය බොහෝ ජනයාට හිත පිණිස, බොහෝ ජනයාට සැප පිණිස, ලෝකානුකම්පාව පිණිස, දෙව් මිනිසුන්ගේ යහපත හිත සැප පිණිස පවතින්නේ ය."

ඉක්බිති භාග්‍යවතුන් වහන්සේ භික්ෂූන් ඇමතූ සේක.

"එසේ නම් මහණෙනි, දැන් ඔබ අමතමි. හේතු ඵල දහමින් සකස් වූ සංස්කාරයෝ නැසෙන සුළු වෙති. අප්‍රමාදී ව දහමෙහි හැසිරෙව්. වැඩිකල්

නොයා තථාගතයන්ගේ පිරිනිවීම වන්නේ ය. මෙයින් තුන් මසක් ඇවෑමෙන් තථාගත තෙමේ පිරිනිවන් පාන්නේ ය."

භාග්‍යවතුන් වහන්සේ මෙය වදාළ සේක. මෙය වදාළ සුගත වූ ශාස්තෲන් වහන්සේ යළි අන්‍ය වූ මෙය ද වදාළ සේක.

"පරිපක්කෝ වයෝ මය්හං - පරිත්තං මම ජීවිතං
පහාය වෝ ගමිස්සාමි - කතං මේ සරණමත්තනෝ

මාගේ වයස මුහුකුරා ගියේ ය. මාගේ ජීවිතය තව ස්වල්පයක් ඇත්තේ ය. ඔබ අතහැර දමා යන්නෙමි. මා විසින් තමා හට සරණ ඇති කරගන්නා ලද්දේ ය.

අප්පමත්තා සතීමන්තෝ - සුසීලා හෝථ භික්ඛවෝ
සුසමාහිත සංකප්පා - සචිත්ත මනුරක්ඛථ

මහණෙනි, නොපමාව මනා සිහි ඇති ව, සුසිල්වත් වව්. මැනැවින් එකඟ කරගත් කල්පනා ඇතිව, තම සිත හොඳින් සුරකිව්.

යෝ ඉමස්මිං ධම්මවිනයේ - අප්පමත්තෝ විහෙස්සති
පහාය ජාතිසංසාරං - දුක්ඛස්සන්තං කරිස්සතී'ති

යමෙක් මේ බුද්ධ ශාසනයෙහි අප්‍රමාදී ව ධර්මයේ හැසිරෙන්නට වෙර වඩන්නේ නම් ඉපදෙන - මැරෙන සසර අත්හැර දුක් නිමාවකට පත් කරන්නේ ය."

ඉක්බිති භාග්‍යවතුන් වහන්සේ පෙරවරුවෙහි සිවුරු හැඳ පොරොවාගෙන පාත්‍රය හා සිවුර ගෙන විශාලා මහනුවරට පිඬු පිණිස වැඩි සේක. විශාලා මහනුවර පිඬු පිණිස හැසිර පසුබත් කාලයෙහි පිණ්ඩපාතයෙන් වැළකුණු සේක්, හස්තිරාජයෙක් මුළු සිරුරම හරවා ඍජු කොට ආපසු බලන සේ නාගාපලෝකනයෙන් විශාලා මහනුවර දෙස ආපසු හැරී බලා ආයුෂ්මත් ආනන්දයන් ඇමතු සේක.

"ආනන්දයෙනි, තථාගතයන්ගේ විශාලා මහනුවර දෙස බලන අවසන් දැකීම මෙය වන්නේ ය. එන්න ආනන්දයෙනි, භණ්ඩගම යම් තැනක ද, එහි යන්නෙමු."

"එසේ ය, ස්වාමීනී" යි ආයුෂ්මත් ආනන්දයන් වහන්සේ භාග්‍යවතුන් වහන්සේට පිළිවදන් දුන්හ. ඉක්බිති භාග්‍යවතුන් වහන්සේ මහත් භික්ෂු සංඝයා

සමඟ භණ්ඩගම යම් තැනක ද එහි වැඩි සේක. එහිදී භාග්‍යවතුන් වහන්සේ භණ්ඩගමෙහි වැඩවසන සේක.

ඉක්බිති භාග්‍යවතුන් වහන්සේ භික්ෂූන් ඇමතූ සේක.

"මහණෙනි, සතර ධර්මයක් අවබෝධ නොකිරීමෙන්, නුවණින් ප්‍රත්‍යක්ෂ නොකිරීමෙන් මේ සා අතිදීර්ඝ කාලයක් මුළුල්ලෙහි මා හට ත්, ඔබ හට ත් සසරෙහි ඇවිදයන්නට සිදුවූයේ ය. සැරිසරන්නට සිදුවූයේ ය. ඒ කවර සතරක් ද යත්;

මහණෙනි, ආර්ය වූ සීලය අවබෝධ නොකිරීමෙන්, නුවණින් ප්‍රත්‍යක්ෂ නොකිරීමෙන් මේ සා අතිදීර්ඝ කාලයක් මුළුල්ලෙහි මා හට ත්, ඔබ හට ත් සසරෙහි ඇවිදයන්නට සිදුවූයේ ය. සැරිසරන්නට සිදුවූයේ ය.

මහණෙනි, ආර්ය වූ සමාධිය අවබෝධ නොකිරීමෙන්, නුවණින් ප්‍රත්‍යක්ෂ නොකිරීමෙන් මේ සා අතිදීර්ඝ කාලයක් මුළුල්ලෙහි මා හට ත්, ඔබ හට ත් සසරෙහි ඇවිදයන්නට සිදුවූයේ ය. සැරිසරන්නට සිදුවූයේ ය.

මහණෙනි, ආර්ය වූ ප්‍රඥාව ....(පෙ).... මහණෙනි, ආර්ය වූ විමුක්තිය ....(පෙ)....

මහණෙනි, ඒ මේ ආර්ය සීලය අවබෝධ කරන ලදී. නුවණින් ප්‍රත්‍යක්ෂ කරන ලදී. ආර්ය වූ සමාධිය අවබෝධ කරන ලදී. නුවණින් ප්‍රත්‍යක්ෂ කරන ලදී. ආර්ය වූ ප්‍රඥාව අවබෝධ කරන ලදී. නුවණින් ප්‍රත්‍යක්ෂ කරන ලදී. ආර්ය වූ විමුක්තිය අවබෝධ කරන ලදී. නුවණින් ප්‍රත්‍යක්ෂ කරන ලදී. භව තෘෂ්ණාව මුලින්ම සිඳින ලදී. භව රැහැන් ක්ෂය කරන ලදී. දැන් නැවත භවයක් නැත්තේය."

භාග්‍යවතුන් වහන්සේ මෙය වදාළ සේක. මෙය වදාළ සුගත වූ ශාස්තෘන් වහන්සේ යළි අන්‍ය වූ මෙය ද වදාළ සේක.

"සීලං සමාධි පඤ්ඤා ච - විමුත්ති ච අනුත්තරා
අනුබුද්ධා ඉමේ ධම්මා - ගෝතමේන යසස්සිනා

සීලය, සමාධිය හා ප්‍රඥාව ත් අනුත්තර වූ විමුක්තියත් යන මේ
ධර්මයෝ විසිර ගිය යස සෝෂා ඇති ගෞතමයන් වහන්සේ
විසින් අවබෝධ කරන ලද්දාහු ය.

ඉති බුද්ධෝ අභිඤ්ඤාය - ධම්මමක්ඛාසි භික්ඛුනං
දුක්ඛස්සන්තකරෝ සත්ථා - චක්ඛුමා පරිනිබ්බුතෝ' ති.

මෙසේ බුදුරජාණන් වහන්සේ විශිෂ්ට නුවණින් අවබෝධ කොට
භික්ෂූන් හට ධර්මය වදාළ සේක. සසර දුක් කෙළවර කළ, සදහම්
ඇස් ඇති ශාස්තෘන් වහන්සේ පිරිනිවී ගියාහු ය."

එහිදී ද භාග්‍යවතුන් වහන්සේ භණ්ඩගමෙහි වැඩවසන සේක්, භික්ෂූන් හට මෙබඳු වූ ම ධර්ම කථාව බහුල ව කරන සේක. 'සීලය මේ අයුරු ය. සමාධිය මේ අයුරු ය. ප්‍රඥාව මේ අයුරු ය. සීලය තුළින් වඩන ලද සමාධිය මහත්ඵල මහානිශංස ඇත්තේ ය. සමාධිය තුළින් වඩන ලද ප්‍රඥාව මහත්ඵල මහානිශංස ඇත්තේ ය. ප්‍රඥාව තුළින් වඩන ලද සිත මැනැවින් ම ආශ්‍රවයන්ගෙන් නිදහස් වෙයි. ඒ කවර ආශ්‍රවයන්ගෙන් ද යත්; කාම ආශ්‍රවයෙන් ය, භව ආශ්‍රවයෙන් ය, අවිද්‍යා ආශ්‍රවයෙන් ය.'

ඉක්බිති භාග්‍යවතුන් වහන්සේ කැමති තාක් කල් භණ්ඩගමෙහි වැඩවාසය කොට ආයුෂ්මත් ආනන්දයන් වහන්සේ ඇමතූ සේක.

"එන්න ආනන්දයෙනි, හත්ථිගම යම් තැනක ද, අම්බගම යම් තැනක ද, ජම්බුගම යම් තැනක ද, භෝග නගරය යම් තැනක ද එහි යන්නෙමු."

"එසේ ය, ස්වාමීනී" යි ආයුෂ්මත් ආනන්දයන් වහන්සේ භාග්‍යවතුන් වහන්සේට පිළිවදන් දුන්හ. ඉක්බිති භාග්‍යවතුන් වහන්සේ මහත් වූ භික්ෂු සංඝයා සමඟ භෝග නගරය යම් තැනක ද, එහි වැඩි සේක. එහිදී භාග්‍යවතුන් වහන්සේ භෝග නගරයෙහි ආනන්ද චෛත්‍යයෙහි වැඩවසන සේක.

ඉක්බිති භාග්‍යවතුන් වහන්සේ භික්ෂූන් වහන්සේ ඇමතූ සේක.

"මහණෙනි, මේ සතරක් වූ මහාපදේශයන් දේශනා කරන්නෙමි. එය අසව්. මැනැවින් මෙනෙහි කරව්. පවසන්නෙමි."

"එසේ ය, ස්වාමීනී" යි ඒ භික්ෂූහු භාග්‍යවතුන් වහන්සේට පිළිවදන් දුන්හ. භාග්‍යවතුන් වහන්සේ මෙය වදාළ සේක.

1. මහණෙනි, මෙහිලා භික්ෂුවක් මෙසේ කියයි. 'ආයුෂ්මත්නි, මෙකරුණ මා විසින් භාග්‍යවතුන් වහන්සේ හමුවෙහි අසන ලද්දේ ය. හමුවෙහි පිළිගන්නා ලද්දේ ය. ධර්මය යනු මෙය යි. විනය යනු මෙය යි. ශාස්තෘ ශාසනය යනු මෙය යි' කියා ය. මහණෙනි, ඒ භික්ෂුවගේ කියමන සතුටින් නොපිළිගත යුත්තේ ය. ප්‍රතික්ෂේප නොකළ යුත්තේ ය. සතුටින් නොපිළිගෙන, ප්‍රතික්ෂේප නොකොට ඒ පද ප්‍රකාශනයන් මැනැවින් ඉගෙන සූත්‍රයෙහි බහා බැලිය යුත්තේ ය. විනයෙහිලා සැසඳිය යුත්තේ ය. ඉදින් ඒ භික්ෂුව ධර්ම විනය ලෙස පවසන

දෙය සූත්‍රයෙහි බහා බලද්දී, විනයෙහිලා සසඳද්දී සූත්‍රයෙහි නොබැස ගනියි නම්, විනයෙහි නොසැසඳෙයි නම් ඒ පිළිබඳ ව නිෂ්ඨාවකට පැමිණිය යුත්තේ ය. 'ඒකාන්තයෙන් මෙය ඒ භාග්‍යවතුන් වහන්සේගේ වචනයක් නොවෙයි. මේ භික්ෂුව විසින් වැරදි ලෙස ගන්නා ලද දෙයකි' යි. මහණෙනි, මෙසේ මෙය බැහැර කර දමව්.

ඉදින් ඒ භික්ෂුව ධර්මය විනය ලෙස පවසන දෙය සූත්‍රයෙහිලා බහා බලද්දී, විනයෙහිලා සසඳද්දී, සූත්‍රයෙහි බැස ගනියි නම්, විනයෙහි සැසඳෙයි නම් එහිලා නිෂ්ඨාවකට පැමිණිය යුත්තේය. 'ඒකාන්තයෙන් ම මෙය ඒ භාග්‍යවතුන් වහන්සේගේ වචනයකි. මේ භික්ෂුව විසින් මැනැවින් ගන්නා ලද්දකි' යි. මහණෙනි, මෙම පළමු මහාපදේශය මතකයෙහි රඳවා ගනිව්.

2. මහණෙනි, මෙහිලා භික්ෂුවක් මෙසේ කියයි. 'අසවල් ආවාසයෙහි ස්ථවිරයන් වහන්සේලා සහිත ප්‍රමුඛයන් වහන්සේලා සහිත සංඝයා වහන්සේ වැඩවෙසෙති. මෙකරුණ මා විසින් ඒ සංඝයා හමුවෙහි අසන ලද්දේ ය. හමුවෙහි පිළිගන්නා ලද්දේ ය. ධර්මය යනු මෙය යි. විනය යනු මෙය යි. ශාස්තෘ ශාසනය යනු මෙය යි' කියා ය. මහණෙනි, ඒ භික්ෂුවගේ කථාව සතුටින් නොපිළිගත යුත්තේ ය. ප්‍රතික්ෂේප නොකළ යුත්තේ ය. සතුටින් නොපිළිගෙන, ප්‍රතික්ෂේප නොකොට ඒ පද ප්‍රකාශනයන් මැනැවින් ඉගෙන සූත්‍රයෙහි බහා බැලිය යුත්තේ ය. විනයෙහිලා සැසඳිය යුත්තේ ය. ඉදින් ඒ සංඝයා ධර්ම විනය ලෙස පවසන දෙය සූත්‍රයෙහි බහා බලද්දී, විනයෙහිලා සසඳද්දී සූත්‍රයෙහි නොබැස ගනියි නම්, විනයෙහි නොසැසඳෙයි නම් ඒ පිළිබඳ ව නිෂ්ඨාවකට පැමිණිය යුත්තේ ය. 'ඒකාන්තයෙන් මෙය ඒ භාග්‍යවතුන් වහන්සේගේ වචනයක් නොවෙයි. ඒ සංඝයා විසින් වැරදි ලෙස ගන්නා ලද දෙයකි' යි. මහණෙනි, මෙසේ මෙය බැහැර කර දමව්.

ඉදින් සූත්‍රයෙහි බහා බලද්දී, විනයෙහිලා සසඳද්දී ඒ පැවසූ දෙය සූත්‍රයෙහි බැස ගනියි නම්, විනයෙහි ලා සැසඳෙයි නම් ඒ පිළිබඳ ව නිෂ්ඨාවකට පැමිණිය යුත්තේ ය. 'ඒකාන්තයෙන් මෙය ඒ භාග්‍යවතුන් වහන්සේගේ වචනයකි. ඒ සංඝයා විසින් මැනැවින් ගන්නා ලද දෙයකි' යි. මහණෙනි, මෙම දෙවෙනි මහාපදේශය දරාගනිව්.

3. මහණෙනි, මෙහිලා භික්ෂුවක් මෙසේ කියයි. 'අසවල් ආවාසයෙහි බහුශ්‍රැත වූ උගත් සූත්‍රාන්තයන් ඇති ධර්මධර විනයධර මාතෘකාධර බොහෝ ස්ථවිර භික්ෂූහු වැඩවෙසෙති. මෙකරුණ මා විසින් ඒ තෙරුන් වහන්සේලා හමුවෙහි අසන ලද්දේ ය. හමුවෙහි පිළිගන්නා ලද්දේ ය. ධර්මය යනු මෙය

යි. විනය යනු මෙය යි. ශාස්තෘ ශාසනය යනු මෙය යි' කියා ය. මහණෙනි, ඒ භික්ෂුවගේ කථාව නොපිළිගත යුත්තේ ය. ප්‍රතික්ෂේප නොකළ යුත්තේ ය. නොපිළිගෙන, ප්‍රතික්ෂේප නොකොට ඒ පද ප්‍රකාශනයන් මැනැවින් ඉගෙන සූත්‍රයෙහි බහා බැලිය යුත්තේ ය. විනයෙහිලා සැසඳිය යුත්තේ ය. ඉදින් සූත්‍රයෙහි බහා බලද්දී, විනයෙහිලා සසඳද්දී ඒ බොහෝ ස්ථවිර භික්ෂූන් විසින් ධර්ම විනය ලෙස පවසන දෙය සූත්‍රයෙහි නොබැස ගනියි නම්, විනයෙහි නොසැසඳෙයි නම් ඒ පිළිබඳ ව නිෂ්ඨාවකට පැමිණිය යුත්තේ ය. 'ඒකාන්තයෙන් ම මෙය ඒ භාග්‍යවතුන් වහන්සේගේ වචනයක් නොවෙයි. ඒ ස්ථවිර භික්ෂූන් විසින් වැරදි ලෙස ගන්නා ලද දෙයකි' යි. මහණෙනි, මෙසේ මෙය බැහැර කර දමව්.

ඉදින් සූත්‍රයෙහි බහා බලද්දී, විනයෙහිලා සසඳද්දී ඒ පැවසූ දෙය සූත්‍රයෙහි බැසගනියි නම්, විනයෙහි ලා සැසඳෙයි නම් ඒ පිළිබඳ ව නිෂ්ඨාවකට පැමිණිය යුත්තේ ය. 'ඒකාන්තයෙන් ම මෙය ඒ භාග්‍යවතුන් වහන්සේගේ වචනයකි. ඒ ස්ථවිර භික්ෂූන් විසින් මැනැවින් ගන්නා ලද දෙයකි' යි. මහණෙනි, මෙම තෙවෙනි මහාපදේශය දරාගනිව්.

4. මහණෙනි, මෙහිලා භික්ෂුවක් මෙසේ කියයි. 'අසවල් ආවාසයෙහි බහුශ්‍රැත වූ උගත් සූත්‍රාන්තයන් ඇති ධර්මධර විනයධර මාතෘකාධර එක් ස්ථවිරයන් වහන්සේ නමක් වැඩවෙසෙති. මෙකරුණ මා විසින් ඒ තෙරුන් වහන්සේ හමුවෙහි අසන ලද්දේ ය. හමුවෙහි පිළිගන්නා ලද්දේ ය. ධර්මය යනු මෙය යි. විනය යනු මෙය යි. ශාස්තෘ ශාසනය යනු මෙය යි' කියා ය. මහණෙනි, ඒ භික්ෂුවගේ කියමන සතුටින් නොපිළිගත යුත්තේ ය. ප්‍රතික්ෂේප නොකළ යුත්තේ ය. සතුටින් නොපිළිගෙන, ප්‍රතික්ෂේප නොකොට ඒ පද ප්‍රකාශනයන් මැනැවින් ඉගෙන සූත්‍රයෙහි බහා බැලිය යුත්තේ ය. විනයෙහිලා සැසඳිය යුත්තේ ය. ඉදින් ඒ ස්ථවිර භික්ෂුව ධර්මය විනය ලෙස පවසන දෙය සූත්‍රයෙහි බහා බලද්දී, විනයෙහිලා සසඳද්දී සූත්‍රයෙහි නොබැස ගනියි නම්, විනයෙහි නොසැසඳෙයි නම් ඒ පිළිබඳ ව නිෂ්ඨාවකට පැමිණිය යුත්තේ ය. 'ඒකාන්තයෙන් මෙය ඒ භාග්‍යවතුන් වහන්සේගේ වචනයක් නොවෙයි. ඒ ස්ථවිර භික්ෂුව විසින් වැරදි ලෙස ගන්නා ලද දෙයකි' යි. මහණෙනි, මෙසේ මෙය බැහැර කර දමව්.

ඉදින් සූත්‍රයෙහි බහා බලද්දී, විනයෙහිලා සසඳද්දී ඒ පැවසූ දෙය සූත්‍රයෙහි බැස ගනියි නම්, විනයෙහි ලා සැසඳෙයි නම් ඒ පිළිබඳ ව නිෂ්ඨාවකට පැමිණිය යුත්තේ ය. 'ඒකාන්තයෙන් ම මෙය ඒ භාග්‍යවතුන් වහන්සේගේ වචනයකි. ඒ ස්ථවිර භික්ෂුව විසින් මැනැවින් ගන්නා ලද දෙයකි' යි. මහණෙනි, මෙම සිව්වෙනි මහාපදේශය දරාගනිව්.

මහණෙනි, මේ සතරක් වූ මහාපදේශයන් මතකයෙහි රඳවා ගනිව්.

එහිදී ද භාග්‍යවතුන් වහන්සේ භෝග නගරයෙහි ආනන්ද චෛත්‍යස්ථානයෙහි වැඩවසන සේක්, භික්ෂූන් හට මෙබඳු වූ ම ධර්ම කථාව බහුල ව කරන සේක. 'සීලය මේ අයුරු ය. සමාධිය මේ අයුරු ය. ප්‍රඥාව මේ අයුරු ය. සීලය තුළින් වඩන ලද සමාධිය මහත්ඵල මහානිශංස ඇත්තේ ය. සමාධිය තුළින් වඩන ලද ප්‍රඥාව මහත්ඵල මහානිශංස ඇත්තේ ය. ප්‍රඥාව තුළින් වඩන ලද සිත මැනැවින් ම ආශ්‍රවයන්ගෙන් නිදහස් වෙයි. ඒ කවර ආශ්‍රවයන්ගෙන් ද යත්; කාම ආශ්‍රවයෙන් ය, භව ආශ්‍රවයෙන් ය, අවිද්‍යා ආශ්‍රවයෙන් ය.'

ඉක්බිති භාග්‍යවතුන් වහන්සේ කැමති තාක් කල් භෝග නගරයෙහි වැඩවාසය කොට ආයුෂ්මත් ආනන්දයන් වහන්සේ ඇමතූ සේක.

"එන්න ආනන්දයෙනි, පාවා නුවර යම් තැනක ද එහි යන්නෙමු."

"එසේ ය, ස්වාමීනී" යි ආයුෂ්මත් ආනන්දයන් වහන්සේ භාග්‍යවතුන් වහන්සේට පිළිවදන් දුන්හ. ඉක්බිති භාග්‍යවතුන් වහන්සේ මහත් වූ භික්ෂු සංඝයා සමඟ පාවා නුවර යම් තැනක ද, එහි වැඩි සේක. එහිදී භාග්‍යවතුන් වහන්සේ පාවා නගරයෙහි රන්කරුපුත්‍ර චුන්දයන්ගේ අඹවනයෙහි වැඩවසන සේක.

රන්කරුපුත්‍ර චුන්ද තෙමේ 'භාග්‍යවතුන් වහන්සේ පාවා නුවරට වැඩම කොට පාවා නුවර මාගේ අඹවනයෙහි වැඩවසන සේක්ලු' යි ඇසුවේ ය. ඉක්බිති රන්කරුපුත්‍ර චුන්ද තෙමේ භාග්‍යවතුන් වහන්සේ යම් තැනක වැඩහුන් සේක් ද, එහි පැමිණියේ ය. පැමිණ භාග්‍යවතුන් වහන්සේට සකසා වන්දනා කොට එකත්පස් ව හිඳගත්තේ ය. එකත්පස් ව හුන් රන්කරුපුත්‍ර චුන්දයන් හට භාග්‍යවතුන් වහන්සේ ධර්ම කථාවෙන් කරුණු දැක්වූ සේක. සමාදන් කරවූ සේක. උනන්දු කරවූ සේක. සතුටු කරවූ සේක.

එකල්හී භාග්‍යවතුන් වහන්සේ විසින් ධර්ම කථාවෙන් කරුණු දක්වන ලද, සමාදන් කරවන ලද, උනන්දු කරවන ලද, සතුටු කරවන ලද රන්කරුපුත්‍ර චුන්ද තෙමේ භාග්‍යවතුන් වහන්සේට මෙය පැවසුවේ ය.

"ස්වාමීනී, භික්ෂු සංඝයා සමඟ භාග්‍යවතුන් වහන්සේ මාගේ දානය හෙට දිනය උදෙසා පිළිගන්නා සේක්වා!"

භාග්‍යවතුන් වහන්සේ නිහඬ ව වැඩ සිටීමෙන් එම ඇරයුම පිළිගත් සේක. ඉක්බිති රන්කරුපුත්‍ර චුන්ද තෙමේ භාග්‍යවතුන් වහන්සේ තම ඇරයුම

පිළිගත් බව දැන, හුනස්නෙන් නැගිට භාග්‍යවතුන් වහන්සේට සකසා වන්දනා කොට, පැදකුණු කොට පිටත් ව ගියේ ය.

ඉක්බිති රන්කරුපුත්‍ර චුන්ද තෙමේ ඒ රාත්‍රිය ඇවෑමෙන් ස්වකීය නිවසෙහි ප්‍රණීත අයුරින් ඛාද්‍ය භෝජ්‍යය පිළියෙල කොට බොහෝ වූ ත් සූකරමද්දව පිළියෙල කොට භාග්‍යවතුන් වහන්සේට කල් දැනුම් දුන්නේ ය.

"ස්වාමීනී, කාලය යි. දානය පිළියෙල කොට නිමවන ලද්දේ ය."

එකල්හී භාග්‍යවතුන් වහන්සේ පෙරවරුවෙහි සිවුරු හැඳ පොරොවා ගෙන පාත්‍රය හා සිවුර ගෙන භික්ෂු සංඝයා සමඟ රන්කරුපුත්‍ර චුන්දයන්ගේ නිවසට වැඩම කළ සේක. වැඩම කොට පණවන ලද අසුනෙහි වැඩහුන් සේක. වැඩහුන් භාග්‍යවතුන් වහන්සේ රන්කරුපුත්‍ර චුන්දයන් ඇමතූ සේක.

"චුන්දයෙනි, ඔබ විසින් පිළියෙල කරන ලද යම් සූකර මද්දවයක් ඇද්ද, එයින් මා හට දානෝපස්ථාන කරව. යම් අන්‍ය වූ ඛාද්‍ය භෝජ්‍යයක් පිළියෙල කොට ඇද්ද, එයින් භික්ෂු සංඝයා හට දානෝපස්ථාන කරව."

"එසේ ය, ස්වාමීනී" යි රන්කරුපුත්‍ර චුන්ද තෙමේ භාග්‍යවතුන් වහන්සේට පිළිවදන් දී පිළියෙල කරන ලද යම් සූකර මද්දවයක් ඇද්ද, එයින් භාග්‍යවතුන් වහන්සේ වැළඳවීය. අන්‍ය වූ යම් ඛාද්‍ය භෝජ්‍යයක් පිළියෙල කොට ඇද්ද, එයින් භික්ෂු සංඝයා වැළඳවීය.

ඉක්බිති භාග්‍යවතුන් වහන්සේ රන්කරුපුත් චුන්දයන් ඇමතූ සේක.

"චුන්දයෙනි, ඉතිරි වූ යම් සූකරමද්දවයක් ඇද්ද, එය වළකට දමව. චුන්දයෙනි, තථාගතයන් හැර එය වැළඳූ යමෙකුන්ට මනාකොට දිරවා යයි නම්, එබඳු වූ කෙනෙකු දෙවියන් සහිත මරුන් සහිත බඹුන් සහිත ශ්‍රමණ බ්‍රාහ්මණයන් සහිත දෙව්මිනිස් ප්‍රජාවෙන් යුතු ලෝකයෙහි මම නොදකිමි."

"එසේ ය, ස්වාමීනී" යි රන්කරුපුත් චුන්ද තෙමේ භාග්‍යවතුන් වහන්සේට පිළිවදන් දී ඉතිරි වූ යම් සූකර මද්දවයක් ඇද්ද, එය වළකට දමා භාග්‍යවතුන් වහන්සේ වෙත පැමිණියේය. පැමිණ භාග්‍යවතුන් වහන්සේට සකසා වන්දනා කොට එකත්පස්ව හිඳගත්තේ ය. එකත්පස් ව හිඳගත් රන්කරුපුත් චුන්දයන් හට භාග්‍යවතුන් වහන්සේ ධර්ම කථාවෙන් කරුණු දක්වා, සමාදන් කරවා, උනන්දු කරවා, සතුටට පත් කරවා, හුනස්නෙන් නැගිට නික්ම වැඩි සේක.

ඉක්බිති රන්කරුපුත් චුන්දයන්ගේ දානය වැළඳූ භාග්‍යවතුන් වහන්සේ හට දරුණු ලෙස ලෝහිත පක්ඛන්දිකා නම් වූ ලේ අතීසාර රෝගය උපන්නේ

ය. මාරාන්තික වූ දැඩි වේදනාවෝ පැවැත්තාහ. භාග්‍යවතුන් වහන්සේ මනා සිහි නුවණින් යුතුව සිතින් පීඩාවකට පත් නොවෙමින් එය ඉවසන සේක.

ඉක්බිති භාග්‍යවතුන් වහන්සේ ආයුෂ්මත් ආනන්දයන් වහන්සේ ඇමතූ සේක.

"එන්න, ආනන්දයෙනි, කුසිනාරාව යම් තැනක ද, එහි යන්නෙමු."

"එසේ ය, ස්වාමීනී" යි ආයුෂ්මත් ආනන්දයන් වහන්සේ භාග්‍යවතුන් වහන්සේට පිළිවදන් දුන්හ.

චුන්දස්ස භත්තං භුඤ්ජිත්වා - කම්මාරස්සාති මේ සුතං
ආබාධං සම්ඵුසී ධීරෝ - පබාළ්හං මාරණන්තිකං

රන්කරුපුත් චුන්දයන්ගේ දානය වැළඳූ, නුවණින් ධෛර්යමත් වූ අප භාග්‍යවතුන් වහන්සේ මාරාන්තික වූ දරුණු රෝගාබාධයක් ස්පර්ශ කළ සේක යි මා විසින් අසන ලද්දේ ය.

භුත්තස්ස ච සූකර මද්දවේන
බ්‍යාධිප්පබාළ්හේ උදපාදි සත්ථුනෝ
විරිඤ්චමානෝ භගවා අවෝච
ගච්ඡාමහං කුසිනාරං නගරන්ති

සූකර මද්දවයෙන් යුතු දානය වැළඳූ අප ශාස්තෘන් වහන්සේ හට ඉතා දරුණු රෝගාබාධයක් උපන්නේ ය. ලේ අතීසාරයෙන් විරේක වෙමින් සිටි භාග්‍යවතුන් වහන්සේ මෙය වදාළ සේක. 'මම කුසිනාරා නුවරට යමි' යි."

ඉක්බිති භාග්‍යවතුන් වහන්සේ වඩිමින් සිටි මාර්ගයෙන් ඉවත් වී එක්තරා රුක් සෙවණක් යම් තැනක තිබුණේ ද, එතැනට වැඩි සේක. වැඩම කොට ආයුෂ්මත් ආනන්දයන් ඇමතූ සේක.

"එසේ නම් ආනන්දයෙනි, ඔබ මාගේ සඟල සිවුර සතරට නවා ඇතිරිල්ලක් සේ පණවව්. ආනන්දයෙනි, ක්ලාන්ත ඇත්තෙමි. හිඳගන්නෙමි."

"එසේ ය, ස්වාමීනී" යි ආයුෂ්මත් ආනන්දයන් වහන්සේ භාග්‍යවතුන් වහන්සේට පිළිවදන් දී භාග්‍යවතුන් වහන්සේගේ දෙපට සිවුර සතරට නවා අසුනක් පැණවූහ. භාග්‍යවතුන් වහන්සේ පණවන ලද අසුනෙහි වැඩහුන් සේක. එසේ වැඩහුන් භාග්‍යවතුන් වහන්සේ ආයුෂ්මත් ආනන්දයන් ඇමතූ සේක.

"එසේ නම් ඔබ ආනන්දයෙනි, මා හට පැන් ගෙන එන්න. පිපාස ඇත්තෙමි ආනන්දයෙනි. පැන් වළඳන්නෙමි."

මෙසේ වදාළ කල්හී ආයුෂ්මත් ආනන්දයන් වහන්සේ භාග්‍යවතුන් වහන්සේට මෙය පැවසූහ.

"ස්වාමීනී, දැන් එතැනින් ගැල් පන්සියයක් පමණ නික්ම ගියාහු ය. ගැල් රෝදයෙන් ඒ ස්වල්ප ජලයෙහි පහන් බව සිඳුණේ ය. කැළඹී, බොර වී ගලයි. ස්වාමීනී, මේ කකුත්ථා නදිය වැඩි දුරක නැත්තේ ය. එහි පහන් දිය ඇත්තේ ය. මිහිරි දිය ඇත්තේ ය. සිහිල් දිය ඇත්තේ ය. මඩ නැත්තේ ය. මනා තොට ඇත්තේ ය. රමණීය ය. එහිදී භාග්‍යවතුන් වහන්සේට පැන් ද වළඳනු හැකි වන සේක. ඇඟපත ද සිහිල් කරගත හැකි වන සේක.

භාග්‍යවතුන් වහන්සේ දෙවෙනි වතාවට ත් ආයුෂ්මත් ආනන්දයන් ඇමතූ සේක.

"එසේ නම් ඔබ ආනන්දයෙනි, මා හට පැන් ගෙන එන්න. පිපාස ඇත්තෙමි ආනන්දයෙනි. පැන් වළඳන්නෙමි."

දෙවෙනි වතාවට ත් ආයුෂ්මත් ආනන්දයන් වහන්සේ භාග්‍යවතුන් වහන්සේට මෙය පැවසූහ.

"ස්වාමීනී, දැන් එතැනින් ගැල් පන්සියයක් පමණ නික්ම ගියාහු ය. ගැල් රෝදයෙන් ඒ ස්වල්ප ජලයෙහි පහන් බව සිඳුණේ ය. කැළඹී, බොර වී ගලයි. ස්වාමීනී, මේ කකුත්ථා නදිය වැඩි දුරක නැත්තේ ය. එහි පහන් දිය ඇත්තේ ය. මිහිරි දිය ඇත්තේ ය. සිහිල් දිය ඇත්තේ ය. මඩ නැත්තේ ය. මනා තොට ඇත්තේ ය. රමණීය ය. එහිදී භාග්‍යවතුන් වහන්සේට පැන් ද වළඳනු හැකි වන සේක. ඇඟපත ද සිහිල් කරගත හැකි වන සේක.

භාග්‍යවතුන් වහන්සේ තුන්වෙනි වතාවට ත් ආයුෂ්මත් ආනන්දයන් ඇමතූ සේක.

"එසේ නම් ඔබ ආනන්දයෙනි, මා හට පැන් ගෙන එන්න. පිපාස ඇත්තෙමි ආනන්දයෙනි. පැන් වළඳන්නෙමි."

"එසේ ය, ස්වාමීනී" යි ආයුෂ්මත් ආනන්දයන් වහන්සේ භාග්‍යවතුන් වහන්සේට පිළිවදන් දී පාත්‍රය ගෙන කුඩා දිය පහරින් යුතු ඒ නදිය යම් තැනක ද, එතැනට එළඹුනහ.

ඉක්බිති ගැල් රෝදයෙන් පහන් බව සිඳී ගිය, කැළඹී ගිය, බොර වී ගිය, ස්වල්ප ජලය ගලමින් තිබූ ඒ නදිය වෙත ආයුෂ්මත් ආනන්දයන් වහන්සේ ළං වෙන කල්හී පහන් වූ ජලය ඇති ව, ඉතා පහන් ව, නොකැළඹී ගලා ගියා ය. ඉක්බිති ආයුෂ්මත් ආනන්දයන් වහන්සේට මේ අදහස ඇතිවූයේ ය.

'භවත්නි, තථාගතයන් වහන්සේගේ මහා ඉර්ධිමත් බව, මහානුභාව සම්පන්න බව ඒකාන්තයෙන්ම ආශ්චර්යයකි! භවත්නි, ඒකාන්තයෙන් ම අද්භූතයකි! මේ ඒ කුඩා නදී තොමෝ ගැල් රෝදයෙන් පහන් බව සිඳී ගොස් කැළඹී, බොර වී ස්වල්ප ජලයෙන් යුතුව ගලා යන්නී, මා නදිය වෙත පැමිණෙන කල්හී පහන් ව, ඉතා පහන් ව, නොකැළඹී ගලන්නී ය.'

පාත්‍රයෙන් පැන් ගෙන භාග්‍යවතුන් වහන්සේ යම් තැනක වැඩහුන් සේක් ද, එතැනට පැමිණියහ. පැමිණ භාග්‍යවතුන් වහන්සේට මෙය පැවසූහ.

"ස්වාමීනී, තථාගතයන් වහන්සේගේ මහා ඉර්ධිමත් බව, මහානුභාව සම්පන්න බව ආශ්චර්යයයි! ස්වාමීනී. ඒකාන්තයෙන් ම අද්භූතයි! ස්වාමීනී, දැන් ඒ කුඩා නදී තොමෝ ගැල් රෝදයෙන් පහන් බව සිඳී ගොස් කැළඹී, බොර වී ස්වල්ප ජලයෙන් යුතුව ගලා යන්නී, මා නදිය වෙත පැමිණෙන කල්හී පහන් ව, ඉතා පහන් ව, නොකැළඹී ගලා ගියා ය. භාග්‍යවතුන් වහන්සේ පැන් වළඳන සේක්වා! සුගතයන් වහන්සේ පැන් වළඳන සේක්වා!"

ඉක්බිති භාග්‍යවතුන් වහන්සේ පැන් වැළඳූ සේක.

එසමයෙහි ආළාරකාලාමයන්ගේ ශ්‍රාවක වූ පුක්කුස නම් මල්ලපුත්‍ර තෙමේ කුසිනාරා නම් නුවර සිට පාවා නුවරට යන දිගු මගට පිළිපන්නේ වෙයි. ඒ පුක්කුස මල්ලපුත්‍ර තෙමේ එක්තරා රුක් සෙවණක වැඩහුන් භාග්‍යවතුන් වහන්සේ ව දුටුවේ ය. දැක භාග්‍යවතුන් වහන්සේ යම් තැනක වැඩහුන් සේක් ද, එතැනට පැමිණියේ ය. පැමිණ භාග්‍යවතුන් වහන්සේට සකසා වන්දනා කොට එකත්පස් ව හිඳගත්තේ ය. එකත්පස් ව හුන් පුක්කුස මල්ලපුත්‍ර තෙමේ භාග්‍යවතුන් වහන්සේට මෙය පැවසුවේ ය.

"ස්වාමීනී, ආශ්චර්යයකි! ස්වාමීනී, අද්භූතයකි! ස්වාමීනී, පැවිදි උතුමෝ ඒකාන්තයෙන් ම සංසිඳී ගිය විහරණයෙන් වසන සේක.

ස්වාමීනී, මෙය පෙර සිදුවූවකි. ආළාරකාලාම තෙමේ දීර්ඝ මාර්ග යකට පිළිපන්නේ මාර්ගයෙන් ඉවත් ව දිවා විහරණය පිණිස නුදුරෙහි වූ එක්තරා රුක් සෙවණක හුන්නේ ය. ඉතින් ස්වාමීනී, ගැල් පන්සියයක් පමණ ආළාරකාලාමයන් අසලින් අසලින් ඉක්ම ගියාහු ය. ඉතින් ස්වාමීනී, එක්තරා

පුරුෂයෙක් ඒ ගැල් පසුපසින් එන්නේ ආළාරකාලාමයන් යම් තැනක හුන්නේ ද, එතැනට පැමිණියේ ය. පැමිණ ආළාරකාලාමයන්ට මෙය පැවසුවේ ය.

'හිමියනි, ගැල් කරත්ත පන්සියයක් පමණ ඉක්ම යනු දුටුවෙහි ද?'

'ආයුෂ්මත, මම නුදුටුවෙමි.'

'කිම? හිමියනි, එහි ශබ්දයවත් ඇසුවෙහි ද?'

'ආයුෂ්මත, මම ශබ්දය නොඇසුවෙමි.'

'කිම? හිමියනි, සැතපී සිටියෙහි ද?'

'ආයුෂ්මත, මම සැතැපී නොසිටියෙමි.'

'කිම? හිමියනි, දැනුවත් ව සිටියෙහි ද?'

'එසේ ය, ආයුෂ්මත.'

'හිමියනි, ඒ ඔබ දැනුවත් ව, අවදි ව, වාඩි වී සිටියදී ඔබ අසලින් අසලින් ඉක්ම යන්නා වූ පන්සියයක් පමණ වූ ගැල් නොදැක්කේ ය. එහි හඬ නොඇසුවේ ය. එසේ නමුත් හිමියනි, ඔබගේ සඟල සිවුර දුහුවිල්ලෙන් වැසී ගියේ ය.'

'එසේ ය, ආයුෂ්මත' යි ආළාරකාලාම තෙමේ පිළිතුරු දුන්නේ ය.

ඉතින් ස්වාමීනී, ඒ පුරුෂයාට මෙසේ සිතුණේ ය. 'භවත්නි, ඒකාන්තයෙන් ම ආශ්චර්යයි! භවත්නි, ඒකාන්තයෙන් අද්භූතයි! භවත්නි, ඒකාන්තයෙන් පැවිදි උතුමෝ සංසිඳී ගිය විහරණයෙන් වාසය කරති. යම් තැනක නම්, දැනුවත් ව අවදි ව හිඳිමින් පන්සියයක් පමණ වූ ගැල් ළඟ ළඟින් ම නික්ම යද්දී නොදැක්කේ ය. හඬ නොඇසුවේ ය' යි ආළාරකාලාමයන් කෙරෙහි මහත් වූ ප්‍රසාදයක් පහළ කොට නික්ම ගියේ ය."

"පුක්කුසයෙනි, මේ ගැන කුමක් සිතන්නෙහි ද? අසීරුතර වූ ත්, දුර්ලභ තර වූ ත් දෙය කවරක් ද? යමෙක් දැනුවත් ව අවදියෙන් සිටියදී පන්සියයක් පමණ වූ ගැල් ළඟ ළඟින් ඉක්ම යද්දී නොදකියි නම්, හඬ නොඅසයි නම්, එය ද? එසේ ත් නැත්නම් යමෙක් දැනුවත් ව, අවදියෙන් සිටියදී අහස ගොරවමින් ධාරාණිපාත වැසි වසින කල්හී, විදුලිය කොටන කල්හී, මහ හෙණ හඬ පුපුරන කල්හී නොදකියි නම්, හඬ නොඅසයි නම් එය ද?"

"ස්වාමීනී, ගැල් පන්සියයක් වේවා, ගැල් හයසියයක් වේවා, ගැල් සත්සියයක් වේවා, ගැල් අටසියයක් වේවා, ගැල් නවසියයක් වේවා, ගැල් දහසක්

වේවා, ගැල් සියදහසක් වේවා, කුමක් නම් කරන්නේ ද? එනමුත් යමෙක් දැනුවත් ව, අවදියෙන් සිටියදී අහස ගොරවමින් ධාරාණිපාත වැසි වසින කල්හී, විදුලිය කොටන කල්හී, මහ හෙණ හඬ පුපුරන කල්හී නොදකියි නම්, හඬ නොඅසයි නම්, එය ම දුෂ්කරතර ය. එය ම දුර්ලභතර ය.”

“පුක්කුසයෙනි, එක් සමයක මම ආතුමාවෙහි පිදුරු කුටියක වාසය කළෙමි. එසමයෙහි වැස්ස වසිද්දී අහස ගුගුරුවමින් ධාරාණිපාත වැස්ස ඇදහැලෙද්දී, විදුලිය කොටද්දී, මහ හෙණ හඬ පුපුරා යද්දී, ඒ පිදුරු කුටිය අසල සොයුරු වූ ගොවියන් දෙදෙනෙක් ද, ගවයන් සතර දෙනෙක් ද නැසුණාහු ය.

එකල්හී පුක්කුසයෙනි, ආතුමාවෙන් මහා ජන සමූහයා නික්ම අවුත් සහෝදර ගොවියන් දෙදෙනා ත්, ගවයන් සතර දෙනා ත්, යම් තැනක මැරී සිටියාහු ද, එතැනට පැමිණියහ. පුක්කුසයෙනි, එවේලෙහි මම පිදුරු කුටියෙන් නික්ම, පිදුරු කුටියෙහි දොරටු එළිමහනෙහි සක්මන් කරමි. එකල්හී පුක්කුසයෙනි, ඒ මහා ජනයා අතර සිටි එක්තරා පුරුෂයෙක්, මම යම් තැනක සක්මන් කළෙම් ද, එතැනට පැමිණියේ ය. පැමිණ මා හට සකසා වන්දනා කොට එකත්පස් ව සිටගත්තේ ය. පුක්කුසයෙනි, එකත්පස් ව සිටගත් ඒ පුරුෂයාගෙන් මම මෙය ඇසුවෙමි.

‘ආයුෂ්මත, මේ මහා ජනකායක් රැස් ව ඉන්නේ මක් නිසා ද?’

‘දැන් ස්වාමීනී, වැසි වසින කල්හී, අහස ගුගුරුවා මහා වැසි ඇද හැලෙන කල්හී, විදුලිය කොටන කල්හී, මහා හෙණ හඬ පුපුරා යන කල්හී, සහෝදර ගොවීන් දෙදෙනෙකුත් ගොනුන් සතර දෙනෙකුත් නැසී ගියාහු ය. ඒ මහා ජනයා රැස් ව සිටින්නේ එතැන ය. ස්වාමීනී, නුඹවහන්සේ කොහි සිටි සේක් ද?’

‘ආයුෂ්මත, මම මෙහි ම සිටියෙමි.’

‘කිම? ස්වාමීනී, එය නොදැක්ක සේක් ද?’

‘ආයුෂ්මත, මම නොදුටුවෙමි.’

‘කිම? ස්වාමීනී, මහා හෙණ හඬ පුපුරනු නොඇසූ සේක් ද?’

‘ආයුෂ්මත, මම හඬක් නොඇසුවෙමි.’

‘කිම? ස්වාමීනී, සැතැපී සිටි සේක් ද?’

‘ආයුෂ්මත, මම සැතැපී නොසිටියෙමි.’

'කිම? ස්වාමීනී, දැනුවත් ව සිටි සේක් ද?'

'එසේ ය, ආයුෂ්මත.'

'ස්වාමීනී, ඒ ඔබවහන්සේ දැනුවත් ව, අවදි ව සිටියදී, වැසි වසින කල්හී, අහස ගුගුරුවා මහ වැසි ඇදහැලෙන කල්හී, විදුලිය කොටන කල්හී, මහ හෙණ හඬ පුපුරන කල්හී, නොදැක්ක සේක් ද? එහි හඬ නොඇසූ සේක් ද?'

'එසේ ය, ආයුෂ්මත' යි මම කිව්වෙමි.

එවිට පුක්කුසයෙනි, ඒ පුරුෂයා හට මේ අදහස ඇතිවූයේ ය. 'භවත්නි, ඒකාන්තයෙන් ම ආශ්චර්යයකි! භවත්නි, ඒකාන්තයෙන් ම අද්භූතයකි. භවත්නි ඒකාන්තයෙන් ම පැවිදි උතුමෝ සංසිඳී ගිය විහරණයෙන් වාසය කරති. යම් තැනක නම් දැනුවත් ව, අවදියෙන් සිටින විට, වැසි වසින කල්හී, අහස ගුගුරුවා මහ වැසි ඇදහැලෙන කල්හී, විදුලිය කොටන කල්හී, මහ හෙණ හඬ පුපුරන කල්හී, නොදකිති. හඬ නොඅසති' යි මා කෙරෙහි උදාර වූ පැහැදීමක් පහළ කොට, මා හට වන්දනා කොට, පැදකුණු කොට නික්ම ගියේ ය."

මෙසේ වදාළ කල්හී පුක්කුස මල්ලපුත්‍ර තෙමේ භාග්‍යවතුන් වහන්සේට මෙය පැවසුවේ ය.

"ස්වාමීනී, ආළාර කාලාමයන් කෙරෙහි යම් පැහැදීමක් මා තුළ තිබුණේ ද, මම එය මහසුළඟෙහි පිඹ හෝ හරිමි. නදියෙහි වේගවත් ජල පහරෙහි පා කොට හෝ හරිමි. ස්වාමීනී, ඉතා මනහර ය. ස්වාමීනී, ඉතා මනහර ය. ස්වාමීනී, එය මෙබඳු දෙයකි. යටට හරවා තිබූ දෙයක් උඩට හරවන්නේ යම් සේ ද, වැසුණු දෙයක් විවර කරන්නේ යම් සේ ද, මංමුලාවූවෙකුට හරිමග පවසන්නේ යම් සේ ද, 'ඇස් ඇත්තවුන් රූප දකිත්වා' යි අඳුරෙහි තෙල් පහනක් දරන්නේ යම් සේ ද, එසෙයින් ම භාග්‍යවතුන් වහන්සේ විසින් නොයෙක් අයුරින් ධර්මය වදාරණ ලද්දේ ය. ස්වාමීනී, ඒ මම භාග්‍යවතුන් වහන්සේ ව සරණ යමි. ධර්මය ත්, භික්ෂු සංඝයා ත් සරණ යමි. භාග්‍යවතුන් වහන්සේ අද පටන් දිවි හිමියෙන් තෙරුවන් සරණ ගිය උපාසකයෙකු ලෙස මාව පිළිගන්නා සේක්වා!"

ඉක්බිති පුක්කුස මල්ලපුත්‍ර තෙමේ එක්තරා පුරුෂයෙකු ඇමතුවේ ය.

"එසේ නම් එම්බා සගය, ඔබ රන් නූලෙන් වියන ලද, සියුමැලි වූ, උත්සව අවස්ථාවන්හි පොරොවන මාගේ වස්ත්‍ර යුගල ගෙනෙව."

"එසේ ය, හිමියනි" යි ඒ පුරුෂයා පුක්කුස මල්ලපුත්‍රයාට පිළිවදන් දී රන් නූලෙන් වියන ලද, සියුමැලි, උත්සවයන්හි දැරිය යුතු ඒ වස්ත්‍ර යුගල ගෙන

ආවේ ය. එවිට පුක්කුස මල්ලපුත්‍ර තෙමේ රන් නූලෙන් වියන ලද, සියුමැලි, උත්සවයන්හි දැරිය යුතු ඒ වස්ත්‍ර යුගල භාග්‍යවතුන් වහන්සේ වෙත දෝතින් යොමු කළේ ය.

"ස්වාමීනී, මේ රන් නූලෙන් වියන ලද, සියුමැලි, උත්සවයන්හි දැරිය යුතු වස්ත්‍ර යුගලකි. ස්වාමීනී, මා කෙරෙහි අනුකම්පාව උපදවා භාග්‍යවතුන් වහන්සේ මෙය පිළිගන්නා සේක්වා!"

"එසේ වී නම් පුක්කුසය, එකකින් මා පුදව. එකකින් ආනන්දයන් පුදව."

"එසේ ය, ස්වාමීනී" යි පුක්කුස මල්ලපුත්‍ර තෙමේ භාග්‍යවතුන් වහන්සේට පිළිවදන් දී එකකින් භාග්‍යවතුන් වහන්සේ පිදුවේ ය. එකකින් ආයුෂ්මත් ආනන්දයන් පිදුවේ ය.

ඉක්බිති භාග්‍යවතුන් වහන්සේ පුක්කුස මල්ලපුත්‍රයාට ධර්ම කථාවෙන් කරුණු දක්වූ සේක. සමාදන් කරවූ සේක. උනන්දු කරවූ සේක. සතුටු කරවූ සේක. එකල්හී භාග්‍යවතුන් වහන්සේ විසින් ධර්ම කථාවෙන් කරුණු දක්වන ලද, සමාදන් කරවන ලද, උනන්දු කරවන ලද, සතුටු කරවන ලද පුක්කුස මල්ලපුත්‍ර තෙමේ හුනස්නෙන් නැගිට භාග්‍යවතුන් වහන්සේට සකසා වන්දනා කොට, පැදකුණු කොට නික්ම ගියේ ය.

එකල්හී ආයුෂ්මත් ආනන්දයන් වහන්සේ පුක්කුස මල්ලපුත්‍රයා නික්ම ගිය නොබෝ වේලාවකින් රන් නූලෙන් වියන ලද, සියුමැලි, උත්සවයන්හි දැරිය යුතු ඒ වස්ත්‍ර යුගල ගෙන භාග්‍යවතුන් වහන්සේගේ සිරුරෙහි පෙරවූහ. ඒ වස්ත්‍ර යුගල පෙරවූ කල්හී භාග්‍යවතුන් වහන්සේගේ සිරුර ගිනි දැල් රහිත ව, රත් පැහැයෙන් බබලන ගිනි අඟුරු මෙන් දිස්වූයේ ය.

ඉක්බිති ආයුෂ්මත් ආනන්දයන් වහන්සේ භාග්‍යවතුන් වහන්සේට මෙය පැවසූහ.

"ස්වාමීනී, ආශ්චර්යයකි! ස්වාමීනී, අද්භූතයකි! ස්වාමීනී, තථාගතයන් වහන්සේගේ සිවි පැහැය මොනතරම් නම් පිරිසිදුයි ද? මොනතරම් නම් බබලයි ද? ස්වාමීනී, රන් නූලෙන් වියන ලද, සියුමැලි, උත්සව අවස්ථාවන්හි දරන ඒ වස්ත්‍ර යුගල පෙරවූ කල්හී භාග්‍යවතුන් වහන්සේගේ සිරුර ගිනි දැල් රහිත ව රත් පැහැයෙන් දිලෙන ගිනි අඟුරක් සේ දිස්වෙයි."

"ආනන්දයෙනි, එය එසේ ම ය. ආනන්දයෙනි, අවස්ථා දෙකක දී තථාගතයන්ගේ ශරීරය අතිශයින් ම පිරිසිදු ව දිස්වෙයි. සිවි පැහැය අතිශයින් ම බබලයි. ඒ කවර අවස්ථා දෙකක දී ද?

ආනන්දයෙනි, යම් රාත්‍රියක තථාගත තෙමේ අනුත්තර වූ සම්මා සම්බෝධිය විශිෂ්ට වූ නුවණින් අවබෝධ කරයි ද,

යම් රාත්‍රියක තථාගත තෙමේ අනුපාදිශේෂ නිර්වාණ ධාතුවෙන් පිරිනිවන්පායි ද,

ආනන්දයෙනි, මේ අවස්ථා දෙකෙහි දී තථාගතයන්ගේ ශරීරය අතිශයින් ම පිරිසිදු ව දිස්වෙයි. සිවි පැහැය අතිශයින් ම බබලයි. ආනන්දයෙනි, අද රාත්‍රියෙහි අවසන් යාමයෙහි කුසිනාරාවෙහි මල්ල රජුන්ගේ උපවර්තන සල්වනයෙහි සල් ගස් දෙකක් අතරෙහි තථාගතයන්ගේ පරිනිර්වාණය වන්නේ ය.

එන්න ආනන්දයෙනි, කකුත්ථා නදිය යම් තැනක ද, එහි යන්නෙමු."

"එසේ ය, ස්වාමීනී" යි ආයුෂ්මත් ආනන්දයන් වහන්සේ භාග්‍යවතුන් වහන්සේට පිළිවදන් දුන්නාහු ය.

"සිංගීවණ්ණං යුගං මට්ඨං - පුක්කුසෝ අභිහාරයි
තේන අච්ඡාදිතෝ සත්ථා - හේමවණ්ණෝ අසෝභථා'ති.

පුක්කුස තෙමේ මටසිලිටි වූ රන්වන් වස්ත්‍ර යුගලක් පිළිගැන්නුවේ ය. එය පෙරවූ කල්හී ශාස්තෘන් වහන්සේ රන් පැහැයෙන් ශෝභමාන ව ගිය සේක."

ඉක්බිති භාග්‍යවතුන් වහන්සේ මහත් භික්ෂු සංඝයා සමඟ කකුත්ථා නදිය යම් තැනක ද, එහි වැඩි සේක. වැඩම කොට කකුත්ථා නදී දියට බැස ස්නානය කොට පැන්පහසු වී, පැන් වළඳා නදියෙන් ගොඩට වැඩම කොට, අඹ වනය යම් තැනක ද, එහි වැඩි සේක. වැඩම කොට ආයුෂ්මත් චුන්දක තෙරුන් ඇමතූ සේක.

"එසේ නම් චුන්දකයෙනි, මා හට දෙපොට සිවුර සතරට නවා ඇතිරිල්ලක් සේ පණවන්න. ක්ලාන්ත ඇත්තෙමි චුන්දකයෙනි. සැතැපෙන්නෙමි."

"එසේ ය, ස්වාමීනී" යි ආයුෂ්මත් චුන්දකයන් වහන්සේ භාග්‍යවතුන් වහන්සේට පිළිවදන් දී දෙපොට සිවුර සතරට නවා ඇතිරිල්ලක් පැණවූහ. ඉක්බිති භාග්‍යවතුන් වහන්සේ දකුණු ශ්‍රී පාදයෙන් වම් ශ්‍රී පාදය මදක් මෑත් කොට තබා, සිහියෙන් හා නුවණින් යුක්ත ව, නැගී සිටින සංඥාව මෙනෙහි කොට දකුණු ඇලයෙන් සිංහ සෙය්‍යාවෙන් සැතැපුණු සේක. ආයුෂ්මත් චුන්දකයන් වහන්සේ එහි ම භාග්‍යවතුන් වහන්සේට ඉදිරියෙන් හිඳගත්හ.

ගන්ත්වාන බුද්ධෝ නදියං කකුත්ථං
අච්ඡෝදකං සාතෝදකං විප්පසන්නං
ඕගාහි සත්ථා සුකිලන්තරූපෝ
තථාගතෝ අප්පටිමෝ'ධ ලෝකේ

මේ ලෝකයෙහි කිසිවෙකු හා සමාන නොවූ, තථාගත වූ, ශාස්තෘ වූ, බුදුරජාණන් වහන්සේ කකුත්ථා නදිය වෙත වැඩම කළ සේක. ක්ලාන්ත වන ස්වභාවයෙන් සිටි සේක්, පහන් දිය ඇති, මිහිරි දිය ඇති, ඉතා පහන් ව ගිය දිය ඇති නදියෙහි බැස්ස සේක.

නහාත්වා ච පීත්වා චුදතාරි සත්ථා
පුරක්ඛතෝ භික්ඛුගණස්ස මජ්ඣෙ
සත්ථා පවත්තා භගවා'ධ ධම්මේ
උපාගමී අම්බවනං මහේසී

අප ශාස්තෘන් වහන්සේ කකුත්ථා නදියෙහි ස්නානය කළ සේක්, පැන් වැළඳූ සේක්, එයින් ගොඩට වැඩම කොට භික්ෂු සංඝයා මැද මුලින් වැඩසිටි සේක්, මේ දස දහස් සක්වල ධර්ම චක්‍රය කරකවා වදාළ මහා ඍෂි වූ ශාස්තෘන් වහන්සේ අඹවනය වෙත වැඩම කළ සේක.

ආමන්තයී චුන්දකං නාම භික්ඛුං
චතුග්ගුණං පත්ථර මේ නිපච්ඡං
සෝ චෝදිතෝ භාවිතත්තේන චුන්දෝ
චතුග්ගුණං පත්ථරි ඛිප්පමේව
නිපජ්ජි සත්ථා සුකිලන්තරූපෝ
චුන්දෝ'පි තත්ථ පමුඛේ නිසීදී'ති

චුන්දක නම් භික්ෂුව ඇමතූ සේක. 'මා හට දෙපට සිවුර සතරට නවා අතුරාලන්න. සැතැපෙන්නෙමි' යි. වඩන ලද සිත් ඇති, අප භාග්‍යවතුන් වහන්සේ විසින් මෙහෙයවන ලද ඒ චුන්දක භික්ෂුව වහා ම සඟල සිවුර සතරට නවා ඇතිරුවේ ය. දැඩි ක්ලාන්ත ස්වභාවයෙන් වැඩසිටි අප ශාස්තෘන් වහන්සේ එහි සැතැපුණු සේක. චුන්දක තෙරණුවෝ ත් භාග්‍යවතුන් වහන්සේ ඉදිරියෙහි හිඳගත්හ.

ඉක්බිති භාග්‍යවතුන් වහන්සේ ආයුෂ්මත් ආනන්දයන් ඇමතූ සේක.

"ආනන්දයෙනි, රන්කරුපුත් චුන්දයන් හට කිසිවෙකු පසුතැවිල්ලක් උපදවන්නට පුළුවනි. 'ආයුෂ්මත් චුන්ද, ඔබට අලාභයකි! ඔබට නපුරු ලැබීමකි! ඔබගේ අන්තිම පිණ්ඩපාත දානය වැළඳූ තථාගතයන් වහන්සේ පිරිනිවන් පෑ සේකැ'යි යනුවෙනි.

ආනන්දයෙනි, රන්කරුපුත් චුන්දයන්ගේ පසුතැවිල්ල මෙසේ දුරු කළ යුත්තේ ය. 'ආයුෂ්මත, එය ඔබට ලාභයකි! එය ඔබට මනා ලැබීමකි! ඔබගේ අන්තිම පිණ්ඩපාත දානය වැළඳා තථාගතයන් වහන්සේ පිරිනිවන් පෑ සේක. ආයුෂ්මත් චුන්ද, මා විසින් භාග්‍යවතුන් වහන්සේගේ හමුවෙහි මෙය අසන ලද්දේ ය. හමුවෙහි පිළිගන්නා ලද්දේ ය.

මේ පිණ්ඩපාත දාන දෙකක් සමඵල - සමවිපාක ඇත්තේ ය. අනෙක් පිණ්ඩපාත දානයන්ට වඩා අතිශයින් ම මහත්ඵලතර මහානිශංසතර වන්නේ ය. ඒ කවර පිණ්ඩපාත දාන දෙකක් ද යත්;

යම් පිණ්ඩපාත දානයක් වළඳා තථාගත තෙමේ අනුත්තර වූ සම්මා සම්බෝධිය විශිෂ්ට ඥානයෙන් අවබෝධ කරයි ද, යම් පිණ්ඩපාත දානයක් වළඳා තථාගත තෙමේ අනුපාදිශේෂ නිර්වාණ ධාතුවෙන් පිරිනිවීමට පත්වෙයි ද, එය යි.

මේ පිණ්ඩපාත දාන දෙක සමඵල - සමවිපාක ඇත්තේ ය. අනෙක් පිණ්ඩපාත දානයන්ට වඩා අතිශයින් මහත්ඵලතර, මහානිශංසතර වන්නේ ය.

රන්කරුපුත් ආයුෂ්මත් චුන්දයන් විසින් දීර්ඝායුෂ පිණිස පවතින පුණ්‍ය කර්මයක් රැස් කරන ලද්දේ ය. රන්කරුපුත් ආයුෂ්මත් චුන්දයන් විසින් සැපය පිණිස පවතින පුණ්‍ය කර්මයක් රැස් කරන ලද්දේ ය. රන්කරුපුත් ආයුෂ්මත් චුන්දයන් විසින් වර්ණය පිණිස පවතින පුණ්‍ය කර්මයක් රැස් කරන ලද්දේ ය. රන්කරුපුත් ආයුෂ්මත් චුන්දයන් විසින් යසස පිණිස පවතින පුණ්‍ය කර්මයක් රැස් කරන ලද්දේ ය. රන්කරුපුත් ආයුෂ්මත් චුන්දයන් විසින් අධිපති බව පිණිස පවතින පුණ්‍ය කර්මයක් රැස් කරන ලද්දේ ය' වශයෙන් ආනන්දයෙනි, රන්කරු පුත් චුන්දයන්ගේ පසුතැවිල්ල මේ අයුරින් දුරු කළ යුත්තේ ය.

ඉක්බිති භාග්‍යවතුන් වහන්සේ මෙකරුණ දැන එවේලෙහි මේ උදානය පහළ කළ සේක.

"දදතෝ පුඤ්ඤං පවඩ්ඪති - සඤ්ඤමතෝ වේරං න චීයති
කුසලෝ ච ජහාති පාපකං - රාගදෝසමෝහක්ඛයා ස නිබ්බුතෝ'ති

දන් දෙන්නා හට පින් වැඩෙයි. සංවර ඉඳුරන් ඇති කෙනා තුළ වෛරය නොපිහිටයි. දක්ෂ කෙනා පව් බැහැර කරයි. රාග, ද්වේෂ, මෝහ ක්ෂය කළ තැනැත්තා පිරිනිවුනේ වෙයි."

ඉක්බිති භාග්‍යවතුන් වහන්සේ ආයුෂ්මත් ආනන්දයන් ඇමතූ සේක.

"එන්න ආනන්දයෙනි, හිරණ්‍යවතී නදියෙහි එතෙර යම් තැනක ද, කුසිනාරාව යම් තැනක ද, මල්ල රජුන්ගේ උපවර්තන සල්වනය යම් තැනක ද, එහි යන්නෙමු."

"එසේ ය, ස්වාමීනී" යි ආයුෂ්මත් ආනන්දයන් වහන්සේ භාග්‍යවතුන් වහන්සේට පිළිවදන් දුන්හ.

එකල්හී භාග්‍යවතුන් වහන්සේ මහත් භික්ෂු සංඝයා සමඟ හිරණ්‍යවතී නදියෙහි එතෙර යම් තැනක ද, කුසිනාරාව යම් තැනක ද, මල්ලරජුන්ගේ උපවර්තන සල්වනය යම් තැනක ද, එහි වැඩි සේක. වැඩම කොට ආයුෂ්මත් ආනන්දයන් ඇමතූ සේක.

"එසේ නම් ඔබ ආනන්දයෙනි, සාල වෘක්ෂ දෙක අතරෙහි උතුරට හිසලා මට ඇඳක් පණවන්න. ක්ලාන්ත ඇත්තෙමි ආනන්දයෙනි. සැතැපෙන්නෙමි."

"එසේ ය, ස්වාමීනී" යි ආයුෂ්මත් ආනන්දයන් වහන්සේ භාග්‍යවතුන් වහන්සේට පිළිවදන් දී සල් රුක් දෙක අතරෙහි උතුරට හිසලා ඇඳක් පැණවූහ. ඉක්බිති භාග්‍යවතුන් වහන්සේ දකුණු ශ්‍රී පාදයෙන් වම් ශ්‍රී පාදය මදක් මෑත් කොට තබා සිහියෙන් හා නුවණින් යුතුව දකුණු ඇලයෙන් යුතුව සිංහ සෙය්‍යාවෙන් සැතැපුණු සේක.

එසමයෙහි ඒ සල් රුක් දෙක නොකල්හී හටගත් මලින් යුතුව, මුළුමනින් ම මල් පිපී පිරී ගියේ ය. තථාගතයන් වහන්සේට පූජා පිණිස ඒ මල් ගිලිහී තථාගතයන් වහන්සේගේ සිරුර මත වැටෙයි. විසිර වැටෙයි. බොහෝ සෙයින් විසිර වැටෙයි. දිව්‍ය මදාරා මල් ද අහසින් වැටෙයි. තථාගතයන් වහන්සේට පූජා පිණිස ඒ දිව්‍ය මදාරා මල් තථාගතයන් වහන්සේගේ සිරුර මත වැටෙයි. විසිර වැටෙයි. බොහෝ සෙයින් විසිර වැටෙයි. දිව්‍ය සඳුන් කුඩු ද අහසින් වැටෙයි. තථාගතයන් වහන්සේට පූජා පිණිස ඒ දිව්‍ය සඳුන් කුඩු තථාගතයන් වහන්සේගේ සිරුර මත වැටෙයි. විසිර වැටෙයි. බොහෝ සෙයින් විසිර වැටෙයි. තථාගතයන් වහන්සේට පූජා පිණිස දිව්‍ය තූර්යනාදයෝ ද අහසෙහි වැයෙති. තථාගතයන් වහන්සේට පූජා පිණිස දිව්‍ය වූ සංගීතයෝ ද අහසෙහි පවතිත්.

එකල්හී භාග්‍යවතුන් වහන්සේ ආයුෂ්මත් ආනන්දයන් ඇමතූ සේක.

"ආනන්දයෙනි, මේ සල් රුක් දෙක නොකල්හී හටගත් මලින් යුතුව, මුළුමනින් ම මල් පිපී පිරී ගියේ ය. තථාගතයන්ට පූජා පිණිස ඒ මල් ගිලිහී තථාගතයන්ගේ සිරුර මත වැටෙයි. විසිර වැටෙයි. බොහෝ සෙයින් විසිර වැටෙයි. දිව්‍ය මදාරා මල් ද අහසින් වැටෙයි. තථාගතයන්ට පූජා පිණිස ඒ දිව්‍ය මදාරා මල් තථාගතයන්ගේ සිරුර මත වැටෙයි. විසිර වැටෙයි. බොහෝ සෙයින් විසිර වැටෙයි. දිව්‍ය සඳුන් කුඩු ද අහසින් වැටෙයි. තථාගතයන්ට පූජා පිණිස ඒ දිව්‍ය සඳුන් කුඩු තථාගතයන්ගේ සිරුර මත වැටෙයි. විසිර වැටෙයි. බොහෝ සෙයින් විසිර වැටෙයි. තථාගතයන්ට පූජා පිණිස දිව්‍ය තූර්යනාදයෝ ද අහසෙහි වැයෙති. තථාගතයන්ට පූජා පිණිස දිව්‍ය වූ සංගීතයෝ ද අහසෙහි පවතිත්.

ආනන්දයෙනි, මෙපමණකින් තථාගත තෙමේ සත්කාර හෝ නොකරන ලද්දේ ය. ගෞරව හෝ නොකරන ලද්දේ ය. බුහුමන් හෝ නොකරන ලද්දේ ය. පිදුම් හෝ නොකරන ලද්දේ ය. සැලකීම් හෝ නොකරන ලද්දේ ය. ආනන්දයෙනි, යම් භික්ෂුවක් වේවා, භික්ෂුණියක් වේවා, උපාසකයෙක් වේවා, උපාසිකාවක් වේවා, ධම්මානුධම්ම ප්‍රතිපදාවෙන් යුතුව, සාමීචිප්‍රතිපදාවෙන් යුතුව, අනුධම්මචාරී ව වාසය කරයි ද, ඔහු තථාගතයන් හට පරම වූ ප්‍රතිපත්ති පූජාවෙන් සත්කාර කරයි. ගෞරව කරයි. බුහුමන් දක්වයි. පුදයි. සලකයි. එහෙයින් ආනන්දයෙනි, 'ධම්මානුධම්ම ප්‍රතිපදාවෙන්, සාමීචිප්‍රතිපදාවෙන් ධර්මයට අනුව හැසිරෙමින් වාසය කරන්නෙමු' යි මෙසේ ම ආනන්දයෙනි, ඔබ විසින් හික්මිය යුත්තේ ය."

එසමයෙහි ආයුෂ්මත් උපවාණයන් වහන්සේ භාග්‍යවතුන් වහන්සේට පෙරටුව පවන් සලමින් සිටියාහු ය. එකල්හී භාග්‍යවතුන් වහන්සේ ආයුෂ්මත් උපවාණයන් 'භික්ෂුව, ඉවත් වෙන්න. මා ඉදිරියෙහි නොසිටින්නැ'යි බැහැර කළ සේක.

එවිට ආයුෂ්මත් ආනන්දයන් වහන්සේට මේ අදහස ඇතිවූයේ ය. 'මේ ආයුෂ්මත් උපවාණයන් වහන්සේ බොහෝ කලක් භාග්‍යවතුන් වහන්සේ ළඟ හැසිරෙමින්, සමීපයෙහි සිටිමින් උපස්ථායක භික්ෂුවක් ව සිටියහ. එහෙත් භාග්‍යවතුන් වහන්සේ අවසාන අවස්ථාවෙහි 'භික්ෂුව, ඉවත් වෙන්න. මා ඉදිරියෙහි නොසිටින්නැ'යි ආයුෂ්මත් උපවාණයන් බැහැර කළ සේක. යම් කරුණක් නිසා භාග්‍යවතුන් වහන්සේ 'භික්ෂුව, ඉවත් වෙන්න. මා ඉදිරියෙහි නොසිටින්නැ'යි ආයුෂ්මත් උපවාණයන් බැහැර කළ සේක් නම්, එයට හේතුව කුමක් ද? ප්‍රත්‍යය කුමක් ද?' යි.

ඉක්බිති ආයුෂ්මත් ආනන්දයන් වහන්සේ භාග්‍යවතුන් වහන්සේට මෙය පැවසූහ.

"ස්වාමීනී, මේ ආයුෂ්මත් උපවාණයන් වහන්සේ බොහෝ කලක් භාග්‍යවතුන් වහන්සේ ළඟ හැසිරෙමින්, සමීපයෙහි සිටිමින් උපස්ථායක භික්ෂුවක් ව සිටියහ. එහෙත් භාග්‍යවතුන් වහන්සේ අවසාන අවස්ථාවෙහි 'භික්ෂුව, ඉවත් වෙන්න. මා ඉදිරියෙහි නොසිටින්නැ'යි ආයුෂ්මත් උපවාණයන් බැහැර කළ සේක. යම් කරුණක් නිසා භාග්‍යවතුන් වහන්සේ 'භික්ෂුව, ඉවත් වෙන්න. මා ඉදිරියෙහි නොසිටින්නැ'යි ආයුෂ්මත් උපවාණයන් බැහැර කළ සේක් නම්, ස්වාමීනී, එයට හේතුව කුමක් ද? ප්‍රත්‍යය කුමක් ද?"

"ආනන්දයෙනි, දස දහස් ලෝකධාතුවෙහි දේවතාවෝ තථාගතයන්ගේ අවසන් දර්ශනය දකිනු පිණිස බොහෝ සෙයින් රැස් වූවාහු ය. ආනන්දයෙනි, කුසිනාරාවෙහි මල්ල රජුන්ගේ උපවර්තන සල්වනය යම්තාක් පැතිරුණේ වෙයි ද, හාත්පස දොළොස් යොදුනක භූමියෙහි මහේශාක්‍ය දෙවිවරුන් නොසිටින හිඳිකටු තුඩක් පමණවත් තැබිය හැකි තැනක් නැත්තේ ය. ආනන්දයෙනි, දෙවිවරු මහා හඬින් දොස් නගති. 'අහෝ! ඒකාන්තයෙන් ම තථාගතයන් වහන්සේගේ දර්ශනය දකිනු පිණිස අපි දුර ඈත සිට ආවෙමු. ඉතාමත් ම ඉතාමත් කලාතුරකින් අරහත් සම්මා සම්බුදු තථාගතවරු ලොව පහළ වෙති. අද රාත්‍රී අවසන් යාමයේ ම තථාගතයන් වහන්සේගේ පිරිනිවීම වන්නේ ය. මේ මහේශාක්‍ය භික්ෂුව ද තථාගතයන් වහන්සේට පෙරටුවෙන් ආවරණය කරමින් සිටින්නේ නොවැ. තථාගතයන් වහන්සේගේ අන්තිම අවස්ථාවෙහි දර්ශනය අපි නොලබමු' යි."

"ස්වාමීනී, භාග්‍යවතුන් වහන්සේ කවර අයුරු වූ දේවතාවන් මෙනෙහි කරන සේක් ද?"

"ආනන්දයෙනි, අහසෙහි පෘථිවි සංඥා ඇති දේවතාවෝ සිටිති. ඔවුහු කෙස් වැටි මුදා හඬා වැටෙත්. දෑත් උඩට ඔසොවා හඬා වැටෙත්. සිඳී වැටෙන්නවුන් සේ වැටෙත්. වැටී එහා මෙහා පෙරළී යත්. 'අහෝ! ඉතා ඉක්මනින් භාග්‍යවතුන් වහන්සේ පිරිනිවන් පානා සේක. අහෝ! ඉතා ඉක්මනින් සුගතයන් වහන්සේ පිරිනිවන් පානා සේක. අහෝ! මහා කරුණාවෙන් ලොව බැලූ එක ම ඇස ඉතා ඉක්මනින් නොපෙනී යන්නේ ය' කියා ය.

ආනන්දයෙනි, පෘථිවියෙහි පෘථිවි සංඥා ඇති දේවතාවෝ සිටිති. ඔවුහු කෙස් වැටි මුදා හඬා වැටෙත්. දෑත් උඩට ඔසොවා හඬා වැටෙත්. සිඳී වැටෙන්නවුන් සේ වැටෙත්. වැටී එහා මෙහා පෙරළී යත්. 'අහෝ! ඉතා

ඉක්මනින් භාග්‍යවතුන් වහන්සේ පිරිනිවන් පානා සේක. අහෝ! ඉතා ඉක්මනින් සුගතයන් වහන්සේ පිරිනිවන් පානා සේක. අහෝ! මහා කරුණාවෙන් ලොව බැලූ එක ම ඇස ඉතා ඉක්මනින් නොපෙනී යන්නේ ය' කියා ය.

යම් ඒ දේවතාවෝ වීතරාගී වෙත් ද, ඔවුහු සිහියෙන්, නුවණින් යුක්ත ව, 'හේතු ප්‍රත්‍යයෙන් සකස් වූ සංස්කාරයෝ අනිත්‍යයහ. මෙහි නිත්‍ය දෙයක් කොයින් ලබන්නටද'යි ඉවසා සිටිති."

"ස්වාමීනී, මීට කලින් වස් එළඹ සිටි භික්ෂූහු පවාරණයෙන් පසු තථාගතයන් වහන්සේ බැහැදැකීම පිණිස ඒ ඒ දිශාවලින් පැමිණෙති. එකල්හී අපි ඒ මනෝභාවනීය භික්ෂු සංඝයාගේ දැක්මට, ඇසුරු කිරීමට ඉඩප්‍රස්ථා ලබමු. එහෙත් ස්වාමීනී, භාග්‍යවතුන් වහන්සේගේ ඇවෑමෙන් මනෝභාවනීය භික්ෂූන්ගේ දර්ශනය ත් අපි නොලබන්නෙමු. ඇසුරත් නොලබන්නෙමු."

"ආනන්දයෙනි, සැදැහැවත් කුලපුත්‍රයෙකු විසින් දැක්ක යුතු, සංවේගයට පත්විය යුතු මේ සතර ස්ථානයක් ඇත්තේ ය. ඒ කවර සතර ස්ථානයක් ද යත්;

1. 'මෙහි තථාගතයන් වහන්සේ උපන් සේක' යි ආනන්දයෙනි, සැදැහැවත් කුලපුත්‍රයෙකු විසින් දැක්ක යුතු, සංවේගයට පත්විය යුතු ස්ථානයක් ඇත්තේ ය.

2. 'මෙහි තථාගතයන් වහන්සේ අනුත්තර වූ සම්මා සම්බෝධිය විශිෂ්ට ඥානයෙන් අවබෝධ කළ සේක' යි ආනන්දයෙනි, සැදැහැවත් කුලපුත්‍රයෙකු විසින් දැක්ක යුතු, සංවේගයට පත්විය යුතු ස්ථානයක් ඇත්තේ ය.

3. 'මෙහි තථාගතයන් වහන්සේ විසින් අනුත්තර වූ ධර්ම චක්‍රය ප්‍රවර්තනය කරන ලද්දේය' යි ආනන්දයෙනි, සැදැහැවත් කුලපුත්‍රයෙකු විසින් දැක්ක යුතු, සංවේගයට පත්විය යුතු ස්ථානයක් ඇත්තේ ය.

4. 'මෙහි තථාගතයන් වහන්සේ අනුපාදිශේෂ නිර්වාණ ධාතුවෙන් පිරිනිවන් පෑ සේක' යි ආනන්දයෙනි, සැදැහැවත් කුලපුත්‍රයෙකු විසින් දැක්ක යුතු, සංවේග යට පත්විය යුතු ස්ථානයක් ඇත්තේ ය.

ආනන්දයෙනි, මේ වනාහී සැදැහැවත් කුලපුත්‍රයෙකු විසින් දැක්ක යුතු, සංවේගයට පත්විය යුතු සතර ස්ථානයෝ ය.

ආනන්දයෙනි, සැදැහැවත් භික්ෂූහු, භික්ෂුණීහු, උපාසකවරු, උපාසිකාවෝ 'මෙහි තථාගතයන් වහන්සේ උපන් සේක' කියා ත්, 'මෙහි තථාගතයන් වහන්සේ අනුත්තර වූ සම්මා සම්බෝධිය විශිෂ්ට ඥානයෙන් අවබෝධ කළ සේක' කියා

ත්, 'මෙහි තථාගතයන් වහන්සේ විසින් අනුත්තර වූ ධර්ම චක්‍රය ප්‍රවර්තනය කරන ලද්දේ ය' කියා ත්, 'මෙහි තථාගතයන් වහන්සේ අනුපාදිශේෂ නිර්වාණ ධාතුවෙන් පිරිනිවන් පෑ සේක' කියා ත් පැමිණෙන්නාහු ය. ආනන්දයෙනි, යම්කිසි කෙනෙක් චෛත්‍ය වන්දනා චාරිකාවෙහි සැදැහැ සිතින් යෙදී සිටියදී පහන් සිතින් කළුරිය කරන්නාහු ද, ඒ සියල්ලෝ ම කය බිඳී මරණින් මතු සුගති සංඛ්‍යාත දිව්‍ය ලෝකයෙහි උපදින්නාහු ය."

"ස්වාමීනී, අපි ස්ත්‍රීන් කෙරෙහි කෙසේ පිළිපැදිය යුතු වෙමු ද?"

"ආනන්දය, නොදැකීම යි."

"භාග්‍යවතුන් වහන්ස, ස්ත්‍රීන් දෙස බලන්නට සිදුවන කල්හී කෙසේ පිළිපැදිය යුත්තේ ද?"

"ආනන්දයෙනි, කතා බස් නොකිරීම යි."

"ස්වාමීනී, ස්ත්‍රීන් හා කතා බස් කරන භික්ෂුව විසින් කෙසේ පිළිපැදිය යුත්තේ ද?"

"ආනන්දයෙනි, තමා මේ කතා කරන්නේ කවුරුන් සමඟ ද යි සිහි උපදවා ගත යුත්තේ ය."

"ස්වාමීනී, අපි තථාගතයන් වහන්සේගේ ශරීරය පිළිබඳ ව කෙසේ පිළිපදිමු ද?"

"ආනන්දයෙනි, ඔබ තථාගතයන්ගේ ශරීරයට පූජා පැවැත්වීම පිණිස යෙදී නොසිටිව්. ආනන්දයෙනි, ඔබ තම යහපත වන නිවන් අවබෝධ කරනු පිණිස දැඩි ව වෑයම් කරව්. තම යහපත වන නිවන් අවබෝධයෙහි යෙදී වාසය කරව්. තම යහපත වන නිවන් අවබෝධ කරනු වස් අප්‍රමාදී ව කෙලෙස් තවන වෙර ඇති ව, කාය ජීවිත දෙකෙහි ආශා රහිත ව වසව්. ආනන්දයෙනි, තථාගතයන් කෙරෙහි බලවත් පැහැදීමෙන් යුතු ක්ෂත්‍රිය පණ්ඩිතවරුත්, බ්‍රාහ්මණ පණ්ඩිතවරුත්, ගෘහපති පණ්ඩිතවරුත් සිටිති. ඔවුහු තථාගතයන්ගේ ශරීරයට පූජාවන් කරන්නාහු ය."

"ස්වාමීනී, ඔවුන් විසින් තථාගතයන් වහන්සේගේ ශරීරය පිළිබඳ ව කෙසේ පිළිපැදිය යුත්තේ ද?"

"ආනන්දයෙනි, සක්විති රජුගේ සිරුර පිළිබඳ ව පිළිපැදිය යුත්තේ යම් සේ ද, තථාගතයන්ගේ සිරුර පිළිබඳ ව පිළිපැදිය යුත්තේ එසේ ය."

"ස්වාමීනී, සක්විති රජුගේ සිරුර පිළිබඳ ව කෙසේ පිළිපැදිය යුත්තේ ද?"

"ආනන්දයෙනි, සක්විති රජුගේ සිරුර අලුත් වස්ත්‍රයෙන් වෙළති. අලුත් වස්ත්‍රයෙන් වෙළා, මැනැවින් පොළා ගත් කපු පුළුන් වලින් වෙළති. මැනැවින් පොළා ගත් කපු පුළුන් වලින් වෙළා, අලුත් වස්ත්‍රයෙන් වෙළත්. මේ උපායෙන් සක්විති රජුගේ සිරුර වස්ත්‍ර යුගල පන්සියයකින් වෙළා, සුවඳ තෙල් දැමූ රන් දෙණක බහා අන්‍ය වූ රන් පියනකින් වසා සියළු සුවඳ දරින් චිතකයක් කොට සක්විති රජුගේ සිරුර ආදාහනය කරති. සිව්මංසලෙහි සක්විති රජුගේ ස්ථූපයක් කරති. මෙසේ ආනන්දයෙනි, සක්විති රජුගේ සිරුර කෙරෙහි පිළිපදිති. ආනන්දයෙනි, සක්විති රජුගේ සිරුර කෙරෙහි යම් සේ පිළිපදිත් ද, තථාගතයන්ගේ සිරුර කෙරෙහි ද, එසේ ම පිළිපැද්ද යුත්තේ ය. සිව්මංසලෙහි තථාගතයන්ගේ ස්ථූපයක් කළ යුත්තේ ය. යම් කෙනෙක් එහි මල් හෝ සුවඳ හෝ සුණු හෝ තැන්පත් කරන්නාහු ද, සකසා වන්දනා කරන්නාහු ද, සිත හෝ පහදවා ගන්නාහු ද, එය ඔවුන් හට බොහෝ කල් හිතසුව පිණිස වන්නේ ය.

ආනන්දයෙනි, ස්ථූප තනවා පිදීමට සුදුසු මේ සිව් දෙනෙකි. ඒ කවර සිව් දෙනෙක් ද යත්;

1. තථාගත අරහත් සම්මා සම්බුදුහු ස්ථූප තනවා පිදීමට සුදුසුයහ.

2. පසේ බුදු රජහු ස්ථූප තනවා පිදීමට සුදුසු වෙති.

3. තථාගතයන්ගේ ශ්‍රාවක තෙමේ ස්ථූප තනවා පිදීමට සුදුසු ය.

4. සක්විති රජු ස්ථූප තනවා පිදීමට සුදුසු ය.

ආනන්දයෙනි, කවර කරුණක් නිසා තථාගත අරහත් සම්මා සම්බුදුරජහු ස්ථූප තනවා පිදීමට සුදුසු වෙත් ද? මේ ඒ භාග්‍යවත් අරහත් සම්මා සම්බුදුරජුන්ගේ ස්ථූපය යැයි ආනන්දයෙනි, බොහෝ ජනයෝ සිත පහදවා ගනිති. ඔවුහු එහි සිත පහදවාගෙන කය බිඳී මරණින් මතු සුගති සංඛ්‍යාත දෙව්ලොවෙහි උපදිති. ආනන්දයෙනි, මෙකරුණ නිසාවෙන් තථාගත අරහත් සම්මා සම්බුදුරජහු ස්ථූප තනවා පිදීමට සුදුසු වෙති.

ආනන්දයෙනි, කවර කරුණක් නිසා පසේබුදුරජහු ස්ථූප තනවා පිදීමට සුදුසු වෙත් ද? මේ ඒ භාග්‍යවත් පසේබුදුරජුන්ගේ ස්ථූපය යැයි ආනන්දයෙනි, බොහෝ ජනයෝ සිත පහදවා ගනිති. ඔවුහු එහි සිත පහදවාගෙන කය බිඳී

මරණින් මතු සුගති සංඛ්‍යාත දෙව්ලොවෙහි උපදිති. ආනන්දයෙනි, මෙකරුණ නිසාවෙන් පසේබුදුරජහු ස්ථූප තනවා පිදීමට සුදුසු වෙති.

ආනන්දයෙනි, කවර කරුණක් නිසා තථාගතයන්ගේ ශ්‍රාවක තෙමේ ස්ථූප තනවා පිදීමට සුදුසු වෙයි ද? මේ ඒ භාග්‍යවත් අරහත් සම්මා සම්බුදුරජුන්ගේ ශ්‍රාවකයාගේ ස්ථූපය යැයි ආනන්දයෙනි, බොහෝ ජනයෝ සිත පහදවා ගනිති. ඔවුහු එහි සිත පහදවාගෙන කය බිඳී මරණින් මතු සුගති සංඛ්‍යාත දෙව්ලොවෙහි උපදිති. ආනන්දයෙනි, මෙකරුණ නිසාවෙන් තථාගතයන්ගේ ශ්‍රාවක තෙමේ ස්ථූප තනවා පිදීමට සුදුසු වෙයි.

ආනන්දයෙනි, කවර කරුණක් නිසා සක්විති රජහු ස්ථූප තනවා පිදීමට සුදුසු වෙයි ද? මේ ඒ ධාර්මික දැහැමි රජුගේ ස්ථූපය යැයි ආනන්දයෙනි, බොහෝ ජනයෝ සිත පහදවා ගනිති. ඔවුහු එහි සිත පහදවාගෙන කය බිඳී මරණින් මතු සුගති සංඛ්‍යාත දෙව්ලොවෙහි උපදිති. ආනන්දයෙනි, මෙකරුණ නිසාවෙන් සක්විති රජු ස්ථූප තනවා පිදීමට සුදුසු වෙයි.

ආනන්දයෙනි, මේ වනාහී ස්ථූප තනවා පිදීමට සුදුසු වූ සිව් දෙනා ය."

ඉක්බිති ආයුෂ්මත් ආනන්දයන් වහන්සේ විහාරයට පිවිස, දොර අගුල් කණුව වැළඳගෙන 'අහෝ! මම තවම නිවන් පිණිස කළ යුතු දේ ඇති හික්මෙන ශ්‍රාවකයෙක්මි. යම් ශාස්තෲන් වහන්සේ නමක් මා හට අනුකම්පා කළ සේක් ද, මාගේ ශාස්තෲන් වහන්සේ ද පිරිනිවන් පාන්නට සූදානම් වන සේකැ' යි හඬමින් සිටියාහු ය.

එකල්හී භාග්‍යවතුන් වහන්සේ භික්ෂූන් ඇමතූ සේක.

"මහණෙනි, ආනන්දයෝ කොහි ද?"

"ස්වාමීනී, මේ ආයුෂ්මත් ආනන්දයෝ විහාරයට පිවිස, දොර අගුල් කණුව වැළඳගෙන 'අහෝ! මම තවම නිවන් පිණිස කළ යුතු දේ ඇති හික්මෙන ශ්‍රාවකයෙක්මි. යම් ශාස්තෲන් වහන්සේ නමක් මා හට අනුකම්පා කළ සේක් ද, මාගේ ශාස්තෲන් වහන්සේ ද පිරිනිවන් පාන්නට සූදානම් වන සේකැ' යි හඬමින් සිටිති."

එකල්හී භාග්‍යවතුන් වහන්සේ එක්තරා භික්ෂුවක් ඇමතූ සේක.

"ඔබ එන්න, භික්ෂුව. මාගේ වචනයෙන් ආනන්දයන් අමතන්න. 'ආයුෂ්මත් ආනන්දයෙනි, ශාස්තෲන් වහන්සේ ඔබ අමතන සේකැ'යි."

"එසේ ය, ස්වාමීනී" යි ඒ භික්ෂුව භාග්‍යවතුන් වහන්සේට පිළිවදන් දී ආයුෂ්මත් ආනන්දයන් යම් තැනක සිටියාහු ද, එතැනට පැමිණියේ ය. පැමිණ ආයුෂ්මත් ආනන්දයන් හට මෙය පැවසුවේ ය.

"ආයුෂ්මත් ආනන්දයෙනි, ශාස්තෘන් වහන්සේ ඔබ කැඳවන සේක."

"එසේ ය, ආයුෂ්මත" යි ආයුෂ්මත් ආනන්දයන් වහන්සේ ඒ භික්ෂුවට පිළිවදන් දී භාග්‍යවතුන් වහන්සේ යම් තැනක සැතැපී සිටි සේක් ද, එතැනට පැමිණියහ. පැමිණ භාග්‍යවතුන් වහන්සේට සකසා වන්දනා කොට එකත්පස් ව හුන්නාහු ය. එකත්පස් ව හුන් ආයුෂ්මත් ආනන්දයන් හට භාග්‍යවතුන් වහන්සේ මෙය වදාළ සේක.

"පලක් නැත ආනන්දයෙනි. ශෝක නොකරව. නොවැළපෙව. ආනන්දයෙනි, කලින් ම මා විසින් මෙය නොකියන ලද්දේ ද? 'ප්‍රිය වූ, මනාප වූ, සියල්ලෙන් ම ඈත් වන්නට සිදුවෙයි. වෙනස් වීම ඇත්තේ ය. අන්‍ය ස්වභාවයකට පත්වන බව ඇත්තේ ය' යි ආනන්දයෙනි, හටගත්, උපන්, හේතුඵලයෙන් සකස් වූ, බිඳෙන ස්වභාවයෙන් යුතු යමක් ඇද්ද, ඒකාන්තයෙන් ඒ තථාගතයන්ගේ ශරීරය පවා නොනැසේවා යි යන කරුණ කොහෙන් නම් ලබන්නට ද? එය දකින්නට නොලැබෙන දෙයකි.

ආනන්දයෙනි, ඔබ විසින් බොහෝ කලක් ම හිතයෙන්, සැපයෙන්, දෙහිතක් නැති ව, අප්‍රමාණ මෛත්‍රී සහගත කායික ක්‍රියාවෙන් තථාගතයන් වහන්සේට උපස්ථාන කරන ලද්දාහු ය. ....(පෙ).... මෛත්‍රී සහගත වාචසික ක්‍රියාවෙන් තථාගතයන් වහන්සේට උපස්ථාන කරන ලද්දාහු ය. ....(පෙ).... මෛත්‍රී සහගත ව සිතෙන් කරන ක්‍රියාවෙන් තථාගතයන් වහන්සේට උපස්ථාන කරන ලද්දාහු ය. ආනන්දයෙනි, ඔබ කරන ලද පින් ඇත්තෙකි. ප්‍රධන් වීර්යයෙහි යෙදෙව. වහා ආශ්‍රව රහිතයෙක් වන්නෙහි ය."

ඉක්බිති භාග්‍යවතුන් වහන්සේ භික්ෂූන් ඇමතූ සේක.

"මහණෙනි, යම් ඒ අරහත් සම්මා සම්බුදුවරු අතීතයෙහි වැඩසිටියාහු ද, මා හට ආනන්දයන් යම් සේ ද, ඒ භාග්‍යවතුන් වහන්සේලා හට ද මෙවැනි උතුම් උපස්ථායකයෝ සිටියාහු ය.

මහණෙනි, යම් ඒ අරහත් සම්මා සම්බුදුවරු අනාගතයෙහි පහළ වන්නාහු ද, මා හට ආනන්දයන් යම් සේ ද, ඒ භාග්‍යවතුන් වහන්සේලා හට ද මෙවැනි උතුම් උපස්ථායකයෝ වන්නාහු ය.

මහණෙනි, ආනන්දයෝ නුවණැතියහ. මහණෙනි, ආනන්දයෝ සොඳුරු ප්‍රඥාවෙන් යුක්තයහ. 'මේ භික්ෂූන් හට තථාගතයන් දකිනු පිණිස එළඹෙන්නට කාලය යි. මේ භික්ෂුණීන්ට සුදුසු කාලය යි. මේ උපාසකයන්ට සුදුසු කාලය යි. මේ උපාසිකාවන්ට සුදුසු කාලය යි. මේ රජුන්ට, රාජ මහා ඇමතිවරුන්ට, තීර්ථකයන්ට, තීර්ථක ශ්‍රාවකයන්ට සුදුසු කාලය යි' කියා ආනන්දයෝ දනිති.

මහණෙනි, ආනන්දයන් කෙරෙහි මේ ආශ්චර්ය අද්භූත සතර ධර්මයක් ඇත්තේ ය. ඒ කවර සතරක් ද යත්;

ඉදින් මහණෙනි, භික්ෂු පිරිසක් ආනන්දයන් දකින්නට පැමිණෙත් ද, ආනන්දයන්ගේ දැක්මෙන් ඒ පිරිස සතුටට පත්වෙති. එහිදී ඉදින් ආනන්ද තෙමේ දහම් දෙසයි ද, ආනන්දයන්ගේ භාෂිතයෙනුත් ඒ පිරිස සතුටට පත් වෙති. මහණෙනි, භික්ෂු පිරිස අතෘප්තිමත් වූවාහු ම වෙති. ඉක්බිති ආනන්දයෝ නිහඬ වෙති. ඉදින් මහණෙනි, භික්ෂුණී පිරිසක්, උපාසක පිරිසක්, උපාසිකා පිරිසක් ආනන්දයන් දකින්නට පැමිණෙත් ද, ආනන්දයන්ගේ දැක්මෙන් ඒ පිරිස සතුටට පත්වෙති. එහිදී ඉදින් ආනන්ද තෙමේ දහම් දෙසයි ද, ආනන්දයන්ගේ භාෂිතයෙනුත් ඒ පිරිස සතුටට පත් වෙති. මහණෙනි, උපාසිකා පිරිස අතෘප්තිමත් වූවාහු ම වෙති. ඉක්බිති ආනන්දයෝ නිහඬ වෙති.

මහණෙනි, මේ වනාහී ආනන්දයන් කෙරෙහි ඇති සතරක් වූ ආශ්චර්ය අද්භූත ධර්මයන් ය.

මහණෙනි, සක්විති රජුන් කෙරෙහි මේ සතරක් වූ ආශ්චර්ය අද්භූත ධර්මයෝ ඇත්තාහ. ඒ කවර සතරක් ද යත්;

මහණෙනි, ඉදින් ක්ෂත්‍රිය පිරිසක් සක්විති රජුන් දකින්නට පැමිණෙත් ද, සක්විති රජුන්ගේ දැක්මෙන් ඒ පිරිස සතුටට පත්වෙති. එහිදී ඉදින් සක්විති රජු කතාබස් කරයි ද, සක්විති රජුගේ භාෂිතයෙනුත් ඒ පිරිස සතුටට පත් වෙති. මහණෙනි, ක්ෂත්‍රිය පිරිස අතෘප්තිමත් වූවාහු ම වෙති. ඉක්බිති සක්විති රජු නිහඬ වෙයි.

මහණෙනි, ඉදින් බ්‍රාහ්මණ පිරිසක්, ගෘහපති පිරිසක්, ශ්‍රමණ පිරිසක් සක්විති රජුන් දකින්නට පැමිණෙත් ද, සක්විති රජුන්ගේ දැක්මෙන් ඒ පිරිස සතුටට පත්වෙති. එහිදී ඉදින් සක්විති රජු කතාබස් කරයි ද, සක්විති රජුගේ භාෂිතයෙනුත් ඒ පිරිස සතුටට පත් වෙති. මහණෙනි, ශ්‍රමණ පිරිස අතෘප්තිමත් වූවාහු ම වෙති. ඉක්බිති සක්විති රජු නිහඬ වෙයි.

එසෙයින් ම මහණෙනි, ආනන්දයන් කෙරෙහි මේ ආශ්චර්ය අද්භූත සතර ධර්මයක් ඇත්තේ ය.

ඉදින් මහණෙනි, භික්ෂු පිරිසක් ආනන්දයන් දකින්නට පැමිණෙත් ද, ආනන්දයන්ගේ දැක්මෙන් ඒ පිරිස සතුටට පත්වෙති. එහිදී ඉදින් ආනන්ද තෙමේ දහම් දෙසයි ද, ආනන්දයන්ගේ භාෂිතයෙනුත් ඒ පිරිස සතුටට පත් වෙති. මහණෙනි, භික්ෂු පිරිස අතෘප්තිමත් වූවාහු ම වෙති. ඉක්බිති ආනන්දයෝ නිහඬ වෙති. ඉදින් මහණෙනි, භික්ෂුණී පිරිසක්, උපාසක පිරිසක්, උපාසිකා පිරිසක් ආනන්දයන් දකින්නට පැමිණෙත් ද, ආනන්දයන්ගේ දැක්මෙන් ඒ පිරිස සතුටට පත්වෙති. එහිදී ඉදින් ආනන්ද තෙමේ දහම් දෙසයි ද, ආනන්දයන්ගේ භාෂිතයෙනුත් ඒ පිරිස සතුටට පත් වෙති. මහණෙනි, උපාසිකා පිරිස අතෘප්තිමත් වූවාහු ම වෙති. ඉක්බිති ආනන්දයෝ නිහඬ වෙති.

මහණෙනි, මේ වනාහී ආනන්දයන් කෙරෙහි ඇති සතරක් වූ ආශ්චර්ය අද්භූත ධර්මයන් ය."

මෙසේ වදාළ කල්හී ආයුෂ්මත් ආනන්දයන් වහන්සේ භාග්‍යවතුන් වහන්සේට මෙය පැවසූහ.

"ස්වාමීනී, භාග්‍යවතුන් වහන්සේ මේ කුඩා නගරයෙහි, පිටිසර නගරයෙහි, ශාඛා නගරයෙහි පිරිනිවන් නොපානා සේක්වා! ස්වාමීනී, අන්‍ය වූ මහා නගරයෝ ඇත්තාහු ය. එනම්; චම්පා, රාජගහ, ශ්‍රාවස්ථි, සාකේත, කෝසම්බි, බාරාණසී යනාදිය යි. එවැනි මහා නගරයක භාග්‍යවතුන් වහන්සේ පිරිනිවන් පානා සේක්වා! එහි තථාගතයන් වහන්සේ කෙරෙහි බලවත් පැහැදීමෙන් යුතු බොහෝ මහාසාර ක්ෂත්‍රියවරු, මහාසාර බ්‍රාහ්මණවරු, මහාසාර ගෘහපතිවරු සිටිත් ද, ඔවුහු තථාගත සිරුරට නිසි පූජා පවත්වන්නාහු ය."

"ආනන්දයෙනි, මෙසේ පවසන්නට එපා. ආනන්දයෙනි, කුඩා නගරයක් ය, පිටිසර නගරයක් ය, ශාඛා නගරයක් ය යි මෙසේ පවසන්නට එපා.

ආනන්දයෙනි, මෙය පෙර සිදුවූවකි. ධාර්මික වූ, ධර්මරාජ වූ, සයුර හිම් කොට සිව්මහා දිවයින් දිනාගත්, ජනපදයන්හි තහවුරු බවට පත්, සප්ත රත්නයෙන් සමන්විත වූ, මහා සුදස්සන නම් සක්විති රජෙක් මෙහි සිටියේ ය.

ආනන්දයෙනි, මහා සුදස්සන රජුගේ කුසාවතී නම් රාජධානිය වූයේ මේ කුසිනාරාවෙහි ය. ඒ කුසාවතී රාජධානිය පෙරදිගින් ද, බටහිරින් ද දිග දොළොස් යොදුනකි. උතුරින් ද, දකුණින් ද පළල සත් යොදුනකි. ආනන්දයෙනි, කුසාවතී රාජධානිය ඉතා සමෘද්ධිමත් ව, සැපතින් පිරී, බොහෝ මිනිසුන්ගෙන් ජනාකීර්ණ ව, ආහාරපානාදිය සුලභ ව තිබුණේ ය. ආනන්දයෙනි, දෙවියන්ගේ ආලකමන්දා නම් රාජධානිය ඉතා සමෘද්ධිමත් ව, සැපතින් පිරී, බොහෝ

යකුන්ගෙන් ජනාකීර්ණ ව, ආහාරපානාදිය සුලභ ව තිබෙන්නේ යම් සේ ද, එසෙයින් ම ආනන්දයෙනි, කුසාවතී රාජධානිය ඉතා සමෘද්ධිමත් ව, සැපතින් පිරී, බොහෝ මිනිසුන්ගෙන් ජනාකීර්ණ ව, ආහාරපානාදිය සුලභ ව තිබුණේ ය.

ආනන්දයෙනි, කුසාවතී රාජධානිය දහවලට මෙන් ම රාත්‍රියට ත්, දස ශබ්දයකින් නිරතුරු හඬ නැගුණේ ය. එනම්; හස්ති ශබ්දයෙන්, අශ්ව ශබ්දයෙන්, රථ ශබ්දයෙන්, බෙර ශබ්දයෙන්, මිහිඟුබෙර ශබ්දයෙන්, වීණා ශබ්දයෙන්, ගීත ශබ්දයෙන්, සංඛ නාදයෙන්, මිත්‍ර නාදයෙන්, අත්තළ හඬින්, 'අනුභව කරව්, පානය කරව්, කව්' යන දසවෙනි ශබ්දයෙනි.

ඔබ යන්න ආනන්දයෙනි, කුසිනාරාවට පිවිස කුසිනාරාවැසි මල්ලයන් හට දැනුම් දෙව. 'වාසෙට්ඨයෙනි, අද රාත්‍රියෙහි අවසන් යාමයෙහි තථාගතයන් වහන්සේගේ පරිනිර්වාණය වන්නේ ය. පිටත් ව එව් වාසෙට්ඨයෙනි. පිටත් ව එව් වාසෙට්ඨයෙනි. 'අපගේ ගම් කෙතෙහි තථාගතයන් වහන්සේගේ පරිනිර්වාණය වූයේ ය. පශ්චිම කාලයෙහි තථාගතයන් වහන්සේගේ දැක්ම අපි නොලැබූවෙමු' යි පසුව විපිළිසර නොවව්' යනුවෙනි.

"එසේ ය, ස්වාමීනී" යි ආයුෂ්මත් ආනන්දයන් වහන්සේ භාග්‍යවතුන් වහන්සේට පිළිතුරු දී සිවුරු හැඳ පොරොවා ගෙන, පා සිවුරු ගෙන තමා දෙවැන්නෙකු කොට කුසිනාරාවට පිවිසියේ ය.

එසමයෙහි කුසිනාරාවැසි මල්ලවරු කිසියම් කරුණක් අරභයා රැස්වීම් ශාලාවෙහි රැස්වූවාහු වෙති.

ඉක්බිති ආයුෂ්මත් ආනන්දයන් වහන්සේ කුසිනාරාවැසි මල්ලවරුන්ගේ රැස්වීම් ශාලාව යම් තැනක ද, එහි පැමිණියහ. පැමිණ කුසිනාරාවැසි මල්ලවරුන්ට මෙය දැනුම් දුන්නාහු ය.

"වාසෙට්ඨයෙනි, අද රාත්‍රියෙහි අවසන් යාමයෙහි තථාගතයන් වහන්සේගේ පරිනිර්වාණය වන්නේ ය. පිටත් ව එව් වාසෙට්ඨයෙනි. පිටත් ව එව් වාසෙට්ඨයෙනි. 'අපගේ ගම් කෙතෙහි තථාගතයන් වහන්සේගේ පරිනිර්වාණය වූයේ ය. පශ්චිම කාලයෙහි තථාගතයන් වහන්සේගේ දැක්ම අපි නොලැබූවෙමු' යි පසුව විපිළිසර නොවව්.

ආයුෂ්මත් ආනන්දයන් වහන්සේගේ මේ වචනය ඇසූ මල්ලවරු ත්, මල්ල පුත්‍රයෝ ත්, මල්ල ලේලිවරුත්, මල්ල බිරින්දෑවරුත් දුකට පත් ව, දුකට පත් සිත් ඇති ව, චිත්ත ශෝකයෙන් යුතුව ඇතැම් කෙනෙක් කෙස් වැටි මුදා

හඬා වැටෙත්. දෑත් උඩට ඔසොවා හඬා වැටෙත්. සිඳී වැටෙන්නවුන් සේ වැටෙත්. වැටී එහාට මෙහාට පෙරළී යත්. 'අහෝ! ඉතා ඉක්මනින් භාග්‍යවතුන් වහන්සේ පිරිනිවන් පානා සේක. අහෝ! ඉතා ඉක්මනින් සුගතයන් වහන්සේ පිරිනිවන් පානා සේක. අහෝ! මහා කරුණාවෙන් ලොව බැලූ එක ම ඇස ඉතා ඉක්මනින් නොපෙනී යන්නේ ය' කියා ය.

ඉක්බිති දුකින් යුතු, දුකට පත් සිත් ඇති, චිත්ත ශෝකයෙන් යුතු මල්ලයෝ ත්, මල්ල පුත්‍රයෝ ත්, මල්ල ලේලිවරුත්, මල්ල බිරින්දෑවරුත් මල්ලවරුන්ගේ උපවර්තන සල්වනය යම් තැනක ද, ආයුෂ්මත් ආනන්දයන් වහන්සේ වැඩසිටියේ යම් තැනක ද, එතැනට පැමිණියාහු ය. එකල්හී ආයුෂ්මත් ආනන්දයන් වහන්සේට මේ අදහස ඇතිවූයේ ය.

'ඉදින් මම කුසිනාරාවැසි මල්ලවරුන් එක් එක් කෙනා ලවා භාග්‍යවතුන් වහන්සේ ව වන්දවන්නෙම් නම්, කුසිනාරාවැසි මල්ලවරුන් විසින් භාග්‍යවතුන් වහන්සේ නොවන්දවන ලද සේක් ම වන්නාහු ය. එවිට මේ රැය ද පහන් වන්නේ ය. එහෙයින් මම කුසිනාරාවැසි මල්ලවරුන් කුල පරපුර වශයෙන් වෙන වෙන ම සිටුවා 'ස්වාමීනී, දරුවන් සහිත, බිරින්දෑවරුන් සහිත, පිරිස් සහිත, අමාත්‍යයන් සහිත, මේ මේ නම් ඇති මල්ල තෙමේ භාග්‍යවතුන් වහන්සේගේ සිරිපා බිම හිස තබා වඳියි' යි භාග්‍යවතුන් වහන්සේ වන්දවන්නෙම් නම් මැනැව' යි.

ඉක්බිති ආයුෂ්මත් ආනන්දයන් වහන්සේ කුසිනාරාවැසි මල්ලවරුන් කුල පරපුර වශයෙන් වෙන වෙන ම සිටුවා "ස්වාමීනී, දරුවන් සහිත, බිරින්දෑවරුන් සහිත, පිරිස් සහිත, අමාත්‍යයන් සහිත, මේ මේ නම් ඇති මල්ල තෙමේ භාග්‍යවතුන් වහන්සේගේ සිරිපා බිම හිස තබා වඳියි" යි භාග්‍යවතුන් වහන්සේ ව වැන්දවූහ. එකල්හී ආයුෂ්මත් ආනන්දයන් වහන්සේ මේ ක්‍රමයෙන් රාත්‍රියේ ප්‍රථම යාමයෙහි ම කුසිනාරාවැසි මල්ලවරුන් ලවා භාග්‍යවතුන් වහන්සේව වැන්දවූහ.

එසමයෙහි සුභද්‍ර නම් පරිබ්‍රාජකයෙක් කුසිනාරාවෙහි වාසය කරයි. 'අද රාත්‍රියෙහි පශ්චිම යාමයෙහි ශ්‍රමණ ගෞතමයන් වහන්සේගේ පරිනිර්වාණය වන්නේලු' යි සුභද්‍ර පරිබ්‍රාජකයා ඇසුවේ ය. ඉක්බිති සුභද්‍ර පරිබ්‍රාජකයා හට මේ අදහස ඇතිවූයේ ය. 'වයෝවෘද්ධ, මහළු, ආචාර්ය ප්‍රාචාර්ය පරිබ්‍රාජකයන්ගේ මේ වචනය මා විසින් අසන ලද්දේ ය. එනම් 'තථාගත අරහත් සම්මා සම්බුදුවරයන් වහන්සේලා ඉතාමත් ම ඉතාමත් කලාතුරකින් ලොවෙහි පහළ වෙත්' යන කරුණ යි. අද රාත්‍රියෙහි පශ්චිම යාමයෙහි ම ශ්‍රමණ ගෞතමයන් වහන්සේගේ

පරිනිර්වාණය වන්නේ ය. මා තුළ මේ සැක කරුණක් ද හටගෙන ඇත්තේ ය. මම ශ්‍රමණ ගෞතමයන් කෙරෙහි මෙසේ පැහැදී සිටිමි. යම් අයුරකින් මේ සැකසංකා මම අත්හරින්නෙම් ද, ඒ අයුරින් මා හට ධර්මය දේශනා කරන්නට ශ්‍රමණ ගෞතමයන් වහන්සේ සමර්ථ වන සේක' කියා ය.

ඉක්බිති සුභද්‍ර පරිබ්‍රාජක තෙමේ මල්ලවරුන්ගේ උපවර්තන සල් වනය යම් තැනක ද, ආයුෂ්මත් ආනන්දයන් වහන්සේ වැඩසිටියේ යම් තැනක ද, එහි පැමිණියේ ය. පැමිණ ආයුෂ්මත් ආනන්දයන් වහන්සේට මෙය පැවසුවේ ය.

"භවත් ආනන්දයෙනි, වයෝවෘද්ධ, මහළු, ආචාර්ය ප්‍රාචාර්ය පරිබ්‍රාජකයන්ගේ මේ වචනය මා විසින් අසන ලද්දේ ය. එනම් 'තථාගත අරහත් සම්මා සම්බුදුවරයන් වහන්සේලා ඉතාමත් ම ඉතාමත් කලාතුරකින් ලොවෙහි පහළ වෙත්' යන කරුණ යි. අද රාත්‍රියෙහි පශ්චිම යාමයෙහි ම ශ්‍රමණ ගෞතමයන් වහන්සේගේ පරිනිර්වාණය වන්නේ ය. මා තුළ මේ සැක කරුණක් ද හටගෙන ඇත්තේ ය. මම ශ්‍රමණ ගෞතමයන් කෙරෙහි මෙසේ පැහැදී සිටිමි. 'යම් අයුරකින් මේ සැකසංකා මම අත්හරින්නෙම් ද, ඒ අයුරින් මා හට ධර්මය දේශනා කරන්නට ශ්‍රමණ ගෞතමයන් වහන්සේ සමර්ථ වන සේක' යනුවෙනි. භවත් ආනන්දයෙනි, මම ශ්‍රමණ ගෞතමයන් වහන්සේගේ දැක්ම ලබන්නෙම් නම්, ඉතා යෙහෙකි."

මෙසේ කී කල්හී ආයුෂ්මත් ආනන්දයන් වහන්සේ සුභද්‍ර පරිබ්‍රාජකයා හට මෙය පැවසූහ.

"ඔය ඇති ආයුෂ්මත් සුභද්‍ර. තථාගතයන් වහන්සේ වෙහෙසන්නට එපා! භාග්‍යවතුන් වහන්සේ ක්ලාන්ත ව සිටින සේක."

දෙවෙනි වතාවට ත් සුභද්‍ර පරිබ්‍රාජක තෙමේ ....(පෙ).... තුන්වෙනි වතාවට ත් සුභද්‍ර පරිබ්‍රාජක තෙමේ ආයුෂ්මත් ආනන්දයන් වහන්සේට මෙය පැවසුවේ ය.

"භවත් ආනන්දයෙනි, වයෝවෘද්ධ, මහළු, ආචාර්ය ප්‍රාචාර්ය පරිබ්‍රාජකයන්ගේ මේ වචනය මා විසින් අසන ලද්දේ ය. එනම් 'තථාගත අරහත් සම්මා සම්බුදුවරයන් වහන්සේලා ඉතාමත් ම ඉතාමත් කලාතුරකින් ලොවෙහි පහළ වෙත්' යන කරුණ යි. අද රාත්‍රියෙහි පශ්චිම යාමයෙහි ම ශ්‍රමණ ගෞතමයන් වහන්සේගේ පරිනිර්වාණය වන්නේ ය. මා තුළ මේ සැක කරුණක් ද හටගෙන ඇත්තේ ය. මම ශ්‍රමණ ගෞතමයන් කෙරෙහි මෙසේ

පැහැදී සිටිමි. 'යම් අයුරකින් මේ සැකසංකා මම අත්හරින්නෙම් ද, ඒ අයුරින් මා හට ධර්මය දේශනා කරන්නට ශ්‍රමණ ගෞතමයන් වහන්සේ සමර්ථ වන සේක යනුවෙනි. භවත් ආනන්දයෙනි, මම ශ්‍රමණ ගෞතමයන් වහන්සේගේ දැක්ම ලබන්නෙම් නම්, ඉතා යෙහෙකි."

තෙවෙනි වතාවට ත් ආයුෂ්මත් ආනන්දයන් වහන්සේ සුභද්‍ර පරිබ්‍රාජකයා හට මෙය පැවසූහ.

"ඔය ඇති ආයුෂ්මත් සුභද්‍ර. තථාගතයන් වහන්සේ වෙහෙසන්නට එපා! භාග්‍යවතුන් වහන්සේ ක්ලාන්ත ව සිටින සේක."

භාග්‍යවතුන් වහන්සේ සුභද්‍ර පරිබ්‍රාජකයා සමඟ කරනු ලබන ආයුෂ්මත් ආනන්දයන් වහන්සේගේ මේ කතා සල්ලාපය ඇසූ සේක. ඉක්බිති භාග්‍යවතුන් වහන්සේ ආයුෂ්මත් ආනන්දයන් ඇමතූ සේක.

"කම් නැත ආනන්දයෙනි, සුභද්‍රයන් වළක්වන්නට එපා. ආනන්දයෙනි, සුභද්‍ර තෙමේ තථාගතයන්ගේ දැක්ම ලබාවා! සුභද්‍ර තෙමේ යම් කිසිවක් මගෙන් අසයි නම්, ඒ සියල්ල දැනගනු කැමැති ව ම අසන්නේ ය. වෙහෙසට පත් කරන අදහසක් නැත්තේ ය. අසනු ලැබූ මම යමක් ඔහුට පවසන්නෙම් ද, එය වහා ම තේරුම් ගන්නේ ය."

එකල්හී ආයුෂ්මත් ආනන්දයන් වහන්සේ සුභද්‍ර පරිබ්‍රාජකයා හට මෙය පැවසූහ.

"යන්න ආයුෂ්මත් සුභද්‍ර, භාග්‍යවතුන් වහන්සේ ඔබට අවසර දෙන සේක."

ඉක්බිති සුභද්‍ර පරිබ්‍රාජක තෙමේ භාග්‍යවතුන් වහන්සේ වෙත පැමිණියේ ය. පැමිණ භාග්‍යවතුන් වහන්සේ හා පිළිසඳර කතා බහේ යෙදුණේ ය. සතුටු විය යුතු පිළිසඳර කතා බහ නිමවා එකත්පස් ව හිඳගත්තේ ය. එකත්පස් ව හුන් සුභද්‍ර පරිබ්‍රාජක තෙමේ භාග්‍යවතුන් වහන්සේගෙන් මෙය ඇසුවේ ය.

"භවත් ගෞතමයන් වහන්ස, ශ්‍රාවක පිරිස් ඇති, සමූහ ඇති, ගණාචාර්ය වූ, ප්‍රසිද්ධ, යස කීර්ති ඇති, බොහෝ ජනයා මැනැවැයි පිළිගත් යම් මේ ආගමික මත කියන ශ්‍රමණ බ්‍රාහ්මණවරු සිටිත් ද, එනම් පූරණ කස්සප, මක්ඛලී ගෝසාල, අජිත කේසකම්බල, පකුධ කච්චායන, සංජය බෙල්ලට්ඨපුත්ත, නිගණ්ඨනාතපුත්‍ර ය. ඔවුන් සියලු දෙනා තමන් ප්‍රතිඥා දෙන පරිදි අවබෝධ කළාහු ද? සියල්ලෝ ම අවබෝධ නොකළාහු ද? නැතහොත් ඇතැමෙක් අවබෝධ කළාහු ද? ඇතැමෙක් අවබෝධ නොකළාහු ද?"

"පලක් නැත, සුභද්‍රයෙනි. ඔවුන් සියලු දෙනා තමන් ප්‍රතිඥා දෙන පරිදි අවබෝධ කළාහු ද? සියල්ලෝ ම අවබෝධ නොකළාහු ද? නැතහොත් ඇතැමෙක් අවබෝධ කළාහු ද? ඇතැමෙක් අවබෝධ නොකළාහු ද? යන මෙය පසෙක තිබේවා! සුභද්‍රය, ඔබට ධර්මය දේශනා කරන්නෙමි. එය අසව. මැනැවින් මෙනෙහි කරව. පවසන්නෙමි."

"එසේ ය, ස්වාමීනී" යි සුභද්‍ර පරිබ්‍රාජක තෙමේ භාග්‍යවතුන් වහන්සේට පිළිවදන් දුන්නේ ය. භාග්‍යවතුන් වහන්සේ මෙය වදාළ සේක.

"සුභද්‍රයෙනි, යම් ධර්ම විනයක ආර්ය අෂ්ටාංගික මාර්ගය දක්නට නොලැබෙයි ද, එහි පළමු වැනි ශ්‍රමණයා ත් දක්නට නොලැබෙයි. එහි දෙවෙනි ශ්‍රමණයා ත් දක්නට නොලැබෙයි. එහි තුන්වැනි ශ්‍රමණයා ත් දක්නට නොලැබෙයි. එහි සිව්වැනි ශ්‍රමණයා ත් දක්නට නොලැබෙයි.

සුභද්‍රයෙනි, යම් ධර්ම විනයක ආර්ය අෂ්ටාංගික මාර්ගය දක්නට ලැබෙයි ද, එහි පළමු වැනි ශ්‍රමණයා ත් දක්නට ලැබෙයි. එහි දෙවෙනි ශ්‍රමණයා ත් දක්නට ලැබෙයි. එහි තුන්වැනි ශ්‍රමණයා ත් දක්නට ලැබෙයි. එහි සිව්වැනි ශ්‍රමණයා ත් දක්නට ලැබෙයි.

සුභද්‍රයෙනි, මේ ධර්ම විනයෙහි ආර්ය අෂ්ටාංගික මාර්ගය දක්නට ලැබෙයි. සුභද්‍රයෙනි, මෙහි ම පළමු වැනි ශ්‍රමණයා ත් දක්නට ලැබෙයි. මෙහි දෙවෙනි ශ්‍රමණයා ත් දක්නට ලැබෙයි. මෙහි තුන්වැනි ශ්‍රමණයා ත් දක්නට ලැබෙයි. මෙහි සිව්වැනි ශ්‍රමණයා ත් දක්නට ලැබෙයි.

අන්‍ය ඇදහීම් මේ සිව් වැදෑරුම් ශ්‍රමණයන්ගෙන් හිස් ය. සුභද්‍රයෙනි, මේ භික්ෂූහු යහපත් ව පිළිවෙතෙහි යෙදෙත් නම් ලොව රහතුන්ගෙන් හිස් නොවන්නේ ය."

ඒකූනතිංසෝ වයසා සුභද්ද
යං පබ්බජිං කිං කුසලානුඒසී

සුභද්‍රයෙනි, වයසින් විසි නව වැන්නෙහි දී කුසල් යනු කුමක්දැයි
සොයමින් පැවිදි වූයෙමි යි යන යමක් ඇද්ද,

වස්සානි පඤ්ඤාස සමාධිකානි
යතෝ අහං පබ්බජිතෝ සුභද්ද

සුභද්‍රයෙනි, මම යම් කලක පැවිදි වුයෙම් ද, එදා සිට මේ දක්වා
පණස් වසරකට වැඩි කලක් ගෙවුණේ ය.

ඤායස්ස ධම්මස්ස පදේසවත්ති
ඉතෝ බහිද්ධා සමණෝපි නත්ථි
දුතියෝපි සමණෝ නත්ථි
තතියෝපි සමණෝ නත්ථි
චතුත්ථෝපි සමණෝ නත්ථි

චතුරාර්ය සත්‍යය ධර්මයෙහි කොටසක් වත් අවබෝධ කළ ශ්‍රමණයෙක් මේ බුදු සසුනෙන් බැහැර ව නැත්තේ ය. එහෙයින් මෙයින් බැහැර පළමු ශ්‍රමණයා ත් නැත්තේ ය. දෙවෙනි ශ්‍රමණයා ත් නැත්තේ ය. තෙවැනි ශ්‍රමණයා ත් නැත්තේ ය. සිව්වෙනි ශ්‍රමණයා ත් නැත්තේ ය.

සුඤ්ඤා පරප්පවාදා සමණේහි අඤ්ඤේ

අන්‍ය වූ ඇදහීම් සියල්ල මේ සිව් වැදෑරුම් ශ්‍රමණයන්ගෙන් හිස් ය.

ඉමේ ච සුභද්ද භික්ඛූ සම්මාවිහරෙය්‍යුං
අසුඤ්ඤෝ ලෝකෝ අරහන්තේහී'ති

සුභද්‍රයෙනි, මේ භික්ෂූහුත්, මනා කොට පිළිවෙතෙහි යෙදී වසත් නම්, ලොව රහතුන් ගෙන් හිස් නොවන්නේ ය."

මෙසේ වදාළ කල්හී සුභද්‍ර පරිබ්‍රාජකයා භාග්‍යවතුන් වහන්සේට මෙය පැවසුවේ ය.

"ස්වාමීනී, ඉතා මනහර ය. ස්වාමීනී, ඉතා මනහර ය. ස්වාමීනී, එය මෙබඳු දෙයකි. යටට හරවා තිබූ දෙයක් උඩට හරවන්නේ යම් සේ ද, වැසුණු දෙයක් විවර කරන්නේ යම් සේ ද, මංමුළාවූවෙකුට හරිමග පවසන්නේ යම් සේ ද, 'ඇස් ඇත්තවුන් රූප දකිත්වා' යි අඳුරෙහි තෙල් පහනක් දරන්නේ යම් සේ ද, එසෙයින් ම භාග්‍යවතුන් වහන්සේ විසින් නොයෙක් අයුරින් ධර්මය වදාරණ ලද්දේ ය. ස්වාමීනී, ඒ මම භාග්‍යවතුන් වහන්සේ ව සරණ යමි. ධර්මය ත්, භික්ෂු සංඝයා ත් සරණ යමි. ස්වාමීනී, භාග්‍යවතුන් වහන්සේගේ සමීපයෙහි මම පැවිදි බව ලබම්වා! උපසම්පදාව ලබම්වා!"

"සුභද්‍රයෙනි, යමෙක් කලින් අන්‍ය තීර්ථකයෙකු ව සිටියෙක් මේ ධර්ම විනයෙහි පැවිද්ද කැමති වෙයි නම්, උපසම්පදාව කැමති වෙයි නම්, ඔහු සිව් මාසයක පරිවාස කාලයක් සිටියි. සිව්මස ඇවෑමෙන් සතුටට පත් සිත් ඇති

භික්ෂූහු භික්ෂු භාවය පිණිස ඔහු පැවිදි කරති. උපසම්පදා කරති. එනමුත් මෙහිලා මා විසින් පුද්ගලයන්ගේ වෙනස්කම දන්නා ලද්දේ ය."

"ඉදින් ස්වාමීනී, කලින් අන්‍ය තීර්ථකයෙකු ව සිට මේ ධර්ම විනයෙහි පැවිද්ද කැමති වෙයි නම්, උපසම්පදාව කැමති වෙයි නම්, ඔහු සිව් මාසයක පරිවාස කාලයක් සිටියි නම්, සිව්මස ඇවෑමෙන් සතුටට පත් සිත් ඇති භික්ෂූහු භික්ෂු භාවය පිණිස ඔහු පැවිදි කරත් නම්, උපසම්පදා කරත් නම්, මම සිව් වසරක් පිරිවෙස් වසන්නෙමි. ඒ සිව් වසර ඇවෑමෙන් සතුටු සිත් ඇති භික්ෂූහු භික්ෂුභාවය පිණිස මා පැවිදි කරත්වා! උපසම්පදා කරත්වා!"

එකල්හී භාග්‍යවතුන් වහන්සේ ආයුෂ්මත් ආනන්දයන් වහන්සේ ඇමතූ සේක.

"එසේ වී නම් ආනන්දයෙනි, සුභද්‍රයන් පැවිදි කරව."

"එසේ ය, ස්වාමීනී" යි ආයුෂ්මත් ආනන්දයන් වහන්සේ භාග්‍යවතුන් වහන්සේට පිළිවදන් දුන්හ. ඉක්බිති සුභද්‍ර පරිබ්‍රාජක තෙමේ ආයුෂ්මත් ආනන්දයන් වහන්සේට මෙය පැවසුවේ ය.

"ආයුෂ්මත් ආනන්දයෙනි, ඔබලාට මහත් ලාභයකි. ආයුෂ්මත් ආනන්දයෙනි, ඔබලාට මනා වූ ලැබීමකි. මෙබඳු ශාස්තෘන් වහන්සේ නමකගේ අතවැසියන් ලෙස ඔටුනු පැළඳීමකින් අභිෂේක ලැබීමක් ඇද්ද, එය යි."

සුභද්‍ර පරිබ්‍රාජක තෙමේ භාග්‍යවතුන් වහන්සේ සමීපයෙහි පැවිද්ද ලැබුවේ ය. උපසම්පදාව ලැබුවේ ය. උපසම්පදාව ලැබ නොබෝ වේලාවකින් ආයුෂ්මත් සුභද්‍රයන් වහන්සේ තනි ව, හුදෙකලා ව, අප්‍රමාදී ව, කෙලෙස් තවන වීර්යය ඇති ව, කාය ජීවිත දෙකෙහි ආශා නැතිව වසන්නාහු, යම් අරුතක් පිණිස කුලදරුවෝ මනාකොට ගිහිගෙය අත්හැර අනගාරික ව පැවිදි බව ලබත් ද, ඒ බඹසරෙහි නිමාව වන අනුත්තර අරහත්වය මෙලොව දී ම, නොබෝ කලකින් ම සිය විශිෂ්ට නුවණින් සාක්ෂාත් කොට එයට පැමිණ වාසය කළහ. 'ඉපදීම ක්ෂය විය. බඹසර වැස නිමවන ලදී. කළ යුත්ත කරන ලදී. නිවන් පිණිස කළ යුතු අනෙකක් නැතැ' යි දැනගත්හ. ආයුෂ්මත් සුභද්‍රයන් වහන්සේ වනාහී එක්තරා රහතන් වහන්සේ නමක් වූහ. උන්වහන්සේ භාග්‍යවතුන් වහන්සේගේ අවසාන ප්‍රත්‍යක්ෂ ශ්‍රාවකයන් වහන්සේ වූහ.

ඉක්බිති භාග්‍යවතුන් වහන්සේ ආයුෂ්මත් ආනන්දයන් වහන්සේ ඇමතූ සේක.

"ආනන්දයෙනි, ඔබට මෙබඳු වූ අදහසක් ඇතිවන්නට පුළුවනි. 'බුද්ධ වචනය අතීතයට ගිය ශාස්තෘන් වහන්සේගේ ය. අපගේ ශාස්තෘන් වහන්සේ නැති සේක' යනුවෙනි. ආනන්දයෙනි, ඔබ මේ අයුරින් නොදැක්ක යුත්තේ ය. ආනන්දයෙනි, මා විසින් යම් ධර්මයකුත් විනයකුත් දෙසන ලද්දේ ද, පණවන ලද්දේ ද, මාගේ ඇවෑමෙන් එය ඔබට ශාස්තෘ වන්නේ ය.

ආනන්දයෙනි, මෙකල්හී වනාහී භික්ෂූහු එකිනෙකාට 'ආවුසෝ' යන වචනය යම් සේ අමතා පවසත් ද, මාගේ ඇවෑමෙන් පසු එසේ කතා නොකළ යුත්තේ ය. ආනන්දයෙනි, වඩා වැඩිමහල් භික්ෂුව විසින් වඩා නවක භික්ෂුවකට නමින් හෝ ගෝත්‍ර නමින් හෝ 'ආවුසෝ' යන වචනයෙන් හෝ ඇමතිය යුත්තේ ය. වඩා නවක භික්ෂුව විසින් වඩා වැඩිමහල් භික්ෂුවට 'ස්වාමීනී' කියා හෝ 'ආයුෂ්මත්නි' කියා හෝ ඇමතිය යුත්තේ ය.

ආනන්දයෙනි, සංඝයා කැමති වන්නේ නම්, මාගේ ඇවෑමෙන් කුඩා අනුකුඩා ශික්ෂාපද ඉවත් කෙරේවා!

ආනන්දයෙනි, මාගේ ඇවෑමෙන් පසු ඡන්න භික්ෂුවට බ්‍රහ්ම දණ්ඩනය දිය යුත්තේ ය."

"ස්වාමීනී, බ්‍රහ්ම දණ්ඩනය යනු කුමක් ද?"

"ආනන්දයෙනි, ඡන්න භික්ෂුව යමක් කැමති නම් එය කියන්නේ ය. භික්ෂූන් විසින් ඔහු හා කතා නොකළ යුත්තේ ය. අවවාද නොදිය යුත්තේ ය. අනුශාසනා නොකළ යුත්තේ ය."

ඉක්බිති භාග්‍යවතුන් වහන්සේ භික්ෂූන් ඇමතූ සේක.

"මහණෙනි, එක් භික්ෂුවකට වුවත් බුදුන් කෙරෙහි වේවා, ධර්මය කෙරෙහි වේවා, සංඝයා කෙරෙහි වේවා, මාර්ගය කෙරෙහි වේවා, ප්‍රතිපදාව කෙරෙහි වේවා, සැකයක් හෝ විමතියක් හෝ ඇතිවන්නට පුළුවනි. එහිලා මහණෙනි, විමසව්. 'අපට ශාස්තෘන් වහන්සේ හමු වූ සේක. භාග්‍යවතුන් වහන්සේ ඉදිරියෙහි මෙය අසන්නට අපට නොහැකි වූයේ ය' යි පසුව විපිළිසර වන්නට එපා. මෙසේ වදාළ කල්හී ඒ භික්ෂූහු නිශ්ශබ්ද වූහ.

දෙවෙනි වතාවට ත් භාග්‍යවතුන් වහන්සේ ....(පෙ)... තෙවෙනි වතාවට ත් භාග්‍යවතුන් වහන්සේ භික්ෂූන් ඇමතූ සේක.

මහණෙනි, එක් භික්ෂුවකට වුවත් බුදුන් කෙරෙහි වේවා, ධර්මය කෙරෙහි වේවා, සංඝයා කෙරෙහි වේවා, මාර්ගය කෙරෙහි වේවා, ප්‍රතිපදාව කෙරෙහි

වේවා, සැකයක් හෝ විමතියක් හෝ ඇතිවන්නට පුළුවනි. එහිලා මහණෙනි, විමසව්. 'අපට ශාස්තෘන් වහන්සේ හමු වූ සේක. භාග්‍යවතුන් වහන්සේ ඉදිරියෙහි මෙය අසන්නට අපට නොහැකි වූයේ ය' යි පසුව විපිළිසර වන්නට එපා. ඒ භික්ෂූහු තෙවෙනි වතාවට ත් නිශ්ශබ්ද වූහ.

ඉක්බිති භාග්‍යවතුන් වහන්සේ භික්ෂූන් ඇමතූ සේක.

"මහණෙනි, ශාස්තෘ ගෞරවය නිසා ත් අසා නොසිටින්නට පුළුවනි. මහණෙනි, යහළුවෙකුත් යහළුවෙකුට එය පවසාවා!"

මෙසේ වදාළ කල්හී ඒ භික්ෂූහු නිශ්ශබ්ද වූහ.

එකල්හී ආයුෂ්මත් ආනන්දයන් වහන්සේ භාග්‍යවතුන් වහන්සේට මෙය පැවසූහ.

"ස්වාමීනී, ආශ්චර්යයකි! ස්වාමීනී, අද්භූතයකි! ස්වාමීනී, මම මේ භික්ෂු සංඝයා කෙරෙහි මෙසේ පහන් ව සිටිමි. බුදුන් කෙරෙහි වේවා, ධර්මය කෙරෙහි වේවා, සංඝයා කෙරෙහි වේවා, මාර්ගය කෙරෙහි වේවා, ප්‍රතිපදාව කෙරෙහි වේවා, සැකයක් හෝ විමතියක් එක් භික්ෂුවක තුළ ත් නැත්තේ ය."

"ආනන්දයෙනි, ඔබ හුදෙක් ප්‍රසාදයෙන් පවසන්නෙහි ය. ආනන්දයෙනි, තථාගතයන් හට මෙහිලා ඤාණයක් ම ඇත්තේ ය. මේ භික්ෂු සංඝයා අතර බුදුන් කෙරෙහි වේවා, ධර්මය කෙරෙහි වේවා, සංඝයා කෙරෙහි වේවා, මාර්ගය කෙරෙහි වේවා, ප්‍රතිපදාව කෙරෙහි වේවා, සැකයක් හෝ විමතියක් එක් භික්ෂුවක තුළ ත් නැත්තේ ය. ආනන්දයෙනි, මේ පන්සියයක් භික්ෂූන් අතර අවසානයට සිටින යම් භික්ෂුවක් ඇද්ද, ඔහු ත් සතර අපායෙහි නොවැටෙන ස්වභාව ඇති නියතයෙන් නිවන් අවබෝධ කරන සෝවාන් වූවෙකි."

ඉක්බිති භාග්‍යවතුන් වහන්සේ භික්ෂූන් ඇමතූ සේක.

"එසේ නම් මහණෙනි, දැන් ඔබ අමතමි. හේතු ප්‍රත්‍යයන්ගෙන් සකස් වූ සංස්කාරයෝ නැසෙන ස්වභාවයෙන් යුක්ත වෙති. අප්‍රමාදී ව නිවන් අවබෝධ කරනු පිණිස වෑයම් කරව්."

මෙය තථාගතයන් වහන්සේගේ අවසාන වචනය යි.

ඉක්බිති භාග්‍යවතුන් වහන්සේ ප්‍රථම ධ්‍යානයට සමවැදුණු සේක. ප්‍රථම ධ්‍යානයෙන් නැගිට දෙවෙනි ධ්‍යානයට සමවැදුණු සේක. දෙවෙනි ධ්‍යානයෙන් නැගිට තුන්වෙනි ධ්‍යානයට සමවැදුණු සේක. තුන්වෙනි ධ්‍යානයෙන්

නැගිට සිව්වෙනි ධ්‍යානයට සමවැදුණු සේක. සිව්වෙනි ධ්‍යානයෙන් නැගිට ආකාසානඤ්චායතනයට සමවැදුණු සේක. ආකාසානඤ්චායතන සමාපත්තියෙන් නැගිට විඤ්ඤාණඤ්චායතනයට සමවැදුණු සේක. විඤ්ඤාණඤ්චායතන සමාපත්තියෙන් නැගිට ආකිඤ්චඤ්ඤායතනයට සමවැදුණු සේක. ආකිඤ්චඤ්ඤායතන සමාපත්තියෙන් නැගිට නේවසඤ්ඤානාසඤ්ඤායතනයට සමවැදුණු සේක. නේවසඤ්ඤානාසඤ්ඤායතන සමාපත්තියෙන් නැගිට සඤ්ඤාවේදයිත නිරෝධයට සමවැදුණු සේක.

එකල්හී ආයුෂ්මත් ආනන්දයන් වහන්සේ ආයුෂ්මත් අනුරුද්ධයන් වහන්සේගෙන් මෙය ඇසූහ.

"ස්වාමීනී, අනුරුද්ධයන් වහන්ස, භාග්‍යවතුන් වහන්සේ පිරිනිවන් පෑ සේක් ද?"

"නැත, ආයුෂ්මත් ආනන්දයෙනි. භාග්‍යවතුන් වහන්සේ පිරිනිවන් නොපෑ සේක. සඤ්ඤා වේදයිත නිරෝධයට සමවැදුණු සේක."

ඉක්බිති භාග්‍යවතුන් වහන්සේ සඤ්ඤාවේදයිත නිරෝධ සමාපත්තියෙන් නැගිට නේවසඤ්ඤානාසඤ්ඤායතනයට සමවැදුණු සේක. නේවසඤ්ඤානාසඤ්ඤායතන සමාපත්තියෙන් නැගිට ආකිඤ්චඤ්ඤායතනයට සමවැදුණු සේක. ආකිඤ්චඤ්ඤායතන සමාපත්තියෙන් නැගිට විඤ්ඤාණඤ්චායතනයට සමවැදුණු සේක. විඤ්ඤාණඤ්චායතන සමාපත්තියෙන් නැගිට ආකාසානඤ්චායතනයට සමවැදුණු සේක. ආකාසානඤ්චායතන සමාපත්තියෙන් නැගිට සිව්වෙනි ධ්‍යානයට සමවැදුණු සේක. සිව්වෙනි ධ්‍යානයෙන් නැගිට තුන්වෙනි ධ්‍යානයට සමවැදුණු සේක. තුන්වන ධ්‍යානයෙන් නැගිට දෙවෙනි ධ්‍යානයට සමවැදුණු සේක. දෙවෙනි ධ්‍යානයෙන් නැගිට පළමුවෙනි ධ්‍යානයට සමවැදුණු සේක. ප්‍රථම ධ්‍යානයෙන් නැගිට දෙවෙනි ධ්‍යානයට සමවැදුණු සේක. දෙවෙනි ධ්‍යානයෙන් නැගිට තුන්වෙනි ධ්‍යානයට සමවැදුණු සේක. තුන්වෙනි ධ්‍යානයෙන් නැගිට සිව්වෙනි ධ්‍යානයට සමවැදුණු සේක. සිව්වෙනි ධ්‍යානයෙන් නැගිට එසැණින් ම භාග්‍යවතුන් වහන්සේ පිරිනිවන් පා වදාළ සේක.

භාග්‍යවතුන් වහන්සේ පිරිනිවන් පෑ කල්හී, පිරිනිවන් පෑම ත් සමඟ ම බිහිසුණු, ලොමුදහගැනීම් ඇති මහත් පොළොව සැලීමක් වූයේ ය. දෙව්බෙරහු ද පැලී ගියාහු ය. (අකල් වැස්සක් ඇදහැලුණි) භාග්‍යවතුන් වහන්සේ පිරිනිවන් පෑ කල්හී, පිරිනිවන් පෑම ත් සමඟ සහම්පති බ්‍රහ්මරාජයා මේ ගාථාව පැවසුවේ ය.

"සබ්බේව නික්ඛිපිස්සන්ති - භූතා ලෝකේ සමුස්සයං
යථා ඒතාදිසෝ සත්ථා - ලෝකේ අප්පටිපුග්ගලෝ
තථාගතෝ බලප්පත්තෝ - සම්බුද්ධෝ පරිනිබ්බුතෝ' ති

ලොවෙහි උපන් සියළු සත්වයෝ ම සිරුරු අත්හැර දමන්නාහු ය. එසෙයින් ම ලෝකයෙහි කිසිවෙකු හා සමාන නොවූ ශාස්තෘ වූ තථාගත දසබලයෙන් යුතු සම්බුදුරජාණන් වහන්සේ පිරිනිවන් පෑ සේක."

භාග්‍යවතුන් වහන්සේ පිරිනිවන් පෑ කල්හී, පිරිනිවන් පෑම ත් සමඟ ශක්‍ර දේවේන්ද්‍ර තෙමේ මේ ගාථාව පැවසුවේ ය.

"අනිච්චා වත සංඛාරා - උප්පාද වයධම්මිනෝ
උප්පජ්ජිත්වා නිරුජ්ඣන්ති - තේසං වූපසමෝ සුඛෝ'ති

හේතු ප්‍රත්‍යයන්ගෙන් උපන් සංස්කාරයෝ ඒකාන්තයෙන් අනිත්‍යයහ. හටගෙන නැසෙන ස්වභාවයෙන් යුක්ත වෙයි. ඉපදී නිරුද්ධ වෙති. නැවත නූපදින පරිද්දෙන් එම සංස්කාරයන්ගේ සංසිඳී යාම සැපයකි."

භාග්‍යවතුන් වහන්සේ පිරිනිවන් පෑ කල්හී, පිරිනිවන් පෑම ත් සමඟ ආයුෂ්මත් අනුරුද්ධයන් වහන්සේ මේ ගාථා පැවසූහ.

"නාහු අස්සාසපස්සාසෝ - ඨිතචිත්තස්ස තාදිනෝ
අනේජෝ සන්තිමාරබ්භ - යං කාලමකරී මුනි

නිවනෙහි පිහිටි සිත් ඇති, අටලෝ දහමින් කම්පා නැති භාග්‍යවතුන් වහන්සේ ගේ ආශ්වාස ප්‍රශ්වාසයෝ නැති වී ගියාහු ය. තෘෂ්ණා රහිත අප මුනීන්ද්‍රයන් වහන්සේ ශාන්ත නිවන අරභයා කළුරිය කොට වදාළ සේක.

අසල්ලීනේන චිත්තේන - වේදනං අජ්ඣවාසයී
පජ්ජෝතස්සේව නිබ්බානං - විමොක්ඛෝ චේතසෝ අහූ' ති

නොහැකිලුණු සිතින් යුතු ව වේදනාව ඉවසූ සේක. නිවී යන පහනක් සෙයින් නිදහස් වූ සිත් ඇති සේක."

භාග්‍යවතුන් වහන්සේ පිරිනිවන් පෑ කල්හී, පිරිනිවන් පෑම ත් සමඟ ආයුෂ්මත් ආනන්දයන් වහන්සේ මේ ගාථාව පැවසූහ.

"තදාසි යං භිංසනකං - තදාසි ලෝමහංසනං
සබ්බාකාරවරූපේතේ - සම්බුද්ධේ පරිනිබ්බුතේ'ති

සියළු ආකාරයෙන් වූ උත්තම ගුණාංගයන්ගෙන් හෙබි සම්බුදුරජාණන් වහන්සේ පිරිනිවන් පෑ මොහොතෙහි එකෙණෙහි ම බිහිසුණු ලෙස පොළොව සෙළවී ගියේ ය. එකෙණෙහි ම මහත් ලොමුදහගැනීම් ඇතිවූයේ ය."

භාග්‍යවතුන් වහන්සේ පිරිනිවන් පා වදාළ කල්හී එහි යම් රාගය දුරු නොකළ භික්ෂූහු සිටියාහු ද, ඔවුහු 'අහෝ! ඉතා ඉක්මනින් භාග්‍යවතුන් වහන්සේ පිරිනිවන් පෑ සේක. අහෝ! ඉතා ඉක්මනින් සුගතයන් වහන්සේ පිරිනිවන් පෑ සේක. අහෝ! මහා කරුණාවෙන් ලොව බැලූ එක ම ඇස ඉතා ඉක්මනින් නොපෙනී ගියේ ය' යි ඇතැම් කෙනෙක් දෑත් හිස බැඳ හඬා වැටෙත්. මැදින් සිඳුණවුන් සේ කඩා වැටෙත්. හඬා බිම පෙරළී වැටෙත්. යළි යළි බිම පෙරළෙමින් හඬා වැටෙත්. යම් ඒ භික්ෂූහු වීතරාගී ව සිටියාහු ද, ඔවුහු සිහියෙන් හා නුවණින් යුක්ත ව හේතුප්‍රත්‍යයන්ගෙන් හටගත් සංස්කාරයෝ අනිත්‍යයහ. ඒවායේ නිත්‍ය බවක් කොයින් නම් ලබන්නට දැයි ඉවසා සිටිත්.

ඉක්බිති ආයුෂ්මත් අනුරුද්ධයන් වහන්සේ භික්ෂූන් ඇමතූ සේක.

"පලක් නැත ඇවැත්නි, ශෝක නොකරව්. හඬා නොවැටෙව්. ඇවැත්නි, මෙය භාග්‍යවතුන් වහන්සේ කලින් ම නොවදාළ සේක් ද? ප්‍රිය වූ, මනාප වූ සියල්ලෙන් ම ඉවත් වීම, වෙන් වීම, වෙනස් ස්වභාවයකට පත් වීම ඇත්තේ ය. ඇවැත්නි, යමක් උපන්නේ ද, හටගත්තේ ද, සකස් වූයේ ද, එය බිඳී යන ස්වභාවයෙන් යුක්ත වෙයි. ඒකාන්තයෙන් එය නොබිඳේවා යන්න කොයින් ලබන්නට ද? මෙය දකින්නට නොලැබෙන්නකි. ඇවැත්නි, දෙවියෝ නොසතුටු බස් කියති."

"ස්වාමීනී, අනුරුද්ධයන් වහන්ස, කෙබඳු වූ දේවතාවෝ මෙනෙහි කරත් ද?"

"ඇවැත් ආනන්දයෙනි, අහසෙහි පෘථිවි සංඥා ඇති දේවතාවෝ සිටිති. ඔවුහු කෙස් වැටි මුදා හඬා වැටෙත්. දෑත් උඩට ඔසොවා හඬා වැටෙත්. සිඳී වැටෙන්නවුන් සේ වැටෙත්. වැටී හඬමින් එහා මෙහා පෙරළී යත්. 'අහෝ! ඉතා ඉක්මනින් භාග්‍යවතුන් වහන්සේ පිරිනිවන් පෑ සේක. අහෝ! ඉතා ඉක්මනින් සුගතයන් වහන්සේ පිරිනිවන් පෑ සේක. අහෝ! මහා කරුණාවෙන් ලොව බැලූ එක ම ඇස ඉතා ඉක්මනින් නොපෙනී ගියේ ය' කියා ය.

ඇවැත් ආනන්දයෙනි, පෘථිවියෙහි පෘථිවි සංඥා ඇති දේවතාවෝ සිටිති. ඔවුහු කෙස් වැටි මුදා හඬා වැටෙත්. දෑත් උඩට ඔසොවා හඬා වැටෙත්. සිඳී වැටෙන්නවුන් සේ වැටෙත්. වැටී හඬමින් එහා මෙහා පෙරළී යත්. 'අහෝ! ඉතා ඉක්මනින් භාග්‍යවතුන් වහන්සේ පිරිනිවන් පෑ සේක. අහෝ! ඉතා ඉක්මනින් සුගතයන් වහන්සේ පිරිනිවන් පෑ සේක. අහෝ! මහා කරුණාවෙන් ලොව බැලූ එක ම ඇස ඉතා ඉක්මනින් නොපෙනී ගියේ ය' කියා ය.

යම් ඒ දේවතාවෝ වීතරාගී වෙත් ද, ඔවුහු සිහියෙන්, නුවණින් යුක්ත ව, 'හේතු ප්‍රත්‍යයෙන් සකස් වූ සංස්කාරයෝ අනිත්‍යයහ. මෙහි නිත්‍ය දෙයක් කොයින් ලබන්නටද'යි ඉවසා සිටිති."

ඉක්බිති ආයුෂ්මත් අනුරුද්ධයන් වහන්සේ ත්, ආයුෂ්මත් ආනන්දයන් වහන්සේ ත්, ඒ රාත්‍රියෙහි ඉතිරි කොටසෙහි ධර්ම කථාවෙන් කල් ගෙවූහ. එවිට ආයුෂ්මත් අනුරුද්ධයන් වහන්සේ ආයුෂ්මත් ආනන්දයන් ඇමතූහ.

"යන්න ඇවැත් ආනන්දයෙනි, කුසිනාරාවට. කුසිනාරාවට පිවිස කුසිනාරාවැසි මල්ල රජදරුවන්ට දැනුම් දෙන්න. 'වාසෙට්ඨයෙනි, භාග්‍යවතුන් වහන්සේ පිරිනිවන් පෑ සේක. දැන් යමකට කාලය නම් දත මැනැව."

"එසේ ය, ස්වාමීනී" යි ආයුෂ්මත් ආනන්දයන් වහන්සේ ආයුෂ්මත් අනුරුද්ධයන් වහන්සේට පිළිවදන් දී, පෙරවරුවෙහි සිවුරු හැඳ පොරොවාගෙන, පාත්‍රය හා සිවුර ගෙන තමා දෙවැන්නෙකු කොට කුසිනාරාවට පිවිසියහ.

එසමයෙහි කුසිනාරාවැසි මල්ලවරු ඔවුන්ගේ කිසියම් කටයුත්තක් අරභයා රැස්වීම් ශාලාවෙහි රැස්වූවාහු වෙති. ඉක්බිති ආයුෂ්මත් ආනන්දයන් වහන්සේ කුසිනාරාවැසි මල්ලවරුන්ගේ රැස්වීම් ශාලාව යම් තැනක ද, එහි පැමිණියහ. පැමිණ කුසිනාරාවැසි මල්ලයන් හට මෙය දැනුම් දුන්හ.

"වාසෙට්ඨයනි, භාග්‍යවතුන් වහන්සේ පිරිනිවන් පෑ සේක. යමකට දැන් කාලය නම්, එය දැනගත මැනැව" යි.

ආයුෂ්මත් ආනන්දයන් වහන්සේගේ මේ වචනය ඇසූ මල්ලවරු ත්, මල්ල පුත්‍රයෝ ත්, මල්ල ලේලිවරුත්, මල්ල බිරින්දෑවරුත් දුකට පත් ව, දුකට පත් සිත් ඇති ව, චිත්ත ශෝකයෙන් යුතුව ඇතැම් කෙනෙක් කෙස් වැටි මුදා හඬා වැටෙත්. දෑත් උඩට ඔසොවා හඬා වැටෙත්. සිඳී වැටෙන්නවුන් සේ වැටෙත්. වැටී හඬමින් එහා මෙහා බිම පෙරළී යත්. 'අහෝ! ඉතා ඉක්මනින් භාග්‍යවතුන් වහන්සේ පිරිනිවන් පෑ සේක. අහෝ! ඉතා ඉක්මනින් සුගතයන් වහන්සේ පිරිනිවන් පෑ සේක. අහෝ! මහා කරුණාවෙන් ලොව බැලූ එක ම ඇස ඉතා ඉක්මනින් නොපෙනී ගියේ ය' කියා ය.

ඉක්බිති කුසිනාරාවැසි මල්ලවරු පුරුෂයන්ට අණ කළහ.

"එසේ වී නම් මිත්‍රවරුනි, කුසිනාරාවෙහි සුවඳ හා මල් ද, සියළු සංගීත භාණ්ඩයන් ද රැස් කරව්." ඉක්බිති කුසිනාරාවැසි මල්ලවරු සුවඳ හා මල් ද, සියළු සංගීත භාණ්ඩයන් ද, සිනිඳු වස්ත්‍ර යුගල පන්සියයක් ද ගෙන මල්ලවරුන්ගේ උපවර්තන සල්වනය යම් තැනක ද, භාග්‍යවතුන් වහන්සේගේ ශරීරය යම් තැනක ද, එතැනට පැමිණියාහු ය. පැමිණ භාග්‍යවතුන් වහන්සේගේ ශ්‍රී ශරීරයට නැටුම්, ගැයුම්, වාදනයන්ගෙන් ද, මලින් සුවඳින් ද, සත්කාර කරමින්, ගෞරව කරමින්. බුහුමන් දක්වමින්, පුදමින්, වියන් බඳිමින්, රවුමට ශාලාව සරසමින් එක් දවසක් ගෙවූහ.

ඉක්බිති කුසිනාරාවැසි මල්ලවරුන්ට මේ අදහස ඇතිවූයේ ය. 'අද භාග්‍යවතුන් වහන්සේගේ ශ්‍රී ශරීරය ආදාහනය කරන්නට කාලය මදි ය. අපි හෙට දවසේ භාග්‍යවතුන් වහන්සේගේ ශ්‍රී ශරීරය ආදාහනය කරන්නෙමු' යි.

එකල්හී කුසිනාරාවැසි මල්ලවරු භාග්‍යවතුන් වහන්සේගේ ශ්‍රී ශරීරයට නැටුම්, ගැයුම්, වාදනයන්ගෙන් ද, මලින් සුවඳින් ද, සත්කාර කරමින්, ගෞරව කරමින්, බුහුමන් දක්වමින්, පුදමින්, වියන් බඳිමින්, රවුමට ශාලාව සරසමින් දෙවෙනි දවස ත් ගෙවා දැමූහ. තුන්වෙනි දවස ත් ගෙවා දැමූහ. සිව්වෙනි දවස ත් ගෙවා දැමූහ. පස්වෙනි දවස ත් ගෙවා දැමූහ. සයවෙනි දවස ත් ගෙවා දැමූහ.

ඉක්බිති සත්වෙනි දවසෙහි කුසිනාරාවැසි මල්ලවරුන් හට මේ අදහස ඇතිවූයේ ය. 'අපි භාග්‍යවතුන් වහන්සේගේ ශ්‍රී ශරීරයට නැටුම්,ගැයුම්, වාදනයන්ගෙන් ද, මලින් සුවඳින් ද, සත්කාර කරමින්, ගෞරව කරමින්. බුහුමන් දක්වමින්, පුදමින් නුවරට දකුණින් දකුණු දෙසට වැඩමවා, නුවරට බැහැරින් බැහැරට වැඩමවා, නුවරට දකුණු පසින් භාග්‍යවතුන් වහන්සේගේ ශ්‍රී ශරීරය ආදාහනය කරන්නෙමු' යි.

එසමයෙහි මල්ල රජවරු අට දෙනෙක් වතුර නා, හිස් සෝදා, අලුත් වස්ත්‍ර හැඳ 'අපි භාග්‍යවතුන් වහන්සේගේ ශ්‍රී ශරීරය ඔසොවන්නෙමු' යි වෙහෙසෙන නමුත් ඔසොවන්නට නොහැකි වූහ. එකල්හී කුසිනාරාවැසි මල්ලවරු ආයුෂ්මත් අනුරුද්ධයන් වහන්සේට මෙය පැවසූහ.

"ස්වාමීනී, අනුරුද්ධයන් වහන්ස, මේ මල්ල රජවරු අට දෙනා වතුර නා, හිස් සෝදා, අලුත් වස්ත්‍ර හැඳ 'අපි භාග්‍යවතුන් වහන්සේගේ ශ්‍රී ශරීරය ඔසොවන්නෙමු' යි වෙහෙසෙන නමුත් යම් කරුණකින් ඔසොවන්නට නොහැකි වෙත් ද, එයට හේතුව කුමක් ද? ප්‍රත්‍යය කුමක් ද?"

"වාසෙට්ඨයෙනි, ඔබගේ අදහස අනිකකි. දේවතාවුන්ගේ අදහස අනිකකි."

"ස්වාමීනී, දෙවියන්ගේ අදහස කවර දෙයක් ද?"

"වාසෙට්ඨයෙනි, ඔබගේ අභිප්‍රාය මෙය නොවැ. 'අපි භාග්‍යවතුන් වහන්සේගේ ශ්‍රී ශරීරයට නැටුම්, ගැයුම්, වාදනයන්ගෙන් ද, මලින් සුවඳින් ද, සත්කාර කරමින්, ගෞරව කරමින්, බුහුමන් දක්වමින්, පුදමින් නුවරට දකුණින් දකුණු දෙසට වැඩමවා, නුවරට බැහැරින් බැහැරට වැඩමවා, නුවරට දකුණු පසින් භාග්‍යවතුන් වහන්සේගේ ශ්‍රී ශරීරය ආදාහනය කරන්නෙමු' යි.

වාසෙට්ඨයෙනි, දෙවියන්ගේ අභිප්‍රාය මෙය යි. 'අපි භාග්‍යවතුන් වහන්සේගේ ශ්‍රී ශරීරය දිව්‍ය වූ නැටුම්, ගැයුම්, වාදනයෙන්, මලින්, සුවඳින්, සත්කාර කරමින්, ගෞරව කරමින්, බුහුමන් දක්වමින්, පුදමින් නගරයට උතුරින් උතුරු දෙසට වැඩම කරවා, උතුරු ද්වාරයෙන් නුවරට පිවිසවා, නගරයට මැදින් මධ්‍යයට වැඩම කරවා, පෙරදිග දොරටුවෙන් පිටතට වැඩම කරවා, නගරයට පෙරදිගින් මකුට බන්ධන නම් මල්ලවරුන්ගේ චෛත්‍යස්ථානයක් ඇද්ද, එහි භාග්‍යවතුන් වහන්සේගේ ශ්‍රී ශරීරය ආදාහනය කරන්නෙමු" යි.

"ස්වාමීනී, දෙවියන්ගේ අභිප්‍රාය යම් සේ ද, එය එසේ ම වේවා!"

එසමයෙහි කුසිනාරානුවර මංසන්ධි, කැලිකසල තිබෙන තැන්, අපද්‍රව්‍ය ආදිය තිබෙන තැන් ද ඇතුළුව දණක් පමණ උසට මදාරා මලින් අතුරන ලද්දේ ය. ඉක්බිති දෙවියෝ ද, කුසිනාරාවැසි මල්ලවරු ද, භාග්‍යවතුන් වහන්සේගේ ශ්‍රී ශරීරය දිව්‍ය වූ ත්, මානුෂීය වූ ත්, නැටුම්, ගැයුම්, වාදනයන්, මලින්, සුවඳින්, සත්කාර කරමින්, ගෞරව කරමින්, බුහුමන් දක්වමින්, පුදමින් නගරයට උතුරින් උතුරු දෙසට වැඩම කරවා, උතුරු ද්වාරයෙන් නුවරට පිවිසවා, නගරයට මැදින් මධ්‍යයට වැඩම කරවා, පෙරදිග දොරටුවෙන් පිටතට වැඩම කරවා, නගරයට පෙරදිගින් මකුට බන්ධන නම් මල්ලවරුන්ගේ චෛත්‍යස්ථානයක් ඇද්ද, එහි භාග්‍යවතුන් වහන්සේගේ ශ්‍රී ශරීරය තැන්පත් කළහ.

ඉක්බිති කුසිනාරාවැසි මල්ලවරු ආයුෂ්මත් ආනන්දයන් වහන්සේට මෙය පැවසූහ.

"ස්වාමීනී, ආනන්දයන් වහන්ස, අපි තථාගතයන් වහන්සේගේ ශ්‍රී ශරීරය පිළිබඳ ව කෙසේ පිළිපදිමු ද?"

"වාසෙට්ඨයනි, සක්විති රජුගේ සිරුර පිළිබඳ පිළිපදින්නේ යම් අයුරින් ද, ඒ අයුරින් ම තථාගතයන් වහන්සේගේ ශ්‍රී ශරීරය පිළිබඳ ව පිළිපැදිය යුත්තේය."

"ස්වාමීනී, ආනන්දයන් වහන්ස, සක්විති රජුගේ සිරුර පිළිබඳ ව කෙසේ පිළිපදිත් ද?"

"වාසෙට්ඨයෙනි, සක්විති රජුගේ සිරුර අලුත් වස්ත්‍රයෙන් වෙළති. අලුත් වස්ත්‍රයෙන් වෙළා, මැනැවින් පොළා ගත් කපු පුළුන් වලින් වෙළති. මැනැවින් පොළා ගත් කපු පුළුන් වලින් වෙළා, අලුත් වස්ත්‍රයෙන් වෙළත්. මේ උපායෙන් සක්විති රජුගේ සිරුර වස්ත්‍ර යුගල පන්සියයකින් වෙළා, සුවඳ තෙල් දැමූ රන් දෙණක බහා අන්‍ය වූ රන් පියනකින් වසා සියළු සුවඳ දරින් චිතකයක් කොට සක්විති රජුගේ සිරුර ආදාහනය කරති. සිව්මංසලෙහි සක්විති රජුගේ ස්ථූපයක් කරති. මෙසේ වාසෙට්ඨයෙනි, සක්විති රජුගේ සිරුර කෙරෙහි පිළිපදිති. වාසෙට්ඨයෙනි, සක්විති රජුගේ සිරුර කෙරෙහි යම් සේ පිළිපදිත් ද, තථාගතයන් වහන්සේගේ සිරුර කෙරෙහි ද, එසේ ම පිළිපැද්ද යුත්තේ ය. සිව්මංසලෙහි තථාගතයන් වහන්සේගේ ස්ථූපයක් කළ යුත්තේ ය. යම් කෙනෙක් එහි මල් හෝ සුවඳ හෝ සුණු හෝ තැන්පත් කරන්නාහු ද, සකසා වන්දනා කරන්නාහු ද, සිත හෝ පහදවා ගන්නාහු ද, එය ඔවුන් හට බොහෝ කල් හිතසුව පිණිස වන්නේ ය."

එකල්හී කුසිනාරාවැසි මල්ලවරු පුරුෂයන්ට අණ කළහ.

"එසේ වී නම් සගයෙනි, මල්ලයන්ගේ දේශයේ ඇති පොළා ගත් පුළුන් රැස් කරව්."

ඉක්බිති කුසිනාරාවැසි මල්ලවරු භාග්‍යවතුන් වහන්සේගේ ශ්‍රී ශරීරය අලුත් වස්ත්‍රයෙන් වෙළූහ. අලුත් වස්ත්‍රයෙන් වෙළා, මැනැවින් පොළා ගත් කපු පුළුන් වලින් වෙළූහ. මැනැවින් පොළා ගත් කපු පුළුන් වලින් වෙළා, අලුත් වස්ත්‍රයෙන් වෙළූහ. මේ උපායෙන් භාග්‍යවතුන් වහන්සේගේ ශ්‍රී ශරීරය වස්ත්‍ර යුගල පන්සියයකින් වෙළා, සුවඳ තෙල් දැමූ රන් දෙණක බහා අන්‍ය වූ රන් පියනකින් වසා සියළු සුවඳ දරින් චිතකයක් කොට භාග්‍යවතුන් වහන්සේගේ ශ්‍රී ශරීරය චිතකයෙහි නැංවූහ.

එසමයෙහි ආයුෂ්මත් මහාකස්සපයන් වහන්සේ පන්සියයක් පමණ මහත් වූ භික්ෂු සංඝයා සමඟ පාවා නුවර සිට කුසිනාරාවට යන දීර්ඝ මාර්ග යට පිළිපන් සේක. ඉක්බිති ආයුෂ්මත් මහා කස්සපයන් වහන්සේ මාර්ගයෙන් ඉවත් ව එක්තරා රුක් සෙවණක වැඩහුන්හ.

එසමයෙහි එක්තරා ආජීවකයෙක් කුසිනාරාවෙන් මදාරා මලක් ගෙන පාවා නුවරට යන දීර්ඝ මාර්ගයට පැමිණියේ ය. ආයුෂ්මත් මහා කස්සපයන් වහන්සේ දුරින් ම එන ඒ ආජීවකයා ව දුටුවාහු ය. දැක ඒ ආජීවකයා ඇමතූහ.

"ඇවැත්නි, අපගේ ශාස්තෘන් වහන්සේ ව දන්නෙහි ද?"

"එසේ ය, ඇවැත්නි දනිමි. ශ්‍රමණ ගෞතමයන් වහන්සේ පිරිනිවී අදට සත් දවසකි. මා විසින් මේ මදාරා මල ගන්නා ලද්දේ එතැනින් ය."

එහි යම් රාගය දුරු නොකළ භික්ෂූහු සිටියාහු ද, ඔවුහු 'අහෝ! ඉතා ඉක්මනින් භාග්‍යවතුන් වහන්සේ පිරිනිවන් පෑ සේක. අහෝ! ඉතා ඉක්මනින් සුගතයන් වහන්සේ පිරිනිවන් පෑ සේක. අහෝ! මහා කරුණාවෙන් ලොව බැලූ එක ම ඇස ඉතා ඉක්මනින් නොපෙනී ගියේ ය' යි දෑත් හිස බැඳ හඬා වැටෙත්. මැදින් සිඳුණවුන් සේ කඩා වැටෙත්. හඬා බිම පෙරලී වැටෙත්. යළි යළි බිම පෙරළී වැටෙත්. යළි යළි බිම පෙරළෙමින් හඬා වැටෙත්. යම් ඒ භික්ෂූහු වීතරාගී ව සිටියාහු ද, ඔවුහු සිහියෙන් හා නුවණින් යුක්ත ව 'හේතු ප්‍රත්‍යයන්ගෙන් හටගත් සංස්කාරයෝ අනිත්‍යයහ. ඒවායේ නිත්‍ය බවක් කොයින් නම් ලබන්නට ද?'යි ඉවසා සිටිත්.

එසමයෙහි සුභද්‍ර නම් මහළු කල පැවිදිවූවෙක් ඒ පිරිස අතර වාඩි වී සිටියේ ය. එවිට ඒ සුභද්‍ර මහළු පැවිද්දා ඒ භික්ෂූන්ට මෙය පැවසුවේ ය.

"කම් නැත ඇවැත්නි, ශෝක නොකරව්. නොවැළපෙව්. අපි ඒ මහා ශ්‍රමණයාගෙන් මනාකොට නිදහස් වුණෙමු. 'මෙය තොපට කැප ය. මෙය තොපට අකැප ය යන කරුණෙන් පීඩිත ව සිටියෙමු. දැන් වනාහී අපි යමක් කැමති වන්නෙමු ද, එය කරන්නෙමු. යමක් අකමැති වන්නෙමු ද, එය නොකරන්නෙමු' යි.

ඉක්බිති ආයුෂ්මත් මහාකස්සපයන් වහන්සේ භික්ෂූන් ඇමතූ සේක.

"පලක් නැත ඇවැත්නි, ශෝක නොකරව්. හඬා නොවැටෙව්. ඇවැත්නි, මෙය භාග්‍යවතුන් වහන්සේ කලින් ම නොවදාළ සේක් ද? ප්‍රිය වූ, මනාප වූ සියල්ලෙන් ම ඉවත් වීම, වෙන් වීම, වෙනස් ස්වභාවයකට පත් වීම ඇත්තේ ය. ඇවැත්නි, යමක් උපන්නේ ද, හටගත්තේ ද, සකස් වූයේ ද, එය බිඳී යන ස්වභාවයෙන් යුක්ත වෙයි. එබඳු වූ තථාගතයන් වහන්සේගේ ශරීරය පවා නොබිඳේවා යන්න මෙහිලා කොයින් ලබන්නට ද? මෙය දකින්නට නොලැබෙන්නකි."

එසමයෙහි මල්ල රජවරු සතර දෙනෙක් වතුර නා, හිස් සෝදා, අලුත් වස්ත්‍ර හැඳ, 'අපි භාග්‍යවතුන් වහන්සේගේ චිතකයට ගිනි දල්වන්නෙමු' යි වෙහෙසෙන නමුත් ගිනි දල්වන්නට නොහැකි වූහ.

එකල්හී කුසිනාරාවැසි මල්ලවරු ආයුෂ්මත් අනුරුද්ධයන් වහන්සේට මෙය පැවසූහ.

"ස්වාමීනී, අනුරුද්ධයන් වහන්ස, මේ මල්ල රජවරු සතර දෙනා වතුර නා, හිස් සෝදා, අලුත් වස්ත්‍ර හැඳ අපි භාග්‍යවතුන් වහන්සේගේ චිතකයට ගිනි දල්වන්නෙමු' යි වෙහෙසෙන නමුත් යම් කරුණකින් ගිනි දල්වන්නට නොහැකි වෙත් ද, එයට හේතුව කුමක් ද? ප්‍රත්‍යය කුමක් ද?"

"වාසෙට්ඨයෙනි, දේවතාවුන්ගේ අදහස අනිකකි."

"ස්වාමීනී, දෙවියන්ගේ අදහස කවර දෙයක් ද?"

"වාසෙට්ඨයෙනි, දෙවියන්ගේ අදහස මෙය යි. 'මේ ආයුෂ්මත් මහාකස්සපයන් වහන්සේ පන්සියයක් පමණ වූ මහත් භික්ෂු සංඝයා සමඟ පාවා නුවරින් කුසිනාරාවට එන දීර්ඝ මාර්ගයට පිළිපන්නාහු ය. යම්තාක් ආයුෂ්මත් මහාකස්සපයන් වහන්සේ භාග්‍යවතුන් වහන්සේගේ ශ්‍රී පාද පද්මයන් සිරසින් වන්දනා නොකරත් ද, ඒ තාක් භාග්‍යවතුන් වහන්සේගේ චිතකය ගිනි නොදැල්වෙන්නේ ය' යි."

"ස්වාමීනි, දෙවියන්ගේ අදහස යම් පරිදි ද, එය එසේ ම වේවා!"

ඉක්බිති ආයුෂ්මත් මහා කස්සපයන් වහන්සේ කුසිනාරාවේ මල්ලවරුන්ගේ මකුටබන්ධන නම් චෛත්‍යස්ථානය යම් තැනක ද, භාග්‍යවතුන් වහන්සේගේ චිතකය යම් තැනක ද, එතැනට වැඩම කළහ. වැඩම කොට සිවුරු ඒකාංශ කොට පොරොවා, දොහොත් නගා වන්දනා කොට චිතකය වටා තුන් විටක් පැදකුණු කොට සිරිපා පිහිටි දෙසින් දෙණ විවෘත කොට භාග්‍යවතුන් වහන්සේගේ ශ්‍රී පාද පද්මයන් සිරසින් වන්දනා කළහ. ඒ පන්සියයක් භික්ෂූහු ද සිවුරු ඒකාංශ කොට පොරොවා, දොහොත් නගා වන්දනා කොට චිතකය වටා තුන් විටක් පැදකුණු කොට භාග්‍යවතුන් වහන්සේගේ ශ්‍රී පාද පද්මයන් සිරසින් වන්දනා කළහ.

ආයුෂ්මත් මහා කස්සපයන් වහන්සේ ත්, ඒ පන්සියයක් භික්ෂූහු ත්, වන්දනා කළ කල්හී, භාග්‍යවතුන් වහන්සේගේ චිතකය තෙමේ ම ගිනි ඇවිලගත්තේ ය. දැවෙන්නා වූ භාග්‍යවතුන් වහන්සේගේ ශ්‍රී ශරීරයෙහි යම් සිවියක් හෝ සමක් හෝ මසක් හෝ නහර හෝ සඳ මිදුළු හෝ තිබුණේ ද, එහි අළු ද නොපැණුනේ ය. දැලි ද නොපැණුනේ ය. ශාරීරික අස්ථි ධාතූන් වහන්සේලා පමණක් ඉතිරි වූහ. දැවෙන්නා වූ ගිතෙලෙහි හෝ තෙලෙහි හෝ අළු නොපැණෙන්නේ, දැලි නොපැණෙන්නේ යම් සේ ද, එසෙයින් ම දැවෙන්නා

වූ භාග්‍යවතුන් වහන්සේගේ ශ්‍රී ශරීරයෙහි යම් සිවියක් හෝ සමක් හෝ මසක් හෝ නහර හෝ සඳ මිදුළු හෝ තිබුණේ ද, එහි අළු ද නොපැණුනේ ය. දැලි ද නොපැණුනේ ය. ශාරීරික අස්ථි ධාතූන් වහන්සේලා පමණක් ඉතිරි වූහ.

ඒ පන්සියයක් වස්ත්‍ර යුගල අතුරින් සියල්ලට යටින් යම් වස්ත්‍රයක් තිබුණේ ද, සියල්ලට පිටින් යම් වස්ත්‍රයක් තිබුණේ ද, ඒ වස්ත්‍ර දෙක නොදැවුණේ ය.

භාග්‍යවතුන් වහන්සේගේ ශ්‍රී ශරීරය දැවී අවසන් වූ කල්හී අහසින් දිය දහරා පහළ වී භාග්‍යවතුන් වහන්සේගේ චිතකය නිවා දැම්මේ ය. සාල වෘක්ෂයන්ගෙන් ද දිය පහළ වී භාග්‍යවතුන් වහන්සේගේ චිතකය නිවා දැම්මේ ය. කුසිනාරා නුවරවැසි මල්ල රජදරුවනුත් සියළු සුවඳ දියෙන් භාග්‍යවතුන් වහන්සේගේ චිතකය නිවා දැම්මාහු ය.

ඉක්බිති කුසිනාරාවැසි මල්ල රජදරුවෝ රැස්වීම් ශාලාවෙහි රැකවරණ සහිත මැදිරියක් කරවා, දුන්නෙන් කළ පවුරකින් වට කරවා, භාග්‍යවතුන් වහන්සේගේ ශාරීරික ධාතූන් වහන්සේලා එහි වැඩමවා පුරා සත් දිනක් නැටුම්, ගැයුමෙන්, වැයුමෙන්, මලින්, සුවඳෙන් සත්කාර කළාහු ය. ගරු කළාහු ය. බුහුමන් කළාහු ය. පිදුවාහු ය.

වේදේහිපුත්‍ර අජාසත් මගධ රජු 'භාග්‍යවතුන් වහන්සේ කුසිනාරාවෙහි පිරිනිවී සේක්ලු' යි ඇසුවේ ය. ඉක්බිති වේදේහිපුත්‍ර අජාසත් මගධ රජු කුසිනාරාවැසි මල්ල රජදරුවන් වෙත දූතයෙකු පිටත් කරවීය. 'භාග්‍යවතුන් වහන්සේ ත් ක්ෂත්‍රිය වන සේක. මම ද ක්ෂත්‍රියයෙක්මි. භාග්‍යවතුන් වහන්සේගේ ශාරීරික ධාතූන් වහන්සේලාගෙන් කොටසක් ලබන්නට මම් ද සුදුසු වෙමි. මම ත් භාග්‍යවතුන් වහන්සේගේ ශාරීරික ධාතූන් වහන්සේලාට ස්ථූපයක් ද, මහා පූජාවක් ද කරන්නෙමි' යි.

විසල්පුර ලිච්ඡවි රජදරුවෝ 'භාග්‍යවතුන් වහන්සේ කුසිනාරාවෙහි පිරිනිවී සේක්ලු' යි ඇසූහ. ඉක්බිති විසල්පුර ලිච්ඡවි රජදරුවෝ කුසිනාරාවැසි මල්ල රජදරුවන් වෙත දූතයෙකු පිටත් කරවූහ. 'භාග්‍යවතුන් වහන්සේ ත් ක්ෂත්‍රිය වන සේක. අපි ද ක්ෂත්‍රිය වෙමු. භාග්‍යවතුන් වහන්සේගේ ශාරීරික ධාතූන් වහන්සේලාගෙන් කොටසක් ලබන්නට අපි ද සුදුසු වෙමු. අපි ත් භාග්‍යවතුන් වහන්සේගේ ශාරීරික ධාතූන් වහන්සේලාට ස්ථූපයක් ද, මහා පූජාවක් ද කරන්නෙමු' යි.

කිඹුල්වත්පුර වැසි ශාක්‍යරජ දරුවෝ 'භාග්‍යවතුන් වහන්සේ

කුසිනාරාවෙහි පිරිනිවී සේක්ලු' යි ඇසූහ. ඉක්බිති කිඹුල්වත්පුර වැසි ශාක්‍යරජ දරුවෝ කුසිනාරාවැසි මල්ල රජදරුවන් වෙත දූතයෙකු පිටත් කරවූහ. 'භාග්‍යවතුන් වහන්සේ අපගේ ශ්‍රේෂ්ඨ ඥාතිවරයාණෝ වන සේක. භාග්‍යවතුන් වහන්සේගේ ශාරීරික ධාතූන් වහන්සේලාගෙන් කොටසක් ලබන්නට අපි ද සුදුසු වෙමු. අපි ත් භාග්‍යවතුන් වහන්සේගේ ශාරීරික ධාතූන් වහන්සේලාට ස්ථූපයක් ද, මහා පූජාවක් ද කරන්නෙමු' යි.

අල්ලකප්ප රටවැසි බුල රජවරු 'භාග්‍යවතුන් වහන්සේ කුසිනාරාවෙහි පිරිනිවී සේක්ලු' යි ඇසූහ. ඉක්බිති අල්ලකප්ප රටවැසි බුල රජවරු කුසිනාරාවැසි මල්ල රජදරුවන් වෙත දූතයෙකු පිටත් කරවූහ. 'භාග්‍යවතුන් වහන්සේ ත් ක්ෂත්‍රිය වන සේක. අපි ද ක්ෂත්‍රිය වෙමු. භාග්‍යවතුන් වහන්සේගේ ශාරීරික ධාතූන් වහන්සේලාගෙන් කොටසක් ලබන්නට අපි ද සුදුසු වෙමු. අපි ත් භාග්‍යවතුන් වහන්සේගේ ශාරීරික ධාතූන් වහන්සේලාට ස්ථූපයක් ද, මහා පූජාවක් ද කරන්නෙමු' යි.

රාමගම්වැසි කෝලිය රජවරු 'භාග්‍යවතුන් වහන්සේ කුසිනාරාවෙහි පිරිනිවී සේක්ලු' යි ඇසූහ. ඉක්බිති රාමගම්වැසි කෝලිය රජවරු කුසිනාරාවැසි මල්ල රජදරුවන් වෙත දූතයෙකු පිටත් කරවූහ. 'භාග්‍යවතුන් වහන්සේ ත් ක්ෂත්‍රිය වන සේක. අපි ද ක්ෂත්‍රිය වෙමු. භාග්‍යවතුන් වහන්සේගේ ශාරීරික ධාතූන් වහන්සේලාගෙන් කොටසක් ලබන්නට අපි ද සුදුසු වෙමු. අපි ත් භාග්‍යවතුන් වහන්සේගේ ශාරීරික ධාතූන් වහන්සේලාට ස්ථූපයක් ද, මහා පූජාවක් ද කරන්නෙමු' යි.

වේඨදීපක බ්‍රාහ්මණ තෙමේ 'භාග්‍යවතුන් වහන්සේ කුසිනාරාවෙහි පිරිනිවී සේක්ලු' යි ඇසුවේ ය. ඉක්බිති වේඨදීපක බ්‍රාහ්මණ තෙමේ කුසිනාරාවැසි මල්ල රජදරුවන් වෙත දූතයෙකු පිටත් කරවීය. 'භාග්‍යවතුන් වහන්සේ ක්ෂත්‍රිය වන සේක. මම බ්‍රාහ්මණයෙක්මි. භාග්‍යවතුන් වහන්සේගේ ශාරීරික ධාතූන් වහන්සේලාගෙන් කොටසක් ලබන්නට මම් ද සුදුසු වෙමි. මම ත් භාග්‍යවතුන් වහන්සේගේ ශාරීරික ධාතූන් වහන්සේලාට ස්ථූපයක් ද, මහා පූජාවක් ද කරන්නෙමි' යි.

පාවා නුවරවැසි මල්ලරජවරු 'භාග්‍යවතුන් වහන්සේ කුසිනාරාවෙහි පිරිනිවී සේක්ලු' යි ඇසූහ. ඉක්බිති පාවා නුවරවැසි මල්ලරජවරු කුසිනාරාවැසි මල්ල රජදරුවන් වෙත දූතයෙකු පිටත් කරවූහ. 'භාග්‍යවතුන් වහන්සේ ත් ක්ෂත්‍රිය වන සේක. අපි ද ක්ෂත්‍රිය වෙමු. භාග්‍යවතුන් වහන්සේගේ ශාරීරික ධාතූන් වහන්සේලාගෙන් කොටසක් ලබන්නට අපි ද සුදුසු වෙමු. අපි ත්

භාග්‍යවතුන් වහන්සේගේ ශාරීරික ධාතූන් වහන්සේලාට ස්තූපයක් ද, මහා පූජාවක් ද කරන්නෙමු' යි.

මෙසේ පැවසූ කල්හී කුසිනාරාවැසි මල්ලරජවරු ඒ රාජ පිරිසට, ඒ රාජ සමූහයාට මෙය පැවසූහ.

"භාග්‍යවතුන් වහන්සේ අපගේ ගම් කෙතෙහි පිරිනිවන් පෑ සේක. අපි භාග්‍යවතුන් වහන්සේගේ ශාරීරික ධාතු කොටස් නොදෙන්නෙමු."

මෙසේ පැවසූ කල්හී ද්‍රෝණ බ්‍රාහ්මණ තෙමේ ඒ රාජ පිරිසට, රාජ සමූහයාට මෙය පැවසුවේ ය.

"සුණන්තු භොන්තෝ මම ඒක වාක්‍යං
අම්හාකං බුද්ධෝ අහු ඛන්තිවාදෝ
න හි සාධු'යං උත්තම පුග්ගලස්ස
සරීරභාගේ සියා සම්පහාරෝ

භවත්නි, මාගේ මේ එක් වාක්‍යය අසත්වා! අපගේ බුදුරජාණන් වහන්සේ ක්ෂාන්තිවාදී වූ සේක. එවන් උත්තම පුද්ගලයන් වහන්සේගේ ධාතූන් වහන්සේලා වෙනුවෙන් අවියෙන් පහර දී ගැනීම නම් යහපත් දෙයක් නොවෙයි.

සබ්බේව භොන්තෝ සහිතා සමග්ගා
සම්මෝදමානා කරෝමට්ඨභාගේ
විත්ථාරිකා හොන්තු දිසාසු ථූපා
බහූජනා චක්ඛුමතෝ පසන්නා'ති

භවත්නි, අපි හැමෝ ම එක්සිත් ව, සමගි ව සතුටු වෙමින් ධාතූන් වහන්සේලා කොටස් අටකට බෙදමු. ඒ ඒ දිශාවන්හි ස්තූපයෝ පැතිර පිහිටත්වා! දහම් ඇස් ඇති බුදුරජුන් කෙරෙහි බොහෝ ජනයෝ පහන් සිත් ඇත්තාහු ය."

"එසේ වී නම් බ්‍රාහ්මණය, ඔබ ම භාග්‍යවතුන් වහන්සේගේ ශාරීරික ධාතූන් වහන්සේලා කොටස් අටකට සමවන පරිදි මනාකොට බෙදනු මැනැව."

"එසේ ය, භවත" යි ද්‍රෝණ බ්‍රාහ්මණ තෙමේ ඒ රජ පිරිසට, ඒ රාජ සමූහයාට පිළිවදන් දී භාග්‍යවතුන් වහන්සේගේ ශාරීරික ධාතූන් වහන්සේලා කොටස් අටකට සමවන පරිදි මනාකොට බෙදා ඒ සාමූහික රාජ පිරිසට මෙය පැවසුවේ ය.

"භවත්හු මේ ධාතු බෙදූ නැලිය මා හට දෙත්වා! මම ත් මේ ධාතු බෙදූ බඳුන තැන්පත් කොට ස්ථූපයක් කරන්නෙමි. මහා පූජාවක් ද කරන්නෙමි" යි.

එවිට ඔවුහු ද්‍රෝණ බ්‍රාහ්මණයාට ධාතු මැනීමට ගත් බඳුන දුන්නාහු ය.

පිප්පලීවනවාසී මෝරිය රජදරුවෝ 'භාග්‍යවතුන් වහන්සේ කුසිනාරාවෙහි පිරිනිවී සේක්ලු' යි ඇසූහ. ඉක්බිති පිප්පලීවනවාසී මෝරිය රජදරුවෝ කුසිනාරාවැසි මල්ල රජදරුවන් වෙත දූතයෙකු පිටත් කරවූහ. 'භාග්‍යවතුන් වහන්සේ ත් ක්ෂත්‍රිය වන සේක. අපි ද ක්ෂත්‍රිය වෙමු. භාග්‍යවතුන් වහන්සේගේ ශාරීරික ධාතූන් වහන්සේලාගෙන් කොටසක් ලබන්නට අපි ද සුදුසු වෙමු. අපි ත් භාග්‍යවතුන් වහන්සේගේ ශාරීරික ධාතූන් වහන්සේලාට ස්ථූපයක් ද, මහා පූජාවක් ද කරන්නෙමු' යි.

"භාග්‍යවතුන් වහන්සේගේ ශාරීරික ධාතූන් වහන්සේලා නැත්තාහ. භාග්‍යවතුන් වහන්සේගේ ශාරීරික ධාතූන් වහන්සේලා බෙදන ලද්දාහු ය. මේ ආදාහනය කළ තැනින් අඟුරු රැගෙන යව්."

ඔවුහු එතැනින් අඟුරු රැගෙන ගියාහු ය.

ඉක්බිති වේදේහීපුත්‍ර අජාසත් මගධරජු භාග්‍යවතුන් වහන්සේගේ ශාරීරික ධාතූන් වහන්සේලා උදෙසා රජගහ නුවර ස්ථූපයක් ද, මහත් පූජෝත්සවයක් ද කළේ ය. විසල්පුරවැසි ලිච්ඡවි රජදරුවෝ ද භාග්‍යවතුන් වහන්සේගේ ශාරීරික ධාතූන් වහන්සේලා උදෙසා විශාලාවෙහි ස්ථූපයක් ද, මහත් පූජෝත්සවයක් ද කළාහුය. කිඹුල්වතෙහි ශාක්‍ය රජදරුවෝ ද භාග්‍යවතුන් වහන්සේගේ ශාරීරික ධාතූන් වහන්සේලා උදෙසා කිඹුල්වතෙහි ස්ථූපයක් ද, මහත් පූජෝත්සවයක් ද කළාහුය. අල්ලකප්පයෙහි බුලිය රජවරු ද භාග්‍යවතුන් වහන්සේගේ ශාරීරික ධාතූන් වහන්සේලා උදෙසා අල්ලකප්පයෙහි ස්ථූපයක් ද, මහත් පූජෝත්සවයක් ද කළාහුය. රාමගමෙහි කෝලිය රජවරු ද භාග්‍යවතුන් වහන්සේගේ ශාරීරික ධාතූන් වහන්සේලා උදෙසා රාමගමෙහි ස්ථූපයක් ද, මහත් පූජෝත්සවයක් ද කළාහුය. වේඨදීපක බ්‍රාහ්මණයා ත් භාග්‍යවතුන් වහන්සේගේ ශාරීරික ධාතූන් වහන්සේලා උදෙසා වේඨදීපයෙහි ස්ථූපයක් ද, මහත් පූජෝත්සවයක් ද කළේ ය. පාවා නුවර මල්ල රජදරුවෝ ද භාග්‍යවතුන් වහන්සේගේ ශාරීරික ධාතූන් වහන්සේලා උදෙසා පාවා නුවර ස්ථූපයක් ද, මහත් පූජෝත්සවයක් ද කළාහුය. කුසිනාරාවැසි මල්ල රජදරුවෝ ද භාග්‍යවතුන් වහන්සේගේ ශාරීරික ධාතූන් වහන්සේලා උදෙසා කුසිනාරාවෙහි ස්ථූපයක් ද, මහත් පූජෝත්සවයක් ද කළාහුය. ද්‍රෝණ බ්‍රාහ්මණයා ත් ධාතු බෙදූ නැලිය උදෙසා ස්ථූපයක් ද, මහත් පූජෝත්සවයක් ද කළේ ය. පිප්පලී වනවැසි මෝරිය රජවරු ආදාහනය කළ

තැනින් ගත් අඟුරු උදෙසා පිප්පලී වනයෙහි ස්ථූපයක් ද, මහත් පූජෝත්සවයක් ද කළහ.

මෙසේ භාග්‍යවතුන් වහන්සේගේ ශාරීරික ධාතූන් වහන්සේලා තැන්පත් ස්ථූපයෝ අටකි. ධාතු බෙදූ නැලිය තැන්පත් කොට තැනූ ස්ථූපය නව වැන්නයි. අඟුරු තැන්පත් කළ ස්ථූපය දස වැන්න යි. මෙසේ මේ දස ස්ථූපයෝ මුලින් ම ඉදිකළාහු ය.

අට්ඨ දෝණා චක්ඛුමතෝ සරීරා
සත්ත දෝණං ජම්බුදීපේ මහෙන්ති
ඒකං ච දෝණං පුරිසවරුත්තමස්ස
රාමගාමේ නාගරාජා මහෙන්ති

සදහම් ඇස් ඇති බුදුරජුන්ගේ ශාරීරික ධාතූන් වහන්සේලා ද්‍රෝණ අටක් ඇත්තාහු ය. එයින් සත් ද්‍රෝණයක් ධාතූන් වහන්සේලා දඹදිව පිදුම් ලබති. උතුම් පුරුෂෝත්තමයන් වහන්ස්ගේ එක් ද්‍රෝණයක් ධාතූන් වහන්සේලා රාමගමෙහි නා රජවරු පුදති.

ඒකා හි දාඨා තිදිවේහි පූජිතා
ඒකා පන ගන්ධාරපුරේ මහීයති
කාලිංග රඤ්ඤෝ විජිතේ පුනේකං
ඒකං පුන නාගරාජා මහෙන්ති

එක් දළදා වහන්සේ නමක් දෙව්ලොව දෙවියන් විසින් පුදනු ලබති. එක් දළදා වහන්සේ නමක් ගන්ධාර පුරයෙහි පිදුම් ලබත්. එමෙන් ම එක් දළදා වහන්සේ නමක් කලිඟු රජුගේ විජිතයෙහි පිදුම් ලබත්. යළි තවත් දළදා වහන්සේ නමක් නා ලොව නා රජවරු පුදත්.

තස්සේව තේජේන අයං වසුන්ධරා
ආයාගසෙට්ඨේහි මහී අලංකතා
ඒවං ඉමං චක්ඛුමතෝ සරීරං
සුසක්කතං සක්කතසක්කතේහි

ඒ ධාතූන් වහන්සේලාගේ තේජසින් මේ පොළෝ තලය ශ්‍රේෂ්ඨ වූ අලංකාරයෙන් යුක්ත වූයේ ය. මෙසේ සදහම් ඇස් ඇති අප මුනිඳුන්ගේ ශාරීරික ධාතූන් වහන්සේලා ජනයා විසින් හොඳින් සත්කාර කරන ලද්දාහු ය. දෙවියන් විසිනුත්, රජුන් විසිනුත් හොඳින් සත්කාර කරන ලද්දාහු ය.

දේවින්ද නාගින්ද නරින්ද පූජිතෝ
මනුස්ස සෙට්ඨේහි තථේව පූජිතෝ
තං වන්දථ පඤ්ජලිකා භවිත්වා
බුද්ධෝ හවේ කප්පසතේහි දුල්ලභෝ' ති

දේවේන්ද්‍රයන් විසින් ද, නාගේන්ද්‍රයන් විසින් ද, නරේන්ද්‍රයන් විසින් ද, එසේ ම ශ්‍රේෂ්ඨ මනුෂ්‍යයන් විසින් ද පුදන ලද බුදුරජාණන් වහන්සේ ඒකාන්තයෙන් ම කල්ප සිය ගණනකිනුත් පහළ වීම දුර්ලභ වන සේක. දොහොත් මුදුන් තබා උන්වහන්සේට වන්දනා කරව්."

චත්තාළීස සමා දන්තා - කේසා ලෝමා ච සබ්බසෝ
දේවා හරිංසු ඒකේකං - චක්කවාල පරම්පරා' ති

සම සතළිස් දන්ත ධාතූන් ද, කේශ ධාතූන් ද, ලෝම ධාතූන් ද, සියලු අයුරින් එකක් එකක් බැගින් සක්වල පිළිවෙලින් දෙවියෝ ගෙන ගියහ.

සාදු! සාදු!! සාදු!!!

මහා පරිනිබ්බාන සූත්‍රය නිමා විය.

2.4.
මහා සුදස්සන සූත්‍රය
මහා සුදස්සන සක්විති රජු ගැන වදාළ දෙසුම

මා විසින් මෙසේ අසන ලදී.

එක් සමයෙක්හි භාග්‍යවතුන් වහන්සේ කුසිනාරාවෙහි මල්ල රජදරුවන්ගේ උපවර්තන නම් සල් වනයෙහි සාල වෘක්ෂ දෙක අතරෙහි මහා පරිනිර්වාණය අවස්ථාවෙහි වැඩවසන සේක. එකල්හී ආයුෂ්මත් ආනන්දයන් වහන්සේ භාග්‍යවතුන් වහන්සේ යම් තැනක සැතැපී සිටි සේක් ද, එතැනට එළඹියහ. එළඹ භාග්‍යවතුන් වහන්සේට සකසා වන්දනා කොට එකත්පස් ව හිඳගත්හ. එකත්පත් ව හුන් ආයුෂ්මත් ආනන්දයන් වහන්සේ භාග්‍යවතුන් වහන්සේට මෙය පැවසූහ.

"ස්වාමීනී, භාග්‍යවතුන් වහන්සේ මේ කුඩා නගරයෙහි, පිටිසර නගරයෙහි, ශාඛා නගරයෙහි පිරිනිවන් නොපානා සේක්වා! ස්වාමීනී, අන්‍ය වූ මහා නගරයෝ ඇත්තාහ. එනම්; චම්පා, රාජගෘහ, ශ්‍රාවස්ථි, සාකේත, කෝසම්බි, බාරාණසී ය. භාග්‍යවතුන් වහන්සේ එවැනි නගරයක පිරිනිවන් පානා සේක්වා! එහි බොහෝ මහාසාර ක්ෂත්‍රියවරු, මහාසාර බ්‍රාහ්මණවරු, මහාසාර ගෘහපතිවරු තථාගතයන් වහන්සේ කෙරෙහි මහත් පැහැදීමකින් සිටිත්. ඔවුහු තථාගතයන් වහන්සේගේ ශ්‍රී ශරීරයට පූජාවන් කරන්නාහු ය."

"ආනන්දයෙනි, මෙසේ කියන්නට එපා! ආනන්දයෙනි, 'මෙය කුඩා නගරයක් ය, පිටිසර නගරයක් ය, ශාඛා නගරයක් ය' යි මෙසේ කියන්නට එපා!

ආනන්දයෙනි, මෙය පෙර සිදුවූවකි. සතර මහා සාගරය සීමා කොට ගත්, සතර දිවයිනට අධිපති ව, සතුරන් ජයගෙන, ජනපදයන්හි ස්ථිර බවට පත් ව, සප්ත රත්නයන්ගෙන් සමන්විත ව, මහා සුදස්සන නමින් ඔටුණු පළන් ක්ෂත්‍රිය රජෙක් සිටියේ ය. ආනන්දයෙනි, මේ කුසිනාරාව මහා සුදස්සන රජුගේ කුසාවතී නම් රාජධානිය වූයේ ය. ආනන්දයෙනි, ඒ කුසාවතී රාජධානිය

පෙරදිගින් ද, බටහිරින් ද දොළොස් යොදුනක් දිග ය. උතුරින් ද, දකුණින් ද සත් යොදුනක් පළල ය. ආනන්දයෙනි, කුසාවතී රාජධානිය සමෘද්ධිමත් ව, පිරී ගිය සැප සම්පත් ඇති ව, බොහෝ මිනිස්සුන්ගෙන් ජනාකීර්ණ ව, සුලභ ආහාරපාන ඇති ව තිබුණේ ය.

ආනන්දයෙනි; දෙවියන්ගේ ආලකමන්දා නම් රාජධානිය සමෘද්ධිමත් ව, පිරී ගිය සැප සම්පත් ඇති ව, බොහෝ යක්ෂයින්ගෙන් ජනාකීර්ණ ව, සුලභ ආහාරපාන ඇති ව තිබෙන්නේ යම් සේ ද, එසෙයින් ම ආනන්දයෙනි, කුසාවතී රාජධානිය සමෘද්ධිමත් ව, පිරී ගිය සැප සම්පත් ඇති ව, බොහෝ මිනිස්සුන්ගෙන් ජනාකීර්ණ ව, සුලභ ආහාරපාන ඇති ව තිබුණේ ය. ආනන්දයෙනි, කුසාවතී රාජධානිය දහවලට මෙන් ම රාත්‍රියට ත් දස ශබ්දයකින් නොවෙනස් ව තිබුණේ ය. එනම්; හස්ති ශබ්දයෙන් ය, අශ්ව ශබ්දයෙන් ය, රථ ශබ්දයෙන් ය, බෙර ශබ්දයෙන් ය, මිහිඟු බෙර ශබ්දයෙන් ය, වීණා ශබ්දයෙන් ය, ගීත ශබ්දයෙන් ය, යහළු මිතුරන්ගේ ශබ්දයෙන් ය, අත්තල ශබ්දයෙන් ය, 'අනුභව කරව්, පානය කරව්, බුදිව්' යන දසවෙනි ශබ්දයෙන් ය.

ආනන්දයෙනි, කුසාවතී රාජධානිය ප්‍රාකාර සතකින් වට ව තිබුණේ ය. එක් ප්‍රාකාරයක් රනින් සාදා තිබුණේ ය. එකක් රිදියෙන් සාදා තිබුණේ ය. එකක් වෛරෝඩියෙන් සාදා තිබුණේ ය. එකක් පළිඟුවෙන් සාදා තිබුණේ ය. එකක් රතු මැණික් ගලින් සාදා තිබුණේ ය. එකක් මැසිරි ගලින් සාදා තිබුණේ ය. අනෙක සියළු රත්නයන්ගෙන් සාදා තිබුණේ ය.

ආනන්දයෙනි, කුසාවතී රාජධානියෙහි දොරටු සතර වර්ණ සතරකින් තිබුණේ ය. එක් දොරටුවක් රනින් සාදා තිබුණේ ය. තව එකක් රිදියෙන් සාදා තිබුණේ ය. තව එකක් වෛරෝඩියෙන් සාදා තිබුණේ ය. අනෙක පළිඟුවෙන් සාදා තිබුණේ ය. එක් එක් දොරටුවෙහි තුන් පුරුෂයෙකුගේ ප්‍රමාණයට ගැඹුරට පොළොවෙහි යට කොට, තුන් පුරුෂයෙකුගේ වට ප්‍රමාණය ඇති ව, දොළොස් පුරුෂයෙකුගේ ප්‍රමාණයට උසින් යුතු ව සිටුවන ලද ඉන්ද්‍රඛීලයෝ සතක් බැගින් තිබුණාහ. එක් ඉන්ද්‍රඛීලයක් රනින් සාදා තිබුණේ ය. එකක් රිදියෙන් සාදා තිබුණේ ය. එකක් වෛරෝඩියෙන් සාදා තිබුණේ ය. එකක් පළිඟුවෙන් සාදා තිබුණේ ය. එකක් රතු මැණික් ගලින් සාදා තිබුණේ ය. එකක් මැසිරි ගලින් සාදා තිබුණේ ය. අනික සියළු රත්නයන්ගෙන් සාදා තිබුණේ ය.

ආනන්දයෙනි, කුසාවතී රාජධානිය තල් ගස් පේළි සතකින් වටවී තිබුණේ ය. එක් තල් ගස් පේළියක් රනින් සාදා තිබුණේ ය. තව පේළියක් රිදියෙන් සාදා තිබුණේ ය. තව පේළියක් වෛරෝඩියෙන් සාදා තිබුණේ ය.

තව පේලියක් පළිඟුවෙන් සාදා තිබුණේ ය. තව පේලියක් රතු මැණික් ගලින් සාදා තිබුණේ ය. තව පේලියක් මැසිරි ගලෙන් සාදා තිබුණේ ය. තව පේලියක් සියළු රත්නයෙන් සාදා තිබුණේ ය.

රනින් සැදූ තල්ගසෙහි කඳ රනින් ම සාදා තිබුණේ ය. කොළ ත්, ගෙඩි ත් රිදියෙන් සාදා තිබුණේ ය. රිදියෙන් තැනූ තල් ගසෙහි කඳ රිදියෙන් ම සාදා තිබුණේ ය. කොළ ත්, ගෙඩි ත් රනින් සාදා තිබුණේ ය. වෛරෝඩියෙන් සැදූ තල් ගසෙහි කඳ වෛරෝඩියෙන් ම සාදා තිබුණේ ය. කොළ ත්, ගෙඩි ත් පළිඟුවෙන් සාදා තිබුණේ ය. පළිඟුවෙන් තැනූ තල් ගසෙහි කඳ පළිඟුවෙන් ම සාදා තිබුණේ ය. කොළ ත්, ගෙඩි ත් වෛරෝඩියෙන් සාදා තිබුණේ ය. රතු මැණික් ගලින් තැනූ තල්ගසෙහි කඳ රතු මැණික් ගලින් ම සාදා තිබුණේ ය. කොළ ත්, ගෙඩි ත් මැසිරි ගලින් සාදා තිබුණේ ය. මැසිරි ගලින් තැනූ තල් ගසෙහි කඳ මැසිරි ගලින්ම සාදා තිබුණේ ය. කොළ ත්, ගෙඩි ත් රතු මැණිකෙන් සාදා තිබුණේ ය. සියළු රත්නයෙන් තැනූ තල්ගසෙහි කඳ සියළු රත්නයෙන් ම සාදා තිබුණේ ය. කොළ ත්, ගෙඩි ත් සියළු රත්නයෙන් ම සාදා තිබුණේ ය.

ආනන්දයෙනි, ඒ තල්ගස් පේලි සුළඟින් සෙළවෙද්දී මිහිරි වූ ත්, සිත් අලවන්නා වූ ත්, කමනීය වූ ත්, මුසපත් කරවන්නා වූ ත් හඬක් නිකුත් වූයේ ය. ආනන්දයෙනි, මැනැවින් හික්මුණු, වාද්‍ය භාණ්ඩයන්හී බැලුම් මැනැවින් තලා, ස්වර සමකොට, තූර්යවාදනයෙහි දක්ෂයන් විසින් වයන ලද පංචාංගික තූර්ය නාදයෙහි මිහිරි වූ ත්, සිත් අලවන්නා වූ ත්, කමනීය වූ ත්, මුසපත් කරවන්නා වූ ත් ශබ්දය යම් සේ ද, එසෙයින් ම ආනන්දයෙනි, සුළඟින් ඒ තල්ගස් වැටවල් සෙළවෙද්දී මිහිරි වූ ත්, සිත් අලවන්නා වූ ත්, කමනීය වූ ත්, මුසපත් කරවන්නා වූ ත් හඬක් නිකුත් වූයේ ය. ආනන්දයෙනි, එසමයෙහි කුසාවතී රාජධානියෙහි සුරාසොඬ වූ, සුරා පිපාසිත වූ යම් ධූර්තයෝ වූවාහු ද, ඔවුහු ඒ සුළඟින් සෙළවෙන තල් ගස් පේලිවලින් නැගෙන නාදය වටා එක් වී ප්‍රීති වූහ.

ආනන්දයෙනි, මහා සුදස්සන රජ තෙමේ සප්ත රත්නයකින් හා සතර ඉර්ධියකින් යුක්ත වූයේ ය. ඒ කවර සප්ත රත්නයක් ද යත්; ආනන්දයෙනි, මෙහිලා ඒ පුන්පොහෝ දිනයෙහි හිස සෝදා, ස්නානය කොට, උපෝසථ සිල් සමාදන් ව, උතුම් ප්‍රාසාදයෙහි උඩුමහලට ගොස් සිටි මහා සුදස්සන රජු හට දහසක් අර ඇති, නිම් වළලු ඇති, නැබ ඇති, සියළු අයුරින් පිරිපුන් දිව්‍ය වූ චක්‍රරත්නය පහළ වූයේ ය. ඒ චක්‍ර රත්නය දුටු මහා සුදස්සන රජුට මේ අදහස ඇති වූයේ ය. 'මෙකරුණ අසන ලද්දේ ම ය. ඒ පුන් පොහෝ දිනයෙහි හිස සෝදා ස්නානය කොට, උපෝසථ සිල් සමාදන් ව, උතුම් මාලිගයෙහි

උඩුමහලට ගොස් සිටින, ඔටුණු පළන් ක්ෂත්‍රීය රජෙකු හට දහසක් අර සහිත, නිම් වළලු හෙවත් පට්ටම සහිත, නාභිය හෙවත් මැද කුඩා රවුම සහිත සියළු අයුරින් පිරිපුන් දිව්‍ය වූ චක්‍රරත්නයක් පහළ වෙයි ද, ඔහු සක්විති රජෙක් වෙයි යනුවෙනි. මම සක්විති රජෙක් විය හැක්කෙම් ද?'

එකල්හී ආනන්දයෙනි, මහා සුදස්සන රජ තෙමේ හුනස්නෙන් නැගිට, උතුරු සළුව ඒකාංශ කොට පොරොවා, වම් අතින් රන් කෙණ්ඩිය ගෙන, දකුණු අතින් චක්‍රරත්නයට පැන් ඉස්සේ ය. 'භවත් චක්‍රරත්නය කරකැවේවා! භවත් චක්‍රරත්නය විශේෂයෙන් ජය ලබා දේවා!' යි.

ඉක්බිති ආනන්දයෙනි, චක්‍රරත්නය නැගෙනහිර දිශාවට කරකැවුණේ ය. මහා සුදස්සන රජු චතුරංගිනී සේනාව සමඟ ඒ චක්‍රරත්නය අනුව නික්මුණේ ය. ආනන්දයෙනි, යම් ප්‍රදේශයක චක්‍රරත්නය පිහිටියේ ද, මහා සුදස්සන රජු චතුරංගිනී සේනාව සමඟ එහි නැවතුණේ ය. ආනන්දයෙනි, නැගෙනහිර දිශාවෙහි යම් විරුද්ධ රජවරු සිටියාහු ද, ඔවුහු මහා සුදස්සන රජු වෙත එළඹ මෙසේ කීවාහු ය.

"මහරජාණෙනි, එනු මැනැව. මහරජාණෙනි, ඔබට සුභ ආගමනයකි! මහරජාණෙනි, මෙය ඔබගේ විජිතය යි. මහරජාණෙනි, අපට අනුශාසනා කළ මැනැව."

මහා සුදස්සන රජු මෙසේ පැවසුවේ ය.

"සතුන් නොමැරිය යුත්තේ ය. සොරකම් නොකළ යුත්තේ ය. වැරදි කාම සේවනයෙහි නොයෙදිය යුත්තේ ය. බොරු නොකිව යුත්තේ ය. මත්පැන් මත්ද්‍රව්‍ය භාවිත නොකළ යුත්තේ ය. යම් සේ රජසැප අනුභව කළේ ද, එසේ ම රජ සැප විඳිව්."

ආනන්දයෙනි, නැගෙනහිර දිශාවෙහි යම් විරුද්ධ රජවරු සිටියාහු ද, ඔවුහු මහා සුදස්සන රජු අනුව යන්නෝ වූහ. ඉක්බිති ආනන්දයෙනි, ඒ චක්‍රරත්නය පෙරදිග මුහුදට බැස එයින් ගොඩ නැගී දකුණු දිශාවට කරකැවුණේ ය. ....(පෙ).... දකුණු මුහුදට බැස එයින් ගොඩ නැගී බටහිර දිශාවට කරකැවුණේ ය. ....(පෙ).... බටහිර මුහුදට බැස එයින් ගොඩ නැගී උතුරු දිශාවට කරකැවුණේ ය. මහා සුදස්සන රජු චතුරංගිනී සේනාව සමඟ ඒ චක්‍රරත්නය අනුව නික්මුණේ ය. ආනන්දයෙනි, යම් ප්‍රදේශයක චක්‍රරත්නය පිහිටියේ ද, මහා සුදස්සන රජු චතුරංගිනී සේනාව සමඟ එහි නැවතුණේ ය. ආනන්දයෙනි, උතුරු දිශාවෙහි යම් විරුද්ධ රජවරු සිටියාහු ද, ඔවුහු මහා සුදස්සන රජු වෙත එළඹ මෙසේ කීවාහු ය.

"මහරජාණෙනි, එනු මැනැව. මහරජාණෙනි, ඔබට සුභ ආගමනයකි! මහරජාණෙනි, මෙය ඔබගේ විජිතය යි. මහරජාණෙනි, අපට අනුශාසනා කළ මැනැව."

මහා සුදස්සන රජු මෙසේ පැවසුවේ ය.

"සතුන් නොමැරිය යුත්තේ ය. සොරකම් නොකළ යුත්තේ ය. වැරදි කාම සේවනයෙහි නොයෙදිය යුත්තේ ය. බොරු නොකිව යුත්තේ ය. මත්පැන් මත්ද්‍රව්‍ය භාවිත නොකළ යුත්තේ ය. යම් සේ රජසැප අනුභව කළේ ද, එසේ ම රජ සැප විඳිව්."

ආනන්දයෙනි, උතුරු දිශාවෙහි යම් විරුද්ධ රජවරු සිටියාහු ද, ඔවුහු මහා සුදස්සන රජු අනුව යන්නෝ වූහ.

ඉක්බිති ආනන්දයෙනි, මහා සමුද්‍රය සීමා කොට පොළොව ජයගෙන කුසාවතී රාජධානියට ආපසු හැරී අවුත් මහා සුදස්සන රජුගේ ඇතුළු නුවර දොරටුවෙහි විනිසුරු සභාව ඉදිරියෙහි ඒ චක්‍රරත්නය කඩඇණයක් ගැසූ කලෙක මෙන් මහා සුදස්සන රජුගේ අන්තඃපුරය සෝභමාන කරමින් නැවතුණේ ය. ආනන්දයෙනි, මහා සුදස්සන රජු හට පහළ වූයේ මෙබඳු වූ චක්‍රරත්නයකි.

තව ද ආනන්දයෙනි, මුළුමනින් ම සුදු වූ, සත් තැනකින් පොළොව ස්පර්ශ කරන, ඉර්ධිමත්, අහස් ගමන් ඇති, 'උපෝසථ' නම් හස්තිරාජයෙකු මහා සුදස්සන රජුට හස්තිරත්නය ලෙස පහළ වූයේ ය. ඔහු දුටු මහා සුදස්සන රජුගේ සිත පැහැදුණේ ය. 'භවත්නි, ඉදින් දමනයට පත් වූයේ නම් ඒකාන්තයෙන් මේ ඉතා සොඳුරු හස්තියානයකි.'

ඉක්බිති ආනන්දයෙනි, ඒ හස්තිරත්නය සොඳුරු වූ ආජානේය හස්තිරාජයෙක් දීර්ඝ කාලයක් ඉතා හොඳින් හීලෑ වූයේ යම් සේ ද, එසෙයින් ම හීලෑ බවට පත්වූයේ ය. ආනන්දයෙනි, මෙය පෙර සිදුවූවකි. මහා සුදස්සන රජු ඒ හස්ති රත්නය ම විමසනු පිණිස උදේ වරුවෙහි ඔහු පිට නැගී මුහුද සීමා කොට ඇති, පොළොව වටා ඇවිද කුසාවතී රාජධානියට ආපසු අවුත් උදේ ආහාරය ගත්තේ ය. ආනන්දයෙනි, මහා සුදස්සන රජු හට පහළ වූයේ මෙබඳු වූ හස්ති රත්නයකි.

තව ද ආනන්දයෙනි, මුළුමනින් ම සුදු වූ, කළු හිසින් යුතු, මුඤ්ජතණ බඳු කෙස් ඇති, ඉර්ධිමත්, අහස් ගමන් ඇති, 'වළාහක' නම් අශ්වරාජයෙකු මහා සුදස්සන රජුට අශ්වරත්නය ලෙස පහළ වූයේ ය. ඔහු දුටු මහා සුදස්සන රජුගේ සිත පැහැදුණේ ය. 'භවත්නි, ඉදින් දමනයට පත් වූයේ නම් ඒකාන්තයෙන් මේ ඉතා සොඳුරු අශ්වයානයකි.'

ඉක්බිති ආනන්දයෙනි, ඒ අශ්වරත්නය සොඳුරු වූ ආජානේය අශ්වරාජයෙක් දීර්ඝ කාලයක් ඉතා හොඳින් හීලෑ වූයේ යම් සේ ද, එසෙයින් ම හීලෑ බවට පත්වූයේ ය. ආනන්දයෙනි, මෙය පෙර සිදුවූවකි. මහා සුදස්සන රජු ඒ අශ්වරත්නය ම විමසනු පිණිස උදේ වරුවෙහි ඔහු පිට නැගී මුහුද සීමා කොට ඇති, පොළොව වටා ඇවිද කුසාවතී රාජධානියට ආපසු අවුත් උදේ ආහාරය ගත්තේ ය. ආනන්දයෙනි, මහා සුදස්සන රජු හට පහළ වූයේ මෙබඳු වූ අශ්වරත්නයකි.

තව ද ආනන්දයෙනි, මහා සුදස්සන රජුට මාණික්‍යරත්නයක් පහළ වූයේ ය. එය සොඳුරු වූ, ජාතිමත්, අටපට්ටම්, හොඳින් ඔප දැමූ, පැහැදිලි, ඉතාමත් පහන්, සියළු අයුරින් සම්පූර්ණ වූ වෛරෝඩි මාණික්‍යයකි. ආනන්දයෙනි, ඒ මාණික්‍යරත්නයෙහි ආලෝකය හාත්පස යොදුනක් පුරා පැතිරුණේ ය. ආනන්දයෙනි, මෙය පෙර සිදුවූවකි. මහා සුදස්සන රජු ඒ මාණික්‍යරත්නය ම විමසනු පිණිස චතුරංගිනී සේනාව සන්නද්ධ කොට මාණික්‍යරත්නය ධජයක් මත නංවා රාත්‍රී ඝනාන්ධකාරයෙහි පිටත් වූයේ ය. ආනන්දයෙනි, හාත්පස යම් ගම් තිබුණේ ද, ඒ ගම්වැසියෝ දහවල යැයි සිතා ඒ ආලෝකයෙන් වැඩකටයුතු පටන් ගත්හ. ආනන්දයෙනි, මහා සුදස්සන රජු හට පහළ වූයේ මෙබඳු වූ මාණික්‍ය රත්නයකි.

තව ද ආනන්දයෙනි, අභිරූපී වූ, දර්ශනීය වූ, සිත් පහදවන්නා වූ, උතුම් රූප සෞන්දර්යයෙන් හෙබි, ඉතා උස් නොවූ, ඉතා මිටි නොවූ, ඉතා කෘෂ නොවූ, ඉතා ස්ථූල නොවූ, ඉතා කළු නොවූ, ඉතා සුදු නොවූ, මිනිස් පැහැය ඉක්මවා ගිය, දිව්‍ය පැහැයට නොපැමිණි ස්ත්‍රීරත්නයක් මහා සුදස්සන රජුට පහළ වූයේ ය.

ආනන්දයෙනි, කපු පුළුන්වල හෝ ඉඹුල් පුළුන්වල පහස යම් සේ ද, ඒ ස්ත්‍රීරත්නයගේ කයෙහි ස්පර්ශය එබඳු වූයේ ය. ආනන්දයෙනි, ඒ ස්ත්‍රී රත්නයගේ සිරුර සීත කාලයෙහි උණුසුම් ය. ග්‍රීස්ම කාලයෙහි සිසිල් ය. ආනන්දයෙනි, ඒ ස්ත්‍රීරත්නයගේ කයෙන් සඳුන් සුවඳ හමයි. මුවින් මහනෙල් මල් සුවඳ හමයි. ආනන්දයෙනි, ඒ උත්තම ස්ත්‍රී තොමෝ මහා සුදස්සන රජුට කලින් අවදිවන්නී, හැමට පසුව සැතැපෙන්නී, 'කුමක් කරන්නෙම් දැ'යි සොයා බලන්නී, රජුට සතුටු අයුරින් හැසිරෙන්නී, ප්‍රිය තෙපුල් ඇත්තී වූවාය. ආනන්දයෙනි, ඒ උත්තම ස්ත්‍රී තොමෝ මහා සුදස්සන රජු ඉක්මවා සිතින් වත් නොහැසිරුණා ය. කයෙන් හැසිරීමක් කොයින් ලබන්න ද? ආනන්දයෙනි, මහා සුදස්සන රජුට පහළ වූයේ මෙබඳු ස්ත්‍රීරත්නයකි.

තව ද ආනන්දයෙනි, මහා සුදස්සන රජුට ගෘහපති රත්නයක් පහළ වූයේ ය. යම් දිවැසකින් අයිතිකරුවන් සිටින, අයිතිකරුවන් නොසිටින නිධානයන් දකියි ද, එබඳු වූ කර්මවිපාකයෙන් උපන් දිවැසක් ඔහුට පහළ වූයේ ය. ඔහු මහා සුදස්සන රජු වෙත එළැඹ මෙසේ කීය. 'දේවයන් වහන්ස, ඔබ මන්දෝත්සාහයෙන් යුතුව වසනු මැනැව. ඔබට ධනයෙන් කළ යුතු දේ මම ධනයෙන් කරදෙන්නෙමි' යි.

ආනන්දයෙනි. මෙය පෙර සිදුවූ දෙයකි. මහා සුදස්සන රජු ඒ ගෘහපති රත්නය විමසනු පිණිස නැවක නැගී ගංගා නදියෙහි මැද දිය පහරෙහි සිට ගෘහපති රත්නයට මෙය පැවසුවේ ය. "ගෘහපතිය, මට ශුද්ධ නොකළ අමු රන්වලින් ද, රන් වලින් ද ප්‍රයෝජන ඇත්තේ ය." "එසේ වී නම් මහරජාණෙනි, නැව එක් ඉවුරකට පමුණාවාවා!" "ගෘහපතිය, මට මෙතැනදී ම අමු රන් ද, ශුද්ධ කළ රන් ද ප්‍රයෝජන වෙයි." ඉක්බිති ආනන්දයෙනි, ඒ ගෘහපතිරත්නය දෙඅතින් ජලය පිරිමැද අමුරන් හා ශුද්ධ කළ රන් පිරී ගිය සැළියක් උඩට ගෙන මහා සුදස්සන රජුට මෙය පැවසුවේ ය. "මහරජාණෙනි, මෙපමණකින් සෑහේ ද? මහරජාණෙනි, මෙපමණකින් කරන ලද්දේ ද? මහරජාණෙනි, මෙපමණකින් ඔබගේ වචනය පුදන ලද්දේ ද?" යි. මහාසුදස්සන රජු මෙසේ පැවසුවේ ය. "ගෘහපතිය, මෙපමණකින් සෑහේ. ගෘහපතිය, මෙපමණකින් කරන ලද්දේ ය. ගෘහපතිය, මෙපමණකින් මාගේ වචනය පුදන ලද්දේ ය." ආනන්දයෙනි, මහා සුදස්සන රජුට පහළ වූයේ මෙබඳු වූ ගෘහපති රත්නයකි.

තව ද ආනන්දයෙනි, නුවණැති, ව්‍යක්ත, සොඳුරු ප්‍රඥා ඇති, මහා සුදස්සන රජු වෙත පැමිණිය යුත්තන් එවන්නට ත්, බැහැර කළ යුත්තන් යවන්නට ත්, ප්‍රතිබල සම්පන්න වූ පුත්‍රරත්නයක් මහා සුදස්සන රජු හට පහළ වූයේ ය. ඔහු මහා සුදස්සන රජු වෙත එළැඹ මෙසේ කීය. "දේවයන් වහන්ස, ඔබ මන්දෝත්සාහයෙන් යුතුව වසනු මැනැව. මම අනුශාසනා කරන්නෙමි" යි. ආනන්දයෙනි, මහා සුදස්සන රජුට පහළ වූයේ මෙබඳු වූ පුත්‍රරත්නයකි.

ආනන්දයෙනි, මහා සුදස්සන රජු මේ සප්ත රත්නයෙන් යුක්ත වූයේය.

තව ද ආනන්දයෙනි, මහා සුදස්සන රජු සතර ඉර්ධියකින් යුක්ත වූයේ ය. ඒ කවර සතර ඉර්ධියකින් ද යත්;

1. ආනන්දයෙනි, මෙහිලා මහා සුදස්සන රජු අන්‍ය මනුෂ්‍යයින්ට වඩා අතිශයින් ම රූපවත් ව, දර්ශනීය ව, දුටුවන් පහදවන උතුම් රූප සෝභාවකින් යුක්ත වූයේ ය. ආනන්දයෙනි, මහා සුදස්සන රජු මේ පළමු ඉර්ධියෙන් යුක්ත වූයේ ය.

2. තව ද ආනන්දයෙනි, මහා සුදස්සන රජු අන්‍ය මනුෂ්‍යයින්ට වඩා දීර්ඝ ආයුෂ ඇති ව, චිරාත් කාලයක් සිටියේ ය. ආනන්දයෙනි, මහා සුදස්සන රජු මේ දෙවන ඉර්ධියෙන් යුක්ත වූයේ ය.

3. තව ද ආනන්දයෙනි, මහා සුදස්සන රජු අන්‍ය මනුෂ්‍යයින්ට වඩා අල්පාබාධ ඇති ව, අල්ප රෝග ඇති ව, ඉතා සීත ත් නොවූ, ඉතා උෂ්ණ ත් නොවූ, සම සේ ආහාර පැසවන ග්‍රහණියකින් යුක්ත ව සිටියේ ය. ආනන්දයෙනි, මහා සුදස්සන රජු මේ තෙවෙනි ඉර්ධියෙන් යුක්ත ව සිටියේ ය.

4. තව ද ආනන්දයෙනි, මහා සුදස්සන රජු බ්‍රාහ්මණ ගෘහපතියන් හට ප්‍රියමනාප වූයේ ය. ආනන්දයෙනි, පියා පුත්‍රයන් හට ප්‍රියමනාප වන්නේ යම් සේ ද, එසෙයින් ම ආනන්දයෙනි, මහා සුදස්සන රජු බ්‍රාහ්මණ ගෘහපතියන් හට ප්‍රියමනාප වූයේ ය. ආනන්දයෙනි, මහා සුදස්සන රජුට ද බ්‍රාහ්මණ ගෘහපතීහු ප්‍රියමනාප වූහ. ආනන්දයෙනි, පුත්‍රයෝ පියාට ප්‍රියමනාප වන්නේ යම් සේ ද, එසෙයින් ම ආනන්දයෙනි, මහා සුදස්සන රජුට ද බ්‍රාහ්මණ ගෘහපතීහු ප්‍රියමනාප වූහ.

ආනන්දයෙනි, මෙය පෙර සිදුවූවකි. මහා සුදස්සන රජු චතුරංගිනී සේනාව සමඟ උයන් බිම බලා නික්ම ගියේ ය. ඉක්බිති ආනන්දයෙනි, බ්‍රාහ්මණ ගෘහපතිවරු මහා සුදස්සන රජු කරා එළැඹ මෙය පැවසූහ.

"දේවයන් වහන්ස, යම් සේ අපි බොහෝ වේලාවක් ඔබවහන්සේ ව දකින්නෙමු ද, එසේ වනු පිණිස හෙමින් වඩිනු මැනැව."

ආනන්දයෙනි, මහා සුදස්සන රජු ද රියැදුරු ඇමතුවේ ය.

"රියැදුර, යම් සේ මම බ්‍රාහ්මණ ගෘහපතිවරුන් විසින් බොහෝ වේලාවක් දකිනු ලබන්නෙම් ද, ඒ අයුරින් සෙමෙන් රථය පදවව" යි.

ආනන්දයෙනි, මහා සුදස්සන රජු මේ සිව්වෙනි ඉර්ධියෙන් යුක්ත වූයේ ය. ආනන්දයෙනි, මහා සුදස්සන රජු මේ සතර ඉර්ධියෙන් සමන්විත වූයේ ය.

එකල්හී ආනන්දයෙනි, මහා සුදස්සන රජුට මේ අදහස ඇතිවූයේ ය. 'මම මේ තල්ගස් අතරෙහි දුනු සියයක් දුනු සියයක් දුරින් පොකුණු ඉදිකරන්නෙම් නම් යහපති' යි. ආනන්දයෙනි. මහා සුදස්සන රජු ඒ තල්ගස් අතරෙහි දුනු සියයක් දුනු සියයක් දුරින් පොකුණු ඉදි කෙරෙව්වේ ය.

ආනන්දයෙනි, ඒ පොකුණු සතර වර්ණයෙන් යුතු ගඩොලින් බඳිනු ලද්දාහු ය. එක් ගඩොලක් රනින් සාදා ඇත්තේ ය. තව එකක් රිදියෙන්

සාදා ඇත්තේ ය. තව එකක් වෛරෝඩියෙන් සාදා ඇත්තේ ය. තව එකක් පළිඟුවෙන් සාදා ඇත්තේ ය. ආනන්දයෙනි, ඒ පොකුණුවල සතර වර්ණයෙන් යුතු පඩිපෙළවල් සතර බැගින් ඇත්තේ ය. එක් පඩිපෙළක් රනින් තනා තිබෙයි. අනෙක රිදියෙන් තනා තිබෙයි. අනික වෛරෝඩියෙන් තනා තිබෙයි. අනෙක පළිඟුවෙන් තනා තිබෙයි. රනින් තැනූ පඩිපෙළෙහි දෙපස කණු රනින් තනා තිබුණේ ය. එහි ගරාදි රිදියෙන් තනා තිබුණේ ය. රන් කණු මුදුන රිදියෙන් තනා තිබුණේ ය. රිදියෙන් තැනූ පඩිපෙළෙහි කණු රිදියෙන් තනා තිබුණේ ය. එහි ගරාදි රනින් තනා තිබුණේ ය. රිදී කණු මුදුන රනින් තනා තිබුණේ ය. වෛරෝඩියෙන් තැනූ පඩිපෙළෙහි දෙපස කණු වෛරෝඩියෙන් තනා තිබුණේ ය. එහි ගරාදි පළිඟුවෙන් තනා තිබුණේ ය. වෛරෝඩි කණු මුදුන පළිඟුවෙන් තනා තිබුණේ ය. පළිඟුවෙන් තැනූ පඩිපෙළෙහි දෙපස කණු පළිඟුවෙන් තනා තිබුණේ ය. එහි ගරාදි වෛරෝඩියෙන් තනා තිබුණේ ය. ඒ පළිඟු කණු මුදුන වෛරෝඩියෙන් තනා තිබුණේ ය.

ආනන්දයෙනි, ඒ පොකුණු වනාහී වේදිකා දෙකකින් වටකරන ලද්දාහු ය. එක් වේදිකාවක් රනින් සාදා තිබුණේ ය. එක් වේදිකාවක් රිදියෙන් සාදා තිබුණේ ය. රනින් තැනූ වේදිකාවෙහි රනින් තැනූ ස්ථම්භයෝ වූවාහු ය. රිදියෙන් තැනූ වැට ද, රිදියෙන් තැනූ ස්ථම්භ මුදුන ද වූවාහු ය. රිදියෙන් කළ වේදිකාවෙහි රිදියෙන් කළ ස්ථම්භයෝ වූවාහු ය. රනින් තැනූ වැට ද, රනින් තැනූ ස්ථම්භ මුදුන් ද වූවාහු ය.

එකල්හී ආනන්දයෙනි, මහා සුදස්සන රජුට මේ අදහස ඇති වූයේ ය. 'මම මේ පොකුණුවල මහනෙල්, නෙළුම්, කුමුදු, සුදු නෙළුම් ආදී ජලජ පුෂ්පයන් රෝපණය කරවන්නෙම් නම් යහපති' යි. ආනන්දයෙනි, මහා සුදස්සන රජු ඒ පොකුණුවල සෑම ඍතුවක ම පිපෙන සේ සියළු ජනයා හට වළක්වා නැති සේ මහනෙල්, නෙළුම්, කුමුදු, සුදු නෙළුම් ආදී ජලජ පුෂ්පයන් රෝපණය කරවූයේය.

එකල්හී ආනන්දයෙනි, මහා සුදස්සන රජුට මේ අදහස ඇතිවූයේ ය. 'යම් කෙනෙක් මේ පොකුණුවලට පැමිණි පැමිණි ජනයා ස්නානය කරවන්නාහු නම්, මම මේ පොකුණු තෙර ස්නානය කරවන පුරුෂයන් තබන්නෙම් නම් යහපති' යි. ආනන්දයෙනි, යම් කෙනෙක් මේ පොකුණුවලට පැමිණි පැමිණි ජනයා ස්නානය කෙරෙව්වාහු ද, මහා සුදස්සන රජු ඒ පොකුණු තෙර නහවන පුරුෂයන් තැබ්බවූයේ ය.

එකල්හී ආනන්දයෙනි, මහා සුදස්සන රජු හට මේ අදහස ඇතිවූයේ ය. 'මම මේ පොකුණු තෙර මෙබඳු වූ දානයක් පිහිටුවන්නෙම් නම් යහපති.

ආහාර කැමත්තවුන් හට ආහාර ය. පැන් කැමැත්තවුන් හට පැන් ය. වස්ත්‍ර කැමැත්තවුන් හට වස්ත්‍ර ය. යානා කැමැත්තවුන්ට යානාවන් ය. යහන් කැමැත්තවුන් හට යහන් ය. ස්ත්‍රීන් කැමැත්ත වුන් හට ස්ත්‍රීන් ය. ශුද්ධ නොකළ අමුරන් කැමැත්තවුන් හට අමුරන් ය. රන් කැමැත්තවුන් හට රන් ය' වශයෙනි. ආනන්දයෙනි, මහා සුදස්සන රජු ඒ පොකුණු තෙර ආහාර කැමත්තවුන් හට ආහාර ය. පැන් කැමැත්තවුන් හට පැන් ය. වස්ත්‍ර කැමැත්තවුන් හට වස්ත්‍ර ය. යානා කැමැත්තවුන්ට යානාවන් ය. යහන් කැමැත්තවුන් හට යහන් ය. ස්ත්‍රීන් කැමැත්ත වුන් හට ස්ත්‍රීන් ය. ශුද්ධ නොකළ අමුරන් කැමැත්තවුන් හට අමුරන් ය. රන් කැමැත්තවුන් හට රන් ය වශයෙන් මෙබඳු වූ දානයක් පිහිටෙව්වේ ය.

එකල්හී ආනන්දයෙනි, බ්‍රාහ්මණ ගෘහපතිවරු බොහෝ වස්තුව රැගෙන මහා සුදස්සන රජු වෙත අවුත් මෙය පැවසූහ.

"දේවයිනි, මේ බොහෝ වස්තුව දේවයන් උදෙසා ම ගෙන එන ලද්දේ ය. එය දේවයෝ පිළිගන්නා සේක්වා!"

"ඇති භවත්නි. මාගේ ත් මේ බොහෝ වස්තුව ධාර්මික අය බද්දෙන් ලැබුණේ ය. මෙය ඔබට ම වේවා! මාගේ වස්තුවෙනුත් වැඩිපුර රැගෙන යව්"

රජු විසින් පිළිනොගත් වස්තුව ඇති ඔවුහු එකත්පස් ව බැහැර ව මෙසේ සිතූහ. 'යම් හෙයකින් අපි මේ වස්තු යළිත් සිය ගෙවල්වලට ම ආපසු රැගෙන යන්නෙමු නම් එය අපට නොගැලපෙයි. මෙයින් අපි මහා සුදස්සන රජුට නිවසක් ඉදිකරන්නෙමු නම් යහපති' යි. ඔවුහු මහා සුදස්සන රජු වෙත එළැඹ මෙය පැවසුවාහු ය.

"දේවයිනි, ඔබට නිවසක් ඉදිකරන්නෙමු" යි. ආනන්දයෙනි, මහා සුදස්සන රජු නිහඬ ව සිටීමෙන් එම අදහස පිළිගත්තේ ය. ඉක්බිති ආනන්දයෙනි, ශක්‍ර දේවේන්ද්‍ර තෙමේ මහා සුදස්සන රජුගේ සිත සිය සිතින් පිරිසිඳ දැන විස්කම් දෙව්පුතු ඇමතුවේ ය.

"එන්න, ඔබ මිත්‍ර විශ්වකර්මයෙනි. මහා සුදස්සන රජු හට 'දහම්පහය' නම් නිවසක් මවව." "එසේ ය, ස්වාමීනී" යි ආනන්දයෙනි, විස්කම් දෙව්පුතු සක්දෙවිඳුන්ට පිළිවදන් දී බලවත් පුරුෂයෙක් හැකිලූ අතක් දිගු කරන්නේ, දික් කළ අතක් හකුලන්නේ යම් සේ ද, එසෙයින් ම තව්තිසා දෙව්ලොවින් නොපෙනී ගොස් මහා සුදස්සන රජු ඉදිරියෙහි පෙනී සිටියේ ය.

ඉක්බිති ආනන්දයෙනි, විස්කම් දෙව්පුතු මහා සුදස්සන රජුට මෙය පැවසුවේ ය.

"දේවයිනි, ඔබට 'ධර්ම ප්‍රාසාදය' නමින් නිවසක් ඉදිකරන්නෙමි" යි. ආනන්දයෙනි, මහා සුදස්සන රජු නිහඬ ව සිටීමෙන් එම අදහස පිළිගත්තේ ය. ආනන්දයෙනි, විස්කම් දෙව්පුතු මහා සුදස්සන රජු සඳහා ධර්ම ප්‍රාසාදය නම් නිවසක් ඉදි කළේ ය. ආනන්දයෙනි, ඒ දහම්පහය පෙරදිගිනුත්, බටහිරිනුත් යොදුනක් දිග ය. උතුරිනුත්, දකුණිනුත් අඩ යොදුනක් පළල ය. ආනන්දයෙනි, ධර්ම ප්‍රාසාදයෙහි පුරුෂයන් තුන් දෙනෙකුගේ (බඹ තුනක්) උසට සතර වර්ණයකින් යුක්ත වූ ගඩොලින් ම විමානය වූයේ ය. එක් ගඩොලක් රනින් තනා තිබුණේ ය. අනෙක රිදියෙන් තනා තිබුණේ ය. තව එකක් වෛරෝඩියෙන් තනා තිබුණේ ය. තව එකක් පළිඟුවෙන් තනා තිබුණේ ය.

ආනන්දයෙනි, ධර්ම ප්‍රාසාදයෙහි සතර වර්ණයෙන් යුතු වූ කුළුණු අසූ හාර දහසක් තිබුණේ ය. එක් කුළුණක් රනින් තනා තිබුණේ ය. අනෙක රිදියෙන් තනා තිබුණේ ය. තව එකක් වෛරෝඩියෙන් තනා තිබුණේ ය. තව එකක් පළිඟුවෙන් තනා තිබුණේ ය.

ආනන්දයෙනි, ධර්ම ප්‍රාසාදයෙහි සතර වර්ණයෙන් යුතු පුවරු අතුරන ලද්දාහු ය. එක් පුවරුවක් රනින් තනා තිබුණේ ය. අනෙක රිදියෙන් තනා තිබුණේ ය. තව එකක් වෛරෝඩියෙන් තනා තිබුණේ ය. තව එකක් පළිඟුවෙන් තනා තිබුණේ ය.

ආනන්දයෙනි, ධර්ම ප්‍රාසාදයෙහි සතර වර්ණයෙන් යුතු පියගැටපෙළ විසිහතරක් තනා තිබුණාහු ය. එක් පියගැටපෙළක් රනින් තනා තිබුණේ ය. අනෙක රිදියෙන් තනා තිබුණේ ය. තව එකක් වෛරෝඩියෙන් තනා තිබුණේ ය. තව එකක් පළිඟුවෙන් තනා තිබුණේ ය. ....(පෙ).... පළිඟුවෙන් තනා තිබූ පියගැටපෙළෙහි දෙපස පළිඟුවෙන් කළ කණු තිබුණේ ය. වෛරෝඩියෙන් කළ අත්වැට ත්, කණු මුදුන ත් තිබුණේ ය.

ආනන්දයෙනි, ධර්ම ප්‍රාසාදයෙහි සතර වර්ණයෙන් යුතු (සතරැස් ව ගොස් මුදුන් වූ වහළ ඇති) කූටාගාර අසූ හාර දහසක් තිබුණේ ය. එක් කුළු ගෙයක් රනින් තනා තිබුණේ ය. අනෙක රිදියෙන් තනා තිබුණේ ය. තව එකක් වෛරෝඩියෙන් තනා තිබුණේ ය. තව එකක් පළිඟුවෙන් තනා තිබුණේ ය. රනින් තැනූ කූටාගාරයෙහි රිදියෙන් කළ කවිච්චියක් පණවා තිබුණේ ය. රිදී කූටාගාරයෙහි රන් කවිච්චියක් පණවා තිබුණේ ය. වෛරෝඩියෙන් තැනූ කූටාගාරයෙහි ඇත් දළින් කවිච්චියක් පණවා තිබුණේ ය. පළිඟුවෙන් තැනූ කූටාගාරයෙහි මැසිරිගලින් කවිච්චියක් පණවා තිබුණේ ය.

රනින් තැනූ කූටාගාර දොරටුවෙහි රිදියෙන් තැනූ තල් ගසක් සිටුවා තිබුණේ ය. එහි කඳ රිදියෙන් තනා කොළ ත්, ගෙඩි ත් රනින් තනා තිබුණේ

ය. රිදියෙන් තැනූ කූටාගාර දොරටුවෙහි රනින් තැනූ තල් ගසක් සිටුවා තිබුණේ ය. එහි කඳ රනින් තනා කොළ ත්, ගෙඩි ත්, රිදියෙන් තනා තිබුණේ ය. වෛරෝඩියෙන් තැනූ කූටාගාර දොරටුවෙහි පළිඟුවෙන් තැනූ තල් ගසක් සිටුවා තිබුණේ ය. එහි කඳ පළිඟුවෙන් තනා කොළ ත්, ගෙඩිත් වෛරෝඩියෙන් තනා තිබුණේ ය. පළිඟුවෙන් තැනූ කූටාගාර දොරටුවෙහි වෛරෝඩියෙන් තැනූ තල් ගසක් සිටුවා තිබුණේ ය. එහි කඳ වෛරෝඩියෙන් තනා කොළ ත්, ගෙඩි ත් පළිඟුවෙන් තනා තිබුණේ ය.

එකල්හී ආනන්දයෙනි, මහා සුදස්සන රජු හට මේ අදහස ඇතිවූයේ ය. 'යම් තැනක මම දිවා කාලයෙහි විවේකය පිණිස හිඳින්නෙම් ද, මහා ව්‍යූහ නම් කූටාගාර දොරටුව අසල රනින් සියල්ල තැනූ තල් වනයක් ඉදිකරන්නෙම් නම් මැනැව' යි. ආනන්දයෙනි, මහා සුදස්සන රජු යම් තැනක දිවා කාලයෙහි විවේකය පිණිස හුන්නේ ද, මහා ව්‍යූහ නම් කූටාගාර දොරටුව අසල රනින් සියල්ල තැනූ තල් වනයක් ඉදිකරවීය. ආනන්දයෙනි, ධර්ම ප්‍රාසාදය වේදිකා දෙකකින් වට වී තිබුණේ ය. රනින් කළ එක් වේදිකාවක් තිබුණේ ය. අනෙක රිදියෙන් තනා තිබුණේ ය. රනින් තැනූ වේදිකාවෙහි රනින් තැනූ කුළුණු තිබුණේ ය. රිදියෙන් කළ ගරාදි ත්, රිදියෙන් කළ කුළුණු හිස ත් තිබුණේ ය. රිදියෙන් තැනූ වේදිකාවෙහි රිදියෙන් කළ කුළුණු තිබුණේ ය. රනින් කළ ගරාදි ත්, රනින් කළ කුළුණු හිස ත් තිබුණේ ය.

ආනන්දයෙනි, ධර්ම ප්‍රාසාදය කිකිණිදැල් දෙකකින් වටකොට තිබුණේ ය. රනින් තැනූ එක් දැලක් තිබුණේ ය. එකක් රිදියෙන් තනා තිබුණේ ය. රනින් තැනූ දැලෙහි රිදී ගෙජ්ජි තිබුණේ ය. රිදියෙන් තැනූ දැලෙහි රන් ගෙජ්ජි තිබුණේ ය. ආනන්දයෙනි, ඒ කිකිණි දැල් සුළඟින් සෙලවෙද්දී මිහිරි වූ ත්, සිත් අලවන්නා වූ ත්, කමනීය වූ ත්, මුසපත් කරවන්නා වූ ත් හඬක් නිකුත් වූයේ ය. ආනන්දයෙනි, මැනැවින් හික්මුණු, වාද්‍ය භාණ්ඩයන්හී බැලුම් මැනැවින් තලා, ස්වර සමකොට, තූර්යවාදනයෙහි දක්ෂයන් විසින් වයන ලද පංචාංගික තූර්ය නාදයෙහි මිහිරි වූ ත්, සිත් අලවන්නා වූ ත්, කමනීය වූ ත්, මුසපත් කරවන්නා වූ ත් ශබ්දය යම් සේ ද, එසෙයින් ම ආනන්දයෙනි, සුළඟින් ඒ කිකිණි දැල් සෙළවෙද්දී මිහිරි වූ ත්, සිත් අලවන්නා වූ ත්, කමනීය වූ ත්, මුසපත් කරවන්නා වූ ත් හඬක් නිකුත් වූයේ ය. ආනන්දයෙනි, එසමයෙහි කුසාවතී රාජධානියෙහි සුරාසොඬ වූ, සුරා පිපාසිත වූ යම් ධූර්තයෝ වූවාහු ද, ඔවුහු ඒ සුළඟින් සෙළවෙන කිකිණි දැල් වලින් නැගෙන නාදය වටා එක් වී ප්‍රීති වූහ.

ආනන්දයෙනි, නිමාවට පත් කරන ලද ධර්ම ප්‍රාසාදය දෙස බැලීම ද අසීරු ය. එහි දීප්තියෙන් ඇස් නිලංකාර වෙයි. ආනන්දයෙනි, වැසි සමය

අවසන් මාසයෙහි සරත් කාලයෙහි වළාකුළු පහව ගිය අහසෙහි හිරු මුදුන් වන කල්හී හිරු දෙස බැලීමට අසීරු වන්නේ යම් සේ ද, එහි දීප්තියෙන් ඇස් නිලංකාර වන්නේ යම් සේ ද, ආනන්දයෙනි, එසෙයින් ම නිමාවට පත් කරන ලද ධර්ම ප්‍රාසාදය දෙස බැලීම ද අසීරු ය. එහි දීප්තියෙන් ඇස් නිලංකාර වෙයි.

එකල්හී ආනන්දයෙනි, මහා සුදස්සන රජුට මේ අදහස ඇතිවූයේ ය. 'මම ධර්ම ප්‍රාසාදයට ඉදිරියෙන් 'ධර්ම' නමින් පොකුණක් ඉදිකරන්නෙම් නම් යහපති' යි. ආනන්දයෙනි, මහා සුදස්සන රජු ධර්ම ප්‍රාසාදයට ඉදිරියෙන් 'ධර්ම' නමින් පොකුණක් ඉදිකරවීය. ආනන්දයෙනි, ධර්ම පොකුණ පෙරදිගින් ද, බටහිරින් ද යොදුනක් දිග ය. උතුරින් ද දකුණින් ද අඩ යොදුනක් පළල ය. ආනන්දයෙනි, ධර්ම පොකුණ සතර වර්ණයෙන් යුතු වූ ගඩොලින් කරවන ලද්දේ ය. එක් ගඩොලක් රනින් තනා තිබුණේ ය. අනෙක රිදියෙන් තනා තිබුණේ ය. අනෙක වෛරෝඩියෙන් තනා තිබුණේ ය. අනෙක පළිඟුවෙන් තනා තිබුණේ ය.

ආනන්දයෙනි, ධර්ම පොකුණෙහි සතර වර්ණයෙන් යුතු පියගැටපෙළ විසි හතරක් තිබුණේ ය. එක් පියගැටපෙළක් රනින් තනා තිබුණේ ය. එකක් රිදියෙන් තනා තිබුණේ ය. එකක් වෛරෝඩියෙන් තනා තිබුණේ ය. අනෙක පළිඟුවෙන් තනා තිබුණේ ය. රනින් තැනූ පියගැටපෙළහි රනින් තැනූ කණු තිබුණේ ය. රිදියෙන් තැනූ ගරාදි වැට ත්, කුළුණු හිස ත් තිබුණේ ය. රිදියෙන් තැනූ පියගැටපෙළෙහි රිදියෙන් තැනූ කණු තිබුණේ ය. රනින් තැනූ ගරාදි වැට ත්, කුළුණු හිස ත් තිබුණේ ය. වෛරෝඩියෙන් තැනූ පියගැටපෙළහි වෛරෝඩියෙන් තැනූ කණු තිබුණේ ය. පළිඟුවෙන් තැනූ ගරාදි වැට ත්, කුළුණු හිස ත් තිබුණේ ය. පළිඟුවෙන් තැනූ පියගැටපෙළෙහි පළිඟුවෙන් තැනූ කණු තිබුණේ ය. වෛරෝඩියෙන් තැනූ ගරාදි වැට ත්, කුළුණු හිස ත් තිබුණේ ය.

ආනන්දයෙනි, ධර්ම පොකුණ වේදිකා දෙකකින් වටවූයේ ය. එක් වේදිකාවක් රනින් තනා තිබුණේ ය. අනෙක රිදියෙන් ය. රනින් තැනූ වේදිකාවෙහි රනින් තැනූ කුළුණු තිබුණේ ය. රිදියෙන් තැනූ ගරාදි වැට ත්, කුළුණු හිස ත් තිබුණේ ය. රිදියෙන් තැනූ වේදිකාවෙහි රිදියෙන් තැනූ කුළුණු ත්, රනින් තැනූ ගරාදි වැට ත්, කුළුණු හිස ත් තිබුණේ ය.

ආනන්දයෙනි, ධර්ම පොකුණ තල් ගස් පේලි සතකින් වටවී තිබුණේ ය. එක් තල් ගස් පේලියක් රනින් සාදා තිබුණේ ය. තව පේලියක් රිදියෙන් සාදා තිබුණේ ය. තව පේලියක් වෛරෝඩියෙන් සාදා තිබුණේ ය. තව පේලියක්

පළිඟුවෙන් සාදා තිබුණේ ය. තව පේලියක් රතු මැණික් ගලින් සාදා තිබුණේ ය. තව පේලියක් මැසිරි ගලෙන් සාදා තිබුණේ ය. තව පේලියක් සියළු රත්නයෙන් සාදා තිබුණේ ය.

රනින් සැදූ තල්ගසෙහි කඳ රනින් ම සාදා තිබුණේ ය. කොළ ත්, ගෙඩි ත් රිදියෙන් සාදා තිබුණේ ය. රිදියෙන් තැනූ තල් ගසෙහි කඳ රිදියෙන් ම සාදා තිබුණේ ය. කොළ ත්, ගෙඩි ත් රනින් සාදා තිබුණේ ය. වෛරෝඩියෙන් සැදූ තල් ගසෙහි කඳ වෛරෝඩියෙන් ම සාදා තිබුණේ ය. කොළ ත්, ගෙඩි ත් පළිඟුවෙන් සාදා තිබුණේ ය. පළිඟුවෙන් තැනූ තල් ගසෙහි කඳ පළිඟුවෙන් ම සාදා තිබුණේ ය. කොළ ත්, ගෙඩි ත් වෛරෝඩියෙන් සාදා තිබුණේ ය. රතු ගලින් තැනූ තල්ගසෙහි කඳ රතු මැණික් ගලින් ම සාදා තිබුණේ ය. කොළ ත්, ගෙඩි ත් මැසිරි ගලින් සාදා තිබුණේ ය. මැසිරි ගලින් තැනූ තල් ගසෙහි කඳ මැසිරි ගලින්ම සාදා තිබුණේ ය. කොළ ත්, ගෙඩි ත් රතු මැණිකෙන් සාදා තිබුණේ ය. සියළු රත්නයෙන් තැනූ තල්ගසෙහි කඳ සියළු රත්නයෙන් ම සාදා තිබුණේ ය. කොළ ත්, ගෙඩි ත් සියළු රත්නයෙන් ම සාදා තිබුණේ ය.

ආනන්දයෙනි, ඒ තල්ගස් පේළි සුළඟින් සෙළවෙද්දී මිහිරි වූ ත්, සිත් අලවන්නා වූ ත්, කමනීය වූ ත්, මුසපත් කරවන්නා වූ ත් හඬක් නිකුත් වූයේ ය. ආනන්දයෙනි, මැනැවින් හික්මුණු, වාද්‍ය භාණ්ඩයන්හී බැලුම් මැනැවින් තලා, ස්වර සමකොට, තූර්යවාදනයෙහි දක්ෂයන් විසින් වයන ලද පංචාංගික තූර්ය නාදයෙහි මිහිරි වූ ත්, සිත් අලවන්නා වූ ත්, කමනීය වූ ත්, මුසපත් කරවන්නා වූ ත් ශබ්දය යම් සේ ද, එසෙයින් ම ආනන්දයෙනි, සුළඟින් ඒ තල්ගස් වැටවල් සෙළවෙද්දී මිහිරි වූ ත්, සිත් අලවන්නා වූ ත්, කමනීය වූ ත්, මුසපත් කරවන්නා වූ ත් හඬක් නිකුත් වූයේ ය. ආනන්දයෙනි, එසමයෙහි කුසාවතී රාජධානියෙහි සුරාසොඬ වූ, සුරා පිපාසිත වූ යම් ධූර්තයෝ වූවාහු ද, ඔවුහු ඒ සුළඟින් සෙළවෙන තල්වැටෙන් නැගෙන නාදය වටා එක් වී ප්‍රීති වූහ.

ආනන්දයෙනි, ධර්ම ප්‍රාසාදය ත්, ධර්ම පොකුණ ත් නිම කරනු ලැබූ කල්හී එසමයෙහි ශ්‍රමණයන් අතර, ශ්‍රමණ සම්මත වූ ත්, බ්‍රාහ්මණයන් අතර බ්‍රාහ්මණ සම්මත වූ ත් යම් කෙනෙක් වූවාහු ද, මහා සුදස්සන රජු ඔවුන් කැමති සියළු දෙයින් පිනවීමට පත් කොට ධර්ම ප්‍රාසාදයට නැංගේ ය.

එකල්හී ආනන්දයෙනි, මහා සුදස්සන රජු හට මේ අදහස ඇති වූයේ ය. 'යම් කරුණකින් මෙකල්හී මම මෙබඳු වූ මහා ඉර්ධි ඇති ව, මෙබඳු වූ මහානුභාව ඇතිවෙම් ද, මෙය මාගේ කවර කර්මයක ඵලයක් ද? කවර කර්මයක විපාකයක් ද?'

ඉක්බිති ආනන්දයෙනි, මහා සුදස්සන රජුට මේ අදහස ඇති වූයේ ය. 'යම් කරුණකින් මෙකල්හී මම මෙබඳු වූ මහත් ඉර්ධි ඇති ව, මෙබඳු වූ මහානුභාව ඇතිවෙම් ද, මෙය මාගේ පුණ්‍යකර්ම තුනක ඵලයන් ය. පුණ්‍ය කර්ම තුනක විපාකයන් ය. එනම්; දානයේ ත්, සීලයේ ත්, ඉන්ද්‍රිය සංවරයේ ත් ය.'

ඉක්බිති ආනන්දයෙනි, මහා සුදස්සන රජු මහා ව්‍යූහ කූටාගාරය යම් තැනක ද, එතැනට පැමිණියේ ය. පැමිණ මහා ව්‍යූහ කූටාගාර දොරටුවේ සිට උදානයක් පහළ කළේ ය. 'සිටුව, එම්බා කාමවිතර්කය! සිටුව, ව්‍යාපාද විතර්කය! සිටුව, විහිංසා විතර්කය! කාම විතර්කය, ඔපමණකින් නවතිනු! ව්‍යාපාද විතර්කය, ඔපමණකින් නවතිනු! විහිංසා විතර්කය, ඔපමණකින් නවතිනු!'

එකල්හී ආනන්දයෙනි, මහා සුදස්සන රජු මහා ව්‍යූහ කූටාගාරයට පිවිස රනින් තැනූ කවිච්චියෙහි හිඳගෙන කාමයන්ගෙන් වෙන් ව, අකුසල් දහමෙන් වෙන් ව, විතර්ක සහිත, විචාර සහිත, විවේකයෙන් හටගත් ප්‍රීති සැප ඇති ප්‍රථම ධ්‍යානය උපදවාගෙන වාසය කළේ ය.

විතර්ක විචාරයන්ගේ සංසිඳීමෙන්, තමා තුළ හටගත් පහන් බවින් යුතුව, එකඟ සිතින් යුතුව, විතර්ක විචාර රහිත වූ, සමාධියෙන් හටගත් ප්‍රීති සැපය ඇති දෙවෙනි ධ්‍යානය උපදවාගෙන වාසය කළේය.

ප්‍රීතියට ද නොඇල්මෙන් උපේක්ෂාවෙන් ද වාසය කළේ ය. සිහියෙන් හා නුවණින් යුක්ත ව කයෙන් සැපකුත් වින්දේ ය. 'උපේක්ෂාවෙන් යුක්ත ව, සිහියෙන් යුක්ත ව සැපසේ වාසය කිරීම යැ' යි ආර්යයෝ යමකට පවසත් ද, ඒ තුන්වෙනි ධ්‍යානය ත් උපදවා ගෙන වාසය කළේ ය.

සැපය ද ප්‍රහාණය වීමෙන්, දුක ද ප්‍රහාණය වීමෙන්, කලින් ම මානසික සතුට ත්, මානසික දුක ත් නැතිවීමෙන්, දුක් නැති සැප නැති පිරිසිදු උපේක්ෂා සහගත සිහිය ඇති සතර වෙනි ධ්‍යානය ත් උපදවා ගෙන වාසය කළේ ය.

ඉක්බිති ආනන්දයෙනි, මහා සුදස්සන රජු මහා ව්‍යූහ කූටාගාරයෙන් නික්ම රනින් තැනූ කූටාගාරයට පිවිස, රිදියෙන් තැනූ කවිච්චියෙහි හිඳ මෛත්‍රියෙන් යුක්ත වූ සිතින් එක් දිශාවක් පතුරුවා වාසය කළේ ය. එසේ දෙවෙනි දිශාවට ත්, එසේ තුන්වෙනි දිශාවට ත්, එසේ සිව්වෙනි දිශාවට ත් පතුරුවා වාසය කළේ ය. මෙසේ උඩ, යට, සරස හැම තැනම, සැමට, සියළු ලොවට, තමා හා සමකොට, විපුල වූ, මහත්ගත ලෙසින්, අප්‍රමාණ ලෙසින්, අවෛරී සිතින්, අව්‍යාපාද සිතින්, මෛත්‍රියෙන් යුක්ත වූ සිතින් පතුරුවා වාසය

කළේ ය. කරුණා සහගත සිතින් ....(පෙ).... මුදිතා සහගත සිතින් ....(පෙ).... උපේක්ෂා සහගත සිතින් එක් දිශාවක් පතුරුවා වාසය කළේ ය. එසේ දෙවෙනි දිශාවට ත්, එසේ තුන්වෙනි දිශාවට ත්, එසේ සිව්වෙනි දිශාවට ත් පතුරුවා වාසය කළේ ය. මෙසේ උඩ, යට, සරස හැම තැනම, සැමට, සියළු ලොවට, තමා හා සමකොට, විපුල වූ, මහත්ගත ලෙසින්, අප්‍රමාණ ලෙසින්, අවෛරී සිතින්, අව්‍යාපාද සිතින්, උපේක්ෂාවෙන් යුක්ත වූ සිතින් පතුරුවා වාසය කළේ ය.

ආනන්දයෙනි, මහා සුදස්සන රජු හට කුසාවතී රාජධානිය ප්‍රමුඛ කොට අසූ හාර දහසක් නගරයෝ තිබුණාහු ය. ධර්ම ප්‍රාසාදය ප්‍රමුඛ කොට අසූ හාර දහසක් ප්‍රාසාදයෝ තිබුණාහු ය. මහා ව්‍යුහ කූටාගාරය ප්‍රමුඛ කොට අසූ හාර දහසක් කූටාගාරයෝ තිබුණාහු ය.

රනින් තැනූ, රිදියෙන් තැනූ, ඇත් දළින් තැනූ, දැව අරටුවෙන් තැනූ, දිගු ලොම් ඇති පළස් ඇතිරූ, සුදු එළු ලොමින් කළ පළස් ඇතිරූ, මල් වියූ පළස් ඇතිරූ, කදලි මුව සමින් කළ පළස් ඇතිරූ, උඩු වියන් සහිත වූ, දෙපසින් රතු විල්ලුදයෙන් කළ කොට්ට තැබූ කවිච්චි අසූ හාර දහසක් තිබුණේ ය. රන් ආභරණ පැළඳි, රන් කොඩි නැගූ, රන් දැල් පෙරවූ, උපෝසථ ඇත් රජු ප්‍රමුඛ අසූ හාර දහසක් හස්තීහු සිටියාහු ය. රන් ආභරණ පැළඳි, රන් කොඩි නැගූ, රන් දැල් පෙරවූ, වලාහක අශ්වරාජයා ප්‍රමුඛ අසූ හාර දහසක් අශ්වයෝ සිටියාහු ය. සිංහ සම් ඇතිරූ, ව්‍යාඝ්‍ර සම් ඇතිරූ, දිවි සම් ඇතිරූ, පඬු පැහැ ගත් කම්බිලි ඇතිරූ, රනින් කැටයම් කළ, රන් කොඩි නැගූ, රන් දැලින් වැසූ, වෛජයන්ත රථය ප්‍රමුඛ අසූ හාර දහසක් රථයෝ තිබුණාහු ය. මාණික්‍යරත්නය ප්‍රමුඛ කොට අසූ හාර දහසක් මාණික්‍යයෝ තිබුණාහුය. සුභද්‍රා දේවිය ප්‍රමුඛ කොට අසූ හාර දහසක් බිසෝවරු සිටියාහු ය. ගෘහපතිරත්නය ප්‍රමුඛ කොට අසූ හාර දහසක් ගෘහපතීහු සිටියාහු ය. පුත්‍ර රත්නය ප්‍රමුඛ කොට ඒ අනුව යන අසූ හාර දහසක් ක්ෂත්‍රියයෝ සිටියාහු ය. හැමකල්හී කිරි දෙවිය හැකි, රන් වත් පෙරවූ අසූ හාර දහසක් කිරි දෙන්නු සිටියාහු ය. සියුම් කොමු පිළී වස්ත්‍ර, සියුම් කපු වස්ත්‍ර, සියුම් පට වස්ත්‍ර, සියුම් පොරෝනා කෝටි අසූ හාර දහසක් තිබුණේ ය. ආනන්දයෙනි, මහා සුදස්සන රජුට උදේ සවස පිළිගන්වන ආහාර බඳුන් අසූ හාරදහසක් වූවාහු ය.

ආනන්දයෙනි, එසමයෙහි මහා සුදස්සන රජුට උපස්ථානය පිණිස හස්තීහු අසූ හාර දහසක් උදේ සවස යති. එකල්හී ආනන්දයෙනි, මහා සුදස්සන රජුට මේ අදහස ඇතිවූයේ ය. 'මා හට උපස්ථාන පිණිස මේ ඇත්තු අසූ හාර දහසක් උදේ සවස පැමිණෙති. සියවසක් සියවසක් ඇවෑමෙන් හතළිස්

දෙදහසක් බැගින් ඇත්තු එක් වරක් බැගින් මා හට උපස්ථානයට එත්නම් යහපති' යි. ඉක්බිති ආනන්දයෙනි, මහා සුදස්සන රජු පුත්‍රරත්නය ඇමතුවේය.

"මිත්‍ර පරිනායක රත්නයෙනි, මා හට උපස්ථාන පිණිස මේ ඇත්තු අසූ හාර දහසක් උදේ හවස පැමිණෙති. එහෙයින් මිත්‍ර පරිනායක රත්නයෙනි, සියවසක් සියවසක් ඇවෑමෙන් හතළිස් දෙදහසක්, හතළිස් දෙදහසක් ඇත්තු එක් වරක් බැගින් උපස්ථානයට පැමිණෙත්වා" යි. ආනන්දයෙනි, "එසේ ය, දේවයන් වහන්ස" යැයි පරිනායක රත්නය මහා සුදස්සන රජුට පිළිතුරු දුන්නේ ය. එකල්හී ආනන්දයෙනි, මෑත භාගයෙහි සියවසක් සියවසක් ඇවෑමෙන් හතළිස් දෙදහස ගණනේ ඇත්තු එක් වරක් බැගින් උපස්ථානයට මහා සුදස්සන රජු වෙත ආවාහු ය.

එකල්හී ආනන්දයෙනි, බොහෝ වසර ගණනකින්, බොහෝ වසර දහස් ගණනකින් පසු සුභද්‍රා දේවියට මේ අදහස ඇතිවූයේ ය. 'මා විසින් මහා සුදස්සන රජු දැක බොහෝ කල් ඇත්තේ ය. මම් මහා සුදස්සන රජු බැහැදැකීම පිණිස එළැඹෙන්නෙම් නම් යහපති' යි. ඉක්බිති ආනන්දයෙනි, සුභද්‍රා දේවී තොමෝ අන්තඃපුර ස්ත්‍රීන් ඇමතුවා ය.

"ඔබ එව්. හිස් සෝදා ස්නානය කරව්. රන් පැහැ වස්ත්‍ර හඳිව්. අප විසින් මහා සුදස්සන රජු දැක බොහෝ කල් ඇත්තේ ය. මහා සුදස්සන රජු බැහැදැකීමට එළඹෙන්නෙමු" යි.

ආනන්දයෙනි, "එසේ ය, ආර්යාවෙනි" යි අන්තඃපුර ස්ත්‍රීහු සුභද්‍රා දේවියට පිළිවදන් දී හිස් සෝදා ස්නානය කොට, රන් පැහැ වත් හැඳ, සුභද්‍ර දේවිය යම් තැනක සිටියා ද, එතැනට පැමිණියාහු ය. ඉක්බිති ආනන්දයෙනි, සුභද්‍රා දේවිය පරිනායක රත්නය ඇමතුවා ය.

"මිත්‍ර පරිනායක රත්නයෙනි, චතුරංගිනී සේනාව සාදාලව. අප විසින් මහා සුදස්සන රජු දැක බොහෝ කල් ඇත්තේ ය. මහා සුදස්සන රජු බැහැදැකීමට එළඹෙන්නෙමු" යි.

ආනන්දයෙනි, "එසේය, දේවී" යි පරිනායක රත්නය සුභද්‍රා දේවියට පිළිවදන් දී චතුරංගිනී සේනාව සරසවා සුභද්‍රා දේවියට දැනුම් දුන්නේ ය. "දේවී, චතුරංගිනී සේනා තොමෝ සරසන ලද්දී ය. යමකට කාලය යැයි සිතයි ද, එය දැනගත මැනැව" යි.

එකල්හී ආනන්දයෙනි, සුභද්‍රා දේවී චතුරංගිනී සේනාව ත්, අන්තඃපුර ස්ත්‍රීනුත් සමඟ ධර්ම ප්‍රාසාදය යම් තැනක ද, එතැනට එළැඹියා ය. එළැඹ මහා

ව්‍යූහ කූටාගාරයෙහි දොර උළුවහු කණුවෙහි එල්බී සිටියා ය.

එකල්හී ආනන්දයෙනි, මහා සුදස්සන රජු ඔවුන්ගේ හඬ අසා 'කිම? මහා ජනකායකගේ බඳු හඬකි!' යි මහා ව්‍යූහ කූටාගාරයෙන් නික්මෙන්නේ දොර උළුවහු කණුවේ එල්බී සිටින සුභද්‍රා දේවිය දුටුවේ ය. දැක සුභද්‍රා දේවියට මෙය පැවසුවේ ය. "ඔහි ම සිටින්න දේවී! පිවිසෙන්නට එපා!" යි.

ඉක්බිති ආනන්දයෙනි, මහා සුදස්සන රජු එක්තරා පුරුෂයෙකු ඇමතීය.

"එම්බා පුරුෂය, ඔබ එන්න. මහා ව්‍යූහ කූටාගාරයෙන් රන් කවිච්චියක් බැහැරට ගෙන සියල්ල රනින් තැනූ තල් වනයෙහි පණවන්න."

ආනන්දයෙනි, "එසේ ය, දේවයිනි" යි ඒ පුරුෂයා මහා සුදස්සන රජුට පිළිවදන් දී මහා ව්‍යූහ කූටාගාරයෙන් රන් කවිච්චියක් බැහැරට ගෙන ගොස් සියල්ල රනින් කළ තල් වනයෙහි පැණවූයේ ය.

එකල්හී ආනන්දයෙනි, මහා සුදස්සන රජු එහි ගොස්, දකුණු පයෙන් වම් පාදය මඳක් මෑත් කොට, මනා සිහියෙන් හා නුවණින් යුතුව, දකුණු ඇලයට හැරී සිංහ සෙය්‍යාවෙන් සැතැපුණේ ය.

එකල්හී ආනන්දයෙනි, සුභද්‍රා දේවියට මේ අදහස ඇතිවූයේ ය. 'මහා සුදස්සන රජුගේ ඉන්ද්‍රියයෝ ප්‍රසන්න ව තිබෙති. පිරිසිදු ය. සිවි පැහැ බබලයි. මහා සුදස්සන රජු කළුරිය නොකෙරේවා!' යි මහා සුදස්සන රජුට මෙය පැවසුවේ ය.

"දේවයන් වහන්ස, ඔබට කුසාවතී රාජධානිය ප්‍රමුඛ මේ සුවාසූ දහසක් නගරයෝ තිබෙති. දේවයන් වහන්ස, මෙහි කැමැත්ත උපදවනු මැනැව. ජීවිතයෙහි අපේක්ෂාව ඇති කරගත මැනැව.

දේවයන් වහන්ස, ඔබට ධර්ම ප්‍රාසාදය ප්‍රමුඛ මේ සුවාසූ දහසක් ප්‍රාසාදයෝ තිබෙති. දේවයන් වහන්ස, මෙහි කැමැත්ත උපදවනු මැනැව. ජීවිතයෙහි අපේක්ෂාව ඇති කරගත මැනැව.

දේවයන් වහන්ස, ඔබට මහා ව්‍යූහ කූටාගාරය ප්‍රමුඛ මේ සුවාසූ දහසක් කූටාගාරයෝ තිබෙති. දේවයන් වහන්ස, මෙහි කැමැත්ත උපදවනු මැනැව. ජීවිතයෙහි අපේක්ෂාව ඇති කරගත මැනැව.

දේවයන් වහන්ස, ඔබට රනින් තැනූ, රිදියෙන් තැනූ, ඇත් දළින් තැනූ, දැව අරටුවෙන් තැනූ, දිගු ලොම් ඇති පළස් ඇතිරූ, සුදු එළු ලොමින් කළ

පළස් ඇතිරූ, මල් වියූ පළස් ඇතිරූ, කදලි මුව සමින් කළ පළස් ඇතිරූ, උඩු වියන් සහිත වූ, දෙපසින් රතු විල්ලුදයෙන් කළ කොට්ට තැබූ කවිච්චි මේ අසූ හාර දහසක් තිබෙති. දේවයන් වහන්ස, මෙහි කැමැත්ත උපදවනු මැනැව. ජීවිතයෙහි අපේක්ෂාව ඇති කරගත මැනැව.

දේවයන් වහන්ස, ඔබට රන් ආභරණ පැළඳි, රන් කොඩි නැගූ, රන් දැල් පෙරවූ, උපෝසථ ඇත් රජු ප්‍රමුඛ මේ අසූ හාර දහසක් හස්තීහු සිටිති. දේවයන් වහන්ස, මෙහි කැමැත්ත උපදවනු මැනැව. ජීවිතයෙහි අපේක්ෂාව ඇති කරගත මැනැව.

දේවයන් වහන්ස, ඔබට රන් ආභරණ පැළඳි, රන් කොඩි නැගූ, රන් දැල් පෙරවූ, වලාහක අශ්වරාජයා ප්‍රමුඛ මේ අසූ හාර දහසක් අශ්වයෝ සිටිති. දේවයන් වහන්ස, මෙහි කැමැත්ත උපදවනු මැනැව. ජීවිතයෙහි අපේක්ෂාව ඇති කරගත මැනැව.

දේවයන් වහන්ස, ඔබට සිංහ සම් ඇතිරූ, ව්‍යාඝ්‍ර සම් ඇතිරූ, දිවි සම් ඇතිරූ, පඬු පැහැ ගත් කම්බිලි ඇතිරූ, රනින් කැටයම් කළ, රන් කොඩි නැගූ, රන් දැලින් වැසූ, වෛජයන්ත රථය ප්‍රමුඛ මේ අසූ හාර දහසක් රථයෝ තිබෙති. දේවයන් වහන්ස, මෙහි කැමැත්ත උපදවනු මැනැව. ජීවිතයෙහි අපේක්ෂාව ඇති කරගත මැනැව.

දේවයන් වහන්ස, ඔබට මාණික්‍යරත්නය ප්‍රමුඛ කොට මේ අසූ හාර දහසක් මාණික්‍යයෝ තිබෙති. දේවයන් වහන්ස, මෙහි කැමැත්ත උපදවනු මැනැව. ජීවිතයෙහි අපේක්ෂාව ඇති කරගත මැනැව.

දේවයන් වහන්ස, ඔබට ස්ත්‍රී රත්නය ප්‍රමුඛ කොට මේ අසූ හාර දහසක් බිසෝවරු සිටිති. දේවයන් වහන්ස, මෙහි කැමැත්ත උපදවනු මැනැව. ජීවිතයෙහි අපේක්ෂාව ඇති කරගත මැනැව.

දේවයන් වහන්ස, ඔබට ගෘහපතිරත්නය ප්‍රමුඛ කොට මේ අසූ හාර දහසක් ගෘහපතීහු සිටිති. දේවයන් වහන්ස, මෙහි කැමැත්ත උපදවනු මැනැව. ජීවිතයෙහි අපේක්ෂාව ඇති කරගත මැනැව.

දේවයන් වහන්ස, ඔබට පුත්‍ර රත්නය ප්‍රමුඛ කොට ඒ අනුව යන මේ අසූ හාර දහසක් ක්ෂත්‍රියයෝ සිටිති. දේවයන් වහන්ස, මෙහි කැමැත්ත උපදවනු මැනැව. ජීවිතයෙහි අපේක්ෂාව ඇති කරගත මැනැව.

දේවයන් වහන්ස, ඔබට හැමකල්හී කිරි දෙවිය හැකි, රන් වත් පෙරවූ

මේ අසූ හාර දහසක් කිරි දෙන්නු සිටිති. දේවයන් වහන්ස, මෙහි කැමැත්ත උපදවනු මැනැව. ජීවිතයෙහි අපේක්ෂාව ඇති කරගත මැනැව.

දේවයන් වහන්ස, ඔබට මේ සියුම් කොමු පිළී වස්ත්‍ර, සියුම් කපු වස්ත්‍ර, සියුම් පට වස්ත්‍ර, සියුම් පොරෝනා කෝටි අසූ හාර දහසක් තිබෙති. දේවයන් වහන්ස, මෙහි කැමැත්ත උපදවනු මැනැව. ජීවිතයෙහි අපේක්ෂාව ඇති කරගත මැනැව.

දේවයන් වහන්ස, ඔබට උදේ සවස පිළිගන්වන මේ ආහාර බඳුන් අසූ හාරදහසක් තිබෙති. දේවයන් වහන්ස, මෙහි කැමැත්ත උපදවනු මැනැව. ජීවිතයෙහි අපේක්ෂාව ඇති කරගත මැනැව."

ආනන්දයෙනි, මෙසේ පැවසූ කල්හී මහා සුදස්සන රජු සුභද්‍රා දේවියට මෙය පැවසුවේ ය.

"දේවී, ඔබ ඉතා දීර්ඝ කාලයක් මුළුල්ලේ ඉෂ්ට වූ, කාන්ත වූ, ප්‍රිය වූ, මනාප වූ වචනයෙන් මා ඇමතුවෙහි ය. එහෙත් මාගේ අවසන් කාලයෙහි ඔබ වනාහී අනිෂ්ට වූ, අකාන්ත වූ, අප්‍රිය වූ, අමනාප වචන වලින් මා අමතන්නී ය."

"දේවයන් වහන්ස, මම කොයි අයුරින් ඔබට කථා කරන්නෙම් ද?"

"දේවී, මේ අයුරින් ඔබ මා හා කථා කරව. 'දේවයන් වහන්ස, සියළු ප්‍රියමනාප දෙයින් වෙන් වීම, බැහැර වීම, අන්‍ය ස්වභාවයට පත්වීම ඇත්තේ ය. දේවයන් වහන්ස, ඔබ වහන්සේ අපේක්ෂා සහිත ව කළුරිය කරන්නට එපා. අපේක්ෂා සහිත ව කළුරිය කිරීම දුකකි. අපේක්ෂා සහිත ව කළුරිය කිරීම ගැරහුම් ලැබූවකි.

දේවයන් වහන්ස, ඔබට කුසාවතී රාජධානිය ප්‍රමුඛ මේ සුවාසූ දහසක් නගරයෝ තිබෙති. දේවයන් වහන්ස, මෙහි කැමැත්ත අත්හළ මැනැව. ජීවිතයෙහි අපේක්ෂාව නොකළ මැනැව.

දේවයන් වහන්ස, ඔබට ධර්ම ප්‍රාසාදය ප්‍රමුඛ මේ සුවාසූ දහසක් ප්‍රාසාදයෝ තිබෙති. දේවයන් වහන්ස, මෙහි කැමැත්ත අත්හළ මැනැව. ජීවිතයෙහි අපේක්ෂාව නොකළ මැනැව.

දේවයන් වහන්ස, ඔබට මහා ව්‍යූහ කූටාගාරය ප්‍රමුඛ මේ සුවාසූ දහසක් කූටාගාරයෝ තිබෙති. දේවයන් වහන්ස, මෙහි කැමැත්ත අත්හළ මැනැව. ජීවිතයෙහි අපේක්ෂාව නොකළ මැනැව.

දේවයන් වහන්ස, ඔබට රනින් තැනූ, රිදියෙන් තැනූ, ඇත් දළින් තැනූ, දැව අරටුවෙන් තැනූ, දිගු ලොම් ඇති පළස් ඇතිරූ, සුදු එළු ලොමින් කළ පළස් ඇතිරූ, මල් වියූ පළස් ඇතිරූ, කදලි මුව සමින් කළ පළස් ඇතිරූ, උඩු වියන් සහිත වූ, දෙපසින් රතු විල්ලුදයෙන් කළ කොට්ට තැබූ කවිච්චි මේ අසූ හාර දහසක් තිබෙති. දේවයන් වහන්ස, මෙහි කැමැත්ත අත්හළ මැනැව. ජීවිතයෙහි අපේක්ෂාව නොකළ මැනැව.

දේවයන් වහන්ස, ඔබට රන් ආභරණ පැළඳි, රන් කොඩි නැගූ, රන් දැල් පෙරවූ, උපෝසථ ඇත් රජු ප්‍රමුඛ මේ අසූ හාර දහසක් හස්තීහු සිටිති. දේවයන් වහන්ස, මෙහි කැමැත්ත අත්හළ මැනැව. ජීවිතයෙහි අපේක්ෂාව නොකළ මැනැව.

දේවයන් වහන්ස, ඔබට රන් ආභරණ පැළඳි, රන් කොඩි නැගූ, රන් දැල් පෙරවූ, වලාහක අශ්වරාජයා ප්‍රමුඛ මේ අසූ හාර දහසක් අශ්වයෝ සිටිති. දේවයන් වහන්ස, මෙහි කැමැත්ත අත්හළ මැනැව. ජීවිතයෙහි අපේක්ෂාව නොකළ මැනැව.

දේවයන් වහන්ස, ඔබට සිංහ සම් ඇතිරූ, ව්‍යාඝ්‍ර සම් ඇතිරූ, දිවි සම් ඇතිරූ, පඬු පැහැ ගත් කම්බිලි ඇතිරූ, රනින් කැටයම් කළ, රන් කොඩි නැගූ, රන් දැලින් වැසූ, වෛජයන්ත රථය ප්‍රමුඛ මේ අසූ හාර දහසක් රථයෝ තිබෙති. දේවයන් වහන්ස, මෙහි කැමැත්ත අත්හළ මැනැව. ජීවිතයෙහි අපේක්ෂාව නොකළ මැනැව.

දේවයන් වහන්ස, ඔබට මාණික්‍යරත්නය ප්‍රමුඛ කොට මේ අසූ හාර දහසක් මාණික්‍යයෝ තිබෙති. දේවයන් වහන්ස, මෙහි කැමැත්ත අත්හළ මැනැව. ජීවිතයෙහි අපේක්ෂාව නොකළ මැනැව.

දේවයන් වහන්ස, ඔබට සුභද්‍රා දේවිය ප්‍රමුඛ කොට මේ අසූ හාර දහසක් බිසෝවරු සිටිති. දේවයන් වහන්ස, මෙහි කැමැත්ත අත්හළ මැනැව. ජීවිතයෙහි අපේක්ෂාව නොකළ මැනැව.

දේවයන් වහන්ස, ඔබට ගෘහපතිරත්නය ප්‍රමුඛ කොට මේ අසූ හාර දහසක් ගෘහපතීහු සිටිති. දේවයන් වහන්ස, මෙහි කැමැත්ත අත්හළ මැනැව. ජීවිතයෙහි අපේක්ෂාව නොකළ මැනැව.

දේවයන් වහන්ස, ඔබට පුත්‍ර රත්නය ප්‍රමුඛ කොට ඒ අනුව යන මේ අසූ හාර දහසක් ක්ෂත්‍රියයෝ සිටිති. දේවයන් වහන්ස, මෙහි කැමැත්ත අත්හළ මැනැව. ජීවිතයෙහි අපේක්ෂාව නොකළ මැනැව.

දේවයන් වහන්ස, ඔබට හැමකල්හී කිරි දෙවිය හැකි, රන් වත් පෙරවූ මේ අසූ හාර දහසක් කිරි දෙන්නු සිටිති. දේවයන් වහන්ස, මෙහි කැමැත්ත අත්හළ මැනැව. ජීවිතයෙහි අපේක්ෂාව නොකළ මැනැව.

දේවයන් වහන්ස, ඔබට මේ සියුම් කොමු පිළී වස්ත්‍ර, සියුම් කපු වස්ත්‍ර, සියුම් පට වස්ත්‍ර, සියුම් පොරෝනා කෝටි අසූ හාර දහසක් තිබෙති. දේවයන් වහන්ස, මෙහි කැමැත්ත අත්හළ මැනැව. ජීවිතයෙහි අපේක්ෂාව නොකළ මැනැව.

දේවයන් වහන්ස, ඔබට උදේ සවස පිළිගන්වන මේ ආහාර බඳුන් අසූ හාරදහසක් තිබෙති. දේවයන් වහන්ස, මෙහි කැමැත්ත අත්හළ මැනැව. ජීවිතයෙහි අපේක්ෂාව නොකළ මැනැව' යනුවෙනි."

ආනන්දයෙනි, මෙසේ පැවසූ කල්හී සුභද්‍රා දේවී තොමෝ හඬා වැටුණා ය. කඳුළු වැගිරුවා ය. ඉක්බිති ආනන්දයෙනි, සුභද්‍රා දේවිය කඳුළු පිසදමා මහා සුදස්සන රජුට මෙය පැවසුවා ය.

"දේවයන් වහන්ස, සියළු ප්‍රියමනාප දෙයින් වෙන් වීම, බැහැර වීම, අන්‍ය ස්වභාවයට පත්වීම ඇත්තේ ය. දේවයන් වහන්ස, ඔබ වහන්සේ අපේක්ෂා සහිත ව කළුරිය කරන්නට එපා. අපේක්ෂා සහිත ව කළුරිය කිරීම දුකකි. අපේක්ෂා සහිත ව කළුරිය කිරීම ගැරහුම් ලැබූවකි.

දේවයන් වහන්ස, ඔබට කුසාවතී රාජධානිය ප්‍රමුඛ මේ සුවාසූ දහසක් නගරයෝ තිබෙති. දේවයන් වහන්ස, මෙහි කැමැත්ත අත්හළ මැනැව. ජීවිතයෙහි අපේක්ෂාව නොකළ මැනැව.

දේවයන් වහන්ස, ඔබට ධර්ම ප්‍රාසාදය ප්‍රමුඛ මේ සුවාසූ දහසක් ප්‍රාසාදයෝ තිබෙති. දේවයන් වහන්ස, මෙහි කැමැත්ත අත්හළ මැනැව. ජීවිතයෙහි අපේක්ෂාව නොකළ මැනැව.

දේවයන් වහන්ස, ඔබට මහා ව්‍යූහ කූටාගාරය ප්‍රමුඛ මේ සුවාසූ දහසක් කූටාගාරයෝ තිබෙති. දේවයන් වහන්ස, මෙහි කැමැත්ත අත්හළ මැනැව. ජීවිතයෙහි අපේක්ෂාව නොකළ මැනැව.

දේවයන් වහන්ස, ඔබට රනින් තැනූ, රිදියෙන් තැනූ, ඇත් දළින් තැනූ, දැව අරටුවෙන් තැනූ, දිගු ලොම් ඇති පළස් ඇතිරූ, සුදු එළු ලොමින් කළ පළස් ඇතිරූ, මල් වියූ පළස් ඇතිරූ, කදලි මුව සමින් කළ පළස් ඇතිරූ, උඩු වියන් සහිත වූ, දෙපසින් රතු විල්ලුදයෙන් කළ කොට්ට තැබූ කවිච්චි මේ අසූ හාර

දහසක් තිබෙති. දේවයන් වහන්ස, මෙහි කැමැත්ත අත්හළ මැනැව. ජීවිතයෙහි අපේක්ෂාව නොකළ මැනැව.

දේවයන් වහන්ස, ඔබට රන් ආභරණ පැළඳි, රන් කොඩි නැගූ, රන් දැල් පෙරවූ, උපෝසථ ඇත් රජු ප්‍රමුඛ මේ අසූ හාර දහසක් හස්තීහු සිටිති. දේවයන් වහන්ස, මෙහි කැමැත්ත අත්හළ මැනැව. ජීවිතයෙහි අපේක්ෂාව නොකළ මැනැව.

දේවයන් වහන්ස, ඔබට රන් ආභරණ පැළඳි, රන් කොඩි නැගූ, රන් දැල් පෙරවූ, වලාහක අශ්වරාජයා ප්‍රමුඛ මේ අසූ හාර දහසක් අශ්වයෝ සිටිති. දේවයන් වහන්ස, මෙහි කැමැත්ත අත්හළ මැනැව. ජීවිතයෙහි අපේක්ෂාව නොකළ මැනැව.

දේවයන් වහන්ස, ඔබට සිංහ සම් ඇතිරූ, ව්‍යාඝ්‍ර සම් ඇතිරූ, දිවි සම් ඇතිරූ, පඬු පැහැ ගත් කම්බිලි ඇතිරූ, රනින් කැටයම් කළ, රන් කොඩි නැගූ, රන් දැලින් වැසූ, වෛජයන්ත රථය ප්‍රමුඛ මේ අසූ හාර දහසක් රථයෝ තිබෙති. දේවයන් වහන්ස, මෙහි කැමැත්ත අත්හළ මැනැව. ජීවිතයෙහි අපේක්ෂාව නොකළ මැනැව.

දේවයන් වහන්ස, ඔබට මාණික්‍යරත්නය ප්‍රමුඛ කොට මේ අසූ හාර දහසක් මාණික්‍යයෝ තිබෙති. දේවයන් වහන්ස, මෙහි කැමැත්ත අත්හළ මැනැව. ජීවිතයෙහි අපේක්ෂාව නොකළ මැනැව.

දේවයන් වහන්ස, ඔබට සුභද්‍රා දේවිය ප්‍රමුඛ කොට මේ අසූ හාර දහසක් බිසෝවරු සිටිති. දේවයන් වහන්ස, මෙහි කැමැත්ත අත්හළ මැනැව. ජීවිතයෙහි අපේක්ෂාව නොකළ මැනැව.

දේවයන් වහන්ස, ඔබට ගෘහපතිරත්නය ප්‍රමුඛ කොට මේ අසූ හාර දහසක් ගෘහපතීහු සිටිති. දේවයන් වහන්ස, මෙහි කැමැත්ත අත්හළ මැනැව. ජීවිතයෙහි අපේක්ෂාව නොකළ මැනැව.

දේවයන් වහන්ස, ඔබට පුත්‍ර රත්නය ප්‍රමුඛ කොට ඒ අනුව යන මේ අසූ හාර දහසක් ක්ෂත්‍රියයෝ සිටිති. දේවයන් වහන්ස, මෙහි කැමැත්ත අත්හළ මැනැව. ජීවිතයෙහි අපේක්ෂාව නොකළ මැනැව.

දේවයන් වහන්ස, ඔබට හැමකල්හී කිරි දෙවිය හැකි, රන් වත් පෙරවූ මේ අසූ හාර දහසක් කිරි දෙන්නු සිටිති. දේවයන් වහන්ස, මෙහි කැමැත්ත අත්හළ මැනැව. ජීවිතයෙහි අපේක්ෂාව නොකළ මැනැව.

දේවයන් වහන්ස, ඔබට මේ සියුම් කොමු පිළී වස්ත්‍ර, සියුම් කපු වස්ත්‍ර, සියුම් පට වස්ත්‍ර, සියුම් පොරෝනා කෝටි අසූ හාර දහසක් තිබෙති. දේවයන් වහන්ස, මෙහි කැමැත්ත අත්හළ මැනැව. ජීවිතයෙහි අපේක්ෂාව නොකළ මැනැව.

දේවයන් වහන්ස, ඔබට උදේ සවස පිළිගන්වන මේ ආහාර බඳුන් අසූ හාරදහසක් තිබෙති. දේවයන් වහන්ස, මෙහි කැමැත්ත අත්හළ මැනැව. ජීවිතයෙහි අපේක්ෂාව නොකළ මැනැව" යි.

ඉක්බිති ආනන්දයෙනි, මහා සුදස්සන රජු වැඩිකල් නොයා ම කළුරිය කළේ ය. ආනන්දයෙනි, ගෘහපතියෙකු හෝ ගෘහපති පුත්‍රයෙකු හෝ මිහිරි බොජුනක් කුසපුරා වැළඳූ පසු ඇතිවන බත් මතය යම් සේ ද, එසෙයින් ම ආනන්දයෙනි, මහා සුදස්සන රජුගේ මාරාන්තික වේදනාව වූයේ ය.

ආනන්දයෙනි, කළුරිය කළ මහා සුදස්සන රජු සුගති බඹලොව උපන්නේ ය. ආනන්දයෙනි, මහා සුදස්සන රජු වසර සුවාසූ දහසක් කුමාර ක්‍රීඩාවෙන් කල් ගෙවී ය. වසර සුවාසූ දහසක් යුවරජකම් කළේ ය. වසර සුවාසූ දහසක් රජකම් කළේ ය. වසර සුවාසූ දහසක් ධර්ම ප්‍රාසාදයෙහි සිට ගිහියෙකු ලෙස බඹසර හැසිරුණේ ය. ඔහු සතර බ්‍රහ්ම විහාර භාවනාව වඩා කය බිඳී මරණින් මතු බඹලොව උපන්නේ ය.

ආනන්දයෙනි, ඔබට මෙසේ සිතෙන්නට පුළුවනි. 'එසමයෙහි මහා සුදස්සන රජු වූයේ වෙන කෙනෙක් වත් ද?' යි. ආනන්දයෙනි, එය එසේ නොදැක්ක යුත්තේ ය. ආනන්දයෙනි, එසමයෙහි මහා සුදස්සන රජු මම වූයෙමි. ඒ කුසාවතී රාජධානිය ප්‍රමුඛ සුවාසූ දහසක් නගරයෝ මාගේ ය.

ඒ ධර්ම ප්‍රාසාදය ප්‍රමුඛ සුවාසූ දහසක් ප්‍රාසාදයෝ මාගේ ය.

ඒ මහා ව්‍යූහ කූටාගාරය ප්‍රමුඛ සුවාසූ දහසක් කූටාගාරයෝ මාගේ ය.

ඒ රනින් තැනූ, රිදියෙන් තැනූ, ඇත් දළින් තැනූ, දැව අරටුවෙන් තැනූ, දිගු ලොම් ඇති පළස් ඇතිරූ, සුදු එළු ලොමින් කළ පළස් ඇතිරූ, මල් වියූ පළස් ඇතිරූ, කදලි මුව සමින් කළ පළස් ඇතිරූ, උඩු වියන් සහිත වූ, දෙපසින් රතු විල්ලුදයෙන් කළ කොට්ට තැබූ කවිච්චි අසූ හාර දහස මාගේ ය.

ඒ රන් ආභරණ පැළඳි, රන් කොඩි නැගූ, රන් දැල් පෙරවූ, උපෝසථ ඇත් රජු ප්‍රමුඛ අසූ හාර දහසක් හස්තීහු මාගේ ය.

ඒ රන් ආභරණ පැළඳි, රන් කොඩි නැගූ, රන් දැල් පෙරවූ, වලාහක අශ්වරාජයා ප්‍රමුඛ අසූ හාර දහසක් අශ්වයෝ මාගේ ය.

ඒ සිංහ සම් ඇතිරූ, ව්‍යාඝ්‍ර සම් ඇතිරූ, දිවි සම් ඇතිරූ, පඬු පැහැ ගත් කම්බිලි ඇතිරූ, රනින් කැටයම් කළ, රන් කොඩි නැගූ, රන් දැලින් වැසූ, වෛජයන්ත රථය ප්‍රමුඛ අසූ හාර දහසක් රථයෝ මාගේ ය.

ඒ මාණික්‍යරත්නය ප්‍රමුඛ කොට අසූ හාර දහසක් මාණික්‍යයෝ මාගේ ය.

ඒ සුභද්‍රා දේවිය ප්‍රමුඛ කොට අසූ හාර දහසක් බිසෝවරු මාගේ ය.

ඒ ගෘහපතිරත්නය ප්‍රමුඛ කොට අසූ හාර දහසක් ගෘහපතීහු මාගේ ය.

ඒ පුත්‍ර රත්නය ප්‍රමුඛ කොට ඒ අනුව යන අසූ හාර දහසක් ක්ෂත්‍රියයෝ මාගේ ය.

ඒ හැමකල්හී කිරි දෙවිය හැකි, රන් වත් පෙරවූ අසූ හාර දහසක් කිරි දෙන්නු මාගේ ය.

ඒ සියුම් කොමු පිළී වස්ත්‍ර, සියුම් කපු වස්ත්‍ර, සියුම් පට වස්ත්‍ර, සියුම් පොරෝනා කෝටි අසූ හාර දහස මාගේ ය.

උදේ සවස පිළිගන්වන ඒ ආහාර බඳුන් අසූ හාරදහස මා උදෙසා ය.

ආනන්දයෙනි, ඒ සුවාසූ දහසක් නගරයන් අතර එසමයෙහි යම් නගරයක වාසය කළෙම් නම්, ඒ එක ම නගරයක් වෙයි. එනම් මේ කුසාවතී රාජධානිය යි.

ආනන්දයෙනි, ඒ සුවාසූ දහසක් ප්‍රාසාදයන් අතර එසමයෙහි යම් ප්‍රාසාදයක වාසය කෙළෙම් නම්, ඒ එක ම ප්‍රාසාදයක් වෙයි. එනම් මේ ධර්ම ප්‍රාසාදය යි.

ආනන්දයෙනි, ඒ සුවාසූ දහසක් කූටාගාරයන් අතර එසමයෙහි යම් කූටාගාරයක වාසය කෙළෙම් නම්, ඒ එක ම කූටාගාරයක් වෙයි. එනම් මේ මහා ව්‍යුහ කූටාගාරය යි.

ආනන්දයෙනි, ඒ සුවාසූ දහසක් කවිච්චි වලින් එසමයෙහි යම් කවිච්චියක් පාවිච්චි කළෙම් ද, ඒ එක ම කවිච්චියක් වෙයි. එනම් මේ රනින් කළ එකක් හෝ රිදියෙන් කළ එකක් හෝ ඇත් දළින් කළ එකක් හෝ දැව අරටුවෙන් කළ එකක් හෝ ය.

ආනන්දයෙනි, ඒ සුවාසූ දහසක් ඇතුන් අතර, එසමයෙහි යම් ඇතෙකුගේ පිට නැංගෙම් ද, ඒ එක ම ඇතෙක් වෙයි. එනම් මේ උපෝසථ ඇත් රජා ය.

ආනන්දයෙනි, ඒ සුවාසූ දහසක් අශ්වයින් අතර, එසමයෙහි යම් අසෙකුගේ පිට නැංගෙම් ද, ඒ එක ම අශ්වයෙක් වෙයි. එනම් මේ වලාහක අශ්වරාජයා ය.

ආනන්දයෙනි, ඒ සුවාසූ දහසක් රථ අතර, එසමයෙහි යම් රථයක නැංගෙම් ද, ඒ එක ම රථය යි. එනම් මේ වෛජයන්ත රථය යි.

ආනන්දයෙනි, ඒ සුවාසූ දහසක් ස්ත්‍රීන් අතර එසමයෙහි යම් ස්ත්‍රියක් මා හට උපස්ථාන කළා ද, ඒ ක්ෂත්‍රිය හෝ වෙළඳ කුලයේ හෝ එක ම ස්ත්‍රියකි.

ආනන්දයෙනි, ඒ කෝටි සුවාසූ දහසක් වස්ත්‍ර අතර එසමයෙහි යම් වස්ත්‍රයක් පාවිච්චි කළෙම් ද, ඒ එක ම වස්ත්‍ර යුගලකි. එය සියුම් කොමු පිළි හෝ, සියුම් කපු පිළි හෝ, සියුම් කසී සළු හෝ සියුම් කම්බිලි හෝ ය.

ආනන්දයෙනි, ඒ සුවාසූ දහසක් ආහාර බඳුන් අතර යමකින් නැළියකට (හුණ්ඩුවකට) නොවැඩි බතකුත්, එපමණට සූප ව්‍යංජන ත් වැළඳුවෙම් ද ඒ එක ම ආහාර බඳුනකි.

බලව, ආනන්දයෙනි. ඒ සියළු සංස්කාරයෝ අතීතයට ගියාහු ය. නිරුද්ධ වූවාහු ය. වෙනස් ව නොපෙනී ගියාහු ය. මෙසේ ආනන්දයෙනි, සංස්කාරයෝ වනාහී අනිත්‍යයහ. මෙසේ ආනන්දයෙනි, සංස්කාරයෝ වනාහී අස්ථිරයහ. මෙසේ ආනන්දයෙනි, සංස්කාරයෝ වනාහී අස්වැසිලි නැත්තායහ.

ආනන්දයෙනි, මේ සියළු සංස්කාරයන් පිළිබඳ ව අවබෝධයෙන් ම එපා වෙන්නට ඉතා සුදුසු ම ය. එහි නොඇලෙන්නට ඉතා සුදුසු ම ය. එයින් නිදහස් වන්නට ඉතා සුදුසු ම ය.

ආනන්දයෙනි, මේ කුසිනාරා ප්‍රදේශයෙහි මම සය වරක් ම සිරුර අත්හැර දැමූ බව (කළුරිය කළ බව) දනිමි. ඒ ධාර්මික, ධර්ම රාජ ව, සයුර සීමා කොට, සිව් මහා දිවයිනට අධිපති ව, විරුද්ධ රජවරුන් දිනා, ජනපදයන්හි තහවුරු බවට පත් ව, සප්ත රත්නයෙන් යුතුව, සක්විති රජෙකු ලෙස ය. මේ වනාහී සිරුර බහා දැමෙන සත්වෙනි අවස්ථාව යි.

ආනන්දයෙනි, යම් ප්‍රදේශයක තථාගත තෙමේ අටවෙනි වතාවට ත් සිරුර බැහැර දමන්නේ ද, එවන් ප්‍රදේශයක් දෙවියන්, මරුන්, බඹුන් සහිත වූ ශ්‍රමණ බ්‍රාහ්මණයන් සහිත වූ, දෙව් මිනිස් ප්‍රජාවෙන් යුතු ලෝකයෙහි මම නොදකිමි.”

භාග්‍යවතුන් වහන්සේ මෙය වදාළ සේක. මෙය වදාළ සුගත වූ ශාස්තෘන් වහන්සේ යළි මෙය වදාළ සේක.

"අනිච්චා වත සංඛාරා - උප්පාදවය ධම්මිනෝ
උප්පජ්ජිත්වා නිරුජ්ඣන්ති - තේසං වූපසමෝ සුඛෝ'ති.

සංස්කාරයෝ ඒකාන්තයෙන් ම අනිත්‍යයහ. හටගෙන නැසෙන ස්වභාවයෙන් යුක්තයහ. ඉපදී නැසී යති. එබඳු වූ සංස්කාරයන්ගේ නැවත නූපදින ලෙස සංසිඳී යාම සැපයකි!"

සාදු! සාදු!! සාදු!!!

මහා සුදස්සන සූත්‍රය නිමා විය.

2.5.
ජනවසභ සූත්‍රය
ජනවසභ දෙවියන් ගැන වදාළ දෙසුම

මා විසින් මෙසේ අසන ලදී.

එක් සමයෙක්හි භාග්‍යවතුන් වහන්සේ නාදිකා ගමෙහි ගඩොලින් කළ ගෘහයෙහි වැඩවසන සේක. එසමයෙහි කාසි, කෝසල, වජ්ජි, මල්ල, චේති, වත්ස, කුරු, පංචාල, මච්ඡ, සූරසේන යන අවට හාත්පස පිහිටි ජනපදවල කලින් සිට කලුරිය කළ උපාසකයන්ගේ උපත් පිළිබඳ ව 'අසවලා අසවල් තැන උපන්නේ ය. අසවලා අසවල් තැන උපන්නේ ය' යි.

එනම් නාදිකාවෙහි මැත භාගයෙහි සිටි පනහකට වැඩි උපාසකවරු ඕරම්භාගීය සංයෝජන පස ක්ෂය කිරීමෙන් සුද්ධාවාස බඹලොවෙහි ඕපපාතික ව ඉපිද, ඒ ලොවින් මෙලොවට හැරී නොඑනසුළු ව, එහි ම පිරිනිවන්පාන සුළු ව කලුරිය කළාහු ය.

නාදිකාවෙහි මැත භාගයෙහි සිටි අනූවකට වැඩි උපාසකවරු සංයෝජන තුනක් ක්ෂය කිරීමෙන්, රාග ද්වේෂ මෝහයන්ගේ තුනී වීමෙන්, එක් වරක් පමණක් මෙලොවට පැමිණ දුක් අවසන් කරන්නාහු නම්, එසේ සකදාගාමී ව කලුරිය කළාහු ය.

නාදිකාවෙහි මැත භාගයෙහි සිටි පන්සියයකට වැඩි උපාසකවරු සංයෝජන තුනක් ක්ෂය කිරීමෙන් සෝතාපන්න ව, සතර අපායට නොවැටෙන සුළු ව, නියත වශයෙන් ම නිවන පිහිට කොට කලුරිය කළාහු ය' යි භාග්‍යවතුන් වහන්සේ පරලොව ගතිය පිළිබඳ ව වදාරණ සේක.

නාදිකාවැසි උපාසකවරුන්ට මෙය අසන්නට ලැබුණේ ය. "කාසි, කෝසල, වජ්ජි, මල්ල, චේති, වත්ස, කුරු, පංචාල, මච්ඡ, සූරසේන යන අවට හාත්පස පිහිටි ජනපදවල කලින් සිට කලුරිය කළ උපාසකයන්ගේ උපත් පිළිබඳ ව 'අසවලා අසවල් තැන උපන්නේ ය. අසවලා අසවල් තැන උපන්නේ ය' යි.

එනම් නාදිකාවෙහි මැත භාගයෙහි සිටි පනහකට වැඩි උපාසකවරු ඕරම්භාගීය සංයෝජන පස ක්ෂය කිරීමෙන් සුද්ධාවාස බඹලොවෙහි ඕපපාතික ව ඉපිද, ඒ ලොවින් මෙලොවට හැරී නොඑනසුළු ව, එහි ම පිරිනිවන්පාන සුළු ව කලුරිය කළාහු ය.

නාදිකාවෙහි මැත භාගයෙහි සිටි අනූවකට වැඩි උපාසකවරු සංයෝජන තුනක් ක්ෂය කිරීමෙන්, රාග ද්වේෂ මෝහයන්ගේ තුනී වීමෙන්, එක් වරක් පමණක් මෙලොවට පැමිණ දුක් අවසන් කරන්නාහු නම්, එසේ සකදාගාමී ව කලුරිය කළාහු ය.

නාදිකාවෙහි මැත භාගයෙහි සිටි පන්සියයකට වැඩි උපාසකවරු සංයෝජන තුනක් ක්ෂය කිරීමෙන් සෝතාපන්න ව, සතර අපායට නොවැටෙන සුළු ව, නියත වශයෙන් ම නිවන පිහිට කොට කලුරිය කළාහු ය' යි භාග්‍යවතුන් වහන්සේ පරලොව ගතිය පිළිබඳ ව වදාරණ සේක" යි. භාග්‍යවතුන් වහන්සේ (ඒ මියගිය අයගේ පරලොව උපත පිළිබඳ ව ඇසූ) ප්‍රශ්නයන්ට මෙසේ දුන් පිළිතුරු අසා ඒ හේතුවෙන් නාදිකාවැසි උපාසකවරු සතුටු සිත් ඇති ව, ප්‍රමුදිත ව, ප්‍රීති සොම්නසට පත්වූවාහු ය.

ආයුෂ්මත් ආනන්දයන් වහන්සේ ත් මෙකරුණ ඇසූහ. "කාසි, කෝසල, වජ්ජි, මල්ල, චේති, වත්ස, කුරු, පංචාල, මච්ඡ, සූරසේන යන අවට හාත්පස පිහිටි ජනපදවල කලින් සිට කලුරිය කළ උපාසකයන්ගේ උපත් පිළිබඳ ව 'අසවලා අසවල් තැන උපන්නේ ය. අසවලා අසවල් තැන උපන්නේ ය' යි.

එනම් නාදිකාවෙහි මැත භාගයෙහි සිටි පනහකට වැඩි උපාසකවරු ඕරම්භාගීය සංයෝජන පස ක්ෂය කිරීමෙන් සුද්ධාවාස බඹලොවෙහි ඕපපාතික ව ඉපිද, ඒ ලොවින් මෙලොවට හැරී නොඑනසුළු ව, එහි ම පිරිනිවන්පාන සුළු ව කලුරිය කළාහු ය.

නාදිකාවෙහි මැත භාගයෙහි සිටි අනූවකට වැඩි උපාසකවරු සංයෝජන තුනක් ක්ෂය කිරීමෙන්, රාග ද්වේෂ මෝහයන්ගේ තුනී වීමෙන්, එක් වරක් පමණක් මෙලොවට පැමිණ දුක් අවසන් කරන්නාහු නම්, එසේ සකදාගාමී ව කළුරිය කළාහු ය.

නාදිකාවෙහි මැත භාගයෙහි සිටි පන්සියයකට වැඩි උපාසකවරු සංයෝජන තුනක් ක්ෂය කිරීමෙන් සෝතාපන්න ව, සතර අපායට නොවැටෙන සුළු ව, නියත වශයෙන් ම නිවන පිහිට කොට කලුරිය කළාහු ය' යි භාග්‍යවතුන් වහන්සේ පරලොව ගතිය පිළිබඳ ව වදාරණ සේක" යි. භාග්‍යවතුන් වහන්සේ

(ඒ මියගිය අයගේ පරලොව උපත පිළිබඳ ව ඇසූ) ප්‍රශ්නයන්ට මෙසේ දුන් පිළිතුරු අසා ඒ හේතුවෙන් නාදිකාවැසි උපාසකවරු සතුටු සිත් ඇති ව, ප්‍රමුදිත ව, ප්‍රීති සොම්නසට පත්වූවාහු ය" යි.

එකල්හී ආයුෂ්මත් ආනන්දයන් වහන්සේට මේ අදහස ඇතිවූයේ ය.

'මෑත භාගයෙහි මගධයෙහි සිටි බොහෝ කල් උපාසක ව සිටි, මේ බොහෝ උපාසකවරු ත් කලුරිය කළාහු ය. මෑත භාගයෙහි අංග මගධ ජනපදයන්හි සිටි උපාසකවරු ත් කලුරිය කළ කල්හී අංග මගධ ජනපදයන් හිස්වූවාක් මෙන් වැටහෙයි. ඒ උපාසකවරු ත් බුදුරජුන් කෙරෙහි පහන් ව, ධර්මය කෙරෙහි පහන් ව, සංඝයා කෙරෙහි පහන් ව සිටියාහු ය. සිල් පුරමින් සිටියාහු ය. කලින් සිට මියගිය ඔවුහු භාග්‍යවතුන් වහන්සේ විසින් පරලොව ගති පිළිබඳ ව තොරතුරු නොවදාරණ ලද්දාහු ය. ඔවුන්ගේ පරලොව ගතිය කෙසේ ද? යන ප්‍රශ්නයට ත් පිළිතුරු වදාරණ සේක් නම් ඉතා යහපති. එය අසා බොහෝ ජනයා පහදිනු ඇත්තේ ය. ඒ හේතුවෙන් සුගතියෙහි උපදිනු ඇත්තේ ය.

මේ සේනිය බිම්බිසාර මගධ රජු වනාහී ධාර්මික ව බ්‍රාහ්මණ ගෘහපතීන්ට ත්, නියම්ගම් වැසියන්ට ත්, ජනපද වාසීන්ට ත් හිතවත් ව සිටි ධාර්මික රජෙකි. තවම ත් මිනිස්සු ගුණ කියන සුළු ව වාසය කරති. 'භවත්නි, ඒ ධාර්මික වූ දැහැමි රජු මෙසේ අප සුවපත් කරවා කලුරිය කළේ ය. මෙසේ අපි ඒ ධාර්මික වූ දැහැමි රජුගේ විජිතයෙහි පහසුවෙන් වාසය කළෙමු' යි යනුවෙනි. ඒ රජු ත් වනාහී බුදුරජුන් කෙරෙහි පැහැදී, ධර්මය කෙරෙහි පැහැදී, සංඝයා කෙරෙහි පැහැදී, සිල් පුරමින් සිටියේ ය. මිනිස්සු මෙසේ ත් පැවසූහ. 'මරණාවස්ථාව තෙක් ම සේනිය බිම්බිසාර මගධ රජු භාග්‍යවතුන් වහන්සේගේ ගුණ වර්ණනා කරමින් කලුරිය කළේ ය' යි යනුවෙනි. මගධයෙහි මෑත භාගයෙහි සිටි ඔහු කලුරිය කළේ භාග්‍යවතුන් වහන්සේ ඔහුගේ පරලොව ගතිය පිළිබඳ තොරතුරු නොවදාරණ ලද්දේ ය. ඔහුගේ පරලොව ගතිය පිළිබඳ ව තොරතුරු වදාරණ සේක් නම් මැනවි. එය අසා බොහෝ දෙනා පහදිනු ඇත්තේ ය. ඒ හේතුවෙන් සුගතියට යනු ඇත්තේ ය. ඇරත් භාග්‍යවතුන් වහන්සේගේ අභිසම්බෝධිය වූයේ මගධ ජනපදයෙහි නොවැ. භාග්‍යවතුන් වහන්සේ අභිසම්බෝධියට පත් මගධ ජනපදයෙහි මෑත භාගයේ සිට කලුරිය කළ උපාසකවරුන් පිළිබඳ ව පරලොව ගතිය භාග්‍යවතුන් වහන්සේ කෙසේ නම් නොවදාරණ සේක් ද? ඉදින් භාග්‍යවතුන් වහන්සේ මගධයෙහි මෑත භාගයෙහි සිට කලුරිය කළ උපාසකයින් පිළිබඳ ව පරලොව ගතිය නොවදාරණ සේක් නම්, ඒ හේතුවෙන් මගධවැසි උපාසකවරු දීන සිත් ඇති වන්නාහු ය. යම් කරුණකින් මගධවැසි

උපාසකවරු දීන සිත් ඇතිවන්නාහු නම්, ඒ කලුරිය කළවුන්ගේ පරලොව ගති පිළිබඳ ව භාග්‍යවතුන් වහන්සේ කෙසේ නම් නොවදාරණ සේක් ද?'

ආයුෂ්මත් ආනන්දයන් වහන්සේ හුදෙකලාවෙහි තනිව ම හිඳ මගධවැසි උපාසකයින් අරභයා මෙම කරුණ බොහෝ කල්පනා කොට, රාත්‍රියෙහි අළුයම නැගිට භාග්‍යවතුන් වහන්සේ යම්තැනක වැඩහුන් සේක් ද, එතැනට පැමිණියහ. පැමිණ භාග්‍යවතුන් වහන්සේට සකසා වන්දනා කොට එකත්පස් ව හිඳගත්හ. එකත්පස් ව හුන් ආයුෂ්මත් ආනන්දයන් වහන්සේ භාග්‍යවතුන් වහන්සේට මෙය පැවසූහ.

"ස්වාමීනී, මෙය මා විසින් අසන ලද්දේ ය. කාසි, කෝසල, වජ්ජි, මල්ල, චේති, වත්ස, කුරු, පංචාල, මච්ඡ, සූරසේන යන අවට හාත්පස පිහිටි ජනපදවල කලින් සිට කලුරිය කළ උපාසකයන්ගේ උපත් පිළිබඳ ව 'අසවලා අසවල් තැන උපන්නේ ය. අසවලා අසවල් තැන උපන්නේ ය' යි.

එනම් නාදිකාවෙහි මෑත භාගයෙහි සිටි පනහකට වැඩි උපාසකවරු ඕරම්භාගීය සංයෝජන පස ක්ෂය කිරීමෙන් සුද්ධාවාස බඹලොවෙහි ඕපපාතික ව ඉපිද, ඒ ලොවින් මෙලොවට හැරී නොඑනසුළු ව, එහි ම පිරිනිවන්පාන සුළු ව කලුරිය කළාහු ය.

නාදිකාවෙහි මෑත භාගයෙහි සිටි අනූවකට වැඩි උපාසකවරු සංයෝජන තුනක් ක්ෂය කිරීමෙන්, රාග ද්වේෂ මෝහයන්ගේ තුනී වීමෙන්, එක් වරක් පමණක් මෙලොවට පැමිණ දුක් අවසන් කරන්නාහු නම්, එසේ සකදාගාමී ව කළුරිය කළාහු ය.

නාදිකාවෙහි මෑත භාගයෙහි සිටි පන්සියයකට වැඩි උපාසකවරු සංයෝජන තුනක් ක්ෂය කිරීමෙන් සෝතාපන්න ව, සතර අපායට නොවැටෙන සුළු ව, නියත වශයෙන් ම නිවන පිහිට කොට කලුරිය කළාහු ය' යි භාග්‍යවතුන් වහන්සේ පරලොව ගතිය පිළිබඳ ව වදාරණ සේක" යි. භාග්‍යවතුන් වහන්සේ (ඒ මියගිය අයගේ පරලොව උපත පිළිබඳ ව ඇසූ) ප්‍රශ්නයන්ට මෙසේ දුන් පිළිතුරු අසා ඒ හේතුවෙන් නාදිකාවැසි උපාසකවරු සතුටු සිත් ඇති ව, ප්‍රමුදිත ව, ප්‍රීති සොම්නසට පත්වූවාහු ය" යි.

ස්වාමීනී, මෑත භාගයෙහි මගධයෙහි සිටි බොහෝ කල් උපාසක ව සිටි, මේ බොහෝ උපාසකවරු ත් කලුරිය කළාහු ය. මෑත භාගයෙහි අංග මගධ ජනපදයන්හි සිටි උපාසකවරු ත් කලුරිය කළ කල්හී අංග මගධ ජනපදයන් හිස්වූවාක් මෙන් වැටහෙයි. ඒ උපාසකවරු ත් බුදුරජුන් කෙරෙහි පහන් ව,

ධර්මය කෙරෙහි පහන් ව, සංඝයා කෙරෙහි පහන් ව සිටියාහු ය. සිල් පුරමින් සිටියාහු ය. කලින් සිට මියගිය ඔවුහු භාග්‍යවතුන් වහන්සේ විසින් පරලොව ගති පිළිබඳ ව තොරතුරු නොවදාරණ ලද්දාහු ය. ඔවුන්ගේ පරලොව ගතිය කෙසේ ද? යන ප්‍රශ්නයට ත් පිළිතුරු වදාරණ සේක් නම් ඉතා යහපති. එය අසා බොහෝ ජනයා පහදිනු ඇත්තේ ය. ඒ හේතුවෙන් සුගතියෙහි උපදිනු ඇත්තේ ය.

ස්වාමීනී, මේ සේනිය බිම්බිසාර මගධ රජු වනාහී ධාර්මික ව බ්‍රාහ්මණ ගෘහපතීන්ට ත්, නියම්ගම් වැසියන්ට ත්, ජනපද වාසීන්ට ත් හිතවත් ව සිටි ධාර්මික රජෙකි. තවම ත් මිනිස්සු ගුණ කියන සුළු ව වාසය කරති. 'භවත්නි, ඒ ධාර්මික වූ දැහැමි රජු මෙසේ අප සුවපත් කරවා කලුරිය කළේ ය. මෙසේ අපි ඒ ධාර්මික වූ දැහැමි රජුගේ විජිතයෙහි පහසුවෙන් වාසය කළෙමු' යි යනුවෙනි. ඒ රජු ත් වනාහී බුදුරජුන් කෙරෙහි පැහැදී, ධර්මය කෙරෙහි පැහැදී, සංඝයා කෙරෙහි පැහැදී, සිල් පුරමින් සිටියේ ය. මිනිස්සු මෙසේ ත් පැවසූහ. 'මරණාවස්ථාව තෙක් ම සේනිය බිම්බිසාර මගධ රජු භාග්‍යවතුන් වහන්සේගේ ගුණ වර්ණනා කරමින් කලුරිය කළේ ය' යි යනුවෙනි. මගධයෙහි මෑත භාගයෙහි සිටි ඔහු කලුරිය කළේ භාග්‍යවතුන් වහන්සේ ඔහුගේ පරලොව ගතිය පිළිබඳ තොරතුරු නොවදාරණ ලද්දේ ය. ඔහුගේ පරලොව ගතිය පිළිබඳ ව තොරතුරු වදාරණ සේක් නම් මැනවි. එය අසා බොහෝ දෙනා පහදිනු ඇත්තේ ය. ඒ හේතුවෙන් සුගතියට යනු ඇත්තේ ය. ස්වාමීනී, ඒ ඇරත් භාග්‍යවතුන් වහන්සේගේ අභිසම්බෝධිය වූයේ මගධ ජනපදයෙහි නොවැ. ස්වාමීනී, මෑත භාගයේ සිට කලුරිය කළ උපාසකවරුන් පිළිබඳ ව පරලොව ගතිය භාග්‍යවතුන් වහන්සේ කෙසේ නම් නොවදාරණ සේක් ද? ස්වාමීනී, ඉදින් භාග්‍යවතුන් වහන්සේ මගධයෙහි මෑත භාගයෙහි සිට කලුරිය කළ උපාසකයින් පිළිබඳ ව පරලොව ගතිය නොවදාරණ සේක් නම්, ඒ හේතුවෙන් මගධවැසි උපාසකවරු දීන සිත් ඇති වන්නාහු ය. ස්වාමීනී, යම් කරුණකින් මගධවැසි උපාසකවරු දීන සිත් ඇතිවන්නාහු නම්, ඒ කලුරිය කළවුන්ගේ පරලොව ගති පිළිබඳ ව භාග්‍යවතුන් වහන්සේ කෙසේ නම් නොවදාරණ සේක් ද?"

ආයුෂ්මත් ආනන්දයන් වහන්සේ මගධවැසි උපාසකයින් අරභයා භාග්‍යවතුන් වහන්සේ හමුවෙහි මේ විස්තර කථාව කොට හුනස්නෙන් නැගිට භාග්‍යවතුන් වහන්සේට සකසා වන්දනා කොට, පැදකුණු කොට, නික්ම වැඩියහ.

එකල්හී භාග්‍යවතුන් වහන්සේ ආයුෂ්මත් ආනන්දයන් පිටත් ව ගිය නොබෝ වේලාවකින් පෙරවරුවෙහි සිවුරු හැඳ පොරොවාගෙන පාත්‍රය හා සිවුර ගෙන නාදිකාවට පිඬු පිණිස වැඩි සේක. නාදිකාවෙහි පිඬු පිණිස වැඩම

කොට පිණ්ඩපාතයෙන් වැළකුණු පසුබත් කාලයෙහි, පා සෝදා ගඩොලින් කළ ගෘහයට (ගෙඩිගෙයට) පිවිස මගධයෙහි සිටි උපාසකවරුන් අරභයා 'ඒ භවත්හු යම් පරලොවකට, යම් උපතකට ගියාහු ද, ඔවුන්ගේ පරලොව උපත පිළිබඳ ව දැනගන්නෙමි' යි ඉතා හොඳින් සිත යොමු කොට, මෙනෙහි කොට, මුළු සිත ම ඒ අරමුණෙහි යොමුකොට, පණවන ලද අසුනෙහි වැඩහුන් සේක. ඒ භවත්හු යම් පරලොවකට, යම් උපතකට ගියාහු ද, භාග්‍යවතුන් වහන්සේ මගධවැසි උපාසකවරුන් දුටු සේක.

ඉක්බිති භාග්‍යවතුන් වහන්සේ සවස් වරුවෙහි භාවනාවෙන් නැගිට, ගෙඩිගෙයින් එළියට වැඩම කොට, විහාර සෙවණැල්ලෙහි පණවන ලද අසුනෙහි වැඩහුන් සේක.

එකල්හී ආයුෂ්මත් ආනන්දයන් වහන්සේ භාග්‍යවතුන් වහන්සේ යම් තැනක වැඩහුන් සේක් ද, එතැනට පැමිණියහ. පැමිණ භාග්‍යවතුන් වහන්සේට සකසා වන්දනා කොට එකත්පස් ව හිඳගත්හ. එකත්පස් ව හුන් ආයුෂ්මත් ආනන්දයන් වහන්සේ භාග්‍යවතුන් වහන්සේට මෙය පැවසූහ.

"ස්වාමීනී, භාග්‍යවතුන් වහන්සේ ඉතා ශාන්ත ව දිස්වන සේක. භාග්‍යවතුන් වහන්සේගේ මුව පැහැය වඩා ත් බබලයි. ඉන්ද්‍රියයන්ගේ මනා පහන් බවක් දිස්වෙයි. 'ස්වාමීනී, භාග්‍යවතුන් වහන්සේ අද සංසිඳී ගිය විහරණයකින් වාසය කළ සේකැ' යි සිතෙයි."

"ආනන්දයෙනි, යම් වෙලාවක ඔබ මා හමුවෙහි මගධවැසි උපාසකවරුන් පිළිබඳ ව තොරතුරු විස්තර කොට, හුනස්නෙන් නැගී පිටත් ව ගියේ වෙයි ද, එකල්හී මම නාදිකාවෙහි පිඬු පිණිස හැසිර, පිණ්ඩපාතයෙන් වැළකුණු පසුබත් කාලයෙහි පා සෝදා, ගෙඩිගෙට පිවිස මගධයෙහි සිටි උපාසකවරුන් අරභයා 'ඒ භවත්හු යම් පරලොවකට, යම් උපතකට ගියාහු ද, ඔවුන්ගේ පරලොව උපත පිළිබඳ ව දැනගන්නෙමි' යි ඉතා හොඳින් සිත යොමු කොට, මෙනෙහි කොට, මුළු සිත ම ඒ අරමුණෙහි යොමුකොට, පණවන ලද අසුනෙහි හිඳගත්තෙමි. ඒ භවත්හු යම් පරලොවකට, යම් උපතකට ගියාහු ද, මම ආනන්දයෙනි, මගධවැසි උපාසකවරුන් දුටුවෙමි.

එකල්හී ආනන්දයෙනි, නොපෙනී සිටි දෙවියෙක් 'භාග්‍යවතුන් වහන්ස, මම ජනවසභ වෙමි. සුගතයන් වහන්ස, මම ජනවසභ වෙමි' යි හඬක් පැවැත්තුවේ ය. ආනන්දයෙනි, යම් මේ ජනවසභ යන නාමයක් ඇද්ද ඔබ මෙබඳු වූ නමක් මීට කලින් අසන ලද්දේ ද?"

"ස්වාමීනී, යම් මේ ජනවසභ යන නමක් අද්ද, මම මෙබඳු වූ නමක් මීට පෙර ඇසූ බවක් නොදනිමි. එනමුදු ස්වාමීනී, ජනවසභ යන නම අසා මාගේ ලෝමයෝ කෙලින් ව ගියහ. ස්වාමීනී, මට මෙය සිතෙයි. ස්වාමීනී, යම් මේ ජනවසභ යන නම යමෙකු උදෙසා මැනැවින් පණවන ලද්දේ ද, ඔහු නම් සුළුපටු දෙවියෙක් නොවන්නේ ය."

"ආනන්දයෙනි, ශබ්දය පහළ වූ සැණින් උදාර වූ පෙනුමකින් යුතු දෙවියෙක් මා ඉදිරියෙහි පෙනී සිටියේ ය. දෙවෙනි වතාවට ත් හඬ පැවැත්වූවේ ය.

"භාග්‍යවතුන් වහන්ස, මම බිම්බිසාර වෙමි. සුගතයන් වහන්ස, මම බිම්බිසාර වෙමි. ස්වාමීනී, වෛශ්‍රවණ දෙව්මහරජුන්ගේ ලෝකයෙහි මම මේ සත්වන වර උපන්නෙමි. මෙයින් චුත වී ඒ මම මිනිස් රජෙකු වන්නට හැක්කෙමි.

'ඉතෝ සත්ත තතෝ සත්ත - සංසාරානි චතුද්දස
නිවාසමභිජානාමි - යත්ථ මේ වුසිතං පුරේ

මේ දෙව්ලොවෙහි සත් වතාවක් ද, මිනිස් ලොවෙහි සත් වතාවක් ද වශයෙන් මීට කලින් දහහතර වතාවක් මා විසින් දෙව් මිනිස් දෙගතියෙහි වාසය කළ බව දනිමි'

ස්වාමීනි, දීර්ඝ කාලයක් මම සතර අපායට නොවැටුණෙමි, සතර අපායට නොවැටෙන බව දනිමි. මා තුළ සකදාගාමී වීමට ආශාව පවතින්නේ ය."

"ආයුෂ්මත් ජනවසභ දෙවියන්ගේ මේ වචනය ආශ්චර්යයකි! ආයුෂ්මත් ජනවසභ දෙවියන්ගේ මේ වචනය අද්භූත ය! 'ස්වාමීනී, මම බොහෝ කලක් සතර අපායට නොවැටුණෙමි. සතර අපායෙන් මිදුණු බව හොඳින් දනිමි' යි කියන්නෙහි ය. සකදාගාමී වීම පිණිස මා තුළ කැමැත්තක් ද තිබෙන්නේ යැයි කියන්නෙහි ය. ආයුෂ්මත් ජනවසභ දෙව් තෙමේ මෙබඳු උදාර වූ විශේෂ අධිගමයක් ඇති බව හඳුනාගත්තේ කුමක් පදනම් කොට ද?"

"භාග්‍යවතුන් වහන්ස, ඔබවහන්සේගේ සසුනෙන් පිට නොවෙයි. සුගතයන් වහන්ස, ඔබවහන්සේගේ සසුනෙන් පිට නොවෙයි. ස්වාමීනී, යම් දවසක මම භාග්‍යවතුන් වහන්සේ කෙරෙහි ඒකාන්ත කොට, නිසැක ව පැහැදුණෙම් ද, එදා සිට ස්වාමීනී, මම බොහෝ කලක් අපායට නොවැටෙන්නෙමි. අපායෙන් මිදුණු බවක් දනිමි. දැන් මා තුළ පවතින්නේ සකදාගාමී වීමේ ආශාවයි.

ස්වාමීනී, මෙහි මම කිසියම් කරුණක් අරභයා වෙසමුණි දෙව් මහරජු විසින් විරූළ්හක දෙව්රජු වෙත පිටත් කරන ලද්දෙමි. අහසින් යන අතරමග

ගෙඩිගෙයට පිවිස මගධයෙහි සිටි උපාසකවරුන් අරභයා 'ඒ භවත්හු යම් පරලොවකට, යම් උපතකට ගියාහු ද, ඔවුන්ගේ පරලොව උපත පිළිබඳ ව දැනගන්නෙමි' යි ඉතා හොඳින් සිත යොමු කොට, මෙනෙහි කොට, මුළු සිත ම ඒ අරමුණෙහි යොමුකොට, වැඩහුන් භාග්‍යවතුන් වහන්සේ ව දුටුවෙමි.

ස්වාමීනී, ඒ භවත්හු යම් පරලොවක, යම් උපතක් වූවාහු දැයි යන මෙකරුණ පිළිබඳ ව වෙසමුණි දෙව් මහරජු විසින් දෙව් පිරිසෙහි කියන ලද වචනය ඒ දෙව්රජු ඉදිරියෙහි මා විසින් අසන ලද්දේ ය. ඉදිරියෙහි පිළිගන්නා ලද්දේ ය. ඒ මට ස්වාමීනී, මේ අදහස තිබුණේ ය. 'භාග්‍යවතුන් වහන්සේවත් බැහැදකිමි. භාග්‍යවතුන් වහන්සේට මෙකරුණ ත් සැළකරන්නෙමි' යන්නයි. ස්වාමීනී, මා විසින් භාග්‍යවතුන් වහන්සේ බැහැදකිනු පිණිස එළඹෙන්නට හේතු වූයේ ඔය දෙකරුණ යි.

ස්වාමීනී, පෙර බොහෝ දවසකට මත්තෙන් වස්සානය එළැඹි ඒ පුන් පොහෝ දිනයෙහි, පිරුණු සඳ ඇති රැයෙහි සියළු තව්තිසාවැසි දෙවියෝ සුධර්මා නම් දිව්‍ය සභාවෙහි එක්රැස් ව, එක් ව හුන්නාහු ය. හාත්පසින් ම මහත් වූ දිව්‍ය පිරිස එක්රැස් ව, එක් ව හුන්නාහු ය. සතර වරම් දෙව් මහරජවරු ත් සිව් දිශාවෙහි හුන්නාහු වෙති. ධතරාෂ්ට දෙව් මහරජහු දෙව් පිරිවර පෙරටු කොට බටහිර දෙසට මුහුණලා පෙරදිග දිශාවෙහි හුන්නාහු වෙති. විරූළ්හක දෙව් මහරජහු දෙව් පිරිවර පෙරටු කොට උතුරු දෙසට මුහුණලා දකුණු දිශාවෙහි හුන්නාහු වෙති. විරූපාක්ෂ දෙව් මහරජහු දෙව් පිරිවර පෙරටු කොට පෙරදිග දෙසට මුහුණලා බටහිර දිශාවෙහි හුන්නාහු වෙති. වෙසමුණි දෙව් මහරජහු දෙව් පිරිවර පෙරටු කොට දකුණු දෙසට මුහුණලා උතුරු දිශාවෙහි හුන්නාහු වෙති.

ස්වාමීනී, යම් කලෙක මුළු මහත් තව්තිසාවෙහි දෙව් පිරිස ද, සුධර්මා දිව්‍ය සභාවෙහි එක්රැස් ව හුන්නාහු වෙත් ද, මහත් වූ දිව්‍ය පිරිස ද හාත්පසින් රැස්ව හුන්නාහු වෙත් ද, සතර වරම් දෙව්මහරජවරු ද සිව් දිශාවෙහි හුන්නාහු වෙත් ද, මෙය ඔවුන්ගේ අසුන් ගැනීම වෙයි. අපගේ අසුන් ගැනීම වන්නේ ඊට පසුව ය.

ස්වාමීනී, භාග්‍යවතුන් වහන්සේගේ ශාසනයෙහි බඹසර හැසිර ළඟදී තව්තිසාවෙහි උපන් යම් ඒ දෙවියෝ වෙත් ද, ඔවුහු අන්‍ය දෙව්වරුන්ට වඩා පැහැයෙන් ද, යසසින් ද බබලත්. ස්වාමීනී, එකරුණෙන් තව්තිසා දෙවියෝ බොහෝ සතුටු වෙති. ප්‍රමුදිත වෙති. ප්‍රීති සොම්නස් හටගත්තාහු වෙති. 'භවත්නි, ඒකාන්තයෙන් දිව්‍ය කායයෝ පිරී යති. අසුර කායයෝ පිරිහී යති' යනුවෙනි.

ඉක්බිති ස්වාමීනී, ශක්‍ර දේවේන්ද්‍රයෝ තව්තිසා දෙවියන්ගේ ප්‍රසාදය දන මේ ගාථාවන්ගෙන් අනුමෝදන් වූයේ ය.

'මෝදන්ති වත භෝ දේවා - තාවතිංසා සහින්දකා
තථාගතං නමස්සන්තා - ධම්මස්ස ච සුධම්මතං

භවත්නි, ඒකාන්තයෙන් ඉන්ද්‍ර දෙව්රජ ප්‍රමුඛ තව්තිසාවැසි දෙවියෝ තථාගතයන් වහන්සේට ද, තථාගත ධර්මයෙහි ඇති උතුම් පිළිසරණට ද නමස්කාර කරමින් ප්‍රීති වෙති.

නවේ දේවේ ච පස්සන්තා - වණ්ණවන්තේ යසස්සිනේ
සුගතස්මිං බ්‍රහ්මචරියං - චරිත්වාන ඉධාගතේ

සුගතයන් වහන්සේගේ සසුනෙහි බඹසර හැසිර මෙහි අළුතෙන් උපන් දෙවියන් පැහැයෙන් ද, යසසින් ද සිටිනු දකිමින් සතුටු වෙති.

තේ අඤ්ඤේ අතිරෝචන්ති - වණ්ණේන යසසායුනා
සාවකා භූරිපඤ්ඤස්ස - විසේසූපගතා ඉධ

මහා ප්‍රාඥයන් වහන්සේගේ ශ්‍රාවකයෝ විශේෂ මගඵල ලබා මෙහි උපන් විට අන්‍ය වූ දෙව්වරුන්ට වඩා ඔවුහු පැහැයෙන් ද, යසසින් ද, ආයුෂයෙන් ද අතිශයින් ම බබලති.

ඉදං දිස්වාන නන්දන්ති - තාවතිංසා සහින්දකා
තථාගතං නමස්සන්තා - ධම්මස්ස ච සුධම්මතන්ති.

මෙය දැක ඉන්ද්‍ර දෙව් රජ ප්‍රමුඛ තව්තිසාවෙහි දෙව්වරු තථාගතයන් වහන්සේට ත්, තථාගත ධර්මයෙහි තිබෙන උතුම් පිළිසරණට ත් නමස්කාර කරමින් සතුටු වෙති'

ස්වාමීනී, එකරුණෙන් තව්තිසාවැසි දෙව්වරු බොහෝ සෙයින් සොම්නස් ව, සතුටු ව, ප්‍රමුදිත ව, ප්‍රීති සොම්නස් හටගත්තාහු වෙති. 'භවත්නි, ඒකාන්තයෙන් දෙව් පිරිස පිරී යති. අසුර පිරිස පිරිහී යති' යි කියා ය.

ඉක්බිති ස්වාමීනී, යම් අර්ථයක් කරණ කොට ගෙන තව්තිසාවැසි දෙවියෝ සුධර්මා දිව්‍ය සභාවෙහි රැස්ව හුන්නාහු වෙත් ද, ඒ අර්ථය සිතා, ඒ අර්ථය සාකච්ඡා කොට, සතරවරම් මහරජවරු ඒ අර්ථය ගැන පවසන ලද වචන ඇත්තාහු, සතරවරම් මහරජවරු ඒ අර්ථය ගැන යළි යළි අනුශාසනා

කරන ලද වචන ඇත්තාහු, එතැනින් නොගොස් තම තමන්ගේ අසුන්වල සිටියාහු ය.

'තේ වුත්තවාක්‍යා රාජානෝ - පටිග්ගය්හානුසාසනිං
විප්පසන්නමනා සන්තා - අට්ඨංසු සම්හි ආසනේ'ති

තව්තිසා දෙවියන් විසින් කියන ලද වචන ඇති ඒ සතර වරම් මහරජවරු ඒ දෙවියන්ගේ අනුශාසනාව පිළිගෙන ඉතා පැහැදුණු සිතින් යුතුව සිය අසුන්හි රැඳී සිටියහ.'

ස්වාමීනි, එකල්හී උතුරු දිශාවෙන් උදාර වූ ආලෝකයක් හටගත්තේ ය. දෙවියන්ගේ දේවානුභාවය ඉක්මවා ගිය මහත් වූ ආලෝකයක් පහළ වූයේ ය.

ඉක්බිති ස්වාමීනී, ශක්‍ර දේවේන්ද්‍රයෝ තව්තිසා දෙවියන් ඇමතූහ.

"නිදුකාණෙනි, යම් සේ නිමිති දකින්නට ලැබෙයි ද, උදාර වූ ආලෝකයක් හටගත්තේ ද, එළියක් පහළ වූයේ ද, 'බ්‍රහ්ම තෙමේ පහළ වන්නේ ය' යම් මේ ආලෝකයක් හටගන්නේ ද, එළියක් පහළ වන්නේ ද, මෙය බ්‍රහ්මයාගේ පහළ වීමට පෙර නිමිත්ත යි."

'යථා නිමිත්තා දිස්සන්ති - බ්‍රහ්මා පාතුභවිස්සති
බ්‍රහ්මුනෝ හේතං නිමිත්තං - ඕභාසෝ විපුලෝ මහා'ති

යම් සේ නිමිති දිස්වෙයි ද, බ්‍රහ්මයා පහළ වන්නේ ය. මහත් වූ විපුල වූ ආලෝකයක් පහළ වීම බ්‍රහ්මයාගේ පහළ වීමට මෙය නිමිත්ත ය.'

"එකල්හී ස්වාමීනී, තව්තිසා දෙවියෝ 'මේ පහළ වූ එළිය ගැන දැනගන්නෙමු. මෙහි යම් ප්‍රතිඵලයක් වන්නේ නම්, එය ද ප්‍රත්‍යක්ෂ කොට ම යන්නෙමු' යි තම තමන්ගේ අසුන්හි හිඳගෙන සිටියාහු ය. සතර වරම් මහරජවරුත්, 'මේ පහළ වූ එළිය ගැන දැනගන්නෙමු. මෙහි යම් ප්‍රතිඵලයක් වන්නේ නම්, එය ද ප්‍රත්‍යක්ෂ කොට ම යන්නෙමු' යි තම තමන්ගේ අසුන්හි හිඳගෙන සිටියාහු ය. 'මේ පහළ වූ එළිය ගැන දැනගන්නෙමු. මෙහි යම් ප්‍රතිඵලයක් වන්නේ නම්, එය ද ප්‍රත්‍යක්ෂ කොට ම යන්නෙමු' යි යන කථාව අසා තව්තිසා දෙව්වරු චිත්තෛකාග්‍රතාවයට සමවැදුණාහ.

ස්වාමීනී, සනංකුමාර බ්‍රහ්ම තෙමේ යම් කලෙක තව්තිසා දෙවියන් අතර පහළ වෙයි නම්, ගොරෝසු ආත්මභාවයක් මවාගෙන පහළ වෙයි. ස්වාමීනී,

බ්‍රහ්මරාජයාගේ යම් ප්‍රකෘති පැහැයක් ඇද්ද, එය තව්තිසා දෙවියන්ගේ නේත්‍ර පථයට ගෝචර නොවෙයි. ස්වාමීනී, යම් කලෙක සනංකුමාර බ්‍රහ්ම තෙමේ තව්තිසා දෙවියන් අතර පහළ වෙයි ද, ඔහු අනිත් දෙවියන් අභිබවා වර්ණයෙන් හා යසසින් බබලයි. ස්වාමීනී, මිනිස් රූපය අභිබවා රනින් කළ රුව බබලන්නේ යම් සේ ද, එසෙයින් ම ස්වාමීනී, යම් කලෙක සනංකුමාර බ්‍රහ්ම තෙමේ තව්තිසා දෙවියන් අතර පහළ වෙයි ද, ඔහු අනිත් දෙවියන් අභිබවා වර්ණයෙන් හා යසසින් බබලයි.

ස්වාමීනී, සනංකුමාර බ්‍රහ්ම තෙමේ යම් කලෙක තව්තිසා දෙවියන් අතර පහළ වෙයි ද, එකල්හී ඒ පිරිසෙහි කිසි දෙවියෙක් ඔහුට නොවඳියි. දූක හුනස්නෙන් නොනැගිටියි. ළඟට නොයයි. අසුනෙන් නොපවරයි. සියල්ලෝ ම නිහඬ ව ඇඳිලි බැඳ වැඳගෙන හිඳගෙන සිටිති. ඒ 'දැන් සනංකුමාර බ්‍රහ්මරාජයා යම් දෙව් කෙනෙකුගේ අසුනෙහි හිඳගනු කැමති වන්නේ ද, ඒ දෙවියාගේ අසුනෙහි හිඳගන්නේ ය' යි සිතා ය. ස්වාමීනී, යම් දෙවියෙකුගේ අසුනෙහි සනංකුමාර බ්‍රහ්මයා හිඳගන්නේ ද, එකල්හී ඒ දෙවියා උදාර වූ මහා සතුටක් ලබයි. ඒ දෙවියා උදාර වූ මහා සොම්නසක් ලබයි. ස්වාමීනී, රාජ්‍යයෙන් අළුත අභිෂේක ලැබූ ඔටුණු පළන් ක්ෂත්‍රිය රජෙක් උදාර වූ සතුටක් ලබන්නේ යම් සේ ද, උදාර වූ මහා සොම්නසක් ලබන්නේ යම් සේ ද, එසෙයින් ම ස්වාමීනී, යම් දෙවියෙකුගේ අසුනෙහි සනංකුමාර බ්‍රහ්මයා හිඳගන්නේ ද, එකල්හී ඒ දෙවියා උදාර වූ මහා සතුටක් ලබයි. ඒ දෙවියා උදාර වූ මහා සොම්නසක් ලබයි.

ඉක්බිති ස්වාමීනී, සනංකුමාර බ්‍රහ්ම තෙමේ ගොරෝසු ආත්මභාවයක් මවාගෙන පඤ්චසිඛ ගාන්ධර්ව දිව්‍යපුත්‍රයා බඳු කුමාර වේශයක් ගෙන තව්තිසා දෙවියන් ඉදිරියෙහි පහළ වූයේ ය. ඔහු අහසට නැග, අහසෙහි පළඟක් බැඳ හිඳගත්තේ ය. ස්වාමීනී, බලවත් පුරුෂයෙක් මැනැවින් ඇතිරිලි අතුරන ලද අසුනක හෝ සම බිමක හෝ පළඟක් බැඳ වාඩිවෙන්නේ යම් සේ ද, එසෙයින් ම ස්වාමීනී, සනංකුමාර බ්‍රහ්ම තෙමේ අහසට නැග, අහසෙහි පළඟක් බැඳ හිඳගෙන තව්තිසා දෙවියන් ගේ ප්‍රසාදය දැන මේ ගාථාවලින් අනුමෝදන් වූයේය.

'මෝදන්ති වත භෝ දේවා - තාවතිංසා සහින්දකා
තථාගතං නමස්සන්තා - ධම්මස්ස ච සුධම්මතං

භවත්නි, ඒකාන්තයෙන් ඉන්ද්‍ර දෙව්රජ ප්‍රමුඛ තව්තිසාවැසි දෙවියෝ තථාගතයන් වහන්සේට ද, තථාගත ධර්මයෙහි ඇති උතුම් පිළිසරණට ද නමස්කාර කරමින් ප්‍රීති වෙති.

නවේ දේවේ ච පස්සන්තා - වණ්ණවන්තේ යසස්සිනේ
සුගතස්මිං බ්‍රහ්මචරියං - චරිත්වාන ඉධාගතේ

සුගතයන් වහන්සේගේ සසුනෙහි බඹසර හැසිර මෙහි අළුතෙන් උපන් දෙවියන් පැහැයෙන් ද, යසසින් ද සිටිනු දකිමින් සතුටු වෙති.

තේ අඤ්ඤේ අතිරෝචන්ති - වණ්ණේන යසසායුනා
සාවකා භූරිපඤ්ඤස්ස - විසේසූපගතා ඉධ

මහා ප්‍රාඥයන් වහන්සේගේ ශ්‍රාවකයෝ විශේෂ මගඵල ලබා මෙහි උපන් විට අන්‍ය වූ දෙවිවරුන්ට වඩා ඔවුහු පැහැයෙන් ද, යසසින් ද, ආයුෂයෙන් ද අතිශයින් ම බබලති.

ඉදං දිස්වාන නන්දන්ති - තාවතිංසා සහින්දකා
තථාගතං නමස්සන්තා - ධම්මස්ස ච සුධම්මතන්ති.

මෙය දැක ඉන්ද්‍ර දෙව් රජ ප්‍රමුඛ තව්තිසාවෙහි දෙවිවරු තථාගතයන් වහන්සේට ත්, තථාගත ධර්මයෙහි තිබෙන උතුම් පිළිසරණට ත් නමස්කාර කරමින් සතුටු වෙති'

ස්වාමීනී, සනංකුමාර බ්‍රහ්ම තෙමේ මෙකරුණ පැවසුවේ ය. ස්වාමීනි, මෙකරුණ පවසන සනංකුමාර බ්‍රහ්මයාගේ හඬ අංග අටකින් යුක්ත වෙයි. සුවසේ වචන නික්මෙයි. අරුත් පැහැදිලි ය. මියුරු ය. කනට සුව එළවයි. හඬ එකට කැටි වෙයි. නොවිසිරෙයි. ගැඹුරු ය. දෝංකාර දෙයි. ස්වාමීනී, සනංකුමාර බ්‍රහ්මයා යම් පමණ පිරිසකට හඬින් දන්වයි ද, ඔහුගේ පිරිසෙන් බාහිරට හඬ නොයයි. ස්වාමීනී, යම් කෙනෙකුට මේ අෂ්ට අංගයන්ගෙන් යුක්ත වූ කටහඬක් වෙයි ද, ඔහුට 'බ්‍රහ්ම ස්වර ඇත්තා' යැයි කියනු ලැබේ.

ඉක්බිති ස්වාමීනී, සනංකුමාර බ්‍රහ්ම තෙමේ තිස්තුන් ආත්මභාවයක් මවාගෙන තව්තිසා දෙවියන්ගේ එක් එක් අසුන්හි වෙන වෙන ම පළඟක් බැඳ වාඩි වී තව්තිසා දෙවියන් ඇමතුවේ ය.

"භවත් තව්තිසා වැසි දෙවිවරුනි. ඒ කිමෙකැයි හඟිව් ද? ඒ භාග්‍යවතුන් වහන්සේ මොනතරම් නම් බොහෝ ජනයා හට හිත පිණිස, බොහෝ ජනයා හට සුව පිණිස, ලොවට අනුකම්පා පිණිස, මොනතරම් නම් දෙව් මිනිසුන් හට යහපත, හිත සුව පිණිස පිළිපන් සේක් ද! භවත්නි, යම්කිසි කෙනෙක් බුදුරජුන් සරණ ගියාහු ද, ධර්මය සරණ ගියාහු ද, සංඝයා සරණ ගියාහු ද,

සිල් පිරිපුන් කරන්නාහු ද, ඔවුහු ඇතැම් කෙනෙක් කය බිඳී මරණින් මතු පරනිම්මිත වසවර්තී දෙවියන් අතර උපදිත්. ඇතැම් කෙනෙක් නිම්මානරතී දෙවියන් අතර උපදිත්. ඇතැම් කෙනෙක් තුසිත දෙවියන් අතර උපදිත්. ඇතැම් කෙනෙක් යාම දෙවියන් අතර උපදිත්. ඇතැම් කෙනෙක් තව්තිසා දෙවියන් අතර උපදිත්. ඇතැම් කෙනෙක් චාතුම්මහාරාජික දෙවියන් අතර උපදිත්. යම් කෙනෙක් හැමට වඩා පහත් දෙවියන් අතර උපදිත් නම්, ඔවුහු ගාන්ධර්ව දෙවියන් අතර උපදිත්."

ස්වාමීනී, සනංකුමාර බ්‍රහ්ම තෙමේ මෙකරුණ පැවසුවේ ය. ස්වාමීනී, මෙකරුණ පවසන සනංකුමාර බ්‍රහ්මයාගේ හඬ පමණට ම ය. 'යමෙක් මාගේ අසුනෙහි හිඳියි ද, ඔහු මා සමඟ පමණක් කථා කරයි' යි දෙවියෝ සිතත්."

(ගාථාවන් ය)

> 'එක් කෙනෙක් කථා කරන විට මවන ලද සියල්ලෝ ම කතා කරති. එක් කෙනෙක් නිහඬ වන විට ඒ සියල්ලෝ ම නිහඬ වෙති.
>
> එකල්හී සක්දෙව් රජ සහිත තව්තිසා වැසි දෙවියෝ මෙසේ සිතති. යමෙක් මාගේ අසුනෙහි සිටියි ද, හේ මා සමඟ පමණක් කතා කරයි යනුවෙනි'

"ඉක්බිති ස්වාමීනී, සනංකුමාර බ්‍රහ්ම තෙමේ තමා තනි කෙනෙකු සේ පෙනෙන්නට සැළැස්සුවේ ය. එක් කෙනෙක් හැටියට පෙනී සිට සක් දෙවිඳුන්ගේ අසුනෙහි පළඟක් බැඳ වාඩිවී තව්තිසා දෙවියන් ඇමතුවේ ය."

"භවත් තව්තිසාවැසි දෙවිවරුනි, ඒ කිමෙකැයි හඟියි ද? සියල්ල දන්නා වූ, දක්නා වූ, ඒ භාග්‍යවත් අරහත් සම්මා සම්බුදුරජාණන් වහන්සේ විසින් බොහෝ ඉර්ධීන් පිණිස, ඉර්ධි වශීභාවය පිණිස, ඉර්ධි ප්‍රාතිහාර්යය පිණිස, මොනතරම් මැනැවින් මේ සතරක් වූ ඉර්ධිපාදයෝ පණවන ලද්දාහු ද? ඒ කවර සතරක් ද යත්;

භවත්නි, මෙහිලා භික්ෂුවක් බලවත් කැමැත්ත නිසාවෙන් ලත් සමාධියෙන් සහ ප්‍රධන් වීර්යයෙන් යුතුව, ඉර්ධිපාදය දියුණු කරයි. බලවත් වීර්යය නිසාවෙන් ලත් සමාධියෙන් සහ ප්‍රධන් වීර්යයෙන් යුතුව, ඉර්ධිපාදය දියුණු කරයි. බලවත් අධිෂ්ඨානය නිසාවෙන් ලත් සමාධියෙන් සහ ප්‍රධන් වීර්යයෙන් යුතුව, ඉර්ධිපාදය දියුණු කරයි. බලවත් වීමංසනය නිසාවෙන් ලත් සමාධියෙන් සහ ප්‍රධන් වීර්යයෙන් යුතුව, ඉර්ධිපාදය දියුණු කරයි.

භවත්නි, සියල්ල දන්නා වූ, දක්නා වූ, ඒ භාග්‍යවත් අරහත් සම්මා සම්බුදුරජාණන් වහන්සේ විසින් බොහෝ ඉර්ධීන් පිණිස, ඉර්ධි වශීභාවය පිණිස, ඉර්ධි ප්‍රාතිහාර්යය පිණිස, මේ සතරක් වූ ඉර්ධිපාදයෝ පණවන ලද්දාහු ය.

භවත්නි, අතීතයෙහි යම්කිසි ශ්‍රමණයෝ වෙත්වා, බ්‍රාහ්මණයෝ වෙත්වා, අනේකප්‍රකාරයෙන් ඉර්ධිබලයන් අත්දුටුවාහු ද, ඒ සියල්ලෝ ම මේ සතරක් වූ ඉර්ධිපාදයන් වඩන ලද බැවින්, බහුල ව ප්‍රගුණ කළ බැවින් ඒවා අත්දුටහ. භවත්නි, අනාගතයෙහි යම්කිසි ශ්‍රමණයෝ වෙත්වා, බ්‍රාහ්මණයෝ වෙත්වා, අනේකප්‍රකාරයෙන් ඉර්ධිබලයන් අත්දකින්නාහු ද, ඒ සියල්ලෝ ම මේ සතරක් වූ ඉර්ධිපාදයන් වඩන ලද බැවින්, බහුල ව ප්‍රගුණ කළ බැවින් ඒවා අත්දකින්නෝ ය. භවත්නි, මෙකල්හී යම්කිසි ශ්‍රමණයෝ වෙත්වා, බ්‍රාහ්මණයෝ වෙත්වා, අනේකප්‍රකාරයෙන් ඉර්ධිබලයන් අත්දකිත් නම්, ඒ සියල්ලෝ ම මේ සතරක් වූ ඉර්ධිපාදයන් වඩන ලද බැවින්, බහුල ව ප්‍රගුණ කළ බැවින් ඒවා අත්දකිති.

භවත් තව්තිසාවැසි දෙව්වරුනි, මාගේ පවා මෙබඳු මේ ඉර්ධි ආනුභාවය දකිව් ද?"

"මහා බ්‍රහ්මය, එසේ ය."

"භවත්නි, මම ත් මේ සතරක් වූ ඉර්ධිපාදයන් ම වඩන ලද බැවින්, බහුල ව ප්‍රගුණ කරන ලද බැවින් මෙබඳු මහා ඉර්ධි ඇත්තේ වෙමි. මෙබඳු මහා ආනුභාව ඇත්තේ වෙමි."

ස්වාමීනී, සනංකුමාර බ්‍රහ්මතෙමේ මෙකරුණ පැවසුවේ ය. ස්වාමීනී, සනංකුමාර බ්‍රහ්ම තෙමේ මෙකරුණ පවසා තව්තිසාවැසි දෙවියන් ඇමතුවේ ය.

"භවත් තව්තිසාවැසි දෙව්වරුනි, මේ ගැන කුමක් සිතන්නහු ද? සියල්ල දන්නා, සියල්ල දක්නා, ඒ භාග්‍යවත් අරහත් සම්මා සම්බුදුරජාණන් වහන්සේ විසින් සැපය අත්පත් කරගනු පිණිස ඉඩ ප්‍රස්ථා තුනක් අවබෝධ කරන ලද්දේ ය. ඒ කවර තුනක් ද යත්;

භවත්නි, මෙහි ඇතැමෙක් පංච කාමයන් හා එක් ව වාසය කරයි. අකුසල් දහම් හා එක් ව වාසය කරයි. ඔහු පසු කාලයක ආර්ය ධර්මය අසයි. ඒ ඇසූ ධර්මය නුවණ යොදා මෙනෙහි කරයි. ධර්මයට අනුගත වූ ප්‍රතිපදාවක යෙදෙයි. ඔහු ආර්ය ධර්ම ශ්‍රවණයට පැමිණ නුවණ යොදා මෙනෙහි කිරීම ත්, ධර්මයට අනුගත වූ ප්‍රතිපදාවත් නිසා පංච කාමයෙන් වෙන් ව, අකුසල් දහමෙන් වෙන් ව වාසය කරයි. පංච කාමයෙන් වෙන් ව, අකුසල ධර්මයන්ගෙන් වෙන් ව

වාසය කරන ඔහු තුළ සැපයක් උපදියි. සැපයෙන් බොහෝ සොම්නස උපදියි. භවත්නි, ප්‍රීතියෙන් ප්‍රමුදිත බව ඇතිවන්නේ යම් සේ ද, එසෙයින් ම පංච කාමයෙන් වෙන් ව, අකුසල් දහමෙන් වෙන් ව වාසය කරන ඔහු තුළ සැපයක් උපදියි. සැපයෙන් බොහෝ සොම්නස උපදියි. භවත්නි, මෙය වනාහී සියල්ල දන්නා, සියල්ල දක්නා, ඒ භාග්‍යවත් අරහත් සම්මා සම්බුදුරජාණන් වහන්සේ විසින් සැපය අත්පත් කරගනු පිණිස අවබෝධ කොට වදාළ පළමු වෙනි ඉඩ ප්‍රස්ථාව යි.

තව ද භවත්නි, මෙහි ඇතැමෙකුට ගොරෝසු ආශ්වාස ප්‍රශ්වාසයෙන් යුතු කාය සංස්කාර නොසංසිඳුණේ වෙයි. ගොරෝසු විතර්ක විචාර වචී සංස්කාරයන් නොසංසිඳුණේ වෙයි. ගොරෝසු සංඥා වේදනා චිත්ත සංස්කාරයන් නොසංසිඳුණේ වෙයි. ඔහු පසු කාලයක ආර්ය ධර්මය අසයි. ඒ ඇසූ ධර්මය නුවණ යොදා මෙනෙහි කරයි. ධර්මයට අනුගත වූ ප්‍රතිපදාවක යෙදෙයි. ඔහු ආර්ය ධර්ම ශ්‍රවණයට පැමිණ නුවණ යොදා මෙනෙහි කිරීම ත්, ධර්මයට අනුගත වූ ප්‍රතිපදාවත් නිසා ගොරෝසු කාය සංස්කාරයෝ සංසිඳෙත්. ගොරෝසු වචී සංස්කාරයෝ සංසිඳෙත්. ගොරෝසු චිත්ත සංස්කාරයෝ සංසිඳෙත්. ඔහු තුළ ගොරෝසු වූ කාය - වචී - චිත්ත සංස්කාරයන්ගේ සංසිඳීමෙන් සැපයක් උපදියි. සැපයෙන් බොහෝ සේ සොම්නස උපදියි. භවත්නි, ප්‍රීතියෙන් ප්‍රමුදිත බව ඇතිවන්නේ යම් සේ ද, එසෙයින් ම ගොරෝසු වූ කාය සංස්කාරයන්ගේ සංසිඳීමෙන්, ගොරෝසු වූ වචී සංස්කාරයන්ගේ සංසිඳීමෙන්, ගොරෝසු වූ චිත්ත සංස්කාරයන්ගේ සංසිඳීමෙන් සැපයක් උපදියි. සැපයෙන් බොහෝ සොම්නස උපදියි. භවත්නි, මෙය වනාහී සියල්ල දන්නා, සියල්ල දක්නා, ඒ භාග්‍යවත් අරහත් සම්මා සම්බුදුරජාණන් වහන්සේ විසින් සැපය අත්පත් කරගනු පිණිස අවබෝධ කොට වදාළ දෙවෙනි ඉඩ ප්‍රස්ථාව යි.

තව ද භවත්නි, මෙහි ඇතැමෙක් 'මෙය කුසලය ය'යි ඒ වූ සැටියෙන් නොදනියි. 'මෙය අකුසලය ය'යි ඒ වූ සැටියෙන් නොදනියි. 'මෙය වරද සහිත ය, මෙය නිවැරදි ය, මෙය සේවනය කළ යුතුය, මෙය සේවනය නොකළ යුතුය, මෙය පහත් ය, මෙය උසස් ය, මෙය කළු සුදු ප්‍රතිභාග සහිත දේ ය'යි ඒ වූ සැටියෙන් නොදනියි. ඔහු පසු කලෙක ආර්ය ධර්මය අසයි. ඒ ඇසූ ධර්මය නුවණ යොදා මෙනෙහි කරයි. ධර්මයට අනුගත වූ ප්‍රතිපදාවක යෙදෙයි. ඔහු ආර්ය ධර්ම ශ්‍රවණයට පැමිණ නුවණ යොදා මෙනෙහි කිරීම ත්, ධර්මයට අනුගත වූ ප්‍රතිපදාවත් නිසා 'මෙය කුසලය ය'යි ඒ වූ සැටියෙන් දනියි. 'මෙය අකුසලය ය'යි ඒ වූ සැටියෙන් දනියි. 'මෙය වරද සහිත ය, මෙය නිවැරදි ය, මෙය සේවනය කළ යුතුය, මෙය සේවනය නොකළ යුතුය, මෙය පහත් ය,

මෙය උසස් ය, මෙය කළු සුදු ප්‍රතිභාග සහිත දේ ය'යි ඒ වූ සැටියෙන් දනියි. මෙසේ දන්නා වූ, මෙසේ දක්නා වූ, ඔහුගේ අවිද්‍යාව ප්‍රහාණය වෙයි. විද්‍යාව උපදියි. ඔහු තුළ අවිද්‍යාව දුරුවීමෙන්, විද්‍යාව ඉපදීමෙන් සැපයක් උපදියි. සැපයෙන් බොහෝ සොම්නස උපදියි. භවත්නි, මෙය වනාහී සියල්ල දන්නා, සියල්ල දක්නා, ඒ භාග්‍යවත් අරහත් සම්මා සම්බුදුරජාණන් වහන්සේ විසින් සැපය අත්පත් කරගනු පිණිස අවබෝධ කොට වදාළ තුන්වෙනි ඉඩ ප්‍රස්ථාව යි.

භවත්නි, සියල්ල දන්නා, සියල්ල දක්නා, ඒ භාග්‍යවත් අරහත් සම්මා සම්බුදුරජාණන් වහන්සේ විසින් සැපය අත්පත් කරගනු පිණිස මේ ඉඩ ප්‍රස්ථා තුන අවබෝධ කොට වදාරණ ලද්දේ ය."

ස්වාමීනී, සනංකුමාර බ්‍රහ්මරාජයා මෙකරුණ පැවසුවේ ය. ස්වාමීනී, සනංකුමාර බ්‍රහ්මරාජයා මෙකරුණ පවසා තව්තිසා දෙවියන් ඇමතුවේ ය.

"භවත් තව්තිසා දෙවියනි, මේ ගැන කුමක් සිතන්නහු ද? සියල්ල දන්නා, සියල්ල දක්නා, ඒ භාග්‍යවත් අරහත් සම්මා සම්බුදුරජාණන් වහන්සේ විසින් මොනතරම් යහපත් ලෙස, කුසල් දහම් උපදවා ගැනීම පිණිස, මේ සතර සතිපට්ඨානයෝ පණවන ලද්දාහු ද! ඒ කවර සතරක් ද යත්;

භවත්නි, මෙහි භික්ෂුව කෙලෙස් තවන වීර්යයෙන් යුතුව, මනා සිහි නුවණින් යුතුව, ලෝකයෙහි ඇලීම් ගැටීම් දුරු කොට තමා තුළ කය පිළිබඳ ව කායානුපස්සනාවෙන් වාසය කරයි. තමා තුළ කය පිළිබඳ ව කායානුපස්සනාවෙන් වාසය කරද්දී එහි මනාකොට සිත සමාධිමත් වෙයි. මනාකොට පහන් වෙයි. ඔහු එහි මනාකොට සමාධිමත් සිත් ඇති වූයේ, මනාකොට පහන් ව ගියේ, බාහිර අන්‍යයන්ගේ කය පිළිබඳ ව ඥානදර්ශනය උපදවයි.

තමා තුළ විඳීම් හි වේදනානුපස්සනාවෙන් වාසය කරයි. ....(පෙ).... බාහිර අන්‍යයන්ගේ විඳීම් පිළිබඳ ව ඥාන දර්ශනය උපදවයි. තමා තුළ සිත පිළිබඳ ව චිත්තානුපස්සනාවෙන් වාසය කරයි. ....(පෙ).... බාහිර අන්‍යයන්ගේ සිත පිළිබඳ ව ඥාන දර්ශනය උපදවයි. කෙලෙස් තවන වීර්යයෙන් යුතුව, මනා සිහි නුවණින් යුතුව, ලෝකයෙහි ඇලීම් ගැටීම් දුරු කොට තමා තුළ ධර්මයන් පිළිබඳ ව ධම්මානුපස්සනාවෙන් වාසය කරයි. තමා තුළ ධර්මයන් පිළිබඳ ව ධම්මානුපස්සනාවෙන් වාසය කරද්දී එහි මනාකොට සිත සමාධිමත් වෙයි. මනාකොට පහන් වෙයි. ඔහු එහි මනාකොට සමාධිමත් සිත් ඇති වූයේ, මනාකොට පහන් ව ගියේ, බාහිර අන්‍යයන්ගේ ධර්මයන් පිළිබඳ ව ඥානදර්ශනය උපදවයි.

භවත්නි, සියල්ල දන්නා, සියල්ල දක්නා, ඒ භාග්‍යවත් අරහත් සම්මා සම්බුදුරජාණන් වහන්සේ විසින් කුසල් දහම් උපදවා ගැනීම පිණිස, මේ සතර සතිපට්ඨානයෝ පණවන ලද්දාහු ය.”

ස්වාමීනී, සනංකුමාර බ්‍රහ්මරාජයා මෙකරුණ පැවසුවේ ය. ස්වාමීනී, සනංකුමාර බ්‍රහ්මරාජයා මෙකරුණ පවසා තව්තිසා දෙවියන් ඇමතුවේ ය.

“භවත් තව්තිසාවැසි දෙවියනි, මේ ගැන කුමක් සිතන්නහු ද? සියල්ල දන්නා, සියල්ල දක්නා, ඒ භාග්‍යවත් අරහත් සම්මා සම්බුදුරජාණන් වහන්සේ විසින් සම්මා සමාධිය දියුණු කරගැනීම පිණිස, සම්මා සමාධිය සම්පූර්ණ කරගැනීම පිණිස, මොනතරම් නම් යහපත් ලෙස මේ සතක් වූ සම්මා සමාධියට උපකාරක ධර්මයෝ පණවන ලද්දාහු ද? ඒ කවර සතක් ද යත්; සම්මා දිට්ඨිය ය, සම්මා සංකල්ප ය, සම්මා වාචා ය, සම්මා කම්මන්ත ය, සම්මා ආජීව ය, සම්මා වායාම ය සහ සම්මා සතිය ය.

භවත්නි, මේ සප්ත අංගයෙන් යුක්ත වූ සිතක යම් ඒකාග්‍රතාවයක් ඇද්ද, පිරිවරාගත් බවක් ඇද්ද, භවත්නි, මෙය ආර්ය සම්මා සමාධිය යැයි කියනු ලැබේ. හේතු සම්පත් සහිත සම්මා සමාධිය යනුවෙනුත්, පිරිවරාගත් අංගයන් සහිත සම්මා සමාධිය යනුවෙනුත් කියනු ලැබෙයි.

භවත්නි, සම්මා දිට්ඨිය ඇති කෙනා තුළ සම්මා සංකල්පය බලවත් වෙයි. සම්මා සංකල්පය ඇති කෙනා තුළ සම්මා වාචා බලවත් වෙයි. සම්මා වාචා ඇති කෙනා තුළ සම්මා කම්මන්තය බලවත් වෙයි. සම්මා කම්මන්තය ඇති කෙනා තුළ සම්මා ආජීවය බලවත් වෙයි. සම්මා ආජීවය ඇති කෙනා තුළ සම්මා වායාමය බලවත් වෙයි. සම්මා වායාමය ඇති කෙනා තුළ සම්මා සතිය බලවත් වෙයි. සම්මා සතිය ඇති කෙනා තුළ සම්මා සමාධිය බලවත් වෙයි. සම්මා සමාධිය ඇති කෙනා තුළ සම්මා ඥානය බලවත් වෙයි. සම්මා ඥානය ඇති කෙනා තුළ සම්මා විමුක්තිය බලවත් වෙයි.

භවත්නි, යම් ධර්මයක් පිළිබඳ ව මනාකොට කියන්නේ නම්, ‘ඒ භාග්‍යවතුන් වහන්සේ විසින් ඉතා මැනැවින් ධර්මය දේශනා කරන ලද්දේ ය. එය මේ ජීවිතයේ දී තමා ම දැක්ක යුත්තේ ය. කල් නොයවා ඵල ලැබෙන්නේ ය. ඇවිත් බලන්න යැයි කිව හැක්කේ ය. තමා තුළට පමුණුවා ගත යුත්තේ ය. නුවණැතියන් විසින් තම තම නැණ පමණින් දත යුත්තේ ය. අමා දොරටු විවෘත කරන ලද්දාහු ය’ යි වශයෙන් එය මෙකරුණ අරභයා ම මනාකොට පවසන්නේ ය. භවත්නි, භාග්‍යවතුන් වහන්සේ විසින් ඉතා මැනැවින් ධර්මය දේශනා කරන ලද්දේ ය. එය මේ ජීවිතයේ දී තමා ම දැක්ක යුත්තේ ය. කල්

නොයවා ඵල ලැබෙන්නේ ය. ඇවිත් බලන්න යැයි කිව හැක්කේ ය. තමා තුළට පමුණුවා ගත යුත්තේ ය. නුවණැතියන් විසින් තම තම නැණ පමණින් දත යුත්තේ ය. අමා දොරටු විවෘත කරන ලද්දාහු ය.

භවත්නි, යම් කෙනෙක් බුදුරජුන් කෙරෙහි නොසෙල්වෙන පැහැදීමකින් යුක්ත වූවාහු ද, ධර්මය කෙරෙහි නොසෙල්වෙන පැහැදීමකින් යුක්ත වූවාහු ද, සංඝයා කෙරෙහි නොසෙල්වෙන පැහැදීමකින් යුක්ත වූවාහු ද, ආර්යකාන්ත සීලයෙන් යුක්ත වූවාහු ද, එමෙන් ම යම් කෙනෙක් ධර්මයෙහි හික්මුණාහු ද, මෑත භාගයෙහි මගධයෙහි සිටි උපාසකයෝ විසි හතර සිය දහසකට අධික පිරිසක් තුන් සංයෝජනයන් ක්ෂය කිරීමෙන් සෝවාන් ව, අපායෙන් මිදී නියත වශයෙන් නිවන පිහිට කොට, කලුරිය කොට මෙහි ඕපපාතික ව උපන්නාහු ද, මේ පිරිස අතර සකදාගාමීහු ද ඇත්තාහු ය."

(ගාථාවකි)

'මේ අවශේෂ ප්‍රජාව අනාගාමී ව සුද්ධාවාස බඹලොවෙහි උපදින්නට තරම් පිනෙන් යුක්ත වූවාහු යැයි මාගේ හැඟීම යි. බොරු කීමට භය නිසාවෙන් ඔවුන් පිළිබඳ ව ගණන් කොට කියන්නට නොහැකියෙමි.'

"ස්වාමීනී, සනංකුමාර බ්‍රහ්ම තෙමේ මෙකරුණ පැවසුවේ ය. ස්වාමීනී, සනංකුමාර බ්‍රහ්මරාජයාගේ මේ වචනය ඇසූ වෛශ්‍රවණ දෙව් මහරජුට මෙබඳු චිත්ත සංකල්පයක් හටගත්තේ ය.

'භවත්නි, ඒකාන්තයෙන් ආශ්චර්යයකි! භවත්නි, ඒකාන්තයෙන් අද්භූත ය! මෙබඳු වූ උදාර ශාස්තෘන් වහන්සේ නමක් පහළ වූ සේක! මෙබඳු වූ උදාර ධර්ම කථාවකි. මෙබඳු වූ උදාර විශේෂ අධිගමයෝ ප්‍රකට වන්නාහු ය!'

ඉක්බිති ස්වාමීනී. සනංකුමාර බ්‍රහ්මරාජයා වෛශ්‍රවණ දෙව්මහරජුගේ චිත්ත පරිවිතර්කය සිය සිතින් දැන, වෛශ්‍රවණ දෙව් මහරජු හට මෙය පැවසුවේ ය."

"භවත් වෙසමුණි මහරජුනි, මේ ගැන කුමක් සිතන්නෙහි ද? අතීතයේ දී ත් මෙබඳු වූ උදාර ශාස්තෘන් වහන්සේ නමක් පහළ වූ සේක. මෙබඳු වූ උදාර ධර්ම කථාවක් වූයේ ය. මෙබඳු වූ උදාර විශේෂ අධිගමයෝ ප්‍රකට වූවාහු ය. අනාගතයෙහි ත් මෙබඳු වූ උදාර වූ ශාස්තෘන් වහන්සේ නමක් පහළ වන සේක. මෙබඳු වූ උදාර ධර්ම කථාවක් වන්නේ ය. මෙබඳු වූ උදාර වූ විශේෂ අධිගමයෝ ප්‍රකට වන්නාහු ය."

"ස්වාමීනි, සනංකුමාර බ්‍රහ්මරාජයා තව්තිසා දෙවියන් හට මෙකරුණ පැවසුවේ ය."

තව්තිසා දෙව්පිරිසට පවසන සනංකුමාර බ්‍රහ්මයාගේ වචනය ඔහු ඉදිරියේ අසා, ඔහු ඉදිරියේ පිළිගෙන වෙසමුණි දෙව් මහරජු සිය පිරිසට දැනුම් දුන්නේ ය. වෙසමුණි දෙව් මහරජු විසින් තම පිරිසට පැවසූ වචනය ඔහු ඉදිරියෙහි අසා, ඔහු ඉදිරියෙහි පිළිගෙන, ජනවසභ දෙව් තෙමේ මෙකරුණ භාග්‍යවතුන් වහන්සේට දැනුම් දුන්නේ ය. භාග්‍යවතුන් වහන්සේ ජනවසභ දෙවියා විසින් පැවසූ වචනය ඔහු ඉදිරියෙහි අසා, ඔහු ඉදිරියෙහි පිළිගෙන තමන් වහන්සේ ත් විශිෂ්ට ඥානයෙන් දැන ආයුෂ්මත් ආනන්දයන් වහන්සේට දැනුම් දුන් සේක. භාග්‍යවතුන් වහන්සේගේ මේ වචනය භාග්‍යවතුන් වහන්සේ ඉදිරියෙහි අසා, ඉදිරියෙහි පිළිගෙන ආයුෂ්මත් ආනන්දයන් වහන්සේ භික්ෂු, භික්ෂුණී, උපාසක, උපාසිකාවන්ට දැනුම් දුන්හ.

'යම් තාක් ම දෙව් මිනිසුන් විසින් මැනැවින් පවසන ලද්දේ ද, ඒ තාක් මේ සසුන් බඹසර දියුණු වූයේ ත්, සමෘද්ධිමත් වූයේ ත්, පැතිරුණේ ත්, බොහෝ ජනයා අතර අතිශයින් ම පැතිරී ගියේ ත් වෙයි.'

සාදු! සාදු!! සාදු!!!

ජනවසභ සූත්‍රය නිමා විය.

2.6.
මහා ගෝවින්ද සූත්‍රය
මහා ගෝවින්ද බ්‍රාහ්මණයා ගැන වදාළ දෙසුම

මා විසින් මෙසේ අසන ලදී.

එක් සමයෙක්හි භාග්‍යවතුන් වහන්සේ රජගහ නුවර ගිජ්ඣකූට පර්වතයෙහි වැඩවසන සේක. එකල්හී පඤ්චසිඛ ගාන්ධර්ව දිව්‍යපුත්‍රයා මධ්‍යම රාත්‍රියෙහි මනස්කාන්ත පැහැයෙන් යුතුව, මුළුමහත් ගිජ්ඣකූට පර්වතය බබුළුවාගෙන භාග්‍යවතුන් වහන්සේ වෙත පැමිණියේ ය. පැමිණ භාග්‍යවතුන් වහන්සේට සකසා වන්දනා කොට එකත්පස් ව සිටගත්තේ ය. එකත්පස් ව සිටගත් පඤ්චසිඛ ගාන්ධර්ව දිව්‍යපුත්‍රයා භාග්‍යවතුන් වහන්සේට මෙය පැවසුවේ ය.

"ස්වාමීනී, මා විසින් තව්තිසා දෙවියන් ඉදිරියෙහි යමක් අසන ලද්දේ ද, පිළිගන්නා ලද්දේ ද, එය භාග්‍යවතුන් වහන්සේට සැළකරම් ද?"

"පඤ්චසිඛයෙනි, ඔබ එය මට සැළකරව" යි භාග්‍යවතුන් වහන්සේ වදාළ සේක.

"ස්වාමීනී, පෙර දවසක, බොහෝ පෙර දවසක ඒ වස් පවාරණය ඇති, පසළොස්වක පොහෝ දවසෙහි පුන්සඳ ඇති රාත්‍රියෙහි සියළු තව්තිසාවැසි දෙවියෝ සුධර්මා නම් දිව්‍ය සභාවෙහි එක්රැස් ව, එක් ව හුන්නාහු ය. හාත්පසින් ම මහත් වූ දිව්‍ය පිරිස ද එක්රැස් ව, එක් ව හුන්නාහු ය. සතර වරම් දෙව් මහරජවරු ත් සිව් දිශාවෙහි හුන්නාහු වෙති. ධතරාෂ්ට දෙව් මහරජහු දෙව් පිරිවර පෙරටු කොට බටහිර දෙසට මුහුණලා පෙරදිග දිශාවෙහි හුන්නාහු වෙති. විරූළ්හක දෙව් මහරජහු දෙව් පිරිවර පෙරටු කොට උතුරු දෙසට මුහුණලා දකුණු දිශාවෙහි හුන්නාහු වෙති. විරූපාක්ෂ දෙව් මහරජහු දෙව් පිරිවර පෙරටු කොට පෙරදිග දෙසට මුහුණලා බටහිර දිශාවෙහි හුන්නාහු වෙති. වෙසමුණි දෙව් මහරජහු දෙව් පිරිවර පෙරටු කොට දකුණු දෙසට මුහුණලා උතුරු දිශාවෙහි හුන්නාහු වෙති.

ස්වාමීනී, යම් කලෙක මුළු මහත් තව්තිසාවෙහි දෙව් පිරිස ද, සුධර්මා දිව්‍ය සභාවෙහි එක්රැස් ව හුන්නාහු වෙත් ද, මහත් වූ දිව්‍ය පිරිස ද හාත්පසින් රැස්ව හුන්නාහු වෙත් ද, සතර වරම් දෙව්මහරජවරු ද සිව් දිශාවෙහි හුන්නාහු වෙත් ද, මෙය ඔවුන්ගේ අසුන් ගැනීම වෙයි. අපගේ අසුන් ගැනීම වන්නේ ඊට පසුව ය.

ස්වාමීනී, භාග්‍යවතුන් වහන්සේගේ ශාසනයෙහි බඹසර හැසිර ළඟදී තව්තිසාවෙහි උපන් යම් ඒ දෙවියෝ වෙත් ද, ඔවුහු අන්‍ය දෙව්වරුන්ට වඩා පැහැයෙන් ද, යසසින් ද බබලත්. ස්වාමීනී, එකරුණෙන් තව්තිසා දෙවියෝ බොහෝ සතුටු වෙති. ප්‍රමුදිත වෙති. ප්‍රීති සොම්නස් හටගත්තාහු වෙති. 'භවත්නි, ඒකාන්තයෙන් දිව්‍ය කායයෝ පිරී යති. අසුර කායයෝ පිරිහී යති' යනුවෙනි.

ඉක්බිති ස්වාමීනී, ශක්‍ර දේවේන්ද්‍රයෝ තව්තිසා දෙවියන්ගේ ප්‍රසාදය දැන මේ ගාථාවන්ගෙන් අනුමෝදන් වූයේ ය.

'මෝදන්ති වත භෝ දේවා - තාවතිංසා සහින්දකා
තථාගතං නමස්සන්තා - ධම්මස්ස ච සුධම්මතං

භවත්නි, ඒකාන්තයෙන් ඉන්ද්‍ර දෙව්රජ ප්‍රමුඛ තව්තිසාවැසි දෙවියෝ තථාගතයන් වහන්සේට ද, තථාගත ධර්මයෙහි ඇති උතුම් පිළිසරණට ද නමස්කාර කරමින් ප්‍රීති වෙති.

නවේ දේවේ ච පස්සන්තා - වණ්ණවන්තේ යසස්සිනේ
සුගතස්මිං බ්‍රහ්මචරියං - චරිත්වාන ඉධාගතේ

සුගතයන් වහන්සේගේ සසුනෙහි බඹසර හැසිර මෙහි අළුතෙන් උපන් දෙවියන් පැහැයෙන් ද, යසසින් ද සිටිනු දකිමින් සතුටු වෙති.

තේ අඤ්ඤේ අතිරෝචන්ති - වණ්ණේන යසසායුනා
සාවකා භූරිපඤ්ඤස්ස - විසේසූපගතා ඉධ

මහා ප්‍රාඥයන් වහන්සේගේ ශ්‍රාවකයෝ විශේෂ මගඵල ලබා මෙහි උපන් විට අන්‍ය වූ දෙව්වරුන්ට වඩා ඔවුහු පැහැයෙන් ද, යසසින් ද, ආයුෂයෙන් ද අතිශයින් ම බබලති.

ඉදං දිස්වාන නන්දන්ති - තාවතිංසා සහින්දකා
තථාගතං නමස්සන්තා - ධම්මස්ස ච සුධම්මතන්ති.

මෙය දැක ඉන්ද්‍ර දෙව් රජ ප්‍රමුඛ තව්තිසාවෙහි දෙව්වරු තථාගතයන් වහන්සේට ත්, තථාගත ධර්මයෙහි තිබෙන උතුම් පිළිසරණට ත් නමස්කාර කරමින් සතුටු වෙති'

ස්වාමීනී, එකරුණෙන් තව්තිසාවැසි දෙව්වරු බොහෝ සෙයින් සොම්නස් ව, සතුටු ව, ප්‍රමුදිත ව, ප්‍රීති සොම්නස් හටගත්තාහු වෙති. 'භවත්නි, ඒකාන්තයෙන් දෙව් පිරිස පිරී යති. අසුර පිරිස පිරිහී යති' යි කියා ය.

එකල්හී ස්වාමීනී, ශක්‍ර දේවේන්ද්‍රයෝ තව්තිසා දෙවියන්ගේ සතුට දැන තව්තිසා දෙවියන් ඇමතූහ.

"නිදුක්වරුනි, ඔබ ඒ භාග්‍යවතුන් වහන්සේගේ තිබෙන්නා වූ ම ගුණ අටක් අසන්නට කැමැත්තහු ද?"

"නිදුකාණෙනි, අපි ඒ භාග්‍යවතුන් වහන්සේගේ තිබෙන්නා වූ ම ගුණ අට අසන්නට කැමැත්තෙමු."

ඉක්බිති ස්වාමීනී, ශක්‍ර දේවේන්ද්‍රයෝ තව්තිසා දෙවියන් හට භාග්‍යවතුන් වහන්සේගේ තිබෙන්නා වූ ම අෂ්ට ගුණයන් පැවසූහ.

1. "භවත් තව්තිසාවැසි දෙවියනි, ඒ කිමෙකැයි හඟිව් ද? ඒ භාග්‍යවතුන් වහන්සේ මොනතරම් නම් බොහෝ ජනයාට හිත පිණිස, බොහෝ ජනයාට සුව පිණිස, ලෝකානුකම්පාව පිණිස, දෙව් මිනිසුන්ගේ යහපත, හිතසුව පිණිස පිළිපන් සේක් ද යත්; මෙසේ බොහෝ ජනයාට හිත පිණිස, බොහෝ ජනයාට සුව පිණිස, ලෝකානුකම්පා පිණිස, දෙව් මිනිසුන්ගේ යහපත හිතසුව පිණිස, පිළිපන් මේ ගුණාංගයෙන් යුක්ත වූ ශාස්තෘවරයෙක් අතීතයේ ත් නොදකිමු. මෙකල්හිත් ඒ භාග්‍යවතුන් වහන්සේ හැර අන්‍යයෙකු නොදකිමු.

2. ඒ භාග්‍යවතුන් වහන්සේ විසින් ඉතා මැනැවින් ධර්මය දේශනා කරන ලද්දේ ය. එය මේ ජීවිතයේදී ම තමා ම දැක්ක යුත්තේ ය. කල් නොයවා ඵල ලැබෙන්නේ ය. ඇවිත් බලන්න යැයි කිව හැක්කේ ය. තමා තුළට පමුණුවා ගත යුත්තේ ය. නුවණැතියන් විසින් තම තම නැණ පමණින් දත යුත්තේ ය. මෙසේ තමා තුළට පමුණුවා ගත යුතු ධර්මයක් දේශනා කරන මේ ගුණාංගයෙන් ද යුක්ත වූ ශාස්තෘවරයෙක් අතීතයේ ත් නොදකිමු. මෙකල්හිත් ඒ භාග්‍යවතුන් වහන්සේ හැර අන්‍යයෙකු නොදකිමු.

3. ඒ භාග්‍යවතුන් වහන්සේ විසින් 'මෙය කුසලය යැ' යි මැනැවින් පණවන ලද්දේ ය. 'මෙය අකුසලය යැ' යි මැනැවින් පණවන ලද්දේ ය. 'මෙය වරද සහිත ය ....(පෙ).... මෙය නිවැරදි ය ....(පෙ).... මෙය සේවනය කළ යුත්තේ

ය ....(පෙ).... මෙය සේවනය නොකළ යුත්තේ ය ....(පෙ).... මෙය හීන දෙයකි ....(පෙ).... මෙය උසස් ය ....(පෙ).... මෙය කළු සුදු පැහැ ගත් ධර්මයන් සමාන දේ ය වශයෙන් මැනැවින් පවසන ලද්දේ ය. මෙසේ කුසල් - අකුසල්, වැරදි - නිවැරදි, සේවනය කළ යුත්ත - සේවනය නොකළ යුත්ත, හීන - ප්‍රණීත, කළු සුදු පැහැගත් දෙයින් යුක්ත දෙය වශයෙන් මේ ධර්මයන් පණවන්නා වූ මේ ගුණාංගයෙන් ද යුක්ත වූ ශාස්තෘවරයෙක් අතීතයේ ත් නොදකිමු. මෙකල්හිත් ඒ භාග්‍යවතුන් වහන්සේ හැර අන්‍යයෙකු නොදකිමු.

4. ඒ භාග්‍යවතුන් වහන්සේ විසින් ශ්‍රාවකයන් හට නිවන කරා යන ප්‍රතිපදාව මැනැවින් පණවන ලද්දේ ය. නිවන ප්‍රතිපදාවට ත්, ප්‍රතිපදාව නිවනට ත් මැනැවින් සැසඳෙයි. යම් සේ ගංගා නදියෙහි ජලය යමුනා නදියෙහි ජලය හා ගැලපී යයි ද, සම වෙයි ද, එසෙයින් ම ඒ භාග්‍යවතුන් වහන්සේ විසින් ශ්‍රාවකයන් හට නිවන කරා යන ප්‍රතිපදාව මැනැවින් පණවන ලද්දේ ය. නිවන ප්‍රතිපදාවට ත්, ප්‍රතිපදාව නිවනට ත් මැනැවින් සැසඳෙයි. මෙසේ නිවන කරා යන්නා වූ ප්‍රතිපදාව පණවන මේ ගුණාංගයෙන් ද යුක්ත වූ ශාස්තෘවරයෙක් අතීතයේ ත් නොදකිමු. මෙකල්හිත් ඒ භාග්‍යවතුන් වහන්සේ හැර අන්‍යයෙකු නොදකිමු.

5. ඒ භාග්‍යවතුන් වහන්සේට අතිශයින් ම ලාභ උපන්නේ ය. අතිශයින් ම කීර්තිය උපන්නේ ය. ක්ෂත්‍රියයන්ගේ සිට යම්තාක් සියළු දෙව් මිනිස්සු භාග්‍යවතුන් වහන්සේට ප්‍රිය කරන සුළු ව වෙසෙති. ඒ භාග්‍යවතුන් වහන්සේ වනාහී ප්‍රහාණය කරන ලද මත්වීමෙන් යුතුව දන් වළඳන සේක. මෙසේ ප්‍රහාණය කරන ලද මත් වීමෙන් යුතුව දන් වළඳන මේ ගුණාංගයෙන් ද යුක්ත වූ ශාස්තෘවරයෙක් අතීතයේ ත් නොදකිමු. මෙකල්හිත් ඒ භාග්‍යවතුන් වහන්සේ හැර අන්‍යයෙකු නොදකිමු.

6. ඒ භාග්‍යවතුන් වහන්සේ නිවන් මඟෙහි හික්මීමට පිළිපන් සේඛ ශ්‍රාවකයන්ගෙන් ද, බඹසර වැස නිමකළ රහතන් වහන්සේලාගෙන් ද, ලද සහායයෙන් යුතු සේක. භාග්‍යවතුන් වහන්සේ ඔවුන් සිතින් බැහැර කොට හුදෙකලා බවෙහි ඇළුණු සිතින් වසන සේක. මෙසේ ශ්‍රාවක පිරිස් මැද හුදෙකලා බවෙහි ඇළුණු සිතින් වසන මේ ගුණාංගයෙන් ද යුක්ත වූ ශාස්තෘවරයෙක් අතීතයේ ත් නොදකිමු. මෙකල්හිත් ඒ භාග්‍යවතුන් වහන්සේ හැර අන්‍යයෙකු නොදකිමු.

7. ඒ භාග්‍යවතුන් වහන්සේ වනාහී යම් අයුරකින් වදාරණ සේක් ද, ඒ අයුරින් කරන සේක. යම් අයුරින් කරන සේක් ද, ඒ අයුරින් පවසන සේක. මෙසේ

යථාවාදී - තථාකාරී, යථාකාරී - තථාවාදී වන සේක. මෙසේ ධර්මානුධර්ම ප්‍රතිපදාවෙන් යුතුව මේ ගුණාංගයෙන් ද යුක්ත වූ ශාස්තෘවරයෙක් අතීතයේ ත් නොදකිමු. මෙකල්හිත් ඒ භාග්‍යවතුන් වහන්සේ හැර අන්‍යයෙකු නොදකිමු.

8. ඒ භාග්‍යවතුන් වහන්සේ නිවන් මගට මුල්වන කරුණු පිළිබඳ ව තරණය කළ සැක ඇති සේක. 'කෙසේ ද? කෙසේ ද?' යන්න දුරු කළ සේක. සම්පූර්ණත්වයට පත් වූ අපේක්ෂා ඇති සේක. මෙසේ නිවන් මගට මුල්වන කරුණු පිළිබඳ ව තරණය කළ සැක ඇති, 'කෙසේ ද? කෙසේ ද?' යන්න දුරු කළ, සම්පූර්ණත්වයට පත් වූ අපේක්ෂා ඇති, මේ ගුණාංගයෙන් ද යුක්ත වූ ශාස්තෘවරයෙක් අතීතයේ ත් නොදකිමු. මෙකල්හිත් ඒ භාග්‍යවතුන් වහන්සේ හැර අන්‍යයෙකු නොදකිමු."

ස්වාමීනී, ශක්‍ර දේවේන්ද්‍රයෝ තව්තිසා වැසි දෙවියන් හට භාග්‍යවතුන් වහන්සේගේ ඇත්තාවූ ම මේ ගුණ අට පැවසූහ. ස්වාමීනී, ඒ හේතුවෙන් තව්තිසා දෙවියෝ බොහෝ සෙයින් ම සතුටු සිත් ඇති වූහ. භාග්‍යවතුන් වහන්සේගේ ඇත්තා වූ ම අෂ්ට ගුණයන් අසා, ප්‍රමුදිත ව, ප්‍රීති සොම්නස් හටගත්තාහු ය. එහිදී ස්වාමීනී, ඇතැම් දෙවි කෙනෙක් මෙසේ කීවාහු ය.

"අහෝ! නිදුකාණෙනි, ඒකාන්තයෙන් ම සම්මා සම්බුදුවරු සතර නමක් ලෝකයෙහි පහළ වන සේක් නම්, අපගේ භාග්‍යවතුන් වහන්සේ සෙයින් ධර්මය ත් දේශනා කරන සේක් නම්, එය බොහෝ ජනයා හට හිත පිණිස, බොහෝ ජනයා හට සුව පිණිස, ලොවට අනුකම්පා පිණිස, දෙව් මිනිසුන්ගේ යහපත, හිත සුව පිණිස හේතුවන්නේ ම ය."

ඇතැම් දෙවි කෙනෙක් මෙසේ කීවාහු ය.

"නිදුකාණෙනි, සම්මා සම්බුදුවරු සතර නමක් සිටිත්වා! අහෝ! නිදුකාණෙනි, ඒකාන්තයෙන් ම සම්මා සම්බුදුවරු තුන් නමක් ලෝකයෙහි පහළ වන සේක් නම්, අපගේ භාග්‍යවතුන් වහන්සේ සෙයින් ධර්මය ත් දේශනා කරන සේක් නම්, එය බොහෝ ජනයා හට හිත පිණිස, බොහෝ ජනයා හට සුව පිණිස, ලොවට අනුකම්පා පිණිස, දෙව් මිනිසුන්ගේ යහපත, හිත සුව පිණිස හේතුවන්නේ ම ය."

ඇතැම් දෙවි කෙනෙක් මෙසේ කීවාහු ය.

"නිදුකාණෙනි, සම්මා සම්බුදුවරු තුන් නමක් සිටිත්වා! අහෝ! නිදුකාණෙනි, ඒකාන්තයෙන් ම සම්මා සම්බුදුවරු දෙනමක් ලෝකයෙහි පහළ වන සේක් නම්, අපගේ භාග්‍යවතුන් වහන්සේ සෙයින් ධර්මය ත් දේශනා කරන

සේක් නම්, එය බොහෝ ජනයා හට හිත පිණිස, බොහෝ ජනයා හට සුව පිණිස, ලොවට අනුකම්පා පිණිස, දෙව් මිනිසුන්ගේ යහපත, හිත සුව පිණිස හේතුවන්නේ ම ය."

ස්වාමීනී, මෙසේ පැවසූ කල්හී ශක්‍ර දේවේන්ද්‍රයෝ තව්තිසා දෙවියන් හට මෙසේ පැවසූහ.

"නිදුක්වරුනි, 'එක් ලෝක ධාතුවක අරහත් සම්මා සම්බුද්ධරජාණන් වහන්සේලා දෙනමක් පෙර - පසු නොවී පහළ වන සේක' යන මෙකරුණ සිදු නොවන දෙයකි. එවැන්නකට අවකාශ නැත්තේ ය. එය දකින්නට නොමැති දෙයකි.

අහෝ! නිදුක්වරුනි, ඒකාන්තයෙන් ඒ භාග්‍යවතුන් වහන්සේ අසනීපයක් නැතිව, නීරෝග ව, චිරාත් කාලයක් වැඩවසන සේක් නම්, එය බොහෝ ජනයා හට හිත පිණිස, බොහෝ ජනයා හට සුව පිණිස, ලොවට අනුකම්පා පිණිස, දෙව් මිනිසුන්ගේ යහපත, හිත සුව පිණිස හේතුවන්නේ ම ය."

ඉක්බිති ස්වාමීනී, යම් අර්ථයක් කරණ කොට ගෙන තව්තිසාවැසි දෙවියෝ සුධර්මා දිව්‍ය සභාවෙහි රැස්ව හුන්නාහු වෙත් ද, ඒ අර්ථය සිතා, ඒ අර්ථය සාකච්ඡා කොට, සතරවරම් මහරජවරු ඒ අර්ථය ගැන පවසන ලද වචන ඇත්තාහු, සතරවරම් මහරජවරු ඒ අර්ථය ගැන යළි යළි අනුශාසනා කරන ලද වචන ඇත්තාහු, එතැනින් නොගොස් තම තමන්ගේ අසුන්වල සිටියාහු ය.

(ගාථාවකි.)

'තව්තිසා දෙවියන් විසින් කියන ලද වචන ඇති ඒ සතර වරම්
මහරජවරු ඒ දෙවියන්ගේ අනුශාසනාව පිළිගෙන ඉතා පැහැදුණු
සිතින් යුතුව සිය අසුන්හි රැඳී සිටියහ.'

ස්වාමීනී, එකල්හී උතුරු දිශාවෙන් උදාර වූ ආලෝකයක් හටගත්තේ ය. දෙවියන්ගේ දේවානුභාවය ඉක්මවා ගිය මහත් වූ ආලෝකයක් පහළ වූයේය.

ඉක්බිති ස්වාමීනී, ශක්‍ර දේවේන්ද්‍රයෝ තව්තිසා දෙවියන් ඇමතූහ.

"නිදුකාණෙනි, යම් සේ නිමිති දකින්නට ලැබෙයි ද, උදාර වූ ආලෝකයක් හටගත්තේ ද, එළියක් පහළ වූයේ ද, 'බ්‍රහ්ම තෙමේ පහළ වන්නේ ය' යම් මේ ආලෝකයක් හටගන්නේ ද, එළියක් පහළ වන්නේ ද, මෙය බ්‍රහ්මයාගේ පහළ වීමට පෙර නිමිත්ත යි."

(ගාථාවකි)

'යම් සේ නිමිති දිස්වෙයි ද, බ්‍රහ්මයා පහළ වන්නේ ය. මහත් වූ විපුල වූ ආලෝකයක් පහළ වීම බ්‍රහ්මයාගේ පහළ වීමට මෙය නිමිත්ත ය.'

"එකල්හී ස්වාමීනී, තව්තිසා දෙවියෝ 'මේ පහළ වූ එළිය ගැන දැනගන්නෙමු. මෙහි යම් ප්‍රතිඵලයක් වන්නේ නම්, එය ද ප්‍රත්‍යක්ෂ කොට ම යන්නෙමු' යි තම තමන්ගේ අසුන්හි හිඳගෙන සිටියාහු ය. සතර වරම් මහරජවරු ත්, 'මේ පහළ වූ එළිය ගැන දැනගන්නෙමු. මෙහි යම් ප්‍රතිඵලයක් වන්නේ නම්, එය ද ප්‍රත්‍යක්ෂ කොට ම යන්නෙමු' යි තම තමන්ගේ අසුන්හි හිඳගෙන සිටියාහු ය. 'මේ පහළ වූ එළිය ගැන දැනගන්නෙමු. මෙහි යම් ප්‍රතිඵලයක් වන්නේ නම්, එය ද ප්‍රත්‍යක්ෂ කොට ම යන්නෙමු' යි යන කථාව අසා තව්තිසා දෙව්වරු චිත්තේකාග්‍රතාවයට සමවැදුණාහ.

ස්වාමීනී, සනංකුමාර බ්‍රහ්ම තෙමේ යම් කලෙක තව්තිසා දෙවියන් අතර පහළ වෙයි නම්, ගොරෝසු ආත්මභාවයක් මවාගෙන පහළ වෙයි. ස්වාමීනී, බ්‍රහ්මරාජයාගේ යම් ප්‍රකෘති දැක්මක් ඇද්ද, එය තව්තිසා දෙවියන්ගේ නේත්‍ර පථයට ගෝචර නොවෙයි. ස්වාමීනී, යම් කලෙක සනංකුමාර බ්‍රහ්ම තෙමේ තව්තිසා දෙවියන් අතර පහළ වෙයි ද, ඔහු අනිත් දෙවියන් අභිබවා වර්ණයෙන් හා යසසින් බබලයි. ස්වාමීනී, මිනිස් රූපය අභිබවා රනින් කළ රුව බබලන්නේ යම් සේ ද, එසෙයින් ම ස්වාමීනී, යම් කලෙක සනංකුමාර බ්‍රහ්ම තෙමේ තව්තිසා දෙවියන් අතර පහළ වෙයි ද, ඔහු අනිත් දෙවියන් අභිබවා වර්ණයෙන් හා යසසින් බබලයි.

ස්වාමීනී, සනංකුමාර බ්‍රහ්ම තෙමේ යම් කලෙක තව්තිසා දෙවියන් අතර පහළ වෙයි ද, එකල්හී ඒ පිරිසෙහි කිසි දෙවියෙක් ඔහුට නොවඳියි. දැක හුනස්නෙන් නොනැගිටියි. ළඟට නොයයි. අසුනෙන් නොපවරයි. සියල්ලෝ ම නිහඬ ව ඇඳිලි බැඳ වැඳගෙන හිඳගෙන සිටිති. ඒ 'දැන් සනංකුමාර බ්‍රහ්මරාජයා යම් දෙව් කෙනෙකුගේ අසුනෙහි හිඳගනු කැමති වන්නේ ද, ඒ දෙවියාගේ අසුනෙහි හිඳගන්නේ ය' යි සිතා ය. ස්වාමීනී, යම් දෙවියෙකුගේ අසුනෙහි සනංකුමාර බ්‍රහ්මයා හිඳගන්නේ ද, එකල්හී ඒ දෙවියා උදාර වූ මහා සතුටක් ලබයි. ඒ දෙවියා උදාර වූ මහා සොම්නසක් ලබයි. ස්වාමීනී, රාජ්‍යයෙන් අළුත අභිෂේක ලැබූ ඔටුණු පළන් ක්ෂත්‍රිය රජෙක් උදාර වූ සතුටක් ලබන්නේ යම් සේ ද, උදාර වූ මහා සොම්නසක් ලබන්නේ යම් සේ ද, එසෙයින් ම ස්වාමීනී, යම් දෙවියෙකුගේ අසුනෙහි සනංකුමාර බ්‍රහ්මයා හිඳගන්නේ ද, එකල්හී ඒ

දෙවියා උදාර වූ මහා සතුටක් ලබයි. ඒ දෙවියා උදාර වූ මහා සොම්නසක් ලබයි.

ඉක්බිති ස්වාමීනී, සනං කුමාර බ්‍රහ්ම තෙමේ තව්තිසා දෙවියන් ගේ ප්‍රසාදය දැන, නොපෙනී හිඳ මේ ගාථාවලින් අනුමෝදන් වූයේ ය.

'මෝදන්ති වත භෝ දේවා - තාවතිංසා සහින්දකා
තථාගතං නමස්සන්තා - ධම්මස්ස ච සුධම්මතං

හවත්නි, ඒකාන්තයෙන් ඉන්ද්‍ර දෙව්රජ ප්‍රමුඛ තව්තිසාවැසි දෙවියෝ තථාගතයන් වහන්සේට ද, තථාගත ධර්මයෙහි ඇති උතුම් පිළිසරණට ද නමස්කාර කරමින් ප්‍රීති වෙති.

නවේ දේවේ ච පස්සන්තා - වණ්ණවන්තේ යසස්සිනේ
සුගතස්මිං බ්‍රහ්මචරියං - චරිත්වාන ඉධාගතේ

සුගතයන් වහන්සේගේ සසුනෙහි බඹසර හැසිර මෙහි අළුතෙන් උපන් දෙවියන් පැහැයෙන් ද, යසසින් ද සිටිනු දකිමින් සතුටු වෙති.

තේ අඤ්ඤේ අතිරෝචන්ති - වණ්ණේන යසසායුනා
සාවකා භූරිපඤ්ඤස්ස - විසේසූපගතා ඉධ

මහා ප්‍රාඥයන් වහන්සේගේ ශ්‍රාවකයෝ විශේෂ මගඵල ලබා මෙහි උපන් විට අන්‍ය වූ දෙව්වරුන්ට වඩා ඔවුහු පැහැයෙන් ද, යසසින් ද, ආයුෂයෙන් ද අතිශයින් ම බබලති.

ඉදං දිස්වාන නන්දන්ති - තාවතිංසා සහින්දකා
තථාගතං නමස්සන්තා - ධම්මස්ස ච සුධම්මතන්ති.

මෙය දැක ඉන්ද්‍ර දෙව් රජ ප්‍රමුඛ තව්තිසාවෙහි දෙව්වරු තථාගතයන් වහන්සේට ත්, තථාගත ධර්මයෙහි තිබෙන උතුම් පිළිසරණට ත් නමස්කාර කරමින් සතුටු වෙති'

ස්වාමීනී, සනංකුමාර බ්‍රහ්ම තෙමේ මෙකරුණ පැවසුවේ ය. ස්වාමීනි, මෙකරුණ පවසන සනංකුමාර බ්‍රහ්මයාගේ හඬ අංග අටකින් යුක්ත වෙයි. සුවසේ වචන නික්මෙයි. අරුත් පැහැදිලි ය. මියුරු ය. කනට සුව එළවයි. හඬ එකට කැටි වෙයි. නොවිසිරෙයි. ගැඹුරු ය. දෝංකාර දෙයි. ස්වාමීනී, සනංකුමාර බ්‍රහ්මයා යම් පමණ පිරිසකට හඬින් දන්වයි ද, ඔහුගේ පිරිසෙන් බාහිරට හඬ

නොයයි. ස්වාමීනී, යම් කෙනෙකුට මේ අෂ්ට අංගයන්ගෙන් යුක්ත වූ කටහඬක් වෙයි ද, ඔහුට 'බ්‍රහ්ම ස්වර ඇත්තා' යැයි කියනු ලැබේ.

ඉක්බිති ස්වාමීනී, තව්තිසාවැසි දෙවියෝ සනංකුමාර බ්‍රහ්මරාජයාට මෙය පැවසූහ.

"මහා බ්‍රහ්මයෙනි, ඉතා මැනැවි. අපි මෙකරුණ ගැන ම ප්‍රීති වෙමු. ශක්‍ර දේවේන්ද්‍රයන් විසින් ඒ භාග්‍යවතුන් වහන්සේගේ තිබෙන්නා වූ ම අටක් වූ උතුම් ගුණයෝ ද පවසන ලද්දාහු ය. අපි ඒ පිළිබඳ වත් ප්‍රීති වෙමු."

ඉක්බිති ස්වාමීනී, සනංකුමාර බ්‍රහ්මරාජයා සක් දෙවිඳුන් හට මෙය පැවසුවේ ය.

"ඉතා මැනැවි දේවේන්ද්‍රයෙනි, අපි ත් ඒ භාග්‍යවතුන් වහන්සේගේ තිබෙන්නා වූ ම අෂ්ට ගුණාංගයන් පිළිබඳ වර්ණනාව අසන්නෙමු."

ස්වාමීනී, "එසේ ය, මහා බ්‍රහ්මය" යැයි ශක්‍ර දේවේන්ද්‍රයෝ සනං කුමාර බ්‍රහ්මයාට භාග්‍යවතුන් වහන්සේගේ තිබෙන්නා වූ ම අට ගුණ පැවසුවේ ය.

1. "භවත් මහා බ්‍රහ්මයාණෙනි, එය කිමෙකැයි සිතන්නෙහි ද? ඒ භාග්‍යවතුන් වහන්සේ මොනතරම් නම් බොහෝ ජනයාට හිත පිණිස, බොහෝ ජනයාට සුව පිණිස, ලෝකානුකම්පාව පිණිස, දෙව් මිනිසුන්ගේ යහපත, හිතසුව පිණිස පිළිපන් සේක් ද යත්; මෙසේ බොහෝ ජනයාට හිත පිණිස, බොහෝ ජනයාට සුව පිණිස, ලෝකානුකම්පා පිණිස, දෙව් මිනිසුන්ගේ යහපත හිතසුව පිණිස, පිළිපන් මේ ගුණාංගයෙන් යුක්ත වූ ශාස්තෘවරයෙක් අතීතයේ ත් නොදකිමු. මෙකල්හිත් ඒ භාග්‍යවතුන් වහන්සේ හැර අන්‍යයෙකු නොදකිමු.

2. ඒ භාග්‍යවතුන් වහන්සේ විසින් ඉතා මැනැවින් ධර්මය දේශනා කරන ලද්දේ ය. එය මේ ජීවිතයේදී ම තමා ම දක්ක යුත්තේ ය. කල් නොයවා ඵල ලැබෙන්නේ ය. ඇවිත් බලන්න යැයි කිව හැක්කේ ය. තමා තුළට පමුණුවා ගත යුත්තේ ය. නුවණැතියන් විසින් තම තම නැණ පමණින් දත යුත්තේ ය. මෙසේ තමා තුළට පමුණුවා ගත යුතු ධර්මයක් දේශනා කරන මේ ගුණාංගයෙන් ද යුක්ත වූ ශාස්තෘවරයෙක් අතීතයේ ත් නොදකිමු. මෙකල්හිත් ඒ භාග්‍යවතුන් වහන්සේ හැර අන්‍යයෙකු නොදකිමු.

3. ඒ භාග්‍යවතුන් වහන්සේ විසින් 'මෙය කුසලය යැ' යි මැනැවින් පණවන ලද්දේ ය. 'මෙය අකුසලය යැ' යි මැනැවින් පණවන ලද්දේ ය. 'මෙය වරද සහිත ය ....(පෙ).... මෙය නිවැරදි ය ....(පෙ).... මෙය සේවනය කළ යුත්තේ

ය ....(පෙ).... මෙය සේවනය නොකළ යුත්තේ ය ....(පෙ).... මෙය හීන දෙයකි ....(පෙ).... මෙය උසස් ය ....(පෙ).... මෙය කළු සුදු පැහැ ගත් ධර්මයන් සමාන දේ ය වශයෙන් මැනැවින් පණවන ලද්දේ ය. මෙසේ කුසල් - අකුසල්, වැරදි - නිවැරදි, සේවනය කළ යුත්ත - සේවනය නොකළ යුත්ත, හීන - ප්‍රණීත, කළු සුදු පැහැගත් දෙයින් යුක්ත දෙය වශයෙන් මේ ධර්මයන් පණවන්නා වූ මේ ගුණාංගයෙන් ද යුක්ත වූ ශාස්තෘවරයෙක් අතීතයේ ත් නොදකිමු. මෙකල්හිත් ඒ භාග්‍යවතුන් වහන්සේ හැර අන්‍යයෙකු නොදකිමු.

4. ඒ භාග්‍යවතුන් වහන්සේ විසින් ශ්‍රාවකයන් හට නිවන කරා යන ප්‍රතිපදාව මැනැවින් පණවන ලද්දේ ය. නිවන ප්‍රතිපදාවට ත්, ප්‍රතිපදාව නිවනට ත් මැනැවින් සැසඳෙයි. යම් සේ ගංගා නදියෙහි ජලය යමුනා නදියෙහි ජලය හා ගැලපී යයි ද, සම වෙයි ද, එසෙයින් ම ඒ භාග්‍යවතුන් වහන්සේ විසින් ශ්‍රාවකයන් හට නිවන කරා යන ප්‍රතිපදාව මැනැවින් පණවන ලද්දේ ය. නිවන ප්‍රතිපදාවට ත්, ප්‍රතිපදාව නිවනට ත් මැනැවින් සැසඳෙයි. මෙසේ නිවන කරා යන්නා වූ ප්‍රතිපදාව පණවන මේ ගුණාංගයෙන් ද යුක්ත වූ ශාස්තෘවරයෙක් අතීතයේ ත් නොදකිමු. මෙකල්හිත් ඒ භාග්‍යවතුන් වහන්සේ හැර අන්‍යයෙකු නොදකිමු.

5. ඒ භාග්‍යවතුන් වහන්සේට අතිශයින් ම ලාභ උපන්නේ ය. අතිශයින් ම කීර්තිය උපන්නේ ය. ක්ෂත්‍රියයන්ගේ සිට යම්තාක් සියළු දෙව් මිනිස්සු භාග්‍යවතුන් වහන්සේට ප්‍රිය කරන සුළු ව වෙසෙති. ඒ භාග්‍යවතුන් වහන්සේ වනාහී ප්‍රහාණය කරන ලද මත්වීමෙන් යුතුව දන් වළඳන සේක. මෙසේ ප්‍රහාණය කරන ලද මත් වීමෙන් යුතුව දන් වළඳන මේ ගුණාංගයෙන් ද යුක්ත වූ ශාස්තෘවරයෙක් අතීතයේ ත් නොදකිමු. මෙකල්හිත් ඒ භාග්‍යවතුන් වහන්සේ හැර අන්‍යයෙකු නොදකිමු.

6. ඒ භාග්‍යවතුන් වහන්සේ නිවන් මගෙහි හික්මීමට පිළිපන් සේඛ ශ්‍රාවකයන්ගෙන් ද, බඹසර වැස නිමකළ රහතන් වහන්සේලාගෙන් ද, ලද සහායයෙන් යුතු සේක. භාග්‍යවතුන් වහන්සේ ඔවුන් සිතින් බැහැර කොට හුදෙකලා බවෙහි ඇළුණු සිතින් වසන සේක. මෙසේ ශ්‍රාවක පිරිස් මැද හුදෙකලා බවෙහි ඇළුණු සිතින් වසන මේ ගුණාංගයෙන් ද යුක්ත වූ ශාස්තෘවරයෙක් අතීතයේ ත් නොදකිමු. මෙකල්හිත් ඒ භාග්‍යවතුන් වහන්සේ හැර අන්‍යයෙකු නොදකිමු.

7. ඒ භාග්‍යවතුන් වහන්සේ වනාහී යම් අයුරකින් වදාරණ සේක් ද, ඒ අයුරින් කරන සේක. යම් අයුරින් කරන සේක් ද, ඒ අයුරින් පවසන සේක. මෙසේ

යථාවාදී - තථාකාරී, යථාකාරී - තථාවාදී වන සේක. මෙසේ ධර්මානුධර්ම ප්‍රතිපදාවෙන් යුතුව මේ ගුණාංගයෙන් ද යුක්ත වූ ශාස්තෘවරයෙක් අතීතයේ ත් නොදකිමු. මෙකල්හිත් ඒ භාග්‍යවතුන් වහන්සේ හැර අන්‍යයෙකු නොදකිමු.

8. ඒ භාග්‍යවතුන් වහන්සේ නිවන් මගට මුල්වන කරුණු පිළිබඳ ව තරණය කළ සැක ඇති සේක. 'කෙසේ ද? කෙසේ ද?' යන්න දුරු කළ සේක. සම්පූර්ණත්වයට පත් වූ අපේක්ෂා ඇති සේක. මෙසේ නිවන් මගට මුල්වන කරුණු පිළිබඳ ව තරණය කළ සැක ඇති, 'කෙසේ ද? කෙසේ ද?' යන්න දුරු කළ, සම්පූර්ණත්වයට පත් වූ අපේක්ෂා ඇති, මේ ගුණාංගයෙන් ද යුක්ත වූ ශාස්තෘවරයෙක් අතීතයේ ත් නොදකිමු. මෙකල්හිත් ඒ භාග්‍යවතුන් වහන්සේ හැර අන්‍යයෙකු නොදකිමු."

ස්වාමීනී, ශක්‍ර දේවේන්ද්‍රයෝ සනංකුමාර බ්‍රහ්මයා හට භාග්‍යවතුන් වහන්සේගේ ඇත්තාවූ ම මේ ගුණ අට පැවසූහ. ස්වාමීනී, ඒ හේතුවෙන් සනං කුමාර බ්‍රහ්ම තෙමේ සතුටු සිත් ඇති වූයේ ය. භාග්‍යවතුන් වහන්සේගේ ඇත්තා වූ ම අෂ්ට ගුණයන් අසා ප්‍රමුදිත වූයේ ය. ප්‍රීති සොම්නස් හටගත්තේ ය.

ඉක්බිති ස්වාමීනී, සනංකුමාර බ්‍රහ්මයා ගොරෝසු ආත්ම භාවයක් මවා පඤ්චසිඛ කුමාර වේශයෙන් තව්තිසා දෙවියන් අතර පහළ වූයේ ය. ඔහු අහසට පැන නැඟී අහසෙහි පළඟක් බැඳ හිඳගත්තේ ය. ස්වාමීනී, බලවත් පුරුෂයෙක් මැනැවින් ඇතිරිලි අතුරන ලද අසුනක හෝ සම භූමියක හෝ පළඟක් බැඳ වාඩිවෙන්නේ යම් සේ ද, ස්වාමීනී, එසෙයින් ම සනංකුමාර බ්‍රහ්මයා අහසට පැන නැඟී අහසෙහි පළඟක් බැඳ හිඳගෙන තව්තිසා දෙවියන් ඇමතුවේ ය.

"භවත් තව්තිසා දෙවිවරුනි, ඒ කිමෙකැයි හඟිව් ද? ඒ භාග්‍යවතුන් වහන්සේ කොතරම් දීර්ඝ කාලයක් නම් මහා ප්‍රඥාවෙන් යුතුව වැඩසිටි සේක් ද යත්, භවත්නි, මෙය පෙර සිදුවූවකි.

දිසම්පති නම් රජෙක් සිටියේ ය. දිසම්පති රජුට ගෝවින්ද නම් බ්‍රාහ්මණ පුරෝහිතයෙක් සිටියේ ය. දිසම්පති රජුට රේණු නම් පුත් කුමරෙක් සිටියේ ය. ගෝවින්ද බ්‍රාහ්මණයාට ජෝතිපාල නම් තරුණ පුත්‍රයෙක් සිටියේ ය. මෙසේ රේණු රාජ පුත්‍රයා ත්, ජෝතිපාල මාණවකයා ත් අන්‍ය වූ ක්ෂත්‍රියයෝ සය දෙනෙකුත් වශයෙන් යහළුවෝ අට දෙනෙක් සිටියාහු ය.

ඉතින් භවත් දෙවිවරුනි, දීර්ඝ කාලයකට පසු ගෝවින්ද බ්‍රාහ්මණයා කලුරිය කළේ ය. ගෝවින්ද බ්‍රාහ්මණයා කලුරිය කළ කල්හී දිසම්පති රජු වැළපුණේ ය. 'අහෝ! ඒකාන්තයෙන් ම අපි යම් කලෙක ගෝවින්ද බ්‍රාහ්මණයාට

සියළු කටයුතු මැනැවින් පවරා පංච කාම ගුණයන් පිරිවරා, ඉඳුරන් පිනවමින් වාසය කළෙමු ද, එකල අපගේ ගෝවින්ද බ්‍රාහ්මණ තෙමේ කලුරිය කළේ නොවැ' යි.

භවත් දෙවිවරුනි, මෙසේ කී කල්හී රේණු රාජපුත්‍රයා දිසම්පති රජුට මෙය පැවසුවේ ය. 'දේවයිනි, ගෝවින්ද බ්‍රාහ්මණයා කලුරිය කළ කල්හී ඔබවහන්සේ ඉතා බලවත් ලෙස නොවැලපෙනු මැනැව. දේවයිනි, ගෝවින්ද බ්‍රාහ්මණයාට ජෝතිපාල නම් මාණවක පුත්‍රයෙක් සිටියි. ඔහු පියාට වඩා නුවණැත්තෙකි. ඒ ඒ කටයුතු දැකීමෙහි පියාට වඩා දක්ෂයෙකි. ඔහුගේ පියා යම් කරුණු පිණිස අනුශාසනා කළේ ද, ඒ කරුණු පිණිස අනුශාසනා ලැබ ගත්තේ ජෝතිපාල මාණවකයාගෙන් ය.'

"එසේ ද කුමාරය?"

"එසේ ය, දේවයිනි."

ඉතින් භවත්නි, දිසම්පති රජු එක්තරා පුරුෂයෙකු ඇමතී ය.

"එම්බා පුරුෂය, එව. ඔබ ජෝතිපාල නම් මාණවකයා කරා යව. ගොස් ජෝතිපාල මාණවකයාට මෙසේ පවසව. 'භවත් ජෝතිපාල මානවකයාණන්ට යහපතක් වේවා! දිසම්පති රජු භවත් ජෝතිපාල මාණවකයන් අමතයි. දිසම්පති රජු භවත් ජෝතිපාල මාණවකයාණන් දකිනු කැමති වෙයි' යනුවෙන් පවසව."

භවත් දෙවිවරුනි, "එසේ ය, දේවයිනි" යි ඒ පුරුෂයා දිසම්පති රජුට පිළිවදන් දී ජෝතිපාල මාණවකයා කරා එළැඹියේ ය. එළැඹ ජෝතිපාල මාණවකයාට මෙය පැවසීය.

"භවත් ජෝතිපාල මාණවකයාණන්ට යහපතක් වේවා! දිසම්පති රජු භවත් ජෝතිපාල මාණවකයන් අමතයි. දිසම්පති රජු භවත් ජෝතිපාල මාණවකයාණන් දකිනු කැමති වෙයි."

"එසේ ය, භවත" යි ඒ ජෝතිපාල මාණවක තෙමේ ඒ පුරුෂයාට පිළිවදන් දී දිසම්පති රජු වෙත එළැඹියේ ය. එළැඹ දිසම්පති රජු සමඟ සතුටු වූයේ ය. සතුටු විය යුතු පිළිසඳර කථාබහ නිමවා එකත්පස් ව හිඳගත්තේ ය. භවත් දෙවිවරුනි, එකත්පස් ව හුන් ජෝතිපාල මාණවකයාට දිසම්පති රජු මෙය පැවසුවේ ය.

"භවත් ජෝතිපාල තෙමේ අපට අනුශාසනා කෙරේවා! භවත් ජෝතිපාලයෝ අපට අනුශාසනා කිරීම ප්‍රතික්ෂේප කරන්නට එපා. ඔබ

පියාගේ තනතුරෙහි තබන්නෙමි. පිය ගෝවින්දයන්ගේ තනතුරෙහි අභිෂේක කරන්නෙමි."

"එසේ ය, භවත" යි ඒ ජෝතිපාල මාණවක තෙමේ දිසම්පති රජු හට පිළිවදන් දුන්නේ ය.

ඉතින් භවත් දෙවිවරුනි, දිසම්පති රජු ජෝතිපාල මාණවකයා ගෝවින්ද බ්‍රාහ්මණයාගේ තනතුරෙහි අභිෂේක කළේ ය. පිය බ්‍රාහ්මණයා සිටි තැනෙහි තැබුවේ ය. පුරෝහිත තනතුරෙහි අභිෂේක ලත්, පිය බ්‍රාහ්මණ තනතුරෙහි තබන ලද ජෝතිපාල මාණවක තෙමේ තම පියා යම් කරුණකින් අනුශාසනා කළේ ද, ඒ කරුණෙනුත් අනුශාසනා කරයි. තම පියා යම් කරුණු අරභයා අනුශාසනා නොකළේ ද, ඒ කරුණෙනුත් අනුශාසනා කරයි. තම පියා යම් කර්මාන්තයන් කළේ ද, ඒ කර්මාන්ත ත් කරයි. තම පියා යම් කර්මාන්තයන් නොකළේ ද, ඒ කර්මාන්ත ත් කරයි. එවිට ඔහු පිළිබඳ ව මිනිස්සු මෙසේ කීහ. 'භවත්නි, ඒකාන්තයෙන් ගෝවින්ද බ්‍රාහ්මණයා නොවැ! භවත්නි ඒකාන්තයෙන් මහා ගෝවින්ද බ්‍රාහ්මණයා නොවැ!' යනුවෙනි.

මෙසේ භවත් දෙවිවරුනි, මේ ක්‍රමයෙන් ජෝතිපාල මාණවකයාට 'ගෝවින්ද ය, මහා ගෝවින්ද ය' යන නම හටගත්තේ ය.

ඉතින් භවත් දෙවිවරුනි, මහා ගෝවින්ද බ්‍රාහ්මණ තෙමේ ඒ ක්ෂත්‍රියයන් සය දෙනා වෙත එළැඹියේ ය. එළැඹ ඒ ක්ෂත්‍රියයන් සය දෙනාට මෙය පැවසුවේ ය.

"භවත්නි, දිසම්පති රජු දිරා ගියේ, වයෝවෘද්ධ වූයේ, මහළු වූයේ, ක්‍රමයෙන් වයසට ගියේ වෙයි. භවත්නි, ජීවිතය වනාහී කොපමණ කල් පවතින්නේ දැයි කවුරු දනිත් ද? යම් හෙයකින් දිසම්පති රජු කලුරිය කළ විට රජෙකු පත් කරන අමාත්‍යයෝ රේණු රාජ පුත්‍රයා ව රාජ්‍යයෙහි අභිෂේක කරන්නාහු ය යන්න පැහැදිලි ව පෙනෙන දෙයකි. භවත්හු පැමිණෙත්වා! රේණු රාජපුත්‍රයා වෙත එළඹෙව්. එළැඹ රේණු රාජපුත්‍රයාට මෙසේ පවසව්.

'අපි වනාහී භවත් රේණු හට ප්‍රිය වූ, මනාප වූ, නොපිළිකුල් වූ යහළුවෝ වෙමු. භවතුන් යම් සැපයකින් යුක්ත ද, අපි ද ඒ සැප ඇත්තෙමු. භවතුන් යම් දුකින් යුක්ත ද, අපි ද ඒ දුකින් යුතු වෙමු. භවත, දිසම්පති රජු දිරා ගියේ, වයෝවෘද්ධ වූයේ, මහළු වූයේ, ක්‍රමයෙන් වයසට ගියේ වෙයි. භවත්නි, ජීවිතය වනාහී කොපමණ කල් පවතින්නේ දැයි කවුරු දනිත් ද! යම් හෙයකින් දිසම්පති රජු කලුරිය කළ විට රජෙකු පත් කරන අමාත්‍යයෝ භවත් රේණු රාජ පුත්‍රයා

ව රාජ්‍යයෙහි අභිෂේක කරන්නාහු ය යන්න පැහැදිලි ව පෙනෙන දෙයකි. ඉදින් භවත් රේණු රාජ්‍යය ලබන්නේ ද, අපට රාජ්‍යයෙන් කොටස් බෙදා දෙනු මැනැව' යි පවසව්.

ඉතින් භවත් දෙවිවරුනි, ඒ ක්ෂත්‍රියයෝ සය දෙනා 'එසේ ය, භවත' යැයි මහා ගෝවින්ද බ්‍රාහ්මණයාට පිළිතුරු දී රේණු රාජ පුත්‍රයා වෙත පැමිණියහ. පැමිණ රේණු රාජපුත්‍රයාට මෙය පැවසූහ.

"අපි වනාහී භවත් රේණු හට ප්‍රිය වූ, මනාප වූ, නොපිළිකුල් වූ යහළුවෝ වෙමු. භවතුන් යම් සැපයකින් යුක්ත ද, අපි ද ඒ සැප ඇත්තෙමු. භවතුන් යම් දුකින් යුක්ත ද, අපි ද ඒ දුකින් යුතු වෙමු. භවත, දිසම්පති රජු දිරා ගියේ, වයෝවෘද්ධ වූයේ, මහළු වූයේ, ක්‍රමයෙන් වයසට ගියේ වෙයි. භවත්නි, ජීවිතය වනාහී කොපමණ කල් පවතින්නේ දැයි කවුරු දනිත් ද! යම් හෙයකින් දිසම්පති රජු කලුරිය කළ විට රජෙකු පත් කරන අමාත්‍යයෝ භවත් රේණු රාජ පුත්‍රයා ව රාජ්‍යයෙහි අභිෂේක කරන්නාහු ය යන්න පැහැදිලි ව පෙනෙන දෙයකි. ඉදින් භවත් රේණු රාජ්‍යය ලබන්නේ ද, අපට රාජ්‍යයෙන් කොටස් බෙදා දෙනු මැනැව."

"භවත්නි, භවතුන් හැර මාගේ විජිතයෙහි වෙන කවරහු නම් සැපයට පැමිණෙන්නාහු ද? ඉදින් භවත්නි, මම රාජ්‍යය ලබන්නෙම් නම්, ඔබට රාජ්‍යයෙන් බෙදන්නෙමි."

ඉක්බිති භවත් දෙවිවරුනි, කල් ඇවෑමෙන් දිසම්පති රජු මිය ගියේ ය. දිසම්පති රජු මියගිය කල්හී රජෙකු පත්කරවන අමාත්‍යයෝ රේණු රාජපුත්‍රයා රාජ්‍යයෙහි අභිෂේක කළාහු ය. රාජ්‍යයෙන් අභිෂේක ලත් රේණු රජු පංච කාම ගුණයන්ගෙන් පිරිවරා ගෙන එහි සතුටු වෙමින් ප්‍රීතියෙන් වසයි.

එකල්හී භවත් දෙවිවරුනි, මහා ගෝවින්ද බ්‍රාහ්මණ තෙමේ ඒ ක්ෂත්‍රියයන් සය දෙනා වෙත එළැඹියේ ය. එළැඹ ඒ ක්ෂත්‍රියයන් සය දෙනාට මෙය පැවසුවේය.

"භවත්නි, දිසම්පති රජු මිය ගියේ ය. රාජ්‍යයෙන් අභිෂේක ලත් රේණු රජු පංච කාම ගුණයන්ගෙන් පිරිවරා ගෙන එහි සතුටු වෙමින් ප්‍රීතියෙන් වසයි.

භවත්නි, කාමයෝ මත් වීමට කරුණු ය. එහෙයින් භවතුන් හා පෙර කථා කළ දේ රජු සිහිකරන්නේ දැයි කවුරු දනිත් ද? භවත්හු පැමිණෙත්වා! රේණු රජු වෙත එළැඹෙව්. එළැඹ රේණු රජුට මෙසේ පවසව්. 'භවත, දිසම්පති රජු කලුරිය කළේ ය. භවත් රේණු රාජ්‍යයෙන් අභිෂේක කරන ලද්දේ ය. භවතුන් පෙර අප හා පොරොන්දු වූ වචනය සිහි කරයි ද?' යනුවෙනි."

භවත් දෙව්වරුනි, "එසේ ය, භවත" යි ඒ ක්ෂත්‍රියයෝ සය දෙනා මහා ගෝවින්ද බ්‍රාහ්මණයාට පිළිවදන් දී රේණු රජු වෙත එළැඹියහ. එළැඹ රේණු රජුට මෙය පැවසූහ.

"භවත, දිසම්පති රජු කලුරිය කළේ ය. භවත් රේණු රාජ්‍යයෙන් අභිෂේක කරන ලද්දේ ය. භවතුන් පෙර අප හා පොරොන්දු වූ වචනය සිහි කරයි ද?"

"භවත්නි, ඒ වචනය මම සිහි කරමි. භවත්නි, උතුරින් දික් ව, දකුණින් ගැල් මුව සේ පිහිටි මේ මහා පොළොව සම ලෙස සත් කොටසකට මැනැවින් බෙදන්නට කවරෙක් සමත් වෙයි ද?"

"භවත, මහා ගෝවින්ද බ්‍රාහ්මණයා හැර අන් කවරෙක් නම් සමත් වෙයි ද?"

ඉක්බිති භවත් දෙව්වරුනි, රේණු රජු එක්තරා පුරුෂයෙකු ඇමතුවේ ය.

"එම්බා පුරුෂය, මෙහි එව. ඔබ මහා ගෝවින්ද බ්‍රාහ්මණයා වෙත එළඹෙව. එළැඹ මහා ගෝවින්ද බ්‍රාහ්මණයාට මෙසේ පවසව. 'ස්වාමීනී, රේණු රජ තෙමේ ඔබ අමතයි' යි."

භවත් දෙව්වරුනි, "එසේ ය, දේවයිනි" ඒ පුරුෂයා රේණු රජුට පිළිවදන් දී මහා ගෝවින්ද බ්‍රාහ්මණයා වෙත එළැඹියේ ය. එළැඹ මහා ගෝවින්ද බ්‍රාහ්මණයාට මෙය පැවසුවේ ය.

"ස්වාමීනී, රේණු රජ තෙමේ ඔබ අමතයි"

"එසේ ය, භවත" යි ඒ මහා ගෝවින්ද බ්‍රාහ්මණයා ඒ පුරුෂයාට පිළිතුරු දී රේණු රජු වෙත එළැඹියේ ය. එළැඹ රේණු රජු සමඟ සතුටු වූයේ ය. සතුටු විය යුතු පිළිසඳර කථා බහ නිමවා එකත්පස් ව හිඳගත්තේ ය. භවත් දෙව්වරුනි, එකත්පස් ව හුන් මහා ගෝවින්ද බ්‍රාහ්මණයාට රේණු රජු මෙය පැවසුවේ ය.

"භවත් ගෝවින්දයෝ පැමිණෙත්වා! උතුරින් දික් ව, දකුණින් ගැල් මුව සේ පිහිටි මේ මහපොළොව සම ලෙස සත් කොටසකට මැනැවින් බෙදත්වා!"

"එසේ ය, භවත" යි ඒ මහා ගෝවින්ද බ්‍රාහ්මණයා රේණු රජුට පිළිතුරු දී උතුරින් දික් වූ, දකුණින් ගැල් මුව සේ සිටින ලෙස මේ මහ පොළොව සමාන ලෙස සත් කොටසකට මැනැවින් බෙදීය. සියළු රාජ්‍යයන් ගැල්මුව සේ සිටින ලෙස පිහිටෙව්වේ ය. එහි මැද රේණු රජුගේ ජනපදය වෙයි.

(ගාථාවන් ය)

'කාලිංගයන්ගේ දන්ත පුරය ය, අස්සකයන්ගේ පෝතන පුරය ද, අවන්තියන්ගේ මාහිස්සතී පුරය ය, සෝවීරයන්ගේ රෝරුක පුරය ය,

විදේහයන්ගේ මිථිලා පුරය ය, අංග රටෙහි චම්පා නුවර ද ඉදිකරන ලද්දේ ය. කසී රට වැසියන්ගේ බරණැස් නුවර ය යන මේවා මහා ගෝවින්ද බ්‍රාහ්මණයා විසින් කරවන ලද්දේ ය.'

භවත් දෙවිවරුනි, ඉතින් ඒ ක්ෂත්‍රියවරු සය දෙනා යම් පරිදි තමන් ලද ලාභයෙන් සතුටු වූවාහු ය. සම්පූර්ණ වූ අපේක්ෂා ඇති වූවාහු ය. එනම්, 'ඒකාන්තයෙන් අප විසින් යමක් කැමති වන ලද්දේ ද, යමක් අපේක්ෂා කරන ලද්දේ ද, යමක් අදහස් කරන ලද්දේ ද, යමක් පතන ලද්දේ ද, එය අපට ලැබුණේ ය' යනුවෙනි.

(ගාථාවකි)

'සත්තභූ රජු ය, බ්‍රහ්මදත් රජු ය, වෙස්සභූ රජු ය, භරත රජු ය, රේණු නමින් රජවරු දෙදෙනෙකි, ධෘතරාෂ්ට්‍ර රජු ද වශයෙන් එදා භාරත රජවරු සත් දෙනෙක් වූහ.'

ඉක්බිති භවත් දෙවිවරුනි, ඒ ක්ෂත්‍රියයෝ සය දෙන මහා ගෝවින්ද බ්‍රාහ්මණයා කරා පැමිණියාහු ය. පැමිණ මහා ගෝවින්ද බ්‍රාහ්මණයාට මෙය පැවසූහ.

"භවත් ගෝවින්දයෝ රේණු රජු හට යම් සේ මිත්‍ර ව, ප්‍රිය මනාප ව, නොපිළිකුල් ව සිටිත් ද, එසෙයින් ම භවත් ගෝවින්දයෝ අපට ත් මිත්‍ර ය. ප්‍රිය ය. මනාප ය. නොපිළිකුල් ය. භවත් ගෝවින්දයෝ අපට අනුශාසනා කරත්වා! භවත් ගෝවින්දයෝ අපට අනුශාසනා කිරීම ප්‍රතික්ෂේප කරන්නට එපා."

"එසේ ය, භවත්නි" යි ඒ මහා ගෝවින්ද බ්‍රාහ්මණයා ඒ ක්ෂත්‍රියවරුන් සය දෙනාට පිළිතුරු දුන්නේ ය.

එකල්හී භවත් දෙවිවරුනි, මහා ගෝවින්ද බ්‍රාහ්මණයා අභිෂේක ලත්, ඔටුණු පළන් ක්ෂත්‍රිය රජවරුන් සත් දෙනාට ද අනුශාසනා කළේ ය. අනු පුරෝහිත මහාසාර බ්‍රාහ්මණයන් සත් දෙනාට ද, බ්‍රාහ්මණ ශිෂ්‍යයන් සත්සියයකට ද වේද මන්ත්‍ර හැදෑරවීය.

ඉක්බිති භවත් දෙවිවරුනි, පසු කලෙක මහා ගෝවින්ද බ්‍රාහ්මණයාගේ මෙබඳු වූ කල්‍යාණ කීර්ති රාවයක් පැනනැංගේ ය. 'මහා ගෝවින්ද බ්‍රාහ්මණ තෙමේ බ්‍රහ්මයා හැබැහින් දකියි. මහා ගෝවින්ද බ්‍රාහ්මණ තෙමේ බ්‍රහ්මයා සමඟ හැබැහින් ම සාකච්ඡා කරයි. කතා කරයි. මන්ත්‍රණය කරයි' යනුවෙනි.

එවිට භවත් දෙවිවරුනි, මහා ගෝවින්ද බ්‍රාහ්මණයාට මේ අදහස ඇතිවූයේ ය. 'මා පිළිබඳ ව වනාහී මෙබඳු වූ කල්‍යාණ කීර්ති රාවයක් පැනනැංගේ ය. 'මහා ගෝවින්ද බ්‍රාහ්මණ තෙමේ බ්‍රහ්මයා හැබැහින් දකියි. මහා ගෝවින්ද බ්‍රාහ්මණ තෙමේ බ්‍රහ්මයා සමඟ හැබැහින් ම සාකච්ඡා කරයි. කතා කරයි. මන්ත්‍රණය කරයි' යනුවෙනි. එනමුත් මම වනාහී බ්‍රහ්මයා නොදකිමි. බ්‍රහ්මයා සමඟ සාකච්ඡා නොකරමි. බ්‍රහ්මයා සමඟ නොදොඩමි. බ්‍රහ්මයා සමඟ මන්ත්‍රණය නොකරමි. මා විසින් වයෝවෘද්ධ වූ, මහළු වූ, ආචාර්යප්‍රාචාර්ය බ්‍රාහ්මණයන් විසින් කියනු ලබන මේ වචනය අසන ලද්දේ ය. 'යමෙක් වැසි සාර මාසයෙහි හුදෙකලාවෙහි ඉන්නේ නම්, කරුණා ධ්‍යානය වඩන්නේ නම්, ඔහු බ්‍රහ්මයා දකියි. බ්‍රහ්මයා හා සාකච්ඡා කරයි. බ්‍රහ්මයා හා දොඩයි. බ්‍රහ්මයා හා මන්ත්‍රණය කරයි' කියා ය. යම් හෙයකින් මම වැසි සාර මාසයෙහි හුදෙකලා වන්නෙම් නම්, කරුණා ධ්‍යානය වඩන්නෙම් නම් මැනැව' යි.

ඉක්බිති භවත් දෙවිවරුනි, මහා ගෝවින්ද බ්‍රාහ්මණ තෙමේ රේණු රජු වෙත පැමිණියේ ය. පැමිණ රේණු රජුට මෙය පැවසුවේ ය.

"භවත, මා පිළිබඳ ව වනාහී මෙබඳු වූ කල්‍යාණ කීර්ති රාවයක් පැනනැංගේ ය. 'මහා ගෝවින්ද බ්‍රාහ්මණ තෙමේ බ්‍රහ්මයා හැබැහින් දකියි. මහා ගෝවින්ද බ්‍රාහ්මණ තෙමේ බ්‍රහ්මයා සමඟ හැබැහින් ම සාකච්ඡා කරයි. කතා කරයි. මන්ත්‍රණය කරයි' යනුවෙනි. එනමුත් භවත, මම වනාහී බ්‍රහ්මයා නොදකිමි. බ්‍රහ්මයා සමඟ සාකච්ඡා නොකරමි. බ්‍රහ්මයා සමඟ නොදොඩමි. බ්‍රහ්මයා සමඟ මන්ත්‍රණය නොකරමි. මා විසින් වයෝවෘද්ධ වූ, මහළු වූ, ආචාර්යප්‍රාචාර්ය බ්‍රාහ්මණයන් විසින් කියනු ලබන මේ වචනය අසන ලද්දේ ය. 'යමෙක් වැසි සාර මාසයෙහි හුදෙකලාවෙහි ඉන්නේ නම්, කරුණා ධ්‍යානය වඩන්නේ නම්, ඔහු බ්‍රහ්මයා දකියි. බ්‍රහ්මයා හා සාකච්ඡා කරයි. බ්‍රහ්මයා හා දොඩයි. බ්‍රහ්මයා හා මන්ත්‍රණය කරයි' කියා ය. භවත, වැසි සාර මාසයෙහි හුදෙකලාවේ වසන්නට ත්, කරුණා ධ්‍යානය වඩන්නට ත් කැමති වෙමි. මට ආහාර ගෙන එන කෙනා හැර අන් කිසිවෙකු විසින් එළඹිය යුත්තෙම් නොවෙමි."

"දැන් යමකට කාලය නම්, භවත් ගෝවින්දයෝ එය දනිති" යි රේණු රජ පැවසුවේ ය.

ඉක්බිති ඒ මහා ගෝවින්ද බ්‍රාහ්මණ තෙමේ ඒ ක්ෂත්‍රිය රජවරුන් සය දෙනා වෙත එළැඹියේ ය. එළැඹ ඒ ක්ෂත්‍රිය රජවරුන් සය දෙනාට මෙය පැවසුවේ ය.

"භවත්නි, මා පිළිබඳ ව වනාහී මෙබඳු වූ කල්‍යාණ කීර්ති රාවයක් පැනනැංගේ ය. 'මහා ගෝවින්ද බ්‍රාහ්මණ තෙමේ බ්‍රහ්මයා හැබැහින් දකියි. මහා ගෝවින්ද බ්‍රාහ්මණ තෙමේ බ්‍රහ්මයා සමඟ හැබැහින් ම සාකච්ඡා කරයි. කතා කරයි. මන්ත්‍රණය කරයි' යනුවෙනි. එනමුත් මම වනාහී බ්‍රහ්මයා නොදකිමි. බ්‍රහ්මයා සමඟ සාකච්ඡා නොකරමි. බ්‍රහ්මයා සමඟ නොදොඩමි. බ්‍රහ්මයා සමඟ මන්ත්‍රණය නොකරමි. මා විසින් වයෝවෘද්ධ වූ, මහළු වූ, ආචාර්යප්‍රාචාර්ය බ්‍රාහ්මණයන් විසින් පවසන ලද මේ වචනය අසන ලද්දේ ය. 'යමෙක් වැසි සාර මාසයෙහි හුදෙකලාවෙහි ඉන්නේ නම්, කරුණා ධ්‍යානය වඩන්නේ නම්, ඔහු බ්‍රහ්මයා දකියි. බ්‍රහ්මයා හා සාකච්ඡා කරයි. බ්‍රහ්මයා හා දොඩයි. බ්‍රහ්මයා හා මන්ත්‍රණය කරයි' කියා ය. භවත්නි, වැසි සාර මාසයෙහි හුදෙකලාවේ වසන්නට ත්, කරුණා ධ්‍යානය වඩන්නට ත් මම කැමති වෙමි. මට ආහාර ගෙන එන කෙනා හැර අන් කිසිවෙකු විසින් එළඹිය යුත්තෙම් නොවෙමි."

"දැන් යමකට කාලය නම්, භවත් ගෝවින්දයෝ එය දනිති" යි ක්ෂත්‍රියයෝ සය දෙනා පැවසූහ.

භවත් දෙවිවරුනි, ඉක්බිති මහා ගෝවින්ද බ්‍රාහ්මණයා මහාසාර බ්‍රාහ්මණයන් සත්දෙනා ත්, ශිෂ්‍ය බ්‍රාහ්මණයන් සත්සියදෙනා ත් වෙත එළැඹියේ ය. එළඹ, මහාසාර බ්‍රාහ්මණයින් සත්දෙනාට ත්, බ්‍රාහ්මණ ශිෂ්‍යයින් සත්සියදෙනාට ත් මෙය පැවසුවේ ය.

"භවත්නි, මා පිළිබඳ ව වනාහී මෙබඳු වූ කල්‍යාණ කීර්ති රාවයක් පැනනැංගේ ය. 'මහා ගෝවින්ද බ්‍රාහ්මණ තෙමේ බ්‍රහ්මයා හැබැහින් දකියි. මහා ගෝවින්ද බ්‍රාහ්මණ තෙමේ බ්‍රහ්මයා සමඟ හැබැහින් ම සාකච්ඡා කරයි. කතා කරයි. මන්ත්‍රණය කරයි' යනුවෙනි. එනමුත් මම වනාහී බ්‍රහ්මයා නොදකිමි. බ්‍රහ්මයා සමඟ සාකච්ඡා නොකරමි. බ්‍රහ්මයා සමඟ නොදොඩමි. බ්‍රහ්මයා සමඟ මන්ත්‍රණය නොකරමි. මා විසින් වයෝවෘද්ධ වූ, මහළු වූ, ආචාර්යප්‍රාචාර්යය බ්‍රාහ්මණයන්ගේ මේ වචනය අසන ලද්දේ ය. 'යමෙක් වැසි සාර මාසයෙහි හුදෙකලාවෙහි ඉන්නේ නම්, කරුණා ධ්‍යානය වඩන්නේ නම්, ඔහු බ්‍රහ්මයා දකියි. බ්‍රහ්මයා හා සාකච්ඡා කරයි. බ්‍රහ්මයා හා දොඩයි. බ්‍රහ්මයා හා මන්ත්‍රණය කරයි' කියා ය. එසේ වී නම් භවත්නි, මන්ත්‍රයන් අසන ලද්දේ යම් සේ ද, පිරිවහන ලද්දේ යම් සේ ද, විස්තර වශයෙන් සජ්ඣායනා කරව්. එකිනෙකට

මන්ත්‍ර කටපාඩම් කරවි. භවත්නි, වැසි සාර මාසයෙහි හුදෙකලාවේ වසන්නට ත්, කරුණා ධ්‍යානය වඩන්නට ත් කැමති වෙමි. මට ආහාර ගෙන එන කෙනා හැර අන් කිසිවෙකු විසින් එළඹිය යුත්තෙම් නොවෙමි."

"දැන් යමකට කාලය නම්, භවත් ගෝවින්දයෝ එය දනිති" යි ඔවුහු පැවසූහ.

ඉක්බිති භවත් දෙවිවරුනි, මහා ගෝවින්ද බ්‍රාහ්මණයා සමාන වූ බිරින්දෑවරුන් සතළිස් දෙනා වෙත එළැඹියේ ය. එළැඹ ඒ සමාන බිරින්දෑවරුන් සතළිස් දෙනාට මෙය පැවසුවේ ය.

"භවතියෙනි, මා පිළිබඳ ව වනාහී මෙබඳු වූ කල්‍යාණ කීර්ති රාවයක් පැනනැංගේ ය. 'මහා ගෝවින්ද බ්‍රාහ්මණ තෙමේ බ්‍රහ්මයා හැබැහින් දකියි. මහා ගෝවින්ද බ්‍රාහ්මණ තෙමේ බ්‍රහ්මයා සමඟ හැබැහින් ම සාකච්ඡා කරයි. කතා කරයි. මන්ත්‍රණය කරයි' යනුවෙනි. එනමුත් භවතියෙනි, මම වනාහී බ්‍රහ්මයා නොදකිමි. බ්‍රහ්මයා සමඟ සාකච්ඡා නොකරමි. බ්‍රහ්මයා සමඟ නොදොඩමි. බ්‍රහ්මයා සමඟ මන්ත්‍රණය නොකරමි. මා විසින් වයෝවෘද්ධ වූ, මහළු වූ, ආචාර්යප්‍රාචාර්ය බ්‍රාහ්මණයන් විසින් පවසන ලද මේ වචනය අසන ලද්දේ ය. 'යමෙක් වැසි සාර මාසයෙහි හුදෙකලාවෙහි ඉන්නේ නම්, කරුණා ධ්‍යානය වඩන්නේ නම්, ඔහු බ්‍රහ්මයා දකියි. බ්‍රහ්මයා හා සාකච්ඡා කරයි. බ්‍රහ්මයා හා දොඩයි. බ්‍රහ්මයා හා මන්ත්‍රණය කරයි' කියා ය. භවතියෙනි, වැසි සාර මාසයෙහි හුදෙකලාවේ වසන්නට ත්, කරුණා ධ්‍යානය වඩන්නට ත් මම කැමති වෙමි. මට ආහාර ගෙන එන කෙනා හැර අන් කිසිවෙකු විසින් එළඹිය යුත්තෙම් නොවෙමි."

"දැන් යමකට කාලය නම්, භවත් ගෝවින්දයෝ එය දනිති" යි ඔවුහු පැවසූහ.

භවත් දෙවිවරුනි, ඉක්බිති මහා ගෝවින්ද බ්‍රාහ්මණ තෙමේ නගරයට පෙර දිගින් අලුත් සන්ථාගාරයක් කරවා, වැසි සාර මාසයෙහි හුදෙකලාවේ භාවනා කළේ ය. කරුණා ධ්‍යානය වැඩුවේ ය. එහිදී ඔහු වෙත ආහාර රැගෙන එන කෙනා හැර අන් කිසිවෙක් නොපැමිණියේ ය.

එකල්හී භවත් දෙවිවරුනි, වැසි සාර මාසය ඇවෑමෙන් මහා ගෝවින්ද බ්‍රාහ්මණයාට කලකිරීමක් ම ඇතිවූයේ ය. ආශාවෙන් පෙළීමක් ම ඇතිවූයේ ය. එනම් මා විසින් වයෝවෘද්ධ වූ, මහළු වූ, ආචාර්යප්‍රාචාර්ය බ්‍රාහ්මණයන් විසින් කියනු ලබන මේ වචනය අසන ලද්දේ ය. 'යමෙක් වැසි සාර මාසයෙහි

හුදෙකලාවෙහි ඉන්නේ නම්, කරුණා ධ්‍යානය වඩන්නේ නම්, ඔහු බ්‍රහ්මයා දකියි. බ්‍රහ්මයා හා සාකච්ඡා කරයි. බ්‍රහ්මයා හා දොඩයි. බ්‍රහ්මයා හා මන්ත්‍රණය කරයි' කියා ය. එහෙත් මම බ්‍රහ්මයා නොදකිමි. බ්‍රහ්මයා සමඟ සාකච්ඡා නොකරමි. බ්‍රහ්මයා සමඟ නොදොඩමි. බ්‍රහ්මයා හා මන්ත්‍රණය නොකරමි' යි.

එකල්හී භවත් දෙව්වරුනි, සනංකුමාර බ්‍රහ්මරාජයා තම සිතින් මහා ගෝවින්ද බ්‍රාහ්මණයාගේ චිත්ත පරිවිතර්කය දැන බලවත් පුරුෂයෙක් හැකිලූ අතක් දික් කරන්නේ යම් සේ ද, දික් කළ අතක් හකුළන්නේ යම් සේ ද, එසෙයින් ම බඹලොවෙන් නොපෙනී ගොස් මහා ගෝවින්ද බ්‍රාහ්මණයා ඉදිරියෙහි පහළ වූයේ ය. එවිට භවත් දෙව්වරුනි, යම් සේ පෙර නුදුටු විරූ ඒ රූපය දැක මහා ගෝවින්ද බ්‍රාහ්මණයාට භයක් හටගත්තේ ම ය. තැති ගැනීමක් හටගත්තේ ම ය. ලොමු දැහගැනීමක් හටගත්තේ ම ය.

ඉතින් භවත් දෙව්වරුනි, බියට පත්, සංවේගයට පත්, ලොමු දැහගැනීමට පත් මහා ගෝවින්ද බ්‍රාහ්මණ තෙමේ සනංකුමාර බ්‍රහ්මයා හට ගාථාවන් පැවසුවේ ය.

(ගාථාවන් ය.)

'නිදුකාණෙනි, ඔබ පැහැපත් ය. යසස් ඇත්තේ ය. ශ්‍රීය ඇත්තේ ය. කවරෙක් වෙහි ද? ඔබ ගැන නොදන්නා හෙයින් අසමි. අපි එය කෙසේ දැනගන්නෙමු ද?'

'ඒකාන්තයෙන් මා පිළිබඳ ව සනංකුමාර වශයෙන් බඹලොවෙහි දනිත්. සියළු දෙවියෝ මා පිළිබඳ ව මෙසේ දනිති. ගෝවින්දයෙනි, මෙසේ දැනගනුව.'

'බ්‍රහ්මරාජයා හට ආසනය ද, ජලය ද, තෙල් ද, මියුරු ආහාර ද යන මේ සුදුසු දෑයෙන් භවතුන් ගෙන් අසමු. භවතාණෝ අපගේ මේ සංග්‍රහය පිළිගනිත්වා'

'ගෝවින්දයෙනි, ඔබ යමක් කියන්නෙහි ද, ඔබගේ ඒ පූජා ද්‍රව්‍යයන් අපි පිළිගනිමු. මෙලොව යහපත පිණිස ද, පරලොව සැපය පිණිස ද, යම් කිසිවක් විශේෂයෙන් පතන ලද්දේ නම්, කරන ලද අවකාශ ඇති ඔබ එය අසව.'

ඉක්බිති භවත් දෙව්වරුනි, මහා ගෝවින්ද බ්‍රාහ්මණයා හට මේ අදහස ඇතිවූයේ ය. 'සනංකුමාර බ්‍රහ්මරාජයා විසින් කරන ලද අවකාශ ඇත්තෙමි.

මම වනාහී සනංකුමාර බ්‍රහ්මරාජයාගෙන් මෙලොව යහපත හෝ පරලොව යහපත හෝ කුමක් අසන්නෙම් ද?'

ඉක්බිති භවත් දෙවිවරුනි, මහා ගෝවින්ද බ්‍රාහ්මණයාට මේ අදහස ඇතිවිය. 'මම මෙලොව යහපතට අදාළ කරුණු පිළිබඳ ව දක්ෂ වෙමි. අන්‍යයෝ ත් මාගෙන් මෙලොව යහපතට අදාළ කරුණු විමසති. යම්හෙයකින් මම සනංකුමාර බ්‍රහ්මරාජයාගෙන් පරලොව යහපතට හේතු වන කරුණු අසන්නෙම් නම් මැනැවි.' ඉක්බිති භවත් දෙවිවරුනි, මහා ගෝවින්ද බ්‍රාහ්මණ තෙමේ සනංකුමාර බ්‍රහ්මරාජයාගෙන් ගාථාවකින් මෙය ඇසුවේ ය.

> 'සැක ඇති මම අන්‍යයන්ගේ ප්‍රශ්නයන් පිළිබඳ ව සැක රහිත වූ සනංකුමාර බ්‍රහ්මරාජයාගෙන් අසමි. කුමක පිහිටි, කුමක හික්මෙන මනුෂ්‍යයා ද, අමෘතය වූ බඹලොවට පැමිණෙන්නේ?'
>
> (සනංකුමාර බ්‍රහ්මරාජයා :)
>
> 'බ්‍රාහ්මණය, මිනිසුන් අතර මමත්වය අත්හැර, හුදෙකලාවෙහි වාසය කරමින්, කරුණා භාවනාවෙහි ඇලී, ආමගන්ධ නම් කෙලෙස් රහිත ව, මෛථුනයෙන් වෙන් වී සිටියි ද, මෙම කරුණ තුළ සිටින, මේ තුළ හික්මෙන මිනිසා අමෘතය වූ බඹලොවට පැමිණෙන්නේ ය.'

" 'මමත්වය අත්හැර' යනුවෙන් භවතුන් කී වචනය මම දනිමි. මෙහි ඇතැම් කෙනෙක් අල්ප වූ හෝ භෝග සම්පත් රැස අත්හැර, මහා වූ හෝ භෝග සම්පත් රැස අත්හැර, අල්ප වූ හෝ නෑ පිරිවර අත්හැර, මහත් වූ හෝ නෑ පිරිවර අත්හැර, කෙස් රැවුල් බහා, කසාවත් පොරොවා, ගිහි ගෙයින් නික්ම අනගාරික ව පැවිදි වෙයි. මෙසේ 'මමත්වය අත්හැර' යනුවෙන් භවතාණන් පැවසූ කරුණ මම තේරුම් ගනිමි.

'හුදෙකලා වූයේ' යනුවෙන් භවතුන් පැවසූ වචනය මම තේරුම් ගනිමි. මෙහිලා ඇතැම් කෙනෙක් ඉතා දුර බැහැර අරණ්‍යය, රුක් මුල්, පර්වත, කඳුරැලි, ගිරිගුහා, සොහොන්, වනපෙත්, එළිමහන, පිදුරු ගොඩ ආදී හුදෙකලා සෙනසුනක් අසුරු කරති. මෙසේ 'හුදෙකලා වූයේ' යනුවෙන් භවතාණන් පැවසූ කරුණ මම තේරුම් ගනිමි.

'කරුණා භාවනාවෙහි ඇලුණේ' යනුවෙන් පැවසූ භවතුන්ගේ වචනය මම තේරුම් ගනිමි. මෙහිලා ඇතැමෙක් කරුණා සහගත සිතින් එක් දිශාවක් පතුරුවා වාසය කරයි. එසේ ම දෙවෙනි දිශාවට ත්, එසේ ම තුන්වෙනි දිශාවටත්,

එසේ ම සතරවෙනි දිශාවට ත්, එසේ ම උඩ - යට - සරසට ත් සියළු අයුරින්, සියළු සතුන් කෙරෙහි තමා හා සමකොට, සියළු ලෝකයට විපුල වූ, මහත්ගත වූ, අප්‍රමාණ වූ, අවෛරී වූ, ව්‍යාපාද රහිත වූ කරුණා සහගත සිත පතුරුවා වාසය කරයි. මෙසේ 'කරුණා භාවනාවෙහි ඇලුණේ' යනුවෙන් භවතාණන් පැවසූ කරුණ මම තේරුම් ගනිමි.

එනමුදු භවතුන් පැවසූ කරුණු අතර 'ආමගන්ධ' යන වචනයෙහි අරුත මම නොදනිමි."

(ගාථාවන් ය)

"බ්‍රහ්මරාජයෙනි, මිනිසුන් අතර ඇති ආමගන්ධය යනු මොනවාද? මේවා නොදන්නෙමි. මෙහිලා නැණවතාණෙනි, එය පැවසුව මැනැව. කුමකින් වැසී ගිය ප්‍රජාවෝ කෲර වූවාහු, අපායෙහි උපදින සුළු වෙත් ද? බඹලොව ගමන වසාගෙන සිටිත් ද?'

'ක්‍රෝධය ය, බොරු කීම ය, වංචාව ය, මිත්‍ර ද්‍රෝහී බව ය, මසුරුකම ය, අතිමානය ය, ඊර්ෂ්‍යාව ය, ආශාව ය, අධික ආශාව ය, අනුන්ට හිංසා කිරීම ද, ලෝභය ද, ද්වේෂය ද, මත්වීම ද, මුලාවට පත් වීම ද,

යන මේ ක්ලේශයන්ගෙන් යුක්ත සත්වයෝ ආමගන්ධයෙන් තොර නොවූවෝ ය. අපායට යන්නෝ ය. බඹලොව මග වසාගත්තෝ ය.'

"භවතුන් විසින් ආමගන්ධය පිළිබඳ පැවසූ කරුණු යම් සේ මම දනිම් ද, ගිහි ගෙදර වසන්නෙකු විසින් ඒවා පහසුවෙන් මැඩලිය නොහැක්කේ ය. භවත, මම ගිහි ගෙය අත්හැර අනගාරික ව පැවිදි වන්නෙමි."

"දැන් යමකට කාලය නම්, භවත් ගෝවින්දයෝ එය දනිති" යි සනංකුමාර බ්‍රහ්මරාජයා පැවසුවේ ය.

ඉක්බිති භවත් දෙවිවරුනි, මහා ගෝවින්ද බ්‍රාහ්මණයා රේණු රජු වෙත එළැඹුණේ ය. එළැඹ රේණු රජුට මෙය පැවසුවේ ය.

"භවතුන් හට යමෙක් රජයට අනුශාසනා කරන්නේ ද, භවත් තෙමේ දැන් අන්‍ය වූ පුරෝහිතයෙකු සොයාවා! භවත, මම ගිහි ගෙයින් නික්ම, අනගාරික ව පැවිදි වන්නට කැමති වෙමි. යම් සේ බ්‍රහ්මරාජයා විසින් කියනු ලබන කරුණු අතර ආමගන්ධය පිළිබඳ ව අසන ලද්දේ ද, ඒ ආමගන්ධයෝ ගිහි ගෙදර වසන

කෙනෙකු විසින් පහසුවෙන් මැඩලිය නොහැකි වෙති. භවත, මම ගිහි ගෙදර අත්හැර අනගාරික ව පැවිදි වන්නෙමි."

(ගාථාවන් ය.)

'පොළොවට අධිපති වූ රේණු රජ මම අමතමි. රාජ්‍යයෙනුත් කළ යුතු දේ ඔබ දත මැනැව. පුරෝහිත තනතුරෙහි මම නොඇලෙමි.'

'ඉදින් ඔබට කාමයන්ගෙන් කිසි අඩුවක් ඇත්නම්, මම එය සපුරමි. ඔබට යමෙක් හිංසා කරයි නම්, පොළොවෙහි සෙන්පති වූ මම එය වළකාලමි. ඔබ පියාණන් වෙහි ය. මම පුත්‍රයා වෙමි. ගෝවින්දයෙනි, අප ව අත්හැර නොයනු මැනැව.'

'මා හට කාමයන්ගෙන් අඩුවක් නැත්තේ ය. මට හිංසා කළ කෙනෙක් ද නැත්තේ ය. මිනිස් නොවන කෙනෙකුගේ වචනය අසා, එනිසාවෙන් මම ගිහි ගෙයි ඇල්ම නොකරමි.'

'ඒ මිනිස් නොවන තැනැත්තා කෙබඳු පැහැයෙන් යුතු කෙනෙක් ද? ඔබට ඔහු කෙබඳු කරුණක් පැවසුවේ ද? යම් කරුණක් අසා ඔබ ගෙවල් ද, අප සැම ද අත්හරින්නෙහි ය.'

'පෙර වැසි සාර මාසයෙහි හුදෙකලා වී යාගය කැමති වුණෙමි. මා විසින් ගිනි දල්වන ලද්දේ ය. කුස තණයෙන් අතුරන ලද්දේ ය. එකල්හී බ්‍රහ්ම ලෝකයෙන් පැමිණි සනංකුමාර බ්‍රහ්මරාජයා මා ඉදිරියෙහි පහළ වූයේ ය. ඔහු මාගේ ප්‍රශ්න විසඳී ය. එය අසා ගිහි වාසයෙහි ඇල්ම නොකරමි.'

'ගෝවින්දයෙනි, ඔබ යමක් පවසන්නෙහි ද, භවතාණන්ගේ ඒ වචනය මම විශ්වාස කරමි. මිනිස් නොවන්නෙකුගේ වචනය අසා අන්‍ය වූ ආකාරයකින් කෙසේ පැවැතිය හැක්කේ ද? ඒ අපි ඔබගේ වචනය අනුව පවතින්නෙමු. ගෝවින්දයෙනි, භවත්හු අපගේ ශාස්තෘහු ය. පළුදු නැති, නිර්මල වූ, සොඳුරු වූ වෛරෝඩි මාණික්‍යය යම් සේ ද, එසෙයින් ම ගෝවින්දයන්ගේ අනුශාසනයෙහි පිරිසිදු ව හැසිරෙන්නෙමු.'

"ඉදින් භවත් ගෝවින්දයෝ ගිහි ගෙයින් නික්ම අනගාරික ව පැවිදි වන්නහු නම් අපි ද ගිහි ගෙයින් නික්ම අනගාරික ව පැවිදි වන්නෙමු. එකල්හී ඔබගේ යම් පරලොව ගතියක් වන්නේ ද, අපගේ පරලොව ගතිය ද එය වන්නේය."

ඉක්බිත් භවත් දෙවිවරුනි, මහා ගෝවින්ද බ්‍රාහ්මණ තෙමේ ඒ ක්ෂත්‍රියයෝ සය දෙනා යම් තැනක සිටියාහු ද, එතැනට පැමිණියේ ය. පැමිණ ඒ ක්ෂත්‍රියයන් සය දෙනාට මෙය පැවසුවේ ය.

"යමෙක් භවතුන් හට රාජ්‍යයෙහි අනුශාසනා කරන්නේ ද, භවත්හු දැන් අන්‍ය පුරෝහිතයෙකු සොයා ගනිත්වා! භවත්නි, මම ගිහි ගෙය අත්හැර අනගාරික ව පැවිදි වෙන්නට කැමති වෙමි. යම් සේ බ්‍රහ්මරාජයාගේ වචනයන් අතර ආමගන්ධය පිළිබඳ ව පවසන කරුණ මා විසින් අසන ලද්දේ ද, ඒ ක්ලේශයෝ ගිහි ගෙයි වසන්නෙකු විසින් පහසුවෙන් මැඩලිය නොහැකි වෙති. භවත්නි, මම ගිහිගෙය අත්හැර අනගාරික ව පැවිදි වන්නෙමි."

ඉක්බිති භවත් දෙවිවරුනි, ඒ ක්ෂත්‍රියයෝ සය දෙනා එක් පසකට බැහැර ව මෙසේ සිතුවාහු ය. 'මේ බ්‍රාහ්මණයෝ වනාහී ධන ලෝභයෝ ය. අපි මහා ගෝවින්ද බ්‍රාහ්මණයා ධනය දීමෙන් හික්මවා ගන්නෙමු' යි. ඔවුහු මහා ගෝවින්ද බ්‍රාහ්මණයා වෙත පැමිණ මෙසේ කීවාහු ය.

"භවත, මේ රාජ්‍ය සතෙහි බොහෝ වස්තූහු තිබෙති. භවතුන්ට යම්තාක් දෙයින් ප්‍රයෝජන ඇත් ද, ඒ තාක් ගෙනයනු ලැබේවා!"

"වැඩක් නැත භවත්නි. භවතුන්ගේ ම උදව්වෙන් මා සතුවත් රැස් වූ බොහෝ ධනය ඇත්තේ ය. මම ඒ සියල්ල හැර දමා ගිහි ගෙයින් නික්ම අනගාරික ව පැවිදි වන්නෙමි. යම් සේ බ්‍රහ්මරාජයාගේ වචනයන් අතර ආමග න්ධය පිළිබඳ ව පවසන කරුණ මා විසින් අසන ලද්දේ ද, ඒ ක්ලේශයෝ ගිහි ගෙයි වසන්නෙකු විසින් පහසුවෙන් මැඩලිය නොහැකි වෙති. භවත්නි, මම ගිහි ගෙයින් නික්ම අනගාරික ව පැවිදි වන්නෙමි."

ඉක්බිති භවත් දෙවිවරුනි, ඒ ක්ෂත්‍රියයෝ සය දෙනා එක් පසකට බැහැර ව මෙසේ සිතුවාහු ය. 'මේ බ්‍රාහ්මණයෝ වනාහී ස්ත්‍රී ලෝභයෝ ය. අපි මහා ගෝවින්ද බ්‍රාහ්මණයා ස්ත්‍රීන් දීමෙන් හික්මවා ගන්නෙමු' යි. ඔවුහු මහා ගෝවින්ද බ්‍රාහ්මණයා වෙත එළැඹ මෙසේ කීවාහු ය.

"භවත, මේ සප්ත රාජ්‍යයෙහි බොහෝ ස්ත්‍රීහු සිටිති. භවතුන්ට යම්තාක් ස්ත්‍රීන් අවශ්‍ය වෙයි ද, ඒ තාක් ස්ත්‍රීහු ගෙන යනු ලබත්වා!"

"වැඩක් නැහැ භවත්නි, මා හට ත් එබඳු වූ බිරින්දෑවරුන් සතළිස් දෙනෙක් සිටිති. ඔවුන් හැම ත් අත්හැර මම ගිහි ගෙයින් නික්ම අනගාරික ව පැවිදි වන්නෙමි. යම් සේ බ්‍රහ්මරාජයාගේ වචනයන් අතර ආමගන්ධය පිළිබඳ ව පවසන කරුණ මා විසින් අසන ලද්දේ ද, ඒ ක්ලේශයෝ ගිහි ගෙයි වසන්නෙකු

විසින් පහසුවෙන් මැඩලිය නොහැකි වෙති. භවත්නි, මම ගිහිගෙයින් නික්ම අනගාරික ව පැවිදි වන්නෙමි."

"ඉදින් භවත් ගෝවින්දයෝ ගිහි ගෙයින් නික්ම අනගාරික ව පැවිදි වෙත් නම්, අපි ත් ගිහි ගෙයින් නික්ම අනගාරික ව පැවිදි වෙන්නෙමු. එකල්හී ඔබට යම් පරලොව ගතියක් වන්නේ ද, ඒ පරලොව ගතිය අපට ද වන්නේ ය.

(ගාථාවන් ය)

'යමක පෘථග්ජන සත්වයා ඇලී ගියේ ද, ඉදින් ඒ කාමයන් අත්හරිව් නම්, ඉවසීම නම් වූ බලයෙන් යුක්ත ව, දැඩි ලෙස වීරිය අරඹව්.

මේ කරුණා ධ්‍යානය ඍජු මගකි. අනුත්තර මගකි. මෙය බඹලොවෙහි උපත පිණිස සත්පුරුෂයන් විසින් රකින ලද සද්ධර්මය යි.'

"එසේ වී නම් භවත් ගෝවින්දයෝ සත් වසරක් ඉවසත්වා! සත් වසරකින් පසු අපිත් ගිහි ගෙයින් නික්ම අනගාරික ව පැවිදි වෙන්නෙමු. එවිට ඔබගේ යම් පරලොව ගතියක් වන්නේ ද, ඒ පරලොව ගතිය අපට ද වන්නේ ය."

"භවත්නි, සත් වසරක් යනු ඉතා දිගු කලකි. භවතුන් එනතුරු සත් වසරක් බලා සිටින්නට නොහැක්කෙමි. භවත්නි, ජීවිතයේ ස්වභාවය කවරෙක් දනියි ද? පරලොව යා යුත්තේ ය. මෙය නුවණින් තේරුම් ගත යුත්තේ ය. කුසල් කළ යුත්තේ ය. බඹසරෙහි හැසිරිය යුත්තේ ය. උපන් කෙනෙකුට නොමැරීමක් නැත්තේ ය. යම් සේ බ්‍රහ්මරාජයාගේ වචනයන් අතර ආමගන්ධය පිළිබඳ ව පවසන කරුණ මා විසින් අසන ලද්දේ ද, ඒ ක්ලේශයෝ ගිහි ගෙයි වසන්නෙකු විසින් පහසුවෙන් මැඩලිය නොහැකි වෙති. භවත්නි, මම ගිහි ගෙයින් නික්ම අනගාරික ව පැවිදි වන්නෙමි."

"එසේ වී නම් භවත් ගෝවින්දයෝ සය වසරක් ඉවසත්වා! ....(පෙ).... පස් වසරක් ඉවසත්වා! ....(පෙ).... සිව් වසරක් ඉවසත්වා! ....(පෙ).... තුන් වසරක් ඉවසත්වා! ....(පෙ).... දෙවසරක් ඉවසත්වා! ....(පෙ).... එක් වසරක් ඉවසත්වා! එක් වසරකින් පසු අපිත් ගිහි ගෙයින් නික්ම අනගාරික ව පැවිදි වෙන්නෙමු. එවිට ඔබගේ යම් පරලොව ගතියක් වන්නේ ද, ඒ පරලොව ගතිය අපට ද වන්නේ ය."

"භවත්නි, එක් වසරක් යනු ඉතා දිගු කලකි. භවතුන් එනතුරු එක් වසරක් බලා සිටින්නට නොහැක්කෙමි. භවත්නි, ජීවිතයේ ස්වභාවය කවරෙක් දනියි

ද? පරලොව යා යුත්තේ ය. මෙය නුවණින් තේරුම් ගත යුත්තේ ය. කුසල් කළ යුත්තේ ය. බඹසරෙහි හැසිරිය යුත්තේ ය. උපන් කෙනෙකුට නොමැරීමක් නැත්තේ ය. යම් සේ බ්‍රහ්මරාජයාගේ වචනයන් අතර ආමගන්ධය පිළිබඳ ව පවසන කරුණ මා විසින් අසන ලද්දේ ද, ඒ ක්ලේශයෝ ගිහි ගෙයි වසන්නෙකු විසින් පහසුවෙන් මැඩලිය නොහැකි වෙති. භවත්නි, මම ගිහි ගෙයින් නික්ම අනගාරික ව පැවිදි වන්නෙමි."

"එසේ වී නම් භවත් ගෝවින්දයෝ සත් මසක් ඉවසත්වා! සත් මසකින් පසු අපිත් ගිහි ගෙයින් නික්ම අනගාරික ව පැවිදි වෙන්නෙමු. එවිට ඔබගේ යම් පරලොව ගතියක් වන්නේ ද, ඒ පරලොව ගතිය අපට ද වන්නේ ය."

"භවත්නි, සත් මසක් යනු ඉතා දිගු කලකි. භවතුන් එනතුරු සත් මසක් බලා සිටින්නට නොහැක්කෙමි. භවත්නි, ජීවිතයේ ස්වභාවය කවරෙක් දනියි ද? පරලොව යා යුත්තේ ය. මෙය නුවණින් තේරුම් ගත යුත්තේ ය. කුසල් කළ යුත්තේ ය. බඹසරෙහි හැසිරිය යුත්තේ ය. උපන් කෙනෙකුට නොමැරීමක් නැත්තේ ය. යම් සේ බ්‍රහ්මරාජයාගේ වචනයන් අතර ආමගන්ධය පිළිබඳ ව පවසන කරුණ මා විසින් අසන ලද්දේ ද, ඒ ක්ලේශයෝ ගිහි ගෙයි වසන්නෙකු විසින් පහසුවෙන් මැඩලිය නොහැකි වෙති. භවත්නි, මම ගිහි ගෙයින් නික්ම අනගාරික ව පැවිදි වන්නෙමි."

"එසේ වී නම් භවත් ගෝවින්දයෝ සය මසක් ඉවසත්වා! ....(පෙ).... පස් මසක් ඉවසත්වා! ....(පෙ).... සිව් මසක් ඉවසත්වා! ....(පෙ).... තුන් මසක් ඉවසත්වා! ....(පෙ).... දෙමසක් ඉවසත්වා! ....(පෙ).... එක් මසක් ඉවසත්වා! ....(පෙ).... අඩ මසක් ඉවසත්වා! අඩ මසකින් පසු අපිත් ගිහි ගෙයින් නික්ම අනගාරික ව පැවිදි වෙන්නෙමු. එවිට ඔබගේ යම් පරලොව ගතියක් වන්නේ ද, ඒ පරලොව ගතිය අපට ද වන්නේ ය."

"භවත්නි, අඩ මසක් යනු ඉතා දිගු කලකි. භවතුන් එනතුරු අඩ මසක් බලා සිටින්නට නොහැක්කෙමි. භවත්නි, ජීවිතයේ ස්වභාවය කවරෙක් දනියි ද? පරලොව යා යුත්තේ ය. මෙය නුවණින් තේරුම් ගත යුත්තේ ය. කුසල් කළ යුත්තේ ය. බඹසරෙහි හැසිරිය යුත්තේ ය. උපන් කෙනෙකුට නොමැරීමක් නැත්තේ ය. යම් සේ බ්‍රහ්මරාජයාගේ වචනයන් අතර ආමගන්ධය පිළිබඳ ව පවසන කරුණ මා විසින් අසන ලද්දේ ද, ඒ ක්ලේශයෝ ගිහි ගෙයි වසන්නෙකු විසින් පහසුවෙන් මැඩලිය නොහැකි වෙති. භවත්නි, මම ගිහි ගෙයින් නික්ම අනගාරික ව පැවිදි වන්නෙමි."

"එසේ වී නම් භවත් ගෝවින්දයෝ යම්තාක් අපි සිය පුතුන්, සොයුරන්ට රාජ්‍යය කරන අයුරු අනුශාසනා කරන්නෙමු ද, ඒ තාක් සත් දිනක් ඉවසත්වා!

සත් දිනකින් පසු අපිත් ගිහි ගෙයින් නික්ම අනගාරික ව පැවිදි වෙන්නෙමු. එවිට ඔබගේ යම් පරලොව ගතියක් වන්නේ ද, ඒ පරලොව ගතිය අපට ද වන්නේ ය."

"භවත්නි, සත් දිනක් යනු දිගු කලක් නොවෙයි. භවතුන් එනතුරු සත් දිනක් බලා සිටින්නෙමි."

ඉක්බිති භවත් දෙවිවරුනි, මහා ගෝවින්ද බ්‍රාහ්මණ තෙමේ ඒ මහාසාර බ්‍රාහ්මණයන් සත් දෙනා ත්, බ්‍රාහ්මණ සිසුන් සත්සිය දෙනා ත්, යම්තැනක සිටියාහු ද, එහි එළැඹියාහු ය. එළැඹ මහාසාර බ්‍රාහ්මණයන් සත් දෙනාටත් බ්‍රාහ්මණ සිසුන් සත්සිය දෙනාට ත් මෙසේ පැවසුවේ ය.

"යමෙක් භවතුන් හට මන්ත්‍ර හදාරවන්නේ ද, භවත්හු දූන් අන්‍ය වූ ආචාර්යවරයෙකු සොයා ගනිත්වා! භවත්නි, මම ගිහි ගෙය අත්හැර අනගාරික ව පැවිදි වෙන්නට කැමති වෙමි. යම් සේ බ්‍රහ්මරාජයාගේ වචනයන් අතර ආමගන්ධය පිළිබඳ ව පවසන කරුණ මා විසින් අසන ලද්දේ ද, ඒ ක්ලේශයෝ ගිහි ගෙයි වසන්නෙකු විසින් පහසුවෙන් මැඩලිය නොහැකි වෙති. භවත්නි, මම ගිහිගෙයින් නික්ම අනගාරික ව පැවිදි වන්නෙමි."

"භවත් ගෝවින්දයෝ ගිහි ජීවිතය අත්හැර අනගාරික ව පැවිදි වෙන්නට එපා! භවත පැවිද්ද යනු ස්වල්ප ආනුභාව ඇති, ස්වල්ප ලාභ ඇති දෙයකි. බ්‍රාහ්මණ බව යනු මහා ආනුභාව ඇති, මහා ලාභ ඇති දෙයකි."

"භවත්නි, එසේ පවසන්නට එපා. පැවිද්ද අල්ප ආනුභාව ඇති බව ත්, අල්ප ලාභ ඇති බව ත්, බමුණු බව මහත් ආනුභාව ඇති බව ත්, මහත් ලාභ ඇති බව ත් පවසන්නට එපා. භවත්නි, මා හැරුණු කොට මහේශාක්‍ය වූ මහා ලාභ ඇත්තා වූ ත් අන් කවරෙක් සිටියි ද? භවත්නි, මම මෙකල්හී රජුන්ට රජෙකු බඳු ය. බ්‍රාහ්මණයන්ට බ්‍රහ්මයා බඳු ය. ගිහියන්ට දෙවියෙකු බඳු ව සිටිමි. මම ඒ සියල්ල අත්හැර ගිහි ගෙයින් නික්ම අනගාරික ව පැවිදි වන්නෙමි. යම් සේ බ්‍රහ්මරාජයාගේ වචනයන් අතර ආමගන්ධය පිළිබඳ ව පවසන කරුණ මා විසින් අසන ලද්දේ ද, ඒ ක්ලේශයෝ ගිහි ගෙයි වසන්නෙකු විසින් පහසුවෙන් මැඩලිය නොහැකි වෙති. භවත්නි, මම ගිහිගෙයින් නික්ම අනගාරික ව පැවිදි වන්නෙමි."

"ඉදින් භවත් ගෝවින්දයෝ ගිහි ගෙයින් නික්ම අනගාරික ව පැවිදි වෙත් නම්, අපි ත් ගිහි ගෙයින් නික්ම අනගාරික ව පැවිදි වෙන්නෙමු. එකල්හී ඔබට යම් පරලොව ගතියක් වන්නේ ද, ඒ පරලොව ගතිය අපට ද වන්නේ ය."

ඉතින් භවත් දෙවිවරුනි, මහා ගෝවින්ද බ්‍රාහ්මණ තෙමේ සමාන බිරින්දෑවරුන් සතළිස් දෙනා වෙත එළැඹියේ ය. එළැඹ ඔවුන්ට මෙය පැවසුවේ ය.

"භවතියන් අතුරෙන් යම් තැනැත්තියක් සිය ඥාති නිවෙස්වලට යන්නට කැමති වන්නී නම් එහි යාවා! අන්‍ය වූ සැමියෙකු හෝ සොයා ගනීවා! භවතියෙනි, මම ගිහි ගෙය අත්හැර අනගාරික ව පැවිදි වෙන්නට කැමති වෙමි. යම් සේ බ්‍රහ්මරාජයාගේ වචනයන් අතර ආමගන්ධය පිළිබඳ ව පවසන කරුණ මා විසින් අසන ලද්දේ ද, ඒ ක්ලේශයෝ ගිහි ගෙයි වසන්නෙකු විසින් පහසුවෙන් මැඩලිය නොහැකි වෙති. භවත්නි, මම ගිහි ගෙයින් නික්ම අනගාරික ව පැවිදි වන්නෙමි."

"ඥාතීන් කැමති වන අපට ඔබ ම ඥාතියාණෝ ය. සැමියන් කැමති වන අපට ඔබ ම සැමියාණෝ ය. ඉදින් භවත් ගෝවින්දයෝ ගිහිගෙයින් නික්ම අනගාරික ව පැවිදි වන්නාහු නම්, අපි ත් ගිහි ගෙයින් නික්ම අනගාරික ව පැවිදි වෙන්නෙමු. එකල්හී ඔබට යම් පරලොව ගතියක් වන්නේ ද, ඒ පරලොව ගතිය අපට ද වන්නේ ය."

ඉතින් භවත් දෙවිවරුනි, මහා ගෝවින්ද බ්‍රාහ්මණ තෙමේ ඒ සත් දවස ඇවෑමෙන් කෙස් රැවුල් බහා කසට පෙවූ වස්ත්‍ර පොරොවා ගිහි ගෙයින් නික්ම අනගාරික ව පැවිදි වූයේ ය. පැවිදි වූ මහා ගෝවින්ද බ්‍රාහ්මණයා අනුව ඔටුනු පළන් ක්ෂත්‍රිය රජවරු සත් දෙනා ද, මහාසාර බ්‍රාහ්මණයෝ සත් දෙනා ද, සත්සියයක් බ්‍රාහ්මණයෝ ද, සමාන බිරින්දෑවරුන් සතළිස් දෙනා ද, නොයෙක් දහස් ගණන් ක්ෂත්‍රියයෝ ද, නොයෙක් දහස් ගණන් බ්‍රාහ්මණයෝ ද, නොයෙක් දහස් ගණන් ගෘහපතීහු ද, අන්තඃපුරයෙහි නොයෙක් ස්ත්‍රීහු ද කෙස් රැවුල් බහා කසට පෙවූ වස්ත්‍ර පොරොවා මහා ගෝවින්ද බ්‍රාහ්මණයා අනුව ගිහි ගෙයින් නික්ම අනගාරික ව පැවිදි වූවාහු ය.

භවත් දෙවිවරුනි, මහා ගෝවින්ද බ්‍රාහ්මණයා එබඳු වූ මහත් පිරිසක් පිරිවරා ගෙන ගම්, නියම්ගම්, රාජධානිවල චාරිකාවෙහි හැසිරෙයි. භවත් දෙවිවරුනි, එසමයෙහි මහා ගෝවින්ද බ්‍රාහ්මණයා යම් ගමකට හෝ නියම් ගමකට හෝ එළැඹෙයි ද, එහිදී ඔහු රජුන්ට රජෙක් බඳු වෙයි. බ්‍රාහ්මණයන්ට බ්‍රහ්මයා බඳු වෙයි. ගෘහපතියන්ට දෙවියෙක් බඳු වෙයි.

එසමයෙහි මිනිස්සු කිවිසුම් හරිත් ද, කිසිවක වැදී හැපෙත් ද, එවිට ඔවුහු මෙසේ කියත්. 'මහා ගෝවින්ද බ්‍රාහ්මණයාට නමස්කාර වේවා! සත් රජුන්ගේ පුරෝහිතයන් වහන්සේට නමස්කාර වේවා!'

භවත් දෙවිවරුනි, මහා ගෝවින්ද බ්‍රාහ්මණ තෙමේ මෛත්‍රී සහගත සිතින් එක් දිශාවක් පතුරුවා වාසය කළේ ය. එසේ ම දෙවෙනි දිශාවට ත්, එසේ ම තුන්වෙනි දිශාවටත්, එසේ ම සතරවෙනි දිශාවට ත්, එසේ ම උඩ - යට - සරසට ත් සියළු අයුරින්, සියළු සතුන් කෙරෙහි තමා හා සමකොට, සියළු ලෝකයට විපුල වූ, මහත්ගත වූ, අප්‍රමාණ වූ, අවෛරී වූ, ව්‍යාපාද රහිත වූ මෛත්‍රී සහගත සිත පතුරුවා වාසය කළේ ය. කරුණා සහගත සිතින් ....(පෙ).... මුදිතා සහගත සිතින් ....(පෙ).... උපේක්ෂා සහගත සිතින් එක් දිශාවක් පතුරුවා වාසය කළේ ය. එසේ ම දෙවෙනි දිශාවට ත්, එසේ ම තුන්වෙනි දිශාවටත්, එසේ ම සතරවෙනි දිශාවට ත්, එසේ ම උඩ - යට - සරසට ත් සියළු අයුරින්, සියළු සතුන් කෙරෙහි තමා හා සමකොට, සියළු ලෝකයට විපුල වූ, මහත්ගත වූ, අප්‍රමාණ වූ, අවෛරී වූ, ව්‍යාපාද රහිත වූ උපේක්ෂා සහගත සිත පතුරුවා වාසය කළේ ය. ශ්‍රාවකයන්ට ද බ්‍රහ්ම ලෝකයෙහි ඉපදීම පිණිස මාර්ගය දේශනා කළේ ය.

භවත් දෙවිවරුනි, එසමයෙහි මහා ගෝවින්ද බ්‍රාහ්මණයාගේ ශ්‍රාවකයෝ එම සසුනෙහි සියල්ල සියළු අයුරින් දැනගත්තාහු ද, ඔවුහු කය බිඳී මරණින් මතු සුගති සංඛ්‍යාත බඹලොවෙහි උපන්නාහු ය. යම් කෙනෙක් එම සසුනෙහි සියල්ල සියළු අයුරින් නොදැනගත්තාහු ද, ඔවුහු කය බිඳී මරණින් මතු ඇතැම් කෙනෙක් පරනිම්මිත වසවත්තී දෙවියන් අතර උපන්නාහු ය. ඇතැම් කෙනෙක් නිම්මාණරතී දෙවියන් අතර උපන්නාහු ය. ඇතැම් කෙනෙක් තුසිත දෙවියන් අතර උපන්නාහු ය. ඇතැම් කෙනෙක් යාම දෙවියන් අතර උපන්නාහු ය. ඇතැම් කෙනෙක් තව්තිසා දෙවියන් අතර උපන්නාහු ය. ඇතැම් කෙනෙක් චාතුම්මහාරාජික දෙවියන් අතර උපන්නාහු ය. යම් කෙනෙක් සියල්ලට පහත් දෙව්ලොව උපන්නාහු ද, ඔවුහු ගාන්ධර්ව දෙව් කුලයෙහි උපන්නාහ. මෙසේ ඒ සියළුම කුලපුත්‍රයන්ගේ පැවිද්ද හිස් නොවීය. වඳ නොවීය. ඵල සහිත වූයේ ය. දියුණුව සහිත වූයේ ය" යි සනංකුමාර බ්‍රහ්ම රාජයා ඒ දෙව් පිරිසට මේ මහා ගෝවින්ද බ්‍රාහ්මණ ප්‍රවෘත්තිය පැවසුවේ ය.

භාග්‍යවතුන් වහන්සේ තමන්වහන්සේගේ පූර්වයෙහි වූ ගෝවින්ද බ්‍රාහ්මණ ජීවිතය සිහි කරන සේක් ද?"

"පඤ්චසිඛයෙනි, මම සිහි කරමි. එසමයෙහි මහා ගෝවින්ද බ්‍රාහ්මණ ව සිටියේ මම ය. ඒ ශ්‍රාවකයන් හට බ්‍රහ්ම ලෝකයෙහි උපදින්නට මාර්ගය දෙසුවේ මම ය. පඤ්චසිඛයෙනි, මාගේ ඒ බඹලොවට යන බඹසර වනාහී සසර කලකිරීම පිණිස හේතු නොවූයේ ය. සසර නොඇල්ම පිණිස හේතු නොවූයේ ය. කෙලෙස් නැසීම පිණිස හේතු නොවූයේ ය. කෙලෙස් සංසිඳවීම

පිණිස හේතු නොවූයේ ය. විශිෂ්ට ඥානය පිණිස හේතු නොවූයේ ය. චතුරාර්ය සත්‍යාවබෝධය පිණිස හේතු නොවූයේ ය. නිවන පිණිස හේතු නොවූයේ ය. හුදෙක් බ්‍රහ්ම ලෝකයෙහි ඉපදීම පිණිස ම හේතු වූයේ ය.

පඤ්චසිඛයෙනි, මාගේ මේ නිවනට යන බඹසර වනාහී ඒකාන්තයෙන් සසර කලකිරීම පිණිස හේතු වෙයි. සසර නොඇල්ම පිණිස හේතු වෙයි. කෙලෙස් නැසීම පිණිස හේතු වෙයි. කෙලෙස් සංසිඳවීම පිණිස හේතු වෙයි. විශිෂ්ට ඥානය පිණිස හේතු වෙයි. චතුරාර්ය සත්‍යාවබෝධය පිණිස හේතු වෙයි. නිවන පිණිස හේතු වෙයි. පඤ්චසිඛයෙනි, ඒකාන්ත කලකිරීම පිණිස, විරාගය පිණිස, නිරෝධය පිණිස, සංසිඳීම පිණිස, විශිෂ්ට ඥානය පිණිස, සත්‍යාවබෝධය පිණිස, නිවන පිණිස පවතින බඹසර කුමක් ද? ඒ මේ ආර්ය අෂ්ටාංගික මාර්ගය පමණි. එනම්; සම්මා දිට්ඨිය ය, සම්මා සංකල්ප ය, සම්මා වාචා ය, සම්මා කම්මන්ත ය, සම්මා ආජීව ය, සම්මා වායාම ය, සම්මා සති ය, සම්මා සමාධිය ය. පඤ්චසිඛයෙනි, මේ බඹසර වනාහී ඒකාන්තයෙන් කලකිරීම පිණිස, විරාගය පිණිස, නිරෝධය පිණිස, සංසිඳීම පිණිස, විශිෂ්ට ඥානය පිණිස, සත්‍යාවබෝධය පිණිස, නිවන පිණිස හේතුවෙයි.

පඤ්චසිඛයෙනි, මාගේ යම් ශ්‍රාවක කෙනෙක් සියළු සසුන් බඹසර සියළු අයුරින් දැනගනිත් ද, ඔවුහු ආශ්‍රවයන් ක්ෂය කොට අනාශ්‍රව වූ චිත්ත විමුක්තිය ත්, ප්‍රඥා විමුක්තිය ත් මෙලොව දී ම ස්වකීය විශිෂ්ට ඥානයෙන් සාක්ෂාත් කොට පැමිණ වාසය කරයි.

යම් ශ්‍රාවක කෙනෙක් සියළු සසුන් බඹසර සියළු අයුරින් නොදනිත් ද, ඔවුහු ඕරම්භාගීය සංයෝජන පස ක්ෂය කිරීමෙන් සුද්ධාවාස බඹලොවෙහි ඕපපාතික ව ඉපිද, ඒ ලොවෙන් ආපසු කාම ලොවට නොවැටෙන සුළු ව, එහි ම පිරිනිවන්පාන සුළු වූවාහු වෙති.

යම් ශ්‍රාවක කෙනෙක් සියළු සසුන් බඹසර සියළු අයුරින් නොදනිත් ද, ඇතැම් කෙනෙක් තුන් සංයෝජනයන් ක්ෂය කිරීමෙන්, රාග - ද්වේෂ - මෝහයන්ගේ තුනී වීමෙන් එක් වරක් පමණක් මෙලොවට පැමිණ දුක් කෙළවර කරන්නාහු සකදාගාමී වූවාහු වෙති.

යම් ශ්‍රාවක කෙනෙක් සියළු සසුන් බඹසර සියළු අයුරින් නොදනිත් ද, ඇතැම් කෙනෙක්, තුන් සංයෝජනයන් ක්ෂය කිරීමෙන්, අපායෙන් මිදී නියත වශයෙන් නිවන අවබෝධ කරන සුළු ව සෝවාන් වූවාහු වෙති.

මෙසේ පඤ්චසිඛයෙනි, මේ සියළු ම කුලපුත්‍රයන්ගේ පැවිද්ද හිස් නොවෙයි. වඳ නොවෙයි. ඵල සහිත වෙයි. දියුණුව සහිත වෙයි."

භාග්‍යවතුන් වහන්සේ මෙය වදාළ සේක. සතුටු සිත් ඇති පඤ්චසිඛ ගාන්ධර්ව දිව්‍ය පුත්‍රයා භාග්‍යවතුන් වහන්සේගේ භාෂිතය සතුටින් පිළිගෙන අනුමෝදන් වී භාග්‍යවතුන් වහන්සේට සකසා වන්දනා කොට, පැදකුණු කොට එහි ම නොපෙනී ගියේ ය.

සාදු! සාදු!! සාදු!!!

මහා ගෝවින්ද සූත්‍රය නිමා විය.

2.7.
මහා සමය සූත්‍රය
රැස්වූ මහා පිරිස ගැන වදාළ දෙසුම

මා විසින් මෙසේ අසන ලදී.

එක් සමයෙක්හි භාග්‍යවතුන් වහන්සේ ශාක්‍යයන්ගේ ජනපදයෙහි කපිලවස්තුවෙහි මහා වනයෙහි සියළු දෙනා වහන්සේ ම රහත් වූ පන්සියයක් පමණ මහත් වූ භික්ෂු සංඝයා සමඟ වැඩවසන සේක. එකල්හී දස දහස් ලෝක ධාතුවෙනුත් බොහෝ දේවතාවෝ භාග්‍යවතුන් වහන්සේ වත්, භික්ෂු සංඝයා ත් දකිනු පිණිස රැස්වූවාහු වෙති. ඉක්බිති සුද්ධාවාස බඹලොවෙහි දෙවිවරුන් සතර දෙනෙකුට මේ අදහස ඇතිවූයේ ය.

'මේ භාග්‍යවතුන් වහන්සේ වනාහී ශාක්‍යයන්ගේ ජනපදයෙහි කපිලවස්තුවෙහි මහා වනයෙහි සියළු දෙනා වහන්සේ ම රහත් වූ පන්සියයක් පමණ මහත් වූ භික්ෂු සංඝයා සමඟ වැඩවසන සේක. දස දහස් ලෝක ධාතුවෙනුත් බොහෝ දේවතාවෝ භාග්‍යවතුන් වහන්සේ වත්, භික්ෂු සංඝයා ත් දකිනු පිණිස රැස්වූවාහු වෙති. එහෙයින් අපි ත් භාග්‍යවතුන් වහන්සේ යම් තැනක වැඩසිටිත් ද, එතැනට එළැඹෙන්නෙමු නම්, එළැඹ භාග්‍යවතුන් වහන්සේගේ සමීපයෙහි වෙන් වෙන් වශයෙන් ගාථාව බැගින් පවසන්නෙමු නම් ඉතා මැනැවි' යි.

ඉක්බිති ඒ දෙවිවරු බලවත් පුරුෂයෙක් හැකිලූ අතක් දිග හරින්නේ යම් සේ ද, දික් කළ අතක් හකුලන්නේ යම් සේ ද, එසෙයින් ම සුද්ධාවාස බඹලොවෙන් නොපෙනී ගොස් භාග්‍යවතුන් වහන්සේ ඉදිරියෙහි පෙනී සිටියාහු ය. ඉක්බිති ඒ දෙවිවරු භාග්‍යවතුන් වහන්සේට සකසා වන්දනා කොට එකත්පස් ව සිටියාහු ය. එකත්පස් ව සිටි එක් දෙවියෙක් භාග්‍යවතුන් වහන්සේ සමීපයෙහි සිට මේ ගාථාව පැවසුවේ ය.

'මහා වනයෙහි රැස්වූ මහා පිරිසකි. දෙව් පිරිස් රැස්වූවාහු ය.
අපි මේ ධර්ම සභාවෙහි වැඩසිටින අපරාජිත සංඝයා දකින්නට
පැමිණියෙමු.'

ඉක්බිති තව බ්‍රහ්මකායික දේවතාවෙක් භාග්‍යවතුන් වහන්සේ සමීපයෙහි මේ ගාථාව පැවසුවේ ය.

'එහි සිටින භික්ෂූහු තම සිත එකඟ කරගත්තාහු ය. ඍජු කරගත්තාහු ය. ඒ නුවණැත්තෝ රැහැන් පට අතින් ගත් රියැදුරන් අසුන් හසුරුවන සෙයින් තම ඉඳුරන් රැක ගනිත්.'

ඉක්බිති තව බ්‍රහ්මකායික දේවතාවෙක් භාග්‍යවතුන් වහන්සේ සමීපයෙහි මේ ගාථාව පැවසුවේ ය.

'ඒ යොවුන් වියේ සිටින උතුම් රහත්හු සදහම් ඇස් ඇති බුදුරජාණන් වහන්සේ විසින් මැනවින් දමනය කරන ලද්දාහු, කෙලෙස් හුල් සිඳ, කෙලෙස් පලිසය සිඳ, කෙලෙස් ඉන්ද්‍රඛීලය උදුරා දමා, තෘෂ්ණා රහිත ව, පිරිසිදු සිතින්, නිර්මල ව හැසිරෙත්.'

ඉක්බිති තව බ්‍රහ්මකායික දේවතාවෙක් භාග්‍යවතුන් වහන්සේ සමීපයෙහි මේ ගාථාව පැවසුවේ ය.

'යම් කෙනෙක් බුදුරජාණන් වහන්සේ සරණ ගියාහු ද, ඔවුහු අපායට නොයන්නාහු ය. මිනිස් සිරුර අත්හැර දෙව්ලොව පිරී යන්නාහු ය.'

එකල්හී භාග්‍යවතුන් වහන්සේ භික්ෂූන් ඇමතූ සේක.

"මහණෙනි, දස දහස් ලෝකධාතුවෙන් බොහෝ දේවතාවෝ රැස්වූවාහු වෙති. ඒ තථාගතයන් දකිනු පිණිස ත්, භික්ෂු සංඝයා දකිනු පිණිස ත් ය. මහණෙනි, අතීතයෙහි යම් ඒ අරහත් සම්මා සම්බුදුවරු වැඩසිටියාහු ද, ඒ භාග්‍යවත්වරුන්ට ද, මෙපමණ ම වූ දේවතාවෝ රැස් වූවාහු ය. මෙකල්හී මා හට පරිද්දෙනි. මහණෙනි, අනාගතයෙහි යම් ඒ අරහත් සම්මා සම්බුදුවරු පහළ වන්නාහු ද, ඒ භාග්‍යවත්වරුන්ට ද, මෙපමණ ම වූ දේවතාවෝ රැස් වෙන්නාහු ය. මෙකල්හී මා හට පරිද්දෙනි.

මහණෙනි, දෙව් පිරිසගේ නම් පවසන්නෙමි. මහණෙනි, දෙව් පිරිසගේ නම් වර්ණනා කරන්නෙමි. මහණෙනි, දෙව් පිරිසගේ නම් දෙසන්නෙමි. එය අසව්. මනාකොට මෙනෙහි කරව්. පවසන්නෙමි."

"එසේ ය, ස්වාමීනී" යි ඒ භික්ෂූහු භාග්‍යවතුන් වහන්සේට පිළිවදන් දුන්හ. භාග්‍යවතුන් වහන්සේ මෙය වදාළ සේක.

(ගාථාවන් ය)

1. සිලෝවක් කියන්නෙමි. හෙවත් කීර්තනය කොට පවසන්නෙමි. යම් තැනක භූමාටු දේවතාවෝ සිටිත් ද, තමා අත්හැර නිවනට මෙහෙය වූ සිත් ඇති, සමාහිත සිත් ඇති යම් ඒ රහත්හු ඒ ගිරිගුහා ඇසුරු කොට වසත්.

2. ලොමු දහගැනුම් මැඩපැවැත්වූ, කුසලයෙන් සුදු පැහැ ගැන් වූ සිත් ඇති, පිරිසිදු සිත් ඇති, විශේෂයෙන් පහන් වූ, නොකැළඹුණු සිත් ඇති, බොහෝ රහත්හු සිංහයන් සෙයින් ජනයාට නොපෙනී සිටිති.

3. කපිලවස්තු මහා වනයෙහි බුදු සසුනෙහි ඇලී සිටින පන්සියයකට වැඩි ශ්‍රාවකයන් වහන්සේලා දන ශාස්තෘන් වහන්සේ ඔවුන් ඇමතූ සේක.

4. 'මහණෙනි, දෙව් පිරිස පැමිණියාහුය. ඔවුන් ආ බව දිවැසින් දනිව්' යි. ඒ භික්ෂූහු ද භාග්‍යවතුන් වහන්සේගේ අනුශාසනාව අසා දිවැස පිණිස වීර්ය වැඩූහ.

5. ඒ භික්ෂූන් වහන්සේලා තුළ මිනිස් නොවන්නවුන් දැකීම පිණිස දිවැස් නුවණ පහළ වූයේ ය. ඇතැම් භික්ෂූහු සිය දෙනෙකු ද, දහස් දෙනෙකු ද, සැත්තෑ දහසක් දෙනෙකු ද දූක්කාහු ය.

6. ඇතැම් භික්ෂු කෙනෙක් ලක්ෂයක් දෙවිවරුන් දූක්කාහු ය. ඇතැම් භික්ෂු කෙනෙක් අනන්ත දෙව් පිරිස් දූක්කාහු ය. දෙව් බඹුන්ගෙන් සියළු දිශා පිරී ගියේ ය.

7. සදහම් ඇස් ඇති ශාස්තෘන් වහන්සේ ඒ සියල්ල විශිෂ්ට ඥානයෙන් වෙන් වෙන් වශයෙන් හඳුනාගෙන බුදු සසුනෙහි ඇලී සිටි ශ්‍රාවකයන් වහන්සේලා ඇමතූ සේක.

8. "මහණෙනි, දෙව් පිරිස් පැමිණියාහු ය. මම ඔබට ඔවුන් පිළිබඳ ව අනුපිළිවෙලින් වචනයෙන් කීර්තනය කරන්නෙමි ද, එවිට ඔවුන් ගැන දිවැසින් දූනගනිව්.

9. කපිලවස්තුවාසී සත් දහසක් වූ ඒ භූමාටු දේවතාවෝ ඉර්ධිමත් ව, බබලමින් වර්ණවත් ව, යසස් ඇති ව සතුටු වෙමින් භික්ෂූන්ගේ රැස්වීම දකින්නට මහා වනයට පැමිණියාහු ය.

10. හිමාල පර්වතවාසී හය දහසක් වූ දේවතාවෝ නා නා වර්ණ ඇත්තාහු ය. ඉර්ධිමත් ව, බබලමින් වර්ණවත් ව, යසස් ඇති ව සතුටු වෙමින් භික්ෂූන්ගේ රැස්වීම දකින්නට මහා වනයට පැමිණියාහු ය.

11. සාතාගිරි පර්වතවාසී තුන්දහසක් වූ දේවතාවෝ නා නා වර්ණ ඇත්තාහු ය. ඉර්ධිමත් ව, බබලමින් වර්ණවත් ව, යසස් ඇති ව සතුටු වෙමින් භික්ෂූන්ගේ රැස්වීම දකින්නට මහා වනයට පැමිණියාහු ය.

12. මෙසේ මේ දහසය දහසක් වූ දේවතාවෝ නා නා වර්ණ ඇත්තාහු ය. ඉර්ධිමත් ව, බබලමින් වර්ණවත් ව, යසස් ඇති ව සතුටු වෙමින් භික්ෂූන්ගේ රැස්වීම දකින්නට මහා වනයට පැමිණියාහු ය.

13. වෙස්සමිත්ත පර්වතවාසී පන්සියයක් වූ දේවතාවෝ නා නා වර්ණ ඇත්තාහු ය. ඉර්ධිමත් ව, බබලමින් වර්ණවත් ව, යසස් ඇති ව සතුටු වෙමින් භික්ෂූන්ගේ රැස්වීම දකින්නට මහා වනයට පැමිණියාහු ය.

14. රජගහ නුවර වේපුල්ල පර්වතයෙහි වසන කුම්භීර යනු යක්ෂ සේනාධිපතියෙකි. ඔහු ලක්ෂයකට වැඩි යකුන් ඇසුරු කරයි. රජගහ නුවරවැසි කුම්භීර යක්ෂ තෙමේ ද භික්ෂූන්ගේ රැස්වීම දකින්නට මහා වනයට පැමිණියේ ය.

15. ධතරාෂ්ට නම් දෙව්මහරජු නැගෙනහිර පෙදෙස පාලනය කරයි. ඔහු ගාන්ධර්වයන්ට අධිපති, යස පිරිවර ඇති මහරජු ය.

16. ඔහුට ඉන්ද යන නමින් මහත් බල ඇති බොහෝ පුත්‍රයෝ සිටිති. ඉර්ධිමත් ව, බබලමින් වර්ණවත් ව, යසස් ඇති ඔවුහු සතුටු වෙමින් භික්ෂූන්ගේ රැස්වීම දකින්නට මහා වනයට පැමිණියාහුය.

17. විරූළ්හ නම් දෙව්මහරජු දකුණු පෙදෙස පාලනය කරයි. ඔහු කුම්භාණ්ඩයන්ට අධිපති, යස පිරිවර ඇති මහරජු ය.

18. ඔහුට ඉන්ද යන නමින් මහත් බල ඇති බොහෝ පුත්‍රයෝ සිටිති. ඉර්ධිමත් ව, බබලමින් වර්ණවත් ව, යසස් ඇති ඔවුහු සතුටු වෙමින් භික්ෂූන්ගේ රැස්වීම දකින්නට මහා වනයට පැමිණියාහුය.

19. විරූපක්ඛ නම් දෙව්මහරජු බටහිර පෙදෙස පාලනය කරයි. ඔහු නාගයින්ට අධිපති, යස පිරිවර ඇති මහරජු ය.

20. ඔහුට ඉන්ද යන නමින් මහත් බල ඇති බොහෝ පුත්‍රයෝ සිටිති. ඉර්ධිමත් ව, බබලමින් වර්ණවත් ව, යසස් ඇති ඔවුහු සතුටු වෙමින් භික්ෂූන්ගේ රැස්වීම දකින්නට මහා වනයට පැමිණියාහුය.

21. කුවේර නම් දෙව්මහරජු උතුරු පෙදෙස පාලනය කරයි. ඔහු යක්ෂයන්ට අධිපති, යස පිරිවර ඇති මහරජු ය.

22. ඔහුට ඉන්ද යන නමින් මහත් බල ඇති බොහෝ පුත්‍රයෝ සිටිති. ඉර්ධිමත් ව, බබලමින් වර්ණවත් ව, යසස් ඇති ඔවුහු සතුටු වෙමින් භික්ෂූන්ගේ රැස්වීම දකින්නට මහා වනයට පැමිණියාහුය.

23. නැගෙනහිර දිශාවෙන් ධතරට්ඨ දෙව්මහරජු ය. දකුණු දිශාවෙන් විරූළ්හක දෙව්මහරජු ය. බස්නාහිර දිශාවෙන් විරූපක්ෂ දෙව්මහරජු ය. උතුරු දිශාවෙන් කුවේර දෙව්මහරජු ය.

24. ඒ දෙව්මහරජවරු සිව් දෙනා හාත්පස සිව් දිශාව අතිශයින් බබුළුවමින් කපිලවස්තු මහවනයෙහි සිටියාහු ය.

25. ඒ දෙව්මහරජවරුන් හට කුටෙණ්ඩු, වේටෙණ්ඩු, විටුච්ච සහ විටුඩ වශයෙන් වංචනික, ශඨකපට, මායාකාරී දාසයෝ සිටිති.

26. චන්දන ය, කාමසෙට්ඨ ය, කින්නිඝණ්ඩු ය, නිඝන්ඩු ය, පනාද ය, ඕපමඤ්ඤ ය, දෙව්රියැදුරු මාතලී ද, චිත්ත ය, සේන ය, චිත්තසේන ය යන ගාන්ධර්වයන් තිදෙනා ද, නළ දෙව්රජ ද, ජනවසභ දෙව්පුතු ද,

27. පඤ්චසිඛ දෙව්පුත් මෙන් ම, තිම්බරූ ගාන්ධර්ව රජු ත්, සූරියවච්චසා දෙව්දුව ත් යන මේ අය ය. අන්‍ය වූ ගාන්ධර්ව දෙව් රජවරු ය. තවත් දෙව්රජවරුන් සමඟ සතුටු වෙමින්, භික්ෂූන්ගේ රැස්වීම දකින්නට මහා වනයට පැමිණියාහු ය.

28. තව ද නාභස විලෙහි වසන නාගයෝ ද, විසල්පුරවැසි නාගයෝ ද, තච්ඡක විලෙහි නාගයෝ ද, කම්බල - අස්සතර නාගයෝ ද, ප්‍රයාග තීර්ථයෙහි නාගයෝ ද, සිය නෑයින් සමඟ ආවාහු ය.

29. යමුනා නදීවැසි නාගයෝ ද, යස පිරිවර ඇති ධතරට්ඨ නාගයෝ

ද, ඒරාවණ මහා නාගරාජයා ද, භික්ෂූන්ගේ රැස්වීම දකින්නට මහා වනයට පැමිණියාහු ය.

30. පිරිසිදු පෙනීම ඇති, යම් දිව්‍ය වූ ගුරුළු පක්ෂීහු ත් බලහත්කාරයෙන් නා රජවරුන් රැගෙන යත් ද, ඔවුහු අහසින් වන මැදට පැමිණියාහු ය. චිත්ත, සුපර්ණ යනු ඔවුන්ගේ නම් ය.

31. එදා නා රජුන්ට බිය නැති බව ලැබුණේ ය. බුදුරජාණන් වහන්සේ ඒ නා රජවරුන් ගුරුලන්ගෙන් මුදවා බිය රහිත රැකවරණයට පත්කළ සේක. මොළොක් වචනයෙන් ඔවුනොවුන් අමතමින් නාගයෝ ත්, ගුරුළො ත් බුදුරජාණන් වහන්සේ ව සරණ ගියහ.

32. දියමන්ති අත්ඇති තැනැත්තා (සක්දෙවිඳු) විසින් පරදවන ලද, මුහුද ඇසුරු කොට සිටින, සක්දෙවිඳුගේ සහෝදරත්වයට පත් ඉර්ධිමත් යස පිරිවර ඇති අසුරයෝ ද,

33. කාලකඤ්ජ, දානවේඝස යන මහා බිහිසුණු අසුරයෝ ද, වේපචිත්ති, සුචිත්ති, පහාරාද සහ නමුචි යන අසුරයෝ ද පැමිණියාහු ය.

34. සියළු දෙනා ම, වෛරෝචන යන නම් ඇති බලි අසුරයාගේ පුත්‍රයෝ සිය දෙනා ද, බල සේනා සන්නද්ධ කොට රාහු අසුරේන්ද්‍රයා වෙත පැමිණියාහු ය. 'ඔබට යහපතක් වේවා! දැන් භික්ෂූන්ගේ රැස්වීම දකින්නට වනයට යෑමට කල් ය' යි කීවාහුය.

35. ආපෝ දේවතාවෝ ත්, පඨවි දේවතාවෝ ත්, තේජෝ දේවතාවෝ ත්, වායු දේවතාවෝ ත් එදා පැමිණියාහු ය. වරුණ, වාරුණ දෙවියෝ ද, සෝම දෙවි ද, යසස දෙවි ද, යස පිරිවර ඇති මෛත්‍රී කායික දෙවිවරු, කරුණා කායික දෙවිවරු ද පැමිණියාහුය.

36. මේ දස කොටසක් වූ දෙව් පිරිස් සියළු දෙනා ම නා නා වර්ණ ඇත්තාහු ය. ඉර්ධිමත් ව, බබලමින් වර්ණවත් ව, යසස් ඇති ඔවුහු සතුටු වෙමින් භික්ෂූන්ගේ රැස්වීම දකින්නට දස අයුරකින් මහා වනයට පැමිණියාහු ය.

37. විෂ්ණු දෙවිවරු ද, සහලී දෙවිවරු ද, අසම දෙවිවරු ද, යම දෙවිවරු ද, සඳ ඇසුරු කොට සිටින දෙවිවරු ද, සඳ දෙව් පුතු පෙරටු කොට පැමිණියාහු ය.

38. හිරු ඇසුරු කොට සිටින දෙවිවරු ද, හිරු දෙව් පුත්‍ර පෙරටු කොට පැමිණියාහු ය. නැකැත් තරු ඇසුරු කොට වසන දෙවිවරු ද, නැකැත් තරු අධිපති දෙවියන් පෙරටු කොට පැමිණියාහු ය. මන්දවලාහක දෙවිවරු ද පැමිණියාහු ය. වසු දේවතාවන්ට නායක වූ පුරින්දද නම් වූ වාසව නම් වූ සක් දෙවිඳු ද පැමිණියේ ය.

39. මේ දස කොටසක් වූ දෙව් පිරිස් සියළු දෙනා ම නා නා වර්ණ ඇත්තාහු ය. ඉර්ධිමත් ව, බබලමින් වර්ණවත් ව, යසස් ඇති ඔවුහු සතුටු වෙමින් භික්ෂූන්ගේ රැස්වීම දකින්නට දස අයුරකින් මහා වනයට පැමිණියාහු ය.

40. ඉක්බිති සහභූ නම් දෙවිවරු ගිනිසිළු මෙන් බැබලෙමින් වනයට ආවාහු ය. දිය බෙරලිය මල් පැහැ ගත් අරිට්ඨක දෙවිවරු ද, රෝජ දෙවිවරු ද, වරුණ, ධම්ම, අච්චුත, අනේජක දෙවිවරු ද, සූලෙය්‍ය, රුචිර දෙවිවරු ද, ආවාහු ය. වාසවනේසි නම් දෙවිවරු ද ආවාහු ය.

41. මේ දස කොටසක් වූ දෙව් පිරිස් සියළු දෙනා ම නා නා වර්ණ ඇත්තාහු ය. ඉර්ධිමත් ව, බබලමින් වර්ණවත් ව, යසස් ඇති ඔවුහු සතුටු වෙමින් භික්ෂූන්ගේ රැස්වීම දකින්නට දස අයුරකින් මහා වනයට පැමිණියාහු ය.

42. සමාන, මහාසමාන, මානුස, මානුසුත්තම, ඛිඩ්ඩාපදෝසික දෙවිවරු ද ආවාහු ය. මනෝපදෝසික දෙවිවරු ද ආවාහු ය.

43. එමෙන් ම හරි නම් දෙවිවරු ද ආවාහු ය. රත්පැහැ වත් හඳින දෙවිවරු ද, පාරග, මහා පාරග නම් යස පිරිවර ඇති දෙවිවරු ද ආවාහු ය.

44. මේ දස කොටසක් වූ දෙව් පිරිස් සියළු දෙනා ම නා නා වර්ණ ඇත්තාහු ය. ඉර්ධිමත් ව, බබලමින් වර්ණවත් ව, යසස් ඇති ඔවුහු සතුටු වෙමින් භික්ෂූන්ගේ රැස්වීම දකින්නට දස අයුරකින් මහා වනයට පැමිණියාහු ය.

45. සුක්ක, කරුම්භ, අරුණ, වේඛනස්ස දෙවිවරු ද ආවාහු ය. ඕදාතගය්හ, පාමොක්ඛ, විචක්ඛණ දෙවිවරු ද ආවාහු ය. යස පිරිවර ඇති සදාමත්ත, හාරගජ, මිස්සක දෙවිවරු ද ආවාහු ය. යමෙක් දිශාවන් වැස්සෙන් තෙමයි ද, ඒ පර්ජන්‍ය දෙව් ද අහස ගුගුරුවමින් ආවේ ය.

46. මේ දස කොටසක් වූ දෙව් පිරිස් සියළු දෙනා ම නා නා වර්ණ ඇත්තාහු ය. ඉර්ධිමත් ව, බබලමින් වර්ණවත් ව, යසස් ඇති ඔවුහු සතුටු වෙමින් භික්ෂූන්ගේ රැස්වීම දකින්නට දස අයුරකින් මහා වනයට පැමිණියාහු ය.

47. ඛේමිය, තුසිත, යාම, කට්ඨක, ලම්බීතක, ලාමසෙට්ඨ, ජෝති, ආසව නම් යස පිරිවර ඇති දෙව්වරු ද, නිම්මාණරතී දෙව්වරු ද ආවාහු ය. එමෙන් ම පරනිම්මිත දෙව්වරු ද ආවාහු ය.

48. මේ දස කොටසක් වූ දෙව් පිරිස් සියළු දෙනා ම නා නා වර්ණ ඇත්තාහු ය. ඉර්ධිමත් ව, බබලමින් වර්ණවත් ව, යසස් ඇති ඔවුහු සතුටු වෙමින් භික්ෂූන්ගේ රැස්වීම දකින්නට දස අයුරකින් මහා වනයට පැමිණියාහු ය.

49. මේ සැටක් වූ සියළු දෙව් නිකායයෝ නා නා වර්ණ ඇත්තාහු ය. ඔවුහු යම් අන්‍ය වූ දෙව් කෙනෙක් තමන් හා සමාන වූවාහු ද, ඔවුනුත් සමඟ නම් පිළිවෙලින් ආවාහු ය.

50. වාසය කොට අවසන් කළ උපත ඇති, උදුරා හළ කෙලෙස් හුල් ඇති, එතෙර වූ සසර සැඩ පහර ඇති, ආශ්‍රව රහිත, ඕඝ තරණය කළ, අගතිය ඉක්ම වූ, පුන් සඳක් සේ උතුම් අප බුදුරජුන් දකිමු.

51. ඉර්ධිමත් බුදුරජුන්ගේ ශ්‍රාවක පුතුන් වූ සුබ්‍රහ්ම, පරමාත්ම යන බ්‍රහ්මකායික දෙව්වරු ද, සනංකුමාර බ්‍රහ්මරාජයා ද පැමිණියාහු ය. තිස්ස නම් බ්‍රහ්මරාජයා ද භික්ෂූන්ගේ රැස්වීමට වනයට පැමිණියාහු ය.

52. මහා බ්‍රහ්මරාජයා දහසක් බ්‍රහ්මලෝකයන් මැඩ පවත්වා සිටියි. බඹලොව උපන්, බබලන්නා වූ, බිහිසුණු මහා සිරුරකින් හෙබි යස පිරිවර ඇති ඔහු ද පැමිණියේ ය.

53. වෙන් වෙන් ව සිය පිරිස් තම වසඟයෙහි පවත්වන ඊශ්වර නම් දෙව්වරු දස දෙනෙක් මෙහි පැමිණියාහු ය. ඔවුන්ගේ මැදින් පිරිවර සහිත ව හාරිත නම් බ්‍රහ්මරාජයා පැමිණියේ ය.

54. සක් දෙවිඳුන් සහිත වූ, මහා බ්‍රහ්මයා සහිත වූ, ඒ සියළු දෙව්වරුන් පැමිණි කල්හී මාර සේනාවෝ පැමිණියාහු ය. පව්ටු මාරයාගේ නුවණ මඳ බව බලව.

55. 'එව්, මාර සේනාවෙනි, මේ දෙවිවරුන් අල්ලා ගනිව්. රාග සිතිවිල්ලෙන් සිර කරව්. මොවුහු රාග උගුලේ සිරකරුවෝ වෙත්වා! හාත්පසින් වට කරව්. ඔවුන් කිසිවෙකුට කෙලෙසුන්ගෙන් නිදහස් වන්නට ඉඩ නොදෙව්.'

56. මෙසේ එහි මහාසේනා ඇති මාරයා අතින් පොළොවට පහර දෙමින් බිහිසුණු හඬ නංවා කළු පැහැ ගත් සේනාව පිටත් කරවීය.

57. මහාවැසි ඇදහැලෙන කල්හී අහස ගුගුරුවමින් විදුලි කොටන්නේ යම් සේ ද, එසෙයින් ම එදා ඔහු දෙව් පිරිස තමාගේ වසඟයට ගත නොහැකි ව කෝපයෙන් යළි හැරී ගියේ ය.

58. සදහම් ඇස් ඇති ශාස්තෘන් වහන්සේ ඒ සියල්ල විශිෂ්ට ඥානයෙන් වෙන් වෙන් වශයෙන් හඳුනාගෙන බුදු සසුනෙහි ඇලී සිටි ශ්‍රාවකයන් වහන්සේලා ඇමතූ සේක. "මහණෙනි, මාර සේනාවෝ පැමිණියාහු ය. එය දිවැසින් දනිව්."

59. බුදුරජාණන් වහන්සේගේ අනුශාසනාව ඇසූ ඒ භික්ෂූහු ඔවුන් දකින්නට වීරිය වැඩූහ. ඒ වීතරාගීන් වහන්සේලා වෙතින් ඔවුහු ඉවත් ව ගියාහු ය. ඒ රහතුන්ගේ එක් ලෝමයකුදු සොලවන්නට නොහැකි වූවාහු ය.

60. ජයගත් මාර යුද්ධ ඇති, ඉක්මවා ගිය භය ඇති, යස පිරිවර ඇති, ජනයා අතර ප්‍රසිද්ධ වූ ඒ සියළු දෙනා වහන්සේ බුදුරජාණන් වහන්සේගේ ශ්‍රාවකයෝ ය. ඔවුහු ආර්ය ශ්‍රාවකයන් හා සතුටු වෙති.

සාදු! සාදු!! සාදු!!!

මහා සමය සූත්‍රය නිමා විය.

2.8.
සක්කපඤ්හ සූත්‍රය
සක් දෙව්ඳුගේ පැනයට වදාළ දෙසුම

මා විසින් මෙසේ අසන ලදී.

එක් සමයෙක්හි භාග්‍යවතුන් වහන්සේ මගධ ජනපදයෙහි රජගහ නුවරට නැගෙනහිරින් අම්බසණ්ඩ නම් බ්‍රාහ්මණ ගමක් තිබුණේ ද, එයට උතුරින් වේදියක නම් පර්වතයෙහි ඉන්ද්‍රසාල ගුහාවෙහි වැඩවසන සේක. එසමයෙහි සක් දෙව්ඳුන් හට භාග්‍යවතුන් වහන්සේ ව බැහැදකින්නට උනන්දුවක් ඇතිවූයේ ය. ඉක්බිති සක්දෙව්ඳුන්ට මේ අදහස ඇතිවූයේ ය.

'මෙකල අරහත් සම්මා සම්බුදු වූ භාග්‍යවතුන් වහන්සේ කොහි වැඩ වෙසෙන සේක් ද?' යි. එවිට සක් දෙව් රජු මගධයෙහි රජගහ නුවරට නැගෙ හිරින් පිහිටි අම්බසණ්ඩ බ්‍රාහ්මණ ගමට උතුරු දෙසින් වේදියක පර්වතයෙහි ඉන්ද්‍රසාල ගුහාවෙහි භාග්‍යවතුන් වහන්සේ වැඩසිටිනු දුටුවේ ය. දැක තව්තිසා දෙවියන් ඇමතුහ.

"නිදුක්වරුනි, මේ භාග්‍යවතුන් වහන්සේ මගධයෙහි රජගහනුවරට නැගෙ නහිරින් වූ අම්බසණ්ඩ බ්‍රාහ්මණ ගමට උතුරු දෙසින් වේදියක පර්වතයෙහි ඉන්ද්‍රසාල ගුහාවෙහි වැඩවසන සේක. ඉදින් නිදුක්වරුනි, අපි ඒ අරහත් වූ, සම්මා සම්බුදු වූ භාග්‍යවතුන් වහන්සේ බැහැදකින්නට එළඹෙන්නෙමු නම් ඉතා යහපති."

"එසේ ය, පින්වතුන් වහන්සැ" යි ඒ තව්තිසාවැසි දෙවියෝ සක්දෙව් රජුට පිළිතුරු දුන්නාහු ය.

ඉක්බිති සක්දෙව් රජු පඤ්චසිඛ නම් ගාන්ධර්ව දිව්‍යපුත්‍රයා ඇමතුවේ ය. "දරුව, පඤ්චසිඛයෙනි, මේ භාග්‍යවතුන් වහන්සේ මගධයෙහි රජගහනුවරට නැගෙනහිරින් වූ අම්බසණ්ඩ බ්‍රාහ්මණ ගමට උතුරු දෙසින් වේදියක පර්වතයෙහි ඉන්ද්‍රසාල ගුහාවෙහි වැඩවසන සේක. ඉදින් දරුව පඤ්චසිඛයෙනි, අපි ඒ

අරහත් වූ, සම්මා සම්බුදු වූ භාග්‍යවතුන් වහන්සේ බැහැදකින්නට එළඹෙන්නෙමු නම් ඉතා යහපති."

"එසේ ය, පින්වතුන් වහන්සැ" යි ඒ පඤ්චසිඛ ගාන්ධර්ව දිව්‍ය පුත්‍රයා සක්දෙව් රජුට පිළිතුරු දී බේලුවපණ්ඩු වීණාව ගෙන සක් දෙව්දුන් අනුව යමින් පිටත් වූයේ ය.

එකල්හී ශක්‍ර දේවේන්ද්‍රයෝ තව්තිසා දෙවියන් පිරිවරා පඤ්චසිඛ දිව්‍යපුත්‍රයා විසින් පෙරටු කොට ගන්නා ලද්දාහු බලවත් පුරුෂයෙක් හැකිලූ අතක් දික් කරන්නේ යම් සේ ද, දික් කළ අතක් හකුලන්නේ යම් සේ ද, එසෙයින් ම තව්තිසා දෙව්ලොවින් නොපෙනී ගොස්, මගධයෙහි රජගහ නුවරට නැගෙනහිරින් වූ අම්බසණ්ඩ බ්‍රාහ්මණ ග්‍රාමයට උතුරු දෙසින් වූ වේදියක පර්වතයෙහි පහළ වූහ.

එසමයෙහි වේදියක පර්වතය ත්, අම්බසණ්ඩ බ්‍රාහ්මණ ගම ත් අතිශයින් ම බැබලී ගියේ ය. එසේ වූයේ ඒ දෙවියන්ගේ දේවානුභාවයෙනි. එවිට අවට ගම්වැසි මිනිස්සු මෙසේ කීවාහු ය.

"අද නම් වේදියක පර්වතය ගිනි ඇවිලී ගිය කලක් වැනි නොවැ! අද නම් වේදියක පර්වතය ගින්නෙන් දැවෙනවා වැනි නොවැ! අද නම් වේදියක පර්වතය ගින්නෙන් දිලිහී ගිය කලක් වැනි නොවැ! අද කුමක් නම් නිසා වේදියක පර්වතය ත්, අම්බසණ්ඩ බ්‍රාහ්මණ ගම ත් මෙතරම් අතිශයින් බබලන්නේ ද?" යි විස්මයෙන් ඇලලී ගොස් සිරුරු ලෝමයෝ කෙලින් වී ගියහ.

ඉක්බිති සක් දෙව්ඳු පඤ්චසිඛ ගාන්ධර්ව දිව්‍යපුත්‍රයා ඇමතුවේ ය.

"දරුව, පඤ්චසිඛයෙනි, ධ්‍යාන වඩන, ධ්‍යානයෙහි ඇලුණු, මේ දහන් භාවනාවෙන් වැඩවසන තථාගතයන් වහන්සේලා වනාහී මා වැනි උදවිය විසින් දුක සේ එළැඹිය යුත්තාහු ය. ඉදින් දරුව, පඤ්චසිඛයෙනි, ඔබ පළමු කොට භාග්‍යවතුන් වහන්සේ ව පහදවන්නෙහි නම්, දරුව, ඔබ විසින් පළමුව පහදන ලදුව පසුව අපි අරහත් වූ සම්මා සම්බුදු වූ ඒ භාග්‍යවතුන් වහන්සේ ව බැහැදකින්නට එළැඹෙන්නෙමු."

"එසේ ය, පින්වතුන් වහන්සැ" යි පඤ්චසිඛ ගාන්ධර්ව දිව්‍යපුත්‍ර තෙමේ සක් දෙව්දුන්ට පිළිවදන් දී බේලුවපණ්ඩු වීණාව ගෙන ඉන්ද්‍රසාල ගුහාවට එළැඹියේ ය. එළැඹ මෙපමණකින් භාග්‍යවතුන් වහන්සේ මට ඉතා දුර ත් නොවන සේක. ඉතා ළඟ ත් නොවන සේක. මාගේ කටහඬ ද අසන සේකැ යි දැන එකත්පස් ව සිට ගත්තේ ය. එකත්පස් ව සිටි පඤ්චසිඛ ගාන්ධර්ව

දිව්‍යපුත්‍රයා බේලුවපණ්ඩු වීණාව වාදනය කළේ ය. බුදුගුණ සහිත වූ, දහම් ගුණ සහිත වූ, සඟ ගුණ සහිත වූ, රහතුන්ගේ ගුණ සහිත වූ, කාමය සහිත වූ මේ ගාථාවන් ද පැවසුවේ ය.

"සූරියවච්චසාවෙනි, කල්‍යාණියෙනි, මට සිතෙහි ආනන්දය දනවන්නී ය. සොඳුරියේ, යමෙකුන් නිසා ඔබ උපන්නී ද, ඔබගේ පියාණන් වූ ඒ තිම්බරු නැමැති ගාන්ධර්ව රාජයාට වඳිමි.

ඩහදිය වැගිරෙන කෙනෙකුට සුළඟ ප්‍රිය වන්නේ යම් සේ ද, පිපාසිත කෙනෙකුට සිහිල් පැන් ප්‍රිය වන්නේ යම් සේ ද, රහතන් වහන්සේලාට ධර්මය ප්‍රිය වන්නේ යම් සේ ද, එසෙයින් ම මා හට තී ප්‍රිය වන්නෙහි ය.

රෝගියෙකුට බෙහෙත් ප්‍රිය වන්නේ යම් සේ ද, කුසගිනි කෙනෙකුට බොජුන් ප්‍රිය වන්නේ යම් සේ ද, එලෙසින් මා හට තී ප්‍රිය වන්නෙහි ය. 'සොඳුරියේ, ඇවිළෙන ගින්නක් ජලයෙන් නිවන සෙයින් මා මැනැවින් නිවාලනු මැනැවැ'

ග්‍රීස්මයෙන් පීඩිත ඇත් රජෙකු නෙළුම් රේණුවෙන් ගැවසී ගත් සිහිල් ජලය ඇති පොකුණකට බැසගන්නා ලෙසින් මම ඔබ වෙතට බැසගන්නෙම් දෝ.

අංකුසයෙන් මිදී ගිය මද කිපුණු ඇත් රජෙක් 'කන් පෙති විදින කටුව ත්, පා විදින කටුවත් මා විසින් දිනන ලද්දේ ය' යි මුලා වී සිතන සෙයින් ඔබගේ සොඳුරු කලවා දැක මත් වූ මම එය දුරු කරනු හැකි කරුණක් නොදකිමි.

ඔබ කෙරෙහි ගිජු වූ සිතින් යුතු වෙමි. මගේ සිත රාගයෙන් පෙරළී ගියේ ය. බිලිය ගිලගත් මත්ස්‍යයෙකු සෙයින් ඔබ කෙරෙහි වූ රාගය අත්හැර ගන්නට නොහැකි ව සිටිමි.

මනා කලවා ඇති සොඳුරියේ, මා වැළඳගත මැනැව. මඳලැස් බැලුම් ඇති තැනැත්තියෙනි, මා වැළඳගත මැනැව. කල්‍යාණියෙනි, මා හාත්පසින් වැළඳගත මැනැව. මා ගැඹුරින් ම පැතුවේ මෙය ම ය.

ස්වල්ප වූ දානයක් රහතන් වහන්සේ නමකට පූජා කළ විට එහි විපාක අතිමහත් වන සේ බොකුටු කෙස් ඇති ඔබ කෙරෙහි මා

සිතෙහි පැවැති ස්වල්ප වූ අදහස දැන් නොයෙක් අයුරින් අතිමහත් ව ගියේ ය.

අට ලෝ දහමින් කම්පා නොවන රහතන් වහන්සේලා උදෙසා මා විසින් කරන ලද යම් පිනක් ඇද්ද, සකලාංගයෙන් කල්‍යාණියක වූ තැනැත්තිය, මා හට ඒ පින ඔබ හා සමඟ ම එලදේවා!

මේ පොළෝ තලයෙහි මා විසින් කරන ලද යම් පිනක් ඇද්ද, සකලාංගයෙන් කල්‍යාණියක වූ තැනැත්තිය, මා හට ඒ පින ඔබ හා සමඟ ම එලදේවා!

සූරියවච්චසාවෙනි, මනා සිහියෙන් හා තැනට සුදුසු නුවණින් යුතුව එකඟ සිත් ඇති ව, ධ්‍යාන වඩන, අමෘතය සොයා ගිය මහා මුනිඳුන් වූ ශාක්‍ය පුත්‍රයන් වහන්සේ සෙයින් මම තී සොයා එමි.

ඒ මුනිඳාණෝ උතුම් අභිසම්බෝධියට පත් ව යම් සේ සතුටු වූ සේක් ද, අනේ...! එසෙයින් ම කල්‍යාණියේ, තී හා එක්වීමට ගොස් මම ත් සතුටු වෙම් නම්,

තව්තිසා දෙවියන්ට අධිපති වූ සක් දෙව්රජාණෝ ඉදින් මට වරයක් දෙන්නාහු නම්, සොඳුරියේ, මම ඒ වරයට තී පතන්නෙමි. මෙසේ ඔබ කෙරෙහි මා තුළ දැඩි වූ ආශාවකි ඇත්තේ.

සොඳුරු නුවණැත්තී, බොහෝ කලකට පසු මලින් පිපී ගිය සාල වෘක්ෂයක් බඳු ඔබ වැනි ප්‍රජාව ලද ඒ තිම්බරු ගාන්ධර්ව පිය රජුන් නමදිමි."

මෙසේ පැවසූ කල්හී භාග්‍යවතුන් වහන්සේ පඤ්චසිඛ ගාන්ධර්ව දිව්‍ය පුත්‍රයාට මෙය වදාළ සේක.

"පඤ්චසිඛයෙනි, ඔබගේ වීණාවෙහි තත්සර ගී හඬට ගැලපී යනවා නොවැ. ගී හඬ ත් තත්සරට ගැලපී යනවා නොවැ. පඤ්චසිඛයෙනි, ඔබගේ වීණාවේ තත්සර ගී හඬ ඉක්ම නොයයි. ගී හඬ තත්සර ඉක්ම නොයයි. පඤ්චසිඛයෙනි, බුදුගුණ සහිත, දහම් ගුණ සහිත, සඟ ගුණ සහිත, රහත් ගුණ සහිත, කාමය සහිත මේ ගාථාවෝ ඔබ විසින් කවරදාක සකසන ලද්දාහු ද?"

"ස්වාමීනී, එක් සමයක භාග්‍යවතුන් වහන්සේ අභිසම්බෝධිය ලද මුල් කාලයෙහි උරුවෙල් ජනපදයෙහි නේරංජරා නදී තෙර අජපාල නුගරුක්

සෙවණෙහි වැඩහුන් සේක. ස්වාමීනී, එසමයෙහි මම තිම්බරු ගාන්ධර්ව රජුගේ දියණියක වන භද්‍රා යන නම ලද, සූරියවච්චසාව ලබන්නට පතමින් සිටියෙමි. නමුත් ස්වාමීනී, ඒ නැගණිය වෙනත් කෙනෙකුන් පැතුවා ය. මාතලී රථාචාර්යයන්ගේ සිඛණ්ඩී නම් ගාන්ධර්ව පුත්‍රයෙක් සිටියේ ය. ඕ ඔහු පැතුවා ය. ස්වාමීනී, මම කිසිදු ක්‍රමයකින් ඇය ලබන්නට නොහැකි ව සිටියෙමි. ඉක්බිති මම බේලුවපණ්ඩු වීණාව රැගෙන තිම්බරු ගාන්ධර්ව රජුගේ භවන කරා ගියෙමි. ගොස් බේලුවපණ්ඩු වීණාව වාදනය කළෙමි. බුදුගුණ සහිත, දහම් ගුණ සහිත, සඟ ගුණ සහිත, රහත් ගුණ සහිත, කාමය සහිත මේ ගාථාවන් පැවසුවෙමි.

"සූරියවච්චසාවෙනි, කල්‍යාණියෙනි, මට සිතෙහි ආනන්දය දනවන්නී ය. සොඳුරියේ, යමෙකුන් නිසා ඔබ උපන්නී ද, ඔබගේ පියාණන් වූ ඒ තිම්බරු නැමැති ගාන්ධර්ව රාජයාට වඳිමි.

....(පෙ)....

සොඳුරු නුවණැත්තී, බොහෝ කලකට පසු මලින් පිපී ගිය සාල වෘක්ෂයක් බඳු ඔබ වැනි ප්‍රජාව ලද ඒ තිම්බරු ගාන්ධර්ව පිය රජුන් නමදිමි."

ස්වාමීනී, මා මෙසේ පැවසූ කල්හී භද්‍රා නැමැති සූරියවච්චසාවෝ මට මෙය පැවසුවා ය.

"නිදුකාණෙනි, මා විසින් ඒ භාග්‍යවතුන් වහන්සේ ව මුණගැසී නැත්තේ ය. එසේ නමුත් තව්තිසා දෙවියන්ගේ සුධර්මා දිව්‍යසභාවෙහි නටන්නා වූ මා විසින් ඒ භාග්‍යවතුන් වහන්සේ පිළිබඳ ව අසන ලද්දාහු ය. නිදුකාණෙනි, යම් හෙයකින් ඔබ ඒ භාග්‍යවතුන් වහන්සේගේ ගුණ කීර්තනය කළෙහි ද, එහෙයින් අද ඔබ මා සමඟ එක්වේවා!"

ස්වාමීනී, එදා පමණක් ම ඒ නැගෙණිය සමඟ මාගේ එක්වීම සිදුවූයේ ය. එයින් පසු දැන් එබන්දක් නැත්තේ ය."

එකල්හී සක්දෙවිඳුන්ට මේ අදහස ඇතිවූයේ ය. 'පඤ්චසිඛ ගාන්ධර්ව දිව්‍යපුත්‍රයා භාග්‍යවතුන් වහන්සේ සමඟ පිළිසඳර දොඩයි. භාග්‍යවතුන් වහන්සේ ද පඤ්චසිඛ සමඟ පිළිසඳර කථාවෙහි යෙදෙන සේක. ඉක්බිති ශක්‍ර දේවේන්ද්‍රයෝ පඤ්චසිඛ ගාන්ධර්ව දිව්‍යපුත්‍රයා ඇමතූහ.

"දරුව පඤ්චසිඛයෙනි, 'ස්වාමීනී, ශක්‍ර දේවේන්ද්‍ර තෙමේ දිව්‍ය අමාත්‍යවරුන් හා පරිවාර දෙව් පිරිස සමඟ භාග්‍යවතුන් වහන්සේගේ ශ්‍රී පාද

පද්මයන් සිරසින් වඳියි' යනුවෙන් මාගේ වචනය භාග්‍යවතුන් වහන්සේ ව සකසා වඳුව."

"එසේ ය, පින්වතුන් වහන්සැ" යි පඤ්චසිඛ ගාන්ධර්ව දිව්‍ය පුත්‍රයා සක් දෙවිඳුන්ට පිළිවදන් දී "ස්වාමීනී, ශක්‍ර දේවේන්ද්‍ර තෙමේ දිව්‍ය අමාත්‍යවරුන් හා පරිවාර දෙව් පිරිස සමඟ භාග්‍යවතුන් වහන්සේගේ ශ්‍රී පාද පද්මයන් සිරසින් වඳියි" යි භාග්‍යවතුන් වහන්සේට සකසා වන්දනා කළේ ය.

"පඤ්චසිඛයෙනි, මෙසේ දිව්‍ය අමාත්‍යවරුන් සහිත, පරිවාර දෙව් පිරිස සහිත, ශක්‍ර දේවේන්ද්‍රයෝ සුවපත් වෙත්වා! දෙවිවරු, මිනිස්සු, අසුරයෝ, නාගයෝ, ගාන්ධර්වයෝ මෙන් ම යම් මේ අන්‍ය වූ බොහෝ සත්වයෝ වෙත් ද, ඒ කවුරුත් සැප කැමැත්තෝ ය. තථාගතයන් වහන්සේලා මෙබඳු මහේශාක්‍ය වූ දෙවියන් ද මේ අයුරින් සතුටින් පිළිගනිති."

භාග්‍යවතුන් වහන්සේ විසින් සෙත් පතා පිළිගන්නා ලද සක් දෙව් රජු ඉන්දසාල ගුහාවට පිවිස භාග්‍යවතුන් වහන්සේට සකසා වන්දනා කොට එකත්පස් ව සිටගත්තේ ය. තව්තිසාවැසි දෙවියෝ ද, ඉන්දසාල ගුහාවට පිවිස භාග්‍යවතුන් වහන්සේට සකසා වන්දනා කොට එකත්පස් ව සිටගත්හ. පඤ්චසිඛ ගාන්ධර්ව දිව්‍යපුත්‍රයා ත් ඉන්දසාල ගුහාවට පිවිස භාග්‍යවතුන් වහන්සේට සකසා වන්දනා කොට එකත්පස් ව සිටගත්තේ ය.

එවේලෙහි දෙවියන්ගේ දේවානුභාවයෙන් සම බිම රහිත ඉන්දසාල ගුහාව සමතලා වූයේ ය. වැඩිය ඉඩකඩ නොවූ ඒ ගුහාව බොහෝ සේ ඉඩකඩ ඇති බවට පත්වූයේ ය. ගුහාවෙහි අන්ධකාරය නොපෙනී ගියේ ය. ආලෝකය පහළ වූයේ ය.

එකල්හී භාග්‍යවතුන් වහන්සේ සක්දෙවිඳුන් ඇමතූ සේක.

"මෙය ආයුෂ්මත් කෝසියයන්ගේ ආශ්චර්යයකි! මෙය ආයුෂ්මත් කෝසියයන්ගේ අද්භූතයෙකි! මෙතරම් බොහෝ වැඩ ඇති, මෙතරම් බොහෝ කටයුතු ඇති ව සිට මෙහි පැමිණියේ ය."

"ස්වාමීනී, මම බොහෝ කලක පටන් භාග්‍යවතුන් වහන්සේ බැහැදකින්නට එනු කැමැත්තෙන් සිටියෙමි. එහෙත් තව්තිසා දෙවියන්ගේ නොයෙක් නොයෙක් වැඩකටයුතු හේතුවෙන් භාග්‍යවතුන් වහන්සේ ව බැහැදකිනු සඳහා එන්නට නොහැකි වීමි. ස්වාමීනී, එක් සමයක භාග්‍යවතුන් වහන්සේ සැවැත් නුවර සළලාගාර ගඳකිළියෙහි වැඩසිටි සේක. ස්වාමීනී, එකල්හී මම භාග්‍යවතුන් වහන්සේ බැහැදකිනු පිණිස සැවැත් නුවරට ගියෙමි. ස්වාමීනී, එවේලෙහි භාග්‍යවතුන් වහන්සේ එක්තරා සමාධියකින් වැඩහුන් සේක.

වෛශ්‍රවණ දෙව්මහරජුගේ භූඤ්ජතී නම් පාදපරිචාරිකාව දොහොත් මුදුන් දී වැඳගෙන භාග්‍යවතුන් වහන්සේට ඉදිරියෙන් සිටියා ය. එකල්හී ස්වාමීනී, මම භූඤ්ජතියට මෙසේ කීවෙමි.

"නැගණියෙනි, 'ස්වාමීනී, ශක්‍ර දේවේන්ද්‍ර තෙමේ අමාත්‍ය දෙවිවරුන් සහිත ව, පිරිවර දෙව් පිරිස සහිත ව, භාග්‍යවතුන් වහන්සේගේ ශ්‍රී පාද පද්මයන් සිරසින් වඳින්නේ ය' කියා ඔබ මාගේ වචනයෙන් භාග්‍යවතුන් වහන්සේ ව සකසා වන්දනා කරව" යි.

ස්වාමීනී, මා එසේ කී කල්හී ඒ භූඤ්ජතිය මට මෙසේ කීවා ය. "නිදුකාණෙනි, භාග්‍යවතුන් වහන්සේ බැහැදකින්නට කාලය නොවෙයි. භාග්‍යවතුන් වහන්සේ භාවනාවෙන් වැඩවෙසෙන සේක."

"එසේ වී නම් නැගණිය, භාග්‍යවතුන් වහන්සේ යම් විටෙක ඒ සමාධියෙන් නැගිටින සේක් ද, එකල්හී මාගේ වචනයෙන් භාග්‍යවතුන් වහන්සේ ව සකසා වන්දනා කරව. 'ස්වාමීනී, ශක්‍ර දේවේන්ද්‍ර තෙමේ අමාත්‍ය දෙවිවරුන් සහිත ව, පිරිවර දෙව් පිරිස සහිත ව, භාග්‍යවතුන් වහන්සේගේ ශ්‍රී පාද පද්මයන් සිරසින් වඳින්නේ ය' යි.

ස්වාමීනී, කිම? ඒ නැගණිය මා වෙනුවෙන් භාග්‍යවතුන් වහන්සේට සකසා වන්දනා කළා ද? භාග්‍යවතුන් වහන්සේ ඇගේ වචනය සිහි කරන සේක් ද?"

"දේවේන්ද්‍රයෙනි, ඒ නැගණිය මා හට සකසා වන්දනා කළා ය. මම ඒ නැගණියගේ වචනය සිහි කරමි. එනමුදු ආයුෂ්මතුන්ගේ රථයෙහි නිම්වළලු හඬ ත් සමඟ ම මම ද ඒ සමාධියෙන් නැගී සිටියෙමි."

"ස්වාමීනී, අපට කලින් තව්තිසාවෙහි උපන් යම් ඒ දෙවිවරු වෙත් ද, මා විසින් මෙකරුණ ඔවුන් වෙතින් අසන ලද්දේ ය. ඔවුන් වෙතින් පිළිග න්නා ලද්දේ ය. එනම් 'යම් කලෙක තථාගත අරහත් සම්මා සම්බුදුරජාණන් වහන්සේලා ලෝකයෙහි පහල වෙත් ද, එකලට දෙව්ලොව පිරී යන්නාහ. අසුර ලොව පිරිහී යන්නාහ' කියා ය. ස්වාමීනී, මෙකරුණ මා විසින් දූන් සියැසින් දකින ලද්දකි. එනම් යම් කලෙක තථාගත අරහත් සම්මා සම්බුදුරජාණන් වහන්සේලා ලෝකයෙහි පහල වෙත් ද, එකලට දෙව්ලොව පිරී යති. අසුර ලොව පිරිහී යති යන කරුණ යි.

ස්වාමීනී, මෙහි ම කපිලවස්තුවෙහි ගෝපිකා නමින් ශාක්‍ය දියණියක් සිටියා ය. ඕ බුදුරජුන් කෙරෙහි පැහැදී සිටියා ය. ධර්මය කෙරෙහි පැහැදී

සිටියා ය. සංඝයා කෙරෙහි පැහැදී සිටියා ය. සිල් පිරුවා ය. ඕ ස්ත්‍රී බවෙහි ඇල්ම දුරු කොට පුරුෂබව වඩා, කය බිඳී මරණින් මතු සුගති සංඛ්‍යාත ස්වර්ග ලෝකයෙහි ඉපදුණා ය. තව්තිසා දෙවියන් අතර ඉපිද අපගේ දිව්‍ය පුත්‍රයෙක් බවට පත්වූවා ය. එහිදී ඔහු ගැන අන්‍ය දෙවිවරු මෙසේ දනිති. 'ගෝපක දිව්‍ය පුත්‍රයා ය. ගෝපක දිව්‍ය පුත්‍රයා ය' වශයෙනි.

ස්වාමීනී, භාග්‍යවතුන් වහන්සේගේ ශාසනයෙහි පිළිවෙත් පිරූ අන්‍ය වූ භික්ෂූන් තිදෙනෙක් ද හීන වූ ගාන්ධර්වයන් අතර උපන්හ. ඔවුහු පඤ්චකාම ගුණයන් හා එක්වෙමින්, ඒවායින් සතුටු වෙමින්, ඒවා පිරිවරා වාසය කරමින්, අපට වත් කිරීමට, අපට උපස්ථානයට පැමිණෙති. අපට වත් කිරීමට, අපට උවටැන් කිරීමට ආ ඔවුන්ට ගෝපක නම් දිව්‍යපුත්‍රයා මෙසේ චෝදනා කළේ ය.

"නිදුකාණෙනි, ඔබ ඒ භාග්‍යවතුන් වහන්සේගේ ධර්මය ඇසුවේ කොයි පැත්තට මුහුණ හරවාගෙන ද? මම ස්ත්‍රියක් ව සිටියදී බුදුරජුන් කෙරෙහි පැහැදී, ධර්මය කෙරෙහි පැහැදී, සංඝයා කෙරෙහි පැහැදී, සිල් පිරිපුන් කොට, ස්ත්‍රී බවට ඇති ඇල්ම අත්හැර, පුරුෂබව වඩා, කය බිඳී මරණින් මතු සුගති සංඛ්‍යාත දෙව්ලොවට පැමිණියෙමි. තව්තිසා දෙවියන් අතර ඉපිද සක් දෙවිඳුන්ගේ පුත්‍ර ස්ථානය ලැබුවෙමි. මෙහි පවා මාව දන්නේ මෙසේ ය. 'ගෝපක දිව්‍යපුත්‍රයා ය, ගෝපක දිව්‍යපුත්‍රයා ය' කියා ය.

නිදුකාණෙනි, ඔබ වනාහී භාග්‍යවතුන් වහන්සේගේ සසුනෙහි පැවිදි ව, පිළිවෙත් පුරා, හීන වූ ගාන්ධර්වයන් අතර උපන්නාහු නොවැ. භවත්නි, අපි එකට සිටි යම් කෙනෙක් හීන වූ ගාන්ධර්වයන් අතර උපන්හයි දකිමු ද, ඒකාන්තයෙන් ම නොදැක්ක යුතු දෙයක් දකිම්හ."

ස්වාමීනී, ඒ ගෝපක දෙව්පුතු විසින් මෙසේ චෝදනා කරනු ලබන ඔවුන් තිදෙනා අතුරින් දෙවිවරු දෙදෙනෙක් එහිදී ම සිහිය උපදවාගෙන, නිවන් මග වඩා එයින් චුත ව බ්‍රහ්ම පුරෝහිතයෙහි උපන්හ. එක් දෙවියෙක් කාමයෙහි රැඳී ගියේ ය.

(ගාථාවන් ය)

'මගේ නම ගෝපිකා ය. සදහම් ඇස් ඇති බුදුරජුන්ගේ උපාසිකාවක් වුණෙමි. බුදුරජුන් කෙරෙහි ත්, ධර්මය කෙරෙහි ත්, බලවත් පැහැදීමෙන් යුතුව සංඝයාට ද පැහැදුණු සිතින් යුතුව උපස්ථාන කළෙමි.

ඒ බුදුරජුන්ගේ ධර්මයෙහි ඇති සොඳුරු බව නිසා ම, සක් දෙවිඳුන්ගේ මහානුභාව දිව්‍යපුත්‍රයෙක් වුණෙමි. මහා තේජසින් යුතුව තව්තිසාවෙහි ඉපිද

සිටින මා මෙහිදී ත් ගෝපක නමින් දනිති.

පෙර දක තිබූ භික්ෂූන් වහන්සේලා හීන වූ ගාන්ධර්වයන් අතර ඉපිද සිටිනු දුටුවෙමි. ඔවුහු ගෞතම ශ්‍රාවකයෝ ව සිටියාහු ය. යම් ඒ අපි කලින් මිනිස් ලොව සිටිය දී,

අපගේ නිවසෙහි දී පා දෝවනය කිරීම් ආදී සංග්‍රහ කොට, ආහාර පානාදියෙන් උපස්ථාන කළෙමි. මේ භවත්හු කොයි අත බලාගෙන බුදුරජුන්ගේ ධර්මය පිළිගත්තාහු ද?

සදහම් ඇස් ඇති බුදුරජුන් විසින් අවබෝධ කොට මැනැවින් වදාරණ ලද ධර්මය තම තමන් විසින් වෙන් වෙන් වශයෙන් දත යුත්තේ ය. මම ත් ඔබ මෙන් ම මනුලොව සිට, ඔබ ම ඇසුරු කොට ආර්යයන් වහන්සේලාගේ සුභාෂිත ධර්මය අසා,

තව්තිසාවෙහි උපන්නෙමි. මහත් තේජස් ඇති ව, මහානුභාව ඇති ව, සක් දෙව්ඳුන්ගේ පුත්‍රස්ථානයෙහි සිටිමි. ඔබ වනාහී ශ්‍රේෂ්ඨ උතුමන් ඇසුරු කරමින් සිට අනුත්තර වූ ශාසන බ්‍රහ්මචරියාවෙහි හැසිර හීන වූ ගාන්ධර්ව කායයෙහි උපන්නාහු නොවැ.

භවතුන්ගේ හීන වූ භවයෙහි උත්පත්තිය ඒ උතුම් බඹසරට නොගැලපෙන දෙයකි. එකට සිටි අය හීන වූ ගාන්ධර්ව කායයෙහි ඉපිද සිටිනු දැකීම ඒකාන්තයෙන් නොදැකිය යුත්තක් දකිමු.

භවත්හු ගාන්ධර්ව කායයෙහි ඉපිද දෙවියන්ට වත් කරන්නට පැමිණෙව් ද? ගිහි ගෙයි වාසය කළ මාගේ ත්, පැවිදි ව උතුම් බඹසර හැසිරුණු ඔබගේ ත් මේ විශේෂත්වය කුමක්දැයි දකිනු මැනැව.

ස්ත්‍රියක ව සිටි මම අද පුරුෂයෙකු ව, දෙව් ව, දිව්‍ය වූ කාමයන්ගෙන් යුතු ව සිටිමි. ගෞතම ශ්‍රාවකයෙකු වූ ගෝපක විසින් චෝදනා කරනු ලදුව ඔවුහු සංවේගයට පත්වූහ.

ඒ දෙවියන්ගෙන් දෙදෙනෙක් 'දැන්වත් අපි උත්සාහ කරමු. වෑයම් කරමු. අපි අනුන්ගේ මෙහෙකරුවෝ නොවමෝවා' යි ගෞතම සාසනය සිහි කොට වීර්යය පටන්ගත්තාහු ය.

ඔවුහු මේ දෙව්ලොවෙහිදී ම කාමයන්ගේ ඇල්ම දුරුකොට, කාමයන්ගේ දුර්විපාක දැක්කාහු ය. දුරුලීමට දුෂ්කර වූ මාර බන්ධනය වන කාමයන් කෙරෙහි ඇති බැඳීම් දුරු කළාහු ය.

යදම් බිඳගෙන යන හස්තිරාජයෙකු සෙයින් තව්තිසා දෙවියන් ඉක්මවා ගියහ. ඉන්ද්‍ර දෙවියන් සහිත, ප්‍රජාපතී සහිත සුධර්මා දිව්‍ය සභාවේ රැස් වූ සියළු දෙවියෝ,

ඔවුන් රැස් වී සිටිය දී වීර වූ ඒ දෙව්වරු දෙදෙනා රාගය දුරු කොට, කාමයෙන් තොර බවට පත්කරමින් අනෙක් දෙව්වරු ඉක්මවා ගියහ. දෙව් පිරිස මැද දෙවියන් අභිබවා ගිය ඔවුන් දැක සක් දෙව් රජු සංවේග වූයේ ය.

මොවුහු වනාහී හීන වූ ගාන්ධර්ව ලෝකයෙහි ඉපිද තව්තිසා දෙවියන් ඉක්මවා ගියාහු යැයි හටගත් සංවේගයෙන් යුතුව සක්දෙවිඳුන් පවසන වචනය නුවණින් සළකා ඒ ගෝපක දිව්‍යපුත්‍රයා සක්දෙවිඳුන්ට මෙය පැවසුවේ ය.

ජනේන්ද්‍රයාණෙනි, මිනිස් ලොව අප බුදුරජාණෝ වැඩවෙසෙති. කාමයන් අභිබවා ගිය උන්වහන්සේ 'ශාක්‍ය මුනීන්ද්‍රයාණන්' යැයි ප්‍රසිද්ධ වී සිටිති. උන්වහන්සේගේ ශ්‍රාවක පුත්‍ර වූ මොවුහු සිහියෙන් තොර ව සිටි කල්හී මා විසින් චෝදනා කරන ලදුව සිහි ලැබගත්තාහු ය.

ඒ ශ්‍රාවක පුතුන් තිදෙනාගෙන් එක් අයෙක් හීන වූ ගාන්ධර්ව කයට පැමිණ මෙහි ම රැඳී ගියේ ය. උතුම් නිවන් මගෙහි හැසිර ගිය දෙදෙනෙක් සමාධිමත් සිත් ඇති ව, අනිත් දෙවියන් යටකොට දැමූහ.

මේ බුදු සසුනෙහි දහම් පැවසීම මෙබඳු ය. එහිලා කිසි ශ්‍රාවකයෙක් 'මෙය කෙසේ වෙයි දැ' යි සැක නොකරයි. සසර සැඩ පහර තරණය කළ, සැක සංකා සිඳින ලද, ජනේන්ද්‍ර වූ, සියල්ල දිනාගත් බුදුරජාණන් වහන්සේට නමස්කාර කරම්හ."

(සක් දෙවිඳු)

"යම් ධර්මයක් මෙහිදී ම දැන ඔවුහු විශේෂාධිගමයකට පත්වූවාහු ද, ඔවුන් තිදෙනාගෙන් දෙදෙනෙක් බ්‍රහ්ම පුරෝහිත ලොවට ගියාහු ය.

නිදුකාණෙනි, අපි ත් ඔවුන් ලත් ඒ දහම ලබනු පිණිස මෙහි ආවෙමු. නිදුකාණෙනි, භාග්‍යවතුන් වහන්සේ විසින් අපට දෙන ලද ඉඩ ප්‍රස්ථාවෙන් ප්‍රශ්න අසන්නෙමු."

ඉක්බිති භාග්‍යවතුන් වහන්සේට මේ අදහස ඇතිවූයේ ය. 'මේ සක් දෙවිඳු දීර්ඝ කාලයක් පිරිසිදු ව ආ කෙනෙකි. මාගෙන් යම්කිසි ප්‍රශ්නයක් අසන්නේ නම්, ඒ හැම ප්‍රශ්නයක් ම අර්ථ සහිත කොට ම අසන්නේ ය. අනර්ථ සහිත කොට නොවෙයි. මොහු විසින් අසන ලද යමක් මම විසඳන්නෙම් නම්, එය වහා තේරුම් ගන්නේ ය.'

එකල්හී භාග්‍යවතුන් වහන්සේ සක් දෙවිඳුන්ට ගාථාවක් වදාළ සේක.

"වාසවයෙනි, යමක් සිතෙන් කැමති වෙහි නම්, ඒ ප්‍රශ්නය මාගෙ
න් විමසාලව. මම ඔබගේ ඒ හැම ප්‍රශ්නයක් ම විසඳීමෙන් නිමාවට
පත් කරමි."

භාග්‍යවතුන් වහන්සේ විසින් කරන ලද ඉඩ ප්‍රස්ථා ඇති සක් දෙවිඳු භාග්‍යවතුන් වහන්සේගෙන් මේ පළමු ප්‍රශ්නය ඇසුවේ ය.

"නිදුකාණන් වහන්ස, දෙවියෝ ත් මිනිස්සු ත් අසුරයෝ ත් නාගයෝ ත් ගාන්ධර්වයෝ ත් අන්‍ය වූ යම් බොහෝ දෙනෙකු ත් 'වෛරයෙන් තොර ව, දඬුවම්වලින් තොර ව, සතුරු බවින් තොර ව, නිදුකින් ව, අවෛරී ව වසන්නෙමු' යි මෙබඳු අදහසක් ඇත්තෝ වෙති. එනමුත් වෛර සහිත ව, දඬුවම් සහිත ව, සතුරන් සහිත ව, දුකින් යුතුව, වෛරී ව වාසය කරති. ඔවුන් එසේ වසන්නේ කවර දෙයකට බැඳී යාම නිසා ද?" මෙසේ සක් දෙවිඳු භාග්‍යවතුන් වහන්සේගෙන් මේ පළමු ප්‍රශ්නය ඇසුවේ ය.

ඔහු විසින් අසන ලද ප්‍රශ්නයට භාග්‍යවතුන් වහන්සේ පිළිතුරු දුන් සේක.

"දේවේන්ද්‍රයෙනි, දෙවියෝ ත් මිනිස්සු ත් අසුරයෝ ත් නාගයෝ ත් ගාන්ධර්වයෝ ත් අන්‍ය වූ යම් බොහෝ දෙනෙකු ත් ඊර්ෂ්‍යාවට ත්, මසුරුකමට ත් බැඳී ගියාහු ය. ඔවුහු 'වෛරයෙන් තොර ව, දඬුවම්වලින් තොර ව, සතුරු බවින් තොර ව, නිදුකින් ව, අවෛරී ව වසන්නෙමු' යි මෙබඳු අදහස පවත්වන නමුත් වෛර සහිත ව, දඬුවම් සහිත ව, සතුරන් සහිත ව, දුකින් යුතුව, වෛරී ව වාසය කරති."

සක් දෙවිඳුන් විසින් ඇසූ ප්‍රශ්නයට භාග්‍යවතුන් වහන්සේ මෙසේ පිළිතුරු දුන් සේක. සතුටු සිත් ඇති සක් දෙවිඳු භාග්‍යවතුන් වහන්සේගේ භාෂිතය පිළිගත්තේ ය. අනුමෝදන් වූයේ ය.

"භාග්‍යවතුන් වහන්ස, එය එසේ ම ය. සුගතයන් වහන්ස, එය එසේ ම ය. භාග්‍යවතුන් වහන්සේගේ ප්‍රශ්න විසඳීම ඇසීමෙන් මේ පිළිබඳ ව මා තුළ තිබූ සැකය නැති වී ගියේ ය. 'කෙසේ ද, කෙසේ ද' යන්න දුරු වී ගියේ ය."

මෙසේ සක් දෙවිඳු භාග්‍යවතුන් වහන්සේගේ භාෂිතය සතුටින් පිළිගෙන අනුමෝදන් ව, භාග්‍යවතුන් වහන්සේගෙන් තවදුරටත් ප්‍රශ්නයක් ඇසුවේ ය.

"නිදුකාණන් වහන්ස, ඊර්ෂ්‍යාව ත්, මසුරුකම ත් යනු කුමක් පසුබිම්

කොට ඇති දෙයක් ද? කුමකින් හටගන්නා දෙයක් ද? කුමකින් ඉපදෙන දෙයක් ද? කුමකින් ප්‍රභවය වෙන දෙයක් ද? කුමක් ඇති කල්හි ද ඊර්ෂ්‍යාව ත්, මසුරුකම ත් හටගන්නේ? ඊර්ෂ්‍යාව ත්, මසුරුකම ත් ඇති නොවන්නේ කුමක් නැති කල්හිද?"

"දේවේන්ද්‍රයෙනි, ඊර්ෂ්‍යාව ත් මසුරුකම ත් ප්‍රිය අප්‍රිය දෙය පසුබිම් කොට ඇත්තේ ය. ප්‍රිය අප්‍රිය දෙයින් හටගන්නේ ය. ප්‍රිය අප්‍රිය දෙයින් ඉපදෙන්නේ ය. ප්‍රිය අප්‍රිය දෙයින් ප්‍රභවය වන්නේ ය. ප්‍රිය අප්‍රිය දෙය ඇති කල්හී ඊර්ෂ්‍යාව ත්, මසුරුකම ත් හටගන්නේ ය. ප්‍රිය අප්‍රිය දෙය නැති කල්හී ඊර්ෂ්‍යාව ත්, මසුරුකම ත් නොවන්නේ ය."

"නිදුකාණන් වහන්ස, ප්‍රිය අප්‍රිය බව යනු කුමක් පසුබිම් කොට ඇති දෙයක් ද? කුමකින් හටගන්නා දෙයක් ද? කුමකින් ඉපදෙන දෙයක් ද? කුමකින් ප්‍රභවය වෙන දෙයක් ද? කුමක් ඇති කල්හි ද ප්‍රිය අප්‍රිය බව හටගන්නේ? ප්‍රිය අප්‍රිය බව ඇති නොවන්නේ කුමක් නැති කල්හි ද?"

"දේවේන්ද්‍රයෙනි, ප්‍රිය අප්‍රිය බව කැමැත්ත පසුබිම් කොට ඇත්තේ ය. කැමැති දෙයින් හටගන්නේ ය. කැමැති දෙයින් ඉපදෙන්නේ ය. කැමැති දෙයින් ප්‍රභවය වන්නේ ය. කැමැත්ත ඇති කල්හී ප්‍රිය අප්‍රිය බව හටගන්නේ ය. කැමැත්ත නැති කල්හී ප්‍රිය අප්‍රිය බව නොවන්නේ ය."

"නිදුකාණන් වහන්ස, කැමැත්ත යනු කුමක් පසුබිම් කොට ඇති දෙයක් ද? කුමකින් හටගන්නා දෙයක් ද? කුමකින් ඉපදෙන දෙයක් ද? කුමකින් ප්‍රභවය වෙන දෙයක් ද? කුමක් ඇති කල්හි ද කැමැත්ත හටගන්නේ? කැමැත්ත ඇති නොවන්නේ කුමක් නැති කල්හි ද?"

"දේවේන්ද්‍රයෙනි, කැමැත්ත කෙලෙසුන්ට අනුව කල්පනා කිරීම පසුබිම් කොට ඇත්තේ ය. කෙලෙසුන්ට අනුව කල්පනා කිරීමෙන් හටගන්නේ ය. කෙලෙසුන්ට අනුව කල්පනා කිරීමෙන් ඉපදෙන්නේ ය. කෙලෙසුන්ට අනුව කල්පනා කිරීමෙන් ප්‍රභවය වන්නේ ය. කෙලෙසුන්ට අනුව කල්පනා කිරීම ඇති කල්හී කැමැත්ත හටගන්නේ ය. කෙලෙසුන්ට අනුව කල්පනා කිරීම නැති කල්හී කැමැත්ත නොවන්නේ ය."

"නිදුකාණන් වහන්ස, කෙලෙසුන්ට අනුව කල්පනා කිරීම යනු කුමක් පසුබිම් කොට ඇති දෙයක් ද? කුමකින් හටගන්නා දෙයක් ද? කුමකින් ඉපදෙන දෙයක් ද? කුමකින් ප්‍රභවය වෙන දෙයක් ද? කුමක් ඇති කල්හි ද කෙලෙසුන්ට අනුව කල්පනා කිරීම හටගන්නේ? කෙලෙසුන්ට අනුව කල්පනා කිරීම ඇති නොවන්නේ කුමක් නැති කල්හි ද?"

"දේවේන්ද්‍රයෙනි, කෙලෙසුන්ට අනුව කල්පනා කිරීම කෙලෙස් මතුවෙන සංඥාවල් වැළඳසිටීම පසුබිම් කොට ඇත්තේ ය. කෙලෙස් මතුවෙන සංඥාවන් වැළඳ සිටීමෙන් හටගන්නේ ය. කෙලෙස් මතුවෙන සංඥාවන් වැළඳ සිටීමෙන් ඉපදෙන්නේ ය. කෙලෙස් මතුවෙන සංඥාවන් වැළඳ සිටීමෙන් ප්‍රභවය වන්නේ ය. කෙලෙස් මතුවෙන සංඥාවන් වැළඳ සිටීම ඇති කල්හී කෙලෙසුන්ට අනුව කල්පනා කිරීම හටගන්නේ ය. කෙලෙස් මතුවෙන සංඥාවන් වැළඳ සිටීමක් නැති කල්හී කෙලෙසුන්ට අනුව කල්පනා කිරීම නොවන්නේ ය."

"නිදුකාණන් වහන්ස, භික්ෂුවක් කෙසේ පිලිපන්නේ කෙලෙස් මතුවෙන සංඥාවන් වැළඳ සිටීම නිරුද්ධ වන ප්‍රතිපදාවකින් යුක්තව සිටී ද?"

"දේවේන්ද්‍රයෙනි, සොම්නස ද සෙවිය යුතු වූ ත්, නොසෙවිය යුත් වූ ත් දෙඅයුරකින් මම පවසමි. දොම්නස ද සෙවිය යුතු වූ ත්, නොසෙවිය යුත් වූ ත් දෙඅයුරකින් මම පවසමි. උපේක්ෂාව ද සෙවිය යුතු වූ ත්, නොසෙවිය යුත් වූ ත් දෙඅයුරකින් මම පවසමි.

'දේවේන්ද්‍රයෙනි, සොම්නස ද සෙවිය යුතු වූ ත්, නොසෙවිය යුත් වූ ත් දෙඅයුරකින් මම පවසමි' යි මෙසේ යමක් කියන ලද්දේ ද, මෙය කුමක් අරභයා කියන ලද්දේ ද යත්; එහිදී 'මා විසින් මේ සොම්නස සේවනය කරද්දී අකුසල් දහම් වැඩෙයි. කුසල් දහම් පිරිහෙයි' යනුවෙන් යම් සොම්නසක් ගැන දන්නේ ද, මෙබඳු වූ සොම්නස සේවනය නොකළ යුත්තේ ය. එහිදී 'මා විසින් මේ සොම්නස සේවනය කරද්දී කුසල් දහම් වැඩෙයි. අකුසල් දහම් පිරිහෙයි' යනුවෙන් යම් සොම්නසක් ගැන දන්නේ ද, මෙබඳු වූ සොම්නස සේවනය කළ යුත්තේ ය. එහිදී විතර්ක සහිත විචාර සහිත යම් සොම්නසක් ඇද්ද, විතර්ක රහිත විචාර රහිත යම් සොම්නසක් ඇද්ද, එයින් විතර්ක රහිත විචාර රහිත යම් සොම්නසක් ඇද්ද, ඒවා ප්‍රණීතතර වෙයි. 'දේවේන්ද්‍රයෙනි, සොම්නස ද සෙවිය යුතු වූ ත්, නොසෙවිය යුත් වූ ත් දෙඅයුරකින් මම පවසමි' යි මෙසේ යමක් කියන ලද්දේ ද, එය මෙකරුණ අරභයා කියන ලද්දේ ය.

'දේවේන්ද්‍රයෙනි, දොම්නස ද සෙවිය යුතු වූ ත්, නොසෙවිය යුත් වූ ත් දෙඅයුරකින් මම පවසමි' යි මෙසේ යමක් කියන ලද්දේ ද, මෙය කුමක් අරභයා කියන ලද්දේ ද යත්; එහිදී 'මා විසින් මේ දොම්නස සේවනය කරද්දී අකුසල් දහම් වැඩෙයි. කුසල් දහම් පිරිහෙයි' යනුවෙන් යම් දොම්නසක් ගැන දන්නේ ද, මෙබඳු වූ දොම්නස සේවනය නොකළ යුත්තේ ය. එහිදී 'මා විසින් මේ දොම්නස සේවනය කරද්දී කුසල් දහම් වැඩෙයි. අකුසල් දහම් පිරිහෙයි' යනුවෙන් යම් දොම්නසක් ගැන දන්නේ ද, මෙබඳු වූ දොම්නස සේවනය කළ

යුත්තේ ය. එහිදී විතර්ක සහිත විචාර සහිත යම් දොම්නසක් ඇද්ද, විතර්ක රහිත විචාර රහිත යම් දොම්නසක් ඇද්ද, එයින් විතර්ක රහිත විචාර රහිත යම් දොම්නසක් ඇද්ද, ඒවා ප්‍රණීතතර වෙයි. 'දේවේන්ද්‍රයෙනි, දොම්නස ද සෙවිය යුතු වූ ත්, නොසෙවිය යුත් වූ ත් දෙඅයුරකින් මම පවසමි' යි මෙසේ යමක් කියන ලද්දේ ද, එය මෙකරුණ අරභයා කියන ලද්දේ ය.

'දේවේන්ද්‍රයෙනි, උපේක්ෂාව ද සෙවිය යුතු වූ ත්, නොසෙවිය යුත් වූ ත් දෙඅයුරකින් මම පවසමි' යි මෙසේ යමක් කියන ලද්දේ ද, මෙය කුමක් අරභයා කියන ලද්දේ ද යත්; එහිදී 'මා විසින් මේ උපේක්ෂාව සේවනය කරද්දී අකුසල් දහම් වැඩෙයි. කුසල් දහම් පිරිහෙයි' යනුවෙන් යම් උපේක්ෂාවක් ගැන දන්නේ ද, මෙබඳු වූ උපේක්ෂාව සේවනය නොකළ යුත්තේ ය. එහිදී 'මා විසින් මේ උපේක්ෂාව සේවනය කරද්දී කුසල් දහම් වැඩෙයි. අකුසල් දහම් පිරිහෙයි' යනුවෙන් යම් උපේක්ෂාවක් ගැන දන්නේ ද, මෙබඳු වූ උපේක්ෂාව සේවනය කළ යුත්තේ ය. එහිදී විතර්ක සහිත විචාර සහිත යම් උපේක්ෂාවක් ඇද්ද, විතර්ක රහිත විචාර රහිත යම් උපෙක්ෂාවක් ඇද්ද, එයින් විතර්ක රහිත විචාර රහිත යම් උපේක්ෂාවක් ඇද්ද, ඒවා ප්‍රණීතතර වෙයි. 'දේවේන්ද්‍රයෙනි, උපේක්ෂාව ද සෙවිය යුතු වූ ත්, නොසෙවිය යුත් වූ ත් දෙඅයුරකින් මම පවසමි' යි මෙසේ යමක් කියන ලද්දේ ද, එය මෙකරුණ අරභයා කියන ලද්දේ ය.

දේවේන්ද්‍රයෙනි, මෙසේ පිළිපන්නා වූ භික්ෂුව කෙලෙස් මතුවෙන සංඥා වැළඳ සිටීම නිරුද්ධ වන්නා වූ ප්‍රතිපදාවට බැසගත්තේ වෙයි."

සක් දෙවිඳුන් විසින් ඇසූ ප්‍රශ්නයට භාග්‍යවතුන් වහන්සේ මෙසේ පිළිතුරු දුන් සේක. සතුටු සිත් ඇති සක් දෙවිඳු භාග්‍යවතුන් වහන්සේගේ භාෂිතය සතුටින් පිළිගත්තේ ය. අනුමෝදන් වූයේ ය.

"භාග්‍යවතුන් වහන්ස, එය එසේ ම ය. සුගතයන් වහන්ස, එය එසේ ම ය. භාග්‍යවතුන් වහන්සේගේ ප්‍රශ්න විසඳීම අසා මේ පිළිබඳ ව මා තුළ තිබූ සැකය නැති වී ගියේ ය. 'කෙසේ ද, කෙසේ ද' යන්න දුරු වී ගියේ ය."

මෙසේ සක් දෙවිඳු භාග්‍යවතුන් වහන්සේගේ භාෂිතය සතුටින් පිළිගෙන අනුමෝදන් ව, භාග්‍යවතුන් වහන්සේගෙන් තවදුරටත් ප්‍රශ්නයක් ඇසුවේ ය.

"නිදුකාණන් වහන්ස, කෙසේ පිළිපන් භික්ෂුව ප්‍රාතිමෝක්ෂ සංවරය පිණිස බැසගත්තේ වෙයි ද?"

"දේවේන්ද්‍රයෙනි, කායික ඇවතුම් පැවැතුම් ද සෙවිය යුතු වූ ත්, නොසෙවිය යුතු වූ ත් දෙඅයුරකින් මම පවසමි. දේවේන්ද්‍රයෙනි, වාචසික

ඇවතුම් පැවැතුම් ද සෙවිය යුතු වූ ත්, නොසෙවිය යුතු වූ ත් දෙඅයුරකින් මම පවසමි. දේවේන්ද්‍රයෙනි, සෙවීම් ද ද සෙවිය යුතු වූ ත්, නොසෙවිය යුතු වූ ත් දෙඅයුරකින් මම පවසමි.

'දේවේන්ද්‍රයෙනි, කායික ඇවැතුම් පැවැතුම් ද සෙවිය යුතු වූ ත්, නොසෙවිය යුතු වූ ත් දෙඅයුරකින් මම පවසමි' යි මෙසේ යමක් කියන ලද්දේ ද, මෙය කුමක් අරභයා කියන ලද්දේ ද යත්; එහිදී 'මා විසින් මේ කායික ඇවැතුම් පැවැතුම් සේවනය කරද්දී අකුසල් දහම් වැඩෙයි. කුසල් දහම් පිරිහෙයි' යනුවෙන් යම් කායික ඇවැතුම් පැවැතුම් ගැන දන්නේ ද, මෙබඳු වූ කායික ඇවැතුම් පැවැතුම් සේවනය නොකළ යුත්තේ ය. එහිදී 'මා විසින් මේ කායික ඇවැතුම් පැවැතුම් සේවනය කරද්දී කුසල් දහම් වැඩෙයි. අකුසල් දහම් පිරිහෙයි' යනුවෙන් යම් කායික ඇවැතුම් පැවැතුම් ගැන දන්නේ ද, මෙබඳු වූ කායික ඇවැතුම් පැවැතුම් සේවනය කළ යුත්තේ ය. 'දේවේන්ද්‍රයෙනි, කායික ඇවැතුම් පැවැතුම් ද සෙවිය යුතු වූ ත්, නොසෙවිය යුතු වූ ත් දෙඅයුරකින් මම පවසමි' යි මෙසේ යමක් කියන ලද්දේ ද, එය මෙකරුණ අරභයා කියන ලද්දේ ය.

'දේවේන්ද්‍රයෙනි, වාචසික ඇවැතුම් පැවැතුම් ද සෙවිය යුතු වූ ත්, නොසෙවිය යුතු වූ ත් දෙඅයුරකින් මම පවසමි' යි මෙසේ යමක් කියන ලද්දේ ද, මෙය කුමක් අරභයා කියන ලද්දේ ද යත්; එහිදී 'මා විසින් මේ වාචසික ඇවැතුම් පැවැතුම් සේවනය කරද්දී අකුසල් දහම් වැඩෙයි. කුසල් දහම් පිරිහෙයි' යනුවෙන් යම් වාචසික ඇවැතුම් පැවැතුම් ගැන දන්නේ ද, මෙබඳු වූ වාචසික ඇවැතුම් පැවැතුම් සේවනය නොකළ යුත්තේ ය. එහිදී 'මා විසින් මේ වාචසික ඇවැතුම් පැවැතුම් සේවනය කරද්දී කුසල් දහම් වැඩෙයි. අකුසල් දහම් පිරිහෙයි' යනුවෙන් යම් වාචසික ඇවැතුම් පැවැතුම් ගැන දන්නේ ද, මෙබඳු වූ වාචසික ඇවැතුම් පැවැතුම් සේවනය කළ යුත්තේ ය. 'දේවේන්ද්‍රයෙනි, වාචසික ඇවැතුම් පැවැතුම් ද සෙවිය යුතු වූ ත්, නොසෙවිය යුතු වූ ත් දෙඅයුරකින් මම පවසමි' යි මෙසේ යමක් කියන ලද්දේ ද, එය මෙකරුණ අරභයා කියන ලද්දේ ය.

'දේවේන්ද්‍රයෙනි, සෙවීම් ද සෙවිය යුතු වූ ත්, නොසෙවිය යුතු වූ ත් දෙඅයුරකින් මම පවසමි' යි මෙසේ යමක් කියන ලද්දේ ද, මෙය කුමක් අරභයා කියන ලද්දේ ද යත්; එහිදී 'මා විසින් මේ සෙවීම් සේවනය කරද්දී අකුසල් දහම් වැඩෙයි. කුසල් දහම් පිරිහෙයි' යනුවෙන් යම් සෙවීම් ගැන දන්නේ ද, මෙබඳු වූ සෙවීම් සේවනය නොකළ යුත්තේ ය. එහිදී 'මා විසින් මේ සෙවීම් සේවනය කරද්දී කුසල් දහම් වැඩෙයි. අකුසල් දහම් පිරිහෙයි' යනුවෙන් යම් සෙවීමක් ගැන දන්නේ ද, මෙබඳු වූ සෙවීම් සේවනය කළ යුත්තේ ය. 'දේවේන්ද්‍රයෙනි,

සෙවීම් ද සෙවිය යුතු වූ ත්, නොසෙවිය යුතු වූ ත් දෙඅයුරකින් මම පවසමි' යි මෙසේ යමක් කියන ලද්දේ ද, එය මෙකරුණ අරභයා කියන ලද්දේ ය. දේවේන්ද්‍රයෙනි, මෙසේ පිළිපන්නා වූ භික්ෂුව ප්‍රාතිමෝක්ෂ සංවරය පිණිස පිළිපන්නේ වෙයි.

සක් දෙවිඳුන් විසින් ඇසූ ප්‍රශ්නයට භාග්‍යවතුන් වහන්සේ මෙසේ පිළිතුරු දුන් සේක. සතුටු සිත් ඇති සක් දෙවිඳු භාග්‍යවතුන් වහන්සේගේ භාෂිතය සතුටින් පිළිගත්තේ ය. අනුමෝදන් වූයේ ය.

"භාග්‍යවතුන් වහන්ස, එය එසේ ම ය. සුගතයන් වහන්ස, එය එසේ ම ය. භාග්‍යවතුන් වහන්සේගේ ප්‍රශ්න විසඳීම අසා මේ පිළිබඳ ව මා තුළ තිබූ සැකය නැති වී ගියේ ය. 'කෙසේ ද, කෙසේ ද' යන්න දුරු වී ගියේ ය."

මෙසේ සක් දෙවිඳු භාග්‍යවතුන් වහන්සේගේ භාෂිතය සතුටින් පිළිගෙන අනුමෝදන් ව, භාග්‍යවතුන් වහන්සේගෙන් තවදුරටත් ප්‍රශ්නයක් ඇසුවේ ය.

"නිදුකාණන් වහන්ස, කෙසේ පිළිපන් භික්ෂුව ඉන්ද්‍රිය සංවරයට බැසගත්තේ වෙයි ද?"

"දේවේන්ද්‍රයෙනි, ඇසෙන් දැක්ක යුතු රූපය ද සෙවිය යුතු වූ ත්, නොසෙවිය යුත් වූ ත් දෙඅයුරකින් මම පවසමි. දේවේන්ද්‍රයෙනි, කනෙන් ඇසිය යුතු ශබ්දය ද සෙවිය යුතු වූ ත්, නොසෙවිය යුත් වූ ත් දෙඅයුරකින් මම පවසමි. දේවේන්ද්‍රයෙනි, නාසයෙන් දත යුතු ගන්ධය ද සෙවිය යුතු වූ ත්, නොසෙවිය යුත් වූ ත් දෙඅයුරකින් මම පවසමි. දේවේන්ද්‍රයෙනි, දිවෙන් වින්ද යුතු රසය ද සෙවිය යුතු වූ ත්, නොසෙවිය යුත් වූ ත් දෙඅයුරකින් මම පවසමි. දේවේන්ද්‍රයෙනි, කයෙන් වින්ද යුතු පහස ද සෙවිය යුතු වූ ත්, නොසෙවිය යුත් වූ ත් දෙඅයුරකින් මම පවසමි. දේවේන්ද්‍රයෙනි, මනසින් දත යුතු අරමුණු ද සෙවිය යුතු වූ ත්, නොසෙවිය යුත් වූ ත් දෙඅයුරකින් මම පවසමි."

මෙසේ වදාළ කල්හී සක් දෙවිඳු භාග්‍යවතුන් වහන්සේට මෙය පැවසුවේ ය.

"ස්වාමීනී, භාග්‍යවතුන් වහන්සේ විසින් සංක්ෂේප කොට වදාරණ ලද මේ ධර්මයෙහි අර්ථය මම මෙසේ විස්තර වශයෙන් තේරුම් ගනිමි.

ස්වාමීනී, ඇසින් දැක්ක යුතු යම් බඳු වූ රූපයක් සේවනය කරද්දී අකුසල් දහම් වැඩෙයි නම්, කුසල් දහම් පිරිහෙයි නම්, මෙබඳු වූ ඇසින් දැක්ක යුතු රූපය සේවනය නොකළ යුත්තේ ය. ස්වාමීනී, ඇසින් දැක්ක යුතු යම් බඳු වූ

රූපයක් සේවනය කරද්දී කුසල් දහම් වැඩෙයි නම්, අකුසල් දහම් පිරිහෙයි නම්, මෙබඳු වූ ඇසින් දැක්ක යුතු රූපය සේවනය කළ යුත්තේ ය.

ස්වාමීනී, කනෙන් ඇසිය යුතු යම් බඳු වූ ශබ්දයක් සේවනය කරද්දී ....(පෙ).... නාසයෙන් දත යුතු යම් බඳු වූ ගන්ධයක් සේවනය කරද්දී ....(පෙ).... දිවෙන් දත යුතු වූ යම් බඳු වූ රසයක් සේවනය කරද්දී ....(පෙ).... කයෙන් දත යුතු වූ යම් බඳු වූ පහසක් සේවනය කරද්දී ....(පෙ)....

ස්වාමීනී, මනසින් දැනගත යුතු යම් බඳු වූ අරමුණක් සේවනය කරද්දී අකුසල් දහම් වැඩෙයි නම්, කුසල් දහම් පිරිහෙයි නම්, මෙබඳු වූ මනසින් දැනගත යුතු අරමුණ සේවනය නොකළ යුත්තේ ය. ස්වාමීනී, මනසින් දත යුතු යම් බඳු වූ අරමුණක් සේවනය කරද්දී කුසල් දහම් වැඩෙයි නම්, අකුසල් දහම් පිරිහෙයි නම්, මෙබඳු වූ මනසින් දත යුතු වූ අරමුණ සේවනය කළ යුත්තේ ය.

ස්වාමීනී, භාග්‍යවතුන් වහන්සේ විසින් සංක්ෂේපයෙන් වදාරණ ලද මේ ධර්මයෙහි අර්ථ විස්තර වශයෙන් මෙසේ තේරුම් ගනිද්දී භාග්‍යවතුන් වහන්සේගේ පැන විසඳුම අසා මා විසින් මෙහිලා තිබූ සැකයෙන් එතෙර වූයේ ය. 'කෙසේ ද, කෙසේ ද' යන්න දුරු වූයේ ය."

මෙසේ සක් දෙවිඳු භාග්‍යවතුන් වහන්සේගේ භාෂිතය සතුටින් පිළිගෙන අනුමෝදන් ව, භාග්‍යවතුන් වහන්සේගෙන් තවදුරටත් ප්‍රශ්නයක් ඇසුවේ ය.

"නිදුකාණන් වහන්ස, සියළුම ශ්‍රමණ බ්‍රාහ්මණයෝ එක ම අවසානයක් ගැන කියන්නෝ ද? එක ම අවසානයක් ඇති සිල් ඇත්තෝ ද? එකම නිමාවක් කැමැත්තෝ ද? එකම නිමාවකට බැසගන්නෝ ද?"

"දේවේන්ද්‍රයෙනි, සියළු ශ්‍රමණ බ්‍රාහ්මණයෝ එක ම අවසානයක් ගැන කියන්නෝ නොවෙති. එකම අවසානයක් ඇති සිල් ඇත්තෝ නොවෙති. එකම නිමාවක් කැමැත්තෝ නොවෙති. එකම නිමාවකට බැසගන්නෝ නොවෙති."

"නිදුකාණන් වහන්ස, කුමක් හෙයින් සියළු ශ්‍රමණ බ්‍රාහ්මණයෝ එක ම අවසානයක් ගැන කියන්නෝ නොවෙත් ද? එකම අවසානයක් ඇති සිල් ඇත්තෝ නොවෙත් ද? එකම නිමාවක් කැමැත්තෝ නොවෙත් ද? එකම නිමාවකට බැසගන්නෝ නොවෙත් ද?"

"දේවේන්ද්‍රයෙනි, මේ ලෝක සත්වයෝ අනේක ධාතු ස්වභාවයෙන්, නා නා ධාතු ස්වභාවයෙන් යුක්ත වෙති. ඒ අනේක ධාතු ස්වභාවයෙන්, නා

නා ධාතු ස්වභාවයෙන් යුතු සත්ව ලෝකයෙහි සත්වයෝ යම් යම් වූ ගති ස්වභාවයන්ට දැඩි ව පිවිසෙත් ද, ඒ ඒ දෙය ම දැඩි ලෙස ගෙන මුළු ශක්තියෙන් ග්‍රහණය කොට, එහි ම දැඩි ව බැසගෙන, 'මෙය ම සත්‍යය ය. අනිත් ඒවා හිස් ය' යි කියති. එහෙයින් සියළු ශ්‍රමණ බ්‍රාහ්මණයෝ එක ම අන්තයක් ගැන කියන්නෝ නොවෙති. එක ම අන්තයක් ඇති සිල් නැත්තෝ ය. එක ම අන්තයකට නොකැමැත්තෝ ය. එක ම අන්තයක නොබැස ගත්තෝ ය."

"නිදුකාණන් වහන්ස, සියළු ම ශ්‍රමණ බ්‍රාහ්මණයෝ අත්‍යන්ත අවසානයකට පත්වූවෝ ද? අත්‍යන්තයෙන් කෙලෙස් යෝගයන්ගෙන් මිදුණෝ ද? අත්‍යන්තයෙන් ම බ්‍රහ්මචාරී ද? අත්‍යන්තයෙන් දහමේ කෙළවරට පත්වූවෝ ද?"

"දේවේන්ද්‍රයෙනි, සියළු ම ශ්‍රමණ බ්‍රාහ්මණයෝ අත්‍යන්ත අවසානයකට පත්වූවෝ නොවෙති. අත්‍යන්තයෙන් කෙලෙස් යෝගයන්ගෙන් මිදුණෝ නොවෙති. අත්‍යන්තයෙන් ම බ්‍රහ්මචාරී නොවෙති. අත්‍යන්තයෙන් දහමේ කෙළවරට පත්වූවෝ නොවෙති."

"නිදුකාණන් වහන්ස, කුමක් නිසාවෙන් සියළු ම ශ්‍රමණ බ්‍රාහ්මණයෝ අත්‍යන්ත අවසානයකට පත්වූවෝ නොවෙත් ද? අත්‍යන්තයෙන් කෙලෙස් යෝගයන්ගෙන් මිදුණෝ නොවෙත් ද? අත්‍යන්තයෙන් ම බ්‍රහ්මචාරී නොවෙත් ද? අත්‍යන්තයෙන් දහමේ කෙළවරට පත්වූවෝ නොවෙත් ද?"

"දේවේන්ද්‍රයෙනි, යම් භික්ෂු කෙනෙක් තෘෂ්ණාව ගෙවා දැමීමෙන්, ඒ තෘෂ්ණාවෙන් නිදහස් වූවාහු වෙත් ද, ඔවුහු අත්‍යන්ත අවසානයකට පත්වූවාහු වෙති. අත්‍යන්තයෙන් කෙලෙස් යෝගයන්ගෙන් මිදුණාහු වෙති. අත්‍යන්තයෙන් ම බ්‍රහ්මචාරී වෙති. අත්‍යන්තයෙන් දහමේ කෙළවරට පත්වූවෝ වෙති. එහෙයින් සියළු ම ශ්‍රමණ බ්‍රාහ්මණයෝ අත්‍යන්ත අවසානයකට පත්වූවෝ නොවෙති. අත්‍යන්තයෙන් කෙලෙස් යෝගයන්ගෙන් මිදුණෝ නොවෙති. අත්‍යන්තයෙන් ම බ්‍රහ්මචාරී නොවෙති. අත්‍යන්තයෙන් දහමේ කෙළවරට පත්වූවෝ නොවෙති."

සක් දෙවිඳුන් විසින් ඇසූ ප්‍රශ්නයට භාග්‍යවතුන් වහන්සේ මෙසේ පිළිතුරු දුන් සේක. සතුටු සිත් ඇති සක් දෙවිඳු භාග්‍යවතුන් වහන්සේගේ භාෂිතය සතුටින් පිළිගත්තේ ය. අනුමෝදන් වූයේ ය.

"භාග්‍යවතුන් වහන්ස, එය එසේ ම ය. සුගතයන් වහන්ස, එය එසේ ම ය. භාග්‍යවතුන් වහන්සේගේ ප්‍රශ්න විසඳීම අසා මේ පිළිබඳ ව මා තුළ තිබූ සැකය නැති වී ගියේ ය. 'කෙසේ ද, කෙසේ ද' යන්න දුරු වී ගියේ ය."

මෙසේ සක් දෙවිඳු භාග්‍යවතුන් වහන්සේගේ භාෂිතය සතුටින් පිළිගෙන අනුමෝදන් ව, භාග්‍යවතුන් වහන්සේට මෙය පැවසුවේ ය.

"ස්වාමීනී, තෘෂ්ණාව යනු රෝගයකි. තෘෂ්ණාව යනු ගඬුවකි. තෘෂ්ණාව යනු හුලකි. තෘෂ්ණාව මේ පුරුෂයා ඒ ඒ භවයෙහි උපත පිණිස හාත්පසින් ඇදගෙන යයි. එහෙයින් මේ පුරුෂයා උසස් පහත් භවයන්ට පැමිණෙයි.

ස්වාමීනී, ඒ මම යම් ප්‍රශ්නයන්ට මේ බුදු සසුනෙන් බැහැර අන්‍ය ශ්‍රමණ බ්‍රාහ්මණයන්ගෙන් ඉඩ ප්‍රස්ථා මාත්‍රයකුදු නොලැබුවෙම් ද, ඒ ප්‍රශ්නයෝ භාග්‍යවතුන් වහන්සේ විසින් විසඳන ලද්දාහු ය. දීර්ඝ කාලයක් මා සිතෙහි පැවැති 'කෙසේ ද, කෙසේ ද' කියමින් සොයන සැක සංකා නැමැති හුල භාග්‍යවතුන් වහන්සේ විසින් උදුරා දමන ලද්දේ ය."

"දේවේන්ද්‍රයනි, ඔබ මේ ප්‍රශ්නයන් අන්‍ය වූ ශ්‍රමණ බ්‍රාහ්මණයන්ගෙනුත් ඇසූ බවක් දන්නෙහි ද?"

"ස්වාමීනී, මම මේ ප්‍රශ්නයන් අන්‍ය වූ ශ්‍රමණ බ්‍රාහ්මණයන්ගෙන් ඇසූ බවක් දනිමි."

"දේවේන්ද්‍රයෙනි, ඔවුහු කෙසේ නම් මේ ප්‍රශ්නයන් විසඳුවාහු ද? ඉදින් ඔබට අපහසුවක් නැත්නම් පවසාලව."

"ස්වාමීනී, යම් තැනක භාග්‍යවතුන් වහන්සේ වැඩසිටින සේක් නම්, භාග්‍යවතුන් වහන්සේ හා සම කෙනෙකුන් හෝ වැඩසිටිත් නම්, එහි මට අපහසුවක් නොවෙයි."

"එසේ වී නම් දේවේන්ද්‍රයෙනි, පවසාලව."

"ස්වාමීනී, යම් ශ්‍රමණ බ්‍රාහ්මණයෝ ආරණ්‍යවාසී වෙත් යැයි, ඈත දුර සෙනසුන්හි වසත් යැයි මම සිතුවෙම් ද, ඔවුන් කරා ගොස් මම මේ ප්‍රශ්න ඇසුවෙමි. මා විසින් අසන ලද ප්‍රශ්නයන්ට ඔවුහු පිළිතුරු නොසපයති. පිළිතුරු නොසපයමින් 'ආයුෂ්මත් තෙමේ කවර නම් ඇත්තෙක් දැ' යි මගෙන් ම ප්‍රශ්න කරති. ඔවුන් අසන ප්‍රශ්නයට 'නිදුකාණෙනි, මම වනාහී ශක්‍ර දේවේන්ද්‍ර වෙමි' යි මම පිළිතුරු දෙමි. එවිට ඔවුහු තවදුරටත් මගෙන් ම ප්‍රශ්න කරති. 'ආයුෂ්මත් දේවේන්ද්‍රය, කවර පුණ්‍යකර්මයක් කොට ද ඔය ස්ථානයට පැමිණුනේ?' යි. එවිට මම ඇසූ පරිදි, ඉගෙනගත් පරිදි ඔවුන්ට ධර්මය කියා දෙමි. ඔවුහු එපමණකින් ම සතුටු වෙති. 'අප විසින් සක් දෙවිඳුන් ව දකිනා ලද්දේ නොවැ. අපි යමක් ඇසුවෙම් ද, එයට ත් පිළිතුරු දුන්නේ නොවැ' යි ඔවුහු ඒකාන්තයෙන් මාගේ

ම ශ්‍රාවකයෝ බවට පැමිණෙති. මම ඔවුන්ගේ ශ්‍රාවකයෙක් නොවෙමි. ස්වාමීනී, මම් වනාහී සතර අපායට නොවැටෙනසුළු වූ, නියත වශයෙන් ම නිවන අවබෝධ කරන, භාග්‍යවතුන් වහන්සේගේ සෝතාපන්න වූ ශ්‍රාවකයෙක්මි."

"දේවේන්ද්‍රයෙනි, ඔබ මෙයට පෙර මෙබඳු වූ ප්‍රීතියක්, මානසික සතුටක් විඳි අවස්ථාවක් ගැන දන්නෙහි ද?"

"ස්වාමීනී, මම් මෙයට පෙර මෙබඳු වූ ප්‍රීතියක්, මානසික සතුටක් විඳි අවස්ථාවක් දනිමි."

"දේවේන්ද්‍රයෙනි, ඔබ මෙයට පෙර මෙබඳු වූ ප්‍රීතියක්, මානසික සතුටක් විඳි අවස්ථාවක් දන්නේ කෙබඳු අයුරින් ද?"

"ස්වාමීනී, මෙය පෙර සිදු වූ දෙයකි. දෙවියන්ගේ ත් අසුරයන්ගේ ත් සංග්‍රාමයක් ආරම්භ වූයේ ය. ඒ යුද්ධයෙහි දී ස්වාමීනී, දෙවියෝ දින්නාහ. අසුරයෝ පැරදුණාහ. ස්වාමීනී, ඒ යුද්ධය දිනාගෙන යුද ජයග්‍රහණයෙන් යුතු මට මෙසේ සිතුණේ ය. 'දැන් ඉතින් යම් දිව්‍ය ඕජසක් වෙයි ද, එය ත්, යම් අසුර ඕජසක් වෙයි ද, එය ත්, යන මේ දෙවැදෑරුම් ඕජස දෙවියෝ අනුභව කරන්නාහු ය' යි. ස්වාමීනී, මාගේ ඒ සතුට ලැබීමක්, මානසික සතුට ලැබීමක් ඇද්ද, එය දඬු මුගුරු සහිත වූ, අවි ආයුධ සහිත වූ සතුටකි. සොම්නසකි. එය කලකිරීම පිණිස හෝ ඇල්ම දුරුලීම පිණිස හෝ ඇල්ම නිරුද්ධ වීම පිණිස හෝ සංසිඳීම පිණිස හෝ විශිෂ්ට ඥානය පිණිස හෝ අවබෝධය පිණිස හෝ නිවන පිණිස හෝ හේතු නොවෙයි. ස්වාමීනී, භාග්‍යවතුන් වහන්සේගේ ධර්මය අසා මා ලද යම් මේ සතුටක්, සොම්නසක් ඇද්ද, එය දඬු මුගුරු රහිත දෙයකි. අවි ආයුධ රහිත දෙයකි. එය ඒකාන්තයෙන් කලකිරීම පිණිස, ඇල්ම දුරුලීම පිණිස, ඇල්ම නිරුද්ධ වීම පිණිස, සංසිඳීම පිණිස, විශිෂ්ට ඥානය පිණිස, අවබෝධය පිණිස, නිවන පිණිස හේතු වෙයි."

"දේවේන්ද්‍රයෙනි, ඔබ කවර නම් කරුණක් දකිමින් ද මෙබඳු වූ සතුටක් සොම්නසක් ලැබුණු බව පවසන්නේ?"

"ස්වාමීනී, මම කරුණු සයක් දකිමින් මෙබඳු වූ සතුටක්, සොම්නසක් ලද බව දන්වා සිටිමි.

(ගාථාවකි)

'දෙවි වූ මා මෙතැන ම සිටිය දී, සම්පූර්ණයෙන් ම ගෙවී ගිය
මාගේ ආයුෂ යළි ලබන ලද්දේ ය. නිදුකාණන් වහන්ස, මේ
අයුරින් දන්නා සේක්වා!'

ස්වාමීනී, මම වනාහී මේ පළමු කරුණ දකිමින් මෙබඳු වූ සතුටක් සොම්නසක් ලද බව දන්වා සිටිමි.

(ගාථාවකි)

'මම දිව්‍ය ආයුෂ අත්හැර දිව්‍ය ලෝකයෙන් චුත ව, මනු ලොව
යම් තැනක මාගේ සිත ඇලෙයි ද, එහි මුලා නැති සිහියෙන්
යුතුව මව්කුසකට පැමිණෙන්නෙමි.'

ස්වාමීනී, මම වනාහී මේ දෙවෙනි කරුණ දකිමින් මෙබඳු වූ සතුටක් සොම්නසක් ලද බව දන්වා සිටිමි.

(ගාථාවකි)

'ඒ මම් මුලා නැති ප්‍රඥාවෙන් යුතුව බුදු සසුනෙහි පැවිදි ව, එහි
ඇලෙමින් මනා සිහි නුවණින් යුතුව, අවබෝධයෙන් යුතුව වාසය
කරන්නෙමි.'

ස්වාමීනී, මම වනාහී මේ තෙවෙනි කරුණ දකිමින් මෙබඳු වූ සතුටක් සොම්නසක් ලද බව දන්වා සිටිමි.

(ගාථාවකි)

'අවබෝධයෙන් යුතුව හැසිරෙන මට ඉදින් තවදුරටත්
මාර්ගඵලාවබෝධය දියුණුවන්නේ නම් එය අවබෝධ කොට
වසන්නෙමි. එය මාගේ අවසාන මනුෂ්‍ය ආත්මය වන්නේ ය.'

ස්වාමීනී, මම වනාහී මේ සිව්වෙනි කරුණ දකිමින් මෙබඳු වූ සතුටක් සොම්නසක් ලද බව දන්වා සිටිමි.

(ගාථාවකි)

'මම මිනිස් ආයුෂ අත්හැර මිනිසත් බවින් චුත ව යළිත් දෙව්
ලොවෙහි උත්තම දෙවියෙක් වන්නෙමි.'

ස්වාමීනී, මම වනාහී මේ පස්වෙනි කරුණ දකිමින් මෙබඳු වූ සතුටක් සොම්නසක් ලද බව දන්වා සිටිමි.

(ගාථාවකි)

'අකනිට්ඨ බ්‍රහ්ම ලෝකයෙහි ඒ වඩාත් උත්තම වූ යසස් ඇති
දෙවිවරු වෙත් ද, මාගේ අවසාන ආත්ම භාවයෙහි එය මාගේ
වාසස්ථානය වන්නේ ය.'

ස්වාමීනී, මම වනාහී මේ සයවෙනි කරුණ දකිමින් මෙබඳු වූ සතුටක් සොම්නසක් ලද බව දන්වා සිටිමි.

ස්වාමීනී, මේ සය කරුණ දකිමින් මම මෙබඳු වූ සතුටක්, සොම්නසක් ලද බව දන්වා සිටිමි."

(ගාථාවන් ය)

'සම්පූර්ණ නොවූ අදහස් ඇති ව, සැක ඇති ව, කෙසේ ද කෙසේ යන විමතිය ඇති ව දීර්ඝ කාලයක් මුළුල්ලෙහි තථාගතයන් වහන්සේ නමක් සොයමින් සසරෙහි ඇවිද ගියෙමි.

යම් ශ්‍රමණයෝ හුදෙකලා විවේකයෙන් වාසය කරන්නෝ ය යි සිතුවෙම් ද, සම්බුදුවරු යැයි සිතා මම ඔවුන් ඇසුරු කරන්නට යමි.

නිර්වාණ මාර්ගය පිළිබඳවත්, ප්‍රතිපදාවන් පිළිබඳවත්, කෙසේ නම් සතුට ඇතිවන ලෙස දියුණු වෙයි ද? කෙසේ නම් වරදියි ද? යනුවෙන් ඔවුන්ගෙන් ඇසූ කල්හී, ඔවුහු පිළිතුරු දී ගත නොහැකි වෙති.

යම් කලෙක ඔවුහු 'ශක්‍ර දේවේන්ද්‍ර තෙමේ පැමිණියේ ය' යැයි මා ගැන දැනගනිත් ද, එවිට ඔවුහු 'කුමක් කොට මේ සක් දෙව් පදවියට පැමිණියේ දැ'යි මගෙන් ම ප්‍රශ්න කරත්.

ඔවුන්ට මම අසා ඇති පරිදි, ජනයා අතර ප්‍රකට වූ සප්ත ව්‍රත පද ධර්මය දේශනා කරමි. 'අප විසින් වාසවයන් දකින ලද්දේ නොවැ' යි ඔවුහු එයින් ම සතුටු වෙති.

යම් කලෙක මම සැක දුරු කරන බුදුරජුන් දුටුවෙම් ද, ඒ මම් අද සම්බුදුරජුන් ඇසුරු කොට සිව් අපා භය පහකොට සිටිමි.

තෘෂ්ණා හුල නසාලන, අප්‍රතිපුද්ගල වූ, මහා වීර වූ, ආදිච්චබන්ධු වූ, බුදුරජාණන් වහන්සේට මම වන්දනා කරමි.

නිදුකාණන් වහන්ස, දෙවියන් සහිත වූ අපි කලින් බ්‍රහ්මරාජයා හට යම් නමස්කාරයක් කළෙමු ද, අද මුඹවහන්සේට අපි ඒ නමස්කාරය කරන්නෙමු. දැන් මුඹවහන්සේගේ සිරිපතුල් වන්දනා කරම්හ.

සම්බුදුරජාණන් වහන්සේ මුඹවහන්සේ ම ය. අනුත්තර වූ ශාස්තෲන් වහන්සේ මුඹවහන්සේ ම ය. දෙවියන් සහිත ලෝකයෙහි මුඹවහන්සේට සමවූවෙක් නැත්තේ ය.'

ඉක්බිති සක් දෙවිඳු පඤ්චසිඛ ගාන්ධර්ව දිව්‍යපුත්‍රයා ඇමතුවේ ය.

"දරුව, පඤ්චසිඛයෙනි, ඔබ මට බොහෝ උපකාර වූවෙහි ය. ඔබ යමක් පවසා භාග්‍යවතුන් වහන්සේ ව පළමුව පැහැදවූවෙහි ද, දරුව, ඔබ විසින් පළමුකොට පහදවන ලදු ව, පසු ව අපි ඒ භාග්‍යවත් වූ, අරහත් වූ, සම්මා සම්බුදුරජුන් බැහැදකින්නට එළැඹුනෙම්හ. ඔබ ව අද සිට පිය කෙනෙකුගේ තනතුරෙහි තබමි. ඔබ අද සිට ගාන්ධර්ව රජෙකු වන්නෙහි ය. ඔබට භද්‍රා නම් වූ සූරියවච්චසා ව දෙමි. ඔබ විසින් ඉතා ආසාවෙන් ඕ පතන ලද්දී ය."

ඉක්බිති ශක්‍ර දේවේන්ද්‍ර තෙමේ භාග්‍යවතුන් වහන්සේගේ සිරිපා අභියස අත්ලෙන් පොළොව ස්පර්ශ කොට තුන්වරක් උදන් ඇනුවේ ය. 'ඒ භාග්‍යවත් වූ අරහත් වූ සම්මා සම්බුදුරජාණන් වහන්සේට නමස්කාර වේවා! ඒ භාග්‍යවත් වූ අරහත් වූ සම්මා සම්බුදුරජාණන් වහන්සේට නමස්කාර වේවා! ඒ භාග්‍යවත් වූ අරහත් වූ සම්මා සම්බුදුරජාණන් වහන්සේට නමස්කාර වේවා!'

භාග්‍යවතුන් වහන්සේ විසින් මේ ධර්මය වදාරණ කල්හී සක් දෙවිඳුන් හට ද, අන්‍ය වූ අසූ දහසක් දෙවිවරුන් හට ද, කෙලෙස් රහිත වූ, අවිද්‍යා මලකඩ රහිත වූ දහම් ඇස පහළ වූයේ ය. 'හේතු ප්‍රත්‍යයන්ගෙන් හටගන්නා ස්වභාවය ඇති යම් කිසිවක් ඇද්ද, ඒ සියල්ල හේතූන් නිරුද්ධ වීමෙන් නිරුද්ධ වන ස්වභාව ඇත්තේ ය' යනුවෙනි.

මෙසේ සක් දෙවිඳු විසින් පතන ලද, විමසන ලද, ප්‍රශ්නයෝ වෙත් ද, භාග්‍යවතුන් වහන්සේ විසින් ඒවා විසඳන ලද්දාහු ය. එහෙයින් මෙම දෙසුම 'සක් දෙවිඳු විසින් ඇසූ ප්‍රශ්නයන්ට වදාළ දෙසුම' යන නම ඇත්තේ ය.

සාදු! සාදු!! සාදු!!!

සක්කපඤ්හ සූත්‍රය නිමා විය.

2.9.
මහා සතිපට්ඨාන සූත්‍රය
සිහිය පිහිටුවා ගැනීම ගැන වදාළ විස්තරාත්මක දෙසුම

මා විසින් මෙසේ අසන ලදී.

එක් සමයෙක්හි භාග්‍යවතුන් වහන්සේ කුරු ජනපදයෙහි කම්මාස්සදම්ම නම් කුරු ජනපදවාසීන්ගේ නියම්ගමෙහි වැඩවසන සේක. එහිදී භාග්‍යවතුන් වහන්සේ "මහණෙනි" යි භික්ෂූන් ඇමතූ සේක. "පින්වතුන් වහන්සැ" යි ඒ භික්ෂූහු භාග්‍යවතුන් වහන්සේට පිළිවදන් දුන්හ. භාග්‍යවතුන් වහන්සේ මෙය වදාළ සේක.

"මහණෙනි, සත්වයන්ගේ පිරිසිදු බව පිණිස, ශෝක වැළපීම් ඉක්මයාම පිණිස, දුක් දොම්නස් නැතිවීම පිණිස, ධර්ම න්‍යාය අවබෝධ වීම පිණිස, නිවන සාක්ෂාත් කිරීම පිණිස, මේ ඒකායන මාර්ගය ඇත්තේ ය. එනම්, මේ සතරක් වූ සතිපට්ඨානයෝ ය. ඒ කවර සතරක් ද යත්;

මහණෙනි, මෙහි භික්ෂුව කෙලෙස් තවන වීර්යයෙන් යුතුව, නුවණින් යුතුව, මනා සිහියෙන් යුතුව, ලෝකයෙහි ඇලීම් ගැටීම් දුරුකොට කය පිළිබඳ ව කායානුපස්සනාවෙන් වාසය කරයි.

කෙලෙස් තවන වීර්යයෙන් යුතුව, නුවණින් යුතුව, මනා සිහියෙන් යුතුව, ලෝකයෙහි ඇලීම් ගැටීම් දුරුකොට විඳීම් පිළිබඳ ව වේදනානුපස්සනාවෙන් වාසය කරයි.

කෙලෙස් තවන වීර්යයෙන් යුතුව, නුවණින් යුතුව, මනා සිහියෙන් යුතුව, ලෝකයෙහි ඇලීම් ගැටීම් දුරුකොට සිත පිළිබඳ ව චිත්තානුපස්සනාවෙන් වාසය කරයි.

කෙලෙස් තවන වීර්යයෙන් යුතුව, නුවණින් යුතුව, මනා සිහියෙන් යුතුව, ලෝකයෙහි ඇලීම් ගැටීම් දුරුකොට ධර්මයන් පිළිබඳ ව ධම්මානුපස්සනාවෙන් වාසය කරයි.

මහණෙනි, භික්ෂුවක් කය පිළිබඳ ව කායානුපස්සනාවෙන් වාසය කරන්නේ කෙසේද?

මහණෙනි, මෙහි භික්ෂුව අරණ්‍යයකට ගියේ වේවා, රුක් සෙවණකට ගියේ වේවා, ශූන්‍යාගාරයකට ගියේ වේවා, පළඟක් බැඳ, උඩු කය ඍජු කොට, මුහුණ ඉදිරියෙහි සිහිය පිහිටුවා වාඩි වෙයි. ඔහු සිහියෙන් ම හුස්ම ගනියි. සිහියෙන් ම හුස්ම හෙලයි.

දිගු ලෙස හෝ හුස්ම ගන්නා විට 'දිගු ලෙස හුස්ම ගනිමි' යි දැනගනියි. දිගු ලෙස හෝ හුස්ම හෙලන විට 'දිගු ලෙස හුස්ම හෙලමි' යි දැනගනියි. කෙටි ලෙස හෝ හුස්ම ගන්නා විට 'කෙටියෙන් හුස්ම ගනිමි' යි දැනගනියි. කෙටි ලෙස හෝ හුස්ම හෙලන විට 'කෙටියෙන් හුස්ම හෙලමි' යි දැනගනියි. 'සියළු ආශ්වාස කයට සංවේදී වෙමින් හුස්ම ගන්නෙමි' යි පුහුණු වෙයි. 'සියළු ප්‍රශ්වාස කයට සංවේදී වෙමින් හුස්ම හෙලන්නෙමි' යි පුහුණු වෙයි. 'කාය සංස්කාර නම් වූ ආශ්වාසය සංසිඳුවමින් හුස්ම ගන්නෙමි' යි පුහුණු වෙයි. 'කාය සංස්කාර නම් වූ ප්‍රශ්වාසය සංසිඳුවමින් හුස්ම හෙලන්නෙමි' යි පුහුණු වෙයි.

මහණෙනි, දක්ෂ ලී යතුගාන්නෙක් හෝ ඔහුගේ අතවැසියෙක් හෝ යතු කැටය ගෙන දිගු ලෙස යතු ගානා විට 'දිගු ලෙස යතුගාමි' යි දන්නේ යම් සේ ද, කෙටි ලෙස යතු ගානා විට 'කෙටියෙන් යතුගාමි' යි දන්නේ යම් සේ ද, එසෙයින් ම මහණෙනි, භික්ෂුව දිගු ලෙස හෝ හුස්ම ගන්නා විට 'දිගු ලෙස හුස්ම ගනිමි' යි දැනගනියි. දිගු ලෙස හෝ හුස්ම හෙලන විට 'දිගු ලෙස හුස්ම හෙලමි' යි දැනගනියි. කෙටි ලෙස හෝ හුස්ම ගන්නා විට 'කෙටියෙන් හුස්ම ගනිමි' යි දැනගනියි. කෙටි ලෙස හෝ හුස්ම හෙලන විට 'කෙටියෙන් හුස්ම හෙලමි' යි දැනගනියි. 'සියළු ආශ්වාස කයට සංවේදී වෙමින් හුස්ම ගන්නෙමි' යි පුහුණු වෙයි. 'සියළු ප්‍රශ්වාස කයට සංවේදී වෙමින් හුස්ම හෙලන්නෙමි' යි පුහුණු වෙයි. 'කාය සංස්කාර නම් වූ ආශ්වාසය සංසිඳුවමින් හුස්ම ගන්නෙමි' යි පුහුණු වෙයි. 'කාය සංස්කාර නම් වූ ප්‍රශ්වාසය සංසිඳුවමින් හුස්ම හෙලන්නෙමි' යි පුහුණු වෙයි.

මෙසේ තමා පිළිබඳ ව හෝ කයෙහි කායානුපස්සී ව වාසය කරයි. අනුන් පිළිබඳ ව හෝ කයෙහි කායානුපස්සී ව වාසය කරයි. තමාගේ ත්, අනුන්ගේ ත් හෝ කයෙහි කායානුපස්සී ව වාසය කරයි.

කයෙහි ආශ්වාස ප්‍රශ්වාස හටගන්නා ආකාරය හෝ දකිමින් වාසය කරයි. කයෙහි ආශ්වාස ප්‍රශ්වාස නැසී යන ආකාරය හෝ දකිමින් වාසය කරයි. කයෙහි ආශ්වාස ප්‍රශ්වාස හටගන්නා - නැසෙනා ආකාරය හෝ දකිමින් වාසය කරයි.

ඔහු තුළ හේතු ප්‍රත්‍යයන්ගෙන් හටගත් කයක් පමණක් ඇති බවට සිහිය මැනැවින් පිහිටයි. එය තවදුරටත් අවබෝධය දියුණු වීම පිණිස ත්, සිහිය දියුණු වීම පිණිස ත් හේතු වෙයි. කය හා එක් නොවී වාසය කරයි. ලොවෙහි කිසිවකට ග්‍රහණය නොවෙයි. මහණෙනි, මෙසේ ත් භික්ෂුව කය පිළිබඳ ව කායානුපස්සනාවෙන් වාසය කරයි.

(හුස්ම ගැනීම - හෙළීම පිළිබඳ ව සිහිය යොමු කිරීමේ කොටස නිමා විය.)

තව ද මහණෙනි, භික්ෂුව ඇවිද යන විට හෝ 'ඇවිද යමි' යි දැනගනියි. සිටගෙන සිටින විට හෝ 'සිටගෙන සිටිමි' යි දැනගනියි. වාඩිවී සිටින විට හෝ 'වාඩිවී සිටිමි' යි දැනගනියි. සැතැපී සිටින විට හෝ 'සැතැපී සිටිමි' යි දැනගනියි. ඔහුගේ කය යම් යම් අයුරකින් පිහිටුවන්නේ වෙයි ද, ඒ ඒ අයුරින් කය පිහිටා ඇති බව දැනගනියි.

මෙසේ තමා පිළිබඳ ව හෝ කයෙහි කායානුපස්සී ව වාසය කරයි. අනුන් පිළිබඳ ව හෝ කයෙහි කායානුපස්සී ව වාසය කරයි. තමාගේ ත්, අනුන්ගේ ත් හෝ කයෙහි කායානුපස්සී ව වාසය කරයි.

කයෙහි ඉරියව් හටගන්නා ආකාරය හෝ දකිමින් වාසය කරයි. කයෙහි ඉරියව් නැසී යන ආකාරය හෝ දකිමින් වාසය කරයි. කයෙහි ඉරියව් හටගන්නා - නැසෙනා ආකාරය හෝ දකිමින් වාසය කරයි.

ඔහු තුළ හේතු ප්‍රත්‍යයන්ගෙන් හටගත් කයක් පමණක් ඇති බවට සිහිය මැනැවින් පිහිටයි. එය තවදුරටත් අවබෝධය දියුණු වීම පිණිස ත්, සිහිය දියුණු වීම පිණිස ත් හේතු වෙයි. කය හා එක් නොවී වාසය කරයි. ලොවෙහි කිසිවකට ග්‍රහණය නොවෙයි. මහණෙනි, මෙසේ ත් භික්ෂුව කය පිළිබඳ ව කායානුපස්සනාවෙන් වාසය කරයි.

(ඉරියව් පිළිබඳ ව සිහිය යොමු කිරීමේ කොටස නිමා විය.)

තව ද මහණෙනි, භික්ෂුව ඉදිරියට යන විට, ආපසු හැරී එන විට නුවණින් යුක්ත ව කරන්නේ වෙයි. ඉදිරිය බලන විට, වටපිට බලන විට නුවණින් යුක්ත ව කරන්නේ වෙයි. අත් පා හකුලන විට, දිගහරින විට නුවණින් යුක්ත ව කරන්නේ වෙයි. දෙපට සිවුරු - තනිපට සිවුරු ආදිය පොරවන විට, පාත්‍රය දරන විට නුවණින් යුක්ත ව කරන්නේ වෙයි. වළඳන විට, පානය කරන විට, සපා වළඳන විට, රස විඳින විට නුවණින් යුක්ත ව කරන්නේ වෙයි. වැසිකිළි - කැසිකිළි කරන විට නුවණින් යුක්ත ව කරන්නේ වෙයි. යන විට, සිටින විට, හිඳින විට, සැතැපෙන විට, නිදිවරන විට, කතා කරන විට, නිහඬ ව සිටින විට නුවණින් යුක්ත ව කරන්නේ වෙයි.

මෙසේ තමා පිළිබඳ ව හෝ කයෙහි කායානුපස්සී ව වාසය කරයි. අනුන් පිළිබඳ ව හෝ කයෙහි කායානුපස්සී ව වාසය කරයි. තමාගේ ත්, අනුන්ගේ ත් හෝ කයෙහි කායානුපස්සී ව වාසය කරයි.

කයෙහි ක්‍රියාවන්ගේ පැවැත්ම හටගන්නා ආකාරය හෝ දකිමින් වාසය කරයි. කයෙහි ක්‍රියාවන්ගේ පැවැත්ම නැසී යන ආකාරය හෝ දකිමින් වාසය කරයි. කයෙහි ක්‍රියාවන්ගේ පැවැත්ම හටගන්නා - නැසෙනා ආකාරය හෝ දකිමින් වාසය කරයි.

ඔහු තුළ හේතු ප්‍රත්‍යයන්ගෙන් හටගත් කයක් පමණක් ඇති බවට සිහිය මැනැවින් පිහිටයි. එය තවදුරටත් අවබෝධය දියුණු වීම පිණිස ත්, සිහිය දියුණු වීම පිණිස ත් හේතු වෙයි. කය හා එක් නොවී වාසය කරයි. ලොවෙහි කිසිවකට ග්‍රහණය නොවෙයි. මහණෙනි, මෙසේ ත් භික්ෂුව කය පිළිබඳ ව කායානුපස්සනාවෙන් වාසය කරයි.

(සිහි නුවණින් කරන ක්‍රියාවන් පිළිබඳ ව සිහිය යොමු කිරීමේ කොටස නිමා විය.)

තව ද මහණෙනි, භික්ෂුව මේ කය පිළිබඳ ව ම යටි පතුලෙන් උඩ, හිස කෙස්වලින් යට, සමකින් වටකොට ඇති, නානාප්‍රකාරයෙන් පිරී ඇති අශුචි පිළිබඳ ව නුවණින් සළකා බලයි.

'මේ කයෙහි කෙස් තිබෙයි. ලොම්, නියපොතු, දත්, සම, මස්, නහර, ඇට, ඇට මිදුළු, වකුගඩු, හෘදය, අක්මාව, දළබුව, බඩදිව, පෙනහළු, බඩවැල, කුඩා බඩවැල, ආමාශය, අශුචි, පිත, සෙම, සැරව, ලේ, ඩහදිය, මේදතෙල, කඳුළු, වුරුණු තෙල්, කෙළ, සොටු, සඳ මිදුළු, මුත්‍රා තිබෙයි' වශයෙනි.

මහණෙනි, එය මෙබඳු දෙයකි. නොයෙක් නොයෙක් ධාන්‍ය වර්ග පිරවූ, උඩින් හා යටින් යන දෙපැත්තෙන් ම කට ඇති මල්ලක් ඇත්තේ ය. එහි හැල් වී, වී, මුං, මෑ, තල, සහල් පුරවා ඇත්තේ ය. එවිට ඇස් පෙනෙන පුරුෂයෙක් ඒ මල්ල ලිහා 'මේවා හැල් වී ය, මේ වී ය, මේ මුං ය, මේ මෑ ය, මේ තල ය, මේ සහල් ය' වශයෙන් වෙන් වෙන් කොට බලයි.

එසෙයින් ම මහණෙනි, භික්ෂුව මේ කය පිළිබඳ ව ම යටි පතුලෙන් උඩ, හිස කෙස්වලින් යට, සමකින් වටකොට ඇති, නානාප්‍රකාරයෙන් පිරී ඇති අශුචි පිළිබඳ ව නුවණින් සළකා බලයි.

'මේ කයෙහි කෙස් තිබෙයි. ලොම්, නියපොතු, දත්, සම, මස්, නහර, ඇට, ඇට මිදුළු, වකුගඩු, හෘදය, අක්මාව, දළබුව, බඩදිව, පෙනහළු, බඩවැල, කුඩා

බඩවැල, ආමාශය, අශුචි, පිත, සෙම, සැරව, ලේ, ඩහදිය, මේදතෙල, කඳුළු, වුරුණු තෙල්, කෙළ, සොටු, සඳ මිදුළු, මුත්‍රා තිබෙයි' වශයෙනි.

මෙසේ තමා පිළිබඳ ව හෝ කයෙහි කායානුපස්සී ව වාසය කරයි. අනුන් පිළිබඳ ව හෝ කයෙහි කායානුපස්සී ව වාසය කරයි. තමාගේ ත්, අනුන්ගේ ත් හෝ කයෙහි කායානුපස්සී ව වාසය කරයි.

කයෙහි දෙතිස් කුණපයන් හටගන්නා ආකාරය හෝ දකිමින් වාසය කරයි. කයෙහි දෙතිස් කුණපයන් නැසී යන ආකාරය හෝ දකිමින් වාසය කරයි. කයෙහි දෙතිස් කුණපයන් හටගන්නා - නැසෙනා ආකාරය හෝ දකිමින් වාසය කරයි.

ඔහු තුළ හේතු ප්‍රත්‍යයන්ගෙන් හටගත් කයක් පමණක් ඇති බවට සිහිය මැනැවින් පිහිටයි. එය තවදුරටත් අවබෝධය දියුණු වීම පිණිස ත්, සිහිය දියුණු වීම පිණිස ත් හේතු වෙයි. කය හා එක් නොවී වාසය කරයි. ලොවෙහි කිසිවකට ග්‍රහණය නොවෙයි. මහණෙනි, මෙසේ ත් භික්ෂුව කය පිළිබඳ ව කායානුපස්සනාවෙන් වාසය කරයි.

(දෙතිස් කුණපයන් පිළිබඳ ව සිහිය යොමු කිරීමේ කොටස නිමා විය.)

තව ද මහණෙනි, භික්ෂුව මේ කය පිළිබඳ ව ම පිහිටා ඇත්තේ යම් පරිදි ද, ඉරියව් පිහිටන්නේ යම් පරිදි ද, එය ධාතු වශයෙන් නුවණින් සළකා බලයි.

'මේ කයෙහි ගොරෝසු ස්වභාවයට අයත් දේ ඇත්තේ ය. වැගිරෙන ස්වභාවයට අයත් දේ ඇත්තේ ය. උණුසුම් ස්වභාවයට අයත් දේ ඇත්තේ ය. හමා යන ස්වභාවයට අයත් දේ ඇත්තේ ය' වශයෙනි.

මහණෙනි, එය මෙබඳු දෙයකි. දක්ෂ ගවයන් මරන්නෙක් හෝ ඔහුගේ අතවැසියෙක් හෝ ගව දෙනක මරා සතරමං සන්ධියක කොටස්වලට බෙදා, ඒ අසල වාඩිවී හිඳින්නේ යම් සේ ද, එසෙයින් ම මහණෙනි, භික්ෂුව මේ කය පිළිබඳ ව ම පිහිටා ඇත්තේ යම් පරිදි ද, ඉරියව් පිහිටන්නේ යම් පරිදි ද, එය ධාතු වශයෙන් නුවණින් සළකා බලයි.

'මේ කයෙහි ගොරෝසු ස්වභාවයට අයත් දේ ඇත්තේ ය. වැගිරෙන ස්වභාවයට අයත් දේ ඇත්තේ ය. උණුසුම් ස්වභාවයට අයත් දේ ඇත්තේ ය. හමා යන ස්වභාවයට අයත් දේ ඇත්තේ ය' වශයෙනි.

මෙසේ තමා පිළිබඳ ව හෝ කයෙහි කායානුපස්සී ව වාසය කරයි. අනුන් පිළිබඳ ව හෝ කයෙහි කායානුපස්සී ව වාසය කරයි. තමාගේ ත්, අනුන්ගේ ත් හෝ කයෙහි කායානුපස්සී ව වාසය කරයි.

කයෙහි සතර මහා ධාතු හටගන්නා ආකාරය හෝ දකිමින් වාසය කරයි. කයෙහි සතර මහා ධාත නැසී යන ආකාරය හෝ දකිමින් වාසය කරයි. කයෙහි සතර මහා ධාත හටගන්නා - නැසෙනා ආකාරය හෝ දකිමින් වාසය කරයි.

ඔහු තුළ හේතු ප්‍රත්‍යයන්ගෙන් හටගත් කයක් පමණක් ඇති බවට සිහිය මැනැවින් පිහිටයි. එය තවදුරටත් අවබෝධය දියුණු වීම පිණිස ත්, සිහිය දියුණු වීම පිණිස ත් හේතුවෙයි. කය හා එක් නොවී වාසය කරයි. ලොවෙහි කිසිවකට ග්‍රහණය නොවෙයි. මහණෙනි, මෙසේ ත් භික්ෂුව කය පිළිබඳ ව කායානුපස්සනාවෙන් වාසය කරයි.

(සතර මහා ධාතු පිළිබඳ ව සිහිය යොමු කිරීමේ කොටස නිමා විය.)

තව ද මහණෙනි, භික්ෂුව අමු සොහොනෙහි අත්හැර දමා තිබෙන මැරී දිනක් ගත වූ හෝ මැරී දෙදිනක් ගත වූ හෝ මැරී තුන් දිනක් ගත වූ හෝ ඉදිමී, නිල්පැහැයට හැරුණු, සැරව වැගිරෙන සිරුරක් දකින්නේ යම් සේ ද, ඔහු මේ කය පිළිබඳ ව ම 'මේ කය ත් මෙබඳු ස්වභාව ඇත්තේ ය. මෙසේ වන්නේ ය. මෙම ස්වභාවය ඉක්මවා නැත්තේ ය' යි මළකුණ හා ගළපා බලයි.

මෙසේ තමා පිළිබඳ ව හෝ කයෙහි කායානුපස්සී ව වාසය කරයි. අනුන් පිළිබඳ ව හෝ කයෙහි කායානුපස්සී ව වාසය කරයි. තමාගේ ත්, අනුන්ගේ ත් හෝ කයෙහි කායානුපස්සී ව වාසය කරයි.

කයෙහි මළසිරුර හටගන්නා ආකාරය හෝ දකිමින් වාසය කරයි. කයෙහි මළසිරුර නැසී යන ආකාරය හෝ දකිමින් වාසය කරයි. කයෙහි මළසිරුර හටගන්නා - නැසෙනා ආකාරය හෝ දකිමින් වාසය කරයි.

ඔහු තුළ හේතු ප්‍රත්‍යයන්ගෙන් හටගත් කයක් පමණක් ඇති බවට සිහිය මැනැවින් පිහිටයි. එය තවදුරටත් අවබෝධය දියුණු වීම පිණිස ත්, සිහිය දියුණු වීම පිණිස ත් හේතු වෙයි. කය හා එක් නොවී වාසය කරයි. ලොවෙහි කිසිවකට ග්‍රහණය නොවෙයි. මහණෙනි, මෙසේ ත් භික්ෂුව කය පිළිබඳ ව කායානුපස්සනාවෙන් වාසය කරයි.

(සොහොනෙහි දැමූ මළ සිරුර පිළිබඳ ව සිහිය යොමු කිරීමේ පළමු කොටස නිමා විය.)

තව ද මහණෙනි, භික්ෂුව අමු සොහොනෙහි අත්හැර දමා තිබෙන කපුටන් හෝ කමින් සිටින, උකුස්සන් හෝ කමින් සිටින, ගිජුලිහිණියන් හෝ කමින් සිටින, සුනඛයන් හෝ කමින් සිටින, හිවලුන් හෝ කමින් සිටින, විවිධ වූ සතුන් විසින් හෝ කමින් සිටින මළසිරුරක් දකින්නේ යම් සේ ද, ඔහු මේ

කය පිළිබඳ ව ම 'මේ කය ත් මෙබඳු ස්වභාව ඇත්තේ ය. මෙසේ වන්නේ ය. මෙම ස්වභාවය ඉක්මවා නැත්තේ ය' යි මළකුණ හා ගලපා බලයි.

මෙසේ තමා පිළිබඳ ව හෝ කයෙහි කායානුපස්සී ව වාසය කරයි. අනුන් පිළිබඳ ව හෝ කයෙහි කායානුපස්සී ව වාසය කරයි. තමාගේ ත්, අනුන්ගේ ත් හෝ කයෙහි කායානුපස්සී ව වාසය කරයි.

කයෙහි මළසිරුර හටගන්නා ආකාරය හෝ දකිමින් වාසය කරයි. කයෙහි මළසිරුර නැසී යන ආකාරය හෝ දකිමින් වාසය කරයි. කයෙහි මළසිරුර හටගන්නා - නැසෙනා ආකාරය හෝ දකිමින් වාසය කරයි.

ඔහු තුළ හේතු ප්‍රත්‍යයන්ගෙන් හටගත් කයක් පමණක් ඇති බවට සිහිය මැනැවින් පිහිටයි. එය තවදුරටත් අවබෝධය දියුණු වීම පිණිස ත්, සිහිය දියුණු වීම පිණිස ත් හේතු වෙයි. කය හා එක් නොවී වාසය කරයි. ලොවෙහි කිසිවකට ග්‍රහණය නොවෙයි. මහණෙනි, මෙසේ ත් භික්ෂුව කය පිළිබඳ ව කායානුපස්සනාවෙන් වාසය කරයි.

(සොහොනෙහි දැමූ මළ සිරුර පිළිබඳ ව සිහිය යොමු කිරීමේ දෙවෙනි කොටස නිමා විය.)

තව ද මහණෙනි, භික්ෂුව අමු සොහොනෙහි අත්හැර දමා තිබෙන ලේ මස් සහිත, නහරින් බැඳී ගිය, ඇටසැකිල්ලක් වූ මළ සිරුරක් දකින්නේ යම් සේ ද, ඔහු මේ කය පිළිබඳ ව ම 'මේ කය ත් මෙබඳු ස්වභාව ඇත්තේ ය. මෙසේ වන්නේ ය. මෙම ස්වභාවය ඉක්මවා නැත්තේ ය' යි මළකුණ හා ගලපා බලයි.

මෙසේ තමා පිළිබඳ ව හෝ කයෙහි කායානුපස්සී ව වාසය කරයි. අනුන් පිළිබඳ ව හෝ කයෙහි කායානුපස්සී ව වාසය කරයි. තමාගේ ත්, අනුන්ගේ ත් හෝ කයෙහි කායානුපස්සී ව වාසය කරයි.

කයෙහි මළසිරුර හටගන්නා ආකාරය හෝ දකිමින් වාසය කරයි. කයෙහි මළසිරුර නැසී යන ආකාරය හෝ දකිමින් වාසය කරයි. කයෙහි මළසිරුර හටගන්නා - නැසෙනා ආකාරය හෝ දකිමින් වාසය කරයි.

ඔහු තුළ හේතු ප්‍රත්‍යයන්ගෙන් හටගත් කයක් පමණක් ඇති බවට සිහිය මැනැවින් පිහිටයි. එය තවදුරටත් අවබෝධය දියුණු වීම පිණිස ත්, සිහිය දියුණු වීම පිණිස ත් හේතු වෙයි. කය හා එක් නොවී වාසය කරයි. ලොවෙහි කිසිවකට ග්‍රහණය නොවෙයි. මහණෙනි, මෙසේ ත් භික්ෂුව කය පිළිබඳ ව කායානුපස්සනාවෙන් වාසය කරයි.

(සොහොනෙහි දැමූ මළ සිරුර පිළිබඳ ව සිහිය යොමු කිරීමේ තෙවෙනි කොටස නිමා විය.)

තව ද මහණෙනි, භික්ෂුව අමු සොහොනෙහි අත්හැර දමා තිබෙන මස් රහිත වූ, ලේ වැකී ගිය, නහරින් බැඳී ගිය, ඇටසැකිල්ලක් වූ මළසිරුරක් දකින්නේ යම් සේ ද, ඔහු මේ කය පිළිබඳ ව ම 'මේ කය ත් මෙබඳු ස්වභාව ඇත්තේ ය. මෙසේ වන්නේ ය. මෙම ස්වභාවය ඉක්මවා නැත්තේ ය' යි මළකුණ හා ගලපා බලයි.

මෙසේ තමා පිළිබඳ ව හෝ කයෙහි කායානුපස්සී ව වාසය කරයි. අනුන් පිළිබඳ ව හෝ කයෙහි කායානුපස්සී ව වාසය කරයි. තමාගේ ත්, අනුන්ගේ ත් හෝ කයෙහි කායානුපස්සී ව වාසය කරයි.

කයෙහි මළසිරුර හටගන්නා ආකාරය හෝ දකිමින් වාසය කරයි. කයෙහි මළසිරුර නැසී යන ආකාරය හෝ දකිමින් වාසය කරයි. කයෙහි මළසිරුර හටගන්නා - නැසෙනා ආකාරය හෝ දකිමින් වාසය කරයි.

ඔහු තුළ හේතු ප්‍රත්‍යයන්ගෙන් හටගත් කයක් පමණක් ඇති බවට සිහිය මැනැවින් පිහිටයි. එය තවදුරටත් අවබෝධය දියුණු වීම පිණිස ත්, සිහිය දියුණු වීම පිණිස ත් හේතු වෙයි. කය හා එක් නොවී වාසය කරයි. ලොවෙහි කිසිවකට ග්‍රහණය නොවෙයි. මහණෙනි, මෙසේ ත් භික්ෂුව කය පිළිබඳ ව කායානුපස්සනාවෙන් වාසය කරයි.

(සොහොනෙහි දමූ මළ සිරුර පිළිබඳ ව සිහිය යොමු කිරීමේ සිව්වෙනි කොටස නිමා විය.)

තව ද මහණෙනි, භික්ෂුව අමු සොහොනෙහි අත්හැර දමා තිබෙන ලේ මස් බැහැර වූ, නහරින් බැඳී ගිය, ඇටසැකිල්ලක් වූ මළ සිරුරක් දකින්නේ යම් සේ ද, ඔහු මේ කය පිළිබඳ ව ම 'මේ කය ත් මෙබඳු ස්වභාව ඇත්තේ ය. මෙසේ වන්නේ ය. මෙම ස්වභාවය ඉක්මවා නැත්තේ ය' යි මළකුණ හා ගලපා බලයි.

මෙසේ තමා පිළිබඳ ව හෝ කයෙහි කායානුපස්සී ව වාසය කරයි. අනුන් පිළිබඳ ව හෝ කයෙහි කායානුපස්සී ව වාසය කරයි. තමාගේ ත්, අනුන්ගේ ත් හෝ කයෙහි කායානුපස්සී ව වාසය කරයි.

කයෙහි මළසිරුර හටගන්නා ආකාරය හෝ දකිමින් වාසය කරයි. කයෙහි මළසිරුර නැසී යන ආකාරය හෝ දකිමින් වාසය කරයි. කයෙහි මළසිරුර හටගන්නා - නැසෙනා ආකාරය හෝ දකිමින් වාසය කරයි.

ඔහු තුළ හේතු ප්‍රත්‍යයන්ගෙන් හටගත් කයක් පමණක් ඇති බවට සිහිය මැනැවින් පිහිටයි. එය තවදුරටත් අවබෝධය දියුණු වීම පිණිස ත්, සිහිය

දියුණු වීම පිණිස ත් හේතු වෙයි. කය හා එක් නොවී වාසය කරයි. ලොවෙහි කිසිවකට ග්‍රහණය නොවෙයි. මහණෙනි, මෙසේ ත් භික්ෂුව කය පිළිබඳ ව කායානුපස්සනාවෙන් වාසය කරයි.

(සොහොනෙහි දැමූ මළ සිරුර පිළිබඳ ව සිහිය යොමු කිරීමේ පස්වෙනි කොටස නිමා විය.)

තව ද මහණෙනි, භික්ෂුව අමු සොහොනෙහි අත්හැර දමා තිබෙන නහරවැල්වල සම්බන්ධය බැහැර වී, දිශා - අනුදිශාවන්ට විසිර ගිය ඇට කැබලි ඇති, අත් ඇට අන් දෙසක වූ, පා ඇට අන් දෙසක වූ, ගොප් ඇට අන් දෙසක වූ, කෙණ්ඩා ඇට අන් දෙසක වූ, කලවා ඇට අන් දෙසක වූ, පිටෙහි ඇට අන් දෙසක වූ, උකුල් ඇට අන් දෙසක වූ, කඳ ඇට අන් දෙසක වූ, ගෙල ඇට අන් දෙසක වූ, දත් ඇට අන් දෙසක වූ, හිස්කබල අන් දෙසක වූ මළ සිරුරක් දකින්නේ යම් සේ ද, ඔහු මේ කය පිළිබඳ ව ම 'මේ කය ත් මෙබඳු ස්වභාව ඇත්තේ ය. මෙසේ වන්නේ ය. මෙම ස්වභාවය ඉක්මවා නැත්තේ ය' යි මළකුණ හා ගලපා බලයි.

මෙසේ තමා පිළිබඳ ව හෝ කයෙහි කායානුපස්සී ව වාසය කරයි. අනුන් පිළිබඳ ව හෝ කයෙහි කායානුපස්සී ව වාසය කරයි. තමාගේ ත්, අනුන්ගේ ත් හෝ කයෙහි කායානුපස්සී ව වාසය කරයි.

කයෙහි මළසිරුර හටගන්නා ආකාරය හෝ දකිමින් වාසය කරයි. කයෙහි මළසිරුර නැසී යන ආකාරය හෝ දකිමින් වාසය කරයි. කයෙහි මළසිරුර හටගන්නා - නැසෙනා ආකාරය හෝ දකිමින් වාසය කරයි.

ඔහු තුළ හේතු ප්‍රත්‍යයන්ගෙන් හටගත් කයක් පමණක් ඇති බවට සිහිය මැනැවින් පිහිටයි. එය තවදුරටත් අවබෝධය දියුණු වීම පිණිස ත්, සිහිය දියුණු වීම පිණිස ත් හේතු වෙයි. කය හා එක් නොවී වාසය කරයි. ලොවෙහි කිසිවකට ග්‍රහණය නොවෙයි. මහණෙනි, මෙසේ ත් භික්ෂුව කය පිළිබඳ ව කායානුපස්සනාවෙන් වාසය කරයි.

(සොහොනෙහි දැමූ මළ සිරුර පිළිබඳ ව සිහිය යොමු කිරීමේ සයවෙනි කොටස නිමා විය.)

තව ද මහණෙනි, භික්ෂුව අමු සොහොනෙහි අත්හැර දමා තිබෙන සුදු වී ගිය, හක්ගෙඩියේ පැහැය ගත්, ඇට ගොඩක් බවට පත් වී ගිය මළ සිරුරක් දකින්නේ යම් සේ ද, ඔහු මේ කය පිළිබඳ ව ම 'මේ කය ත් මෙබඳු ස්වභාව ඇත්තේ ය. මෙසේ වන්නේ ය. මෙම ස්වභාවය ඉක්මවා නැත්තේ ය' යි මළකුණ හා ගලපා බලයි.

මෙසේ තමා පිළිබඳ ව හෝ කයෙහි කායානුපස්සී ව වාසය කරයි. අනුන් පිළිබඳ ව හෝ කයෙහි කායානුපස්සී ව වාසය කරයි. තමාගේ ත්, අනුන්ගේ ත් හෝ කයෙහි කායානුපස්සී ව වාසය කරයි.

කයෙහි මළසිරුර හටගන්නා ආකාරය හෝ දකිමින් වාසය කරයි. කයෙහි මළසිරුර නැසී යන ආකාරය හෝ දකිමින් වාසය කරයි. කයෙහි මළසිරුර හටගන්නා - නැසෙනා ආකාරය හෝ දකිමින් වාසය කරයි.

ඔහු තුළ හේතු ප්‍රත්‍යයන්ගෙන් හටගත් කයක් පමණක් ඇති බවට සිහිය මැනැවින් පිහිටයි. එය තවදුරටත් අවබෝධය දියුණු වීම පිණිස ත්, සිහිය දියුණු වීම පිණිස ත් හේතු වෙයි. කය හා එක් නොවී වාසය කරයි. ලොවෙහි කිසිවකට ග්‍රහණය නොවෙයි. මහණෙනි, මෙසේ ත් භික්ෂුව කය පිළිබඳ ව කායානුපස්සනාවෙන් වාසය කරයි.

(සොහොනෙහි දැමූ මළ සිරුර පිළිබඳ ව සිහිය යොමු කිරීමේ සත්වෙනි කොටස නිමා විය.)

තව ද මහණෙනි, භික්ෂුව අමු සොහොනෙහි අත්හැර දමා තිබෙන වසර ගණන් පරණ වී ගිය, තැන තැන ගොඩගැසුණු ඇට ගොඩවල් බවට පත් ව ගිය මළ සිරුරක් දකින්නේ යම් සේ ද, ඔහු මේ කය පිළිබඳ ව ම 'මේ කය ත් මෙබඳු ස්වභාව ඇත්තේ ය. මෙසේ වන්නේ ය. මෙම ස්වභාවය ඉක්මවා නැත්තේ ය' යි මළකුණ හා ගලපා බලයි.

මෙසේ තමා පිළිබඳ ව හෝ කයෙහි කායානුපස්සී ව වාසය කරයි. අනුන් පිළිබඳ ව හෝ කයෙහි කායානුපස්සී ව වාසය කරයි. තමාගේ ත්, අනුන්ගේ ත් හෝ කයෙහි කායානුපස්සී ව වාසය කරයි.

කයෙහි මළසිරුර හටගන්නා ආකාරය හෝ දකිමින් වාසය කරයි. කයෙහි මළසිරුර නැසී යන ආකාරය හෝ දකිමින් වාසය කරයි. කයෙහි මළසිරුර හටගන්නා - නැසෙනා ආකාරය හෝ දකිමින් වාසය කරයි.

ඔහු තුළ හේතු ප්‍රත්‍යයන්ගෙන් හටගත් කයක් පමණක් ඇති බවට සිහිය මැනැවින් පිහිටයි. එය තවදුරටත් අවබෝධය දියුණු වීම පිණිස ත්, සිහිය දියුණු වීම පිණිස ත් හේතු වෙයි. කය හා එක් නොවී වාසය කරයි. ලොවෙහි කිසිවකට ග්‍රහණය නොවෙයි. මහණෙනි, මෙසේ ත් භික්ෂුව කය පිළිබඳ ව කායානුපස්සනාවෙන් වාසය කරයි.

(සොහොනෙහි දැමූ මළ සිරුර පිළිබඳ ව සිහිය යොමු කිරීමේ අටවෙනි කොටස නිමා විය.)

තව ද මහණෙනි, භික්ෂුව අමු සොහොනෙහි අත්හැර දමා තිබෙන කුණු වී, සුණු බවට පත් වී ගිය ඇට ඇති මළ සිරුරක් දකින්නේ යම් සේ ද, ඔහු මේ කය පිළිබඳ ව ම 'මේ කය ත් මෙබඳු ස්වභාව ඇත්තේ ය. මෙසේ වන්නේ ය. මෙම ස්වභාවය ඉක්මවා නැත්තේ ය' යි මළකුණ හා ගලපා බලයි.

මෙසේ තමා පිළිබඳ ව හෝ කයෙහි කායානුපස්සී ව වාසය කරයි. අනුන් පිළිබඳ ව හෝ කයෙහි කායානුපස්සී ව වාසය කරයි. තමාගේ ත්, අනුන්ගේ ත් හෝ කයෙහි කායානුපස්සී ව වාසය කරයි.

කයෙහි මළසිරුර හටගන්නා ආකාරය හෝ දකිමින් වාසය කරයි. කයෙහි මළසිරුර නැසී යන ආකාරය හෝ දකිමින් වාසය කරයි. කයෙහි මළසිරුර හටගන්නා - නැසෙනා ආකාරය හෝ දකිමින් වාසය කරයි.

ඔහු තුළ හේතු ප්‍රත්‍යයන්ගෙන් හටගත් කයක් පමණක් ඇති බවට සිහිය මැනැවින් පිහිටයි. එය තවදුරටත් අවබෝධය දියුණු වීම පිණිස ත්, සිහිය දියුණු වීම පිණිස ත් හේතු වෙයි. කය හා එක් නොවී වාසය කරයි. ලොවෙහි කිසිවකට ග්‍රහණය නොවෙයි. මහණෙනි, මෙසේ ත් භික්ෂුව කය පිළිබඳ ව කායානුපස්සනාවෙන් වාසය කරයි.

(සොහොනෙහි දමූ මළ සිරුර පිළිබඳ ව සිහිය යොමු කිරීමේ නවවෙනි කොටස නිමා විය.)

(දහහතරක් වූ කායානුපස්සනා භාවනා කොටස් නිමා විය.)

මහණෙනි, භික්ෂුව විඳීම් පිළිබඳ ව වේදනානුපස්සනාවෙන් වාසය කරන්නේ කෙසේ ද?

මහණෙනි, මෙහි භික්ෂුව සැප විඳීමක් විඳින විට 'සැප විඳීමක් විඳිමි'යි යි දැනගනියි. දුක් විඳීමක් විඳින විට 'දුක් විඳීමක් විඳිමි'යි දැනගනියි. දුක් සැප රහිත විඳීමක් විඳින විට 'දුක් සැප රහිත විඳීමක් විඳිමි'යි දැනගනියි.

ආමිස සහිත හෝ සැප විඳීමක් විඳින විට 'ආමිස සහිත සැප විඳීමක් විඳිමි'යි දැනගනියි. නිරාමිස හෝ සැප විඳීමක් විඳින විට 'නිරාමිස සැප විඳීමක් විඳිමි'යි දැනගනියි.

ආමිස සහිත හෝ දුක් විඳීමක් විඳින විට 'ආමිස සහිත දුක් විඳීමක් විඳිමි'යි දැනගනියි. නිරාමිස හෝ දුක් විඳීමක් විඳින විට 'නිරාමිස දුක් විඳීමක් විඳිමි'යි දැනගනියි.

ආමිස සහිත හෝ දුක් සැප රහිත විඳීමක් විඳින විට 'ආමිස සහිත දුක්

සැප රහිත විඳීමක් විඳිමි'යි දැනගනියි. නිරාමිස හෝ දුක් සැප රහිත විඳීමක් විඳින විට 'නිරාමිස දුක් සැප රහිත විඳීමක් විඳිමි'යි දැනගනියි.

මෙසේ තමා පිළිබඳ ව හෝ විඳීම්වල වේදනානුපස්සී ව වාසය කරයි. අනුන් පිළිබඳ ව හෝ විඳීම්වල වේදනානුපස්සී ව වාසය කරයි. තමාගේ ත්, අනුන්ගේ ත් හෝ විඳීම්වල වේදනානුපස්සී ව වාසය කරයි.

විඳීම් හටගන්නා ආකාරය හෝ දකිමින් වාසය කරයි. විඳීම් නැසී යන ආකාරය හෝ දකිමින් වාසය කරයි. විඳීම් හටගන්නා - නැසෙනා ආකාරය හෝ දකිමින් වාසය කරයි.

ඔහු තුළ හේතු ප්‍රත්‍යයන්ගෙන් හටගත් විඳීම් පමණක් ඇති බවට සිහිය මැනැවින් පිහිටයි. එය තවදුරටත් අවබෝධය දියුණු වීම පිණිස ත්, සිහිය දියුණු වීම පිණිස ත් හේතුවෙයි. විඳීම් හා එක් නොවී වාසය කරයි. ලොවෙහි කිසිවකට ග්‍රහණය නොවෙයි. මහණෙනි, මෙසේ ත් භික්ෂුව විඳීම් පිළිබඳ ව වේදනානුපස්සනාවෙන් වාසය කරයි.

(විඳීම් පිළිබඳ ව සිහිය යොමු කිරීමේ කොටස නිමා විය.)

මහණෙනි, භික්ෂුව සිත පිළිබඳ ව චිත්තානුපස්සනාවෙන් වාසය කරන්නේ කෙසේ ද?

මහණෙනි, මෙහි භික්ෂුව රාග සහිත හෝ සිත රාග සහිත සිත වශයෙන් දැනගනියි. රාගයෙන් තොර හෝ සිත රාගයෙන් තොර සිත වශයෙන් දැනගනියි.

ද්වේෂ සහිත හෝ සිත ද්වේෂ සහිත සිත වශයෙන් දැනගනියි. ද්වේෂයෙන් තොර හෝ සිත ද්වේෂයෙන් තොර සිත වශයෙන් දැනගනියි.

මෝහ සහිත හෝ සිත මෝහ සහිත සිත වශයෙන් දැනගනියි. මෝහයෙන් තොර හෝ සිත මෝහයෙන් තොර සිත වශයෙන් දැනගනියි.

හැකිලී ගිය හෝ සිත හැකිලී ගිය සිත වශයෙන් දැනගනියි. විසිරී ගිය හෝ සිත විසිරී ගිය සිත වශයෙන් දැනගනියි.

ධ්‍යානයන්ට පත් වූ හෝ සිත ධ්‍යානයන්ට පත් වූ සිත වශයෙන් දැනගනියි. ධ්‍යානයන්ට පත් නොවූ හෝ සිත ධ්‍යානයන්ට පත් නොවූ සිත වශයෙන් දැනගනියි.

සමාධියෙන් උසස් බවට පත් වූ හෝ සිත සමාධියෙන් උසස් බවට පත් වූ සිත වශයෙන් දැනගනියි. උතුම් බවට පත් වූ හෝ සිත උතුම් බවට පත් වූ සිත වශයෙන් දැනගනියි.

එකඟ වූ හෝ සිත එකඟ වූ සිත වශයෙන් දැනගනියි. එකඟ නොවූ හෝ සිත එකඟ නොවූ සිත වශයෙන් දැනගනියි.

කෙලෙසුන්ගෙන් නිදහස් වූ හෝ සිත කෙලෙසුන්ගෙන් නිදහස් වූ සිත වශයෙන් දැනගනියි. කෙලෙසුන්ගෙන් නිදහස් නොවූ හෝ සිත කෙලෙසුන්ගෙන් නිදහස් නොවූ සිත වශයෙන් දැනගනියි.

මෙසේ තමා පිළිබඳ ව හෝ සිතෙහි චිත්තානුපස්සී ව වාසය කරයි. අනුන් පිළිබඳ ව හෝ සිතෙහි චිත්තානුපස්සී ව වාසය කරයි. තමාගේ ත්, අනුන්ගේ ත් හෝ සිතෙහි චිත්තානුපස්සී ව වාසය කරයි.

සිත හටගන්නා ආකාරය හෝ දකිමින් වාසය කරයි. සිත නැසී යන ආකාරය හෝ දකිමින් වාසය කරයි. සිත හටගන්නා - නැසෙනා ආකාරය හෝ දකිමින් වාසය කරයි.

ඔහු තුළ හේතු ප්‍රත්‍යයන්ගෙන් හටගත් සිත් පමණක් ඇති බවට සිහිය මැනැවින් පිහිටයි. එය තවදුරටත් අවබෝධය දියුණු වීම පිණිස ත්, සිහිය දියුණු වීම පිණිස ත් හේතු වෙයි. සිත හා එක් නොවී වාසය කරයි. ලොවෙහි කිසිවකට ග්‍රහණය නොවෙයි. මහණෙනි, මෙසේ ත් භික්ෂුව සිත පිළිබඳ ව චිත්තානුපස්සනාවෙන් වාසය කරයි.

(සිත පිළිබඳ ව සිහිය යොමු කිරීමේ කොටස නිමා විය.)

මහණෙනි, භික්ෂුව ධර්මයන් පිළිබඳ ව ධම්මානුපස්සනාවෙන් වාසය කරන්නේ කෙසේ ද?

මහණෙනි, මෙහි භික්ෂුව පංච නීවරණ ධර්මයන් පිළිබඳ ව ධම්මානුපස්සනාවෙන් වාසය කරයි. මහණෙනි, භික්ෂුව පංච නීවරණ ධර්මයන් පිළිබඳ ව ධම්මානුපස්සනාවෙන් වාසය කරන්නේ කෙසේ ද?

මහණෙනි, මෙහි භික්ෂුව තමා තුළ තිබෙන්නා වූ හෝ කාමච්ඡන්දය 'මා තුළ කාමච්ඡන්දය තිබෙයි' යි දැනගනියි. තමා තුළ නොතිබෙන්නා වූ හෝ කාමච්ඡන්දය 'මා තුළ කාමච්ඡන්දය නොතිබෙයි' යි දැනගනියි. යම් අයුරකින් නූපන් කාමච්ඡන්දය උපදියි ද, එය ත් දැනගනියි. යම් අයුරකින් උපන් කාමච්ඡන්දය ප්‍රහාණය වෙයි ද, එය ත් දැනගනියි. යම් අයුරකින් ප්‍රහාණය වූ කාමච්ඡන්දය නූපදින්නේ වෙයි ද, එය ත් දැනගනියි.

තමා තුළ තිබෙන්නා වූ හෝ ව්‍යාපාදය 'මා තුළ ව්‍යාපාදය තිබෙයි' යි දැනගනියි. තමා තුළ නොතිබෙන්නා වූ හෝ ව්‍යාපාදය 'මා තුළ ව්‍යාපාදය

නොතිබෙයි' යි දැනගනියි. යම් අයුරකින් නූපන් ව්‍යාපාදය උපදියි ද, එය ත් දැනගනියි. යම් අයුරකින් උපන් ව්‍යාපාදය ප්‍රහාණය වෙයි ද, එය ත් දැනගනියි. යම් අයුරකින් ප්‍රහාණය වූ ව්‍යාපාදය නූපදින්නේ වෙයි ද, එය ත් දැනගනියි.

තමා තුළ තිබෙන්නා වූ හෝ ථීනමිද්ධය 'මා තුළ ථීනමිද්ධය තිබෙයි' යි දැනගනියි. තමා තුළ නොතිබෙන්නා වූ හෝ ථීනමිද්ධය 'මා තුළ ථීනමිද්ධය නොතිබෙයි' යි දැනගනියි. යම් අයුරකින් නූපන් ථීනමිද්ධය උපදියි ද, එය ත් දැනගනියි. යම් අයුරකින් උපන් ථීනමිද්ධය ප්‍රහාණය වෙයි ද, එය ත් දැනගනියි. යම් අයුරකින් ප්‍රහාණය වූ ථීනමිද්ධය නූපදින්නේ වෙයි ද, එය ත් දැනගනියි.

තමා තුළ තිබෙන්නා වූ හෝ උද්ධච්ච කුක්කුච්චය 'මා තුළ උද්ධච්ච කුක්කුච්චය තිබෙයි' යි දැනගනියි. තමා තුළ නොතිබෙන්නා වූ හෝ උද්ධච්ච කුක්කුච්චය 'මා තුළ උද්ධච්ච කුක්කුච්චය නොතිබෙයි' යි දැනගනියි. යම් අයුරකින් නූපන් උද්ධච්ච කුක්කුච්චය උපදියි ද, එය ත් දැනගනියි. යම් අයුරකින් උපන් උද්ධච්ච කුක්කුච්චය ප්‍රහාණය වෙයි ද, එය ත් දැනගනියි. යම් අයුරකින් ප්‍රහාණය වූ උද්ධච්ච කුක්කුච්චය නූපදින්නේ වෙයි ද, එය ත් දැනගනියි.

තමා තුළ තිබෙන්නා වූ හෝ විචිකිච්ඡාව 'මා තුළ විචිකිච්ඡාව තිබෙයි' යි දැනගනියි. තමා තුළ නොතිබෙන්නා වූ හෝ විචිකිච්ඡාව 'මා තුළ විචිකිච්ඡාව නොතිබෙයි' යි දැනගනියි. යම් අයුරකින් නූපන් විචිකිච්ඡාව උපදියි ද, එය ත් දැනගනියි. යම් අයුරකින් උපන් විචිකිච්ඡාව ප්‍රහාණය වෙයි ද, එය ත් දැනගනියි. යම් අයුරකින් ප්‍රහාණය වූ විචිකිච්ඡාව නූපදින්නේ වෙයි ද, එය ත් දැනගනියි.

මෙසේ තමා පිළිබඳ ව හෝ නීවරණ ධර්මයන්හි ධම්මානුපස්සී ව වාසය කරයි. අනුන් පිළිබඳ ව හෝ නීවරණ ධර්මයන්හි ධම්මානුපස්සී ව වාසය කරයි. තමාගේ ත්, අනුන්ගේ ත් හෝ නීවරණ ධර්මයන්හි ධම්මානුපස්සී ව වාසය කරයි.

නීවරණ ධර්මයන් හටගන්නා ආකාරය හෝ දකිමින් වාසය කරයි. නීවරණ ධර්මයන් නැසී යන ආකාරය හෝ දකිමින් වාසය කරයි. නීවරණ ධර්මයන් හටගන්නා - නැසෙනා ආකාරය හෝ දකිමින් වාසය කරයි.

ඔහු තුළ හේතු ප්‍රත්‍යයන්ගෙන් හටගත් නීවරණ ධර්මයන් පමණක් ඇති බවට සිහිය මැනැවින් පිහිටයි. එය තවදුරටත් අවබෝධය දියුණු වීම පිණිස ත්, සිහිය දියුණු වීම පිණිස ත් හේතුවෙයි.. නීවරණ ධර්මයන් හා එක් නොවී වාසය කරයි. ලොවෙහි කිසිවකට ග්‍රහණය නොවෙයි. මහණෙනි, මෙසේ ත් භික්ෂුව පංච නීවරණ ධර්මයන් පිළිබඳ ව ධම්මානුපස්සනාවෙන් වාසය කරයි.

(නීවරණ ධර්මයන් පිළිබඳ ව සිහිය යොමු කිරීමේ කොටස නිමා විය.)

තව ද මහණෙනි, භික්ෂුව පංච උපාදාන ස්කන්ධ ධර්මයන් පිළිබඳ ව ධම්මානුපස්සනාවෙන් වාසය කරයි. මහණෙනි, භික්ෂුව පංච උපාදාන ස්කන්ධ ධර්මයන් පිළිබඳ ව ධම්මානුපස්සනාවෙන් වාසය කරන්නේ කෙසේ ද?

මහණෙනි, මෙහි භික්ෂුව 'රූපය මෙසේ ය, රූපයෙහි හටගැනීම මෙසේ ය, රූපයෙහි නැසී යාම මෙසේ ය, විඳීම මෙසේ ය, විඳීමෙහි හටගැනීම මෙසේ ය, විඳීමෙහි නැසීයාම මෙසේ ය, සංඥාව මෙසේ ය, සංඥාවෙහි හටගැනීම මෙසේ ය, සංඥාවෙහි නැසීයාම මෙසේ ය, සංස්කාර මෙසේ ය, සංස්කාරයන්ගේ හටගැනීම මෙසේ ය, සංස්කාරයන්ගේ නැසීයාම මෙසේ ය, විඤ්ඤාණය මෙසේ ය, විඤ්ඤාණයෙහි හටගැනීම මෙසේ ය, විඤ්ඤාණයෙහි නැසීයාම මෙසේ ය' වශයෙනි.

මෙසේ තමා පිළිබඳ ව හෝ පංච උපාදානස්කන්ධ ධර්මයන්හි ධම්මානුපස්සී ව වාසය කරයි. අනුන් පිළිබඳ ව හෝ පංච උපාදානස්කන්ධ ධර්මයන්හි ධම්මානුපස්සී ව වාසය කරයි. තමාගේ ත්, අනුන්ගේ ත් හෝ පංච උපාදානස්කන්ධ ධර්මයන්හි ධම්මානුපස්සී ව වාසය කරයි.

පංච උපාදානස්කන්ධ ධර්මයන් හටගන්නා ආකාරය හෝ දකිමින් වාසය කරයි. පංච උපාදානස්කන්ධ ධර්මයන් නැසී යන ආකාරය හෝ දකිමින් වාසය කරයි. පංච උපාදානස්කන්ධ ධර්මයන් හටගන්නා - නැසෙනා ආකාරය හෝ දකිමින් වාසය කරයි.

ඔහු තුළ හේතු ප්‍රත්‍යයන්ගෙන් හටගත් පංච උපාදානස්කන්ධ ධර්මයන් පමණක් ඇති බවට සිහිය මැනැවින් පිහිටයි. එය තවදුරටත් අවබෝධය දියුණු වීම පිණිස ත්, සිහිය දියුණු වීම පිණිස ත් හේතු වෙයි. පංච උපාදානස්කන්ධ ධර්මයන් හා එක් නොවී වාසය කරයි. ලොවෙහි කිසිවකට ග්‍රහණය නොවෙයි. මහණෙනි, මෙසේ ත් භික්ෂුව පංච උපාදානස්කන්ධ ධර්මයන් පිළිබඳ ව ධම්මානුපස්සනාවෙන් වාසය කරයි.

(පංච උපාදාන ස්කන්ධ ධර්මයන් පිළිබඳ ව සිහිය යොමු කිරීමේ කොටස නිමා විය.)

තව ද මහණෙනි, භික්ෂුව සය වැදෑරුම් ආධ්‍යාත්මික බාහිර ආයතන ධර්මයන් පිළිබඳ ව ධම්මානුපස්සනාවෙන් වාසය කරයි. මහණෙනි, භික්ෂුව සය වැදෑරුම් ආධ්‍යාත්මික බාහිර ආයතන ධර්මයන් පිළිබඳ ව ධම්මානුපස්සනාවෙන් වාසය කරන්නේ කෙසේ ද?

මහණෙනි, මෙහි භික්ෂුව ඇස ත් දැනගනියි. රූප ත් දැනගනියි. ඒ දෙක

හේතුවෙන් යම් කෙලෙස් බන්ධනයක් උපදියි නම්, එය ත් දැනගනියි. නූපන් කෙලෙස් බන්ධනය උපදින්නේ යම් අයුරින් ද, එය ත් දැනගනියි. උපන් කෙලෙස් බන්ධනය ප්‍රහාණය වන්නේ යම් අයුරින් ද, එය ත් දැනගනියි. ප්‍රහාණය වී ගිය කෙලෙස් බන්ධනය යළි නූපදින්නේ යම් අයුරින් ද, එය ත් දැනගනියි.

කන ත් දැනගනියි. ශබ්ද ත් දැනගනියි. ඒ දෙක හේතුවෙන් යම් කෙලෙස් බන්ධනයක් උපදියි නම්, එය ත් දැනගනියි. නූපන් කෙලෙස් බන්ධනය උපදින්නේ යම් අයුරින් ද, එය ත් දැනගනියි. උපන් කෙලෙස් බන්ධනය ප්‍රහාණය වන්නේ යම් අයුරින් ද, එය ත් දැනගනියි. ප්‍රහාණය වී ගිය කෙලෙස් බන්ධනය යළි නූපදින්නේ යම් අයුරින් ද, එය ත් දැනගනියි.

නාසය ත් දැනගනියි. ගඳසුවඳ ත් දැනගනියි. ඒ දෙක හේතුවෙන් යම් කෙලෙස් බන්ධනයක් උපදියි නම්, එය ත් දැනගනියි. නූපන් කෙලෙස් බන්ධනය උපදින්නේ යම් අයුරින් ද, එය ත් දැනගනියි. උපන් කෙලෙස් බන්ධනය ප්‍රහාණය වන්නේ යම් අයුරින් ද, එය ත් දැනගනියි. ප්‍රහාණය වී ගිය කෙලෙස් බන්ධනය යළි නූපදින්නේ යම් අයුරින් ද, එය ත් දැනගනියි.

දිව ත් දැනගනියි. රස ත් දැනගනියි. ඒ දෙක හේතුවෙන් යම් කෙලෙස් බන්ධනයක් උපදියි නම්, එය ත් දැනගනියි. නූපන් කෙලෙස් බන්ධනය උපදින්නේ යම් අයුරින් ද, එය ත් දැනගනියි. උපන් කෙලෙස් බන්ධනය ප්‍රහාණය වන්නේ යම් අයුරින් ද, එය ත් දැනගනියි. ප්‍රහාණය වී ගිය කෙලෙස් බන්ධනය යළි නූපදින්නේ යම් අයුරින් ද, එය ත් දැනගනියි.

කය ත් දැනගනියි. පහස ත් දැනගනියි. ඒ දෙක හේතුවෙන් යම් කෙලෙස් බන්ධනයක් උපදියි නම්, එය ත් දැනගනියි. නූපන් කෙලෙස් බන්ධනය උපදින්නේ යම් අයුරින් ද, එය ත් දැනගනියි. උපන් කෙලෙස් බන්ධනය ප්‍රහාණය වන්නේ යම් අයුරින් ද, එය ත් දැනගනියි. ප්‍රහාණය වී ගිය කෙලෙස් බන්ධනය යළි නූපදින්නේ යම් අයුරින් ද, එය ත් දැනගනියි.

මනස ත් දැනගනියි. අරමුණු ත් දැනගනියි. ඒ දෙක හේතුවෙන් යම් කෙලෙස් බන්ධනයක් උපදියි නම්, එය ත් දැනගනියි. නූපන් කෙලෙස් බන්ධනය උපදින්නේ යම් අයුරින් ද, එය ත් දැනගනියි. උපන් කෙලෙස් බන්ධනය ප්‍රහාණය වන්නේ යම් අයුරින් ද, එය ත් දැනගනියි. ප්‍රහාණය වී ගිය කෙලෙස් බන්ධනය යළි නූපදින්නේ යම් අයුරින් ද, එය ත් දැනගනියි.

මෙසේ තමා පිළිබඳ ව හෝ සය වැදෑරුම් ආධ්‍යාත්මික බාහිර ආයතන ධර්මයන්හි ධම්මානුපස්සී ව වාසය කරයි. අනුන් පිළිබඳ ව හෝ සය වැදෑරුම් ආධ්‍යාත්මික බාහිර ආයතන ධර්මයන්හි ධම්මානුපස්සී ව වාසය කරයි. තමාගේ

ත්, අනුන්ගේ ත් හෝ සය වැදෑරුම් ආධ්‍යාත්මික බාහිර ආයතන ධර්මයන්හි ධම්මානුපස්සී ව වාසය කරයි.

සය වැදෑරුම් ආධ්‍යාත්මික බාහිර ආයතන ධර්මයන් හටගන්නා ආකාරය හෝ දකිමින් වාසය කරයි. සය වැදෑරුම් ආධ්‍යාත්මික බාහිර ආයතන ධර්මයන් නැසී යන ආකාරය හෝ දකිමින් වාසය කරයි. සය වැදෑරුම් ආධ්‍යාත්මික බාහිර ආයතන ධර්මයන් හටගන්නා - නැසෙනා ආකාරය හෝ දකිමින් වාසය කරයි.

ඔහු තුළ හේතු ප්‍රත්‍යයන්ගෙන් හටගත් සය වැදෑරුම් ආධ්‍යාත්මික බාහිර ආයතන ධර්මයන් පමණක් ඇති බවට සිහිය මැනැවින් පිහිටයි. එය තවදුරටත් අවබෝධය දියුණු වීම පිණිස ත්, සිහිය දියුණු වීම පිණිස ත් හේතු වෙයි. සය වැදෑරුම් ආධ්‍යාත්මික බාහිර ආයතන ධර්මයන් හා එක් නොවී වාසය කරයි. ලොවෙහි කිසිවකට ග්‍රහණය නොවෙයි. මහණෙනි, මෙසේ ත් භික්ෂුව සය වැදෑරුම් ආධ්‍යාත්මික බාහිර ආයතන ධර්මයන් පිළිබඳ ව ධම්මානුපස්සනාවෙන් වාසය කරයි.

(සය වැදෑරුම් ආධ්‍යාත්මික බාහිර ආයතන ධර්මයන් පිළිබඳ ව සිහිය යොමු කිරීමේ කොටස නිමා විය.)

තව ද මහණෙනි, භික්ෂුව සප්ත බොජ්ඣංග ධර්මයන් පිළිබඳ ව ධම්මානුපස්සනාවෙන් වාසය කරයි. මහණෙනි, භික්ෂුව සප්ත බොජ්ඣංග ධර්මයන් පිළිබඳ ව ධම්මානුපස්සනාවෙන් වාසය කරන්නේ කෙසේ ද?

මහණෙනි, මෙහි භික්ෂුව තමා තුළ තිබෙන්නා වූ හෝ සති සම්බොජ්ඣංගය 'මා තුළ සති සම්බොජ්ඣංගය තිබෙයි' යි දැනගනියි. තමා තුළ නොතිබෙන්නා වූ හෝ සති සම්බොජ්ඣංගය 'මා තුළ සති සම්බොජ්ඣංගය නොතිබෙයි' යි දැනගනියි. යම් අයුරකින් නූපන් සති සම්බොජ්ඣංගය උපදියි ද, එය ත් දැනගනියි. යම් අයුරකින් උපන් සති සම්බොජ්ඣංගය භාවනා වශයෙන් දියුණු වී පරිපූර්ණත්වයට පත්වෙයි ද, එය ත් දැනගනියි.

තමා තුළ තිබෙන්නා වූ හෝ ධම්මවිචය සම්බොජ්ඣංගය 'මා තුළ ධම්මවිචය සම්බොජ්ඣංගය තිබෙයි' යි දැනගනියි. තමා තුළ නොතිබෙන්නා වූ හෝ ධම්මවිචය සම්බොජ්ඣංගය 'මා තුළ ධම්මවිචය සම්බොජ්ඣංගය නොතිබෙයි' යි දැනගනියි. යම් අයුරකින් නූපන් ධම්මවිචය සම්බොජ්ඣංගය උපදියි ද, එය ත් දැනගනියි. යම් අයුරකින් උපන් ධම්මවිචය සම්බොජ්ඣංගය භාවනා වශයෙන් දියුණු වී පරිපූර්ණත්වයට පත්වෙයි ද, එය ත් දැනගනියි.

තමා තුළ තිබෙන්නා වූ හෝ විරිය සම්බොජ්ඣංගය 'මා තුළ විරිය සම්බොජ්ඣංගය තිබෙයි' යි දැනගනියි. තමා තුළ නොතිබෙන්නා වූ හෝ විරිය

සම්බොජ්ඣංගය 'මා තුළ විරිය සම්බොජ්ඣංගය නොතිබෙයි' යි දැනගනියි. යම් අයුරකින් නූපන් විරිය සම්බොජ්ඣංගය උපදියි ද, එය ත් දැනගනියි. යම් අයුරකින් උපන් විරිය සම්බොජ්ඣංගය භාවනා වශයෙන් දියුණු වී පරිපූර්ණත්වයට පත්වෙයි ද, එය ත් දැනගනියි.

තමා තුළ තිබෙන්නා වූ හෝ පීති සම්බොජ්ඣංගය 'මා තුළ පීති සම්බොජ්ඣංගය තිබෙයි' යි දැනගනියි. තමා තුළ නොතිබෙන්නා වූ හෝ පීති සම්බොජ්ඣංගය 'මා තුළ පීති සම්බොජ්ඣංගය නොතිබෙයි' යි දැනගනියි. යම් අයුරකින් නූපන් පීති සම්බොජ්ඣංගය උපදියි ද, එය ත් දැනගනියි. යම් අයුරකින් උපන් පීති සම්බොජ්ඣංගය භාවනා වශයෙන් දියුණු වී පරිපූර්ණත්වයට පත්වෙයි ද, එය ත් දැනගනියි.

තමා තුළ තිබෙන්නා වූ හෝ පස්සද්ධි සම්බොජ්ඣංගය 'මා තුළ පස්සද්ධි සම්බොජ්ඣංගය තිබෙයි' යි දැනගනියි. තමා තුළ නොතිබෙන්නා වූ හෝ පස්සද්ධි සම්බොජ්ඣංගය 'මා තුළ පස්සද්ධි සම්බොජ්ඣංගය නොතිබෙයි' යි දැනගනියි. යම් අයුරකින් නූපන් පස්සද්ධි සම්බොජ්ඣංගය උපදියි ද, එය ත් දැනගනියි. යම් අයුරකින් උපන් පස්සද්ධි සම්බොජ්ඣංගය භාවනා වශයෙන් දියුණු වී පරිපූර්ණත්වයට පත්වෙයි ද, එය ත් දැනගනියි.

තමා තුළ තිබෙන්නා වූ හෝ සමාධි සම්බොජ්ඣංගය 'මා තුළ සමාධි සම්බොජ්ඣංගය තිබෙයි' යි දැනගනියි. තමා තුළ නොතිබෙන්නා වූ හෝ සමාධි සම්බොජ්ඣංගය 'මා තුළ සමාධි සම්බොජ්ඣංගය නොතිබෙයි' යි දැනගනියි. යම් අයුරකින් නූපන් සමාධි සම්බොජ්ඣංගය උපදියි ද, එය ත් දැනගනියි. යම් අයුරකින් උපන් සමාධි සම්බොජ්ඣංගය භාවනා වශයෙන් දියුණු වී පරිපූර්ණත්වයට පත්වෙයි ද, එය ත් දැනගනියි.

තමා තුළ තිබෙන්නා වූ හෝ උපෙක්ඛා සම්බොජ්ඣංගය 'මා තුළ උපෙක්ඛා සම්බොජ්ඣංගය තිබෙයි' යි දැනගනියි. තමා තුළ නොතිබෙන්නා වූ හෝ උපෙක්ඛා සම්බොජ්ඣංගය 'මා තුළ උපෙක්ඛා සම්බොජ්ඣංගය නොතිබෙයි' යි දැනගනියි. යම් අයුරකින් නූපන් උපෙක්ඛා සම්බොජ්ඣංගය උපදියි ද, එය ත් දැනගනියි. යම් අයුරකින් උපන් උපෙක්ඛා සම්බොජ්ඣංගය භාවනා වශයෙන් දියුණු වී පරිපූර්ණත්වයට පත්වෙයි ද, එය ත් දැනගනියි.

මෙසේ තමා පිළිබඳ ව හෝ සප්ත බොජ්ඣංග ධර්මයන්හි ධම්මානුපස්සී ව වාසය කරයි. අනුන් පිළිබඳ ව හෝ සප්ත බොජ්ඣංගධර්මයන්හි ධම්මානුපස්සී ව වාසය කරයි. තමාගේ ත්, අනුන්ගේ ත් හෝ සප්ත බොජ්ඣංග ධර්මයන්හි ධම්මානුපස්සී ව වාසය කරයි.

සප්ත බොජ්ඣංග ධර්මයන් හටගන්නා ආකාරය හෝ දකිමින් වාසය කරයි. සප්ත බොජ්ඣංග ධර්මයන් නැසී යන ආකාරය හෝ දකිමින් වාසය කරයි. සප්ත බොජ්ඣංග ධර්මයන් හටගන්නා - නැසෙනා ආකාරය හෝ දකිමින් වාසය කරයි.

ඔහු තුළ හේතු ප්‍රත්‍යයන්ගෙන් හටගත් සප්ත බොජ්ඣංග ධර්මයන් පමණක් ඇති බවට සිහිය මැනැවින් පිහිටයි. එය තවදුරටත් අවබෝධය දියුණු වීම පිණිස ත්, සිහිය දියුණු වීම පිණිස ත් හේතු වෙයි. සප්ත බොජ්ඣංග ධර්මයන් හා එක් නොවී වාසය කරයි. ලොවෙහි කිසිවකට ග්‍රහණය නොවෙයි. මහණෙනි, මෙසේ ත් භික්ෂුව සප්ත බොජ්ඣංග ධර්මයන් පිළිබඳ ව ධම්මානුපස්සනාවෙන් වාසය කරයි.

(සප්ත බොජ්ඣංග ධර්මයන් පිළිබඳ ව සිහිය යොමු කිරීමේ කොටස නිමා විය.)

තව ද මහණෙනි, භික්ෂුව චතුරාර්ය සත්‍ය ධර්මයන් පිළිබඳ ව ධම්මානුපස්සනාවෙන් වාසය කරයි. මහණෙනි, භික්ෂුව චතුරාර්ය සත්‍ය ධර්මයන් පිළිබඳ ව ධම්මානුපස්සනාවෙන් වාසය කරන්නේ කෙසේ ද?

මහණෙනි, මෙහි භික්ෂුව 'මේ දුක' යැයි ඒ වූ සැටියෙන් ම දනගනියි. 'මේ දුකෙහි හටගැනීම' යැයි ඒ වූ සැටියෙන් ම දනගනියි. 'මේ දුකෙහි නිරුද්ධ වීම' යැයි ඒ වූ සැටියෙන් ම දනගනියි. 'මේ දුක නිරුද්ධ වන්නා වූ ප්‍රතිපදාව' යැයි ඒ වූ සැටියෙන් ම දනගනියි.

මහණෙනි, දුක්ඛ ආර්ය සත්‍යය යනු කුමක් ද? ඉපදීම ත් දුකකි. දිරා යාම ත් දුකකි. මරණය ත් දුකකි. ශෝක, වැළපීම්, කායික දුක්, මානසික දුක්, සුසුම් හෙළීම් ආදිය ත් දුක් ය. අප්‍රියයන් හා එක්වීම ත් දුකකි. ප්‍රියයන්ගෙන් වෙන් වීම ත් දුකකි. කැමති වන්නා වූ යමක් ඇද්ද, එය නොලැබීම ත් දුකකි. සංක්ෂේපයෙන් කීවොත් පංච උපාදානස්කන්ධයෝ ම දුක් ය.

මහණෙනි, ඉපදීම යනු කුමක් ද? ඒ ඒ සත්වයන්ගේ, ඒ ඒ සත්ව ලෝකයෙහි යම් ඉපදීමක්, හටගැනීමක්, බැසගැනීමක්, විශේෂ උපතක්, ස්කන්ධයන්ගේ පහළ වීමක්, ඇස් කන් ආදී ආයතනයන්ගේ ලැබීමක් ඇද්ද, මහණෙනි, මෙය ඉපදීම යැයි කියනු ලැබේ.

මහණෙනි, දිරා යාම යනු කුමක් ද? ඒ ඒ සත්වයන්ගේ, ඒ ඒ සත්ව ලෝකයෙහි යම් දිරා යාමක් ඇද්ද, දිරන බවක් ඇද්ද, දත් ආදිය කැඩී යාමක් ඇද්ද, කෙස් රැවුල් ඉදීමක් ඇද්ද, ඇඟපත රැළි වැටීමක් ඇද්ද, ආයුෂයෙහි අවසන්

වීමක් ඇද්ද, ඉඳුරන්ගේ මෝරා යාමක් ඇද්ද, මහණෙනි, මෙය දිරා යාම යැයි කියනු ලැබේ.

මහණෙනි, මරණය යනු කුමක් ද? ඒ ඒ සත්වයන්ගේ ඒ ඒ සත්ව ලෝකයෙන් යම් චුත වීමක් ඇද්ද, චුත වන බවක් ඇද්ද, බිඳී යාමක් ඇද්ද, නොපෙනී යාමක් ඇද්ද, මරණයට පත්වීමක් ඇද්ද, කළුරිය කිරීමක් ඇද්ද, ස්කන්ධයන්ගේ බිඳීමක් ඇද්ද, ශරීරය බහා තැබීමක් ඇද්ද, ජීවිතින්ද්‍රියයෙහි සිඳී යාමක් ඇද්ද, මහණෙනි, මෙය මරණය යැයි කියනු ලැබේ.

මහණෙනි, ශෝකය යනු කුමක් ද? මහණෙනි, ජීවිතයට සිදුවන්නා වූ විපත්වලින් එක්තරා විපතකින් යුක්ත වූ තැනැත්තාගේ, ජීවිතයට සිදුවන්නා වූ විපත්වලින් එක්තරා දුක්ඛදායක කරුණකින් පහස ලැබූ තැනැත්තා හට ඇතිවෙන යම් ශෝකයක් ඇද්ද, ශෝක වන බවක් ඇද්ද, ශෝක කරන බවක් ඇද්ද, සිත තුළ ශෝකයක් ඇද්ද, සිත වෙළාගත් ශෝකයක් ඇද්ද, මහණෙනි, මෙය ශෝකය යැයි කියනු ලැබේ.

මහණෙනි, හඬා වැළපීම යනු කුමක් ද? මහණෙනි, ජීවිතයට සිදුවන්නා වූ විපත්වලින් එක්තරා විපතකින් යුක්ත වූ තැනැත්තාගේ, ජීවිතයට සිදුවන්නා වූ විපත්වලින් එක්තරා දුක්ඛදායක කරුණකින් පහස ලැබූ තැනැත්තාගේ යම් හැඬීමක් ඇද්ද, හඬා වැළපීමක් ඇද්ද, නම් කියා හැඬීමක් ඇද්ද, නම් කියා හඬා වැළපීමක් ඇද්ද, අඳෝනා නගමින් හැඬීමක් ඇද්ද, අඳෝනා නගමින් හඬා වැළපීමක් ඇද්ද, මහණෙනි, මෙය හඬා වැළපීම යැයි කියනු ලැබේ.

මහණෙනි, කායික දුක යනු කුමක් ද? මහණෙනි, යම් කායික දුකක් ඇද්ද, කායික අමිහිරි බවක් ඇද්ද, කයෙහි ස්පර්ශයෙන් හටගත් දුකක්, අමිහිරි විඳීමක් ඇද්ද, දැඩි දුක් විඳීමක් ඇද්ද, මහණෙනි, මෙය කායික දුක යැයි කියනු ලැබේ.

මහණෙනි, මානසික දුක යනු කුමක් ද? මහණෙනි, යම් මානසික දුකක් ඇද්ද, මානසික අමිහිරි බවක් ඇද්ද, මනසෙහි ස්පර්ශයෙන් හටගත් දුකක්, අමිහිරි විඳීමක්, දැඩි දුක් විඳීමක් ඇද්ද, මහණෙනි, මෙය මානසික දුක යැයි කියනු ලැබේ.

මහණෙනි, සුසුම් හෙළීම යනු කුමක් ද? මහණෙනි, ජීවිතයට සිදුවන්නා වූ විපත්වලින් එක්තරා විපතකින් යුක්ත වූ තැනැත්තා හට, ජීවිතයට සිදුවන්නා වූ විපත්වලින් එක්තරා දුක්ඛදායක කරුණකින් පහස ලැබූ තැනැත්තා හට යම් වෙහෙසට පත්වීමක් ඇද්ද, සුසුම් හෙළීමක් ඇද්ද, දැඩි වෙහෙසට පත්වන බවක් ඇද්ද, දැඩි ලෙස සුසුම් හෙළන බවක් ඇද්ද, මහණෙනි, මෙය සුසුම් හෙළීම යැයි කියනු ලැබේ.

මහණෙනි, අප්‍රියයන් හා එක්වීමෙන් වන දුක යනු කුමක් ද? මෙහි යමෙකු හට අනිෂ්ට වූ, අකාන්ත වූ, අමනාප වූ, රූප - ශබ්ද - ගන්ධ - රස - පහස - අරමුණු යන මේවා ඇද්ද, ඔහුට අයහපත කැමති, අනතුරු කැමැති, අපහසුව කැමැති, විපත කැමැති යම් අය සිටිත් ද, එබඳු අරමුණු හා පුද්ගලයන් සමඟ යම් එක්වීමක් ඇද්ද, එකට එක් වීමක් ඇද්ද, එක්වන බවක් ඇද්ද, මිශ්‍රවීමක් ඇද්ද, මහණෙනි, මෙය අප්‍රියයන් හා එක්වීමේ දුක යැයි කියනු ලැබේ.

මහණෙනි, ප්‍රියයන්ගෙන් වෙන්වීමෙන් වන දුක යනු කුමක් ද? මෙහි යමෙකුට ඉෂ්ට වූ, කාන්ත වූ, මනාප වූ, රූප - ශබ්ද - ගන්ධ - රස - පහස - අරමුණු යන මේවා ඇද්ද, ඔහුට යහපත කැමති, හිත කැමැති, පහසුව කැමැති, දියුණුව කැමැති මව් හෝ පියා හෝ සොයුරන් හෝ සොයුරියන් හෝ ජ්‍යෙෂ්ඨ වූ හෝ කනිෂ්ට වූ හෝ යහළු මිතුරන් හෝ සහලේ ඥාතීන් හෝ සිටිත් ද, ඒ අරමුණු වලින් හා පුද්ගලයන්ගෙන් යම් වෙන්වීමක් ඇද්ද, එක් නොවන බවක් ඇද්ද, එක් නොවීමක් ඇද්ද, මිශ්‍ර නොවීමක් ඇද්ද, මහණෙනි, මෙය ප්‍රියයන්ගෙන් වෙන්වීමේ දුක යැයි කියනු ලැබේ.

මහණෙනි, කැමති වන්නා වූ යමක් ඇද්ද, එය නොලැබෙන දුක යනු කුමක් ද? මහණෙනි, ඉපදීම ස්වභාවය කොට ඇති සත්වයන් තුළ මෙබඳු ආශාවක් උපදියි. 'අනේ! ඒකාන්තයෙන් ම අපි ඉපදෙන ස්වභාවය ඇති අය නොවන්නෙමෝ නම්, ඒකාන්තයෙන් අප වෙත ඉපදීම නොඑන්නේ නම් මැනැවි.' මෙය වනාහී කැමති වීමෙන් ලැබිය හැක්කක් නොවෙයි. මෙය ද කැමති වන්නා වූ යමක් නොලැබෙයි නම් එය ත් දුක ය යන කරුණ යි.

මහණෙනි, දිරීම ස්වභාවය කොට ඇති සත්වයන් තුළ මෙබඳු ආශාවක් උපදියි. 'අනේ! ඒකාන්තයෙන් ම අපි දිරන ස්වභාවය ඇති අය නොවන්නමෝ නම්, ඒකාන්තයෙන් අප වෙත ජරාව නොඑන්නේ නම් මැනැවි.' මෙය වනාහී කැමති වීමෙන් ලැබිය හැක්කක් නොවෙයි. මෙය ද කැමති වන්නා වූ යමක් නොලැබෙයි නම් එය ත් දුක ය යන කරුණ යි.

මහණෙනි, රෝගීවීම ස්වභාවය කොට ඇති සත්වයන් තුළ මෙබඳු ආශාවක් උපදියි. 'අනේ! ඒකාන්තයෙන් ම අපි රෝගීවීමේ ස්වභාවය ඇති අය නොවන්නමෝ නම්, ඒකාන්තයෙන් අප වෙත රෝගීවීම නොඑන්නේ නම් මැනැවි.' මෙය වනාහී කැමති වීමෙන් ලැබිය හැක්කක් නොවෙයි. මෙය ද කැමති වන්නා වූ යමක් නොලැබෙයි නම් එය ත් දුක ය යන කරුණ යි.

මහණෙනි, මරණය ස්වභාවය කොට ඇති සත්වයන් තුළ මෙබඳු ආශාවක් උපදියි. 'අනේ! ඒකාන්තයෙන් ම අපි මැරෙන ස්වභාවය ඇති අය නොවන්නමෝ

නම්, ඒකාන්තයෙන් අප වෙත මරණය නොඑන්නේ නම් මැනැවි.' මෙය වනාහී කැමති වීමෙන් ලැබිය හැක්කක් නොවෙයි. මෙය ද කැමති වන්නා වූ යමක් නොලැබෙයි නම් එය ත් දුක ය යන කරුණ යි.

මහණෙනි, ශෝකී වීම ස්වභාවය කොට ඇති සත්වයන් තුළ මෙබඳු ආශාවක් උපදියි. 'අනේ! ඒකාන්තයෙන් ම අපි ශෝකවන ස්වභාවය ඇති අය නොවන්නමෝ නම්, ඒකාන්තයෙන් අප වෙත ශෝකය නොඑන්නේ නම් මැනැවි.' මෙය වනාහී කැමති වීමෙන් ලැබිය හැක්කක් නොවෙයි. මෙය ද කැමති වන්නා වූ යමක් නොලැබෙයි නම් එය ත් දුක ය යන කරුණ යි.

මහණෙනි, වැළපීම ස්වභාවය කොට ඇති සත්වයන් තුළ මෙබඳු ආශාවක් උපදියි. 'අනේ! ඒකාන්තයෙන් ම අපි වැළපෙන ස්වභාවය ඇති අය නොවන්නමෝ නම්, ඒකාන්තයෙන් අප වෙත වැළපීම නොඑන්නේ නම් මැනැවි.' මෙය වනාහී කැමති වීමෙන් ලැබිය හැක්කක් නොවෙයි. මෙය ද කැමති වන්නා වූ යමක් නොලැබෙයි නම් එය ත් දුක ය යන කරුණ යි.

මහණෙනි, කායික දුකින් පෙළෙන බව ස්වභාවය කොට ඇති සත්වයන් තුළ මෙබඳු ආශාවක් උපදියි. 'අනේ! ඒකාන්තයෙන් ම අපි කායික දුකින් පෙළෙනසුළු ස්වභාවය ඇති අය නොවන්නමෝ නම්, ඒකාන්තයෙන් අප වෙත කායික දුක නොඑන්නේ නම් මැනැවි.' මෙය වනාහී කැමති වීමෙන් ලැබිය හැක්කක් නොවෙයි. මෙය ද කැමති වන්නා වූ යමක් නොලැබෙයි නම් එය ත් දුක ය යන කරුණ යි.

මහණෙනි, මානසික දුකින් පෙළෙන බව ස්වභාවය කොට ඇති සත්වයන් තුළ මෙබඳු ආශාවක් උපදියි. 'අනේ! ඒකාන්තයෙන් ම අපි මානසික දුකින් පෙළෙනසුළු ස්වභාවය ඇති අය නොවන්නමෝ නම්, ඒකාන්තයෙන් අප වෙත මානසික දුක නොඑන්නේ නම් මැනැවි.' මෙය වනාහී කැමති වීමෙන් ලැබිය හැක්කක් නොවෙයි. මෙය ද කැමති වන්නා වූ යමක් නොලැබෙයි නම් එය ත් දුක ය යන කරුණ යි.

මහණෙනි, සුසුම් හෙළීම ස්වභාවය කොට ඇති සත්වයන් තුළ මෙබඳු ආශාවක් උපදියි. 'අනේ! ඒකාන්තයෙන් ම අපි සුසුම් හෙළීමේ ස්වභාවය ඇති අය නොවන්නමෝ නම්, ඒකාන්තයෙන් අප වෙත සුසුම් හෙළීම නොඑන්නේ නම් මැනැවි.' මෙය වනාහී කැමති වීමෙන් ලැබිය හැක්කක් නොවෙයි. මෙය ද කැමති වන්නා වූ යමක් නොලැබෙයි නම් එය ත් දුක ය යන කරුණ යි.

මහණෙනි, සංක්ෂේපයෙන් කියන ලද පංච උපාදානස්කන්ධ දුක යනු කුමක් ද? එනම්, රූප උපාදානස්කන්ධ ය, වේදනා උපාදානස්කන්ධ ය, සංඥා

උපාදානස්කන්ධ ය, සංස්කාර උපාදානස්කන්ධ ය, විඤ්ඤාණ උපාදානස්කන්ධ ය. මහණෙනි, මේවා සංක්ෂේපයෙන් කියන ලද පංච උපාදානස්කන්ධ දුක යැයි කියනු ලැබේ.

මහණෙනි, මෙය දුක්ඛාර්ය සත්‍යය යැයි කියනු ලැබේ.

මහණෙනි, දුක හටගැනීම නම් වූ ආර්ය සත්‍යය යනු කුමක් ද? පුනර්භවය ඇති කරදෙන, ආශ්වාදයෙන් ඇලෙන ස්වභාවය ඇති, උපනුපන් තැන සතුටින් පිළිගන්නා වූ, යම් මේ තණ්හාවක් ඇද්ද, එනම් කාම තණ්හාව ය. භව තණ්හාව ය. විභව තණ්හාව ය.

මහණෙනි, ඒ මේ තණ්හාව වනාහී උපදිතොත් උපදින්නේ කොහේ ද? පිහිටියොත් පිහිටන්නේ කොහේ ද? ලෝකයෙහි ප්‍රිය ස්වභාවය ඇති යමක් ඇද්ද, මිහිරි ස්වභාවය ඇති යමක් ඇද්ද, මේ තණ්හාව උපදිතොත් උපදින්නේ මෙහි ය. පිහිටියොත් පිහිටන්නේ මෙහි ය. ලෝකයෙහි ප්‍රිය ස්වභාවය, මිහිරි ස්වභාවය ඇති දේ කුමක් ද?

ඇස යනු ලෝකයෙහි ප්‍රිය ස්වභාවය ඇති, මිහිරි ස්වභාවය ඇති දෙයකි. මේ තණ්හාව උපදිතොත් උපදින්නේ මෙහි ය. පිහිටියොත් පිහිටන්නේ මෙහි ය. කන යනු ලෝකයෙහි ....(පෙ).... නාසය යනු ලෝකයෙහි ....(පෙ).... දිව යනු ලෝකයෙහි ....(පෙ).... කය යනු ලෝකයෙහි ....(පෙ).... මනස යනු ලෝකයෙහි ප්‍රිය ස්වභාවය ඇති, මිහිරි ස්වභාවය ඇති දෙයකි. මේ තණ්හාව උපදිතොත් උපදින්නේ මෙහි ය. පිහිටියොත් පිහිටන්නේ මෙහි ය.

රූප යනු ලෝකයෙහි ප්‍රිය ස්වභාවය ඇති, මිහිරි ස්වභාවය ඇති දෙයකි. මේ තණ්හාව උපදිතොත් උපදින්නේ මෙහි ය. පිහිටියොත් පිහිටන්නේ මෙහි ය. ශබ්ද යනු ලෝකයෙහි ....(පෙ).... ගන්ධ යනු ලෝකයෙහි ....(පෙ).... රස යනු ලෝකයෙහි ....(පෙ).... පහස යනු ලෝකයෙහි ....(පෙ).... අරමුණු යනු ලෝකයෙහි ප්‍රිය ස්වභාවය ඇති, මිහිරි ස්වභාවය ඇති දෙයකි. මේ තණ්හාව උපදිතොත් උපදින්නේ මෙහි ය. පිහිටියොත් පිහිටන්නේ මෙහි ය.

ඇසෙහි විඤ්ඤාණය යනු ලෝකයෙහි ප්‍රිය ස්වභාවය ඇති, මිහිරි ස්වභාවය ඇති දෙයකි. මේ තණ්හාව උපදිතොත් උපදින්නේ මෙහි ය. පිහිටියොත් පිහිටන්නේ මෙහි ය. කනෙහි විඤ්ඤාණය යනු ලෝකයෙහි ....(පෙ).... නාසයෙහි විඤ්ඤාණය යනු ලෝකයෙහි ....(පෙ).... දිවෙහි විඤ්ඤාණය යනු ලෝකයෙහි ....(පෙ).... කයෙහි විඤ්ඤාණය යනු ලෝකයෙහි ....(පෙ).... මනසෙහි විඤ්ඤාණය යනු ලෝකයෙහි ප්‍රිය ස්වභාවය ඇති, මිහිරි ස්වභාවය ඇති දෙයකි. මේ තණ්හාව උපදිතොත් උපදින්නේ මෙහි ය. පිහිටියොත් පිහිටන්නේ මෙහි ය.

ඇසෙහි ස්පර්ශය යනු ලෝකයෙහි ප්‍රිය ස්වභාවය ඇති, මිහිරි ස්වභාවය ඇති දෙයකි. මේ තණ්හාව උපදිතොත් උපදින්නේ මෙහි ය. පිහිටියොත් පිහිටන්නේ මෙහි ය. කනෙහි ස්පර්ශය යනු ලෝකයෙහි ....(පෙ).... නාසයෙහි ස්පර්ශය යනු ලෝකයෙහි ....(පෙ).... දිවෙහි ස්පර්ශය යනු ලෝකයෙහි ....(පෙ).... කයෙහි ස්පර්ශය යනු ලෝකයෙහි ....(පෙ).... මනසෙහි ස්පර්ශය යනු ලෝකයෙහි ප්‍රිය ස්වභාවය ඇති, මිහිරි ස්වභාවය ඇති දෙයකි. මේ තණ්හාව උපදිතොත් උපදින්නේ මෙහි ය. පිහිටියොත් පිහිටන්නේ මෙහි ය.

ඇසෙහි ස්පර්ශයෙන් හටගත් විඳීම යනු ලෝකයෙහි ප්‍රිය ස්වභාවය ඇති, මිහිරි ස්වභාවය ඇති දෙයකි. මේ තණ්හාව උපදිතොත් උපදින්නේ මෙහි ය. පිහිටියොත් පිහිටන්නේ මෙහි ය. කනෙහි ස්පර්ශයෙන් හටගත් විඳීම යනු ලෝකයෙහි ....(පෙ).... නාසයෙහි ස්පර්ශයෙන් හටගත් විඳීම යනු ලෝකයෙහි ....(පෙ).... දිවෙහි ස්පර්ශයෙන් හටගත් විඳීම යනු ලෝකයෙහි ....(පෙ).... කයෙහි ස්පර්ශයෙන් හටගත් විඳීම යනු ලෝකයෙහි ....(පෙ).... මනසෙහි ස්පර්ශයෙන් හටගත් විඳීම යනු ලෝකයෙහි ප්‍රිය ස්වභාවය ඇති, මිහිරි ස්වභාවය ඇති දෙයකි. මේ තණ්හාව උපදිතොත් උපදින්නේ මෙහි ය. පිහිටියොත් පිහිටන්නේ මෙහි ය.

රූප සංඥාව යනු ලෝකයෙහි ප්‍රිය ස්වභාවය ඇති, මිහිරි ස්වභාවය ඇති දෙයකි. මේ තණ්හාව උපදිතොත් උපදින්නේ මෙහි ය. පිහිටියොත් පිහිටන්නේ මෙහි ය. ශබ්ද සංඥාව යනු ලෝකයෙහි ....(පෙ).... ගන්ධ සංඥා වයනු ලෝකයෙහි ....(පෙ).... රස සංඥාව යනු ලෝකයෙහි ....(පෙ).... පහස සංඥාව යනු ලෝකයෙහි ....(පෙ).... අරමුණු සංඥාව යනු ලෝකයෙහි ප්‍රිය ස්වභාවය ඇති, මිහිරි ස්වභාවය ඇති දෙයකි. මේ තණ්හාව උපදිතොත් උපදින්නේ මෙහි ය. පිහිටියොත් පිහිටන්නේ මෙහි ය.

රූප ගැන චේතනා පහළ කිරීම යනු ලෝකයෙහි ප්‍රිය ස්වභාවය ඇති, මිහිරි ස්වභාවය ඇති දෙයකි. මේ තණ්හාව උපදිතොත් උපදින්නේ මෙහි ය. පිහිටියොත් පිහිටන්නේ මෙහි ය. ශබ්ද ගැන චේතනා පහළ කිරීම යනු ලෝකයෙහි ....(පෙ).... ගන්ධ ගැන චේතනා පහළ කිරීම යනු ලෝකයෙහි ....(පෙ).... රස ගැන චේතනා පහළ කිරීම යනු ලෝකයෙහි ....(පෙ).... පහස ගැන චේතනා පහළ කිරීම යනු ලෝකයෙහි ....(පෙ).... අරමුණු ගැන චේතනා පහළ කිරීම යනු ලෝකයෙහි ප්‍රිය ස්වභාවය ඇති, මිහිරි ස්වභාවය ඇති දෙයකි. මේ තණ්හාව උපදිතොත් උපදින්නේ මෙහි ය. පිහිටියොත් පිහිටන්නේ මෙහි ය.

රූප තණ්හාව යනු ලෝකයෙහි ප්‍රිය ස්වභාවය ඇති, මිහිරි ස්වභාවය ඇති දෙයකි. මේ තණ්හාව උපදිතොත් උපදින්නේ මෙහි ය. පිහිටියොත් පිහිටන්නේ

මෙහි ය. ශබ්ද තණ්හාව යනු ලෝකයෙහි ....(පෙ).... ගන්ධ තණ්හාව යනු ලෝකයෙහි ....(පෙ).... රස තණ්හාව යනු ලෝකයෙහි ....(පෙ).... පහස තණ්හාව යනු ලෝකයෙහි ....(පෙ).... අරමුණු තණ්හාව යනු ලෝකයෙහි ප්‍රිය ස්වභාවය ඇති, මිහිරි ස්වභාවය ඇති දෙයකි. මේ තණ්හාව උපදිතොත් උපදින්නේ මෙහි ය. පිහිටියොත් පිහිටන්නේ මෙහි ය.

රූප ගැන ආසාවෙන් කල්පනා කිරීම යනු ලෝකයෙහි ප්‍රිය ස්වභාවය ඇති, මිහිරි ස්වභාවය ඇති දෙයකි. මේ තණ්හාව උපදිතොත් උපදින්නේ මෙහි ය. පිහිටියොත් පිහිටන්නේ මෙහි ය. ශබ්ද ගැන ආසාවෙන් කල්පනා කිරීම යනු ලෝකයෙහි ....(පෙ).... ගන්ධ ගැන ආසාවෙන් කල්පනා කිරීම යනු ලෝකයෙහි ....(පෙ).... රස ගැන ආසාවෙන් කල්පනා කිරීම යනු ලෝකයෙහි ....(පෙ).... පහස ගැන ආසාවෙන් කල්පනා කිරීම යනු ලෝකයෙහි ....(පෙ).... අරමුණු ගැන ආසාවෙන් කල්පනා කිරීම යනු ලෝකයෙහි ප්‍රිය ස්වභාවය ඇති, මිහිරි ස්වභාවය ඇති දෙයකි. මේ තණ්හාව උපදිතොත් උපදින්නේ මෙහි ය. පිහිටියොත් පිහිටන්නේ මෙහි ය.

රූප ගැන ආසාවෙන් නැවත නැවත කල්පනා කිරීම යනු ලෝකයෙහි ප්‍රිය ස්වභාවය ඇති, මිහිරි ස්වභාවය ඇති දෙයකි. මේ තණ්හාව උපදිතොත් උපදින්නේ මෙහි ය. පිහිටියොත් පිහිටන්නේ මෙහි ය. ශබ්ද ගැන ආසාවෙන් නැවත නැවත කල්පනා කිරීම යනු ලෝකයෙහි ....(පෙ).... ගන්ධ ගැන ආසාවෙන් නැවත නැවත කල්පනා කිරීම යනු ලෝකයෙහි ....(පෙ).... රස ගැන ආසාවෙන් නැවත නැවත කල්පනා කිරීම යනු ලෝකයෙහි ....(පෙ).... පහස ගැන ආසාවෙන් නැවත නැවත කල්පනා කිරීම යනු ලෝකයෙහි ....(පෙ).... අරමුණු ගැන ආසාවෙන් නැවත නැවත කල්පනා කිරීම යනු ලෝකයෙහි ප්‍රිය ස්වභාවය ඇති, මිහිරි ස්වභාවය ඇති දෙයකි. මේ තණ්හාව උපදිතොත් උපදින්නේ මෙහි ය. පිහිටියොත් පිහිටන්නේ මෙහි ය.

මහණෙනි, මෙය දුක හටගැනීම නම් වූ ආර්ය සත්‍යය යැයි කියනු ලැබේ.

මහණෙනි, දුක නිරුද්ධ වීම නම් වූ ආර්ය සත්‍යය යනු කුමක් ද? ඒ කාම තණ්හා, භව තණ්හා, විභව තණ්හා යන ත්‍රිවිධ තණ්හාවේ ම යම් ඉතිරි නැති ව නොඇල්මෙන් නිරුද්ධ වීමක් ඇද්ද, අත්හැරීමක් ඇද්ද, බැහැර කිරීමක් ඇද්ද, නිදහස් වීමක් ඇද්ද, ආලය නැති බවක් ඇද්ද, එය යි.

මහණෙනි, ඒ මේ තණ්හාව වනාහී නැතිවෙතොත් නැතිවෙන්නේ කොහේ ද? නිරුද්ධ වෙතොත් නිරුද්ධ වන්නේ කොහේ ද? ලෝකයෙහි ප්‍රිය ස්වභාවය ඇති යමක් ඇද්ද, මිහිරි ස්වභාවය ඇති යමක් ඇද්ද, මේ තණ්හාව

නැතිවෙතොත් නැත්වෙන්නේ මෙහි ය. නිරුද්ධ වෙතොත් නිරුද්ධ වෙන්නේ මෙහි ය. ලෝකයෙහි ප්‍රිය ස්වභාවය, මිහිරි ස්වභාවය ඇති දේ කුමක් ද?

ඇස යනු ලෝකයෙහි ප්‍රිය ස්වභාවය ඇති, මිහිරි ස්වභාවය ඇති දෙයකි. මේ තණ්හාව නැතිවෙතොත් නැතිවෙන්නේ මෙහි ය. නිරුද්ධ වෙතොත් නිරුද්ධ වන්නේ මෙහි ය. කන යනු ලෝකයෙහි ....(පෙ).... නාසය යනු ලෝකයෙහි ....(පෙ).... දිව යනු ලෝකයෙහි ....(පෙ).... කය යනු ලෝකයෙහි ....(පෙ).... මනස යනු ලෝකයෙහි ප්‍රිය ස්වභාවය ඇති, මිහිරි ස්වභාවය ඇති දෙයකි. මේ තණ්හාව නැතිවෙතොත් නැතිවෙන්නේ මෙහි ය. නිරුද්ධ වෙතොත් නිරුද්ධ වන්නේ මෙහි ය.

රූප යනු ලෝකයෙහි ප්‍රිය ස්වභාවය ඇති, මිහිරි ස්වභාවය ඇති දෙයකි. මේ තණ්හාව නැතිවෙතොත් නැතිවෙන්නේ මෙහි ය. නිරුද්ධ වෙතොත් නිරුද්ධ වෙන්නේ මෙහි ය. ශබ්ද යනු ලෝකයෙහි ....(පෙ).... ගන්ධ යනු ලෝකයෙහි ....(පෙ).... රස යනු ලෝකයෙහි ....(පෙ).... පහස යනු ලෝකයෙහි ....(පෙ).... අරමුණු යනු ලෝකයෙහි ප්‍රිය ස්වභාවය ඇති, මිහිරි ස්වභාවය ඇති දෙයකි. මේ තණ්හාව නැතිවෙතොත් නැතිවෙන්නේ මෙහි ය. නිරුද්ධ වෙතොත් නිරුද්ධ වෙන්නේ මෙහි ය.

ඇසෙහි විඤ්ඤාණය යනු ලෝකයෙහි ප්‍රිය ස්වභාවය ඇති, මිහිරි ස්වභාවය ඇති දෙයකි. මේ තණ්හාව නැතිවෙතොත් නැතිවෙන්නේ මෙහි ය. නිරුද්ධ වෙතොත් නිරුද්ධ වෙන්නේ මෙහි ය. කනෙහි විඤ්ඤාණය යනු ලෝකයෙහි ....(පෙ).... නාසයෙහි විඤ්ඤාණය යනු ලෝකයෙහි ....(පෙ).... දිවෙහි විඤ්ඤාණය යනු ලෝකයෙහි ....(පෙ).... කයෙහි විඤ්ඤාණය යනු ලෝකයෙහි ....(පෙ).... මනසෙහි විඤ්ඤාණය යනු ලෝකයෙහි ප්‍රිය ස්වභාවය ඇති, මිහිරි ස්වභාවය ඇති දෙයකි. මේ තණ්හාව නැතිවෙතොත් නැතිවෙන්නේ මෙහි ය. නිරුද්ධ වෙතොත් නිරුද්ධ වෙන්නේ මෙහි ය.

ඇසෙහි ස්පර්ශය යනු ලෝකයෙහි ප්‍රිය ස්වභාවය ඇති, මිහිරි ස්වභාවය ඇති දෙයකි. මේ තණ්හාව නැතිවෙතොත් නැතිවෙන්නේ මෙහි ය. නිරුද්ධ වෙතොත් නිරුද්ධ වෙන්නේ මෙහි ය. කනෙහි ස්පර්ශය යනු ලෝකයෙහි ....(පෙ).... නාසයෙහි ස්පර්ශය යනු ලෝකයෙහි ....(පෙ).... දිවෙහි ස්පර්ශය යනු ලෝකයෙහි ....(පෙ).... කයෙහි ස්පර්ශය යනු ලෝකයෙහි ....(පෙ).... මනසෙහි ස්පර්ශය යනු ලෝකයෙහි ප්‍රිය ස්වභාවය ඇති, මිහිරි ස්වභාවය ඇති දෙයකි. මේ තණ්හාව නැතිවෙතොත් නැතිවෙන්නේ මෙහි ය. නිරුද්ධ වෙතොත් නිරුද්ධ වෙන්නේ මෙහි ය.

ඇසෙහි ස්පර්ශයෙන් හටගත් විඳීම යනු ලෝකයෙහි ප්‍රිය ස්වභාවය ඇති, මිහිරි ස්වභාවය ඇති දෙයකි. මේ තණ්හාව නැතිවෙතොත් නැතිවෙන්නේ මෙහි ය. නිරුද්ධ වෙතොත් නිරුද්ධ වෙන්නේ මෙහි ය. කනෙහි ස්පර්ශයෙන් හටගත් විඳීම යනු ලෝකයෙහි ....(පෙ).... නාසයෙහි ස්පර්ශයෙන් හටගත් විඳීම යනු ලෝකයෙහි ....(පෙ).... දිවෙහි ස්පර්ශයෙන් හටගත් විඳීම යනු ලෝකයෙහි ....(පෙ).... කයෙහි ස්පර්ශයෙන් හටගත් විඳීම යනු ලෝකයෙහි ....(පෙ).... මනසෙහි ස්පර්ශයෙන් හටගත් විඳීම යනු ලෝකයෙහි ප්‍රිය ස්වභාවය ඇති, මිහිරි ස්වභාවය ඇති දෙයකි. මේ තණ්හාව නැතිවෙතොත් නැතිවෙන්නේ මෙහි ය. නිරුද්ධ වෙතොත් නිරුද්ධ වෙන්නේ මෙහි ය.

රූප සංඥාව යනු ලෝකයෙහි ප්‍රිය ස්වභාවය ඇති, මිහිරි ස්වභාවය ඇති දෙයකි. මේ තණ්හාව නැතිවෙතොත් නැතිවෙන්නේ මෙහි ය. නිරුද්ධ වෙතොත් නිරුද්ධ වෙන්නේ මෙහි ය. ශබ්ද සංඥාව යනු ලෝකයෙහි ....(පෙ).... ගන්ධ සංඥාව යනු ලෝකයෙහි ....(පෙ).... රස සංඥාව යනු ලෝකයෙහි ....(පෙ).... පහස සංඥාව යනු ලෝකයෙහි ....(පෙ).... අරමුණු සංඥාව යනු ලෝකයෙහි ප්‍රිය ස්වභාවය ඇති, මිහිරි ස්වභාවය ඇති දෙයකි. මේ තණ්හාව නැතිවෙතොත් නැතිවෙන්නේ මෙහි ය. නිරුද්ධ වෙතොත් නිරුද්ධ වෙන්නේ මෙහි ය.

රූප ගැන චේතනා පහළ කිරීම යනු ලෝකයෙහි ප්‍රිය ස්වභාවය ඇති, මිහිරි ස්වභාවය ඇති දෙයකි. මේ තණ්හාව නැතිවෙතොත් නැතිවෙන්නේ මෙහි ය. නිරුද්ධ වෙතොත් නිරුද්ධ වෙන්නේ මෙහි ය. ශබ්ද ගැන චේතනා පහළ කිරීම යනු ලෝකයෙහි ....(පෙ).... ගන්ධ ගැන චේතනා පහළ කිරීම යනු ලෝකයෙහි ....(පෙ).... රස ගැන චේතනා පහළ කිරීම යනු ලෝකයෙහි ....(පෙ).... පහස ගැන චේතනා පහළ කිරීම යනු ලෝකයෙහි ....(පෙ).... අරමුණු ගැන චේතනා පහළ කිරීම යනු ලෝකයෙහි ප්‍රිය ස්වභාවය ඇති, මිහිරි ස්වභාවය ඇති දෙයකි. මේ තණ්හාව නැතිවෙතොත් නැතිවෙන්නේ මෙහි ය. නිරුද්ධ වෙතොත් නිරුද්ධ වෙන්නේ මෙහි ය.

රූප තණ්හාව යනු ලෝකයෙහි ප්‍රිය ස්වභාවය ඇති, මිහිරි ස්වභාවය ඇති දෙයකි. මේ තණ්හාව නැතිවෙතොත් නැතිවෙන්නේ මෙහි ය. නිරුද්ධ වෙතොත් නිරුද්ධ වෙන්නේ මෙහි ය. ශබ්ද තණ්හාව යනු ලෝකයෙහි ....(පෙ).... ගන්ධ තණ්හාව යනු ලෝකයෙහි ....(පෙ).... රස තණ්හාව යනු ලෝකයෙහි ....(පෙ).... පහස තණ්හාව යනු ලෝකයෙහි ....(පෙ).... අරමුණු තණ්හාව යනු ලෝකයෙහි ප්‍රිය ස්වභාවය ඇති, මිහිරි ස්වභාවය ඇති දෙයකි. මේ තණ්හාව නැතිවෙතොත් නැතිවෙන්නේ මෙහි ය. නිරුද්ධ වෙතොත් නිරුද්ධ වෙන්නේ මෙහි ය.

රූප ගැන ආසාවෙන් කල්පනා කිරීම යනු ලෝකයෙහි ප්‍රිය ස්වභාවය ඇති, මිහිරි ස්වභාවය ඇති දෙයකි. මේ තණ්හාව නැතිවෙතොත් නැතිවෙන්නේ මෙහි ය. නිරුද්ධ වෙතොත් නිරුද්ධ වෙන්නේ මෙහි ය. ශබ්ද ගැන ආසාවෙන් කල්පනා කිරීම යනු ලෝකයෙහි ....(පෙ).... ගන්ධ ගැන ආසාවෙන් කල්පනා කිරීම යනු ලෝකයෙහි ....(පෙ).... රස ගැන ආසාවෙන් කල්පනා කිරීම යනු ලෝකයෙහි ....(පෙ).... පහස ගැන ආසාවෙන් කල්පනා කිරීම යනු ලෝකයෙහි ....(පෙ).... අරමුණු ගැන ආසාවෙන් කල්පනා කිරීම යනු ලෝකයෙහි ප්‍රිය ස්වභාවය ඇති, මිහිරි ස්වභාවය ඇති දෙයකි. මේ තණ්හාව නැතිවෙතොත් නැතිවෙන්නේ මෙහි ය. නිරුද්ධ වෙතොත් නිරුද්ධ වෙන්නේ මෙහි ය.

රූප ගැන ආසාවෙන් නැවත නැවත කල්පනා කිරීම යනු ලෝකයෙහි ප්‍රිය ස්වභාවය ඇති, මිහිරි ස්වභාවය ඇති දෙයකි. මේ තණ්හාව නැතිවෙතොත් නැතිවෙන්නේ මෙහි ය. නිරුද්ධ වෙතොත් නිරුද්ධ වෙන්නේ මෙහි ය. ශබ්ද ගැන ආසාවෙන් නැවත නැවත කල්පනා කිරීම යනු ලෝකයෙහි ....(පෙ).... ගන්ධ ගැන ආසාවෙන් නැවත නැවත කල්පනා කිරීම යනු ලෝකයෙහි ....(පෙ).... රස ගැන ආසාවෙන් නැවත නැවත කල්පනා කිරීම යනු ලෝකයෙහි ....(පෙ).... පහස ගැන ආසාවෙන් නැවත නැවත කල්පනා කිරීම යනු ලෝකයෙහි ....(පෙ).... අරමුණු ගැන ආසාවෙන් නැවත නැවත කල්පනා කිරීම යනු ලෝකයෙහි ප්‍රිය ස්වභාවය ඇති, මිහිරි ස්වභාවය ඇති දෙයකි. මේ තණ්හාව නැතිවෙතොත් නැතිවෙන්නේ මෙහි ය. නිරුද්ධ වෙතොත් නිරුද්ධ වෙන්නේ මෙහි ය.

මහණෙනි, මෙය දුක නිරුද්ධ වීම නම් වූ ආර්ය සත්‍යය යැයි කියනු ලැබේ.

මහණෙනි, දුක නිරුද්ධ වීම පිණිස ඇති ප්‍රතිපදාව නම් වූ ආර්ය සත්‍යය කුමක් ද? මේ ආර්ය අෂ්ටාංගික මාර්ගය ම ය. එනම්; සම්මා දිට්ඨිය, සම්මා සංකල්ප, සම්මා වාචා, සම්මා කම්මන්ත, සම්මා ආජීව, සම්මා වායාම, සම්මා සති, සම්මා සමාධි යන මෙය යි.

මහණෙනි, සම්මා දිට්ඨිය යනු කුමක් ද? මහණෙනි, දුක්ඛාර්ය සත්‍යය පිළිබඳ යම් අවබෝධයක් ඇද්ද, දුක හටගැනීම නම් වූ ආර්ය සත්‍යය පිළිබඳ ව යම් අවබෝධයක් ඇද්ද, දුක නිරුද්ධ වීම නම් වූ ආර්ය සත්‍යය පිළිබඳ ව යම් අවබෝධයක් ඇද්ද, දුක නිරුද්ධ වීම පිණිස ඇති ප්‍රතිපදාව නම් වූ ආර්ය සත්‍යය පිළිබඳ ව යම් අවබෝධයක් ඇද්ද, මහණෙනි, මෙය සම්මා දිට්ඨිය යැයි කියනු ලැබේ.

මහණෙනි, සම්මා සංකල්ප යනු කුමක් ද? කාමයන්ගෙන් නික්මීම පිළිබඳ සංකල්පය ය, ව්‍යාපාද නැති බව පිළිබඳ සංකල්පය ය, හිංසා නැති බව පිළිබඳ සංකල්පය ය. මහණෙනි, මෙය සම්මා සංකල්පය යැයි කියනු ලැබේ.

මහණෙනි, සම්මා වාචා යනු කුමක් ද? බොරු කීමෙන් වෙන් වීම ය. කේලාම් කීමෙන් වෙන්වීම ය. දරුණු වචන කීමෙන් වෙන් වීම ය. හිස් වචන කීමෙන් වෙන් වීම ය. මහණෙනි, මෙය සම්මා වාචා යැයි කියනු ලැබේ.

මහණෙනි, සම්මා කම්මන්ත යනු කුමක් ද? සතුන් මැරීමෙන් වෙන්වීම ය. සොරකම් කිරීමෙන් වෙන් වීම ය. කාමයන්හි වරදවා හැසිරීමෙන් වෙන් වීම ය. මහණෙනි, මෙය සම්මා කම්මන්තය යැයි කියනු ලැබේ.

මහණෙනි, සම්මා ආජීවය යනු කුමක් ද? මහණෙනි, මෙහිලා ආර්යා ශ්‍රාවක තෙමේ මිථ්‍යා ජීවිකාව අත්හැර යහපත් ආජීවයෙන් ජීවිතය ගෙවයි. මහණෙනි, මෙය සම්මා ආජීවය යැයි කියනු ලැබේ.

මහණෙනි, සම්මා වායාම යනු කුමක් ද? මහණෙනි, මෙහි භික්ෂුව නූපන් පාපී අකුසල් දහම් නූපදවීම පිණිස කැමැත්ත උපදවයි. වෑයම් කරයි. වීරිය පටන් ගනියි. සිත දැඩිකොට ගනියි. ප්‍රධන් වීර්යය කරයි. උපන් පාපී අකුසල් දහම් නැසීම පිණිස කැමැත්ත උපදවයි. වෑයම් කරයි. වීරිය පටන් ගනියි. සිත දැඩිකොට ගනියි. ප්‍රධන් වීර්යය කරයි. නූපන් කුසල් දහම් ඉපදවීම පිණිස කැමැත්ත උපදවයි. වෑයම් කරයි. වීරිය පටන් ගනියි. සිත දැඩිකොට ගනියි. ප්‍රධන් වීර්යය කරයි. උපන් කුසල් දහම් පැවැත්වීම පිණිස, නැති නොවීම පිණිස, දියුණු වීම පිණිස, විපුල බවට පත්වීම පිණිස, භාවනාවෙන් පිරිපුන් වීම පිණිස කැමැත්ත උපදවයි. වෑයම් කරයි. වීරිය පටන් ගනියි. සිත දැඩිකොට ගනියි. ප්‍රධන් වීර්යය කරයි. මහණෙනි, මෙය සම්මා වායාමය යැයි කියනු ලැබේ.

මහණෙනි, සම්මා සතිය යනු කුමක් ද? මහණෙනි, මෙහි භික්ෂුව කෙලෙස් තවන වීර්යයෙන් යුතුව, නුවණින් යුතුව, මනා සිහියෙන් යුතුව, ලෝකයෙහි ඇලීම් ගැටීම් දුරුකොට කය පිළිබඳ ව කායානුපස්සනාවෙන් වාසය කරයි. කෙලෙස් තවන වීර්යයෙන් යුතුව, නුවණින් යුතුව, මනා සිහියෙන් යුතුව, ලෝකයෙහි ඇලීම් ගැටීම් දුරුකොට විඳීම් පිළිබඳ ව වේදනානුපස්සනාවෙන් වාසය කරයි. කෙලෙස් තවන වීර්යයෙන් යුතුව, නුවණින් යුතුව, මනා සිහියෙන් යුතුව, ලෝකයෙහි ඇලීම් ගැටීම් දුරුකොට සිත පිළිබඳ ව චිත්තානුපස්සනාවෙන් වාසය කරයි. කෙලෙස් තවන වීර්යයෙන් යුතුව, නුවණින් යුතුව, මනා සිහියෙන් යුතුව, ලෝකයෙහි ඇලීම් ගැටීම් දුරුකොට ධර්මයන් පිළිබඳ ව ධම්මානුපස්සනාවෙන් වාසය කරයි. මහණෙනි, මෙය සම්මා සතිය යැයි කියනු ලැබේ.

මහණෙනි, සම්මා සමාධිය යනු කුමක් ද? මහණෙනි, මෙහි භික්ෂුව කාමයන්ගෙන් වෙන් ව, අකුසල් දහමින් වෙන් ව, විතර්ක සහිත, විචාර සහිත,

විවේකයෙන් හටගත් ප්‍රීති සැපය ඇති ප්‍රථම ධ්‍යානය උපදවා ගෙන වාසය කරයි. විතර්ක විචාරයන් සංසිඳීමෙන්, තමා තුළ පැහැදීම ඇතිකරවන, සිතෙහි එකඟ බව ඇති ව විතර්ක රහිත, විචාර රහිත සමාධියෙන් හටගත් ප්‍රීති සැපය ඇති දෙවෙනි ධ්‍යානය උපදවාගෙන වාසය කරයි. ප්‍රීතියට ද නොඇල්මෙන්, උපේක්ෂාවෙන් යුතුව වාසය කරයි. සිහියෙන් ද, නුවණින් ද යුතුව කයෙන් සැපයකුත් විඳියි. ආර්යයෝ යම් සමාධියකට 'උපේක්ෂාවෙන් යුතුව, සිහියෙන් යුතුව සැපසේ වසයි' යනුවෙන් කියත් ද, ඒ තුන්වෙනි ධ්‍යානය උපදවාගෙන වාසය කරයි. සැපය ද නැතිවීමෙන්, දුක ද නැතිවීමෙන්, කලින් ම සොම්නස් දොම්නස් නැතිවීමෙන් දුක් සැප රහිත වූ පාරිශුද්ධ සිහියෙන් යුතු උපේක්ෂාව ඇති සතර වැනි ධ්‍යානය උපදවාගෙන වාසය කරයි. මහණෙනි, මෙය සම්මා සමාධිය යැයි කියනු ලැබේ.

මහණෙනි, මෙය දුක නිරුද්ධ වීම පිණිස ඇති ප්‍රතිපදාව නම් වූ ආර්ය සත්‍යය යැයි කියනු ලැබේ.

මෙසේ තමා පිළිබඳ ව හෝ චතුරාර්ය සත්‍යය ධර්මයන්හි ධම්මානුපස්සී ව වාසය කරයි. අනුන් පිළිබඳ ව හෝ චතුරාර්ය සත්‍යය ධර්මයන්හි ධම්මානුපස්සී ව වාසය කරයි. තමාගේ ත්, අනුන්ගේ ත් හෝ චතුරාර්ය සත්‍යය ධර්මයන්හි ධම්මානුපස්සී ව වාසය කරයි.

චතුරාර්ය සත්‍යය ධර්මයන් හටගන්නා ආකාරය හෝ දකිමින් වාසය කරයි. චතුරාර්ය සත්‍යය ධර්මයන් නැසී යන ආකාරය හෝ දකිමින් වාසය කරයි. චතුරාර්ය සත්‍යය ධර්මයන් හටගන්නා - නැසෙනා ආකාරය හෝ දකිමින් වාසය කරයි.

ඔහු තුළ හේතු ප්‍රත්‍යයන්ගෙන් හටගත් චතුරාර්ය සත්‍යය ධර්මයන් පමණක් ඇති බවට සිහිය මැනැවින් පිහිටයි. එය තවදුරටත් අවබෝධය දියුණු වීම පිණිස ත්, සිහිය දියුණු වීම පිණිස ත් හේතු වෙයි. චතුරාර්ය සත්‍යය ධර්මයන් හා එක් නොවී වාසය කරයි. ලොවෙහි කිසිවකට ග්‍රහණය නොවෙයි. මහණෙනි, මෙසේ ත් භික්ෂුව චතුරාර්ය සත්‍යය ධර්මයන් පිළිබඳ ව ධම්මානුපස්සනාවෙන් වාසය කරයි.

(චතුරාර්ය සත්‍යය ධර්මයන් පිළිබඳ ව සිහිය යොමු කිරීමේ කොටස නිමා විය.)

මහණෙනි, යම් කිසිවෙක් මේ සතර සතිපට්ඨානයන් මේ අයුරින් සත් වසරක් වඩන්නේ නම්, ඔහු විසින් ඵල දෙකක් අතුරින් එක් ප්‍රතිඵලයක් කැමති විය යුත්තේ ය. එනම් මෙලොව දී ම අරහත්වය හෝ කෙලෙස් ඉතිරි ව ඇති කල්හී අනාගාමී බව හෝ ය.

මහණෙනි, සත් වසරක් තිබේවා! මහණෙනි, යම් කිසිවෙක් මේ සතර සතිපට්ඨානයන් මේ අයුරින් සය වසරක් වඩන්නේ නම්, ඔහු විසින් ඵල දෙකක් අතුරින් එක් ප්‍රතිඵලයක් කැමති විය යුත්තේ ය. එනම් මෙලොව දී ම අරහත්වය හෝ කෙලෙස් ඉතිරි ව ඇති කල්හී අනාගාමී බව හෝ ය.

මහණෙනි, සය වසරක් තිබේවා! මහණෙනි, යම් කිසිවෙක් මේ සතර සතිපට්ඨානයන් මේ අයුරින් පස් වසරක් වඩන්නේ නම්, ඔහු විසින් ඵල දෙකක් අතුරින් එක් ප්‍රතිඵලයක් කැමති විය යුත්තේ ය. එනම් මෙලොව දී ම අරහත්වය හෝ කෙලෙස් ඉතිරි ව ඇති කල්හී අනාගාමී බව හෝ ය.

මහණෙනි, පස් වසරක් තිබේවා! මහණෙනි, යම් කිසිවෙක් මේ සතර සතිපට්ඨානයන් මේ අයුරින් සිව් වසරක් වඩන්නේ නම්, ඔහු විසින් ඵල දෙකක් අතුරින් එක් ප්‍රතිඵලයක් කැමති විය යුත්තේ ය. එනම් මෙලොව දී ම අරහත්වය හෝ කෙලෙස් ඉතිරි ව ඇති කල්හී අනාගාමී බව හෝ ය.

මහණෙනි, සිව් වසරක් තිබේවා! මහණෙනි, යම් කිසිවෙක් මේ සතර සතිපට්ඨානයන් මේ අයුරින් තුන් වසරක් වඩන්නේ නම්, ඔහු විසින් ඵල දෙකක් අතුරින් එක් ප්‍රතිඵලයක් කැමති විය යුත්තේ ය. එනම් මෙලොව දී ම අරහත්වය හෝ කෙලෙස් ඉතිරි ව ඇති කල්හී අනාගාමී බව හෝ ය.

මහණෙනි, තුන් වසරක් තිබේවා! මහණෙනි, යම් කිසිවෙක් මේ සතර සතිපට්ඨානයන් මේ අයුරින් දෙවසරක් වඩන්නේ නම්, ඔහු විසින් ඵල දෙකක් අතුරින් එක් ප්‍රතිඵලයක් කැමති විය යුත්තේ ය. එනම් මෙලොව දී ම අරහත්වය හෝ කෙලෙස් ඉතිරි ව ඇති කල්හී අනාගාමී බව හෝ ය.

මහණෙනි, දෙවසරක් තිබේවා! මහණෙනි, යම් කිසිවෙක් මේ සතර සතිපට්ඨානයන් මේ අයුරින් එක් වසරක් වඩන්නේ නම්, ඔහු විසින් ඵල දෙකක් අතුරින් එක් ප්‍රතිඵලයක් කැමති විය යුත්තේ ය. එනම් මෙලොව දී ම අරහත්වය හෝ කෙලෙස් ඉතිරි ව ඇති කල්හී අනාගාමී බව හෝ ය.

මහණෙනි, එක් වසරක් තිබේවා! මහණෙනි, යම් කිසිවෙක් මේ සතර සතිපට්ඨානයන් මේ අයුරින් සත් මසක් වඩන්නේ නම්, ඔහු විසින් ඵල දෙකක් අතුරින් එක් ප්‍රතිඵලයක් කැමති විය යුත්තේ ය. එනම් මෙලොව දී ම අරහත්වය හෝ කෙලෙස් ඉතිරි ව ඇති කල්හී අනාගාමී බව හෝ ය.

මහණෙනි, සත් මසක් තිබේවා! මහණෙනි, යම් කිසිවෙක් මේ සතර සතිපට්ඨානයන් මේ අයුරින් සය මසක් වඩන්නේ නම්, ඔහු විසින් ඵල දෙකක් අතුරින් එක් ප්‍රතිඵලයක් කැමති විය යුත්තේ ය. එනම් මෙලොව දී ම අරහත්වය හෝ කෙලෙස් ඉතිරි ව ඇති කල්හී අනාගාමී බව හෝ ය.

මහණෙනි, සය මසක් තිබේවා! මහණෙනි, යම් කිසිවෙක් මේ සතර සතිපට්ඨානයන් මේ අයුරින් පස් මසක් වඩන්නේ නම්, ඔහු විසින් ඵල දෙකක් අතුරින් එක් ප්‍රතිඵලයක් කැමති විය යුත්තේ ය. එනම් මෙලොව දී ම අරහත්වය හෝ කෙලෙස් ඉතිරි ව ඇති කල්හී අනාගාමී බව හෝ ය.

මහණෙනි, පස් මසක් තිබේවා! මහණෙනි, යම් කිසිවෙක් මේ සතර සතිපට්ඨානයන් මේ අයුරින් සිව් මසක් වඩන්නේ නම්, ඔහු විසින් ඵල දෙකක් අතුරින් එක් ප්‍රතිඵලයක් කැමති විය යුත්තේ ය. එනම් මෙලොව දී ම අරහත්වය හෝ කෙලෙස් ඉතිරි ව ඇති කල්හී අනාගාමී බව හෝ ය.

මහණෙනි, සිව් මසක් තිබේවා! මහණෙනි, යම් කිසිවෙක් මේ සතර සතිපට්ඨානයන් මේ අයුරින් තුන් මසක් වඩන්නේ නම්, ඔහු විසින් ඵල දෙකක් අතුරින් එක් ප්‍රතිඵලයක් කැමති විය යුත්තේ ය. එනම් මෙලොව දී ම අරහත්වය හෝ කෙලෙස් ඉතිරි ව ඇති කල්හී අනාගාමී බව හෝ ය.

මහණෙනි, තුන් මසක් තිබේවා! මහණෙනි, යම් කිසිවෙක් මේ සතර සතිපට්ඨානයන් මේ අයුරින් දෙමසක් වඩන්නේ නම්, ඔහු විසින් ඵල දෙකක් අතුරින් එක් ප්‍රතිඵලයක් කැමති විය යුත්තේ ය. එනම් මෙලොව දී ම අරහත්වය හෝ කෙලෙස් ඉතිරි ව ඇති කල්හී අනාගාමී බව හෝ ය.

මහණෙනි, දෙමසක් තිබේවා! මහණෙනි, යම් කිසිවෙක් මේ සතර සතිපට්ඨානයන් මේ අයුරින් එක් මසක් වඩන්නේ නම්, ඔහු විසින් ඵල දෙකක් අතුරින් එක් ප්‍රතිඵලයක් කැමති විය යුත්තේ ය. එනම් මෙලොව දී ම අරහත්වය හෝ කෙලෙස් ඉතිරි ව ඇති කල්හී අනාගාමී බව හෝ ය.

මහණෙනි, එක් මසක් තිබේවා! මහණෙනි, යම් කිසිවෙක් මේ සතර සතිපට්ඨානයන් මේ අයුරින් අඩ මසක් වඩන්නේ නම්, ඔහු විසින් ඵල දෙකක් අතුරින් එක් ප්‍රතිඵලයක් කැමති විය යුත්තේ ය. එනම් මෙලොව දී ම අරහත්වය හෝ කෙලෙස් ඉතිරි ව ඇති කල්හී අනාගාමී බව හෝ ය.

මහණෙනි, අඩ මසක් තිබේවා! මහණෙනි, යම් කිසිවෙක් මේ සතර සතිපට්ඨානයන් මේ අයුරින් සත් දිනක් වඩන්නේ නම්, ඔහු විසින් ඵල දෙකක් අතුරින් එක් ප්‍රතිඵලයක් කැමති විය යුත්තේ ය. එනම් මෙලොව දී ම අරහත්වය හෝ කෙලෙස් ඉතිරි ව ඇති කල්හී අනාගාමී බව හෝ ය.

'මහණෙනි, සත්වයන්ගේ පිරිසිදු බව පිණිස, ශෝක වැළපීම් ඉක්මයාම පිණිස, දුක් දොම්නස් නැතිවීම පිණිස, ධර්ම න්‍යාය අවබෝධ වීම පිණිස, නිවන සාක්ෂාත් කිරීම පිණිස, මේ ඒකායන මාර්ගය ඇත්තේ ය. එනම්, මේ

සතරක් වූ සතිපට්ඨානයෝ ය' යනුවෙන් යම් කරුණක් පවසන ලද්දේ ද, එය පවසන ලද්දේ මෙකරුණ සඳහා ය."

භාග්‍යවතුන් වහන්සේ මෙය වදාළ සේක. සතුටු සිත් ඇති ඒ භික්ෂූහු භාග්‍යවතුන් වහන්සේගේ භාෂිතය සතුටින් පිළිගත්තාහු ය.

සාදු! සාදු!! සාදු!!!

මහා සතිපට්ඨාන සූත්‍රය නිමා විය.

2.10.
පායාසි රාජඤ්ඤ සූත්‍රය
පායාසි රාජන්‍යයා හට වදාළ දෙසුම

මා විසින් මෙසේ අසන ලදී.

එක් සමයෙක්හි ආයුෂ්මත් කුමාර කස්සප තෙරණුවෝ පන්සියයක් පමණ මහත් භික්ෂු සංඝයා සමඟ කොසොල් ජනපදයෙහි චාරිකාවෙහි වඩින අතරෙහි සේතව්‍යා නම් කොසොල් නගරයකට වැඩම කළාහු ය. එහිදී ආයුෂ්මත් කුමාර කස්සප තෙරණුවෝ සේතව්‍යා නගරයට උතුරින් වූ ඇට්ටේරියා වනයෙහි වැඩවසති.

එසමයෙහි පායාසි නම් රාජන්‍යයෙක් (අභිෂේක නොලත් රජෙක්) සේතව්‍යා නගරයෙහි වාසය කරයි. පසේනදී කොසොල් මහරජු විසින් ඔහුට දෙන ලද ඒ සේතව්‍යා නගරය බොහෝ ජනයා සහිත තණ, දඬු, දර, දිය සහිත, ධාන්‍ය සහිත රාජ පරිභෝගයක් වූ ශ්‍රේෂ්ඨ ත්‍යාගයකි. එසමයෙහි පායාසි රාජන්‍යයා තුළ මෙබඳු ලාමක දෘෂ්ටියක් හටගත්තේ ය. එනම් 'මෙසේ ත් පරලොවක් නැත්තේ ය. ඕපපාතික ව උපදින සත්වයෝ නැත්තාහ. හොඳින් හෝ නරකින් හෝ කරන ලද කර්මයන්ගේ ඵල විපාක නැත්තේ ය' යනුවෙනි.

සේතව්‍ය නගරවාසී බ්‍රාහ්මණ ගෘහපතිවරු කුමාරකස්සපයන් වහන්සේ පිළිබඳ ව මෙය ඇසූහ. 'භවත්නි, ශ්‍රමණ ගෞතමයන් වහන්සේගේ ශ්‍රාවක වූ කුමාරකස්සප ශ්‍රමණයන් වහන්සේ පන්සියයක් පමණ මහත් භික්ෂු සංඝයා සමඟ කොසොල් ජනපදයෙහි චාරිකාවෙහි වඩින අතරෙහි සේතව්‍යා නුවරට වැඩම කොට සේතව්‍යා නුවරට උතුරින් පිහිටි ඇට්ටේරියා වනයෙහි වැඩවසන සේක. ඒ භවත් කුමාර කස්සපයන් වහන්සේ පිළිබඳ ව නුවණැත්තෙකු බව ත්, ව්‍යක්තයෙකු බව ත්, සොඳුරු ප්‍රඥාවෙන් යුක්ත බව ත්, බහුශ්‍රැත බව ත්, විචිත්‍ර ධර්මකථික බව ත්, කල්‍යාණ වැටහීම් ඇති බව ත්, වයෝවෘද්ධ බව ත්, රහතන් වහන්සේ නමක් බව ත් වශයෙන් මෙබඳු වූ කල්‍යාණ කීර්ති ඝෝෂාවක් පැනනැංගේ ය. එබඳු වූ රහතන් වහන්සේ නමකගේ දැක්ම ඉතා යහපති' යි කියා ය.

එකල්හී සේතව්‍යා නුවරවැසි බ්‍රාහ්මණ ගෘහපතීහු සේතව්‍යා නුවරින් නික්ම පිරිස් පිරිස් වශයෙන් එකතු වී සේතව්‍යා නුවරට උතුරු දෙසට මුහුණලා ඇට්ටේරියා වනය දෙසට යමින් සිටියහ. එසමයෙහි පායාසි රාජන්‍ය තෙමේ දහවල් කාලයෙහි සැතැපී විවේක ගැනීම පිණිස උඩුමහල් තලයට පැමිණ සිටියේ ය. පායාසි රාජන්‍ය තෙමේ සේතව්‍යා නුවරවැසි බ්‍රාහ්මණ ගෘහපතීහු සේතව්‍යා නුවරින් නික්ම පිරිස් පිරිස් වශයෙන් එකතු වී සේතව්‍යා නුවරට උතුරු දෙසට මුහුණලා ඇට්ටේරියා වනය දෙසට යමින් සිටිනු දුටුවේ ය. දැක (තම රාජකාරිය වන බත්ත නිලය දරන) බත්ත ඇමතී ය.

"කිම? භවත් බත්තයෙනි, සේතව්‍යා නුවරවැසි බ්‍රාහ්මණ ගෘහපතීහු සේතව්‍යා නුවරින් නික්ම පිරිස් පිරිස් වශයෙන් එකතු වී සේතව්‍යා නුවරට උතුරු දෙසට මුහුණලා ඇට්ටේරියා වනය දෙසට කුමක් පිණිස යන්නාහු ද?"

"භවත, එයට කරුණක් ඇත්තේ ය. ශ්‍රමණ ගෞතමයන් වහන්සේගේ ශ්‍රාවක වූ කුමාරකස්සප ශ්‍රමණයන් වහන්සේ පන්සියයක් පමණ මහත් භික්ෂු සංඝයා සමග කොසොල් ජනපදයෙහි චාරිකාවෙහි වඩින අතරෙහි සේතව්‍යා නුවරට වැඩම කොට සේතව්‍යා නුවරට උතුරින් පිහිටි ඇට්ටේරියා වනයෙහි වැඩවසන සේක. ඒ භවත් කුමාර කස්සපයන් වහන්සේ පිළිබඳ ව නුවණැත්තෙකු බව ත්, ව්‍යක්තයෙකු බව ත්, සොඳුරු ප්‍රඥාවෙන් යුක්ත බව ත්, බහුශ්‍රැත බව ත්, විචිත්‍ර ධර්මකථික බව ත්, කල්‍යාණ වැටහීම් ඇති බව ත්, වයෝවෘද්ධ බව ත්, රහතන් වහන්සේ නමක් බව ත් වශයෙන් මෙබඳු වූ කල්‍යාණ කීර්ති ඝෝෂාවක් පැනනැංගේ ය. ඔවුහු ඒ භවත් කුමාර කස්සපයන් දකිනු පිණිස එහි යන්නාහු ය."

"එසේ වී නම් භවත් බත්තයෙනි, සේතව්‍යා නුවරවැසි බ්‍රාහ්මණ ගෘහපතියන් වෙත යව. ගොස් සේතව්‍යා නුවරවැසි බ්‍රාහ්මණ ගෘහපතියන්ට මෙසේ පවසව. 'භවත්නි, පායාසි රාජන්‍ය තෙමේ මෙසේ කියයි. භවත්හු බලාපොරොත්තු වෙත්වා! පායාසි රාජන්‍ය තෙමේ ද ශ්‍රමණ කුමාරකස්සපයන් දකින්නට එළඹෙන්නේ ය. ඒ අනිකකට නොව ශ්‍රමණ කුමාරකස්සපයන් සේතව්‍යා නුවරවැසි බාල වූ, අව්‍යක්ත වූ, බ්‍රාහ්මණ ගෘහපතිවරුන්ට 'මෙසේ ත් පරලොවක් ඇත්තේ ය. ඕපපාතික ව උපදින සත්වයෝ ඇත්තාහ. හොඳින් හෝ නරකින් හෝ කරන ලද කර්මයන්ගේ ඵල විපාක ඇත්තේ ය' කියා පහදන්නට කලින් ය. මක් නිසා ද යත්, භවත් බත්තයෙනි, පරලොවක් නැති නිසා ය. ඕපපාතික ව උපදින සත්වයන් නැති නිසා ය. හොඳින් හෝ නරකින් හෝ කරන ලද කර්මයන්ගේ ඵලවිපාක නැති නිසා ය."

"එසේ ය, භවත" යි ඒ ඛත්ත තෙමේ පායාසි රාජන්‍යයා හට පිළිතුරු දී සේතව්‍යා නුවරවැසි බ්‍රාහ්මණ ගෘහපතිවරුන් කරා ගියේ ය. ගොස් සේතව්‍යා නුවරවැසි බ්‍රාහ්මණ ගෘහපතීන්ට මෙය පැවසුවේ ය.

"භවත්නි, පායාසි රාජන්‍ය තෙමේ මෙසේ පවසයි. භවත්හු බලාපොරොත්තු වෙත්වා! පායාසි රාජන්‍ය තෙමේ ත් ශ්‍රමණ කුමාර කස්සපයන් දකින්නට එළඹෙන්නේ ය."

ඉක්බිති පායාසි රාජන්‍ය තෙමේ සේතව්‍ය නුවර බ්‍රාහ්මණ ගෘහපතියන් පිරිවරාගෙන ඇට්ටේරියා වනය යම් තැනක ද, ආයුෂ්මත් කුමාර කස්සපයන් වහන්සේ වැඩසිටියේ යම් තැනක ද, එතැනට පැමිණියේ ය. පැමිණ ආයුෂ්මත් කුමාර කස්සපයන් වහන්සේ සමඟ සතුටු වූයේ ය. සතුටු විය යුතු පිළිසඳර කථාව නිමවා එකත්පස් ව හිඳගත්තේ ය. සේතව්‍යාවැසි බ්‍රාහ්මණ ගෘහපතිවරු ද, ඇතැම් කෙනෙක් ආයුෂ්මත් කුමාර කස්සපයන් වහන්සේට වන්දනා කොට එකත්පස් ව හිඳගත්හ. ඇතැම් කෙනෙක් ආයුෂ්මත් කුමාර කස්සපයන් වහන්සේ සමඟ සතුටු කතාබහේ යෙදුණාහු ය. ඒ පිළිසඳර කථාව නිමවා එකත්පස් ව හිඳගත්හ. ඇතැම් කෙනෙක් ආයුෂ්මත් කුමාර කස්සපයන් වෙත ඇඳිලි බැඳ වැඳ එකත්පස් ව හිඳගත්හ. ඇතැම් කෙනෙක් සිය නම්ගොත් පවසා එකත්පස් ව හිඳගත්හ. ඇතැම් කෙනෙක් නිශ්ශබ්ද ව එකත්පස් ව හිඳගත්හ.

එකත්පස් ව හුන් පායාසි රාජන්‍ය තෙමේ ආයුෂ්මත් කුමාර කස්සපයන් වහන්සේට මෙය පැවසීය.

"භවත් කස්සපයෙනි, මම මෙබඳු මතයක් පවසමි. මෙබඳු මතයක් දරමි. එනම්, 'මෙසේ ත් පරලොවක් නැත්තේ ය. ඕපපාතික ව උපදින සත්වයෝ නැත්තාහ. හොඳින් හෝ නරකින් හෝ කරනු ලබන කර්මයන්ගේ ඵලවිපාක නැත්තේ ය' කියා ය."

"රාජන්‍යයෙනි, මෙබඳු මතයක් කියන, මෙබඳු මතයක් දරණ කෙනෙකු මම දූක නැත්තෙමි. අසා ත් නැත්තෙමි. 'මෙසේ ත් පරලොවක් නැත්තේ ය. ඕපපාතික ව උපදින සත්වයෝ නැත්තාහ. හොඳින් හෝ නරකින් හෝ කරනු ලබන කර්මයන්ගේ ඵලවිපාක නැත්තේ ය' කියා කොහොම නම් මෙසේ කියන්න ද?

එසේ වී නම් රාජන්‍යයෙනි, මෙහිලා ඔබෙන් ම අසන්නෙමි. ඔබට රිසි වන්නේ යම් අයුරකින් ද, ඒ අයුරින් පවසන්න. රාජන්‍යයෙනි, මේ ගැන කුමක් සිතන්නෙහි ද? මේ සඳ, හිරු දෙදෙන ඇත්තේ මේ ලෝකයෙහි ද? වෙනත් ලොවක ද? ඔවුහු දෙවියෝ ද? මිනිස්සු ද?"

"භවත් කස්සපයෙනි, මේ සඳ, හිරු දෙදෙන වෙනත් ලොවකට අයත් ය. මෙලොවට නොවෙයි. ඔවුහු දෙවියෝ ය. මිනිස්සු නොවෙති."

"රාජන්‍යයෙනි, මේ ක්‍රමයෙනුත් ඔබට මෙසේ සිතේවා! 'මෙසේ ත් පරලොවක් ඇත්තේ ය. ඕපපාතික ව උපදින සත්වයෝ ඇත්තාහ. හොඳින් හෝ නරකින් හෝ කරනු ලබන කර්මයන්ගේ ඵලවිපාක ඇත්තේ ය' කියා ය."

"භවත් කස්සපයෝ මෙසේ පැවසුව ද, මට නම් මෙහිලා මෙසේ ම සිතෙයි. එනම් 'මෙසේ ත් පරලොවක් නැත්තේ ය. ඕපපාතික ව උපදින සත්වයෝ නැත්තාහ. හොඳින් හෝ නරකින් හෝ කරනු ලබන කර්මයන්ගේ ඵලවිපාක නැත්තේ ය' කියා ය."

"රාජන්‍යයෙනි, 'මෙසේ ත් පරලොවක් නැත්තේ ය. ඕපපාතික ව උපදින සත්වයෝ නැත්තාහ. හොඳින් හෝ නරකින් හෝ කරනු ලබන කර්මයන්ගේ ඵලවිපාක නැත්තේ ය' යනුවෙන් ඔබ තුළ මේ දෘෂ්ටිය ඇති වූයේ යම් කරුණක් නිසා නම්, එබඳු කරුණක් ඇත්තේ ද?"

"භවත් කස්සපයෙනි, 'මෙසේ ත් පරලොවක් නැත්තේ ය. ඕපපාතික ව උපදින සත්වයෝ නැත්තාහ. හොඳින් හෝ නරකින් හෝ කරනු ලබන කර්මයන්ගේ ඵලවිපාක නැත්තේ ය' කියා මා තුළ මේ දෘෂ්ටිය ඇති වූයේ යම් කරුණකින් නම්, එබඳු කරුණක් ඇත්තේ ය."

"රාජන්‍යයෙනි, එය කෙබඳු කරුණක් ද?"

"භවත් කස්සපයෙනි, මෙහිලා ප්‍රාණවධ කරන, සොරකම් කරන, වැරදි කාම සේවනයෙහි යෙදෙන, බොරු කියන, කේලාම් කියන, පරුෂ වචන කියන, හිස් වචන කියන, අන් සතු දෙයට ආශා කරන, ද්වේෂ සිතින් සිටින, මිසදිටු ගත් මාගේ යහළු මිතුරෝ, සහලේ ඥාතීහු ඇත්තාහ. මෑත භාගයෙහි ඔවුහු රෝගාතුර ව, දුක්බිත ව, දැඩි සේ ගිලන් ව සිටියාහු ය. මොවුන් දැන් මේ රෝගයෙන් නොනැගිටින්නාහ යි යම් කලෙක මම දනිම් ද, එකල්හී මම ඔවුන් කරා ගොස් මෙසේ කියමි. 'භවත්නි, මෙබඳු මතයක් කියන, මෙබඳු මතයක් දරණ ඇතැම් ශ්‍රමණබ්‍රාහ්මණවරු සිටිති. එනම්, සතුන් මරන, සොරකම් කරන, වැරදි කාම සේවනයෙහි යෙදෙන, බොරු කියන, කේලාම් කියන, පරුෂ වචන කියන, හිස් වචන කියන, අන් සතු දෙයට ආශා කරන, ද්වේෂ සිතින් සිටින, මිසදිටු ගත් යම් කෙනෙක් වෙත් ද, ඔවුහු කය බිඳී මරණින් මතු අපාය දුගති විනිපාත නම් වූ නිරයෙහි උපදින්නෝ ය. භවත්හු වනාහී සතුන් මරන, සොරකම් කරන, වැරදි කාම සේවනයෙහි යෙදෙන, බොරු කියන, කේලාම්

කියන, පරුෂ වචන කියන, හිස් වචන කියන, අන් සතු දෙයට ආශා කරන, ද්වේෂ සිතින් සිටින, මිසදිටු ගත්තෝ ය. ඉදින් ඒ භවත් ශ්‍රමණ බ්‍රාහ්මණයන්ගේ වචන සත්‍යය නම්, භවත්හු කය බිඳී මරණින් මතු අපාය, දුගති, විනිපාත නම් නිරයෙහි උපදින්නාහු ය. ඉදින් භවත්නි, කය බිඳී මරණින් මතු අපාය, දුගති, විනිපාත නිරයෙහි උපදිත් නම් මා වෙත පැමිණ එය දැනුම් දෙව්. 'මෙසේ ත් පරලොවක් ඇත්තේ ය. ඕපපාතික ව උපදින සත්වයෝ ඇත්තාහ. හොඳින් හෝ නරකින් හෝ කරනු ලබන කර්මයන්ගේ ඵලවිපාක ඇත්තේ ය' කියා ය.

භවත්හු වනාහී මට ඇදහිය යුතු වචන, විශ්වාස වචන ඇත්තෝ ය. භවතුන් විසින් යමක් දකින ලද්දේ නම්, එය මා විසින් දකින ලද්දක් සේ මෙසේ ම වන්නේ ය. ඔවුහු 'යහපති' යි මට පිළිතුරු දී මිය ගියෝ ය. එහෙත් පෙරළා පැමිණ මට දැනුම් නොදුන්හ. අඩුගණනේ දූතයෙකු වත් නොඑව්වෝ ය.

භවත් කස්සපයෙනි, යම් කරුණක් නිසා 'මෙසේ ත් පරලොවක් නැත්තේ ය. ඕපපාතික ව උපදින සත්වයෝ නැත්තාහ. හොඳින් හෝ නරකින් හෝ කරනු ලබන කර්මයන්ගේ ඵලවිපාක නැත්තේ ය' යන දෘෂ්ටිය මා තුළ හටගත්තේ ද, මෙය ද කරුණකි."

"එසේ වී නම් රාජන්‍යයෙනි, මෙහිලා ඔබෙන් ම විමසන්නෙමි. ඔබට රිසි වන්නේ යම් අයුරකින් නම්, ඒ අයුරින් පවසන්න. රාජන්‍යයෙනි, මේ ගැන කුමක් සිතන්නෙහි ද? මෙහි ඔබගේ පුරුෂයෝ අපරාධ කළ සොරෙකු අල්ලා ගෙනවුත් 'හිමියනි, මේ සොරා අපරාධකාරයෙකි. මොහුට යම් දඬුවමක් කැමැත්තෙහු නම්, ඒ දඬුවම පණවන්නැ' යි ඔබට දක්වති. ඔබ ඔවුන්ට මෙසේ කියන්නෙහි ය. 'භවත්නි, එසේ නම් දැඩි වරපටක් ගෙන, දැත් පිටුපස කොට මේ පුරුෂයා ව තද කොට බැඳ, හිස මුඩු කරවා, බැගෑ හඬ ඇති බෙර නාදයෙන් යුතුව පාරක් පාරක් ගානේ, හතරමං හන්දියක් හතරමං හන්දියක් ගානේ ගෙන ගොස්, දකුණු දොරටුවෙන් නික්ම නගරයට දකුණු පසින් ඇති වධක භූමියෙහි දී හිස සිඳිව්' යි.

එවිට ඔවුහු 'යහපති' යි පිළිවදන් දී දැඩි වරපටක් ගෙන, දැත් පිටුපස කොට අර පුරුෂයා ව තද කොට බැඳ, හිස මුඩු කරවා, බැගෑ හඬ ඇති බෙර නාදයෙන් යුතුව පාරක් පාරක් ගානේ, හතරමං හන්දියක් හතරමං හන්දියක් ගානේ ගෙන ගොස්, දකුණු දොරටුවෙන් නික්ම නගරයට දකුණු පසින් ඇති වධක භූමියෙහි හිඳුවන්නාහු ය. එකල්හී ඒ සොරා නිළ ලත් සොරු මරන්නවුන්ගෙන් 'භවත් චෝරඝාතකවරුනි, අසවල් ගමෙහි හෝ නියම් ගමෙහි හෝ මාගේ හිතමිත්‍රයෝ, ලේ ඥාතීහු සිටිති. මම ඔවුන්ට මා සතු දේපල පවරා

දී ආපසු පැමිණෙම් ද, එතෙක් බලාපොරොත්තු වෙත්වා!' යන මෙබඳු දෙයක් ලැබෙයි ද? එසේ ත් නැත්නම් චෝරඝාතකයෝ ඔහු හඬා වැළපෙද්දී ම හිස සිඳින්නාහු ද?"

"භවත් කස්සපයෙනි, ඒ සොරා නිළ ලත් චෝරඝාතකයන්ගෙන් 'භවත් චෝරඝාතකවරුනි, අසවල් ගමෙහි හෝ නියම් ගමෙහි හෝ මාගේ හිතමිත්‍රයෝ, ලේ ඥාතීහු සිටිති. මම ඔවුන්ට මා සතු දේපල පවරා දී ආපසු පැමිණෙම් ද, එතෙක් බලාපොරොත්තු වෙත්වා!' යන මෙබඳු දෙයක් නොලබන්නේ ය. නමුත් චෝරඝාතකයෝ ඔහු හඬා වැළපෙද්දී ම හිස සිඳින්නාහු ය."

"රාජන්‍යයෙනි, ඒ සොරා වනාහී මිනිසෙකි. මනුෂ්‍ය වූ ම චෝරඝාතකයන් ගෙන් 'භවත් චෝරඝාතකවරුනි, අසවල් ගමෙහි හෝ නියම් ගමෙහි හෝ මාගේ හිතමිත්‍රයෝ, ලේ ඥාතීහු සිටිති. මම ඔවුන්ට මා සතු දේපල පවරා දී ආපසු පැමිණෙම් ද, එතෙක් බලාපොරොත්තු වෙත්වා!' යන මෙබඳු දෙයක් නොලබන්නේ ය. කිම? එසේ ඇති කල්හී සතුන් මරන, සොරකම් කරන, වැරදි කාම සේවනයෙහි යෙදෙන, බොරු කියන, කේලාම් කියන, පරුෂ වචන කියන, හිස් වචන කියන, අන් සතු දෙයට ආශා කරන, ද්වේෂ සිතින් සිටින, මිසදිටු ගෙන සිටින ඔබගේ යහළු මිත්‍රාදීහු, ලේ ඥාතීහු කය බිඳී මරණින් මතු අපාය, දුගති, විනිපාත නම් නිරයෙහි ඉපදුණු පසු නිරයපාලයන්ගෙන් 'භවත් නිරයපාලයෙනි, මෙසේ ත් පරලොවක් ඇත්තේ ය. ඕපපාතික ව උපදින සත්වයෝ ඇත්තාහු ය. හොඳින් හෝ නරකින් හෝ කරන ලද කර්මයන්ගේ විපාක ඇත්තේ ය කියා අපි පායාසි රාජන්‍යයා හට දැනුම් දෙන්නෙම් ද, එතෙක් අපගේ යළි පැමිණීම බලාපොරොත්තු වෙත්වා' යි යන කරුණු ලැබිය හැක්කක්ද?

රාජන්‍යයෙනි, මේ ක්‍රමයෙනුත් ඔබට මෙසේ සිතේවා! 'මෙසේ ත් පරලොවක් ඇත්තේ ය. ඕපපාතික ව උපදින සත්වයෝ ඇත්තාහ. හොඳින් හෝ නරකින් හෝ කරනු ලබන කර්මයන්ගේ ඵලවිපාක ඇත්තේ ය' කියා ය."

"භවත් කස්සපයෝ මෙසේ පැවසුව ද, මට නම් මෙහිලා මෙසේ ම සිතෙයි. එනම් 'මෙසේ ත් පරලොවක් නැත්තේ ය. ඕපපාතික ව උපදින සත්වයෝ නැත්තාහ. හොඳින් හෝ නරකින් හෝ කරනු ලබන කර්මයන්ගේ ඵලවිපාක නැත්තේ ය' කියා ය."

"රාජන්‍යයෙනි, 'මෙසේ ත් පරලොවක් නැත්තේ ය. ඕපපාතික ව උපදින සත්වයෝ නැත්තාහ. හොඳින් හෝ නරකින් හෝ කරනු ලබන කර්මයන්ගේ ඵලවිපාක නැත්තේ ය' යනුවෙන් ඔබ තුළ මේ දෘෂ්ටිය ඇති වූයේ යම් කරුණක් නිසා නම්, එබඳු කරුණක් ඇත්තේ ද?"

"භවත් කස්සපයෙනි, 'මෙසේ ත් පරලොවක් නැත්තේ ය. ඕපපාතික ව උපදින සත්වයෝ නැත්තාහ. හොඳින් හෝ නරකින් හෝ කරනු ලබන කර්මයන්ගේ ඵලවිපාක නැත්තේ ය' කියා මා තුළ මේ දෘෂ්ටිය ඇති වූයේ යම් කරුණකින් නම්, එබඳු කරුණක් ඇත්තේ ය."

"රාජන්‍යයෙනි, එය කෙබඳු කරුණක් ද?"

"භවත් කස්සපයෙනි, මෙහි මාගේ යහළු මිත්‍රයෝ, සහලේ ඥාතීහු සතුන් මැරීමෙන් වැළකී, සොරකමින් වැළකී, වැරදි කාම සේවනයෙන් වැළකී, බොරු කීමෙන් වැළකී, කේලාම් කීමෙන් වැළකී, පරුෂ වචනයෙන් වැළකී, හිස් වචනයෙන් වැළකී, අන් සතු දෙයට ආශා නොකොට, තරහ සිත් නැතිව, සම්මා දිට්ඨියෙන් සිටිති. මෑත භාගයෙහි ඔවුහු රෝගාතුර ව, දුක්ඛිත ව, දැඩි සේ ගිලන් ව සිටියාහු ය. මොවුන් දැන් මේ රෝගයෙන් නොනැගිටින්නාහ යි යම් කලෙක මම දනිම් ද, එකල්හී මම ඔවුන් කරා ගොස් මෙසේ කියමි. 'භවත්නි, මෙබඳු මතයක් කියන, මෙබඳු මතයක් දරණ ඇතැම් ශ්‍රමණබ්‍රාහ්මණවරු සිටිති. එනම්, සතුන් මැරීමෙන් වැළකී, සොරකමින් වැළකී, වැරදි කාම සේවනයෙන් වැළකී, බොරු කීමෙන් වැළකී, කේලාම් කීමෙන් වැළකී, පරුෂ වචනයෙන් වැළකී, හිස් වචනයෙන් වැළකී, අන් සතු දෙයට ආශා නොකොට, තරහ සිත් නැතිව, සම්මා දිට්ඨියෙන් යුතුව යම් කෙනෙක් සිටිත් නම්, ඔවුහු කය බිඳී මරණින් මතු සුගති සංඛ්‍යාත දෙව්ලොවෙහි උපදින්නාහ. භවත්හු වනාහී සතුන් මැරීමෙන් වැළකී, සොරකමින් වැළකී, වැරදි කාම සේවනයෙන් වැළකී, බොරු කීමෙන් වැළකී, කේලාම් කීමෙන් වැළකී, පරුෂ වචනයෙන් වැළකී, හිස් වචනයෙන් වැළකී, අන් සතු දෙයට ආශා නොකොට, තරහ සිත් නැතිව, සම්මා දිට්ඨියෙන් යුතු වූවෝ ය. ඉදින් ඒ භවත් ශ්‍රමණ බ්‍රාහ්මණයන්ගේ වචනය සැබෑ නම්, භවත්හු කය බිඳී මරණින් මතු සුගති සංඛ්‍යාත දෙව්ලොවෙහි උපදින්නාහු ය. ඉදින් භවත්හු කය බිඳී මරණින් මතු සුගති සංඛ්‍යාත දෙව්ලොවෙහි උපදිත් නම්, මා වෙත පැමිණ එය දැනුම් දෙව්. 'මෙසේ ත් පරලොවක් ඇත්තේ ය. ඕපපාතික ව උපදින සත්වයෝ ඇත්තාහ. හොඳින් හෝ නරකින් හෝ කරනු ලබන කර්මයන්ගේ ඵලවිපාක ඇත්තේ ය' කියා ය.

භවත්හු වනාහී මට ඇදහිය යුතු වචන, විශ්වාස වචන ඇත්තෝ ය. භවතුන් විසින් යමක් දකින ලද්දේ නම්, එය මා විසින් දකින ලද්දක් සේ මෙසේ ම වන්නේ ය. ඔවුහු 'යහපති' යි මට පිළිතුරු දී මිය ගියෝ ය. එහෙත් පෙරළා පැමිණ මට දැනුම් නොදුන්හ. අඩුගණනේ දූතයෙකු වත් නොඑව්වෝ ය.

භවත් කස්සපයෙනි, යම් කරුණක් නිසා 'මෙසේ ත් පරලොවක් නැත්තේ ය. ඕපපාතික ව උපදින සත්වයෝ නැත්තාහ. හොඳින් හෝ නරකින් හෝ කරනු

ලබන කර්මයන්ගේ ඵලවිපාක නැත්තේ ය' යන දෘෂ්ටිය මා තුළ හටගත්තේ ද, මෙය ද කරුණකි."

"එසේ වී නම් රාජන්‍යයෙනි, ඔබට උපමාවකින් පැහැදිලි කරන්නෙමි. මෙහි ඇතැම් නුවණැති පුරුෂයෝ උපමාවෙනුත් පවසන ලද කරුණෙහි අරුත් තේරුම් ගනිති. රාජන්‍යයෙනි, එය මෙබඳු දෙයකි. පුරුෂයෙක් අශුචි වළක හිස සහිත ව ගිලී සිටියේ වෙයි. එකල්හී ඔබ පුරුෂයන්ට අණ කරන්නෙහි ය. 'භවත්නි, එසේ නම්, අර පුරුෂයා ඒ අශුචි වළෙන් උඩට ගොඩගනිව්.' ඔවුහු 'යහපතැ' යි පිළිවදන් දී ඒ පුරුෂයා ඒ අශුචි වළෙන් ගොඩගත්තාහු ය. එවිට ඔබ ඔවුන්ට මෙසේ කියන්නෙහි ය. 'එසේ නම් භවත්නි, ඒ පුරුෂයාගේ කයෙහි ඇති අශුචි උණ පතුරුවලින් හොඳින් බැහැරට පිස දමව්.' ඔවුහු 'යහපතැ' යි පිළිවදන් දී උණ පතුරුවලින් ඒ පුරුෂයාගේ කයෙහි ඇති අශුචි හොඳින් බැහැරට පිස දැම්මාහු ය.

එවිට ඔබ ඔවුන්ට මෙසේ කියන්නෙහි ය. 'එසේ නම් භවත්නි, ඒ පුරුෂයාගේ කය පඬුවන් මැටියෙන් තුන් වරක් ඉතා හොඳින් අතුල්ලා දමව්.' ඔවුහු ඒ පුරුෂයාගේ කය පඬුවන් මැටියෙන් තුන් වතාවක් ඉතා හොඳින් අතුල්ලා දැම්මාහු ය. එවිට ඔබ ඔවුන්ට මෙසේ කියන්නෙහි ය. 'එසේ නම් භවත්නි, ඒ පුරුෂයාට තෙල් ගල්වා, සියුම් පුයරින් තුන් වරක් හොඳින් පිරිසිදු කරව්. ඔවුහු ඒ පුරුෂයාට තෙල් ගල්වා, සියුම් පුයරින් තුන් වරක් හොඳින් පිරිසිදු කළාහු ය. එවිට ඔබ ඔවුන්ට මෙසේ කියන්නෙහි ය. 'එසේ නම් භවත්නි, ඒ පුරුෂයාගේ කෙස් රැවුල් මනාකොට පීරව්.' ඔවුහු ඒ පුරුෂයාගේ කෙස් රැවුල් ඉතා යහපත් ලෙස පීරූහ. එවිට ඔබ ඔවුන්ට මෙසේ කියන්නෙහි ය. 'එසේ නම් භවත්නි, ඒ පුරුෂයාට මාහැඟි මල් මාලා ද, මාහැඟි සුවඳ විලවුන් ද, මාහැඟි වස්ත්‍ර ද ලබාදෙව්. ඔවුහු ඒ පුරුෂයාට මාහැඟි මල් මාලා ද, මාහැඟි සුවඳ විලවුන් ද, මාහැඟි වස්ත්‍ර ද ලබා දුන්නාහු ය.

එවිට ඔබ ඔවුන්ට මෙසේ කියන්නෙහි ය. 'එසේ නම් භවත්නි, ඒ පුරුෂයා ප්‍රාසාදයෙහි උඩු මහලට කැඳවාගෙන ගොස් පංච කාම ගුණයන් ගෙන් උපස්ථාන කරව්.' ඔවුහු ඒ පුරුෂයා ව ප්‍රාසාදයෙහි උඩුමහලට කැඳවාගෙන ගොස් පංච කාම ගුණයන්ගෙන් උපස්ථාන කළාහු ය.

රාජන්‍යයෙනි, මේ ගැන කුමක් සිතන්නෙහි ද? හොඳින් ස්නානය කළ, හොඳින් සුවඳ විලවුන් තවරා ගත්, හොඳින් කෙස් රැවුල් සරසා ගත්, මල් අබරණ පැළඳ ගත්, සුදු වත් හැඳගත් ප්‍රාසාදයක උඩු මහලට නැග, පංච කාම ගුණයන්ගෙන් පිරිවරා සිටින, එයින් සතුටු වෙමින් සිටින ඒ පුරුෂයා නැවත ත් ඒ අශුචි වළෙහි ගිලී වැටෙන්නට කැමති වෙයි ද?"

"භවත් කස්සපයෙනි, මෙය නොවේ ම ය."

"එයට හේතුව කුමක් ද?"

"භවත් කස්සපයෙනි, ඒ මළපහ පිරුණු වළ අපිරිසිදු ය. අශුචි යන සංඛ්‍යාවයට ගියේ ය. දුගඳින් යුක්ත ද වෙයි. දුගඳ සංඛ්‍යාවයට ගියේ ය. පිළිකුල් කටයුතු දෙයකුත් වෙයි. පිළිකුල් ය යන සංඛ්‍යාවට ගියේ ය. අප්‍රිය වූ දෙයකුත් වෙයි. අප්‍රිය ගණනට වැටෙයි."

"එසෙයින් ම රාජන්‍යයෙනි, මනුෂ්‍යයෝ දෙවිවරුන්ට අපිරිසිදු වෙයි. අපිරිසිදු සංඛ්‍යාවයට අයත් ය. දුර්ගන්ධයෙන් යුක්ත වෙති. දුගඳ සංඛ්‍යාවට අයත් ය. පිළිකුල් කටයුතු වෙති. පිළිකුල් සංඛ්‍යාවට අයත් ය. අප්‍රිය වෙති. අප්‍රිය සංඛ්‍යාවට අයත් ය. රාජන්‍යයෙනි, මනුෂ්‍ය ගන්ධය දෙවියන් හට යොදුන් සියයකට දුරට ත් බාධා කරයි. කිම? එසේ ඇති කල්හී ඔබගේ යහළු මිත්‍රයෝ, ලේ ඥාතීහු සතුන් මැරීමෙන් වැළකී, සොරකමින් වැළකී, වැරදි කාම සේවනයෙන් වැළකී, බොරු කීමෙන් වැළකී, කේලාම් කීමෙන් වැළකී, පරුෂ වචනයෙන් වැළකී, හිස් වචනයෙන් වැළකී, අන් සතු දෙයට ආශා නොකොට, තරහ සිත් නැතිව, සම්මා දිට්ඨියෙන් යුතු වූවාහු ද, ඔවුහු කය බිඳී මරණින් මතු සුගති සංඛ්‍යාත දෙව්ලොවෙහි උපන්නාහු නම්, ඔවුහු ඔබ වෙත පැමිණ 'මෙසේ ත් පරලොවක් ඇත්තේ ය. ඕපපාතික ව උපදින සත්වයෝ ඇත්තාහු ය. හොඳින් හෝ නරකින් හෝ කරන ලද කර්මයන්ගේ විපාක ඇත්තේ ය' යි දැනුම් දේවිද?

රාජන්‍යයෙනි, මේ ක්‍රමයෙනුත් ඔබට මෙසේ සිතේවා! 'මෙසේ ත් පරලොවක් ඇත්තේ ය. ඕපපාතික ව උපදින සත්වයෝ ඇත්තාහ. හොඳින් හෝ නරකින් හෝ කරනු ලබන කර්මයන්ගේ ඵලවිපාක ඇත්තේ ය' කියා ය."

"භවත් කස්සපයෝ මෙසේ පැවසුව ද, මට නම් මෙහිලා මෙසේ ම සිතෙයි. එනම් 'මෙසේ ත් පරලොවක් නැත්තේ ය. ඕපපාතික ව උපදින සත්වයෝ නැත්තාහ. හොඳින් හෝ නරකින් හෝ කරනු ලබන කර්මයන්ගේ ඵලවිපාක නැත්තේ ය' කියා ය."

"රාජන්‍යයෙනි, 'මෙසේ ත් පරලොවක් නැත්තේ ය. ඕපපාතික ව උපදින සත්වයෝ නැත්තාහ. හොඳින් හෝ නරකින් හෝ කරනු ලබන කර්මයන්ගේ ඵලවිපාක නැත්තේ ය' යනුවෙන් ඔබ තුළ මේ දෘෂ්ටිය ඇති වූයේ යම් කරුණක් නිසා නම්, එබඳු කරුණක් ඇත්තේ ද?"

"භවත් කස්සපයෙනි, 'මෙසේ ත් පරලොවක් නැත්තේ ය. ඕපපාතික ව උපදින සත්වයෝ නැත්තාහ. හොඳින් හෝ නරකින් හෝ කරනු ලබන

කර්මයන්ගේ ඵලවිපාක නැත්තේ ය' කියා මා තුළ මේ දෘෂ්ටිය ඇති වූයේ යම් කරුණකින් නම්, එබඳු කරුණක් ඇත්තේ ය."

"රාජන්‍යයෙනි, එය කෙබඳු කරුණක් ද?"

"භවත් කස්සපයෙනි, මෙහි මාගේ යහළු මිත්‍රයෝ, සහලේ ඥාතීහු සතුන් මැරීමෙන් වැළකී, සොරකමින් වැළකී, වැරදි කාම සේවනයෙන් වැළකී, බොරු කීමෙන් වැළකී, මත්වීමට හා ප්‍රමාදයට හේතුවන මත්පැන් හා මත්ද්‍රව්‍ය භාවිතයෙන් වැළකී සිටිති. මෑත භාගයෙහි ඔවුහු රෝගාතුර ව, දුක්ඛිත ව, දැඩි සේ ගිලන් ව සිටියාහු ය. මොවුන් දැන් මේ රෝගයෙන් නොනැගිටින්නාහ යි යම් කලෙක මම දනිම් ද, එකල්හී මම ඔවුන් කරා ගොස් මෙසේ කියමි. 'භවත්නි, මෙබඳු මතයක් කියන, මෙබඳු මතයක් දරණ ඇතැම් ශ්‍රමණබ්‍රාහ්මණවරු සිටිති. එනම්, සතුන් මැරීමෙන් වැළකී, සොරකමින් වැළකී, වැරදි කාම සේවනයෙන් වැළකී, බොරු කීමෙන් වැළකී, මත්වීමට හා ප්‍රමාදයට හේතුවන මත්පැන් හා මත්ද්‍රව්‍ය භාවිතයෙන් වැළකී යම් කෙනෙක් සිටිත් නම්, ඔවුහු කය බිඳී මරණින් මතු සුගති සංඛ්‍යාත තව්තිසා දෙව්ලොවෙහි උපදින්නාහ.

භවත්හු වනාහී සතුන් මැරීමෙන් වැළකී, සොරකමින් වැළකී, වැරදි කාම සේවනයෙන් වැළකී, බොරු කීමෙන් වැළකී, මත්වීමට හා ප්‍රමාදයට හේතුවන මත්පැන් හා මත්ද්‍රව්‍ය භාවිතයෙන් වැළකුණෝ ය. ඉදින් ඒ භවත් ශ්‍රමණ බ්‍රාහ්මණයන්ගේ වචනය සැබෑ නම්, භවත්හු කය බිඳී මරණින් මතු සුගති සංඛ්‍යාත තව්තිසා දෙව්ලොවෙහි උපදින්නාහු ය. ඉදින් භවත්හු කය බිඳී මරණින් මතු සුගති සංඛ්‍යාත තව්තිසා දෙව්ලොවෙහි උපදිත් නම්, මා වෙත පැමිණ එය දැනුම් දෙව්. 'මෙසේ ත් පරලොවක් ඇත්තේ ය. ඕපපාතික ව උපදින සත්වයෝ ඇත්තාහ. හොඳින් හෝ නරකින් හෝ කරනු ලබන කර්මයන්ගේ ඵලවිපාක ඇත්තේ ය' කියා ය.

භවත්හු වනාහී මට ඇදහිය යුතු වචන, විශ්වාස වචන ඇත්තෝ ය. භවතුන් විසින් යමක් දකින ලද්දේ නම්, එය මා විසින් දකින ලද්දක් සේ මෙසේ ම වන්නේ ය. ඔවුහු 'යහපති' යි මට පිළිතුරු දී මිය ගියෝ ය. එහෙත් පෙරළා පැමිණ මට දැනුම් නොදුන්හ. අඩුගණනේ දූතයෙකු වත් නොඑව්වෝ ය.

භවත් කස්සපයෙනි, යම් කරුණක් නිසා 'මෙසේ ත් පරලොවක් නැත්තේ ය. ඕපපාතික ව උපදින සත්වයෝ නැත්තාහ. හොඳින් හෝ නරකින් හෝ කරනු ලබන කර්මයන්ගේ ඵලවිපාක නැත්තේ ය' යන දෘෂ්ටිය මා තුළ හටගත්තේ ද, මෙය ද කරුණකි."

"එසේ වී නම් රාජන්‍යයෙනි, මෙහිලා ඔබෙන් ම විමසන්නෙමි. ඔබට රිසි වන්නේ යම් අයුරකින් නම්, ඒ අයුරින් පවසන්න. රාජන්‍යයෙනි, මිනිස් ලොවෙහි යම් වසර සියයක් ඇද්ද, එය තව්තිසා දෙවියන්ට එක් රෑ දවාලකි. ඒ රැයින් තිස් රැයක් මාසයකි. ඒ මාසයෙන් දොළොස් මසක් අවුරුද්දකි. ඒ අවුරුද්දෙන් දිව්‍ය වර්ෂ දහසක් තව්තිසා දෙවියන්ගේ ආයුෂ ප්‍රමාණය වෙයි.

ඔබගේ යම් ඒ යහළු මිත්‍රයෝ, සහලේ ඥාතීහු සතුන් මැරීමෙන් වැළකී, සොරකමින් වැළකී, වැරදි කාම සේවනයෙන් වැළකී, බොරු කීමෙන් වැළකී, මත්වීමට හා ප්‍රමාදයට හේතුවන මත්පැන් හා මත්ද්‍රව්‍ය භාවිතයෙන් වැළකී සිටියාහු ද, ඔවුහු කය බිඳී මරණින් මතු සුගති සංඛ්‍යාත තව්තිසා දෙව්ලොවෙහි උපන්නාහු ද, ඉදින් ඔවුන්ට මෙසේ සිතෙන්නේ ය. 'අපි රෑ දහවල් දෙකක් හෝ තුනක් හෝ දිව්‍ය වූ පංචකාම ගුණයන්ගෙන් සතුටු වී, තෘප්තිමත් වී පිරිවරාගෙන වාසය කරමු. ඉන්පසු අපි පායාසි රාජන්‍යයා වෙත ගොස් 'මෙසේ ත් පරලොවක් ඇත්තේ ය. ඕපපාතික ව උපදින සත්වයෝ ඇත්තාහු ය. හොඳින් හෝ නරකින් හෝ කරන ලද කර්මයන්ගේ විපාක ඇත්තේ ය' යි දැනුම් දෙමු' යි කියා ය. ඔවුහු පැමිණ 'මෙසේ ත් පරලොවක් ඇත්තේ ය. ඕපපාතික ව උපදින සත්වයෝ ඇත්තාහු ය. හොඳින් හෝ නරකින් හෝ කරන ලද කර්මයන්ගේ විපාක ඇත්තේ යැ'යි දැන්විය හැක්කේ ද?"

"භවත් කස්සපයෙනි, එය නොවේ ම ය. භවත් කස්සපයෙනි, ඔවුන් තොරතුරු ගෙන එන විට අපි ද මියගොස් බොහෝ කල් ඇති උදවිය වන්නෙමු. තව්තිසා දෙවියන් සිටින බව හෝ, තව්තිසා දෙව්වරුන් මෙසේ දීර්ඝායුෂයෙන් යුක්ත බව හෝ භවත් කස්සපයන් හට දැනුම් දුන්නෝ කවරහු ද? භවත් කස්සපයන් තව්තිසා දෙව්වරුන් සිටින බව, තව්තිසා දෙව්වරුන් මෙසේ දීර්ඝායුෂ ඇති බව හෝ පවසන වචනය අපි විශ්වාස නොකරමු."

"රාජන්‍යයෙනි, එය මෙබඳු දෙයකි. උපතින් ම අන්ධ පුරුෂයෙක් කළු සුදු රූප නොදකියි. නිල් පැහැ රූප නොදකියි. කහ පැහැ රූප නොදකියි. රතු පැහැ රූප නොදකියි. මදටිය පැහැ රූප නොදකියි. සම විෂම තැන් නොදකියි. තාරුකා රූප නොදකියි. සඳු හිරු නොදකියි. එවිට ඔහු මෙසේ කියයි. 'කළු සුදු රූප නැත්තේ ය. කළු සුදු රූප දකින්නෙක් නැත්තේ ය. නිල් පැහැ රූප නැත්තේ ය. නිල් පැහැ රූප දකින්නෙක් නැත්තේ ය. කහ පැහැ රූප නැත්තේ ය. කහ පැහැ රූප දකින්නෙක් නැත්තේ ය. රතු පැහැ රූප නැත්තේ ය. රතු පැහැ රූප දකින්නෙක් නැත්තේ ය. මදටිය පැහැ රූප නැත්තේ ය. මදටිය පැහැ රූප දකින්නෙක් නැත්තේ ය. සම විෂම තැන් නැත්තේ ය. සම විෂම තැන් දකින්නෙක් නැත්තේ ය. තාරුකා රූප නැත්තේ ය. තාරුකා රූප දකින්නෙක්

නැත්තේ ය. සඳ හිරු නැත්තේ ය. සඳ හිරු දකින්නෙක් නැත්තේ ය. මෙම මෙය නොදනිමි. මම මෙය නොදකිමි. එහෙයින් එය නැත්තේ ය.'

භවත් රාජන්‍යයෙනි, මෙසේ කියයි නම්, ඔහු මනා ලෙස කියන්නෙක්ද?"

"භවත් කස්සපයෙනි, මෙය නොවේ ම ය. කළු සුදු රූප ඇත්තේ ය. කළු සුදු රූප දකින්නෙක් ඇත්තේ ය. නිල් පැහැ රූප ඇත්තේ ය. නිල් පැහැ රූප දකින්නෙක් ඇත්තේ ය. කහ පැහැ රූප ඇත්තේ ය. කහ පැහැ රූප දකින්නෙක් ඇත්තේ ය. රතු පැහැ රූප ඇත්තේ ය. රතු පැහැ රූප දකින්නෙක් ඇත්තේ ය. මදටිය පැහැ රූප ඇත්තේ ය. මදටිය පැහැ රූප දකින්නෙක් ඇත්තේ ය. සම විෂම තැන් ඇත්තේ ය. සම විෂම තැන් දකින්නෙක් ඇත්තේ ය. තාරුකා රූප ඇත්තේ ය. තාරුකා රූප දකින්නෙක් ඇත්තේ ය. සඳ හිරු ඇත්තේ ය. සඳ හිරු දකින්නෙක් ඇත්තේ ය. මම මෙය නොදනිමි. මම මෙය නොදකිමි. එහෙයින් එය නැත්තේ යැයි භවත් කස්සපයෙනි, එසේ කියයි නම්, ඔහු මනාකොට කියන්නෙක් නොවෙයි."

"එසෙයින් ම රාජන්‍යයෙනි, මට වැටහෙන්නේ ඔබ වනාහී උපතින් ම අන්ධ වූ තැනැත්තෙකු ලෙසින් ය. ඔබ මගෙන් යමක් ගැන මෙසේ ඇසුවෙහි ද, 'තව්තිසා දෙවියන් ඉන්නා වග හෝ තව්තිසා දෙවියන්ගේ මෙසේ දීර්ඝායුෂ ඇති වග හෝ භවත් කස්සපයන් හට කිව්වෝ කවරහු ද? තව්තිසා දෙවියෝ සිටිති. තව්තිසා දෙවියෝ මෙසේ දීර්ඝායුෂ වෙති යනුවෙන් පැවසූ භවත් කස්සපයන්ගේ වචනය මම විශ්වාස නොකරමි' යනුවෙනි.

රාජන්‍යයෙනි, ඔබ සිතන පරිද්දෙන් මේ පියවි ඇසින් මෙසේ පරලොව දැක්ක හැකි නොවෙයි. රාජන්‍යයෙනි, යම් මේ ශ්‍රමණබ්‍රාහ්මණවරු අරණ්‍ය, වනපෙත්, දුරඇත සෙනසුන්හි අඩු ශබ්ද ඇති, අඩු ඝෝෂා ඇති තන්හි වසත් ද, ඔවුහු එහි අප්‍රමාදී ව කෙලෙස් තවන වීර්යය ඇති ව, කාය ජීවිත දෙකෙහි අපේක්ෂා නැති ව වාසය කරමින් දිවැස පිරිසිදු කරගනිති. ඔවුහු පියවි මිනිස් ඇසින් දකින ස්වභාවය ඉක්මවා ගොස් පිරිසිදු දිවැසින් මේ ලෝකය ත්, පරලෝකය ත් දකිති. ඕපපාතික ව උපදින සත්වයන් ද දකිති. රාජන්‍යයෙනි, පරලොව දැක්ක යුත්තේ ඔය අයුරිනි. ඔබ සිතන පරිදි මේ පියවි ඇසින් නොවෙයි.

රාජන්‍යයෙනි, මේ ක්‍රමයෙනුත් ඔබට මෙසේ සිතේවා! 'මෙසේ ත් පරලොවක් ඇත්තේ ය. ඕපපාතික ව උපදින සත්වයෝ ඇත්තාහ. හොඳින් හෝ නරකින් හෝ කරනු ලබන කර්මයන්ගේ ඵලවිපාක ඇත්තේ ය' කියා ය."

"භවත් කස්සපයෝ මෙසේ පැවසුව ද, මට නම් මෙහිලා මෙසේ ම සිතෙයි. එනම් 'මෙසේ ත් පරලොවක් නැත්තේ ය. ඕපපාතික ව උපදින සත්වයෝ නැත්තාහ. හොඳින් හෝ නරකින් හෝ කරනු ලබන කර්මයන්ගේ ඵලවිපාක නැත්තේ ය' කියා ය."

"රාජන්‍යයෙනි, 'මෙසේ ත් පරලොවක් නැත්තේ ය. ඕපපාතික ව උපදින සත්වයෝ නැත්තාහ. හොඳින් හෝ නරකින් හෝ කරනු ලබන කර්මයන්ගේ ඵලවිපාක නැත්තේ ය' යනුවෙන් ඔබ තුළ මේ දෘෂ්ටිය ඇති වූයේ යම් කරුණක් නිසා නම්, එබඳු කරුණක් ඇත්තේ ද?"

"භවත් කස්සපයෙනි, 'මෙසේ ත් පරලොවක් නැත්තේ ය. ඕපපාතික ව උපදින සත්වයෝ නැත්තාහ. හොඳින් හෝ නරකින් හෝ කරනු ලබන කර්මයන්ගේ ඵලවිපාක නැත්තේ ය' කියා මා තුළ මේ දෘෂ්ටිය ඇති වූයේ යම් කරුණකින් නම්, එබඳු කරුණක් ඇත්තේ ය."

"රාජන්‍යයෙනි, එය කෙබඳු කරුණක් ද?"

"භවත් කස්සපයෙනි, මෙහි මම සිල්වත්, කලණ ගුණදම් ඇති, ජීවත් වනු කැමැති, නොමැරෙනු කැමති, සැප කැමති, දුකට අකමැති ශ්‍රමණ බ්‍රාහ්මණවරුන් දකිමි. භවත් කස්සපයෙනි, ඔවුන් ගැන මට මෙසේ සිතෙයි. ඉදින් මේ සිල්වත්, කලණ දම් ඇති, භවත් ශ්‍රමණබ්‍රාහ්මණවරු 'මෙයින් මියගිය පසු අපට උතුම් සුගතිය වන්නේ ය' යනුවෙන් මෙසේ දනිත් නම්, දැන් මේ සිල්වත්, කලණ දම් ඇති භවත් ශ්‍රමණ බ්‍රාහ්මණවරු විෂ හෝ කන්නාහු ය. ආයුධයෙන් හෝ දිවි නසාගන්නාහු ය. ගෙල වැලලාගෙන හෝ මැරෙන්නාහු ය. ප්‍රපාතයකින් හෝ පනින්නාහු ය.

යම් හෙයකින් මේ සිල්වත්, කලණ ගුණදම් ඇති භවත් ශ්‍රමණ බ්‍රාහ්මණවරු 'මෙයින් මියගිය පසු අපට උතුම් සුගතිය යැ'යි මෙසේ නොදනිත් ද, එහෙයින් මේ සිල්වත්, කලණ ගුණදම් ඇති භවත් ශ්‍රමණ බ්‍රාහ්මණවරු ජීවත්වෙනු කැමැති ව, නොමැරෙනු කැමැති ව, සැප කැමැති ව, දුකට අප්‍රිය ව සිටිති. සිය දිවි හානි නොකරගනිති. භවත් කස්සපයෙනි, 'මෙසේ ත් පරලොවක් නැත්තේ ය. ඕපපාතික ව උපදින සත්වයෝ නැත්තාහ. හොඳින් හෝ නරකින් හෝ කරනු ලබන කර්මයන්ගේ ඵලවිපාක නැත්තේ ය' කියා මා තුළ මේ දෘෂ්ටිය ඇති වූයේ යම් කරුණකින් නම් මෙය ද කරුණකි."

"එසේ වී නම් රාජන්‍යයෙනි, ඔබට උපමාවකින් පැහැදිලි කරන්නෙමි. මෙහි ඇතැම් නුවණැති පුරුෂයෝ උපමාවෙනුත් පවසන ලද කරුණෙහි අරුත්

තේරුම් ගනිති. රාජන්‍යයෙනි, මෙය පෙර සිදුවූ දෙයකි. එක්තරා බ්‍රාහ්මණයෙකුට බිරින්දෑවරු දෙදෙනෙක් සිටියාහු ය. එක් බිරිඳකට දස හෝ දොළොස් හැවිරිදි පුත්‍රයෙක් සිටියේ ය. අනිත් බිරිඳ දරුවෙකු වැදීමට ළං ව සිටි ගර්භනියක් වූවා ය. එකල්හී ඒ බ්‍රාහ්මණයා මිය ගියේ ය. එවිට ඒ පුත්‍රයා තම නැසී ගිය පියාගේ දෙවෙනි බිරිඳට මෙය පැවසුවේ ය.

'භවතී, මේ ධනයක් වේවා, ධාන්‍යයක් වේවා, රිදී වේවා, රන් වේවා, යමක් ඇද්ද, ඒ සියල්ල මා සතු ය. මෙහි ඔබට අයත් කිසිවක් නැත්තේ ය. භවතී, මගේ පියාට අයත් දායාදය මට පවරව.'

මෙසේ කී කල්හී ඒ බැමිණිය ඒ පුත්‍රයාට මෙය පැවසුවා ය.

'දරුව, යම්තාක් මම දරුවා බිහිකරම් ද, ඒ තාක් කල් බලාපොරොත්තු වව. ඉදින් පුත්‍රයෙක් උපදින්නේ නම්, ඔහුට ත් එක් කොටසක් අයිති වන්නේ ය. ඉදින් දුවක් උපදින්නී නම්, ඕ ත් තොපගේ සහායිකාවක් වන්නී ය.'

දෙවෙනි වතාවට ත් ඒ පුත්‍රයා තම නැසී ගිය පියාගේ දෙවෙනි බිරිඳට මෙය පැවසුවේ ය.

'භවතී, මේ ධනයක් වේවා, ධාන්‍යයක් වේවා, රිදී වේවා, රන් වේවා, යමක් ඇද්ද, ඒ සියල්ල මා සතු ය. මෙහි ඔබට අයත් කිසිවක් නැත්තේ ය. භවතී, මගේ පියාට අයත් දායාදය මට පවරව.'

දෙවෙනි වතාවට ත් ඒ බැමිණිය ඒ පුත්‍රයාට මෙය පැවසුවා ය.

'දරුව, යම්තාක් මම දරුවා බිහිකරම් ද, ඒ තාක් කල් බලාපොරොත්තු වව. ඉදින් පුත්‍රයෙක් උපදින්නේ නම්, ඔහුට ත් එක් කොටසක් අයිති වන්නේ ය. ඉදින් දුවක් උපදින්නී නම්, ඕ ත් තොපගේ සහායිකාවක් වන්නී ය.'

තෙවෙනි වතාවට ත් ඒ පුත්‍රයා තම නැසී ගිය පියාගේ දෙවෙනි බිරිඳට මෙය පැවසුවේ ය.

'භවතී, මේ ධනයක් වේවා, ධාන්‍යයක් වේවා, රිදී වේවා, රන් වේවා, යමක් ඇද්ද, ඒ සියල්ල මා සතු ය. මෙහි ඔබට අයත් කිසිවක් නැත්තේ ය. භවතී, මගේ පියාට අයත් දායාදය මට පවරව.'

එකල්හී ඒ බැමිණිය ආයුධයක් රැගෙන යහන් ගබඩාවට ගොස් 'ඉදින් පුතෙක් සිටියි ද, දුවක් සිටියි ද' යි යම්තාක් දනිම්' යි සිය උදරය පළා ගත්තා ය. ඒ ස්ත්‍රිය සිය ජීවිතය ත්, දරු ගැබ ත්, දෑවැද්ද ත් විනාශ කරගත්තා ය. යම්

සේ බාල වූ, අව්‍යක්ත වූ ස්ත්‍රියක් නුවණින් තොර ව දායාදය සොයන්නට ගොස් මහත් වූ විපතකට පත් වන්නී ද, එසෙයින් ම රාජන්‍යයෙනි, බාල වූ, අව්‍යක්ත වූ ඔබ නුවණින් තොර ව පරලොවක් සොයන්නට ගොස් මහත් විනාශයකට පත්වන්නෙහි ය. බාල වූ, අව්‍යක්ත වූ ඒ බැමිණිය නුවණින් තොර ව දැවැද්ද සොයන්නට ගොස් මහත් වූ විනාශයකට පත් වූ සෙයින් ය.

රාජන්‍යයෙනි, සිල්වත්, කලණ ගුණදම් ඇති ශ්‍රමණ බ්‍රාහ්මණවරු මුහුකුරා නොගිය ආයුෂ නැති නොකර ගනිති. එනමුදු ආයුෂය මෝරා යෑම පමණක් බලාපොරොත්තු වෙති. රාජන්‍යයෙනි, සිල්වත්, කලණ ගුණදම් ඇති, නුවණැති, ශ්‍රමණ බ්‍රාහ්මණයන්ට ජීවත්වීමෙන් සළසා ගත හැකි යහපත ඇත්තේ ය. රාජන්‍යයෙනි, යම් යම් අයුරින් සිල්වත්, කලණ ගුණදම් ඇති ශ්‍රමණ බ්‍රාහ්මණවරු බොහෝ දිගු කලක් වැඩසිටිත් ද, ඒ ඒ අයුරින් බොහෝ පින් උපදවා ගනිති. ඔවුහු බොහෝ ජනයා හට හිත පිණිස, බොහෝ ජනයා හට සුව පිණිස, ලෝකානුකම්පාව පිණිස, දෙවි මිනිසුන්ට යහපත, හිතසුව පිණිස ද පිළිපදිත්.

රාජන්‍යයෙනි, මේ ක්‍රමයෙනුත් ඔබට මෙසේ සිතේවා! 'මෙසේ ත් පරලොවක් ඇත්තේ ය. ඕපපාතික ව උපදින සත්වයෝ ඇත්තාහ. හොඳින් හෝ නරකින් හෝ කරනු ලබන කර්මයන්ගේ ඵලවිපාක ඇත්තේ ය' කියා ය."

"භවත් කස්සපයෝ මෙසේ පැවසුව ද, මට නම් මෙහිලා මෙසේ ම සිතෙයි. එනම් 'මෙසේ ත් පරලොවක් නැත්තේ ය. ඕපපාතික ව උපදින සත්වයෝ නැත්තාහ. හොඳින් හෝ නරකින් හෝ කරනු ලබන කර්මයන්ගේ ඵලවිපාක නැත්තේ ය' කියා ය."

"රාජන්‍යයෙනි, 'මෙසේ ත් පරලොවක් නැත්තේ ය. ඕපපාතික ව උපදින සත්වයෝ නැත්තාහ. හොඳින් හෝ නරකින් හෝ කරනු ලබන කර්මයන්ගේ ඵලවිපාක නැත්තේ ය' යනුවෙන් ඔබ තුළ මේ දෘෂ්ටිය ඇති වූයේ යම් කරුණක් නිසා නම්, එබඳු කරුණක් ඇත්තේ ද?"

"භවත් කස්සපයෙනි, 'මෙසේ ත් පරලොවක් නැත්තේ ය. ඕපපාතික ව උපදින සත්වයෝ නැත්තාහ. හොඳින් හෝ නරකින් හෝ කරනු ලබන කර්මයන්ගේ ඵලවිපාක නැත්තේ ය' කියා මා තුළ මේ දෘෂ්ටිය ඇති වූයේ යම් කරුණකින් නම්, එබඳු කරුණක් ඇත්තේ ය."

"රාජන්‍යයෙනි, එය කෙබඳු කරුණක් ද?"

"භවත් කස්සපයෙනි, මෙහි මාගේ පුරුෂයෝ අපරාධ කළ සොරෙකු අල්ලා ගෙන 'හිමියනි, මේ අපරාධකාරී සොරෙකි. මොහුට යම් දඬුවමක්

දෙන්නට කැමැත්තහු නම් ඒ දඬුවම පණවනු මැනැව' යි මා ඉදිරියට ගෙන දක්වති. එවිට මම ඔවුන්ට මෙසේ කියමි.

'එසේ වී නම් භවත්නි, මේ පුරුෂයා ජීවත් ව සිටිය දී ම සැළියක බස්සවා, එහි මුව වසා, තෙත් සමකින් එය තද කොට වෙළා, තෙත් මැටියෙන් ඒ මත ගොරෝසුවට ආලේප කොට, ලිප මත තබා යටින් ගිනි දමව්.' එවිට ඔවුහු 'එසේ ය' යි මට පිළිවදන් දී අර පුරුෂයා පණ පිටින් ම සැළියක බස්සවා, එහි මුව වසා, තෙත් සමකින් එය තද කොට වෙළා, තෙත් මැටියෙන් ඒ මත ගොරෝසුවට ආලේප කොට, ලිප මත තබා යටින් ගිනි දැම්මාහු ය.

යම් කලෙක ඒ පුරුෂයා මළේ ය කියා අපි දනිමු ද, එකල්හී ඒ සැළිය බිමට බා, ආලේප කළ මැටි බිඳ, එහි වැස්ම ඉවත් කොට, 'පිටතට නික්මෙන්නා වූ ඔහුගේ ජීවය දකින්නෙමු නම් මැනැව' යි හෙමිහිට බැලුවෙමු. එහෙත් අපි ඔහුගේ ජීවය නිකුත් වී යන අයුරක් නොදුටුවෙමු. භවත් කස්සපයෙනි, 'මෙසේ ත් පරලොවක් නැත්තේ ය. ඕපපාතික ව උපදින සත්වයෝ නැත්තාහ. හොඳින් හෝ නරකින් හෝ කරනු ලබන කර්මයන්ගේ ඵලවිපාක නැත්තේ ය' කියා මා තුළ මේ දෘෂ්ටිය ඇති වූයේ යම් කරුණකින් නම් මෙය ද කරුණකි."

"එසේ වී නම් රාජන්‍යයෙනි, මෙහිලා මෙකරුණ ඔබගෙන් අසමි. ඔබ යම් අයුරකින් කැමති වන්නේ නම්, ඒ අයුරින් පැවසුව මැනැව. රාජන්‍යයෙනි, දිවා විවේකයෙහි නින්දට පිවිසි ඔබ සිහිනෙන් රමණීය ගොඩනැගිලි, රමණීය වනාන්තර, රමණීය භූමිභාග, රමණීය පොකුණු ආදිය දුටු බවක් දන්නෙහි ද?"

"භවත් කස්සපයෙනි, දිවා විවේකයෙහි නින්දට පිවිසි මම රමණීය ගොඩනැගිලි, රමණීය වනාන්තර, රමණීය භූමිභාග, රමණීය පොකුණු ආදිය සිහිනෙන් දුටු බවක් දනිමි."

"ඒ සිහින දකින වේලෙහි කුදු ස්ත්‍රීනුත්, මිටි ස්ත්‍රීනුත්, බාල ස්ත්‍රීනුත්, යොවුන් ස්ත්‍රීනුත් ඔබට රැකවල් සළසත් ද?"

"එසේ ය, බව ත් කස්සපයෙනි. ඒ අවස්ථාවෙහි කුදු ස්ත්‍රීනුත්, මිටි ස්ත්‍රීනුත්, බාල ස්ත්‍රීනුත්, යොවුන් ස්ත්‍රීනුත් මට රැකවල් සළසති."

"ඔබ සිහින දකින අවස්ථාවෙහි ඔබ තුළට පිවිසෙන හෝ ඔබෙන් නික්මී යන හෝ ජීවයක් ඒ ස්ත්‍රීහු දකිත් ද?"

"භවත් කස්සපයෙනි, එය නැත්තේ ය."

"රාජන්‍යයෙනි, ඒ ස්ත්‍රීහු ජීවත්වෙමින් ජීවත්වෙන්නා වූ ඔබ තුළට

පිවිසෙන හෝ ඔබෙන් නික්ම යන හෝ ජීවයක් නොදකින්නාහ. කිම? කලුරිය කළ තැනැත්තෙකු තුළට පිවිසෙන හෝ නික්ම යන හෝ ජීවයක් ඔබ දකින්නෙහිද?

රාජන්‍යයෙනි, මේ ක්‍රමයෙනුත් ඔබට මෙසේ සිතේවා! 'මෙසේ ත් පරලොවක් ඇත්තේ ය. ඕපපාතික ව උපදින සත්වයෝ ඇත්තාහ. හොඳින් හෝ නරකින් හෝ කරනු ලබන කර්මයන්ගේ ඵලවිපාක ඇත්තේ ය' කියා ය."

"භවත් කස්සපයෝ මෙසේ පැවසුව ද, මට නම් මෙහිලා මෙසේ ම සිතෙයි. එනම් 'මෙසේ ත් පරලොවක් නැත්තේ ය. ඕපපාතික ව උපදින සත්වයෝ නැත්තාහ. හොඳින් හෝ නරකින් හෝ කරනු ලබන කර්මයන්ගේ ඵලවිපාක නැත්තේ ය' කියා ය."

"රාජන්‍යයෙනි, 'මෙසේ ත් පරලොවක් නැත්තේ ය. ඕපපාතික ව උපදින සත්වයෝ නැත්තාහ. හොඳින් හෝ නරකින් හෝ කරනු ලබන කර්මයන්ගේ ඵලවිපාක නැත්තේ ය' යනුවෙන් ඔබ තුළ මේ දෘෂ්ටිය ඇති වූයේ යම් කරුණක් නිසා නම්, එබඳු කරුණක් ඇත්තේ ද?"

"භවත් කස්සපයෙනි, 'මෙසේ ත් පරලොවක් නැත්තේ ය. ඕපපාතික ව උපදින සත්වයෝ නැත්තාහ. හොඳින් හෝ නරකින් හෝ කරනු ලබන කර්මයන්ගේ ඵලවිපාක නැත්තේ ය' කියා මා තුළ මේ දෘෂ්ටිය ඇති වූයේ යම් කරුණකින් නම්, එබඳු කරුණක් ඇත්තේ ය."

"රාජන්‍යයෙනි, එය කෙබඳු කරුණක් ද?"

"භවත් කස්සපයෙනි, මෙහි මාගේ පුරුෂයෝ අපරාධ කළ සොරෙකු අල්ලා ගෙන 'හිමියනි, මේ අපරාධකාරී සොරෙකි. මොහුට යම් දඬුවමක් දෙන්නට කැමැත්තහු නම් ඒ දඬුවම පණවනු මැනැව' යි මා ඉදිරියට ගෙන දක්වති. එවිට මම ඔවුන්ට මෙසේ කියමි.

'එසේ වී නම් භවත්නි, මේ පුරුෂයා පණ තිබෙද්දී ම තරාදියෙන් බර කිරා, හුස්ම නොගත හැකි වන සේ දුන්නේ ලණුවෙන් ගෙල වෙලා, තදකොට මරා, නැවත ත් තරාදියෙන් කිරා බලව්.'

එවිට ඔවුහු 'එසේ යැ' යි මා හට පිළිවදන් දී ඒ පුරුෂයා පණ තිබෙද්දී ම තරාදියෙහි ලා බර කිරා හුස්ම නොගත හැකි වන සේ දුන්නේ ලණුවෙන් ගෙල තද කොට මරා නැවතත් තරාදියෙහි ලා කිරා බැලූහ. යම් කලෙක ඔහු ජීවත් වූයේ ද, එකල ඔහු වඩා ත් සැහැල්ලු වූයේ ත්, වඩා ත් මෘදු වූයේ ත්,

වඩා ත් කර්මණ්‍ය වූයේ ත් වෙයි. යම් කලෙක ඔහු මිය ගියේ ද, එකල්හී ඔහු වඩා ත් බර වූයේ ත්, දැඩි සේ බර වූයේ ත්, වඩා ත් අකර්මණ්‍ය වූයේ ත් වෙයි.

භවත් කස්සපයෙනි, 'මෙසේ ත් පරලොවක් නැත්තේ ය. ඕපපාතික ව උපදින සත්වයෝ නැත්තාහ. හොඳින් හෝ නරකින් හෝ කරනු ලබන කර්මයන්ගේ ඵලවිපාක නැත්තේ ය' කියා මා තුළ මේ දෘෂ්ටිය ඇති වූයේ යම් කරුණකින් නම් මෙය ද කරුණකි."

"එසේ වී නම් රාජන්‍යයෙනි, ඔබට උපමාවකින් පැහැදිලි කරන්නෙමි. මෙහි ඇතැම් නුවණැති පුරුෂයෝ උපමාවෙනුත් පවසන ලද කරුණෙහි අරුත් තේරුම් ගනිති. රාජන්‍යයෙනි, එය මෙබඳු දෙයකි. පුරුෂයෙක් දවස පුරා රත්කළ, ගිනි ඇවිලගත්, ගින්නෙන් දිලිසෙන, ගිනිදැල් සහිත යකඩ ගුලියක් තරාදියෙන් කිරා බලයි. පසු අවස්ථාවක එය ම සිසිල් වී, නිවී ගිය විට ත් කිරා බලයි. ඒ යකඩ ගුලියෙහි බර අඩු වූයේ ත්, වඩා ත් මෘදු වූයේ ත්, වඩා ත් කර්මණ්‍ය වූයේ ත් කොයි අවස්ථාවෙහි දී ද? යම් කලෙක ගින්නෙන් ඇවිලී, ගින්නෙන් දිළිසී, ගිනිදැල් පිටවෙමින් තිබූ විට ද? නැත්නම් සිසිල් වී, නිවී ගිය විට ද?"

"භවත් කස්සපයෙනි, යම් කලෙක ඒ යකඩ ගුලිය තේජස් සහිත ව, වායු සහිත ව, ගිනි ඇවිලී, ගින්නෙන් දිළිසී, ගිනි දැල් පිටවෙමින් තිබුණේ ද, එකල්හී එය වඩා ත් බර අඩු වූයේ ත්, වඩා ත් මෘදු වූයේ ත්, වඩා ත් කර්මණ්‍ය වූයේ ත් වෙයි. යම් කලෙක ඒ යකඩ ගුලිය තේජස් රහිත ව, වායු රහිත ව, සිසිල් ව, නිවී ගියේ ද, එකල්හී වඩා ත් බර ව, දැඩි සේ බර ව, අකර්මණ්‍ය ව තිබෙයි."

"එසෙයින් ම රාජන්‍යයෙනි, යම් කලෙක මේ කය ආයුෂ සහිත ව, උණුසුම සහිත ව, විඤ්ඤාණය සහිත ව තිබෙයි ද, ඒ අවස්ථාවෙහි වඩා ත් බර අඩු ව, වඩා ත් මෘදු ව, වඩා ත් කර්මණ්‍ය ව තිබෙයි. යම් කලෙක මේ කය ආයුෂ ත් නැති ව, උණුසුම ත් නැති ව, විඤ්ඤාණය ත් නැති ව තිබෙයි ද, ඒ අවස්ථාවෙහි වඩා ත් බර ව, දැඩි සේ බර ව, වඩා ත් අකර්මණ්‍ය ව තිබෙයි.

රාජන්‍යයෙනි, මේ ක්‍රමයෙනුත් ඔබට මෙසේ සිතේවා! 'මෙසේ ත් පරලොවක් ඇත්තේ ය. ඕපපාතික ව උපදින සත්වයෝ ඇත්තාහ. හොඳින් හෝ නරකින් හෝ කරනු ලබන කර්මයන්ගේ ඵලවිපාක ඇත්තේ ය' කියා ය."

"භවත් කස්සපයෝ මෙසේ පැවසුව ද, මට නම් මෙහිලා මෙසේ ම සිතෙයි. එනම් 'මෙසේ ත් පරලොවක් නැත්තේ ය. ඕපපාතික ව උපදින සත්වයෝ නැත්තාහ. හොඳින් හෝ නරකින් හෝ කරනු ලබන කර්මයන්ගේ ඵලවිපාක නැත්තේ ය' කියා ය."

"රාජන්‍යයෙනි, 'මෙසේ ත් පරලොවක් නැත්තේ ය. ඕපපාතික ව උපදින සත්වයෝ නැත්තාහ. හොඳින් හෝ නරකින් හෝ කරනු ලබන කර්මයන්ගේ ඵලවිපාක නැත්තේ ය' යනුවෙන් ඔබ තුළ මේ දෘෂ්ටිය ඇති වූයේ යම් කරුණක් නිසා නම්, එබඳු කරුණක් ඇත්තේ ද?"

"භවත් කස්සපයෙනි, 'මෙසේ ත් පරලොවක් නැත්තේ ය. ඕපපාතික ව උපදින සත්වයෝ නැත්තාහ. හොඳින් හෝ නරකින් හෝ කරනු ලබන කර්මයන්ගේ ඵලවිපාක නැත්තේ ය' කියා මා තුළ මේ දෘෂ්ටිය ඇති වූයේ යම් කරුණකින් නම්, එබඳු කරුණක් ඇත්තේ ය."

"රාජන්‍යයෙනි, එය කෙබඳු කරුණක් ද?"

"භවත් කස්සපයෙනි, මෙහි මාගේ පුරුෂයෝ අපරාධ කළ සොරෙකු අල්ලා ගෙන 'හිමියනි, මේ අපරාධකාරී සොරෙකි. මොහුට යම් දඬුවමක් දෙන්නට කැමැත්තහු නම් ඒ දඬුවම පණවනු මැනැව' යි මා ඉදිරියට ගෙන දක්වති. එවිට මම ඔවුන්ට මෙසේ කියමි.

'එසේ වී නම් භවත්නි, මේ පුරුෂයාගේ සිවිය ත්, සම ත්, මසු ත්, නහර ත්, ඇට ත්, ඇට මිදුළු ත් නොනසා ජීවිතයෙන් තොර කරව්.'

ඔවුහු 'එසේ ය' යි මට පිළිතුරු දී ඒ පුරුෂයාගේ සිවිය ත්, සම ත්, මසු ත්, නහර ත්, ඇට ත්, ඇට මිදුළු ත් නොනසා ජීවිතයෙන් තොර කළාහු ය. යම් කලෙක ඔහු මැරී යමින් සිටියි ද, එවිට මම ඔවුන්ට මෙසේ කියමි. 'භවත්නි, එසේ වී නම්, මේ පුරුෂයා ව උඩුඅතට හාන්සි කරව්. මොහුගේ ජීවය නික්මෙන අයුරු බලන්නෙමි නම් මැනැවි' යි. ඔවුහු ඒ පුරුෂයා ව උඩු අතට හාන්සි කරවති. නමුත් ඔහුගෙන් නික්ම යන ජීවයක් අපි නුදුටුවෙමු.

එවිට ඔවුන්ට මම මෙසේ කියමි. 'එසේ වී නම් භවත්නි, මේ පුරුෂයා මුනින් අතට හරවා පෙරලව්. ....(පෙ).... පැත්තට පෙරලව් ....(පෙ).... අනිත් පැත්තට පෙරලව් ....(පෙ).... උඩු අතට තබව් ....(පෙ).... යටි අතට තබව් ....(පෙ).... අතින් පහර දෙව්. ....(පෙ).... ගලින් පහර දෙව්. ....(පෙ).... දඬු මුගුරින් පහර දෙව් ....(පෙ).... ආයුධයෙන් පහර දෙව් ....(පෙ).... මේ පැත්තට පෙරලව් ....(පෙ).... අනිත් පැත්තට පෙරලව් ....(පෙ).... එහාට මෙහාට පෙරලව්. මොහුගේ ජීවය නික්ම යන අයුරු බලන්නෙමි නම් මැනැවි. එවිට ඔවුහු ඒ පුරුෂයා ව එහාට මෙහාට පෙරලූහ. නමුත් ඔහුගෙන් නික්ම යන ජීවයක් අපි නුදුටුවෙමු.

ඔහු තුළ ඒ ඇස ම තිබෙයි. ඒ රූප ත් තිබෙයි. නමුත් ඒ ඇස නැමැති ආයතනය රූපයන්ට සංවේදී නොවෙයි. ඒ කන ම තිබෙයි. ඒ ශබ්ද ත් තිබෙයි.

කන නැමැති ආයතනය ශබ්දයට සංවේදී නොවෙයි. ඒ නාසය ම තිබෙයි. ඒ ගන්ධය ත් තිබෙයි. නමුත් නාසය නැමැති ආයතනය ගන්ධයන්ට සංවේදී නොවෙයි. ඒ දිව ම තිබෙයි. ඒ රස ත් තිබෙයි. දිව නැමැති ආයතනය රසයට සංවේදී නොවෙයි. ඒ කය ම තිබෙයි. ඒ ස්පර්ශ ත් තිබෙයි. නමුත් ඒ කය නැමැති ආයතනය ස්පර්ශයට සංවේදී නොවෙයි.

භවත් කස්සපයෙනි, 'මෙසේ ත් පරලොවක් නැත්තේ ය. ඕපපාතික ව උපදින සත්වයෝ නැත්තාහ. හොඳින් හෝ නරකින් හෝ කරනු ලබන කර්මයන්ගේ ඵලවිපාක නැත්තේ ය' කියා මා තුළ මේ දෘෂ්ටිය ඇති වූයේ යම් කරුණකින් නම් මෙය ද කරුණකි."

"එසේ වී නම් රාජන්‍යයෙනි, ඔබට උපමාවකින් පැහැදිලි කරන්නෙමි. මෙහි ඇතැම් නුවණැති පුරුෂයෝ උපමාවෙනුත් පවසන ලද කරුණෙහි අරුත් තේරුම් ගනිති. රාජන්‍යයෙනි, මෙය පෙර සිදුවූවකි. එක්තරා සක් පිඹින්නෙක් හක් ගෙඩියක් ගෙන ඈත පිටිසර ජනපදයකට ගියේ ය. ඔහු එක්තරා ගමක් වෙත පැමිණියේ ය. පැමිණ ගම මැද සිට තුන් විටක් සංඛනාද පවත්වා, හක් ගෙඩිය බිම දමා එකත්පස් ව හිඳගත්තේ ය.

එවිට රාජන්‍යයෙනි, ඒ ඈත පිටිසර ජනපදවැසි මිනිසුන්ට මේ අදහස ඇතිවූයේ ය. 'එම්බා පින්වත්නි, මෙබඳු ඇල්ම ඇතිකරවන, මෙබඳු මනස්කාන්ත, මෙබඳු මත් කරවන, මෙබඳු සිත් බැඳගන්නා, මෙබඳු මුසපත් කරවන මේ නාදය කාගේ ද?' යි. එවිට ඔවුහු රැස් ව ඒ සක් පිඹින්නාගෙන් මෙය ඇසූහ. 'එම්බා පුරුෂය, මෙබඳු ඇල්ම ඇතිකරවන, මෙබඳු මනස්කාන්ත, මෙබඳු මත් කරවන, මෙබඳු සිත් බැඳගන්නා, මෙබඳු මුසපත් කරවන, මෙම හඬ කවරෙකුගේ ද?' 'භවත්නි, යමෙකුගේ හඬ මෙබඳු ඇල්ම ඇතිකරවයි ද, මෙබඳු මනස්කාන්ත වෙයි ද, මෙබඳු මත් කරවයි ද, මෙබඳු සිත් බැඳගන්නේ ද, මෙබඳු මුසපත් කරවයි ද, එය මේ සක් ගෙඩිය නම් වෙයි.' එවිට ඔවුහු 'භවත් සක් ගෙඩිය, නාද කරව! භවත් සක් ගෙඩිය නාද කරව!' යි ඒ සක් ගෙඩිය උඩු අතට පෙරලූහ. ඒ සක් ගෙඩිය හඬක් නොනැගුවේ ම ය. ඔවුහු ඒ සක් ගෙඩිය යටි අතට පෙරලූහ. ....(පෙ).... පැත්තට පෙරලූහ ....(පෙ).... අනිත් පැත්තට පෙරලූහ ....(පෙ).... කෙලින් අතට සිටවූහ. ....(පෙ).... යටි අතට හැරවූහ ....(පෙ).... අතින් පහර දුන්හ. ....(පෙ).... ගලින් පහර දුන්හ ....(පෙ).... දඬු මුගුරින් පහර දුන්හ. ....(පෙ).... ආයුධයෙන් පහර දුන්හ ....(පෙ).... මේ පැත්තට පෙරලූහ. ....(පෙ).... ඒ පැත්තට පෙරලූහ. ....(පෙ).... එවිට ඔවුහු 'භවත් සක් ගෙඩිය, නාද කරව! භවත් සක් ගෙඩිය නාද කරව!' යි ඒ සක් ගෙඩිය එහාට මෙහාට පෙරලූහ. ඒ සක් ගෙඩිය හඬක් නොනැගුවේ ම ය.

එකල්හී රාජන්‍යයෙනි, ඒ සක් පිඹින්නාට මේ අදහස ඇතිවූයේ ය. 'මේ ඈත පිටිසර ජනපදවැසි මිනිසුන් මොනතරම් මෝඩ ද! කෙසේ නම් නොමග කින් සංඛනාදයක් සොයන්නාහු ද?'යි ඔවුන් බලා සිටිය දී ම ඔහු සක් ගෙඩිය ගෙන තුන් විටක් සංඛනාද පවත්වා සක් ගෙඩිය ගෙන පිටත් ව ගියේ ය.

රාජන්‍යයෙනි, එකල්හී ඒ ඈත පිටිසර ජනපදවැසි මිනිසුන්ට මේ අදහස ඇතිවූයේ ය. 'භවත්නි, මේ සක් ගෙඩිය නැමැති දෙය යම් කලෙක පුරුෂයෙකු හා එක් වෙයි ද, පුරුෂයාගේ උත්සාහය හා එක් වෙයි ද, වායුව හා එක් වෙයි ද, එකල්හී මේ සක් ගෙඩිය හඬ නංවයි. යම් කලෙක මේ සක් ගෙඩිය පුරුෂයා හා එක් නොවෙයි ද, පුරුෂයාගේ උත්සාහය එක් නොවෙයි ද, වායුව හා එක් නොවෙයි ද එකල්හී මේ සක් ගෙඩිය හඬක් නොනංවයි' කියා ය.

එසෙයින් ම රාජන්‍යයෙනි, යම් කලෙක මේ කය ආයුෂ හා එක් ව තිබෙයි ද, උණුසුම හා එක් ව තිබෙයි ද, විඤ්ඤාණය හා එක් ව තිබෙයි ද, එකල්හී ඉදිරියට ත් යයි. ආපසු හැරී ත් එයි. සිටියි. වාඩි ත් වෙයි. සැතැපීම ත් කරයි. ඇසිනුත් රූප දකියි. කනෙනුත් ශබ්ද අසයි. නාසයෙනුත් ගන්ධය ආඝ්‍රාණය කරයි. දිවෙනුත් රස විඳියි. කයෙනුත් පහස ස්පර්ශ කරයි. මනසිනුත් අරමුණු දැනගනියි.

යම් කලෙක මේ කය ආයුෂ හා එක් නොවී තිබෙයි ද, උණුසුම හා ත් එක් නොවී තිබෙයි ද, විඤ්ඤාණය හා ත් එක් නොවී තිබෙයි ද, එකල්හී ඉදිරියට ත් නොයයි. ආපසු හැරී ත් නොඑයි. නොසිටියි. වාඩි ත් නොවෙයි. සැතැපීම ත් නොකරයි. ඇසිනුත් රූප නොදකියි. කනෙනුත් ශබ්ද නොඅසයි. නාසයෙනුත් ගන්ධය ආඝ්‍රාණය නොකරයි. දිවෙනුත් රස නොවිඳියි. කයෙනුත් පහස ස්පර්ශ නොකරයි. මනසිනුත් අරමුණු නොදැනගනියි.

රාජන්‍යයෙනි, මේ ක්‍රමයෙනුත් ඔබට මෙසේ සිතේවා! 'මෙසේ ත් පරලොවක් ඇත්තේ ය. ඕපපාතික ව උපදින සත්වයෝ ඇත්තාහ. හොඳින් හෝ නරකින් හෝ කරනු ලබන කර්මයන්ගේ ඵලවිපාක ඇත්තේ ය' කියා ය."

"භවත් කස්සපයෝ මෙසේ පැවසුව ද, මට නම් මෙහිලා මෙසේ ම සිතෙයි. එනම් 'මෙසේ ත් පරලොවක් නැත්තේ ය. ඕපපාතික ව උපදින සත්වයෝ නැත්තාහ. හොඳින් හෝ නරකින් හෝ කරනු ලබන කර්මයන්ගේ ඵලවිපාක නැත්තේ ය' කියා ය."

"රාජන්‍යයෙනි, 'මෙසේ ත් පරලොවක් නැත්තේ ය. ඕපපාතික ව උපදින සත්වයෝ නැත්තාහ. හොඳින් හෝ නරකින් හෝ කරනු ලබන කර්මයන්ගේ

ඵලවිපාක නැත්තේ ය' යනුවෙන් ඔබ තුළ මේ දෘෂ්ටිය ඇති වූයේ යම් කරුණක් නිසා නම්, එබඳු කරුණක් ඇත්තේ ද?"

"භවත් කස්සපයෙනි, 'මෙසේ ත් පරලොවක් නැත්තේ ය. ඕපපාතික ව උපදින සත්වයෝ නැත්තාහ. හොඳින් හෝ නරකින් හෝ කරනු ලබන කර්මයන්ගේ ඵලවිපාක නැත්තේ ය' කියා මා තුළ මේ දෘෂ්ටිය ඇති වූයේ යම් කරුණකින් නම්, එබඳු කරුණක් ඇත්තේ ය."

"රාජන්‍යයෙනි, එය කෙබඳු කරුණක් ද?"

"භවත් කස්සපයෙනි, මෙහි මාගේ පුරුෂයෝ අපරාධ කළ සොරෙකු අල්ලා ගෙන 'හිමියනි, මේ අපරාධකාරී සොරෙකි. මොහුට යම් දඬුවමක් දෙන්නට කැමැත්තහු නම් ඒ දඬුවම පණවනු මැනැව' යි මා ඉදිරියට ගෙන දක්වති. එවිට මම ඔවුන්ට මෙසේ කියමි.

'එසේ වී නම් භවත්නි, මේ පුරුෂයාගේ සිවිය සිඳිව්. මොහුගේ ජීවය දකින්නෙමු' යි. ඔවුහු ඒ පුරුෂයාගේ සිවිය සිඳිති. එහෙත් අපි ඔහුගේ ජීවය නොදකිමු. එවිට මම ඔවුන්ට මෙසේ කියමි. 'එසේ වී නම් භවත්නි, මේ පුරුෂයාගේ සම සිඳිව්. ....(පෙ).... මස් සිඳිව්. ....(පෙ).... නහර සිඳිව්. ....(පෙ).... ඇට සිඳිව්. ....(පෙ).... ඇට මිදුළු සිඳිව්. මොහුගේ ජීවය දකින්නෙමු' යි. ඔවුහු ඒ පුරුෂයාගේ ඇට මිදුළු සිඳිති. එහෙත් අපි ඔහුගේ ජීවය නොදකිමු.

භවත් කස්සපයෙනි, 'මෙසේ ත් පරලොවක් නැත්තේ ය. ඕපපාතික ව උපදින සත්වයෝ නැත්තාහ. හොඳින් හෝ නරකින් හෝ කරනු ලබන කර්මයන්ගේ ඵලවිපාක නැත්තේ ය' කියා මා තුළ මේ දෘෂ්ටිය ඇති වූයේ යම් කරුණකින් නම් මෙය ද කරුණකි."

"එසේ වී නම් රාජන්‍යයෙනි, ඔබට උපමාවකින් පැහැදිලි කරන්නෙමි. මෙහි ඇතැම් නුවණැති පුරුෂයෝ උපමාවෙනුත් පවසන ලද කරුණෙහි අරුත් තේරුම් ගනිති. රාජන්‍යයෙනි, මෙය පෙර සිදුවූවකි. රාජන්‍යයෙනි, එක්තරා ගිනි පුදන ජටිලයෙක් වනාන්තරයක කොළ සෙවිලි කළ කුටියක වසයි. එකල්හී රාජන්‍යයෙනි, එක්තරා ජනපදයක ගැල් කණ්ඩායමක් ගමන් ඇරඹුවේ ය. ඉක්බිති ඒ ගැල් කණ්ඩායම ඒ ගිනි පුදන ජටිලයාගේ ආශ්‍රමය සමීපයෙහි එක් රැයක් නැවතී පිටත් ව ගියේ ය. එවිට ගිනි පුදන ජටිලයාට මේ අදහස ඇතිවූයේ ය. 'මම ඒ ගැල් කණ්ඩායම යම් තැනක නැවතුණේ ද, එතැනට යන්නෙම් නම් මැනැවි. ඔවුන් දමාගිය කිසියම් උපකරණයක් ලැබෙන්නේ නම් මැනැවි.' ඉක්බිති ඒ ගිනිපුදන ජටිලයා වේලාසනින් ම අවදි ව, ගැල් කණ්ඩායම නැවතී

සිටියේ යම් තැනක ද, එතැනට එළැඹියේ ය. එළැඹ ඒ ගැල් කණ්ඩායම නැවතී සිටි තැන උඩුකුරු ව නිදන කුඩා දරුවෙකු අත්හැර දමා ගොස් තිබෙනු දුටුවේ ය. දැක ඔහුට මේ අදහස ඇතිවූයේ ය.

'මා දැක දැක ත් මිනිස්වූවෙක් කලුරිය කරන්නේ ය යන යමක් ඇද්ද, එය මට ගැලපෙන දෙයක් නොවෙයි. මම මේ දරුවා ආශ්‍රමයට ගෙන ගොස් ඇති දැඩි කරන්නෙම් නම්, පෝෂණය කරන්නෙම් නම්, වඩන්නෙම් නම් යහපති.'

ඉක්බිති ඒ ගිනි පුදන ජටිල තෙමේ ඒ දරුවා ආශ්‍රමයට ගෙන ගොස් ඇතිදැඩි කළේ ය. පෝෂණය කළේ ය. වැඩුවේ ය. යම් කලෙක ඒ දරුවා දහ දොළොස් වසරක් වයසැති වූවේ ද, එකල්හී ඒ ගිනි පුදන ජටිලයාට ජනපදයෙහි කිසියම් කළ යුතු දැයක් උපන්නේ ය. ඉක්බිති ඒ ගිනි පුදන ජටිලයා ඒ දරුවා ඇමතුවේ ය.

'දරුව, මම ජනපදයට යන්නට කැමැති වෙමි. දරුව, ගිනි පුදන්න. ඔබ විසින් පුදන ගින්න ත් නොනිවේවා! ඉදින් ඔබගේ ගින්න නිවෙන්නේ නම්, මේ වෑය ය, මේ දර ය, මේ ගිනි ගානා ලී දණ්ඩ ය. ගින්න උපදවා ගිනි පුදන්න.'

එකල්හී ඒ ගිනි පුදන ජටිලයා ඒ දරුවාට මෙසේ අනුශාසනා කොට ජනපදයට ගියේ ය. සෙල්ලමෙහි ඇලී සිටි දරුවාගේ ගින්න නිවී ගියේ ය. එකල්හී ඒ දරුවාට මෙසේ සිතුණේ ය. 'මාගේ පියා මට මෙසේ කිව්වේ ය. 'දරුව, ගිනි පුදන්න. ඔබ විසින් පුදන ගින්න ත් නොනිවේවා! ඉදින් ඔබගේ ගින්න නිවෙන්නේ නම්, මේ වෑය ය, මේ දර ය, මේ ගිනි ගානා ලී දණ්ඩ ය. ගින්න උපදවා ගිනි පුදන්න' යි.

එසේ නම් මම ගිනි උපදවා, ගිනි පුදන්නෙම් නම් මැනැවි. ඉක්බිති ඒ දරුවා 'මම ගිනි උපද්දවන්නෙම් නම් මැනැවැ'යි ගිනිගානා ලී දණ්ඩ වෑයෙන් සැස්සේ ය. ඔහු ගින්න නොලැබුවේ ය. ගිනිගානා ලී දණ්ඩ දෙකට පැළුවේ ය. ....(පෙ).... තුනට පැළුවේ ය. ....(පෙ).... සතරට පැළුවේ ය. ....(පෙ).... පහට පැළුවේ ය. ....(පෙ).... දහයට පැළුවේ ය. ....(පෙ).... සියයට පැළුවේ ය. ....(පෙ).... කැබලි කැබලි කළේ ය. ....(පෙ).... කැබලි කැබලි කොට වංගෙඩියෙහි දමා කෙටුවේ ය. ....(පෙ).... වංගෙඩියෙහි දමා කොටා මම ගිනි උපද්දවන්නෙම් නම් මැනැවැයි මහා සුළඟෙහි පිඹහළේ ය. ඔහු ගින්න නොලැබුවේ ය.

එකල්හී ඒ ගිනි පුදන ජටිලයා ජනපදයෙහි ඒ කළ යුතු දෙය නිමවා සිය ආශ්‍රමයට පැමිණියේ ය. පැමිණ ඒ දරුවා ඇමතුවේ ය. 'කිම? දරුව, තොපගේ ගින්න නොනිවුණේ ද?'

'පියාණෙනි, මෙහි සෙල්ලමෙන් සිටි මාගේ ගින්න නිවී ගියේ ය. එවිට මට මෙසේ සිතුණේ ය. 'මාගේ පියා මට මෙසේ කිව්වේ ය. 'දරුව, ගිනි පුදන්න. ඔබ විසින් පුදන ගින්න ත් නොනිවේවා! ඉදින් ඔබගේ ගින්න නිවෙන්නේ නම්, මේ වැය ය, මේ දර ය, මේ ගිනි ගානා ලී දණ්ඩ ය. ගින්න උපදවා ගිනි පුදන්න' යි.

එසේ නම් මම ගිනි උපදවා, ගිනි පුදන්නෙම් නම් මැනැවි. ඉක්බිති පියාණෙනි, මම ගිනි උපද්දවන්නෙම් නම් මැනැවැ යි ඒ මම ගිනිගානා ලී දණ්ඩ වෑයෙන් සැස්සෙමි. මම ගින්න නොලැබුවෙමි. ගිනිගානා ලී දණ්ඩ දෙකට පැළුවෙමි. ....(පෙ).... තුනට පැළුවෙමි. ....(පෙ).... සතරට පැළුවෙමි. ....(පෙ).... පහට පැළුවෙමි. ....(පෙ).... දහයට පැළුවෙමි. ....(පෙ).... සියයට පැළුවෙමි. ....(පෙ).... කැබලි කැබලි කළෙමි. ....(පෙ).... කැබලි කැබලි කොට වංගෙඩියෙහි දමා කෙටුවෙමි. ....(පෙ).... වංගෙඩියෙහි දමා කොටා මම ගිනි උපද්දවන්නෙම් නම් මැනැවැයි මහා සුළඟෙහි පිඹහළෙමි. මම ගින්න නොලැබුවෙමි.'

එකල්හී ඒ ගිනි පුදන ජටිලයාට මෙසේ සිතුණේ ය. 'මේ දරුවා මොනතරම් අව්‍යක්ත අනුවණයෙක් ද? කෙසේ නම් නොමගකින් ගින්න සොයන්නේ ද?' යි ඔහු බලා සිටිද්දී ම ගිනිගානා දණ්ඩ ගෙන ගිනි උපදවා ඒ දරුවාට මෙය පැවසුවේ ය.

'දරුව, ගින්න ඉපදවිය යුත්තේ මෙහෙමයි. ඔබ යම්බඳු අව්‍යක්ත ව, අනුවණයෙක් ව, නොමගකින් යුක්ත ව ගින්න සොයන අයුරකින් නම් නොවෙයි.

එසෙයින් ම රාජන්‍යයෙනි, ඔබ අව්‍යක්ත ව, අනුවණයෙක් ව, නොමග කින් පරලොවක් සොයන්නෙහි ය. රාජන්‍යයෙනි, ඔය ලාමක දෘෂ්ටිය අත්හරින්න. රාජන්‍යයෙනි, ඔය ලාමක දෘෂ්ටිය අත්හරින්න. ඔබට බොහෝ කල් අහිත පිණිස, දුක් පිණිස නොවේවා!"

"භවත් කස්සපයෝ මෙසේ පවසා සිටිය ත් මම මේ ලාමක දෘෂ්ටිය අත්හරින්නට නොහැක්කෙමි. පසේනදී කොසොල් රජු ත්, පිටස්තර රාජධානිවල රජවරු ත් මා ගැන දනිති. පායාසි රාජන්‍ය තෙමේ මෙබඳු මතයක් කියන්නේ ය. මෙබඳු දෘෂ්ටියක් ඇත්තෙකි. එනම් 'මෙසේ ත් පරලොවක් නැත්තේ ය. ඕපපාතික ව උපදින සත්වයෝ නැත්තාහ. හොඳින් හෝ නරකින් හෝ කරනු ලබන කර්මයන්ගේ ඵලවිපාක නැත්තේ ය' යි.

ඉදින් භවත් කස්සපයන් වහන්ස, මම මේ ලාමක දෘෂ්ටිය අත්හරින්නෙම් නම් මා හට මෙසේ කියන්නෝ වන්නාහ. 'පායාසි රාජන්‍ය තෙමේ මොනතරම්

අනුවණයෙක් ද? මොනතරම් අව්‍යක්තයෙක් ද? වැරදි ලෙස කරුණු ගත්තෙකි' යි. එනිසා ඒ ගැන කෝපයෙනුත් මේ දෘෂ්ටිය ම ගෙන හැසිරෙන්නෙමි. ගුණමකු කමිනුත් මේ දෘෂ්ටිය ම ගෙන හැසිරෙන්නෙමි. තරඟයට වැඩකිරීමට ත් මේ දෘෂ්ටිය ම ගෙන හැසිරෙන්නෙමි."

"එසේ වී නම් රාජන්‍යයෙනි, ඔබට උපමාවකින් පැහැදිලි කරන්නෙමි. මෙහි ඇතැම් නුවණැති පුරුෂයෝ උපමාවෙනුත් පවසන ලද කරුණෙහි අරුත් තේරුම් ගනිති. රාජන්‍යයෙනි, මෙය පෙර සිදුවූවකි. ගැල් දහසකින් යුත් මහා ගැල් කණ්ඩායමක් පෙරදිග ජනපදයෙන් බටහිර ජනපදයට ගියේ ය. ඒ ගැල් කණ්ඩායම යම් යම් මගකින් යයි ද, ඒ ඒ මගෙහි තණ, දර, දිය, නිල්තණ වහා අවසන් වෙයි. ඒ ගැල් කණ්ඩායමෙහි ගැල් නායකයෝ දෙදෙනෙක් වූහ. ගැල් පන්සියයකට එක්කෙනෙකි. අනිත් ගැල් පන්සියයට එක් කෙනෙකි. ඉක්බිති ඒ ගැල් නායකයන් හට මේ අදහස ඇති වූයේ ය.

'මේ වනාහී ගැල් දහසකින් යුතු මහා ගැල් කණ්ඩායමකි. ඒ අපි යම් යම් මාවතකින් යමු ද, ඒ ඒ මගෙහි තණ, දර, දිය, නිල්තණ වහා අවසන් වෙයි. අපි මේ මහා ගැල් කණ්ඩායම එක් කොටසකට පන්සියය පන්සියය බැගින් දෙකොටසකට බෙදන්නෙමු නම් මැනැවැ' යි. ඔවුහු ඒ මහා ගැල් කණ්ඩායම එක් කොටසකට පන්සියය බැගින් දෙකොටසකට බෙදුවාහු ය. එක් ගැල් නායකයෙක් පළමුවෙන් බොහෝ තණ ත්, දර ත්, ජලය ත් පටවාගෙන ගැල පිටත් ව ගියේ ය. දෙතුන් දිනක් ගත වූ පසු කාන්තාරයෙහි කුමුදු මල් දරා ගත්, තෙත් වූ වස්ත්‍ර ඇති, තෙත් වූ කෙස් ඇති, රතු ඇස් ඇති, දුනු හියොවුරෙන් සන්නද්ධ වූ කාලවර්ණ පුරුෂයෙක් මඩ වැකුණු රෝද ඇති, සොඳුරු රථයකින් තමන් ඉදිරියට පැමිණෙනු ඒ ගැල් කණ්ඩායම දුටුවේ ය. දැක මෙය ඇසුවේ ය.

'භවත, කොහි සිට එන්නෙහි ද?'

'අසවල් ජනපදයෙනි.'

'කොහි යන්නෙහි ද?'

'අසවල් ජනපදයට ය.'

'කිමෙක් ද භවත? කාන්තාරය ඉදිරියෙහි මහා වර්ෂාවක් ඇද හැලුනෙහිද?'

'එසේ ය, භවත. කාන්තාරය ඉදිරියෙහි මහා වැස්සක් ඇදහැලුණේ ය. මාර්ගයෙහි දිගට ම වැහි පොද වැටෙයි. බොහෝ තණ ත්, දර ත්, දිය ත් ඇත්තේ ය. භවත, පැරණි තණ ත්, දර ත්, දිය ත් වීසි කරව්. බර හැල්ලු

කරගත් ගැල්වලින් ඉක්මනින් ඉක්මනින් යව්. ගැල් ගවයන් ව වෙහෙසට පත් නොකරව්.'

ඉක්බිති ඒ ගැල් නායකයා ගැල්කරුවන් ඇමතුවේ ය. 'භවත්නි, මේ පුරුෂයා මෙසේ කියයි. 'කාන්තාරය ඉදිරියෙහි මහා වැස්සක් ඇදහැලුණේ ය. මාර්ගයෙහි දිගට ම වැහි පොද වැටෙයි. බොහෝ තණ ත්, දර ත්, දිය ත් ඇත්තේ ය. භවත, පැරණි තණ ත්, දර ත්, දිය ත් වීසි කරව්. බර හැල්ලු කරගත් ගැල්වලින් ඉක්මනින් ඉක්මනින් යව්. ගැල් ගවයන් ව වෙහෙසට පත් නොකරව්' යි. එහෙයින් භවත්නි, පැරණි තණ ත්, දර ත්, දිය ත් වීසි කරව්. හැල්ලු ගැල් බරෙන් යුතුව ගැල පදවව්.'

'එසේ ය භවතැ'යි ඒ ගැල්කරුවෝ ඒ ගැල් නායකයාට පිළිවදන් දී පැරණි තණ ත්, දර ත්, දිය ත් වීසි කොට, හැල්ලු ගැල් බරෙන් යුතුව ගැල පැදවූහ. ඔවුහු පළමු ගැල් නවාතැනෙහි ද තණ හෝ දර හෝ දිය හෝ නොදැක්කාහු ය. දෙවෙනි ගැල් නවාතැනෙහි ද ....(පෙ).... තෙවෙනි ගැල් නවාතැනෙහි ද ....(පෙ).... සිව් වෙනි ගැල් නවාතැනෙහි ද ....(පෙ).... පස්වෙනි ගැල් නවාතැනෙහි ද ....(පෙ).... සයවෙනි ගැල් නවාතැනෙහි ද ....(පෙ).... සත්වෙනි ගැල් නවාතැනෙහි ද තණ හෝ දර හෝ දිය හෝ නොදැක්කාහු ය. සියළු දෙනා ම විපතට පත් වූහ. ඒ ගැලෙහි යම් මිනිස්සු හෝ ගවයෝ හෝ සිටියාහු ද, මිනිස් නොවූ ඒ යක්ෂ තෙමේ සියල්ල භක්ෂණය කළේ ය. ඇට පමණක් ඉතිරි කළේ ය.

දෙවෙනි ගැල් නායකයා 'භවත්නි, ඒ ගැල නික්ම ගොස් බොහෝ කල් ගතවූයේ යැයි' යම් කලෙක දැනගත්තේ ද, බොහෝ තණ ත්, දර ත්, ජලය ත් පටවාගෙන ගැල පිටත් ව ගියේ ය. දෙතුන් දිනක් ගත වූ පසු කාන්තාරයෙහි කුමුදු මල් දරා ගත්, තෙත් වූ වස්ත්‍ර ඇති, තෙත් වූ කෙස් ඇති, රතු ඇස් ඇති, දුනු හියොවුරෙන් සන්නද්ධ වූ කාලවර්ණ පුරුෂයෙක් මඩ වැකුණු රෝද ඇති, සොඳුරු රථයකින් තමන් ඉදිරියට පැමිණෙනු ඒ ගැල දුටුවේ ය. දැක මෙය ඇසුවේ ය.

'භවත, කොහි සිට එන්නෙහි ද?'

'අසවල් ජනපදයෙනි.'

'කොහි යන්නෙහි ද?'

'අසවල් ජනපදයට ය.'

'කිමෙක් ද භවත? කාන්තාරය ඉදිරියෙහි මහා වර්ෂාවක් ඇද හැලුනෙහිද?'

'එසේ ය, භවත. කාන්තාරය ඉදිරියෙහි මහා වැස්සක් ඇදහැලුණේ ය. මාර්ගයෙහි දිගට ම වැහි පොද වැටෙයි. බොහෝ තණ ත්, දර ත්, දිය ත් ඇත්තේ ය. භවත, පැරණි තණ ත්, දර ත්, දිය ත් වීසි කරව්. බර හැල්ලු කරගත් ගැල්වලින් ඉක්මනින් ඉක්මනින් යව්. ගැල් ගවයන් ව වෙහෙසට පත් නොකරව්.'

ඉක්බිති ඒ ගැල් නායකයා ගැල්කරුවන් ඇමතුවේ ය. 'භවත්නි, මේ පුරුෂයා මෙසේ කියයි. 'කාන්තාරය ඉදිරියෙහි මහා වැස්සක් ඇදහැලුණේ ය. මාර්ගයෙහි දිගට ම වැහි පොද වැටෙයි. බොහෝ තණ ත්, දර ත්, දිය ත් ඇත්තේ ය. භවත, පැරණි තණ ත්, දර ත්, දිය ත් වීසි කරව්. බර හැල්ලු කරගත් ගැල්වලින් ඉක්මනින් ඉක්මනින් යව්. ගැල් ගවයන් ව වෙහෙසට පත් නොකරව්' යි. භවත්නි, මේ පුරුෂයා අපගේ මිත්‍රයෙකුත් නොවෙයි. ලේ ඤාතියෙකුත් නොවෙයි. මොහුගේ වචනය අදහා අපි කෙසේ නම් යන්නෙමු ද? පැරණි තණ ත්, දර ත්, දිය ත් වීසි නොකළ යුත්තේ ය. රැගෙන ආ බඩුවලින් ම ගැල් පදවාගෙන යව්. අපගේ පැරණි බඩු වීසි නොකරන්නෙමු.'

'එසේ ය භවතැ'යි ඒ ගැල්කරුවෝ ඒ ගැල් නායකයාට පිළිවදන් දී පැරණි තණ ත්, දර ත්, දිය ත් වීසි නොකොට රැගෙන ආ බඩුවලින් ම ගැල පැදවූහ. ඔවුහු පළමු ගැල් නවාතැනෙහි ද තණ හෝ දර හෝ දිය හෝ නොදැක්කාහු ය. දෙවෙනි ගැල් නවාතැනෙහි ද ....(පෙ).... තෙවෙනි ගැල් නවාතැනෙහි ද ....(පෙ).... සිව් වෙනි ගැල් නවාතැනෙහි ද ....(පෙ).... පස්වෙනි ගැල් නවාතැනෙහි ද ....(පෙ).... සයවෙනි ගැල් නවාතැනෙහි ද ....(පෙ).... සත්වෙනි ගැල් නවාතැනෙහි ද තණ හෝ දර හෝ දිය හෝ නොදැක්කාහු ය. සියළු දෙනා ම විපතට පත් වූ ඒ ගැල දුටුවාහු ය. ඒ ගැලෙහි යම් මිනිස්සු හෝ ගොන්නු හෝ සිටියාහු ද, මනුෂ්‍ය නොවූ ඒ යක්ෂයා විසින් අනුභව කරන ලද ඔවුන්ගේ ඇට පමණක් දුටුවාහු ය.

ඉක්බිති ඒ ගැල් නායකයා ඒ ගැල්කරුවන් ඇමතුවේ ය.

'භවත්නි, මේ ගැල විපතට පත්වූයේ ය. යම් ඒ අනුවණ මගපෙන්වන ගැල් නායකයෙකු නිසාවෙනි. එසේ වී නම් භවත්නි, අපගේ අල්ප වටිනාකම් ඇති, යම් වෙළඳ බඩු ඇද්ද, ඒවා අත්හැර දමා මේ විනාශ වූ ගැලෙහි යම් ඉතා වටිනා වෙළඳ බඩු ඇද්ද, ඒවා ගනිව්.'

'එසේ ය, භවත' යි ඒ ගැල් නායකයාට පිළිතුරු දුන් ඒ ගැල්කරුවෝ සිය ගැලෙහි ඇති අඩු වටිනාකමින් යුතු භාණ්ඩ අත්හැර, විනාශ වූ ගැලෙහි තිබූ වැඩි වටිනාකම් ඇති භාණ්ඩ ගෙන සුවසේ ඒ කාන්තාරයෙන් එතෙර

වූහ. යම් සේ නුවණැති මගපෙන්වන ගැල්නායකයෙකු නිසා යහපත සිදුවන ලෙසින් ය.

එසෙයින් ම රාජන්‍යයෙනි, ඔබ අනුවණයෙක් වී, අව්‍යක්තයෙක් වී, නුවණින් තොර ව පරලොවක් සොයන්නට ගොස් විපතට පත්වන්නෙහි ය. ඒ කලින් ගිය ගැල් නායකයා ලෙසින් ය. යමෙක් ඔබේ වචනය ත් ඇසිය යුතු යැයි අදහාගත යුතු යැයි හඟිත් ද, ඔවුනුත් විපතට පත්වන්නාහු ය. ඒ ගැල් නායකයාගේ ගැල් කරුවන් ලෙසිනි.

රාජන්‍යයෙනි, ඔය ලාමක දෘෂ්ටිය අත්හරින්න. රාජන්‍යයෙනි, ඔය ලාමක දෘෂ්ටිය අත්හරින්න. ඔබට බොහෝ කල් අහිත පිණිස, දුක් පිණිස නොවේවා!"

"භවත් කස්සපයෝ මෙසේ පවසා සිටිය ත් මම මේ ලාමක දෘෂ්ටිය අත්හරින්නට නොහැක්කෙමි. පසේනදී කොසොල් රජු ත්, පිටස්තර රාජධානිවල රජවරු ත් මා ගැන දනිති. පායාසි රාජන්‍ය තෙමේ මෙබඳු මතයක් කියන්නේ ය. මෙබඳු දෘෂ්ටියක් ඇත්තෙකි. එනම් 'මෙසේ ත් පරලොවක් නැත්තේ ය. ඕපපාතික ව උපදින සත්වයෝ නැත්තාහ. හොඳින් හෝ නරකින් හෝ කරනු ලබන කර්මයන්ගේ ඵලවිපාක නැත්තේ ය' යි.

ඉදින් භවත් කස්සපයන් වහන්ස, මම මේ ලාමක දෘෂ්ටිය අත්හරින්නෙම් නම් මා හට මෙසේ කියන්නෝ වන්නාහ. 'පායාසි රාජන්‍ය තෙමේ මොනතරම් අනුවණයෙක් ද? මොනතරම් අව්‍යක්තයෙක් ද? වැරදි ලෙස කරුණු ගත්තෙකි' යි. එනිසා ඒ ගැන කෝපයෙනුත් මේ දෘෂ්ටිය ම ගෙන හැසිරෙන්නෙමි. ගුණමකු කමිනුත් මේ දෘෂ්ටිය ම ගෙන හැසිරෙන්නෙමි. තරඟයට වැඩකිරීමට ත් මේ දෘෂ්ටිය ම ගෙන හැසිරෙන්නෙමි."

"එසේ වී නම් රාජන්‍යයෙනි, ඔබට උපමාවකින් පැහැදිලි කරන්නෙමි. මෙහි ඇතැම් නුවණැති පුරුෂයෝ උපමාවෙනුත් පවසන ලද කරුණෙහි අරුත් තේරුම් ගනිති. රාජන්‍යයෙනි, මෙය පෙර සිදුවූවකි. ඌරන් ඇති කරන එක්තරා පුරුෂයෙක් තම ගමෙන් වෙනත් ගමකට ගියේ ය. ඔහු එහි අත්හැර දමා ඇති වියළී ගිය බොහෝ අශූචි දුටුවේ ය. දැක මෙසේ සිතුවේ ය. 'මේ අහක දමා ඇති බොහෝ වියළි අශූචි ය. මාගේ ඌරන්ට කෑමට මම මෙයින් වියළි අශූචි රැගෙන යන්නෙම් නම් ඉතා මැනැවි' යි. ඔහු උතුරු සළුව බිම එළා බොහෝ වියළි අශූචි ගොඩගසා පොදියක් බැඳ හිස මතින් ඔසොවාගෙන ගියේ ය. ඔහු යන අතරමගදී මහා අකල් වැස්සක් ඇදහැලුණේ ය. ඔහුගේ පාදයේ නියපොතු අග තෙක් ම අශූචි වැකී ගියේ, උඩින් වැගිරෙන, පහතින් වැගිරෙන අශූචි බර හිසින් ගෙන ගියේ ය. මිනිස්සු ඔහු දැක මෙසේ ඇසූහ.

'කිම? සගය, ඔබ උමතු වූවෙක් ද? කිම? විකල් වූවෙහි ද? කෙසේ නම් පාදයේ නියපොතු අග තෙක් ම අශූචි වැකී ගියේ, උඩින් වැගිරෙන, පහතින් වැගිරෙන අශූචි බර හිසින් ගෙන යන්නෙහි ද?'

'සගයෙනි, මෙහිලා තෙපි ම ය උමතු වූවෝ! තෙපි ය විකල් වූවෝ! එසේ ය, මාගේ ඌරන්ට ගෙන යන කෑම ය!'

එසෙයින් ම රාජන්‍යයෙනි, ඔබ අශූචි බර හිස තබාගත්තෙකු සෙයින් අපට වැටහෙයි. රාජන්‍යයෙනි, ඔය ලාමක දෘෂ්ටිය අත්හරින්න. රාජන්‍යයෙනි, ඔය ලාමක දෘෂ්ටිය අත්හරින්න. ඔබට බොහෝ කල් අහිත පිණිස, දුක් පිණිස නොවේවා!"

"භවත් කස්සපයෝ මෙසේ පවසා සිටිය ත් මම මේ ලාමක දෘෂ්ටිය අත්හරින්නට නොහැක්කෙමි. පසේනදී කොසොල් රජු ත්, පිටස්තර රාජධානිවල රජවරු ත් මා ගැන දනිති. පායාසි රාජන්‍ය තෙමේ මෙබඳු මතයක් කියන්නේ ය. මෙබඳු දෘෂ්ටියක් ඇත්තෙකි. එනම් 'මෙසේ ත් පරලොවක් නැත්තේ ය. ඕපපාතික ව උපදින සත්වයෝ නැත්තාහ. හොඳින් හෝ නරකින් හෝ කරනු ලබන කර්මයන්ගේ ඵලවිපාක නැත්තේ ය' යි.

ඉදින් භවත් කස්සපයන් වහන්ස, මම මේ ලාමක දෘෂ්ටිය අත්හරින්නෙම් නම් මා හට මෙසේ කියන්නෝ වන්නාහ. 'පායාසි රාජන්‍ය තෙමේ මොනතරම් අනුවණයෙක් ද? මොනතරම් අව්‍යක්තයෙක් ද? වැරදි ලෙස කරුණු ගත්තෙකි' යි. එනිසා ඒ ගැන කෝපයෙනුත් මේ දෘෂ්ටිය ම ගෙන හැසිරෙන්නෙමි. ගුණමකු කමිනුත් මේ දෘෂ්ටිය ම ගෙන හැසිරෙන්නෙමි. තරගයට වැඩකිරීමට ත් මේ දෘෂ්ටිය ම ගෙන හැසිරෙන්නෙමි."

"එසේ වී නම් රාජන්‍යයෙනි, ඔබට උපමාවකින් පැහැදිලි කරන්නෙමි. මෙහි ඇතැම් නුවණැති පුරුෂයෝ උපමාවෙනුත් පවසන ලද කරුණෙහි අරුත් තේරුම් ගනිති. රාජන්‍යයෙනි, මෙය පෙර සිදුවූවකි. දාදු ක්‍රීඩාවේ ලොල් වූවෝ දෙදෙනෙක් දාදු කැටයෙන් දාදු කෙළියහ. එකල්හී එක් දාදු ලොල් වූවෙක් පැරදුණු පැරදුණු පස ඇටය ගිලියි. දෙවෙනි දාදු ධූර්තයා පැරදුණු පැරදුණු පස ඇටය ගිලින ඒ දාදු ධූර්තයා ව දක්කේ ය. දැක ඒ දාදු ධූර්තයාට මෙය පැවසුවේ ය. 'මිත්‍රය, ඔබ ස්ථිරව ම දිනන්නෙහි ද? මිත්‍රය, මට පස ඇට දෙව. පූජාවක් කරන්නෙමි.'

'එසේ ය, මිත්‍රය' යි ඒ දාදු ධූර්තයා ඔහුට පස ඇට දුන්නේ ය. එවිට ඔහු පස ඇටවල විෂ පොවා ඒ දාදු ධූර්තයාට මෙය පැවසුවේ ය. මිත්‍රය, එව. දාදු කෙළින්නෙමු.'

'එසේ ය, මිත්‍රය' යි ඔහු ඒ දාදු ධූර්තයාට පිළිවදන් දුන්නේ ය. දෙවෙනි වතාවට ත් ඔවුහු පස ඇටෙන් දාදු කෙළියාහු ය. දෙවෙනි වතාවට ත්, ඒ දාදු ධූර්තයා පැරදුණු පැරදුණු පස ඇට ගිලියි. එවිට දෙවෙනි දාදු ධූර්තයා පැරදුණු පැරදුණු පස ඇට දෙවෙනි වතාවට ත් ගිලින්නා වූ ඒ දාදු ධූර්තයා දක්කේ ය. දැක ඒ දාදු ධූර්තයාට මෙය පැවසුවේ ය.

(ගාථාවකි)

'දරුණු විෂ ආලේප කරන ලද පස ඇට ගිලින පුරුෂයා එහි
විෂ ඇති බව නොදනී. එම්බල පවිටු ධූර්තය, දැන් ගිලපිය. පසුව
තොපට කටුක විපාක ලැබෙන්නේ ය.'

එසෙයින් ම රාජන්‍යයෙනි, ඔබ ත් විෂ දැමූ පස ඇට ගිලින දාදු ධූර්තයා බඳු උපමාවෙන් යුතුව අපට වැටහෙයි. රාජන්‍යයෙනි, ඔය ලාමක දෘෂ්ටිය අත්හරින්න. රාජන්‍යයෙනි, ඔය ලාමක දෘෂ්ටිය අත්හරින්න. ඔබට බොහෝ කල් අහිත පිණිස, දුක් පිණිස නොවේවා!"

"භවත් කස්සපයෝ මෙසේ පවසා සිටිය ත් මම මේ ලාමක දෘෂ්ටිය අත්හරින්නට නොහැක්කෙමි. පසේනදී කොසොල් රජු ත්, පිටස්තර රාජධානිවල රජවරු ත් මා ගැන දනිති. පායාසි රාජන්‍ය තෙමේ මෙබඳු මතයක් කියන්නේ ය. මෙබඳු දෘෂ්ටියක් ඇත්තෙකි. එනම් 'මෙසේ ත් පරලොවක් නැත්තේ ය. ඕපපාතික ව උපදින සත්වයෝ නැත්තාහ. හොඳින් හෝ නරකින් හෝ කරනු ලබන කර්මයන්ගේ ඵලවිපාක නැත්තේ ය' යි.

ඉදින් භවත් කස්සපයන් වහන්ස, මම මේ ලාමක දෘෂ්ටිය අත්හරින්නෙම් නම් මා හට මෙසේ කියන්නෝ වන්නාහ. 'පායාසි රාජන්‍ය තෙමේ මොනතරම් අනුවණයෙක් ද? මොනතරම් අව්‍යක්තයෙක් ද? වැරදි ලෙස කරුණු ගත්තෙකි' යි. එනිසා ඒ ගැන කෝපයෙනුත් මේ දෘෂ්ටිය ම ගෙන හැසිරෙන්නෙමි. ගුණමකු කමිනුත් මේ දෘෂ්ටිය ම ගෙන හැසිරෙන්නෙමි. තරඟයට වැඩකිරීමට ත් මේ දෘෂ්ටිය ම ගෙන හැසිරෙන්නෙමි."

"එසේ වී නම් රාජන්‍යයෙනි, ඔබට උපමාවකින් පැහැදිලි කරන්නෙමි. මෙහි ඇතැම් නුවණැති පුරුෂයෝ උපමාවෙනුත් පවසන ලද කරුණෙහි අරුත් තේරුම් ගනිති. රාජන්‍යයෙනි, මෙය පෙර සිදුවූවකි. එක්තරා ජනපදයක් මිනිසුන් අත්හැර දමා ගියේ ය. එකල්හී එක් යහළුවෙක් තව යහළුවෙකු ඇමතුවේ ය.

'එන්න යහළුව, ඒ ජනපදය යම් තැනක ද, එහි යන්නෙමු. එහිදී කිසියම් ධනයක් ලබන්නෙම් නම් යහපති.'

'එසේ ය, මිතුර' යි ඒ යහළුවා ඔහුට පිළිතුරු දුන්නේ ය. ඉක්බිති ඔවුහු ඒ පාළු ජනපදය යම් තැනක ද, එහි ජනශූන්‍ය ගමක් වෙත ගියාහු ය. එහි අත්හැර දමන ලද බොහෝ හණවැහැරි දුටුවාහු ය. දැක යහළුවෙක් අනෙක් යහළුවාට මෙය පැවසුවේ ය. මිතුර, මේ අත්හැර දමන ලද බොහෝ හණවැහැරි ඇත්තේ ය. එසේ වී නම් මිතුර, ඔබ ද හණ මිටියක් බඳුව. මම ද හණ මිටියක් බඳින්නෙමි. දෙදෙනා ම හණමිටිය බැගින් රැගෙන යන්නෙමු.' 'එසේ ය, මිතුර' යි එම යහළුවා අනෙක් යහළුවාට පිළිතුරු දී හණ මිටි බැඳගත් ඔවුන් දෙදෙනා ම හණවැහැරි ගෙන එක්තරා ජනශූන්‍ය ගමකට ගියාහු ය.

එහිදී අත්හැර දමන ලද බොහෝ හණ නූල් දුටුවාහු ය. දැක එක් යහළුවෙක් අනෙක් යහළුවා ඇමතීය. 'මිතුර, යම් ධනයක් සඳහා අපි හණ වැහැරි කැමති වෙමු ද, ඊට වඩා වටිනා මේ අත්හැර දැමූ හණ නූල් තිබෙයි. එසේ වී නම් යහළුව, ඔබ ද හණ මිටිය අත්හැර දමව. මම ත් හණ මිටිය අත්හරින්නෙමි. දෙදෙනා ම හණ නූල් මිටියක් කොට ගෙන යන්නෙමු.'

'මිතුර, මේ හණ මිටිය වනාහී මා විසින් දුර සිට ගෙන ආවකි. හොඳින් බැඳ තිබෙන්නකි. මට හණ නූලෙන් පලක් නැත. කළ යුත්තක් ඔබ ම දැනගන්න. ඉක්බිති ඒ යහළුවා හණ මිටිය වීසි කොට හණ නූල් මිටියක් බැඳගත්තේ ය. ඔවුහු වෙනත් ජනශූන්‍ය ගමකට ගියාහු ය.

එහිදී අත්හැර දමන ලද බොහෝ හණ රෙදි දුටුවාහු ය. දැක එක් යහළුවෙක් අනෙක් යහළුවා ඇමතීය. 'මිතුර, යම් ධනයක් සඳහා අපි හණ නූල් කැමති වෙමු ද, ඊට වඩා වටිනා මේ අත්හැර දැමූ හණ රෙදි තිබෙයි. එසේ වී නම් යහළුව, ඔබ ද හණ මිටිය අත්හැර දමව. මම ත් හණ නූල් අත්හරින්නෙමි. දෙදෙනා ම හණ රෙදි මිටියක් කොට ගෙන යන්නෙමු.' ....(පෙ).... හණ නූල්වීසි කොට හණ රෙදි මිටියක් කොට ....(පෙ).... අත්හැර දමන ලද බොහෝ කොමු වැහැරි ...(පෙ).... අත්හැර දමන ලද බොහෝ කොමු නූල් ...(පෙ).... අත්හැර දමන ලද බොහෝ කොමු වස්ත්‍ර ...(පෙ).... අත්හැර දමන ලද බොහෝ කපු පුළුන් ...(පෙ).... අත්හැර දමන ලද බොහෝ කපු නූල් ...(පෙ).... අත්හැර දමන ලද බොහෝ කපු රෙදි ...(පෙ).... අත්හැර දමන ලද බොහෝ ලෝහ ...(පෙ).... අත්හැර දමන ලද බොහෝ තඹ ...(පෙ).... අත්හැර දමන ලද බොහෝ ඊයම් ...(පෙ).... අත්හැර දමන ලද බොහෝ සුදු ඊයම් ...(පෙ).... අත්හැර දමන ලද බොහෝ රිදී ...(පෙ).... අත්හැර දමන ලද බොහෝ රන් දුටුවාහු ය.

දැක එක් යහළුවෙක් අනෙක් යහළුවා ඇමතීය. 'මිතුර, යම් ධනයක් සඳහා අපි හණ වැහැරි හෝ හණ නූල් හෝ හණ රෙදි හෝ කොමු වැහැරි හෝ

කොමු නූල් හෝ කොමු රෙදි හෝ කපු පුළුන් හෝ කපු නූල් හෝ කපු රෙදි හෝ ලෝහ හෝ තඹ හෝ ඊයම් හෝ සුදු ඊයම් හෝ රිදී හෝ කැමති වෙමු ද, ඊට වඩා වටිනා මේ අත්හැර දැමූ බොහෝ රන් තිබෙයි. එසේ වී නම් යහළුව, ඔබ ද හණ මිටිය අත්හැර දමව. මම ත් රිදී බර අත්හරින්නෙමි. දෙදෙනා ම රන් බරක් ගෙන යන්නෙමු.'

'මිතුර, මේ හණ මිටිය වනාහී මා විසින් දුර සිට ගෙන ආවකි. හොඳින් බැඳ තිබෙන්නකි. මට රන් බරෙන් පලක් නැත. කළ යුත්තක් ඔබ ම දැනගන්න.' ඉක්බිති ඒ යහළුවා රිදී බර වීසි කොට රන් බරක් බැඳගත්තේ ය. ඔවුහු සිය ගම යම් තැනක ද, එහි ගියාහු ය.

එහිදී යම් ඒ යහළුවෙක් හණ වැහැරි රැගෙන ගියේ ද ඔහුගේ මාපියෝ ඔහු නොපිළිගත්තාහු ය. අඹුදරුවෝ ත් නොපිළිගත්තාහු ය. යාළුමිත්‍රයෝ ත් නොපිළිගත්තාහු ය. ඒ හේතුවෙන් ඔහු සැපයක් සොම්නසක් ද නොලැබීය.

යම් ඒ යහළුවෙක් රන් බරක් රැගෙන ගියේ ද ඔහුගේ මාපියෝ ඔහු පිළිගත්තාහු ය. අඹුදරුවෝ ත් පිළිගත්තාහු ය. යාළුමිත්‍රයෝ ත් පිළිගත්තාහු ය. ඒ හේතුවෙන් ඔහු සැපයක් සොම්නසක් ද ලැබීය.

එසෙයින් ම රාජන්‍යයෙනි, ඔබ හණ මිටිය කරතබාගත්තෙකු උපමා කොට අපට වැටහෙයි. රාජන්‍යයෙනි, ඔය ලාමක දෘෂ්ටිය අත්හරින්න. රාජන්‍යයෙනි, ඔය ලාමක දෘෂ්ටිය අත්හරින්න. ඔබට බොහෝ කල් අහිත පිණිස, දුක් පිණිස නොවේවා!"

"මම පළමු උපමාවෙන් ම භවත් කස්සපයන් වහන්සේ කෙරෙහි සතුටු වූයෙමි. පැහැදුණෙමි. එහෙත් මම මේ විචිත්‍ර වූ ප්‍රශ්න විසඳීම අසන්නට කැමති ව මෙසේ භවත් කස්සපයන් වහන්සේට විරුද්ධ ව කතා කළ යුතු යැයි සිතුවෙමි. භවත් කස්සපයන් වහන්ස, ඉතා මනහර ය. භවත් කස්සපයන් වහන්ස, ඉතා මනහර ය. භවත් කස්සපයන් වහන්ස, යටිකුරු කොට තැබූ දෙයක් උඩුකුරු කරන්නේ යම් සේ ද, වසා තැබූ දෙයක් හැර පෙන්වන්නේ යම් සේ ද, මංමුලාවූවෙකුට මග පවසන්නේ යම් සේ ද, ඇස් ඇත්තෝ රූප දකිත්වායි අඳුරෙහි තෙල් පහනක් ඔසොවා දරන්නේ යම් සේ ද, එසෙයින් ම භවත් කස්සපයන් වහන්සේ විසින් නොයෙක් අයුරින් ධර්මය පවසන ලද්දේ ය. භවත් කස්සපයන් වහන්ස, ඒ මම ඒ භාග්‍යවතුන් වහන්සේ සරණ යමි. ධර්මය ත්, භික්ෂු සංඝයා ත් සරණ යමි. භවත් කස්සපයන් වහන්සේ අද පටන් දිවි හිමියෙන් සරණ ගිය උපාසකයෙකු වශයෙන් මා පිළිගන්නා සේක්වා!

භවත් කස්සපයන් වහන්ස, මම මහා යාගයක් කරන්නට කැමති වෙමි. යම් යාගයක් මා හට බොහෝ කල් හිතසුව පිණිස පවතින්නේ ද, එබඳු වූ යාගයක් කෙරෙහි භවත් කස්සපයන් වහන්සේ මට අනුශාසනා කරන සේක්වා!"

"රාජන්‍යයෙනි, යම් බඳු යාගයකදී ගවයෝ හෝ මැරෙත් ද, එළු බැටළුවෝ හෝ මැරෙත් ද, ඌරෝ කුකුලෝ හෝ මැරෙත් ද, විවිධ වූ ප්‍රාණීහු හෝ ඝාතනයට පත්වෙත් ද, එය පිළිගන්නෝ ද මිසදිටු ගත්, මිථ්‍යා සංකල්ප ඇති, මිථ්‍යා වචන ඇති, මිථ්‍යා ක්‍රියා ඇති, මිථ්‍යා දිවි පෙවෙත් ඇති, මිථ්‍යා වීරිය ඇති, මිථ්‍යා සිහි ඇති, මිථ්‍යා සමාධි ඇති උදවිය ය. රාජන්‍යයෙනි, මෙබඳු යාගය මහත්ඵල නැත්තේ ය. මහානිසංස නැත්තේ ය. මහත් බැබලීම් නැත්තේ ය. මහත් පැතිරීම් නැත්තේ ය.

රාජන්‍යයෙනි, එය මෙබඳු දෙයකි. ගොවියෙක් බීජ හා නගුල ගෙන වනයකට පිවිසෙයි. ඔහු එහි නොනැසූ කණු කටු සහිත නපුරු බිමක, නිසරු කෙතක කැඩී ගිය, කුණු වී ගිය, අව් සුළඟින් පීඩිත, පොළොවෙහි සාරය නොඇදගන්නා, සුවසේ නොසැකසුණු බීජයන් වපුරයි. වැස්ස ද කලින් කල යහපත් ලෙස නොපවතියි නම්, ඔහුගේ ඒ වපුරන ලද බීජයෝ සුවසේ පඳුරු ලියලා වැඩෙත් ද? ගොවියා හෝ ලොකු අස්වැන්නක් ලබයි ද?"

"භවත් කස්සපයන් වහන්ස, එය නැත්තේ ය."

"එසෙයින් ම, රාජන්‍යයෙනි, යම් බඳු යාගයකදී ගවයෝ හෝ මැරෙත් ද, එළු බැටළුවෝ හෝ මැරෙත් ද, ඌරෝ කුකුලෝ හෝ මැරෙත් ද, විවිධ වූ ප්‍රාණීහු හෝ ඝාතනයට පත්වෙත් ද, එය පිළිගන්නෝ ද මිසදිටු ගත්, මිථ්‍යා සංකල්ප ඇති, මිථ්‍යා වචන ඇති, මිථ්‍යා ක්‍රියා ඇති, මිථ්‍යා දිවි පෙවෙත් ඇති, මිථ්‍යා වීරිය ඇති, මිථ්‍යා සිහි ඇති, මිථ්‍යා සමාධි ඇති උදවිය ය. රාජන්‍යයෙනි, මෙබඳු යාගය මහත්ඵල නැත්තේ ය. මහානිසංස නැත්තේ ය. මහත් බැබලීම් නැත්තේ ය. මහත් පැතිරීම් නැත්තේ ය.

රාජන්‍යයෙනි, යම් බඳු යාගයකදී ගවයෝ හෝ නොමැරෙත් ද, එළු බැටළුවෝ හෝ නොමැරෙත් ද, ඌරෝ කුකුලෝ හෝ නොමැරෙත් ද, විවිධ වූ ප්‍රාණීහු හෝ ඝාතනයට පත්නොවෙත් ද, එය පිළිගන්නෝ ද සම්දිටු ගත්, යහපත් සංකල්ප ඇති, යහපත් වචන ඇති, යහපත් ක්‍රියා ඇති, යහපත් දිවි පෙවෙත් ඇති, යහපත් වීරිය ඇති, යහපත් සිහි ඇති, යහපත් සමාධි ඇති උදවිය වෙත් ද, රාජන්‍යයෙනි, මෙබඳු යාගය මහත්ඵල ඇත්තේ ය. මහානිසංස ඇත්තේ ය. මහත් බැබලීම් ඇත්තේ ය. මහත් පැතිරීම් ඇත්තේ ය.

රාජන්‍යයෙනි, එය මෙබඳු දෙයකි. ගොවියෙක් බීජ හා නගුල ගෙන වනයකට පිවිසෙයි. ඔහු එහි මැනැවින් ඉවත් කළ කණු කටු ඇති යහපත් බිමක, සරු කෙතක, නොකැඩුණු, කුණු නොවුණු, අව් සුළඟින් පහර නොකෑ, සාරවත්, හොඳින් සැකසුණු බීජයන් වපුරයි. වැස්ස ද කලින් කල යහපත් ලෙස පවතියි නම්, ඔහුගේ ඒ වපුරන ලද බීජයෝ සුවසේ පඳුරු ලියලා වැඩෙත් ද? ගොවියා හෝ ලොකු අස්වැන්නක් ලබයි ද?"

"භවත් කස්සපයන් වහන්ස, එසේ ය."

"එසෙයින් ම රාජන්‍යයෙනි, යම් බඳු යාගයකදී ගවයෝ හෝ නොමැරෙත් ද, එළු බැටළුවෝ හෝ නොමැරෙත් ද, ඌරෝ කුකුලෝ හෝ නොමැරෙත් ද, විවිධ වූ ප්‍රාණීහු හෝ ඝාතනයට පත්නොවෙත් ද, එය පිළිගන්නෝ ද සම්දිටු ගත්, යහපත් සංකල්ප ඇති, යහපත් වචන ඇති, යහපත් ක්‍රියා ඇති, යහපත් දිවි පෙවෙත් ඇති, යහපත් වීරිය ඇති, යහපත් සිහි ඇති, යහපත් සමාධි ඇති උදවිය වෙත් ද, රාජන්‍යයෙනි, මෙබඳු යාගය මහත්ඵල ඇත්තේ ය. මහානිසංස ඇත්තේ ය. මහත් බැබලීම් ඇත්තේ ය. මහත් පැතිරීම් ඇත්තේ ය."

එකල්හී පායාසි රාජන්‍ය තෙමේ ශ්‍රමණ බ්‍රාහ්මණ, දුගී මගී යාචකාදීන්ට දානයක් පිහිටෙව්වේ ය. ඒ දානයෙහි වනාහී මෙබඳු වූ බොජුන් දෙනු ලැබේ. කාඩි හොදි දෙවෙනි කොට ගත් නිවුඩු සහල් බත ය. ලොකු වාටි ඇති ගොරෝසු රෙදි ය. ඒ දානයෙහි දී උත්තර නම් තරුණයෙක් එහි දන් කටයුතු සොයා බැලීමෙහි නිරත ව සිටියේ ය. ඔහු දානය දී නැවත නැවත මෙසේ කියයි.

"මේ දානය හේතුවෙන් පායාසි රාජන්‍යයා ම සමඟ මේ ලෝකයෙහි මම එක්වුණෙම් ද, පරලොවදී මට එසේ නොවේවා!"

පායාසි රාජන්‍ය තෙමේ උත්තර තරුණයා දානය දී නැවත නැවත මෙසේ කියන්නේලු යි ඇසුවේ ය. 'මේ දානය හේතුවෙන් පායාසි රාජන්‍යයා ම සමඟ මේ ලෝකයෙහි මම එක්වුණෙම් ද, පරලොවදී මට එසේ නොවේවා!' යි.

ඉක්බිති පායාසි රාජන්‍ය තෙමේ උත්තර තරුණයා කැඳවා මෙය ඇසුවේය.

"දරුව, උත්තරයෙනි, සැබෑ ද? ඔබ දන් දී නැවත නැවත මෙසේ කියන්නෙහි ද? 'මේ දානය හේතුවෙන් පායාසි රාජන්‍යයා ම සමඟ මේ ලෝකයෙහි මම එක්වුණෙම් ද, පරලොවදී මට එසේ නොවේවා!' යි."

"එසේ ය, භවත."

"භවත් දරුව, උත්තරයෙනි, ඔබ කුමක් හෙයින් දන් දී 'මේ දානය හේතුවෙන් පායාසි රාජන්‍යයා ම සමඟ මේ ලෝකයෙහි මම එක්වුණෙම් ද, පරලොවදී මට එසේ නොවේවා!' යි මෙසේ නැවත නැවත කියන්නෙහි ද? දරුව, උත්තරයෙනි, පිනෙන් ප්‍රයෝජන ඇති ව, දානයේ ම ඵලවිපාක අපි කැමති නොවෙමු ද?"

"භවතුන්ගේ දානයෙහි මෙබඳු වූ බොජුන් දෙනු ලැබේ. කාඩි හොදි දෙවෙනි කොට නිවුඩු සහල් බත ය. භවතාණන් එය පයිනුත් ස්පර්ශ කරන්නට අකමැති වෙයි. අනුභව කරන්නට ආශාවක් කොයින් වෙයි ද? භවතාණන් යම් වස්ත්‍ර පාදයෙනුත් ස්පර්ශ කරන්නට අකමැති වෙයි ද, එබඳු වූ ලොකු වාටි ඇති ගොරෝසු රෙදි ය. පොරොවන්නට ආසාවක් කොයින් වෙයි ද? භවතාණන් අපට ප්‍රිය ය. මනාප ය. අපි කෙසේ නම් මනාප දෙයක් අමනාප දෙයක් හා එකට එක් කරමු ද?"

"එසේ වී නම් දරුව උත්තරයෙනි, මම යම්බඳු බොජුනක් අනුභව කරම් ද, එබඳු වූ බොජුනක් දානයෙහි පිහිටුවන්න. මම යම්බඳු වස්ත්‍ර හඳිම් ද, එබඳු වස්ත්‍ර දානයෙහි පිහිටුවන්න."

"එසේ ය, භවතැ" යි උත්තර තරුණයා පායාසි රාජන්‍යයා හට පිළිතුරු දී පායාසි රාජන්‍ය තෙමේ යම්බඳු බොජුනක් අනුභව කරයි ද, එබඳු වූ බොජුනක් දානයෙහි පිහිටෙව්වේ ය. පායාසි රාජන්‍ය තෙමේ යම් බඳු වස්ත්‍ර පොරොවයි ද, එබඳු වූ වස්ත්‍ර ත් දානයෙහි පිහිටෙව්වේ ය.

එකල්හී පායාසි රාජන්‍ය තෙමේ සකස් නොකොට දන් දී, සිය අතින් දන් නොදී, ගෞරව නැති ව දන් දී, බැහැර කරන දෙයක් සෙයින් දන් දී, කය බිඳී මරණින් මතු චාතුම්මහාරාජික දෙවියන්ට අයත් සේරිස්සක නම් හිස් විමානයක උපන්නේ ය.

ඒ දාන කටයුතුවල නිරත ව සිටි උත්තර නම් යම් තරුණයෙක් සිටියේ ද, ඔහු සකස් කොට දන් දී, සිය අතින් දන් දී, ගරුසරු ඇති ව දන් දී, බැහැර නොකරන දෙයක් දන් දී, කය බිඳී මරණින් මතු සුගති සංඛ්‍යාත දෙව්ලොවට, තව්තිසා දෙවියන් හා එක්වීමට පැමිණියේ ය.

එසමයෙහි ආයුෂ්මත් ගවම්පති තෙරුන් වහන්සේ දිවා විහරණය පිණිස සේරිස්සක ශූන්‍ය විමානයට නිතර වඩිති. එකල්හී පායාසි දෙව්පුත් තෙමේ ගවම්පති තෙරුන් යම් තැනක ද, එතැනට එළැඹියේ ය. එළැඹ ආයුෂ්මත්

ගවම්පති තෙරුන්ට සකසා වන්දනා කොට එකත්පස් ව සිටගත්තේ ය. එකත්පස් ව සිටගත් පායාසි දෙව්පුතුන්ට ආයුෂ්මත් ගවම්පති තෙරණුවෝ මෙසේ පැවසූහ.

"ඇවැත්නි, ඔබ කවුද?"

"ස්වාමීනී, මම පායාසි රාජන්‍යයා ය."

"ඇවැත්නි, ඔබ මෙබඳු දෘෂ්ටියක් ඇතිව සිටියේ නොවේ ද? එනම්, 'මෙසේ ත් පරලොවක් නැත්තේ ය. ඕපපාතික ව උපදින සත්වයෝ නැත්තාහ. හොඳින් හෝ නරකින් හෝ කරනු ලබන කර්මයන්ගේ ඵලවිපාක නැත්තේ ය' යි."

"ස්වාමීනී, ඒ මම මෙබඳු දෘෂ්ටියක් ඇති ව සිටියෙමි. එනම්, 'මෙසේ ත් පරලොවක් නැත්තේ ය. ඕපපාතික ව උපදින සත්වයෝ නැත්තාහ. හොඳින් හෝ නරකින් හෝ කරනු ලබන කර්මයන්ගේ ඵලවිපාක නැත්තේ ය' යි. එහෙත් කුමාර කස්සප ආර්යයන් වහන්සේ විසින් ඒ පවිටු දෘෂ්ටියෙන් මම මුදවන ලද්දෙමි."

"ඇවත්නි, ඔබගේ දාන කටයුතුවල නියැලී උත්තර නම් යම් මාණවකයෙක් සිටියේ ද, ඔහු උපන්නේ කොහිද?"

"ස්වාමීනී, උත්තර නම් මාණවකයා මාගේ දන් දීම් කටයුතුවල යෙදී සිටියදී සකස් කොට දන් දී, සිය අතින් දන් දී, ගරුසරු ඇති ව දන් දී, බැහැර නොකරන දෙයක් දන් දී, කය බිඳී මරණින් මතු සුගති සංඛ්‍යාත දෙව්ලොවට, තව්තිසා දෙවියන් හා එක්වීමට පැමිණියේ ය.

ස්වාමීනී, මම වනාහී සකස් නොකොට දන් දී, සිය අතින් දන් නොදී, ගරුසරු නැති ව දන් දී, බැහැර කරන දෙයක් සෙයින් දන් දී, කය බිඳී මරණින් මතු චාතුම්මහාරාජික දෙවියන්ට අයත් සේරිස්සක නම් හිස් විමානයක උපන්නෙමි.

එබැවින් ස්වාමීනී, ගවම්පතීන් වහන්ස, මිනිස් ලොවට වැඩම කොට මෙකරුණ වදාළ මැනැව.

'සකස් කොට දන් දෙව්. සිය අතින් දන් දෙව්. ගරුසරු ඇති ව දන් දෙව්. බැහැරට නොකරන දෙයක් සේ දන් දෙව්. පායාසි රාජන්‍ය තෙමේ සකස් නොකොට දන් දී, සිය අතින් දන් නොදී, ගරුසරු නැති ව දන් දී, බැහැර කරන දෙයක් සෙයින් දන් දී, කය බිඳී මරණින් මතු චාතුම්මහාරාජික දෙවියන්ට අයත් සේරිස්සක නම් හිස් විමානයක උපන්නේ ය.

ඔහුගේ දානයෙහි නියුක්ත ව සිටි උත්තර නම් යම් මාණවකයෙක් වූයේ ද, ඔහු සකස් කොට දන් දී, සිය අතින් දන් දී, ගරුසරු ඇති ව දන් දී, බැහැර නොකරන දෙයක් දන් දී, කය බිඳී මරණින් මතු සුගති සංඛ්‍යාත දෙව්ලොවට, තව්තිසා දෙවියන් හා එක්වීමට පැමිණියේ ය" යනුවෙනි.

ඉක්බිති ආයුෂ්මත් ගවම්පති තෙරණුවෝ මනුලොවට පැමිණ මෙය දැනුම් දුන්හ.

"'සකස් කොට දන් දෙව්. සිය අතින් දන් දෙව්. ගරුසරු ඇති ව දන් දෙව්. බැහැරට නොකරන දෙයක් සේ දන් දෙව්. පායාසි රාජන්‍ය තෙමේ සකස් නොකොට දන් දී, සිය අතින් දන් නොදී, ගරුසරු නැති ව දන් දී, බැහැර කරන දෙයක් සෙයින් දන් දී, කය බිඳී මරණින් මතු චාතුම්මහාරාජික දෙවියන්ට අයත් සේරිස්සක නම් හිස් විමානයක උපන්නේ ය.

ඔහුගේ ඒ දානයෙහි නියුක්ත ව සිටි උත්තර නම් යම් මාණවකයෙක් වූයේ ද, ඔහු සකස් කොට දන් දී, සිය අතින් දන් දී, ගරුසරු ඇති ව දන් දී, බැහැර නොකරන දෙයක් දන් දී, කය බිඳී මරණින් මතු සුගති සංඛ්‍යාත දෙව්ලොවට, තව්තිසා දෙවියන් හා එක්වීමට පැමිණියේ ය."

සාදු! සාදු!! සාදු!!!

පායාසි රාජඤ්ඤ සූත්‍රය නිමා විය.

- **එහි පිළිවෙල උද්දානයයි :**

මහාපදාන සූත්‍රය, නිදාන සූත්‍රය, පරිනිබ්බාන සූත්‍රය, සුදස්සන සූත්‍රය, ජනවසභ සූත්‍රය, ගෝවින්ද සූත්‍රය, මහා සමය සූත්‍රය, සක්කපඤ්හ සූත්‍රය, මහා සතිපට්ඨාන සූත්‍රය සහ දසවන පායාසි සූත්‍රය යන මේ දෙසුමන්ගෙන් මහා වර්ගයෙහි සූත්‍ර එකතු වෙයි.

දසබලසේලප්පභවා නිබ්බානමහාසමුද්දපරියන්තා
අට්ඨංග මග්ගසලිලා ජිනවචනනදී චිරං වහතූති

දසබලයන් වහන්සේ නමැති ශෛලමය පර්වතයෙන් පැන නැගී
අමා මහා නිවන නම් වූ මහා සාගරය අවසන් කොට ඇති
ආර්ය අෂ්ටාංගික මාර්ගය නම් වූ සිහිල් දිය දහරින් හෙබි
උතුම් ශ්‍රී මුඛ බුද්ධ වචන ගංගාව (ලෝ සතුන්ගේ සසර දුක නිවාලමින්)
බොහෝ කල් ගලාබස්නා සේක්වා !

(සළායතන සංයුත්තය - උද්දාන ගාථා)

සාදු! සාදු!! සාදු!!!

නමෝ තස්ස භගවතෝ අරහතෝ සම්මාසම්බුද්ධස්ස.
ඒ භාග්‍යවත් අරහත් සම්මා සම්බුදුරජාණන් වහන්සේට නමස්කාර වේවා!

මේ උතුම් ගෞතම බුදු සසුනේදීම මේ ආශ්චර්යවත් ශ්‍රී සද්ධර්මය මැනැවින් උගෙන තම තමන්ගේ නුවණ මෙහෙයවා ධර්මයෙහි හැසිරීමෙන් ආර්ය ශ්‍රාවකයන් බවට පත්ව සතර අපා දුකෙන් සදහටම මිදෙනු කැමැති ලංකාවාසී සැදැහැවත් නුවණැතියන් හට වඩාත් හොඳින් තේරුම් ගැනීම පිණිස මහත් ශ්‍රද්ධාවෙන් යුතුව සිංහල භාෂාවට දීඝ නිකායෙහි දෙවෙනි කොටස වන මහා වර්ගය පරිවර්තනය කිරීමෙන් ලත් සකල විපුල පුණ්‍ය සම්භාර ධර්මයන් පින් කැමැති සියල්ලෝම සතුටින් අනුමෝදන් වෙත්වා! අප සියලු දෙනාටම වහ වහා උතුම් චතුරාර්ය සත්‍ය ධර්මය සත්‍ය ඥාණ වශයෙන් ද, කෘත්‍ය ඥාණ වශයෙන් ද, කෘත ඥාණ වශයෙන් ද අවබෝධ වීම පිණිස ඒකාන්තයෙන්ම මේ පුණ්‍ය වාසනාව උපකාර වේවා!

සාදු! සාදු!! සාදු!!!

නමෝ තස්ස භගවතෝ අරහතෝ සම්මාසම්බුද්ධස්ස.

www.ingramcontent.com/pod-product-compliance
Lightning Source LLC
LaVergne TN
LVHW081323060426
835511LV00011B/1817
* 9 7 8 9 5 5 6 8 7 0 4 2 8 *